MÜLLER

# Strafverfahrensrecht für Polizeistudium und -praxis

# Strafverfahrensrecht für Polizeistudium und -praxis

von

Prof. Dr. Kai Müller
Hochschule für Polizei Baden-Württemberg

BOORBERG

Bibliografische Information der Deutschen Nationalbibliothek |
Die Deutsche Nationalbibliothek verzeichnet diese Publikation in der Deutschen Nationalbibliografie; detaillierte bibliografische Daten sind im Internet über www.dnb.de abrufbar.

ISBN 978-3-415-07467-5



Titelfoto: © sdecoret – stock.adobe.com | Satz: abavo GmbH, Nebelhornstraße 8, 86807 Buchloe | Druck und Bindung: Laupp & Göbel GmbH, Robert-Bosch-Straße 42, 72810 Gomaringen

Richard Boorberg Verlag GmbH & Co KG | Levelingstraße 6a | 81673 München
Stuttgart | München | Hannover | Berlin | Weimar | Dresden
www.boorberg.de

# Vorwort

Eine zentrale Aufgabe der Polizei ist die Verfolgung von Straftaten. Hierzu bedarf es fundierter Kenntnisse auf dem Gebiet des Strafverfahrensrechts. Ziel des vorliegenden Lehrbuchs ist eine an diesen Anforderungen des Polizeistudiums und der Polizeipraxis orientierte Darstellung. In der Folge werden das Ermittlungsverfahren mit den Verfahrensbeteiligten, die Vernehmung von Beschuldigten und Zeugen durch die Polizei sowie die Zwangsmaßnahmen besonders ausführlich behandelt. Alle weiteren Aspekte des Strafverfahrens finden – entsprechend ihrer Bedeutung für die polizeiliche Arbeit – ebenfalls Berücksichtigung, um dem Leser eine möglichst geschlossene Abhandlung des gesamten Strafverfahrens zu vermitteln. Das Buch erschöpft sich dabei nicht in einer bloßen Wiedergabe des Rechts im Sinne eines reinen „Lernbuchs", sondern bemüht sich als Lehrbuch um eine kritische, an einigen Stellen auch vertiefte Darstellung, wodurch ein besseres und für Polizeistudium und -praxis zwingend notwendiges Verständnis der strafverfahrensrechtlichen Strukturen und Zusammenhänge vermittelt werden soll. Die zahlreichen Beispiele dienen hierbei zur Unterstützung. Dem darüber hinaus interessierten Leser wird durch die in den Fußnoten genannten Fundstellen eine Möglichkeit zur weiteren Vertiefung geboten.

Das Lehrbuch geht auf meine langjährige Vorlesungstätigkeit an der Hochschule für Polizei Baden-Württemberg sowie zahlreiche Fortbildungsveranstaltungen für die Polizei zurück. Dabei sind viele Fragen, Anregungen und Gespräche mit Studierenden, Fortbildungsteilnehmenden sowie Kolleginnen und Kollegen eingeflossen. Ihnen allen spreche ich hiermit meinen Dank aus.

Rechtsprechung und Literatur konnten bis Anfang Mai 2023 berücksichtigt werden. Hinweise, Vorschläge und Kritik sind unter kaimueller@hfpol-bw.de ausdrücklich erwünscht.

Abschließend möchte ich darauf hinweisen, dass in diesem Buch fast ausschließlich die maskuline Form benutzt wird, was dem auch so formuliertem Gesetzestext der StPO entspricht und daher für mich die einzig sprachlich zufriedenstellende Variante war. Es handelt sich insoweit um eine pragmatische, einer gendergerechten Sprache aber keinesfalls entsprechende Lösung, wofür ich um Verständnis bitte.

Emmendingen/Villingen-Schwenningen, im August 2023 Kai Müller

# Inhaltsverzeichnis

# Abkürzungsverzeichnis

| | |
|---|---|
| a.A. | anderer Ansicht |
| abgedr. | abgedruckt |
| ABl. | Amtsblatt |
| abl. | ablehnend |
| Abs. | Absatz |
| AEUV | Vertrag über die Arbeitsweise der Europäischen Union |
| a.F. | alte Fassung |
| AFIS | Automatisches Fingerabdruck-Identifikations-System |
| AG | Amtsgericht |
| AGGVG | Ausführungsgesetz zum Gerichtsverfassungsgesetz |
| AKLS | Automatisches Kennzeichenlesesystem |
| allg. | allgemein |
| Alt. | Alternative |
| Anh. | Anhang |
| Anm. | Anmerkung |
| AntiDopG | Antidopinggesetz |
| AO | Abgabenordnung |
| AöR | Archiv des öffentlichen Rechts (Zeitschrift; zitiert nach Band und Jahr) |
| AR | Allgemeine Rechtssache |
| Art. | Artikel |
| Aufl. | Auflage |
| AZR | Ausländerzentralregister |
| BAK | Blutalkoholkonzentration |
| BayObLG | Bayerisches Oberstes Landesgericht |
| BayVGH | Bayerischer Verwaltungsgerichtshof |
| BBG | Bundesbeamtengesetz |
| Bd. | Band |
| BDBOSG | Gesetz über die Errichtung einer Bundesanstalt für den Digitalfunk der Behörden und Organisationen mit Sicherheitsaufgaben |

| | |
|---|---|
| BDSG | Bundesdatenschutzgesetz |
| BeamtStG | Beamtenstatusgesetz |
| BeckRS | Beck online Rechtsprechung |
| BGB | Bürgerliches Gesetzbuch |
| BGBl. | Bundesgesetzblatt |
| BGH | Bundesgerichtshof |
| BGHSt | Entscheidungen des Bundesgerichtshofs in Strafsachen (zitiert nach Band und Seite) |
| BKA | Bundeskriminalamt |
| BKAG | Bundeskriminalamtgesetz |
| BMJ | Bundesministerium der Justiz |
| BORA | Berufsordnung für Rechtsanwälte |
| BPolG | Bundespolizeigesetz |
| BRAO | Bundesrechtsanwaltsordnung |
| BR-Drs. | Drucksache des Bundesrates |
| BT-Drs. | Drucksache des Bundestages |
| BtM | Betäubungsmittel |
| BtMG | Betäubungsmittelgesetz |
| BVerfG | Bundesverfassungsgericht |
| BVerfGE | Entscheidungen des Bundesverfassungsgerichts (zitiert nach Band und Seite) |
| BVerfGG | Bundesverfassungsgerichtsgesetz |
| BVerfSchG | Bundesverfassungsschutzgesetz |
| BVerwG | Bundesverwaltungsgericht |
| BVerwGE | Entscheidungen des Bundesverwaltungsgerichts (zitiert nach Band und Seite) |
| BVG | Bundesversorgungsgesetz |
| BW | Baden-Württemberg |
| BZRG | Bundeszentralregistergesetz |
| bzw. | beziehungsweise |
| ca. | circa |
| CR | Computer und Recht (Zeitschrift) |
| DAR | Deutsches Autorecht (Zeitschrift) |
| ders. | derselbe |

| | |
|---|---|
| d.h. | das heißt |
| DIE POLIZEI | DIE POLIZEI (Zeitschrift) |
| DNA | Desoxyribonukleinsäure (englisch: desoxyribonucleic acid) |
| DPolBl. | Deutsches Polizeiblatt |
| DRiG | Deutsches Richtergesetz |
| DRiZ | Deutsche Richterzeitung |
| EBAO | Einforderungs- und Beitreibungsanordnung |
| ECRIS | Europäisches Strafregisterinformationssystem |
| EDV | Elektronische Datenverarbeitung |
| EEG | Elekroenzephalographie |
| EG | Europäische Gemeinschaft |
| EGGVG | Einführungsgesetz zum Gerichtsverfassungsgesetz |
| EGMR | Europäischer Gerichtshof für Menschenrechte |
| EGStPO | Einführungsgesetz zur Strafprozessordnung |
| Einl. | Einleitung |
| EKG | Elektrokardiogramm |
| EMRK | (Europäische) Konvention zum Schutz der Menschenrechte und Grundfreiheiten |
| etc. | et cetera (und so weiter) |
| EU | Europäische Union |
| EuGH | Europäischer Gerichtshof |
| EuRAG | Gesetz über die Tätigkeit europäischer Rechtsanwälte in Deutschland |
| EUStA | Europäische Staatsanwaltschaft |
| EWR | Europäischer Wirtschaftsraum |
| f. | folgende |
| ff. | folgende (Plural) |
| Fn. | Fußnote |
| GA | Goldammer's Archiv für Strafrecht (Zeitschrift) |
| GBl. | Gesetzblatt |
| GG | Grundgesetz für die Bundesrepublik Deutschland |
| ggf. | gegebenenfalls |
| GKG | Gerichtskostengesetz |
| GnO BW | Gnadenordnung Baden-Württemberg |

| | |
|---|---|
| grds. | grundsätzlich |
| GSSt | Großer Senat für Strafsachen |
| GVG | Gerichtsverfassungsgesetz |
| h.L. | herrschende Lehre |
| h.M. | herrschende Meinung |
| HRRS | Höchstrichterliche Rechtsprechung zum Strafrecht (Online-Zeitschrift) |
| Hrsg. | Herausgeber |
| hrsg. | herausgegeben |
| Hs. | Halbsatz |
| ICPO | International Criminal Police Organisation |
| ICTR | Internationaler Strafgerichtshof für Ruanda |
| ICTY | Internationaler Strafgerichtshof für das ehemalige Jugoslawien |
| i.e.S. | im engeren Sinne |
| IKPO | Internationale Kriminalpolizeiliche Organisation |
| IMEI | International Mobil Equipment Identity |
| IMSI | International Mobil Subscriber Identity |
| INPOL | Informationssystem der Polizei |
| IP | Internetprotokoll |
| IRG | Internationales Rechtshilfegesetz |
| IRMCT | International Residual Mechanism for Criminal Tribunals |
| i.S.d. | im Sinne der/des |
| IStGH | Internationaler Strafgerichtshof |
| i.S.v. | im Sinne von |
| IT | Informationstechnologie |
| i.V.m. | in Verbindung mit |
| i.w.S. | im weiteren Sinne |
| JA | Juristische Arbeitsblätter (Zeitschrift) |
| JBeitrG | Justizbeitreibungsgesetz |
| JGG | Jugendgerichtsgesetz |
| JR | Juristische Rundschau (Zeitschrift) |
| Js | Ermittlungsverfahren der Staatsanwaltschaft |
| JuM | Justizministerium |

| | |
|---|---|
| jurisPR StrafR | juris PraxisReport Strafrecht (Online-Zeitschrift) |
| JVA | Justizvollzugsanstalt |
| JVEG | Justizvergütungs- und -entschädigungsgesetz |
| JZ | Juristenzeitung |
| Kap. | Kapitel |
| Kfz | Kraftfahrzeug |
| KG | Kammergericht (Berlin) |
| KO | Konkursordnung |
| Kriminalistik | Kriminalistik (Zeitschrift) |
| KunstUrhG | Kunsturheberrechtsgesetz |
| LG | Landgericht |
| lit. | litera |
| LKA | Landeskriminalamt |
| Lkw | Lastkraftwagen |
| LOStA | Leitender Oberstaatsanwalt |
| LPartG | Lebenspartnerschaftsgesetz |
| m. | mit |
| MDR | Monatsschrift für Deutsches Recht |
| MiStra | Mitteilungen in Strafsachen |
| MMR | Multimedia und Recht. Zeitschrift für IT-Recht und Recht der Digitalisierung |
| MMS | Multimedia Messaging Service |
| m.w.N. | mit weiteren Nachweisen |
| Nachw. | Nachweise |
| Nds. | Niedersachsen, niedersächsisches |
| NdsRpfl | Niedersächsische Rechtspflege (Zeitschrift) |
| n.F. | neue Fassung |
| NJG | Niedersächsisches Justizgesetz |
| NJW | Neue Juristische Wochenschrift |
| NoeP | Nicht offen ermittelnder Polizeibeamter |
| NPOG | Niedersächsisches Polizei- und Ordnungsbehördengesetz |
| Nr. | Nummer |
| NRW | Nordrhein-Westfalen |
| NS-AufhG | Gesetz zur Aufhebung nationalsozialistischer Unrechtsurteile in der Strafrechtspflege |

| | |
|---|---|
| NStZ | Neue Zeitschrift für Strafrecht |
| NStZ-RR | NStZ-Rechtsprechungs-Report |
| NVwZ | Neue Zeitschrift für Verwaltungsrecht |
| NZWiSt | Neue Zeitschrift für Wirtschafts- Steuer- und Unternehmensstrafrecht |
| OEG | Opferentschädigungsgesetz |
| OLAF | Office Européen de Lutte Anti-Fraude (Europäisches Amt für Betrugsbekämpfung) |
| OLG | Oberlandesgericht |
| OVG | Oberverwaltungsgericht |
| OWiG | Gesetz über Ordnungswidrigkeiten |
| PassG | Passgesetz |
| PDV | Polizeidienstvorschrift |
| PIN | Persönliche Identifikationsnummer |
| PIOS | Personen-Institutionen-Objekte-Sachen (Spurendokumentationssystem) |
| Pkw | Personenkraftwagen |
| POLAS | Polizeiauskunftssystem |
| PolG BW | Polizeigesetz Baden-Württemberg |
| PostG | Postgesetz |
| PsychPbG | Gesetz über die psychosoziale Prozessbegleitung im Strafverfahren |
| PUK | Personal Unblocking Key |
| RG | Reichsgericht |
| RGBl. | Reichsgesetzblatt |
| RGSt | Entscheidungen des Reichsgerichts in Strafsachen (zitiert nach Band und Seite) |
| RiJGG | Richtlinien zum Jugendgerichtsgesetz |
| RiStBV | Richtlinien für das Straf- und Bußgeldverfahren |
| Rn. | Randnummer |
| RpflG | Rechtspflegergesetz |
| Rspr. | Rechtsprechung |
| RStPO | Reichsstrafprozessordnung |
| RVG | Rechtsanwaltsvergütungsgesetz |

| | |
|---|---|
| S. | Satz; Seite |
| s. | siehe |
| SDÜ | Schengener Durchführungsübereinkommen |
| SGB | Sozialgesetzbuch |
| SIRENE | Supplementary Information Request at the National Entry |
| SIS | Schengener Informationssystem |
| SISY | Staatsanwaltschaftliches Informationssystem |
| SMS | Short Message Service |
| sog. | sogenannte |
| StGB | Strafgesetzbuch |
| StPO | Strafprozessordnung |
| str. | strittig |
| StraFo | Strafverteidiger Forum (Zeitschrift) |
| StrEG | Gesetz über die Entschädigung für Strafverfolgungsmaßnahmen |
| StRR | StrafRechtsReport (Online-Zeitschrift) |
| StV | Strafverteidiger (Zeitschrift) |
| StVÄG | Strafverfahrensänderungsgesetz |
| StVG | Straßenverkehrsgesetz |
| StVO | Straßenverkehrsordnung |
| StVollstrO | Strafvollstreckungsordnung |
| StVollzG | Strafvollzugsgesetz |
| StVRG | Strafverfahrensreformgesetz |
| TKG | Telekommunikationsgesetz |
| TKÜ | Telekommunikationsüberwachung |
| TKÜV | Telekommunikations-Überwachungsverordnung |
| TMG | Telemediengesetz |
| TTDSG | Gesetz über den Datenschutz und den Schutz der Privatsphäre in der Telekommunikation und bei Telemedien |
| u. | und |
| u.a. | und andere; unter anderem |
| U-Haft | Untersuchungshaft |
| UJs | Ermittlungsverfahren der Staatsanwaltschaft gegen Unbekannt |
| UVollzO | Untersuchungshaftvollzugsordnung |

| | |
|---|---|
| v. | vom |
| VE | Verdeckter Ermittler |
| VGH | Verwaltungsgerichtshof |
| vgl. | vergleiche |
| VO | Verordnung |
| Vorb. | Vorbemerkung |
| VP | Vertrauensperson |
| VRS | Verkehrsrechtssammlung |
| VStGB | Völkerstrafgesetzbuch |
| VwGO | Verwaltungsgerichtsordnung |
| VwV | Verwaltungsvorschrift |
| wistra | Zeitschrift für Wirtschafts- und Steuerstrafrecht |
| WÜK | Wiener Übereinkommen über konsularische Beziehungen |
| z.B. | zum Beispiel |
| ZD | Zeitschrift für Datenschutz |
| ZEVIS | Zentrales Verkehrsinformationssystem |
| ZFdG | Zollfahndungsdienstgesetz |
| Ziff. | Ziffer |
| ZIS | Zeitschrift für Internationale Strafrechtsdogmatik (Online-Zeitschrift) |
| ZKA | Zollkriminalamt |
| ZPO | Zivilprozessordnung |
| ZRP | Zeitschrift für Rechtspolitik |
| ZSHG | Zeugenschutz-Harmonisierungsgesetz |
| ZStVBetrV | Verordnung über den Betrieb des Zentralen Staatsanwaltschaftlichen Verfahrensregisters |
| ZStW | Zeitschrift für die gesamte Strafrechtswissenschaft (zitiert nach Band und Jahr) |

## Verzeichnis der abgekürzten Literatur


AK-*Bearbeiter*, Reihe Alternativkommentare, Kommentar zur Stafprozeßordnung, hrsg. v. Wassermann, 1988–1996.

*Artkämper/Floren/Schilling*, Vernehmungen, 6. Aufl. 2021.

BeckOK-*Bearbeiter*, Beck'scher Online-Kommentar StPO mit RiStBV und Mistra, hrsg. v. Graf, 46. Edition, Stand: 01.01.2023.

BeckOK/BtMG-*Bearbeiter*, Beck'scher Online-Kommentar BtMG, hrsg. v. Bohnen u. Schmidt, 18. Edition, Stand: 15.03.2023.

BeckOK/JGG-*Bearbeiter*, Beck'scher Online-Kommentar JGG, hrsg. v. Gertler u.a., 28. Edition, Stand: 01.02.2023.

*Beulke/Ruhmannseder*, Die Strafbarkeit des Verteidigers, 2010.

*Beulke/Swoboda*, Strafprozessrecht, 16. Aufl. 2022.

*Brodag*, Strafverfahrensrecht, 13. Aufl. 2014.

*Clages/Ackermann/Gundlach*, Der rote Faden. Grundsätze der Kriminalpraxis, 15. Aufl. 2023.

*Collin*, „Wächter der Gesetze" oder „Organ der Staatsregierung"?, 2000.

*Dahs*, Handbuch des Strafverteidigers, 8. Aufl. 2015.

Dürig/Herzog/Scholz-*Bearbeiter*, Grundgesetz-Kommentar, Stand: 99. Ergänzungslieferung, September 2022.

*Eisenberg*, Beweisrecht der StPO, 10. Aufl. 2017.

*Eisenberg/Kölbel*, Jugendgerichtsgesetz, 23. Aufl. 2022.

*Erhardt*, Strafrecht für Polizeibeamte, 7. Aufl. 2021.

*Fischer*, Strafgesetzbuch mit Nebengesetzen, 70. Aufl. 2023.

*Grünwald*, Beweisrecht der Strafprozeßordnung, 1993.

*Habschick*, Erfolgreich Vernehmen, 4. Aufl. 2016.

*Heghmanns/Herrmann*, Das Arbeitsgebiet des Staatsanwalts, 6. Aufl. 2022.

*Hellmann*, Strafprozessrecht, 2. Aufl. 2006.

HK-*Bearbeiter*, Heidelberger Kommentar zur Strafprozessordung, hrsg. v. Gercke u.a., 6. Aufl. 2019.

*Kern*, Geschichte des Gerichtsverfassungsrechts, 1954.

*Kindhäuser/Schumann*, Strafprozessrecht, 6. Aufl. 2022.

*Kissel/Mayer*, Gerichtsverfassungsgesetz, Kommentar, 10. Aufl. 2021.

KK-*Bearbeiter*, Karlsruher Kommentar zur Strafprozessordnung mit GVG, EGGVG und EMRK, hrsg. v. Barthe u. Gericke, 9. Aufl. 2023.

KK/OWiG-*Bearbeiter*, Karlsruher Kommentar zum Gesetz über Ordnungswidrigkeiten, hrsg. v. Mitsch, 5. Aufl. 2018.

KMR-*Bearbeiter*, Loseblattsammlung zur Strafprozeßordnung, begründet v. Kleinknecht/Müller/Reitberger, hrsg. v. Fezer u. Paulus, ab 14. Lieferung von v. Heintschel-Heinegg u. Bockemühl, 8. Aufl. ab 1990, 119. Lieferung, Stand: Februar 2023.

*Kramer*, Grundlagen des Strafverfahrensrechts, 9. Aufl. 2021.

*Krause/Nehring*, Strafverfahrensrecht in der Polizeipraxis, 1978.

*Krey/Heinrich*, Deutsches Strafverfahrensrecht, 2. Aufl. 2019.

*Kube/Leineweber*, Polizeibeamte als Zeugen und Sachverständige, 2. Aufl. 1980.

*Kühne*, Strafprozessrecht, 9. Aufl. 2015.

*Lisken/Denninger*, Handbuch des Polizeirechts, hrsg. v. Bäcker u.a., 7. Aufl. 2021.

LR-*Bearbeiter*, Löwe/Rosenberg, Die Strafprozeßordnung und das Gerichtsverfassungsgesetz mit Nebengesetzen, Großkommentar, hrsg. v. Becker u.a., 27. Aufl. 2016 ff.

*Malek*, Verteidigung in der Hauptverhandlung, 5. Aufl. 2017.

*Marquardt/Oelfke*, Basiswissen Strafprozess für Polizeibeamte, 2022.

M-G/S-*Bearbeiter*, Meyer-Goßner/Schmitt, Strafprozessordnung mit GVG und Nebengesetzen, 66. Aufl. 2023.

*Michel*, Die audiovisuelle Aufzeichnung von Beschuldigtenvernehmungen im Ermittlungsverfahren, 2019.

MüKo-*Bearbeiter*, Münchener Kommentar zur StPO, hrsg. v. Knauer u.a., 1. Aufl. 2016 ff., 2. Aufl. 2023.

MüKo/StGB-*Bearbeiter*, Münchener Kommentar zum StGB, hrsg. v. Erb u. Schäfer, 4. Aufl. 2020 ff.

*Müller*, Polizeibeamte als Zeugen im Strafverfahren, 2. Aufl. 2021.

Ostendorf/JGG-*Bearbeiter*, Jugendgerichtsgesetz, Kommentar, 11. Aufl. 2021.

*Ostendorf/Brüning*, Strafprozessordnung, 4. Aufl. 2021.

*Posch*, Vernehmungs- und Aussagepsychologie für Polizeistudium und -praxis, 2023.

*Roxin/Schünemann*, Strafverfahrensrecht, 30. Aufl. 2022.

*Rüping*, Das Strafverfahren, 3. Aufl. 1997.

*Rüping/Jerouschek*, Grundriss der Strafrechtsgeschichte, 6. Aufl. 2011.

*Satzger*, Internationales und Europäisches Strafrecht, 10. Aufl. 2022.

Sch/Sch-*Bearbeiter*, Schönke/Schröder, Strafgesetzbuch, Kommentar, 30. Aufl. 2019.

*Schenke*, Polizei- und Ordnungsrecht, 12. Aufl. 2023.

*Schroeder/Verrel*, Strafprozessrecht, 8. Aufl. 2022.

SK-*Bearbeiter*, Systematischer Kommentar zur Strafprozessordnung und zum Gerichtsverfassungsgesetz, hrsg. v. Wolter u. Deiters, 5. Aufl. 2015 ff., 6. Aufl. 2022 f.

*Soiné*, Ermittlungsverfahren und Polizeipraxis, 3. Aufl. 2022.

*Soiné*-StPO, Strafprozessordnung, Kommentar für Polizeibeamte im Ermittlungsdienst, 141. Aktualisierung März 2023.

S/S/W-*Bearbeiter*, Satzger/Schluckebier/Widmaier, Strafprozessordnung mit GVG und EMRK, 5. Aufl. 2023.

*Trurnit*, Eingriffsrecht, 4. Aufl. 2017.

*Volk/Engländer*, Grundkurs StPO, 10. Aufl. 2021.

*von der Grün*, Verdeckte Ermittlungen, 2018.

Weber/Kornprobst/Maier-*Bearbeiter*, Betäubungsmittelgesetz, 6. Aufl. 2021.

*Würtenberger/Heckmann/Tanneberger*, Polizeirecht in Baden-Württemberg, 7. Aufl. 2017.

*Zeitler/Trurnit*, Polizeirecht für Baden-Württemberg, 4. Aufl. 2023.

# 1. KAPITEL Grundlagen

## A. Begriff des Strafverfahrensrechts

1 Das Strafrecht besteht aus drei Teilen: Materielles Strafrecht, Strafverfahrensrecht und Strafvollzugsrecht. Das **materielle Strafrecht**, welches oftmals i.e.S. auch nur als Strafrecht bezeichnet wird, bestimmt, wann eine Handlung strafbar ist und droht eine Sanktion in Form von Strafen und/oder Maßregeln der Besserung und Sicherung an. Es ist der stärkste Eingriff des Staates gegen den Bürger und dient dem Schutz hochrangiger Rechtsgüter. Um das materielle Strafrecht auch praktisch zur Geltung zu bringen, bedarf es zu seiner **staatlichen Durchsetzung** eines rechtlich geordneten Verfahrens, nämlich des Strafverfahrens, dessen Normen das Strafverfahrensrecht bilden. Hierbei wird das Strafverfahrensrecht auch als Strafprozessrecht oder – in Abgrenzung zum materiellen Strafrecht – als **formelles Strafrecht** bezeichnet. Das Strafverfahren dient der Ermittlung, ob eine strafbare Handlung geschehen ist, und ggf. der Festsetzung und Vollstreckung einer konkreten Sanktion. Es verschafft den materiellen Normen Geltung.[1]

2 In der Konsequenz umfasst das Strafverfahren das **Erkenntnis- und das Vollstreckungsverfahren**. Im Erkenntnisverfahren geht es um die Verfolgung und ggf. den Nachweis einer konkreten, bereits begangenen Straftat (repressiv), sowie für den Fall der Verurteilung auch um die Festsetzung einer angemessenen Strafe. Die Strafvollstreckung lässt sich aufteilen in die Strafvollstreckung i.e.S. und den **Strafvollzug**, der eine eigenständige Materie bildet. Während die Strafvollstreckung die Einleitung und generelle Überwachung der Sanktionsdurchsetzung betrifft, beinhaltet der Strafvollzug für den Bereich der Freiheitsstrafen die konkrete Umsetzung der mit dem Urteil verhängten Sanktion.

3 Hiervon zu unterscheiden ist der Begriff der **Strafrechtspflege** i.S.v. § 23 Abs. 1 EGGVG. Darunter fallen alle Maßnahmen der Justizbehörden, die im Zusammenhang mit der Durchführung der Strafverfolgung und -vollstreckung stehen.

**Beispiele:**

Führung eines Bundeszentralregisters; Erstellung von Schöffenlisten.

---

1 Zu weiteren Aspekten im Verhältnis zwischen Strafverfahrensrecht und materiellem Strafrecht *Roxin/Schünemann*, § 1 Rn. 10 ff.

4 Die **Strafverfolgungsvorsorge** ist Teil der vorbeugenden Verbrechensbekämpfung und zählt zum Strafverfahrensrecht.[2] Sie umfasst Maßnahmen, die an eine begangene Straftat anknüpfen und darauf ausgerichtet sind, in künftigen Strafverfahren die Strafverfolgung zu ermöglichen, indem die aufgrund der begangenen Straftat erhobenen Daten in ungewisser Zukunft in ein Ermittlungs- und Hauptverfahren einfließen.[3]

**Beispiele:**

Die Speicherung von Daten des Beschuldigten für zukünftige Strafverfahren nach § 484 StPO oder die DNA-Identitätsfeststellung nach § 81g StPO, bei der vom Beschuldigten für zukünftige Strafverfahren DNA-Material entnommen und in einer Datei beim Bundeskriminalamt gespeichert werden darf.

5 Einige **andere Verfahrensarten** weisen in der Struktur Ähnlichkeiten mit dem Strafverfahren auf, da es auch dort um die Ermittlung und Sanktionierung bzw. Ahndung von menschlichem Fehlverhalten geht.

**Beispiele:**

Steuerstrafverfahren, Bußgeldverfahren sowie Disziplinarverfahren gegen Beamte und Soldaten.

In der Folge enthalten diese Verfahrensarten, auf die hier nicht weiter eingegangen wird, Verweisungsnormen auf die StPO. Auch greifen z. T. sowohl Spezial- als auch StPO- Regeln ineinander; dies insbesondere im Steuerstrafverfahren und im Bußgeldverfahren.

## B. Aufgaben und Ziele des Strafverfahrens

6 Das Recht zu strafen liegt heutzutage ausschließlich beim Staat, wodurch sämtliche Formen der Privatfehde, -rache etc. grundsätzlich verboten sind. Diese staatliche Aufgabe wird dabei oftmals als staatlicher Strafanspruch bezeichnet[4], was jedoch kaum überzeugt, da durch die Verwirklichung einer Straftat kein „Strafanspruch" entsteht, den der Täter durch die Strafe „erfüllt".[5] Besser erscheint, von einem **staatlichen Strafmonopol** zu sprechen. Dieses verpflichtet den Staat, zum Schutz seiner Bürger Vorschriften zu schaffen, um die Ver-

2 BVerfG 27.07.2005 – 1 BvR 668/04, BVerfGE 113, 348, 369 ff.

3 BVerfG 27.07.2005 – 1 BvR 668/04, BVerfGE 113, 348, 369.

4 BVerfG 03.05.1966 – 1 BvR 58/66, BVerfGE 20, 45; *Beulke/Swoboda*, Rn. 8.

5 So auch *Volk/Engländer*, § 2 Rn. 2.

folgung und ggf. Verurteilung eines Rechtsbrechers zu ermöglichen und im Ergebnis den durch die Straftat entstandenen sozialen Störfall zu beseitigen. Damit diese Macht des Staates nicht gegenüber dem Einzelnen missbraucht wird, ist der Staat verpflichtet, rechtliche Schranken gegen einen möglichen staatlichen Machtmissbrauch durch die Strafverfolgungsbehörden zu schaffen. Hierbei ist es auch Aufgabe des Strafverfahrens, die mit den Ermittlungen verbundenen Belastungen für den Bürger möglichst gering zu halten.[6] Daraus ergeben sich **drei Ziele des Strafverfahrens**: Wahrheit, Gerechtigkeit und Rechtsfrieden.

## I. Wahrheit

Unter Wahrheit wird dabei die **materielle Wahrheit** verstanden. Es soll fest- 7
gestellt werden, was tatsächlich geschehen ist. Der bloße Verdacht einer Straftat ist hingegen keine ausreichende Grundlage, um jemanden zu bestrafen.[7] Die Feststellung des tatsächlichen Sachverhalts ist die Voraussetzung für eine materiell-rechtlich richtige Entscheidung. Damit soll verhindert werden, dass jemand zu Unrecht bestraft wird.

## II. Gerechtigkeit

Mit Gerechtigkeit ist weniger ein allgemeiner Gerechtigkeitsgedanke im Sinne 8
einer „gerechten Entscheidung" gemeint, sondern vielmehr ein „gerechtes", d.h. **justizförmiges Verfahren**. Die Entscheidung im Strafverfahren muss unter Beachtung aller Vorschriften des Strafverfahrensrechts, d.h. prozessordnungsgemäß zustande kommen. Hier kommen insbesondere die Vorschriften zum Tragen, die den Beschuldigten, aber auch Zeugen und Dritte, vor unverhältnismäßigen Eingriffen des Staates schützen und damit dem staatlichen Aufklärungs- und Verfolgungsbemühen rechtliche Grenzen setzen. Nur ein unter Beachtung dieser Schranken geführtes Strafverfahren ist justizförmig und damit gerecht.

## III. Rechtsfrieden

Durch eine abschließende Entscheidung im Strafverfahren soll letztlich der 9
soziale Störfall beseitigt,[8] die Geltung der Rechtsordnung bekräftigt und damit Rechtsfrieden geschaffen werden. Dafür sorgt insbesondere die **Rechtskraft des Urteils**.[9] Insoweit könnte man dieses Verfahrensziel auch als ein

---

6 So auch MüKo-*Kudlich*, Einl. Rn. 3.

7 Vgl. BGH 19.02.1963 – 1 StR 318/62, BGHSt 18, 274, 275 f.

8 *Volk/Engländer*, § 3 Rn. 1.

9 *Kindhäuser/Schumann*, § 1 Rn. 8; vgl. auch BGH 31.03.1955 – 4 StR 68/55, BGHSt 7, 283, 285.

übergeordnetes betrachten, das letztlich nur erfüllt sein kann, wenn auch die anderen genannten Verfahrensziele gegeben sind.[10]

## IV. Zielkonflikte

10 Dass ein Strafverfahren stets diese drei Ziele in Einklang bringt ist ein Ideal, welches in der Praxis oftmals nicht erreicht wird. So werden der Wahrheitsfindung Grenzen durch die **Justizförmigkeit des Verfahrens** gesetzt.

**Beispiel:**

Der Beschuldigte gesteht unter Androhung von körperlicher Misshandlung gegenüber dem Polizeibeamten, seine Ehefrau ermordet zu haben. Da die Androhung der körperlichen Gewalt eine verbotene Vernehmungsmethode darstellt (§ 136a Abs. 1 StPO), darf das Geständnis nicht verwertet werden (§ 136a Abs. 3 S. 2 StPO). Kann dem Beschuldigten die Tat nicht mit anderen Beweismitteln nachgewiesen werden, muss er vom Gericht im Ergebnis freigesprochen werden.

An diesem Beispiel zeigt sich, dass dem Ziel der Wahrheitsfindung rechtsstaatliche Grenzen gesetzt werden, die hier durch den Verstoß gegen § 136a StPO überschritten wurden. Insoweit ist nicht Ziel des Strafverfahrens, stets ein der materiellen Wahrheit entsprechendes Urteil zu finden.[11] Die Wahrheit darf nicht um jeden Preis erforscht werden.[12] Hat der Beschuldigte andererseits bei seinem Geständnis auch angegeben, wo er den Leichnam versteckt hat, so können nach h.M.[13] der Leichnam und alle Spuren, die man dort findet, als mittelbar erlangte Beweise verwertet werden. Das Ziel der materiellen Wahrheit soll in diesem Fall dem Ziel der Justizförmigkeit des Verfahrens vorgehen. Würde der rechtskräftig Freigesprochene sich wiederum gegenüber einem Dritten damit brüsten, seine Ehefrau getötet zu haben, so könnte das rechtskräftig abgeschlossene Strafverfahren gemäß § 362 Nr. 4 StPO wieder aufgenommen werden. In der Folge könnte der zunächst Freigesprochene in einem neuen Verfahren wegen der Tat verurteilt werden. Hier wird die durch den rechtskräftigen Verfahrensabschluss eingetretene Rechtskraft der Entscheidung aufgehoben und damit das Ziel des Rechtsfriedens zugunsten der Wahrheitsfindung durchbrochen. Würden hingegen nach einem rechtskräftigen Freispruch wegen des Vorwurfs des Totschlags (§ 212 StGB) neue belastende Tatsachen und Beweise auftauchen, so wäre eine Wiederaufnahme des Verfahrens zuungunsten des

10 Kritisch MüKo-*Kudlich*, Einl. Rn. 10.

11 Vgl. BVerfG 19.10.1983 – 2 BvR 859/83, NJW 1984, 428. BGH 14.06.1960 – 1 StR 683/59, BGHSt 14, 358, 365.

12 BGH 27.02.1992 – 5 StR 190/91, BGHSt 214, 220.

13 Eingehend *Eisenberg*, Rn. 714 ff.; SK-*Rogall*, § 136a Rn. 108 ff. jeweils m.w.N.

Freigesprochenen nicht möglich, da das Gesetz dies mit Blick auf das Verbot der Doppelbestrafung (Art. 103 Abs. 3 GG) nicht zulässt. Der freigesprochene Bürger darf insoweit darauf vertrauen, nicht ständig mit erneuter Strafverfolgung rechnen zu müssen. Dieser Vorrang des Rechtsfriedens wird nunmehr durch den neu gefassten[14] und heftig umstrittenen[15] § 362 Nr. 5 StPO für Fälle des Mordes (§ 211 StGB) und anderen mit lebenslanger Freiheitsstrafe bedrohten Straftaten zugunsten der Wahrheitsfindung aufgegeben. Die Beispiele zeigen, dass kein Verfahrensziel stets Vorrang vor einem anderen genießt, sondern im jeweiligen Einzelfall die drei Verfahrensziele gegeneinander abzuwägen sind und mithilfe rechtlicher Kriterien festgestellt werden muss, welches Verfahrensziel überwiegt. Hierin liegt die wesentliche Aufgabe des Strafverfahrens.[16]

## C. Strafverfahrensrecht und Polizeirecht

Während das Strafverfahrensrecht der Verfolgung und Ahndung von begangenen Straftaten dient, also repressiv ausgerichtet ist, schützt das Polizeirecht die öffentliche Sicherheit und Ordnung, indem es Gefahren abwendet und Störungen beseitigt, also präventiv ausgerichtet ist. Es wird daher auch als Gefahrenabwehrrecht bezeichnet. Im Rahmen dieser eigentlich klaren Aufgabentrennung gibt es Überschneidungen und **Abgrenzungsprobleme**. **11**

**Beispiele:**

Anordnung einer Geiselbefreiung; Befragung eines Kindesentführers, um den Aufenthaltsort des entführten Kindes zu erfahren; Durchsuchung eines vorläufig Festgenommenen zur Beweismittel- und Eigensicherung.

In der Folge muss bei diesen sog. Gemengelagen eine Dominanzentscheidung erfolgen, bei der nach h.M. auf den **Schwerpunkt des polizeilichen Handelns** abzustellen ist.[17]

**Beispiel:**

Liegt dieser bei einer Geiselnahme auf der Befreiung der Geiseln und weniger auf der Aufklärung der Straftat (§ 239b StGB), so richtet sich die Rechtsgrundlage des polizeilichen Handelns nach dem Polizeirecht.

---

14 Gesetz zur Herstellung materieller Gerechtigkeit v. 21.12.2021 (BGBl. I, S. 5552 ff.).

15 Ausführlich M-G/S-*Schmitt*, § 362 Rn. 16 ff.

16 Hierzu auch *Roxin/Schünemann*, § 1 Rn. 3.

17 Einzelheiten bei Lisken/Denninger-*Graulich*, E Rn. 178; *Zeitler/Trurnit*, Rn. 111 ff.

Da sich die meisten der zur Aufklärung von Straftaten bestehenden Maßnahmen auch zum Zwecke der Gefahrenabwehr im Polizeirecht finden, wie beispielsweise die Zwangsmaßnahmen der Identitätsfeststellung oder Durchsuchung, hat sich in der polizeilichen Ausbildung das sog. **Eingriffsrecht** als eigene Disziplin gebildet, welches die strafverfahrens- und polizeirechtlichen Maßnahmen gemeinsam behandelt und voneinander abgrenzt. Der Vorteil liegt in einer komprimierten Darstellung aller der Polizei zur Verfügung stehenden Eingriffsnormen. Der Nachteil besteht in der jeweils nur bruchstückhaften – im Wesentlichen auf die Eingriffsnormen beschränkten – Behandlung von Strafverfahrens- und Polizeirecht. Dies überzeugt unter methodischen und systematischen Gesichtspunkten nicht. Ein möglicher polizeipraktischer Mehrwert einer solchen Darstellung erschöpft sich grundsätzlich in der oben kurz skizzierten Abgrenzungsproblematik. Diese hat allerdings durch die neuere, mittlerweile gefestigte, aber kaum überzeugende Rechtsprechung des Bundesgerichtshofs zu den sog. legendierten Kontrollen[18] (s. Rn. 441) zumindest für die strafverfahrensrechtliche Praxis polizeilichen Handelns erheblich an Bedeutung verloren. Die Notwendigkeit der Abgrenzung beschränkt sich daher nunmehr wohl weitestgehend auf die Frage des Rechtsschutzes bzw. der Rechtswegzuständigkeit – Verwaltungsgerichte oder ordentliche Gerichte – gegen polizeiliche Maßnahmen.[19] Weiterhin scheinen Forderungen nach Schaffung eines sog. **Sicherheitsrechts**, welches nicht nur das Strafverfahrens- und Polizeirecht, sondern auch die sog. Nachrichtendienste umfasst, immer populärer zu werden.[20] Die hierin liegenden Gefahren einer Verschmelzung der klar voneinander zu trennenden Rechtsmaterien gilt es besonders im Blick zu behalten.

## D. Strafverfahrensrecht und Verfassungsrecht

12 Wie bereits oben erwähnt, ist Strafe die schwerste Sanktionsform des Staates gegen seine Bürger und damit der gravierendste Eingriff des Staates in die Freiheitsinteressen seiner Bürger. Die Interessen des Straftäters werden zugunsten der Interessen der Allgemeinheit – notfalls auch mit staatlicher Gewalt – zurückgestellt. Im Strafverfahren zeigt sich daher wie in keinem anderen Rechtsgebiet das jeweils geltende Verhältnis zwischen dem Staat und seinen Bürgern. Es spiegelt insoweit die Ordnungsvorstellungen des jeweiligen Staates wider

18 BGH 26.04.2017 – 2 StR 247/16, BGHSt 62, 123, 133; BGH 15.11.2017 – 2 StR 128/17, NStZ-RR 2018, 84 f.; BGH 10.06.2021 – 5 StR 377/20, juris.

19 Zur Frage des Rechtswegs BVerwG 03.12.1974 – I C 11.73 –, BVerwGE 47, 255 ff.

20 Hierzu *Roxin/Schünemann*, § 1 Rn. 14.

und wird daher zutreffend auch als **„Seismograf der Staatsverfassung“**[21] bezeichnet. Dies wird deutlich, wenn man sich beispielsweise das Strafverfahren in totalitären Staaten anschaut, wo die Machtinteressen der Staatsführung für die rechtliche Ausgestaltung und vor allem die praktische Durchführung entscheidend sind. In der Konsequenz ist das Strafverfahrensrecht der Bundesrepublik Deutschland durch die verfassungsrechtlichen Grundsätze des Grundgesetzes geprägt und insoweit **„angewandtes Verfassungsrecht“**[22]. Dies soll nicht verkennen, dass die Normen der StPO überwiegend wesentlich älter als das Grundgesetz, d.h. vorkonstitutionell, und damit natürlich gerade nicht ausschließlich verfassungsrechtlich geprägt sind. Gleichwohl hat das Verfassungsrecht entscheidenden Einfluss auf die Auslegung der StPO-Normen. Das Strafverfahrensrecht steht daher in einem **Spannungsverhältnis** zwischen einer „funktionstüchtigen Strafrechtspflege“ und den Interessen des Beschuldigten an der Wahrung seiner verfassungsmäßigen Rechte. Diese Interessengegensätze prägen die Rechtsprechung des Bundesverfassungsgerichts und der Fachgerichte zum Strafverfahrensrecht und sind daher bei vielen strafverfahrensrechtlichen Fragestellungen von großer Bedeutung.

## E. Rechtsquellen des Strafverfahrensrechts

Die Normen des Strafverfahrens bilden das Strafverfahrensrecht. Das Straf- **13**
verfahrensrecht ist nicht abschließend in einem Gesetz geregelt. Die für das Strafverfahren relevanten Normen finden sich in verschiedenen Gesetzen und Verwaltungsvorschriften, den sog. Rechtsquellen des Strafverfahrensrechts. **Primärquelle** ist dabei die Strafprozessordnung (StPO). Darüber hinaus finden sich wichtige, die StPO ergänzende Vorschriften für das Strafverfahren in vielen anderen Gesetzen und auch in Verwaltungsvorschriften, wobei regelmäßig nur einzelne Normen oder Abschnitte dieser Gesetze für das Strafverfahren relevant sind. Die Auslegung des Strafverfahrensrechts für die Praxis wird dabei maßgeblich durch die Rechtsprechung des Bundesverfassungsgerichts und des Bundesgerichtshofs bestimmt.

### I. Strafprozessordnung

Die wichtigste Quelle des Strafverfahrensrechts ist die Strafprozessordnung **14**
(StPO), die bereits als Reichsstrafprozessordnung (RStPO) zusammen mit den übrigen sog. Reichsjustizgesetzen (GVG, ZPO und KO) am 1. Oktober 1879 in

---

21 *Roxin/Schünemann*, § 2 Rn. 1.

22 MüKo-*Kudlich*, Einl. Rn. 25 m.w.N.

Kraft getreten ist.[23] Hierbei handelt es sich um ein **formelles Gesetz**. Die Grundstruktur ist – trotz der zahlreichen Novellierungen – bis heute erhalten geblieben. Die StPO besteht aus **acht Büchern**, die in ihrer Grundstruktur nach dem Ablauf des Verfahrens aufgebaut sind. Vorgeschaltet sind im ersten Buch allgemeine Vorschriften, die alle Verfahrensabschnitte und -züge betreffen, wie beispielsweise die örtliche Zuständigkeit der Gerichte und die Rechte der Verteidigung. Sodann folgt im zweiten Buch das Verfahren im ersten Rechtszug. Hier finden sich insbesondere die Regelungen zum Vorverfahren, welches auch als Ermittlungsverfahren bezeichnet wird, sowie zum Zwischen- und Hauptverfahren. Das dritte Buch beinhaltet die Rechtsmittel. Das vierte Buch behandelt die Möglichkeit der Wiederaufnahme eines bereits rechtskräftig abgeschlossenen Verfahrens. Das fünfte Buch regelt die Beteiligung des Verletzten am Verfahren. Im sechsten Buch finden sich besondere Verfahrensarten, wie das Strafbefehlsverfahren (§§ 407 ff. StPO) und das Privatklageverfahren (§§ 374 ff. StPO). Das siebte Buch behandelt schließlich die Vollstreckung des rechtskräftig gewordenen Urteils und die Frage der Verfahrenskosten. Durch das – im Wesentlichen am 01.11.2000 in Kraft getretene – StVÄG 1999 ist das achte Buch zusätzlich in die StPO eingefügt worden und enthält Vorschriften zum Umgang mit personenbezogenen Daten; so beispielsweise zur Auskunftserteilung, der sonstigen Verwendung von Informationen, zu Dateiregelungen und einem länderübergreifenden staatsanwaltschaftlichem Verfahrensregister. Eine grundsätzliche Überarbeitung und Erweiterung erfolgte 2019,[24] mit der insbesondere die Erteilung von Auskünften und die Gewährung von Akteneinsicht an Justizbehörden, sonstige Behörden, Privatpersonen und zu Forschungszwecken geregelt wurde.

## II. Gerichtsverfassungsgesetz

15 Das GVG regelt den Aufbau, die Zusammensetzung und die funktionelle sowie sachliche Zuständigkeit der Gerichte sowie die Organisation der Staatsanwaltschaft. Darüber hinaus finden sich auch Regelungen zur Frage der sog. Öffentlichkeit der Hauptverhandlung und zur Beratung und Abstimmung bei Kollegialgerichten.

---

23 RGBl. 1877, S. 253 ff.

24 Gesetz zur Umsetzung der Richtlinie (EU) 2016/680 im Strafverfahren sowie zur Anpassung datenschutzrechtlicher Bestimmungen an die VO (EU) 2016/679 v. 20.11.2019 (BGBl. I, S. 1724 ff.).

## III. Grundgesetz

16 Vor dem Hintergrund, dass Strafverfahrensrecht **„angewandtes Verfassungsrecht“**[25] ist, zeigt sich die überragende Bedeutung des Verfassungsrechts für das Strafverfahren. Aus dem Grundgesetz sind für das Strafverfahren insbesondere das Rechtsstaatsprinzip des Art. 20 Abs. 3 GG, das Sozialstaatsprinzip aus Art. 20 Abs. 1, 28 Abs. 1 S. 1 GG, die Regelungen über die Judikative in Art. 92 ff. GG, die Grundrechte aus Art. 1–19 GG sowie die sog. justiziellen Grundrechte aus Art. 101 Abs. 1, 103 und 104 GG relevant. Diese gegenüber der StPO höherrangigen Bestimmungen beeinflussen durch die Spruchpraxis des Bundesverfassungsgerichts wesentlich die verfassungskonforme Auslegung des einfachen Strafverfahrensrechts. Hierdurch werden die verfassungsrechtlichen Grenzen strafprozessualer Eingriffsbefugnisse aufgezeigt, was sich insbesondere auch in einer Stärkung der Beschuldigtenrechte zeigt. Andererseits wird aber von der verfassungs- und einfachrechtlichen Rechtsprechung gerade auch als verfassungsrechtliches Argument die „Funktionstüchtigkeit der Strafrechtspflege“ gegen den verfassungsrechtlichen Schutz der Beschuldigtenrechte hervorgehoben.

## IV. Strafgesetzbuch

17 Das Strafgesetzbuch enthält neben den materiell-rechtlichen Normen auch einige wenige Vorschriften, die zumindest nach h.M.[26] dem Strafverfahrensrecht zugeordnet werden. Hierzu zählen insbesondere die Prozessvoraussetzung des Strafantrags (§§ 77 ff. StGB) und das Prozesshindernis der Verjährung (§§ 78 ff. StGB).

## V. Jugendgerichtsgesetz

18 Das Jugendgerichtsgesetz beinhaltet sowohl materiell-rechtliche als auch verfahrensrechtliche Normen des Jugendstrafrechts. Zu letzteren zählen insbesondere die Bestimmungen über Jugendgerichte sowie die Besonderheiten des Verfahrens gegen Jugendliche und Heranwachsende. Diese Vorschriften ergänzen die Regelungen der StPO.

## VI. Sonstige Bundesgesetze

19 Darüber hinaus finden sich einzelne ergänzende strafverfahrensrechtliche Bestimmungen unter anderem in der Abgabenordnung (§§ 385 ff. AO für das

25 Vgl. BVerfG 08.03.1972 – BvR 28/71, BVerfGE 32, 373, 383.
26 Nachweise bei *Fischer*, Vorb. § 77 Rn. 4 u. § 78 Rn. 2.

Steuerstrafverfahren), der Zivilprozessordnung, der Bundesrechtsanwaltsordnung, der Justizbeitreibungsordnung, dem Bundeszentralregistergesetz, dem Deutschen Richtergesetz, dem Gerichtskostengesetz, dem Gesetz über die Entschädigung für Strafverfolgungsmaßnahmen, dem Gesetz über die internationale Rechtshilfe in Strafsachen, dem Gesetz über das Bundeskriminalamt, dem Justizvergütungs- und -entschädigungsgesetz, dem Rechtsanwaltsvergütungsgesetz und dem Ordnungswidrigkeitengesetz.

## VII. Verwaltungsvorschriften

20 Für das Strafverfahren wichtige bundeseinheitliche Verwaltungsvorschriften sind die Richtlinien für das Straf- und Bußgeldverfahren, die Mitteilungen in Strafsachen sowie die Strafvollstreckungsordnung und die Untersuchungshaftvollzugsordnung. Zu beachten ist, dass diese Vorschriften lediglich eine bundeseinheitliche Handhabung des Verfahrens durch die Justizbehörden der einzelnen Länder und des Bundes gewährleisten sollen, jedoch keine Eingriffstatbestände enthalten und nicht bindend für die Gerichte sind. Die Untersuchungshaftvollzugsordnung ist allerdings im Zuge der Neuregelung der Art. 72 ff. GG durch das Föderalismusreformgesetz vom 28.08.2006[27], welches die Gesetzgebungskompetenz für den Strafvollzug einschließlich des Untersuchungshaftvollzugs auf die Länder übertragen hat (Art. 74 Abs. 1 Nr. 1 i.V.m. Art. 70 Abs. 1 GG), durch die einzelnen Justizvollgesetze der Länder ersetzt worden, sodass der Untersuchungshaftvollzug nunmehr landesrechtlich als Gesetz geregelt ist.

## VIII. Internationales Strafverfahrensrecht

21 Im Strafverfahren wird vor deutschen Gerichten grundsätzlich deutsches Strafrecht und damit auch deutsches Strafverfahrensrecht angewandt. Jedoch sind sog. **supranationale Regelungen** zu berücksichtigen.[28] Diese bestehen in Form völkerrechtlicher Verträge mit entsprechenden Umsetzungsgesetzen, die im Rang einfachen Gesetzesrechts als deutsches Recht gelten. Wichtig für das deutsche Strafverfahrensrecht sind insoweit die Europäische Menschenrechtskonvention, das Völkerstrafverfahrensrecht und die Rechtssetzungen durch die Europäische Union.

### 1. Europäische Menschenrechtskonvention

22 Eine für das Strafverfahren wichtige Norm ist Art. 6 EMRK, der die Rechte des Angeklagten beinhaltet und dabei teilweise detailliertere Regelungen als die

27 BGBl. I, 2006, S. 2034 ff.

28 Ausführlich *Satzger*, § 2 Rn. 3.

StPO enthält. So finden sich dort ausdrücklich das Recht des Beschuldigten auf ein faires Verfahren und die Normierung der Unschuldsvermutung. Dabei steht die EMRK im Rang eines einfachen Bundesgesetzes und muss bei der Auslegung des innerstaatlichen Strafverfahrensrechts im Sinne einer **„konventionskonformen Auslegung des deutschen Strafprozessrechts“**[29] berücksichtigt werden.[30] In der deutschen Rechtspraxis gewinnt die EMRK zunehmend durch die Rechtsprechung des **Europäischen Gerichtshofs für Menschenrechte** (EGMR) an Bedeutung, dessen Judikatur für die Bundesrepublik Deutschland als Mitgliedsstaat grundsätzlich völkerrechtlich verbindlich ist.[31] So hat beispielsweise der EGMR in dem Fall „Jalloh gegen Deutschland“ entschieden, dass der Einsatz von Brechmitteln zur Überführung eines Drogenkuriers eine Verletzung u.a. von Art. 6 EMRK darstellt,[32] während das Bundesverfassungsgericht darin zuvor keine Verletzung der verfassungsrechtlich verbürgten Selbstbelastungsfreiheit (s. Rn. 123) sowie der Menschenwürde (Art. 1 Abs. 1 GG) erkannt hatte.[33] Insgesamt zeigt sich, dass der EGMR in seiner Rechtsprechung die Beschuldigtenrechte oftmals stärker betont als das Bundesverfassungsgericht und der Bundesgerichtshof.

### 2. Völkerstrafverfahrensrecht

Die Bundesrepublik Deutschland hat ein eigenes **Völkerstrafgesetzbuch** 23
(VStGB) erlassen.[34] Es dient in erster Linie der Anpassung des deutschen materiellen Strafrechts an das Römische Statut des Internationalen Strafgerichtshofs, das am 11.12.2000 von der Bundesrepublik Deutschland ratifiziert wurde.[35] Die Tatbestände des VStGB unterliegen gem. § 1 VStGB dem sog. **Weltrechtsprinzip**. Damit sind die deutschen Strafgerichte auch für alle völkerrechtlichen Verbrechen zuständig, unabhängig davon, in welchem Land sie verübt wurden. Zu beachten ist in diesem Zusammenhang § 153f StPO, der eine Einstellungsmöglichkeit vorsieht, falls kein Inlandsbezug besteht und der Tatortstaat, der Heimatstaat des Täters oder ein internationaler Gerichtshof die Verfolgung übernimmt. Von letzteren existieren zur Zeit zwei Gerichtshöfe: Zum einen der vom UN-Sicherheitsrat eingesetzte **Internationale Residualmechanismus für die Ad-hoc-Strafgerichtshöfe** (International Re-

29 BGH 25.07.2000 – 1 StR 169/00, BGHSt 46, 93, 97.

30 Vgl. auch BVerfG 26.03.1987 – 2 BvR 589/79, BVerfGE 74, 358, 370; BGH 18.11.1999 – 1 StR 221/99, BGHSt 45, 321, 328 f.

31 Hierzu *Satzger*, § 11 Rn. 124 ff.

32 EGMR 11.07.2006 – 54810/00 (Jalloh/Deutschland), NJW 2006, 3117, 3123 ff.

33 BVerfG 14.10.2004 – 2 BvR 1481/04, BVerfGE 111, 307, 323 f.

34 Gesetz zur Einführung des Völkerstrafgesetzbuches v. 26.06.2002 (BGBl. I, S. 2254 ff.).

35 MüKo/StGB-*Werle/Jeßberger*, Einl. VStGB Rn. 1.

sidual Mechanism for Criminal Tribunals, IRMCT),[36] der im Wesentlichen die Tätigkeit der 1993 bzw. 1994 eingesetzten Internationalen Strafgerichtshöfe für das ehemalige Jugoslawien (ICTY) und Ruanda (ICTR) zum Abschluss bringen soll.[37] Weiterhin der durch das Statut von Rom geschaffene **Internationale Strafgerichtshof** (IStGH) mit Sitz in Den Haag,[38] dessen Gerichtsbarkeit sich Deutschland durch die Ratifizierung des Rom-Statuts unterworfen hat.[39] Der IStGH ist zuständig für Völkermord, Verbrechen gegen die Menschlichkeit, Kriegsverbrechen und Verbrechen der Aggression.[40] Hierbei gilt der Grundsatz der **Komplementarität**, d.h. er ist nur zuständig, wenn ein Vertragsstaat nicht willens oder in der Lage ist, die Straftat zu verfolgen.[41]

### 3. Strafverfahrensrecht der Europäischen Union

24 Ein **europäisches Strafverfahren** besteht bisher ebenso wenig wie eine umfassende Kompetenz der Europäischen Union (EU) für das Strafverfahrensrecht. Die EU und ihre Mitgliedstaaten teilen sich aber die Zuständigkeit für den Raum der Freiheit, der Sicherheit und des Rechts. Dies beinhaltet gem. Art. 82 Abs. 1 u. 2, 83 AEUV die gegenseitige Anerkennung von Gerichtsurteilen und Entscheidungen und umfasst die Angleichung der Rechtsvorschriften der Mitgliedstaaten. Art. 82 Abs. 2 AEUV enthält einen strafprozessualen und Art. 83 Abs. 1 AEUV einen materiell-strafrechtlichen Zuständigkeitskatalog. Hierbei werden durch **Richtlinien** in einem ordentlichen Gesetzgebungsverfahren Mindestvorschriften festgelegt, die dann von den Mitgliedsstaaten in einfaches nationales Recht umzusetzen sind. Die davon betroffenen Bereiche des Strafverfahrensrechts sind insbesondere die Rechte des Einzelnen im Strafverfahren und die Rechte der Verletzten von Straftaten. Zusätzlich können im ordentlichen Gesetzgebungsverfahren Maßnahmen erlassen werden, um beispielsweise die Zusammenarbeit zwischen den Justizbehörden oder entsprechenden Behörden der Mitgliedstaaten im Rahmen der Strafverfolgung sowie des Vollzugs und der Vollstreckung von Entscheidungen zu erleichtern. Hierzu zählen u.a. die Europäische Beweisanordnung, der Europäische Haftbefehl (s. Rn. 292) und die gegenseitige Anerkennung von Geldbußen und Strafen.[42] Darüber hinaus sind auch neue

36 Auch als Mechanism for International Criminal Tribunals (MICT) bezeichnet.

37 Ausführlich zum ICTY und ICTR *Satzger*, § 13 Rn. 18 ff. und 29 f.

38 Ausführlich *Satzger*, § 14 Rn. 2 ff.

39 Vgl. Gesetz über die Zusammenarbeit mit dem Internationalen Strafgerichtshof v. 21.06.2002 (BGBl. I, S. 2144 ff.).

40 Kritisch zur Völkerstrafjustiz im Sinne einer „Siegerjustiz" *Roxin/Schünemann*, § 3 Rn. 29.

41 MüKo/StGB-*Werle/Jeßberger*, Einl. VStGB Rn. 2.

42 Einzelheiten bei *Ostendorf/Brüning*, § 5 Rn. 10 ff.

Behörden und Einrichtungen mit EU-weiter Zuständigkeit geschaffen worden (s. Rn. 72 u. 88).

Weiterhin enthält das ursprünglich dem Abbau von Grenzkontrollen dienende **Schengener Durchführungsübereinkommen** (SDÜ) für die Strafverfolgung relevante Normen wie die grenzüberschreitende Observation und die Nacheile sowie Regelungen zur Rechtshilfe. Auch gilt ein Verbot der Doppelbestrafung dahin gehend, dass derjenige, der in einem Schengen-Staat rechtskräftig abgeurteilt wurde, nicht in einem anderen Schengen-Staat wegen derselben Tat verfolgt und abgeurteilt werden kann (vgl. Art. 54 SDÜ), wobei die Auslegung der Begriffe „rechtskräftige Aburteilung" und „derselben Tat" umstritten ist.[43] Wichtig für die transnationale Strafverfolgung ist das **Schengener Informationssystem** (SIS; §§ 92 ff. SDÜ). Hierdurch werden Ausschreibungen, die der Suche von Personen oder Sachen dienen, für einen Abruf im automatisierten Verfahren bereitgestellt. Die Koordination erfolgt über die nationalen Kontaktstellen (Supplementary Information Request at the National Entry – SIRENE). Dies ist in Deutschland das Bundeskriminalamt. 25

## IX. Judikatur des Bundesverfassungsgerichts und des Bundesgerichtshofs

Die Judikatur des Bundesverfassungsgerichts und des Bundesgerichtshofs stellen zwar keine Rechtsquellen im technischen Sinn dar, haben aber wesentlichen Einfluss auf die **Auslegung des Strafverfahrensrechts** für die Praxis. Die schon oben erwähnte Bedeutung des Bundesverfassungsgerichts für die verfassungskonforme Auslegung des einfachen Strafverfahrensrechts und die Bestimmung verfassungsrechtlicher Grenzen strafprozessualer Eingriffsbefugnisse zeigt sich insbesondere in der Rechtsprechung zum Verhältnismäßigkeitsprinzip. Der Bundesgerichtshof hat mit einer über die Jahrzehnte ausgebildeten ständigen Rechtsprechung gerade zu den nicht explizit im geschriebenen Recht geregelten Verfahrensfragen, wie beispielsweise den Beweisverwertungsverboten, sog. **Richterrecht** entwickelt. Dies ist im Verfahrensrecht – im Unterschied zum materiellen Strafrecht (Art. 103 Abs. 2 GG) – möglich und auch notwendig. Das Richterrecht repräsentiert insoweit **Gewohnheitsrecht**.[44] 26

43 Hierzu *Ostendorf/Brüning*, § 5 Rn. 18 f. m.w.N.; kritisch *Roxin/Schünemann*, § 3 Rn. 20.

44 *Rüping*, Rn. 14.

## F. Gang des Strafverfahrens im Überblick

27 Das Strafverfahren gliedert sich in **fünf Abschnitte**: Ermittlungsverfahren (§§ 151 ff., 170 StPO), Zwischenverfahren (§§ 199 ff. StPO), Hauptverfahren (§§ 213 ff., 226 ff., 260 StPO), Rechtsmittelverfahren (§§ 296 ff. StPO) und Vollstreckungsverfahren (§§ 449 ff. StPO). Im Folgenden wird ein knapper Abriss über den Ablauf dieser fünf Abschnitte gegeben und abschließend werden die Verfahrensschwerpunkte kurz erläutert.

### I. Ermittlungsverfahren

28 Das Ermittlungsverfahren beginnt mit dem **Anfangsverdacht** (§ 152 Abs. 2 StPO) und wird von der Staatsanwaltschaft geführt, wobei ein Großteil der Ermittlungsarbeit durch die Polizei geleistet wird. Inhaltlich muss durch Staatsanwaltschaft und Polizei sowie ggf. den Ermittlungsrichter ermittelt werden, ob wegen einer Straftat genügender Anlass zur Erhebung einer Anklage (§ 170 Abs. 1 StPO), d.h. ein **hinreichender Tatverdacht** gegen einen Beschuldigten, besteht oder nicht. Mit dieser Entscheidung durch die Staatsanwaltschaft endet das Ermittlungsverfahren. Bei negativer Entscheidung wird das Verfahren eingestellt (§ 170 Abs. 2 StPO). Fällt die Entscheidung positiv aus, ergeht – falls nicht aus anderen Gründen (z.B. §§ 153, 153a StPO) das Strafverfahren eingestellt wird – ein Antrag an das zuständige Gericht auf Erlass eines Strafbefehls oder aber auf Eröffnung des Hauptverfahrens (Anklage).

### II. Zwischenverfahren

29 Das Zwischenverfahren (§§ 199 ff. StPO) beginnt mit dem Eingang der Anklageschrift bei dem für die Hauptsache zuständigen Gericht. Das Gericht prüft nunmehr, ob die Anklage einen hinreichenden Tatverdacht begründet (§ 203 StPO). Bei positiver Entscheidung erfolgt ein **Eröffnungsbeschluss**, bei negativer ein **Einstellungsbeschluss**. Gegen den Einstellungsbeschluss kann die Staatsanwaltschaft sofortige Beschwerde einlegen (§ 210 Abs. 2 StPO). Ob das Hauptverfahren mit Hauptverhandlung durchgeführt wird, entscheidet also nicht die Staatsanwaltschaft durch die Anklageerhebung, sondern das Gericht selbst.

### III. Hauptverfahren

30 Mit dem Eröffnungsbeschluss beginnt das Hauptverfahren. Dieses gliedert sich in die Vorbereitung der Hauptverhandlung (§§ 212 ff. StPO) und die Durchführung derselben (§§ 226 ff. StPO). Zur Vorbereitung zählen insbesondere Terminierung, Ladung der Verfahrensbeteiligten, Sachverständigen und

Zeugen. Die Hauptverhandlung selbst kann aus einem Sitzungstermin oder – bei umfangreicheren Sachen – auch aus mehreren Einzelterminen bestehen. Der **Ablauf einer Hauptverhandlung** bis zum Beginn der Beweisaufnahme ist in § 243 StPO festgelegt. Sie ist in der Regel öffentlich (§ 169 GVG) und beginnt mit dem **Aufruf der Sache**. Sodann prüft der Vorsitzende, ob alle Verfahrensbeteiligten sowie Zeugen und ggf. Sachverständige anwesend und die weiteren Beweismittel herbeigeschafft sind. Es folgt die **Vernehmung des Angeklagten** zur Person, danach die Verlesung der Anklageschrift durch die Staatsanwaltschaft. Ist der Angeklagte zur Äußerung bereit, folgt seine Einlassung. Im Anschluss beginnt die **Beweisaufnahme** (§§ 244 ff. StPO) als Kernstück der Hauptverhandlung. An die Beweisaufnahme schließen sich die **Plädoyers** an (§ 258 Abs. 1 u. 2 StPO). Das letzte Wort hat der Angeklagte (§ 258 Abs. 3 StPO). Dann folgt die **geheime Beratung und Abstimmung** des Gerichts (§§ 192 ff. GVG, § 263 StPO). Nach Wiedereintritt verliest der Vorsitzende die zuvor schriftlich fixierte Urteilsformel und begründet sodann das **Urteil** mündlich (§§ 260, 268 StPO). Die Hauptverhandlung schließt mit der Belehrung des Verurteilten über die Rechtsmittel (§ 35a StPO). Damit endet das sog. **erstinstanzliche Erkenntnisverfahren**.

## IV. Rechtsmittelverfahren

Wird gegen das Urteil ein Rechtsmittel – **Berufung** (§§ 312 ff. StPO) oder 31
**Revision** (§§ 333 ff. StPO) – eingelegt, beginnt das Rechtsmittelverfahren. Findet keine Rechtsmitteleinlegung statt oder sind die Rechtsmittelverfahren erfolglos geblieben, so wird das Urteil rechtskräftig.

## V. Vollstreckungsverfahren

Mit **Rechtskraft des Urteils** beginnt das Vollstreckungsverfahren (§§ 449 ff. 32
StPO), das nicht vom Gericht, sondern von der Staatsanwaltschaft durchgeführt wird (§ 451 StPO). Dies dient der Durchsetzung der im Urteil ausgesprochenen Sanktionen, wie beispielsweise der Zahlung einer Geldstrafe oder der Verbüßung einer Freiheitsstrafe. Hierzu zählt auch der Vollzug einer Maßregel der Besserung und Sicherung (§§ 61 ff. StGB) oder die Durchsetzung sonstiger Anordnungen, wie z.B. eine Einziehung oder ein Fahrverbot.[45]

## VI. Verfahrensschwerpunkte

Von den Normen der StPO aus betrachtet, liegt der Schwerpunkt eindeutig auf 33
der Hauptverhandlung, da dort die Beweisaufnahme stattfindet und das Urteil

45 M-G/S-*Schmitt*, Einl. Rn. 66.

gefunden wird. Alles, was zeitlich vor der Hauptverhandlung liegt, dient insoweit nur ihrer Vorbereitung. Daher wird das Ermittlungsverfahren in der StPO auch zumeist als Vorverfahren bezeichnet. Gleichwohl werden der Sachverhalt und die ihm zugrunde liegenden Beweismittel im Vorverfahren ermittelt. Diese Ermittlungsergebnisse bilden die Grundlage für das Hauptverfahren. Defizite bei den Ermittlungen können dabei meist im Hauptverfahren nicht mehr korrigiert werden. Die Verfahrensbeteiligten kennen aus den Prozessakten die Erkenntnisse des Ermittlungsverfahrens und haben sich insoweit bereits eine Meinung gebildet. Das führt zu dem sog. **Perseveranz- oder Inertia-Effekt**, d.h. einer unbewussten „Suche" nach Bestätigung der Anklage, während dagegensprechende neue Erkenntnisse tendenziell kritischer betrachtet werden.[46] Dies trifft auch auf das Gericht der Hauptsache zu, da der Vorsitzende des späteren Hauptverfahrens bereits im Zwischenverfahren mittels der ihm von der Staatsanwaltschaft vorgelegten Ermittlungsakte über die Zulassung der Anklage zur Hauptverhandlung bzw. die Eröffnung der Hauptverhandlung entscheiden muss. Eröffnet er das Hauptverfahren, so muss er zuvor zu dem Ergebnis gekommen sein, dass mehr für als gegen eine Verurteilung des Beschuldigten spricht. Die Weichenstellung für den Ausgang der Hauptverhandlung erfolgt somit in der Praxis oftmals bereits im Ermittlungsverfahren. In der Folge ist die praktische Bedeutung des Ermittlungsverfahrens wesentlich größer, als es der Normaufbau in der StPO vermuten lässt.

## G. Die Verdachtsgrade im Überblick

34 Im Strafverfahren werden bis zum Urteil alle Maßnahmen aufgrund eines Verdachts getroffen. Erst wenn das Gericht sich am Ende der Hauptverhandlung eine Überzeugung vom Tathergang gebildet hat (§ 261 StPO), gibt es eine Sicherheit oder Gewissheit. Insofern ist der Verdacht ein zentraler Begriff des Strafverfahrens.[47] Dabei sind **drei Verdachtsgrade** zu unterscheiden, die im Folgenden kurz vergleichend dargestellt werden. Die Einzelheiten finden sich dort, wo die jeweiligen Verdachtsgründe thematisch verortet sind.

### I. Anfangsverdacht

35 Der Anfangsverdacht ist notwendig, um ein Ermittlungsverfahren einzuleiten (§§ 160 Abs. 1, 152 Abs. 2 StPO). Er erfordert eine auf konkrete Tatsachen und kriminalistische Erfahrung, aber nicht nur auf Vermutungen oder kriminalisti-

46 Ausführlich MüKo-*Gaede*, § 239 Rn. 3; *Schünemann*, StV 2000, 159 ff. jeweils m.w.N.

47 *Volk/Engländer*, § 8 Rn. 3.

sche Hypothesen,[48] gestützte **Möglichkeit**, dass eine verfolgbare Straftat begangen worden ist.[49] Dabei kann sich der Anfangsverdacht gegen **Unbekannt** oder gegen eine **konkrete Person** als Täter oder Teilnehmer richten. Er stellt die schwächste Form des Tatverdachts dar und wird daher auch als **einfacher Tatverdacht** bezeichnet. Da kein Ermittlungsverfahren ohne Begründung eines Anfangsverdachts geführt werden kann, ist dieser auch notwendige Mindestvoraussetzung für alle Zwangsmaßnahmen im Strafverfahren.

## II. Hinreichender Tatverdacht

Der hinreichende Tatverdacht ist Voraussetzung für die Anklageerhebung 36
und die Eröffnung des Hauptverfahrens (§§ 170 Abs. 1, 203 StPO). Er erfordert eine **Wahrscheinlichkeit** dafür, dass der Beschuldigte eine Straftat begangen hat und dafür auch verurteilt werden wird.[50] Beurteilungsbasis sind die abschließenden Ergebnisse des Ermittlungsverfahrens. Im Sinne einer **Prognose** müssen diese Ermittlungsergebnisse also mehr für als gegen eine Verurteilung sprechen.

## III. Dringender Tatverdacht

Der **dringende Tatverdacht** ist Voraussetzung für einige Zwangsmaßnahmen, 37
die besonders intensiv in Grundrechte eingreifen. Hierzu zählen insbesondere die freiheitsentziehenden Maßnahmen, wie Untersuchungshaft (§ 112 Abs. 1 S. 1 StPO) und vorläufige Festnahme (§ 127 Abs. 2 StPO). Hierbei muss aufgrund konkreter Anhaltspunkte eine **große (hohe) Wahrscheinlichkeit** dafür bestehen, dass der Beschuldigte als Täter oder Teilnehmer eine rechtswidrige Straftat schuldhaft begangen hat.[51] Der Tatverdacht muss also stärker sein als beim hinreichenden Tatverdacht. Zu berücksichtigen ist aber, dass sich der hinreichende Tatverdacht stets auf Grundlage der abgeschlossenen Ermittlungen und damit einer breiten Beurteilungsbasis ergeben muss, während der dringende Tatverdacht auf Basis des gegenwärtigen, häufig noch unvollständigen Ermittlungsstandes beurteilt wird, der sich ändern kann. Die Annahme des dringenden Tatverdachts setzt also keineswegs voraus, dass auch der hinreichende Tatverdacht feststeht.[52] Nur im Zeitpunkt der Anklageerhebung muss der dringende Tatverdacht stärker sein als der hinreichende Tatverdacht.[53]

---

48 *Soiné*, S. 33 f. m.w.N.

49 BVerfG 08.03.2004 – 2 BvR 27/04, NStZ-RR 2004, 206, 207 f.

50 KK-*Moldenhauer*, § 170 Rn. 4.

51 BVerfG 12.09.1995 – 2 BvR 2475/94, NJW 1996, 1049, 1050.

52 M-G/S-*Schmitt*, § 112 Rn. 6.

53 KK-*Graf*, § 112 Rn. 6.

## H. Die Verfahrensprinzipien

### I. Allgemeines

38 Um ein rechtsstaatliches Verfahren zu gewährleisten, existiert eine Vielzahl von sog. Verfahrensprinzipien. Es handelt sich um **Grundsätze des Strafverfahrens**, die auch als **Prozessmaximen** bezeichnet werden. In ihrem Zusammenspiel bilden sie die Grundlage des deutschen Strafverfahrens und seiner oben beschriebenen Aufgaben und Ziele. Für das Ermittlungsverfahren – aber keineswegs ausschließlich dafür – sind als wichtige Prozessmaximen zu nennen das Legalitätsprinzip (Verfolgungs- und Anklagezwang), das Offizialprinzip (Strafverfolgung durch den Staat), das Instruktionsprinzip (Untersuchungsgrundsatz), das Akkusationsprinzip (Anklagegrundsatz) sowie auch das Beschleunigungsgebot. Weiterhin bestehen spezifische Prinzipien zur Ausgestaltung der Hauptverhandlung. Hierzu zählen insbesondere der Grundsatz des rechtlichen Gehörs, der Unmittelbarkeitsgrundsatz, der Mündlichkeitsgrundsatz, der Öffentlichkeitsgrundsatz sowie die freie Beweiswürdigung mit ihren Bezügen zum Grundsatz „in dubio pro reo“ („im Zweifel für den Angeklagten“) und die gerichtliche Fürsorgepflicht. Für die richterliche Tätigkeit von entscheidender Bedeutung ist auch die richterliche Unabhängigkeit. Weiterhin prägend für das gesamte Strafverfahren sind der Grundsatz des gesetzlichen Richters, das nemo-tenetur-Prinzip (Verbot des Zwangs zur Selbstbelastung), der Fair-trial-Grundsatz (Gebot des fairen Verfahrens), die Unschuldsvermutung, die Rechtsweggarantie sowie auch das Recht auf Unterstützung durch einen Verteidiger und das Verhältnismäßigkeitsprinzip[54].

39 Diese Grundsätze des Strafverfahrens sind nur teilweise gesetzlich normiert, wie beispielsweise die Grundsätze des gesetzlichen Richters (Art. 101 Abs. 1 S. 2 GG) und des rechtlichen Gehörs (Art. 103 Abs. 1 GG), das Offizial- (§ 152 Abs. 1 StPO) und das Legalitätsprinzip (§ 152 Abs. 2 StPO) oder der Grundsatz der freien Beweiswürdigung (§ 261 StPO). Andere lassen sich aus Einzelvorschriften ableiten, wie z.B. der Grundsatz der Mündlichkeit aus §§ 261, 264 StPO, oder aber sie ergeben sich aus dem Gesamtzusammenhang, wie die richterliche Fürsorgepflicht. Dabei gelten die Grundsätze zum Teil ausnahmslos, während viele auch Ausnahmeregelungen enthalten. Beispielsweise wird das Legalitätsprinzip durch das Opportunitätsprinzip (vgl. §§ 153 ff. StPO) beschränkt. Einzelheiten zu den einzelnen Verfahrensprinzipien werden jeweils dort behandelt, wo sie ihre entscheidende bzw. größte Relevanz

54 Letztere werden überwiegend nicht zu den „klassischen“ Verfahrensprinzipien gezählt; vgl. etwa die Auflistung bei *Roxin/Schünemann*, § 10 Rn. 1.

für das Strafverfahren haben. Das kann sowohl einen Verfahrensabschnitt als auch die Verfahrensbeteiligten betreffen. Wegen seiner grundsätzlichen Bedeutung für das gesamte Strafverfahren werden jedoch bereits hier vorab der Fair-trial-Grundsatz, die Unschuldsvermutung, der Verhältnismäßigkeits- und der Beschleunigungsgrundsatz dargestellt.

## II. Fair-trial-Grundsatz

Hergeleitet wird der Fair-trial-Grundsatz aus dem **Rechtsstaatsprinzip** 40
(Art. 20 Abs. 3 GG)[55] oder aber einer Gesamtschau der Art. 1 Abs. 1, 2 Abs. 2 S. 2, 20 Abs. 3, 101 Abs. 1 S. 2, 103 Abs. 1 GG, Art. 6 Abs. 1 S. 1 EMRK.[56] Die StPO enthält bereits zahlreiche konkrete Rechte, die ein **faires Verfahren** gewährleisten sollen, wie beispielsweise das Recht auf Verteidigung, die Aussagefreiheit des Beschuldigten, die verbotenen Vernehmungsmethoden sowie zahlreiche Belehrungsvorschriften. Die eigenständige Bedeutung dieses Grundsatzes liegt insoweit in einer Art **„Waffengleichheit“** im Sinne einer Verfahrensbalance zwischen dem Beschuldigten und den Strafverfolgungsbehörden.[57] Dies bedeutet aber nicht eine Gleichheit der Rechte, sondern eine Ausbalancierung unter Berücksichtigung der unterschiedlichen Verfahrensrollen.[58] Der Beschuldigte muss die Möglichkeit haben, die strukturell bedingte Übermacht der Strafverfolgungsbehörden auszugleichen, indem er die Chance erhält, die gegen ihn vorliegenden Beweise zu analysieren und zu kontern.[59]

**Beispiele:**

Ein Verstoß gegen den Fair-trial-Grundsatz liegt vor, wenn der Beschuldigte über die wahren Gründe seiner Festnahme getäuscht[60] oder durch einen Polizeispitzel als Zellengenosse staatlich ausgeforscht wird[61].

55 BGH 23.05.1984 – 1 StR 148/84, BGHSt 32, 345, 350; BGH 18.04.1990 – 3 StR 252/88, BGHSt 37, 10, 13.

56 BVerfG 22.12.2000 – 2 BvR 591/00, NJW 2001, 2245.

57 BVerfG 30.06.2014 – 2 BvR 792/11, NJW 2014, 2563.

58 M-G/S-*Schmitt*, Einl. Rn. 88.

59 *Roxin/Schünemann*, § 11 Rn. 7.

60 BGH 11.02.2010 – 4 StR 436/09, StV 2010, 285.

61 EGMR 05.11.2002 – 48539/99 (Allan/Vereinigtes Königreich), StV 2003, 257, 258 ff.; BGH 28.04.1987 – 5 StR 666/86, BGHSt 34, 362.

## III. Unschuldsvermutung

41 Die Unschuldsvermutung ist u.a. in Art. 6 Abs. 2 EMRK verankert und folgt verfassungsrechtlich aus dem Rechtsstaatsprinzip (Art. 20 Abs. 3 GG).[62] Danach gilt jede Person solange als unschuldig, bis ihre Schuld durch eine rechtskräftige Entscheidung nachgewiesen ist.[63] Dabei darf man, beispielsweise aufgrund stark belastender Indizien, durchaus die Vermutung haben, dass jemand einer Straftat schuldig ist. Jedoch darf man ihn deshalb nicht wie einen Schuldigen behandeln. Die Unschuldsvermutung legt die Grenze der Belastbarkeit des Beschuldigten fest[64] und verbietet, gegen einen Beschuldigten Maßnahmen zu treffen, die Schuld voraussetzen. Demgegenüber sind Maßnahmen, die auf einem Tatverdacht beruhen, zulässig, da diese ja gerade dazu dienen, die Tat aufzuklären und ggf. auch die Schuld nachzuweisen.

**Beispiele:**

Strafhaft gegen einen Beschuldigten – ohne ein rechtskräftiges Urteil – verstößt gegen die Unschuldsvermutung. Untersuchungshaft setzt hingegen lediglich u.a. einen dringenden Tatverdacht voraus und dient der Durchführung des Strafverfahrens.

Lässt sich am Ende des Strafverfahrens die Schuld nicht nachweisen oder stellt sich die Unschuld heraus, dann bleiben die im Ermittlungsverfahren aufgrund einer Verdachtslage getroffenen Maßnahmen, beispielsweise eine Wohnungsdurchsuchung oder eine vorläufige Festnahme, trotzdem rechtmäßig.

## IV. Verhältnismäßigkeitsgrundsatz

42 Der Grundsatz der Verhältnismäßigkeit und das Übermaßverbot haben **Verfassungsrang**[65] und gelten auch im Strafverfahren.[66] Mit **Übermaßverbot** ist gemeint, dass der jeweilige Eingriff den Betroffenen nicht übermäßig belasten darf. Er muss also hinsichtlich Anordnung, Vollziehung und Dauer begrenzt werden, damit er dem Betroffenen zumutbar ist.[67] Daher erfordern Grundrechtseingriffe der Strafverfolgungsbehörden stets einen **legitimen Zweck**.

---

62 BVerfG 04.02.1959 – 1 BvR 197/53; BVerfGE 35, 311, 320; BVerfG 26.03.1987 – 2 BvR 589/79, BVerfGE 74, 358, 371.

63 BVerfG 29.05.1990 – 2 BvR 254/88, BVerfGE 82, 106, 114 f. m.w.N.; vgl. BVerfG 15.03.2004 – 2 BvR 406/03, NJW 2004, 3030, 3031.

64 *Volk/Engländer*, § 8 Rn. 4.

65 BVerfG 08.10.1985 – 2 BvR 1150/80, NJW 1986, 767, 769.

66 Vgl. BVerfG 25.07.2003 – 2 BvR 153/03, NJW 2003, 2897, 2899.

67 BVerfG 24.05.1977 – 2 BvR 988/75, BVerfGE 44, 353, 373; BVerfG 08.02.1983 – 1 BvL 20/81, BVerfGE 63, 131, 144.

Hierzu zählt grundsätzlich jedes öffentliche Interesse, das verfassungsrechtlich nicht ausgeschlossen ist.[68] Das **Mittel** zum Erreichen des eingesetzten Zwecks muss dabei immer geeignet, erforderlich und angemessen sein.[69] Die StPO enthält keine Norm, in der dieser Grundsatz allgemein geregelt ist. Zwangsmaßnahmen dürfen aber stets nur unter Beachtung dieser Prinzipien angeordnet werden. Verdeckte Zwangsmaßnahmen greifen besonders intensiv in Grundrechte ein. Sie sind daher nur unter erhöhten materiell-rechtlichen Voraussetzungen, wie beispielsweise dem Tatverdacht einer schweren, in einem Straftatenkatalog abschließend aufgeführten Straftat zulässig (z.B. § 100a Abs. 2 StPO). Dies stellt letztlich eine gesetzliche Konkretisierung der Verhältnismäßigkeit dar.

**Geeignet** ist eine Maßnahme, wenn mit ihr der angestrebte Erfolg erreicht **43**
werden kann. **Erforderlich** bedeutet, dass kein milderes Mittel zur Verfügung steht, um den mit der Maßnahme angestrebten Erfolg zu erzielen. Es ist also stets das geeignete Mittel zu wählen, das den Betroffenen am geringsten beeinträchtigt. Bei verdeckten Zwangsmaßnahmen ist die Erforderlichkeit in Form sog. Subsidiaritätsklauseln im Gesetz besonders geregelt.

**Beispiele:**

§§ 100a Abs. 1 S. 1 Nr. 3, 100b Abs. 1 S. 1 Nr. 3, 100c Abs. 1 S. 1 Nr. 3 oder 163f Abs. 1 S. 2 StPO.

**Angemessenheit** (Verhältnismäßigkeit i.e.S.) bedeutet, dass die Schwere der Einbuße an grundrechtlich geschützten Interessen in einem angemessenen Verhältnis zu dem erstrebten Erfolg der Maßnahme steht,[70] wobei insbesondere auch die Stärke des Tatverdachts und die Schwere des Tatvorwurfs zu berücksichtigen sind.[71]

**Beispiel:**

Die Anordnung der Entnahme von Gehirn- und Rückenmarksflüssigkeit (Liquorentnahme), um den Verdacht einer Nervenkrankheit und damit ggf. einer verminderten Schuldfähigkeit zu klären, ist in einem Verfahren wegen Körperverletzung (§ 223 Abs. 1 StGB), bei dem lediglich eine Geldstrafe zu erwarten ist, unverhältnismäßig.[72]

---

68 *Trurnit*, Rn. 15.

69 BVerfG 20.06.1984 – 1 BvR 1494/78, BVerfGE 67, 157, 173; BVerfG 12.03.2003 – 1 BvR 330/96, BVerfGE 107, 299, 316 f.

70 BVerfG 12.03.2003 – 1 BvR 330/96, BVerfGE 107, 299, 316 f.

71 Hierzu M-G/S-*Schmitt*, Einl. Rn. 22.

72 BVerfG 10.06.1963 – 1 BvR 790/58, BVerfGE 16, 194, 198 ff.

## V. Beschleunigungsgrundsatz

44 Das Gebot der beschleunigten Durchführung des Strafverfahrens ergibt sich aus Art. 5 Abs. 3 S. 2, 6 Abs. 1 S. 1 EMRK und dem Rechtsstaatsprinzip (Art. 20 Abs. 3 GG)[73]. Eine Verfahrensdurchführung **ohne vermeidbare Verzögerungen** erfüllt am besten das Ziel der Wahrheitsermittlung[74] und dient der Wiederherstellung des Rechtsfriedens.[75]

**Beispiele:**

Je geringer der zeitliche Abstand einer Zeugenvernehmung zur Tat ist, desto besser kann der Zeuge sich in der Regel an seine Beobachtung erinnern; eine mögliche Strafe für den Beschuldigten ist strafrechtlich zweckmäßiger, wenn seit der Tat nicht zu viel Zeit vergangen ist.

Daher müssen alle Möglichkeiten der Beschleunigung genutzt werden, sofern dadurch nicht andere Verfahrensprinzipien unangemessen zurückgedrängt werden. Darüber hinaus soll dem Beschuldigten sowie auch dem Verletzten eine unzumutbar lange psychische Belastung durch das Strafverfahren erspart werden.[76] Besondere Bedeutung kommt diesem Aspekt bei sog. **Haftsachen** zu, da bei einer freiheitsentziehenden Maßnahme wie der Untersuchungshaft das Strafverfahren eine besonders erhebliche Belastung für den Beschuldigten darstellt und daher das „Gebot besonderer Beschleunigung" gilt.[77] Grundsätzlich ist mit Beschleunigung dabei nicht ein – oftmals – mit der Beschneidung von Rechten einhergehender „kurzer Prozess" gemeint, sondern, dass das Verfahren ohne sachlich nicht bedingte Verzögerungen möglichst zügig und stringent durchgeführt wird.[78] Ob die Dauer eines Strafverfahrens noch angemessen ist, darf nicht abstrakt bestimmt werden, sondern hängt von den Umständen des Einzelfalles ab.

**Beispiel:**

Ein kompliziertes Wirtschaftsstrafverfahren mit umfangreichen Ermittlungen oder ein Mordverfahren mit mehreren Angeklagten und 60 Zeugen dauert naturgemäß wesentlich länger als ein Strafverfahren wegen eines Ladendiebstahls oder einer Trunkenheitsfahrt.

73 BVerfG 12.01.1983 – 2 BvR 864/81, BVerfGE 63, 45, 69; BVerfG 21.06.2006 – 2 BvR 750/06, BVerfG NStZ 2006, 680, 681.

74 BVerfG 26.05.1981 – 2 BvR 215/81, BVerfGE 57, 250, 279.

75 Vgl. BVerfG 21.06.2006 – 2 BvR 750/06, BVerfG NStZ 2006, 680, 681.

76 BGH 22.10.1975 – 1 StE 1/74, BGHSt 26, 228, 232 f.

77 *Schroeder/Verrel*, Rn. 350.

78 MüKo-*Fischer*, Einl. Rn. 30.

## I. Die Prozessvoraussetzungen

Prozessvoraussetzungen, die auch als **Verfahrensvoraussetzungen** bezeichnet werden, sind notwendige Bedingungen, damit in der Strafsache selbst ein Urteil (sog. **Sachurteil)** zulässig ist, d.h. eine Verurteilung oder ein Freispruch erfolgen kann.[79] Beim Fehlen einer Prozessvoraussetzung liegt ein **Prozesshindernis**, auch als Verfahrenshindernis bezeichnet, vor. In der Folge darf keine Entscheidung in der Sache ergehen und das Strafverfahren muss durch Einstellung beendet werden. In der Konsequenz müssen Prozessvoraussetzungen daher in jedem Verfahrensstadium von Amts wegen geprüft werden. Fehlt eine Prozessvoraussetzung im Ermittlungsverfahren, stellt die Staatsanwaltschaft das Verfahren nach § 170 Abs. 2 StPO ein. Im Zwischenverfahren beschließt das Gericht, das Hauptverfahren nicht zu eröffnen. Im Hauptverfahren erfolgt die Einstellung vor bzw. außerhalb der Hauptverhandlung durch Beschluss gem. § 206a StPO und während der Hauptverhandlung durch ein **Prozessurteil** – ohne inhaltliche Entscheidung über den Anklagevorwurf – gem. § 260 Abs. 3 StPO.[80] **45**

**Wichtige Prozessvoraussetzungen** sind die sachliche und örtliche Zuständigkeit des Gerichts, ein wirksamer Strafantrag bei absoluten Antragsdelikten sowie die Strafmündigkeit (§ 19 StGB) und die Verhandlungsfähigkeit des Beschuldigten. Ist die Tat verjährt (§§ 78 ff. StGB) oder der Beschuldigte verstorben, stellt dies Prozesshindernisse dar; ebenso wenn die Strafklage durch eine rechtskräftige Entscheidung in derselben Sache verbraucht (vgl. Art. 103 Abs. 3 GG) oder das Verfahren bereits bei einem anderen Gericht rechtshängig ist. Auch eine unzulässige Tatprovokation durch einen polizeilichen Lockspitzel (s. Rn. 568 f.) führt nach neuerer Rechtsprechung des Bundesgerichtshofs zu einem Prozesshindernis.[81] **46**

---

79 BGH 31.10.1989 – 1 StR 501/89, BGHSt 36, 294, 295.

80 Ausführlich zu den Prozessvoraussetzungen *Volk/Engländer*, § 14 Rn. 1 ff.

81 BGH 10.06.2015 – 2 StR 97/14, BGHSt 60, 276, 282 f.; BGH 16.12.2021 – 1 StR 197/21, NStZ 2023, 243, 246.

# 2. KAPITEL Die Verfahrensbeteiligten

## A. Begriff

Verfahrensbeteiligter ist, wer durch eigene Willenserklärungen gestaltend als **Prozesssubjekt** am Verfahren mitwirkt.[82] Nicht zu den Verfahrensbeteiligten zählen daher Zeugen und Sachverständige, die als personelle Beweismittel zwar Rechte und Pflichten haben, aber nicht gestaltend mitwirken. Auch das Gericht ist i.e.S. eigentlich kein Verfahrensbeteiligter, da es als Träger des Verfahrens gegenüber den anderen am Verfahren Beteiligten eine Sonderstellung einnimmt.[83] Im weiteren Sinne wird es jedoch sehr wohl dazu gezählt. Zu diesen Verfahrensbeteiligten i.w.S. zählen Gericht, Staatsanwaltschaft und Polizei, Verteidiger, Beistand, Beschuldigter und der Verletzte des Strafverfahrens. 47

## B. Das Gericht

### I. Stellung

Das zentrale Organ im Strafverfahren ist das Gericht als **Träger des Verfahrens**. 48
Seine zentrale Stellung betrifft nicht nur das Hauptverfahren, sondern auch das von der Staatsanwaltschaft beherrschte Ermittlungsverfahren. So besteht für schwerwiegende Ermittlungshandlungen ein **Richtervorbehalt**. Auch führen richterliche Mitwirkungen, wie z.B. richterliche Vernehmungen, dazu, dass Beweismittel leichter in die Hauptverhandlung eingeführt werden können (z.B. § 254 StPO). Bezogen auf das gerichtliche Verfahren ist das Gericht insbesondere für die Zulassung der Anklage und die Eröffnung des Hauptverfahrens (§ 207 StPO), die Leitung der Hauptverhandlung (§ 238 StPO), die Erhebung und Würdigung der Beweise (§§ 244 Abs. 2, 261 StPO) und das Urteil in der Schuld- und Straffrage (§§ 264, 267 Abs. 3 StPO) zuständig.

### II. Berufsrichter und Schöffen

Die rechtsprechende Gewalt wird durch Berufsrichter und ehrenamtliche Richter ausgeübt (§ 1 DRiG). Letztere werden im Strafverfahren als Schöffen bezeichnet (§ 45a DRiG).

---

82 M-G/S-*Schmitt*, Einl. Rn. 70 f.

83 *Kühne*, Rn. 108.

### 1. Berufsrichter

49 Berufsrichter müssen die **Befähigung zum Richteramt** besitzen. Erforderlich hierfür ist ein rechtswissenschaftliches Studium an einer Universität, in der Regel[84] ein anschließender Vorbereitungsdienst (sog. Referendariat) sowie die jeweils Studium und Vorbereitungsdienst abschließenden beiden juristischen Staatsexamina, die erfolgreich bestanden werden müssen (§§ 5 ff. DRiG). Für die Berufung ins Richteramt mittels Ernennung durch Aushändigung einer Urkunde (§ 17 Abs. 1 u. 2 Nr. 1 DRiG) ist weiterhin erforderlich, dass der Richter Deutscher i.S.v. Art. 116 GG ist, die Gewähr dafür bietet, jederzeit für die freiheitliche demokratische Grundordnung i.S.d. Grundgesetzes einzutreten und über die erforderliche soziale Kompetenz verfügt (§ 9 DRiG). Dabei können Richter auf Lebenszeit, auf Zeit, auf Probe oder kraft Auftrags berufen werden (§ 8 DRiG), wobei der Regelfall die Ernennung auf Probe für drei Jahre mit einer anschließenden Ernennung auf Lebenszeit ist (vgl. § 10 Abs. 1 DRiG).

### 2. Schöffen

50 Schöffen sind sog. **ehrenamtliche Laienrichter**, die die Beteiligung des Volkes an der Rechtsprechung darstellen[85] und auf fünf Jahre gewählt werden (§ 42 Abs. 1 GVG). Das äußerst komplizierte Verfahren der Schöffenwahl ist in §§ 32 ff. GVG geregelt. Zum Amt eines Schöffen soll nur berufen werden, wer deutscher Staatsangehöriger ist (§ 31 S. 2 GVG), mindestens 25 Jahre alt ist, bis zum Beginn der Amtsperiode das 75. Lebensjahr noch nicht vollendet hat, in der Gemeinde des jeweiligen Gerichtsbezirks wohnt, die deutsche Sprache ausreichend beherrscht und nicht aus gesundheitlichen Gründen ungeeignet oder in Vermögensverfall geraten ist (§ 33 GVG). Weiterhin enthält § 34 GVG bestimmte Personengruppen, die nicht zu Schöffen berufen werden sollen.

**Beispiele:**

Richter, Staatsanwälte, Notare, Rechtsanwälte, Polizeibeamte, Justizvollzugsbeamte.

Darüber hinaus besteht unter den in § 35 GVG genannten Voraussetzungen die Möglichkeit, ein Schöffenamt abzulehnen. Die Schöffen haben – abgesehen von dem für Schöffen umstrittenen Recht der Aktenkenntnis[86] – in der

84 Ausnahme in § 7 DRiG für Universitätsprofessoren.

85 Zur umstrittenen Frage der Sinnhaftigkeit *Kühne*, § 5 Rn. 117; *Roxin/Schünemann*, § 6 Rn. 17; *Rüping*, Rn. 51 f. jeweils m.w.N.

86 Zum Akteneinsichtsrecht der Schöffen BGH 26.03.1997 – 3 StR 421/96, BGHSt 43, 36, 38 ff.; KK-*Fischer*, Einl. Rn. 196.

Hauptverhandlung die gleichen Rechte wie die Berufsrichter und sind insoweit nicht mit den Geschworenen beispielsweise des angloamerikanischen Rechts oder in Belgien und Österreich zu verwechseln.[87] In den **gemischten Richterbänken**[88] des deutschen Strafverfahrens (vgl. § 28 f. GVG) wirken Berufs- und Laienrichter nahezu gleichberechtigt bei der Entscheidung über die Schuldfrage und die Strafzumessung mit (vgl. § 30 GVG).

## III. Unabhängigkeit

In der Konsequenz dieser herausgehobenen Stellung des Richters im Strafver- 51
fahren muss er frei von Einflussnahmen exekutivischer oder politischer Art sein. Hierfür notwendig ist zunächst eine **organisatorische Unabhängigkeit**, die durch Art. 20 Abs. 2 S. 2 GG garantiert wird, wonach Richter einer eigenen dritten Staatsgewalt, der **Judikative** (rechtsprechende Gewalt) angehören. Weiterhin sind Richter gemäß Art. 97 Abs. 1 u. 2 S. 1 GG bezogen auf die Ausübung der Rechtsprechung sachlich und persönlich unabhängig und nur dem Gesetz unterworfen (vgl. auch § 1 GVG, §§ 25, 30, 45 Abs. 1 DRiG). Dies ist kein persönliches Privileg, sondern eine notwendige Sachvoraussetzung richterlicher Gesetzesanwendung. **Sachliche Unabhängigkeit** bedeutet, dass ein Richter im Hinblick auf seine rechtsprechende Tätigkeit keinen Weisungen seines Dienstvorgesetzten unterliegt und auch nicht an die Auffassungen anderer bzw. höherer Gerichte oder aber etwa der sog. herrschenden Meinung gebunden ist. Eine **Präjudizienbindung**, d.h. eine Bindung an obergerichtliche Entscheidungen, wie beispielsweise im angloamerikanischen Recht, kennt das deutsche Strafverfahrensrecht grundsätzlich nicht.[89] Ausnahmen finden sich in Art. 31 Abs. 1 BVerfGG für Entscheidungen des Bundesverfassungsgerichts sowie in § 358 Abs. 1 StPO und ergeben sich auch infolge der sog. **Vorlagepflichten** der Obergerichte (Bundesgerichtshof und Oberlandesgerichte) bei Abweichungen in Rechtsfragen (§§ 121 Abs. 2, 132 Abs. 2 u. 4, 138 Abs. 1 S. 3 StPO), die einer einheitlichen Rechtsprechung dienen (s. Rn. 714).[90] Jedoch ist der Richter stets an Gesetz und Recht gebunden (Art. 20 Abs. 3 GG). Er darf keinesfalls objektiv willkürlich entscheiden. Dies wäre der Fall, wenn der Richter eine offensichtlich einschlägige Norm nicht berücksichtigen würde oder den Wortlaut der Norm in krasser Weise missdeuten würde. Die Grenze ist insoweit das **rechtsstaatliche Willkürverbot**, welches durch Art. 3 und Art. 20 Abs. 3 GG gewährt wird. Zu beachten ist aber, dass eine bloße „Fehlent-

---

87 Zur Laienbeteiligung in anderen europäischen Ländern *Kühne*, Rn. 117.1.

88 *Krey/Heinrich*, Rn. 114.

89 *Kühne*, Rn. 109.1.

90 M-G/S-*Schmitt*, § 121 GVG Rn. 5.

scheidung" oder „Unzufriedenheit mit der fachgerichtlichen Entscheidung" keineswegs Willkür begründet. Die **persönliche Unabhängigkeit** liegt darin, dass er nicht abgesetzt und grundsätzlich auch nicht versetzt werden darf (Art. 97 Abs. 2 S. 1 GG, § 30 DRiG). Auch die Anstellung auf Lebenszeit zählt hierzu (§§ 10, 28 DRiG), ist jedoch nicht bei allen Richtern in vollem Umfang gegeben, da auch – wie bereits oben erwähnt – Richter auf Zeit (§ 11 DRiG), auf Probe (§ 12 DRiG) und kraft Auftrags (§ 14 DRiG) Recht sprechen. Insoweit fehlt es an einer vollen persönlichen Unabhängigkeit, die aber als Basis der sachlichen Unabhängigkeit notwendig erscheint.[91] Darüber hinaus besteht auch die Gefahr einer Beeinträchtigung der **inneren Unabhängigkeit** durch die Überlastung der Strafgerichte mangels ausreichender personeller und sachlicher Ausstattung und des dadurch steigenden Erledigungsdrucks.[92]

## IV. Dienstaufsicht

52 Der Richter unterliegt der Dienstaufsicht durch die Justizverwaltung, solange dadurch nicht die richterliche Unabhängigkeit beeinträchtigt wird (§ 26 Abs. 1 DRiG). Bei einer solchen unzulässigen Beeinträchtigung kann der Richter unmittelbar das Dienstgericht anrufen (§ 26 Abs. 3 DRiG). Die Dienstaufsicht besteht grundsätzlich für alle Richter von Bundes- und Landesgerichten mit Ausnahme des Bundesverfassungsgerichts, das die Dienstaufsicht selbst ausübt (vgl. § 105 BVerfGG). Mit Blick auf die richterliche Unabhängigkeit darf durch die Dienstaufsicht nicht der Inhalt richterlicher Entscheidung, d.h. die eigentliche Rechtsfindung, berührt werden.[93] Vielmehr betrifft die Dienstaufsicht den Bereich der **äußeren Amtsführung**.

**Beispiele:**

Verhandlung ohne das Tragen der vorgeschriebenen Robe; Nichteinhaltung gesetzlicher Fristen; unbefugte Weitergabe von Akten.

Darüber hinaus setzen strafrechtliche Schranken (§§ 331 ff., 339 StGB) der richterlichen Tätigkeit Grenzen.

## V. Ausschließung und Ablehnung

53 Die Richter müssen der zu entscheidenden Rechtssache und den Beteiligten des Verfahrens mit der notwendigen Distanz eines Unbeteiligten und am Aus-

91 Kritisch auch *Krey/Heinrich*, Rn. 110.

92 Hierzu *Krey/Heinrich*, Rn. 111; *Kühne*, Rn. 110.

93 KK-*Barthe*, § 1 GVG Rn. 6.

gang des Verfahrens uninteressiertem Dritten entgegentreten. Daher ist das Recht auf den **gesetzlichen Richter** (s. Rn. 58) nicht gegeben, wenn der Rechtsuchende vor einem Richter steht, der die erforderliche Unvoreingenommenheit vermissen lässt.[94] Bestehen konkrete Bedenken gegen die notwendige **Unvoreingenommenheit** bzw. **Unparteilichkeit** eines Richters, dann darf er keine Entscheidung treffen. Diesem Zweck dienen die Vorschriften zur Ausschließung und Ablehnung von Gerichtspersonen (§§ 22 ff. StPO). In § 22 StPO werden abschließend Fälle aufgelistet, in denen die Gefahr der Voreingenommenheit des Richters besteht. So beispielsweise, wenn er selbst durch die Straftat verletzt wurde oder aber sein Ehegatte der Beschuldigte ist. Ebenso ist die Vernehmung eines Richters als Zeuge in der Sache, in der er als Richter agiert, nach § 22 Nr. 5 StPO ausgeschlossen. Liegt ein solcher Fall vor, so ist der Richter kraft Gesetzes von der Mitwirkung am Verfahren ausgeschlossen und hat dies von Amts wegen zu beachten. Geschieht dies nicht, so kann ein entsprechender Antrag gestellt werden.

Darüber hinaus besteht die Möglichkeit, einen Richter wegen **Besorgnis der** 54
**Befangenheit** abzulehnen (§ 24 StPO). Dies ist die in der Praxis häufiger vorkommende Variante. Hierüber wird auf Antrag der Staatsanwaltschaft, des Beschuldigten oder des Privatklägers in einem **Ablehnungsverfahren** (§§ 26 ff. StPO) entschieden. In diesem Fall muss nach einem objektiven Maßstab geprüft werden, ob der Richter eine innere Haltung einnimmt, die seine Unparteilichkeit und Unvoreingenommenheit beeinflussen kann.[95] Es muss dabei nicht sicher feststehen, dass der Richter voreingenommen ist, sondern es genügt, wenn ein entsprechender Verdacht bei verständiger Würdigung aufkommen kann.[96] Hierbei liegt allerdings ein solcher Ablehnungsgrund nur vor, wenn der Richter klar unsachgemäß und überzogen reagiert.

**Beispiele:**

Unberechtigtes Beschneiden des Fragerechts des schweigenden Angeklagten,[97] Inaussichtstellen einer sicheren Verurteilung[98] oder herabsetzende Erklärungen gegenüber dem Angeklagten wie, „Afrikaner lügen, dass sich die Balken biegen",[99] Verteilen von Schokoladenweihnachtsmännern durch zwei Schöffen an den Sitzungsvertreter der Staatsanwaltschaft, nicht jedoch an den Angeklagten und seinen Verteidiger.[100]

94 BVerfG 08.02.1967 – 2 BvR 235/64, BVerfGE 21, 139, 146.
95 BGH 10.11.1967 – 4 StR 512/66, BGHSt 21, 334, 341; BGH 13.03.1997 – 1 StR 793/96, BGHSt 43, 16, 18.
96 BGH 09.02.1951 – 3 StR 48/50, BGHSt 1, 34, 37.
97 Vgl. BayObLG 25.10.1994 – ObOWi 446/94, StV 1995, 7 f.
98 Vgl. BGH 09.07.1953 – 5 StR 282/53, BGHSt 4, 264, 267.
99 OLG Köln 25.10.1991 – Ss 477/91, NStZ 1992, 142.
100 LG Flensburg 20.01.2021 – V KLs 2/19, StraFo 2021, 118 f.

In der Regel nicht ausreichend für die Besorgnis der Befangenheit ist hingegen eine den Verfahrensgegenstand betreffende Vortätigkeit des erkennenden Richters.[101] Wird einem Befangenheitsantrag stattgegeben, hat dies zur Folge, dass der abgelehnte Richter einem ausgeschlossenen Richter gleichsteht und von der weiteren Mitwirkung an dem gesamten Strafverfahren ausgeschlossen ist.[102]

## VI. Der Ermittlungsrichter

### 1. Hauptfunktionen

55 Wie bereits oben erwähnt, hat der Richter auch im Ermittlungsverfahren eine wichtige Funktion als sog. Ermittlungsrichter. Dies ist grundsätzlich ein Richter bei dem Amtsgericht, in dessen Bezirk die Staatsanwaltschaft oder ihre den Antrag stellende Zweigstelle ihren Sitz hat (§ 162 Abs. 1 S. 1 StPO). Ausnahmen bestehen bei erstinstanzlicher Zuständigkeit des Oberlandesgerichts oder bei Ermittlungen, die vom Generalbundesanwalt geführt werden (§ 169 StPO). Der Richter hat dabei eine **„unterstützende und eine kontrollierende Funktion"**, die er auf Antrag der Staatsanwaltschaft, die „Herrin des Ermittlungsverfahrens" ist, ausübt. Sofern die Staatsanwaltschaft die ihr erforderlich erscheinenden Untersuchungshandlungen nicht selbst durchführen darf oder will, beantragt sie diese beim zuständigen Ermittlungsrichter. Dies sind zum einen Zwangsmaßnahmen mit Richtervorbehalt und zum anderen Ermittlungshandlungen, wie Vernehmungen von Beschuldigten und Zeugen oder eine Augenscheinnahme. Im Hinblick auf letztere handelt es sich um die richterliche **Vornahme von Beweiserhebungen**. Insoweit wird den richterlichen Handlungen ein erhöhter Beweiswert beigemessen.[103] Es handelt sich nach zutreffender h.M. dabei nicht um eine Rechtsprechungs-, sondern um eine Verwaltungstätigkeit im Sinne einer **Amtshilfe** (Art. 35 GG) des Gerichts für die vollziehende Gewalt der Staatsanwaltschaft, wodurch die richterliche Unabhängigkeit (Art. 97 GG) nicht beeinträchtigt wird.[104] Für den Bereich der unter einem Richtervorbehalt stehenden Zwangsmaßnahmen besteht die Funktion des Ermittlungsrichters hingegen in einer **vorbeugenden Kontrolle** der beantragten Ermittlungsmaßnahme durch eine unabhängige und neutrale Instanz.[105] Daher ist die ermittlungsrichterliche Anordnung einer Zwangsmaßnahme ein **Akt der Rechtsprechung**.[106]

---

101 BGH 07.06.2022 – 5 StR 460/21, NStZ 2023, 53, 54 m.w.N.

102 M-G/S-*Schmitt*, § 27 Rn. 11.

103 *Kindhäuser/Schumann*, § 4 Rn. 35.

104 BVerfG 27.04.1971 – 2 BvL 31/71, BVerfGE 31, 43, 45; HK-*Zöller*, § 162 Rn. 1; M-G/S-*Köhler*, § 162 Rn. 1; MüKo-*Kölbel*, § 162 Rn. 1 m.w.N.; a.A. *Brüning/Wenske*, ZIS 2008, 340, 343 f.

105 BVerfG 20.02.2001 – 2 BvR 1444/00, BVerfGE 103, 142, 151.

106 M-G/S-*Köhler*, § 162 Rn. 1 m.w.N.

### 2. Prüfungskompetenzen

Der Ermittlungsrichter kann dabei **keine eigenen Ermittlungen** durchführen, etwa wenn ihm die von der Staatsanwaltschaft mit dem Antrag vorgelegten Unterlagen nicht ausreichen. Er muss dann die Staatsanwaltschaft um ergänzende Ermittlungen ersuchen. Daher muss dem Richter von der Staatsanwaltschaft das vorhandene Aktenmaterial so umfänglich vorgelegt werden, dass er sich ein vollständiges Bild über das bisherige Ermittlungsergebnis machen kann.[107] Jedoch darf der Richter lediglich die rechtlichen Voraussetzungen der beantragten Maßnahme prüfen (§ 162 Abs. 2 StPO), aber keineswegs dessen Erforderlichkeit und Zweckmäßigkeit.[108] Er ist insoweit an die **Zweckmäßigkeitserwägungen der Staatsanwaltschaft** gebunden. **56**

**Beispiele:**

Der Richter darf eine von der Staatsanwaltschaft beantragte Vernehmung des Beschuldigten nicht mit dem Hinweis ablehnen, diese könne der Staatsanwalt auch selbst durchführen oder eine Telekommunikationsüberwachung (§ 100a StPO) ablehnen, weil er eine längerfristige Observation (§ 163f StPO) für sinnvoller hält.

### 3. Weitere Funktionen

Darüber hinaus entscheidet der Ermittlungsrichter auch nachträglich über Maßnahmen, die von der Staatsanwaltschaft oder Polizei angeordnet worden sind, wenn für diese im Gesetz eine **nachträgliche richterliche Bestätigung oder Zustimmung** vorgesehen ist (z.B. §§ 98 Abs. 2, 128, 163c Abs. 1 S. 2. StPO). Ganz ausnahmsweise wird der Ermittlungsrichter anstelle des Staatsanwaltes als sog. **Notstaatsanwalt** auf eigene Initiative tätig, wenn ein Fall von Gefahr im Verzug besteht (§ 165 StPO). Auch kann der Ermittlungsrichter in Ausnahmefällen im Interesse der Rechtspflege und der richterlichen Fürsorgepflicht zur Vermeidung von Verfahrensdefiziten für den Beschuldigten zwingend notwendige Maßnahmen auch ohne Antrag der Staatsanwaltschaft anordnen. **57**

**Beispiel:**

Bestellung eines Pflichtverteidigers in Fällen des § 141 Abs. 2 StPO.[109]

107 BGH 16.12.2020 – 2 BGs 408/20, NStZ 2022, 561, 562 f.

108 KK-*Weingarten*, § 162 Rn. 17 m.w.N.

109 BGH 04.06.2021 – 2 BGs 254/21, BeckRS 2021, 20920.

## VII. Organisation der Strafgerichtsbarkeit

### 1. Der Grundsatz des gesetzlichen Richters

58 Das Prinzip des gesetzlichen Richters (Art. 101 Abs. 1 S. 2 GG, § 16 S. 2 GVG) bedeutet für das Strafverfahren, dass ausschließlich durch Gesetz bestimmt werden darf und aufgrund eines Gesetzes von vornherein festgelegt werden muss, wer für zukünftige Strafrechtsfälle der zuständige Richter ist.[110] Dieses „**umfassende Verfahrensprinzip**"[111] stellt eine institutionelle Garantie und ein Grundrecht des Beschuldigten dar, um die Neutralität und Unabhängigkeit der Gerichte zu sichern.[112] Dadurch wird verhindert, dass beispielsweise durch eine gezielte sachwidrige Gerichts- oder Richterauswahl Einfluss auf das Verfahren genommen wird. Der Grundsatz wendet sich zunächst an den Gesetzgeber und verpflichtet diesen, Organisationsakte wie die Errichtung, Verlegung und Zuständigkeitsänderung von Gerichten durch Gesetz zu regeln und den zur Entscheidung berufenen Richter exakt und abstrakt festzulegen.[113] Auch ist die Bildung von Ausnahmegerichten durch die Exekutive ausgeschlossen (Art. 101 Abs. 1 S. 1 GG, § 16 S. 1 GVG). Weiterhin wird die Rechtsprechung verpflichtet, möglichst exakt und abstrakt die einzelnen Spruchkörper und die Aufgabenverteilung innerhalb dieser zu bestimmen. Hierzu verteilt das Präsidium des Gerichts nach einem **Geschäftsverteilungsplan** (§§ 21a ff. GVG) für das jeweils kommende Geschäftsjahr die Richter auf die einzelnen Spruchkörper und weist nach generellen Kriterien wie Anfangsbuchstaben der Angeklagten, Gerichtsbezirken oder Straftaten die Sachen zu (§ 21e Abs. 1 GVG).[114] Daran kann grundsätzlich nichts mehr geändert werden,[115] sodass für einen Straftäter schon bei Begehung seiner Tat feststeht, wer das zuständige Gericht bzw. der zuständige Richter sein wird.

### 2. Strafgerichtliche Zuständigkeiten

59 Bei der Zuständigkeit ist zu unterscheiden zwischen der sachlichen, örtlichen und funktionellen Zuständigkeit. Die **sachliche Zuständigkeit** betrifft die Verteilung der Sachen auf die verschiedenen Gerichte des ersten Rechtszugs (Amtsgericht, Schöffengericht große Strafkammer des Landgerichts, Strafsenat des Oberlandesgerichts) nach Art und Schwere. Die gesetzlichen Regelungen dafür finden sich im GVG (§ 1 StPO). Bei der **örtlichen Zuständigkeit**, die

110 BVerfG 08.04.1997 – 1 PBvU 1/95, NJW 1997, 1497, 1498.

111 *Rüping*, Rn. 42.

112 BVerfG 08.02.1967 – 2 BvR 235/64, BVerfGE 21, 139, 145 f.; BVerfG 10.07.1990 – 1 BvR 984/8782, BVerfGE 82, 286, 298 f.

113 *Rüping*, Rn. 43.

114 Einzelheiten bei *Kühne*, Rn. 114 f.

115 Eine Ausnahme findet sich in § 21e Abs. 3 S. 1 GVG.

in der StPO geregelt ist (§§ 7 ff. StPO), handelt es sich um die Verteilung der Aufgaben nach örtlichen Gesichtspunkten. Das Gesetz gibt der Staatsanwaltschaft die Wahl zwischen den primären Gerichtsständen des Tatortes (§ 7 Abs. 1 StPO), des Wohnsitzes (§ 8 Abs. 1 StPO) und des Ergreifungsortes (§ 9 StPO), hilfsweise auch des gewöhnlichen Aufenthaltsortes und des letzten Wohnsitzes (§ 8 Abs. 2 StPO). Darüber hinaus bestehen besondere Gerichtsstände, beispielsweise bei Presseinhaltsdelikten (§ 7 Abs. 2 StPO) und Staatsschutzsachen (§§ 74a, 120 GVG). Im Gesetz nicht ausdrücklich normiert ist die **funktionelle Zuständigkeit**. Diese betrifft die Aufgabenverteilung innerhalb eines sachlich und örtlich zuständigen Gerichts, beispielsweise zwischen dem Vorsitzenden und den Beisitzern, aber auch die besondere Kompetenzverteilung gleichgeordneter Strafkammern, beispielsweise allgemeine Strafkammer gegenüber Wirtschaftsstrafkammer. Teilweise wird hierzu auch der Instanzenzug, d.h. die Frage, welche Gerichte als 1. Instanz und welche als Rechtsmittelinstanz fungieren, gezählt.[116] Richtigerweise betrifft dies aber die sachliche Zuständigkeit.[117]

### 3. Zuständigkeit und Besetzung der Eingangsgerichte

Der Gerichtsaufbau in Strafsachen ist **vierstufig**. Er umfasst Amtsgericht, 60
Landgericht, Oberlandesgericht und Bundesgerichtshof. Eingangsgerichte, d.h. erstinstanzliche Gerichte, sind das Amtsgericht, das Landgericht und das Oberlandesgericht, während der Bundesgerichtshof keine erstinstanzliche Zuständigkeit innehat, sondern lediglich als Rechtsmittelgericht tätig wird. Das Amtsgericht ist hingegen ausschließlich Eingangsgericht. Land- und Oberlandesgericht sind sowohl Eingangs- als auch als Rechtsmittelgericht. Im Wesentlichen bestehen folgende Zuständigkeiten und personelle Besetzungen der Eingangsgerichte:

#### a) Amtsgericht

Die amtsgerichtliche Zuständigkeit (§§ 24 ff. GVG) umfasst den **Strafrichter** 61
und das **Schöffengericht**. Der Strafrichter ist als Einzelrichter für Privatklagedelikte (§ 374 Abs. 1 StPO) und Vergehen, bei denen die Straferwartung zwei Jahre nicht übersteigt, zuständig (§ 25 GVG). Bei Vergehen, die nicht in die Zuständigkeit des Strafrichters fallen, und bei Verbrechen, die nicht in die Zuständigkeit des Land- oder Oberlandesgerichts fallen oder im Einzelfall keine höhere Straferwartung als vier Jahre haben (§ 24 Abs. 1 Nr. 1 u. 2 GVG), ist das Schöffengericht zuständig. Dies besteht aus einem Berufs- und zwei ehrenamtlichen Laienrichtern (vgl. § 31 GVG), den Schöffen (§ 29 Abs. 1 S. 1

116 So *Krey/Heinrich*, Rn. 116 ff.; *Kühne*, Rn. 119 ff.

117 So auch *Roxin/Schünemann*, § 6 Rn. 2.; *Rüping*, Rn. 31.

GVG). Hieraus wird deutlich, dass die Alltagskriminalität vom Diebstahl und Betrug über die gefährliche Körperverletzung bis zum (einfachen) Raub in der Regel vor dem Amtsgericht verhandelt wird. Im Wesentlichen fallen somit Vergehen mit einer Straferwartung von nicht mehr als zwei Jahren in die Zuständigkeit des Strafrichters und Vergehen sowie teilweise auch Verbrechen mit einer Straferwartung von nicht mehr als vier Jahren in die des Schöffengerichts.

#### b) Landgericht

62 Am Landgericht fällt die erstinstanzliche Zuständigkeit den großen Strafkammern zu, die mit zwei oder drei Berufsrichtern und zwei Schöffen besetzt sind (§§ 74–76 GVG). Die großen Strafkammern sind bei Verbrechen und Vergehen zuständig, bei denen die Straferwartung vier Jahre übersteigt (§ 74 Abs. 1 GVG) oder die Staatsanwaltschaft wegen der besonderen Umstände des Falles Anklage beim Landgericht erhoben hat (§ 74 Abs. 1 S. 2 i.V.m. § 24 Abs. 1 Nr. 3 GVG). Als sog. **Schwurgericht** ist die große Strafkammer – unabhängig von der Straferwartung – für einzelne im Gesetz aufgezählte Straftatbestände zuständig, bei denen es sich fast ausschließlich um Kapitaldelikte handelt, wie Mord, Totschlag und Vergewaltigung mit Todesfolge (§ 74 Abs. 2 GVG). Ebenso ist die **Staatsschutzkammer** für bestimmte, im Gesetz genannte Staatsschutzdelikte zuständig (§ 74a Abs. 1 GVG). Der **Wirtschaftsstrafkammer** obliegt die Zuständigkeit für die in § 74c Abs. 1 GVG aufgeführten Wirtschaftsstraftaten.

#### c) Oberlandesgericht

63 Die Oberlandesgerichte, in deren Bezirk die Landesregierungen ihren Sitz haben, sind in erster Instanz für **Staatsschutzdelikte** (§ 120 Abs. 1 GVG) zuständig; weiterhin für alle in § 74a Abs. 1 GVG aufgezählten Delikte, für bestimmte Mordtaten und gemeingefährliche Delikte, die sich gegen den Bestand, die Sicherheit oder die Verfassung der Bundesrepublik Deutschland richten (§ 120 Abs. 2 GVG), sofern der **Generalbundesanwalt** wegen der besonderen Bedeutung des Falles die Verfolgung übernimmt.[118] Sie sind bei erstinstanzlicher Zuständigkeit mit drei bzw. fünf Berufsrichtern besetzt (§ 122 Abs. 2 GVG).

### 4. Instanzenzug und Besetzung in Rechtsmittelsachen

64 **Rechtsmittelgerichte** sind die kleine Strafkammer des Landgerichts, das Oberlandesgericht und der Bundesgerichtshof. Ist Eingangsgericht der Strafrichter oder das Schöffengericht, so kann gegen diese Entscheidung stets Berufung zur **kleinen Strafkammer des Landgerichts** eingelegt werden (§ 312 StPO, § 74 Abs. 3 GVG), die wie das Schöffengericht mit einem Berufsrichter und

118 BGH 22.12.2000 – 3 StR 378/00, BGHSt 46, 238, 250 f.

zwei Schöffen (§ 76 Abs. 1 GVG) besetzt ist. Gegen dessen Entscheidung besteht dann noch die Möglichkeit, das Rechtsmittel der Revision einzulegen (§ 333 StPO), über die dann ein Senat des jeweils zuständigen **Oberlandesgerichts** (§ 121 Abs. 1 Nr. 1 b GVG) in der Besetzung mit drei Berufsrichtern (§ 122 Abs. 1 GVG) entscheidet. Ist hingegen das Landgericht erste Instanz, so gibt es gegen dieses Urteil nur die Revision, über die dann ein Senat des **Bundesgerichtshofs** mit fünf Berufsrichtern (§§ 135 Abs. 1, 139 Abs. 1 GVG) entscheidet. Darüber hinaus sind Landgericht, Oberlandesgericht und Bundesgerichtshof auch als **Beschwerdegericht**, beispielsweise bei Haftbeschwerden, tätig (§§ 73 Abs. 1, 121 Abs. 1 Nr. 2 u. 3, 135 Abs. 2 GVG). Weiterhin besteht beim Bundesgerichtshof auch ein **Großer Senat** für Strafsachen, der entscheidet, wenn einer der Strafsenate von der Entscheidung eines anderen Strafsenats oder des Großen Senats für Strafsachen selbst abweichen will (§ 132 Abs. 2 GVG). Er ist besetzt mit dem Präsidenten und je zwei Mitgliedern der sechs Strafsenate (§ 132 Abs. 5 S. 1 GVG).

## C. Die Staatsanwaltschaft

### I. Stellung

Zum grundsätzlichen Verständnis der Staatsanwaltschaft ist ein kurzer 65
Blick in die Historie erforderlich. Der bis ins 19. Jahrhundert in Deutschland praktizierte **Inquisitionsprozess** kannte keine strikte Trennung zwischen Ermittlungsverfahren und gerichtlichem Hauptverfahren. In der Folge gab es keine Institution der Staatsanwaltschaft und beide Verfahrensabschnitte wurden allein vom Richter betrieben, der die Ermittlungen leitete, das gerichtliche Verfahren durchführte und schließlich das Urteil sprach. Erst im sog. **reformierten Strafprozess** des 19. Jahrhunderts wurde eine organisatorisch eigenständige Staatsanwaltschaft geschaffen, deren Rechte und Aufgaben seit der RStPO von 1877 kontinuierlich erweitert wurden und schließlich mit der Abschaffung der gerichtlichen Voruntersuchung im 1. StVRG von 1974[119] zu der heute herrschenden Stellung im Ermittlungsverfahren führten. Die Gründe zur Einführung einer Staatsanwaltschaft liegen zum einen in der französischen Revolution und ihren Einflüssen auf das deutsche Territorium. Insoweit ist der Zweck der Staatsanwaltschaft in einer Art **„prozessualer Gewaltenteilung“** zu sehen, bei welcher der Staatsanwaltschaft die Funktion eines „Wächters des Gesetzes“ zukommt.[120] An-

119 Erstes Gesetz zur Reform des Strafverfahrensrechts v. 09.12.1974 (BGBl. I, S. 3393 ff.).

120 Hierzu *Rüping/Jerouschek*, Rn. 252 f.; *Rüping*, GA 1992, 147, 150 ff.

dererseits wird in Teilen der neueren rechtshistorischen Forschung der entscheidende Grund für die Einführung der Staatsanwaltschaft im damaligen Preußen darin gesehen, mit Hilfe der zur Exekutive (ausführende Gewalt) gehörenden Staatsanwaltschaft Einfluss auf die als politisch unzuverlässig eingeschätzte Justiz zu nehmen.[121] Aber auch diese Einschätzung ändert nichts an der normativen Verpflichtung der Staatsanwaltschaft, sich gerade nicht als Vollstreckerin eines pauschalen Verfolgungswillens, sondern als der Wahrheit und Gerechtigkeit verpflichtete Behörde zu verstehen, die der korrekten Anwendung des Gesetzes verpflichtet ist.

**66** Die Staatsanwaltschaft ist eine Justizbehörde, die mangels richterlicher Unabhängigkeit und Rechtsprechungsgewalt nicht der **Judikative** (rechtsprechende Gewalt), sondern zumindest formal der **Exekutive** zuzuordnen ist.[122] Da sie andererseits aber nicht nur reine Verwaltungstätigkeiten ausübt, ist sie auch nicht völlig zur Exekutive zu zählen, sondern schlägt eine Art Brücke zwischen der Exekutive und der Judikative.[123] Sie ist somit ein hierarchisch aufgebautes **selbstständiges Organ der Rechtspflege** (§ 150 GVG).[124] Hierbei ist der einzelne Staatsanwalt Beamter. Die Voraussetzungen für die Ernennung zum Staatsanwalt sind aber identisch mit denen zum Richter, d.h. es kann nur derjenige ernannt werden, der die Befähigung zum Richteramt nach §§ 5–7 DRiG besitzt (§ 122 Abs. 1 DRiG).

## II. Aufbau und Organisation

### 1. Bundesanwaltschaft

**67** Auf Bundesebene besteht die **Bundesanwaltschaft** mit Sitz am Bundesgerichtshof. Sie vertritt die Anklage in allen Verfahren vor dem Bundesgerichtshof (vgl. §§ 121 Abs. 2, 135 GVG) und hat eine originäre Zuständigkeit für alle Staatsschutz- und Terrorismussachen, die erstinstanzlich in die Zuständigkeit der Oberlandesgerichte fallen (§ 142a GVG). Behördenleiter ist der **Generalbundesanwalt**, dem weitere Bundesanwälte zugeordnet sind (§ 142 Abs. 1 Nr. 1 GVG). Zu letzteren zählen nicht nur die im Rang eines Bundesanwalts tätigen Personen (vgl. § 149 GVG), sondern auch die Oberstaatsanwälte beim Bundesgerichtshof und die zur Wahrnehmung staatsanwaltschaftlicher Aufgaben an die Bundesanwaltschaft abgeordneten Richter und Staatsanwälte.[125]

---

121 *Collin*, S. 247 ff.

122 BVerfG 27.04.1971 – 2 BvL 31/71, BVerfGE 31, 43, 46; BVerfG 20.02.2001 – 2 BvR 1444/00, BVerfGE 103, 142, 158.

123 *Roxin*, DRiZ 1997, 109, 114.

124 BGH 14.07.1971 – 3 StR 73/71, BGHSt 24, 170, 171. Hierzu *Krey/Heinrich*, Rn. 234 f. m.w.N.

125 M-G/S-*Schmitt*, § 142 GVG Rn. 5.

## 2. Landesstaatsanwaltschaften

Auf Länderebene gliedert sich die Staatsanwaltschaft in die beim Oberlandesgericht ansässige **Generalstaatsanwaltschaft** mit dem Generalstaatsanwalt als Behördenleiter, die Staatsanwaltschaft beim Landgericht mit dem **Leitenden Oberstaatsanwalt** (LOStA) als Behördenleiter (vgl. § 142 Abs. 1 Nr. 2 GVG) und die beim Amtsgericht ansässige **Amtsanwaltschaft** (vgl. § 142 Abs. 1 Nr. 3 GVG). Letztere ist allerdings zumeist in die Staatsanwaltschaft eingegliedert.[126] Amtsanwälte sind Beamte des gehobenen Dienstes, die bei der Staatsanwaltschaft durch landesrechtliche Vorschriften festgelegte Strafsachen der leichten und mittleren Kriminalität sowie Ordnungswidrigkeiten bearbeiten.[127] Da die Zuständigkeit der Amtsanwaltschaft sehr begrenzt ist, wird auch am Amtsgericht der Großteil der staatsanwaltschaftlichen Funktionen von der Staatsanwaltschaft beim Landgericht wahrgenommen. Hierbei kann auch eine Zweigstelle der Staatsanwaltschaft des jeweiligen Landgerichts bei einem Amtsgericht eingerichtet werden. Insoweit nimmt eine Staatsanwaltschaft Aufgaben bei mehreren Gerichten, nämlich dem Landgericht und den zu dem Landgerichtsbezirk gehörenden Amtsgerichten wahr. Damit ist in einem administrativen Sinn gewährleistet, dass bei jedem Gericht eine Staatsanwaltschaft besteht (vgl. § 141 GVG).[128] 68

Gegliedert sind die Staatsanwaltschaften in **Abteilungen**, die von Oberstaatsanwälten geleitet werden. Die Abteilungen wiederum gliedern sich in **Dezernate**, die von Dezernenten geführt werden. Teilweise werden mehrere Dezernate zu **Gruppen** zusammengefasst. Diese werden dann von einem Gruppenleiter geführt. Dabei unterscheidet man allgemeine Dezernate, die teilweise auch als Generaldezernate bezeichnet werden und sog. Spezialdezernate, z.B. für Organisierte Kriminalität, Wirtschaftsstraf-, Betäubungsmittelstraf-, Jugendstraf- oder Verkehrsstrafsachen.[129] 69

Grundsätzlich ist jede Staatsanwaltschaft für alle Straftaten **örtlich zuständig**, die im Bezirk des Gerichts, bei dem sie Ihren Sitz hat, begangenen werden (§ 143 Abs. 1 S. 1 GVG). Insoweit ist eine Generalstaatsanwaltschaft örtlich zuständig für den Bezirk des jeweiligen Oberlandesgerichts und eine Staatsanwaltschaft für den Bezirk des Landgerichts, bei dem sie ihren Sitz hat. Darüber hinaus haben einige Bundesländer sog. **Schwerpunktstaatsanwaltschaften** eingerichtet, die für bestimmte Deliktstypen eine Zuständigkeit für meh- 70

126 Ausnahmen bilden die Amtsanwaltschaften in Berlin und Frankfurt am Main.

127 Einzelheiten bei *Heghmanns/Herrmann*, Rn. 9 ff.

128 M-G/S-*Schmitt*, § 141 GVG Rn. 1; kritisch *Kramer*, Rn. 102.

129 Für Baden-Württemberg vgl. Anordnung über Organisation und Dienstbetrieb der Staatsanwaltschaften, VwV d. JuM v. 20.11.2003 (3262/0161).

rere Oberlandes- oder Landgerichtsbezirke haben (vgl. § 143 Abs. 4 GVG). Zweck der Zuständigkeitskonzentration ist eine Spezialisierung dieser Staatsanwaltschaften zur Verfolgung von Deliktstypen, die eine besondere Sachkenntnis erfordern.

**Beispiele für Baden-Württemberg:**

Schwerpunktstaatsanwaltschaften für Wirtschaftskriminalität in Mannheim und Stuttgart sowie zur Verfolgung von Dopingstraftaten in Freiburg.

71 Für Verfahren, die zur Zuständigkeit der Jugendgerichte gehören, werden **Jugendstaatsanwälte** bestellt (§ 36 JGG), die erzieherisch befähigt und in der Jugenderziehung erfahren sein sollen (§ 37 JGG).

### 3. Europäische Staatsanwaltschaft

72 Zur Förderung der justiziellen Zusammenarbeit und damit als eine Art Vorläufer der Europäischen Staatsanwaltschaft war zunächst 2002 **Eurojust** als Einrichtung der europäischen Union mit Sitz in Den Haag gegründet worden.[130] Ursprünglich als Auskunfts- und Dokumentationsstelle errichtet, besteht die Aufgabe nunmehr insbesondere in der Unterstützung und besseren Koordinierung der bei den nationalen Strafverfolgungsbehörden laufenden Strafverfahren.[131] Sie ist zuständig für alle schwerwiegenden Formen internationaler Kriminalität und kann auch die nationalen Behörden zur Strafverfolgung auffordern oder gemeinsame Ermittlungsteams einrichten. Die **Europäische Staatsanwaltschaft** (EUStA) als unabhängige Behörde der Europäischen Union zur Bekämpfung von Straftaten zum Nachteil der finanziellen Interessen der Union[132] ist 2017 gegründet worden[133] und hat ihre Arbeit am 1. Juni 2021 aufgenommen. Sie arbeitet mit Eurojust, aber auch mit Europol und OLAF (s. Rn. 88) zusammen und kann längerfristig zu einer zentralen Strafverfolgungsbehörde für die Bekämpfung der grenzüberschreitenden Schwerkriminalität ausgebaut werden.[134] Während bisher strafverfahrensrechtliche Ermittlungen nur auf Ebene des jeweiligen EU-Mitgliedsstaates geführt werden konnten, besteht nunmehr erstmals die Möglichkeit der Strafverfolgung auf europäischer Ebene. Geleitet wird die Europäische Staatsanwaltschaft vom Europäischen Generalstaatsanwalt (Art. 11 Abs. 1 S. 1 EU-VO 2017/1939).

130 Beschluss des Rates zur Errichtung von Eurojust zur Bekämpfung der schweren Kriminalität, 2002/187/JI (ABl. EG 2002 L 63/1).

131 Vgl. VO 2018/1727 (ABl. 2018 L 295/138).

132 Vgl. EU-Richtlinie 2017/1371 i.V.m. Art. 22 EU-VO 2017/1939.

133 VO 2017/1939 (ABl. 2017 L 198/29).

134 *Beulke/Swoboda*, Rn. 33.

Sie verfügt über eine zentrale Ebene mit Europäischen Staatsanwälten und eine dezentrale Ebene mit sog. Delegierten Europäischen Staatsanwälten in den EU-Mitgliedsstaaten (Art. 8, 12 u. 13 EU-VO 2017/1939). Diese führen die Ermittlungen im Namen der Europäischen Staatsanwaltschaft als nationale Behörde nach nationalem Strafverfahrensrecht unter Aufsicht und Weisung der zentralen Ebene durch (Art. 28 EU-VO 2017/1939).[135] Während die Mehrheit der EU-Mitgliedsstaaten sich an der neuen Behörde beteiligen, haben einige wenige EU-Mitgliedstaaten sich bisher (noch) nicht angeschlossen.[136]

### III. Funktionsweise

Die Staatsanwaltschaft kann kein Recht sprechen (vgl. § 151 GVG) und genießt daher auch nicht die richterliche Unabhängigkeit, sondern ist **weisungsgebunden** (§ 146 GVG).[137] Ein Staatsanwalt handelt stets als Vertreter des Behördenleiters, des sog. ersten Beamten der Staatsanwaltschaft (§ 144 GVG). Dieser kann die jeweilige Sache jederzeit an sich ziehen, d.h. selbst übernehmen **(Devolutionsrecht)** oder einen anderen Staatsanwalt damit beauftragen **(Substitutionsrecht)**. Die Staatsanwaltschaft untersteht als Behörde dem jeweiligen Landesjustizminister (§ 147 Nr. 2 GVG). Eine Ausnahme bildet die Bundesanwaltschaft, die dem Bundesjustizminister untersteht (§ 147 Nr. 1 GVG). Justizminister und Behördenleiter können ihren Beamten dienstliche Weisungen geben, denen diese nachkommen müssen (§§ 146 f. GVG). Allerdings haben die Justizminister mangels „Staatsanwaltschaft-Eigenschaft" kein Devolutionsrecht, wohl aber ein Substitutionsrecht (vgl. § 147 GVG). Weisungen können die rechtliche oder sachliche Behandlung eines konkreten Einzelfalls betreffen, was in der Praxis wohl eher selten geschieht, aber auch in Form von sog. **Rundverfügungen** allgemeiner Art erfolgen (z.B. RiStBV, RiJGG, MiStra). An Weisungen, die eine Straftat, eine Ordnungswidrigkeit oder eine Verletzung der Menschenwürde darstellen, ist der Staatsanwalt nicht gebunden.[138] Zu beachten ist, dass die Bindung an Weisungen nur im **Innenverhältnis** wirkt und daher Prozesshandlungen eines Staatsanwalts im **Außenverhältnis** stets wirksam sind. 73

**Beispiel:**

Stimmt ein Staatsanwalt weisungswidrig einer vom Gericht angeregten Einstellung des Verfahrens nach § 153 StPO zu, so ist die pflichtwidrige Zustimmung prozessual trotzdem wirksam.

135 Ausführlich *Beulke/Swoboda*, Rn. 137.

136 Hierzu *Volk/Engländer*, § 6 Rn. 14.

137 Zur fehlenden Unabhängigkeit vgl. EuGH 27.05.2019 – C-508/18, NJW 2019, 2145 ff.; EuGH 08.12.2020 – C-584/19, NJW 2021, 1373 ff.

138 Zu den umstrittenen Grenzen des Weisungsrechts *Roxin/Schünemann*, § 9 Rn. 13 f.

74 Die Vorschriften über **Ausschließung und Besorgnis der Befangenheit** (§§ 24 ff. StPO) gelten zumindest nicht unmittelbar für Staatsanwälte. Dies erscheint nachvollziehbar, da die meisten verbindlichen Entscheidungen im Strafverfahren nur durch das Gericht getroffen werden. Jedoch unterliegt die Staatsanwaltschaft wie das Gericht der Bindung an Wahrheit und Gesetz, sodass es mit rechtsstaatlichen Grundsätzen nicht zu vereinbaren ist, wenn beispielsweise ein persönlich betroffener Staatsanwalt an dem Verfahren in entscheidender Weise mitwirkt (vgl. § 11 AGGVG BW, § 95 NJG). Auch darf ein als Zeuge vernommener Staatsanwalt in derselben Hauptverhandlung keine weitere Tätigkeit als Anklagevertreter ausüben,[139] wie etwa das Plädoyer halten, da eine notwendige möglichst unbefangene und objektive Würdigung der eigenen Aussage wie auch der ggf. dieser widersprechenden Aussagen anderer Zeugen kaum möglich wäre.[140]

## IV. Aufgaben

Die Staatsanwaltschaft agiert im Strafverfahren als Ermittlungs-, Anklage- und Vollstreckungsbehörde. Darüber hinaus obliegen ihr außerhalb des Strafverfahrens i.e.S. weitere Aufgaben.

### 1. Ermittlungsbehörde

75 Als **„Herrin des Ermittlungsverfahrens"** führt oder leitet die Staatsanwaltschaft das Ermittlungsverfahren (§§ 160 ff StPO). Sie ist nicht Partei,[141] sondern zur Objektivität verpflichtet und muss daher auch alle entlastenden Umstände ermitteln (§ 160 Abs. 2 StPO). Daher kann die Staatsanwaltschaft beispielsweise auch zugunsten des Beschuldigten Rechtsmittel einlegen (§ 296 Abs. 2 StPO). In der Praxis wird die Aufgabe der Ermittlungsführung für den Bereich der leichten und mittleren Kriminalität allerdings regelmäßig selbstständig durch die Polizei wahrgenommen, die dann ihre Ergebnisse zur Entscheidung der Staatsanwaltschaft vorlegt. Für Staatsanwälte besteht das **Legalitätsprinzip** (s. Rn. 149), welches sie verpflichtet, bei Kenntnis zureichender tatsächlicher Anhaltspunkte für eine verfolgbare Straftat den Sachverhalt zu erforschen, d.h. ein Strafverfahren einzuleiten und – falls sich der Verdacht bestätigt – Anklage zu erheben (§§ 152 Abs. 2, 160 Abs. 1, 170 Abs. 1 StPO). Hierin drückt sich die Einheit und Gleichheit der Rechtsanwendung gegenüber einer willkürlichen Auswahl bzw. Verfolgung von Straftaten aus[142]

139 BGH 19.10.1982 – 5 StR 408/82, NStZ 1983, 135.

140 RG 11.12.1896 – 4531/96, RGSt 29, 236, 237; BGH 03.05.1960 – 1 StR 155/60, BGHSt 14, 265, 266.

141 BGH 23.09.1960 – 3 StR 28/60, BGHSt 15, 155, 159.

142 BGH 23.09.1960 – 3 StR 28/60, BGHSt 15, 155, 159.

und konkretisiert insoweit das **Willkürverbot** (s. Rn. 51). Auch hat die Staatsanwaltschaft Strafanzeigen und Strafanträge gemäß § 158 StPO entgegen zu nehmen. Von der Verfolgungspflicht gibt es jedoch Ausnahmen. So kann die Staatsanwaltschaft – trotz des Vorliegens einer Straftat – nach pflichtgemäßem Ermessen entweder aus praktischen Erwägungen oder aus Gründen der Gerechtigkeit von der Strafverfolgung absehen (**Opportunitätsprinzip**). Weiterhin hat sie das Recht, bestimmte Zwangsmittel selbst anzuordnen oder aber im Falle eines Richtervorbehalts eine Anordnung beim Richter zu beantragen. Am Ende des Ermittlungsverfahrens trifft sie die Entscheidung darüber, ob Anklage erhoben oder aber das Strafverfahren eingestellt wird (§ 170 StPO).

## 2. Anklagebehörde

Nach dem **Akkusationsprinzip** (§ 151 StPO), auch als Anklagegrundsatz be- **76**
zeichnet, kann das Gericht eine Straftat ausnahmslos nur untersuchen, wenn zuvor eine Anklage erhoben worden ist. Von sich aus dürfen die Gerichte nicht gegen Straftaten vorgehen, selbst wenn diese vor ihren Augen im Gerichtssaal geschehen (vgl. § 183 GVG). Sie können diese Straftat dann lediglich bei der Staatsanwaltschaft anzeigen. Notwendige Voraussetzung für eine gerichtliche Untersuchung ist insoweit eine Anklage (§ 151 StPO). Durch die Anklage wird dem Gericht auch der Prozessgegenstand i.S.d. gerichtlich aufzuklärenden Sachverhalts bindend vorgegeben (**Kognitionspflicht**). Diese Aufgabe der Anklageerhebung obliegt nach dem **Offizialprinzip**, von Amts wegen (ex officio) dem Staat und nicht dem Bürger. Alleinige staatliche Anklagebehörde ist die Staatsanwaltschaft.[143] Ihr steht das **Anklagemonopol** (§ 152 Abs. 1 StPO) zu. Hierin zeigt sich die Rollenverteilung zwischen der Staatsanwaltschaft, die das Ermittlungsverfahren führt und ggf. Anklage erhebt, und dem Gericht, das über die Schuld- und Straffrage entscheidet. Das bedeutet auch, dass grundsätzlich die Staatsanwaltschaft nicht nur Anklage erheben darf, sondern – sofern ein **hinreichender Tatverdacht** (§ 170 Abs. 1 StPO) besteht – auch muss, unabhängig vom Willen Einzelner, beispielsweise dem durch eine Straftat Verletzten. Von diesem Grundsatz gibt es allerdings Ausnahmen: Bei den **Antragsdelikten** (z.B. §§ 123, 185 ff., 303 ff. StGB) tritt die Verfolgung nur auf Antrag des Verletzten ein. Bei den **Privatklagedelikten** (§ 374 StPO) kann der Verletzte die Anklage auch selbst erheben und vertreten. Bei den **Ermächtigungsdelikten** (z.B. §§ 90, 90b, 97 StGB) ist die Ermächtigung zur Strafverfolgung in das Ermessen politischer Organe gestellt.

143 Eine Ausnahme ist der Strafbefehlsantrag der Finanzbehörde im Steuerstrafverfahren gem. § 400 AO.

77 Diese grundsätzliche Pflicht zur Anklageerhebung besteht auch dann, wenn die Staatsanwaltschaft die Ansicht vertritt, dass ein bestimmtes Verhalten aus rechtlichen Gründen nicht strafbar ist, obwohl die **gefestigte höchstrichterliche Rechtsprechung**, beispielsweise des Bundesgerichtshofs, dies anders beurteilt.[144] Insoweit besteht für die Staatsanwaltschaft eine **Bindungswirkung.**[145] Allerdings könnte der Staatsanwalt dann in der Hauptverhandlung seine Ansicht vertreten und einen Freispruch beantragen. Dies ist nicht widersprüchlich, sondern konsequent, da einerseits die Staatsanwaltschaft für die Anklageerhebung nur eine hinreichende Wahrscheinlichkeit der Verurteilung feststellen muss (§ 170 Abs. 1 StPO) und die Rechtsprechung ausschließlich den Gerichten übertragen ist (Art. 92 GG). Andererseits trägt die Staatsanwaltschaft durch ihre in der Hauptverhandlung vertretene (Gegen-) auffassung zur Fortentwicklung der Rechtsprechung bei.[146]

78 In der Hauptverhandlung vertritt die Staatsanwaltschaft die Anklage (§§ 243 Abs. 3, 226 StPO) und kontrolliert durch Fragen, Anträge und Erklärungen die **Justizförmigkeit** des gerichtlichen Verfahrens, d.h. der korrekten Handhabung der Prozessordnung. Sie muss während der Hauptverhandlung ununterbrochen anwesend sein (§ 226 StPO) und stets gehört werden (§ 33 Abs. 1 u. 2 StPO). Hierbei agiert in der Regel ein Staatsanwalt als **Sitzungsvertreter** der Staatsanwaltschaft. Treten mehrere Staatsanwälte als Sitzungsvertreter auf, so stehen sie dem Gericht als Einheit, nämlich als die Staatsanwaltschaft, gegenüber. Zu beachten ist, dass aus organisatorischen und zweckdienlichen Gründen die Sitzungsvertreter im Regelfall nicht zugleich die Sachbearbeiter der Strafsache sind. Nur wenn eine besondere Sach- oder Verfahrenskenntnis erforderlich ist, vertritt der Sachbearbeiter seine Anklage selbst vor Gericht, was oftmals in komplexeren Verfahren vor der großen Strafkammer des Landgerichts der Fall ist. Der Staatsanwalt hat auch darauf zu achten, dass das Gesetz beachtet wird (Nr. 127 RiStBV) und die Hauptverhandlung geordnet abläuft (Nr. 128 RiStBV). Er soll durch Anträge, Fragen und ggf. Anregungen dafür Sorge tragen, dass die Tat in ihren Einzelheiten sowie die persönlichen und wirtschaftlichen Verhältnisse des Angeklagten und alle Umstände, die für eine Sanktion maßgeblich sein können, erörtert werden. Verstöße gegen die Prozessordnung hat er sofort zu rügen. Auch kann er gegen die Entscheidung des Gerichts Rechtsmittel einlegen (§§ 296, 301 StPO).

---

144 LR-*Graalmann-Scheerer*, § 170 Rn. 25 m.w.N.

145 BGH 23.09.1960 – 3 StR 28/60, BGHSt 15, 155 ff.

146 Hierzu *Kramer*, Rn. 99.

### 3. Vollstreckungsbehörde

Weiterhin obliegt der Staatsanwaltschaft die **Vollstreckung der rechtskräftigen Entscheidungen** (§ 451 StPO). Funktionell werden diese Tätigkeiten weitestgehend auf die Rechtspfleger übertragen (vgl. § 31 Abs. 2 RPflG). Für den eigentlichen Vollzug der Freiheitsstrafen sind jedoch die Justizvollzugsanstalten zuständig (§ 139 StVollzG). Darüber hinaus ist die Staatsanwaltschaft auch teilweise nach Landesrecht **Gnadenbehörde** (z.B. § 5 Abs. 1 GnO BW), die Gnadenentscheidungen vorbereitet oder auch selbst entscheidet. 79

### 4. Weitere Aufgaben

Auch außerhalb des Strafverfahrens i.e.S. obliegen der Staatsanwaltschaft weitere Aufgaben. So vertritt sie im Ordnungswidrigkeitenverfahren die staatlichen Verfolgungsinteressen nach Erhebung des Einspruchs gegen einen Bußgeldbescheid (§ 69 Abs. 3, 4 OWiG). Auch hat sie festzustellen und ggf. zu bescheinigen, ob nationalsozialistische Unrechtsurteile aufgehoben sind (§ 6 Abs. 1 S. 1 NS-AufhG). Weiterhin wirkt sie in sog. Gnadenverfahren und in berufsrechtlichen Verfahren gegen Rechtsanwälte, Wirtschaftsprüfer und Steuerberater mit.[147] 80

## D. Die Polizei

### I. Funktion

Die Polizei hat eine **Doppelfunktion**. Einerseits wird sie präventiv zur Abwehr von Gefahren für die öffentliche Sicherheit und Ordnung tätig (vgl. z.B. § 1 Abs. 1 PolG BW, § 1 Abs. 1 NPOG).[148] Zuständigkeiten und Kompetenzen hierfür sind in den Polizeigesetzen der Länder bzw. des Bundes geregelt. Andererseits ist die Polizei auch repressiv für die Verfolgung und Aufklärung begangener Straftaten zuständig. Für diesen Bereich gelten die Normen des Strafverfahrensrechts. Die **Aufgabe der Strafverfolgung** ergibt sich aus der Tatsache, dass die Staatsanwaltschaft zwar die Herrin des Ermittlungsverfahrens ist, jedoch über keine eigenen ausführenden Organe verfügt, quasi ein „Kopf ohne Hände“[149]. Die Idee einer eigenen Gerichtspolizei der Staatsanwaltschaft wurde im 19. Jahrhundert diskutiert, jedoch wegen der schon immer bestehenden engen Verbindung zwischen Gefahrenabwehr und Strafverfolgung zugunsten 81

147 Zu weiteren Aufgaben *Heghmanns/Herrmann*, Rn. 3.

148 Zur subsidiären Zuständigkeit zum Schutz privater Rechte und zur Aufgabe der Vollzugshilfe ausführlich *Zeitler/Trurnit*, Rn. 89 ff.

149 *Kern*, S. 127.

einer Inanspruchnahme der Polizeibehörden aufgegeben.[150] Die heute bestehende Konzeption findet sich daher bereits in der RStPO und dem GVG von 1877. Um der Staatsanwaltschaft für ihre Ermittlungen den fehlenden Unterbau zu verschaffen, wurde in § 152 GVG das Institut des Hilfsbeamten der Staatsanwaltschaft geschaffen (heute Ermittlungspersonen der Staatsanwaltschaft) und die Leitung der Ermittlungen dem Staatsanwalt übertragen. Das Vorbild dafür war die französische Police Judiciaire.[151] Die auch in den letzten Jahrzehnten immer wieder erhobenen Forderungen nach einer Reform des Verhältnisses von Polizei und Staatsanwaltschaft beispielsweise durch Eingliederung der Kriminalpolizei in die Staatsanwaltschaft oder Schaffung eines eigenen Ermittlungsdienstes der Staatsanwaltschaft oder – umgekehrt – Erweiterung der rechtlichen Befugnisse der Polizei sind bisher ohne Erfolg geblieben.[152]

**82** Ein weiterer wichtiger Aufgabenbereich der Polizei liegt mittlerweile in der **vorbeugenden Verbrechensbekämpfung**. Diese umfasst zum einen die Verhütung von Straftaten (vgl. z.B. § 1 Abs. 1 S. 2 NPOG), die zum Bereich der Gefahrenabwehr zählt.[153] Hierdurch soll der Eintritt eines schädigenden Ereignisses und damit eine Gefahr für die öffentliche Sicherheit und Ordnung vermieden werden. Zum anderen gehört hierzu auch die Strafverfolgungsvorsorge (s. Rn. 4), die zum Bereich des Strafverfahrens zählt.[154]

## II. Aufbau und Organisation

### 1. Polizei auf Länderebene

**83** Die Organisation der Polizei ist grundsätzlich Ländersache (Art. 30, 70 ff. GG).[155] Dabei ist die Polizei dem jeweiligen Innenministerium unterstellt. Die Zuständigkeiten der Landespolizei sind auf das jeweilige Bundesland beschränkt. Hiervon gibt es aber Ausnahmen. So kann beispielsweise bei der Verfolgung Flüchtiger die Landesgrenze überschritten werden (§ 167 GVG). Weitere Ermächtigungen zu länderübergreifender polizeilicher Strafverfolgungstätigkeit gibt das Abkommen über die erweiterte Zuständigkeit der Polizei der Länder bei der Strafverfolgung.[156] Zur Sicherung der Zusammenarbeit zwischen Bund und Ländern besteht in jedem Bundesland ein **Landeskriminalamt** (LKA) als zentrale kriminalpolizeiliche Einrichtung (§ 1

150 *Rüping* ZStW 95 (1983), 894, 895 ff.

151 *Ernesti*, NStZ 1983, 57, 60 m.w.N.

152 Nachweise bei *Lilie*, ZStW 106 (1994), 625, 626 f. u. 641.

153 BVerfG 16.03.2005 – 1 BvR 668/04, BVerfGE 113, 348, 368.

154 BVerfG 16.03.2005 – 1 BvR 668/04, BVerfGE 113, 348, 369, 370 f.

155 Eine Auflistung der Polizeigesetze der Länder findet sich bei *Schenke*, Rn. 24.

156 BW GABl. 1993, S. 719 ff.; hierzu M-G/S-*Schmitt*, § 163 Rn. 8.

Abs. 2 S. 1 BKAG), das die jeweils zuständigen Polizeibehörden bei der Verbrechensbekämpfung unterstützt. Hierbei werden alle dafür bedeutsamen Informationen gesammelt, ausgewertet und die in Betracht kommenden Polizeidienststellen unterrichtet. Auch werden erkennungsdienstliche kriminaltechnische Untersuchungen auf Ersuchen der jeweiligen Justiz- und Polizeibehörden durchgeführt.[157] Nach den Polizeigesetzen einiger Bundesländer bestehen auch eigenständige Strafverfolgungsaufgaben für bestimmte schwere Straftaten, die von überörtlicher Bedeutung sind. In manchen Bundesländern üben die Landeskriminalämter auch die Fachaufsicht über die kriminalpolizeiliche Tätigkeit aus, wie beispielsweise in Baden-Württemberg (§ 118 Abs. 2 PolG BW).

### 2. Polizei auf Bundesebene

#### a) Bundespolizei

Mit der Bundespolizei und dem Bundeskriminalamt gibt es darüber hinaus auch Polizeibehörden auf Bundesebene. Die Bundespolizei ist eine in bundeseigener Verwaltung mit eigenem Verwaltungsunterbau (Art. 87 Abs. 1 S. 2 GG) geführte Polizei des Bundes. Sie ist insbesondere für den Grenzschutz (§ 2 BPolG), die Bahnpolizei (§ 3 BPolG) und die Luftsicherheit (§ 4 BPolG), aber beispielsweise auch für den Schutz von Bundesorganen (§ 5 BPolG) zuständig. Sie übt dabei neben der primären Gefahrenabwehr auch die Strafverfolgung aus (§ 12 BPolG), beispielsweise bei illegalem Grenzübertritt oder Straftaten im Zusammenhang mit dem Bahnverkehr. Zuständig für die Bekämpfung der organisierten oder überörtlichen Kriminalität insbesondere im Deliktsbereich des Schleuserwesens ist die **Bundespolizeiinspektion Kriminalitätsbekämpfung**.[158] **84**

#### b) Bundeskriminalamt

Von besonderer Bedeutung ist das Bundeskriminalamt (BKA) mit Sitz in Wiesbaden. Seine Aufgaben und Befugnisse sind im Gesetz über das Bundeskriminalamt und die Zusammenarbeit des Bundes und der Länder in kriminalpolizeilichen Angelegenheiten (BKAG) geregelt. Hierzu zählen insbesondere das zentrale Sammeln und Auswerten von Informationen, erkennungsdienstliche und kriminaltechnische Einrichtungen und Sammlungen zu unterhalten, kriminaltechnische Untersuchungen und Forschungen sowie kriminalpolizeiliche Analysen und Statistiken zu erstellen, spezielle kriminalpolizeiliche Aus- und Fortbildungen durchzuführen sowie auf Verlangen der Strafverfolgungsbehörden Gutachten zu fertigen (§ 2 BKAG). Auch **85**

157 Einzelheiten bei *Soiné*, S. 54 f.

158 Hierzu *Soiné*, S. 70.

werden in einem Informationssystem sämtliche Erkenntnisse zum internationalen Terrorismus zentral zusammengeführt. Zugleich ist das BKA nationale Zentralstelle für Interpol und nationale Stelle für Europol (§ 3 Abs. 1 BKAG). Polizeiliche Aufgaben der Strafverfolgung nimmt das BKA nur ausnahmsweise selbst wahr, beispielsweise bei bestimmten Formen der internationalen Kriminalität, wie international organisierter illegaler Handel mit Betäubungsmitteln, Waffen und Arzneimitteln oder dem international organisierten Terrorismus sowie bei Angriffen auf Mitglieder von Verfassungsorganen (§ 4 BKAG). Im präventiven Bereich ist das BKA u.a. zuständig für die Abwehr von Gefahren des internationalen Terrorismus (§ 5 BKAG), den Schutz von Mitgliedern der Verfassungsorgane (§ 6 BKAG), dem Zeugenschutz (§ 7 BKAG) und der Sicherung des BKA (§ 8 BKAG).

#### c) Bundesamt für Verfassungsschutz

86 Der Bekämpfung verfassungsfeindlicher Bestrebungen dient das Bundesamt für Verfassungsschutz (§ 1 Abs. 1 BVerfSchG). Seine Aufgabe besteht im Sammeln und Auswerten entsprechender Informationen (§ 3 Abs. 1 BVerfSchG). Die hierfür notwendigen Informationseingriffe sind denen der Polizei ähnlich (vgl. § 8 ff. BVerfSchG). Jedoch ist das Bundesamt für Verfassungsschutz keine Polizeidienststelle, sondern ein **Nachrichtendienst**.[159] Polizeiliche Befugnisse oder Weisungsbefugnisse stehen ihm daher nicht zu; auch darf die Polizei nicht im Wege der Amtshilfe um Maßnahmen ersucht werden, zu denen es selbst nicht befugt ist (§ 8 Abs. 3 BVerfSchG). Dies erfordert das sog. **Trennungsgebot** (vgl. § 2 Abs. 1 S. 3 BVerfSchG). Danach sind Nachrichtendienste und Polizeibehörden organisatorisch und funktionell strikt voneinander zu trennen.[160] Jedoch kann das Bundesamt insbesondere Erkenntnisse zur Verhinderung und Verfolgung von Staatsschutzdelikten an die zuständigen Strafverfolgungsbehörden übermitteln (§ 20 Abs. 1 BVerfSchG).[161]

#### d) Steuerkriminalpolizei[162]

87 Im Bereich bestimmter, spezifischer Deliktsbereiche sind der Polizei andere Behörden und deren Bedienstete per Gesetz gleichgestellt, wie insbesondere die Dienststellen der **Steuerfahndung** und der **Zollfahndungsdienst**[163] (§ 404 AO). Diese haben die Ermittlungen wegen Steuerstraftaten auf Anweisung der Staatsanwaltschaft durchzuführen. Im Bereich der praktisch sehr bedeutsamen Zollfahndung besteht mit dem **Zollkriminalamt** (ZKA)

---

159 *Schenke*, Rn. 497.

160 Ausführlich *Würtenberger/Heckmann/Tanneberger*, § 3 Rn. 30 ff.

161 Zur Übermittlung personenbezogener Daten BVerfG 28.09.2022 – 1 BvR 2354/13, NStZ-RR 2023, 17 ff.

162 So die treffende Bezeichnung von *Hellmann*, Rn. 152.

163 Zu den Aufgaben und Befugnissen siehe Zollfahndungsgesetz v. 30.03.2021 (BGBl. I, S. 402 ff.).

mit Sitz in Köln eine Zentralstelle für den Zollfahndungsdienst mit ähnlichen Aufgaben wie das Bundeskriminalamt (§§ 3 u. 4 ZFdG).[164] Die Zollfahndung beinhaltet dabei nicht nur klassische Zolldelikte, wie Zoll- und Verbrauchssteuerzuwiderhandlungen (z.B. Zigarettenschmuggel), sondern auch die Bekämpfung der grenzüberschreitenden Betäubungsmittelkriminalität und der international organisierten Geldwäsche.

### 3. Polizei auf europäischer und internationaler Ebene

**Europol** ist das Europäische Polizeiamt und hat seinen Sitz in Den Haag. Es 88
ist vor allem für die Erhebung, Speicherung, Verarbeitung, Analyse und den Austausch von Informationen sowie die Koordination der nationalen Ermittlungsbehörden der EU-Mitgliedsstaaten im Bereich aller schwerwiegenden Formen der organisierten internationalen Kriminalität und des Terrorismus zuständig (Art. 88 Abs. 1 AEUV; Art. 3 u. 4 Europol-VO[165]). Während Eurojust (s. Rn. 72) die justizielle bzw. staatsanwaltschaftliche Zusammenarbeit der nationalen Strafverfolgung der EU-Mitgliedsstaaten unterstützt, soll durch Europol die Zusammenarbeit der nationalen Polizeibehörden verstärkt und unterstützt werden. Eine eigene Ermittlungszuständigkeit besitzt Europol (noch) nicht.[166] Jedoch dürfen sich Europol-Bedienstete an gemeinsamen Ermittlungsgruppen beteiligen.[167] Es handelt sich insofern bei Europol um eine Art Koordinierungsstelle für die nationalen Polizeibehörden. **OLAF** ist das Europäische Amt für Betrugsbekämpfung (Office Européen de Lutte Anti-Fraude) mit Sitz in Brüssel. Seine Zuständigkeit umfasst die Bekämpfung von Betrug, Korruption und anderen rechtswidrigen Handlungen zum Nachteil der finanziellen Interessen der Europäischen Union.[168] Eine weitere Aufgabe ist das Aufdecken schwerwiegenden Fehlverhaltens von EU-Bediensteten bei der Ausübung ihrer beruflichen Tätigkeit. OLAF führt in voller Unabhängigkeit sowohl interne als auch externe Ermittlungen durch und arbeitet dabei eng mit den zuständigen Behörden der EU-Mitgliedsstaaten zusammen.[169] Hierbei unterstützt OLAF die für die Verwaltung von EU-Mitteln zuständigen Behörden. Durch Weitergabe entsprechender Informationen an die nationalen Behörden können die Mitgliedsstaaten auf nationaler Ebene ggf. Ermittlungsverfahren einleiten. **Interpol** ist die allgemein übliche Bezeichnung für die Internationale Kriminalpolizeiliche Organisation – IKPO

164 Ausführlich *Soiné*, S. 71 f.

165 VO 2016/794 (ABl. 2016 L 135/53).

166 Hierzu *Satzger*, § 10 Rn. 6.

167 *Soiné*, S. 131.

168 Zu den Aufgaben vgl. VO 883/2013 (ABl. 2013 L 248/1), geändert durch VO 2016/2030 (ABl. 2016 L 317/1); kritisch *Hellmann*, Rn. 154.

169 Hierzu auch *Soiné*, S. 133 f.

(offizielle engl. Bezeichnung: ICPO).[170] Sie wurde 1923 in Wien gegründet und ist ein Zusammenschluss von derzeit 194 Mitgliedsstaaten mit Sitz in Lyon. Zur ihren Aufgaben zählen die Bereitstellung schneller und zuverlässiger Nachrichtenverbindungen, die Unterhaltung eines Nachrichtensammel- und Auswertungsdienstes, eines Fahndungs- und Ausschreibungsdienstes sowie die Koordinierung gegenseitiger Unterstützungsmaßnahmen in verschiedenen Bereichen, wie unter anderem bei der Aus- und Fortbildung sowie der Ausrüstung.[171] Ziel ist eine umfassende gegenseitige Unterstützung aller Polizeibehörden der Mitgliedsstaaten (Art. 2 IKPO-Statuten), indem Interpol vor allem als Informations- und Kommunikationsplattform die nationalen Polizeibehörden vernetzt.

### III. Weisungsrecht der Staatsanwaltschaft

#### 1. Grundsätze

89 Obwohl die Polizei organisatorisch nicht dem Justiz-, sondern dem Innenminister untersteht, wird sie im Bereich der Strafverfolgung als **Helfer der Staatsanwaltschaft** tätig. Sie führt ihre repressiven Ermittlungen für die Staatsanwaltschaft als Justizbehörde durch. Im Rahmen dieses gesetzlichen Auftragsverhältnisses[172] steht der Staatsanwaltschaft ein einschränkungsloses Weisungsrecht zu (§ 161 Abs. 1 StPO). Diese kann sich mit einem Ersuchen an die Polizei wenden, deren jeweiliger Behördenleiter dann die Polizeibeamten bestimmt, die die Ermittlungen durchführen. Mit dem **Begriff „Polizei“** bzw. der Bezeichnung „Behörden und Beamte des Polizeidienstes“ (vgl. z.B. §§ 163 Abs. 1 S. 1, 163a Abs. 4 S. 1 StPO) ist in der StPO nicht die allgemeine Ordnungsbehörde, sondern nur die **Vollzugspolizei**, die im jeweiligen örtlichen Zuständigkeitsbereich für Strafverfolgungsaufgaben umfassend zuständig ist, gemeint.[173] Der weitergehende Polizeibegriff der Bundesländer Baden-Württemberg, Bremen und Saarland, der neben dem Polizeivollzugsdienst auch die Polizeibehörden umfasst (z.B. § 104 PolG BW), gilt in der StPO nicht. Die Aufgabenverteilung zwischen der Schutz- und der Kriminalpolizei ist durch Landes- und Organisationsinnenrecht geregelt. Dabei besteht aber sowohl für die Schutz- als auch die Kriminalpolizei die Aufgabe der Strafverfolgung. In der Regel bearbeitet die Schutzpolizei die kleinere bis mittlere Kriminalität, während die Kriminalpolizei für die – zumeist

---

170 Art. 1 der Statuten und Allgemeinen Bestimmungen der IKPO-Interpol (IKPO-Statuten); nicht amtliche Übersetzung.

171 *Soiné*, S. 134.

172 LR-*Erb*, § 161 Rn. 60.

173 Zum Polizeibegriff und seiner geschichtlichen Entwicklung ausführlich *Schenke*, Rn. 1 ff.; *Würtenberger/Heckmann/Tanneberger*, § 1 Rn. 1 ff.; *Zeitler/Trurnit*, Rn. 2 ff.

schwereren – Strafsachen zuständig ist, in denen ihre besonderen Kenntnisse und Möglichkeiten von überwiegender Bedeutung sind.[174]

## 2. Ermittlungspersonen der Staatsanwaltschaft

Das Gesetz unterscheidet **Ermittlungspersonen der Staatsanwaltschaft** (§ 152 Abs. 2 GVG), die mit besonderen Kompetenzen ausgestattet sind, von den übrigen Polizeibeamten. So dürfen beispielsweise Durchsuchungen aus Gefahr im Verzug nur durch Ermittlungspersonen der Staatsanwaltschaft angeordnet werden (§ 105 Abs. 1 S. 1 StPO). Welche Polizeibeamten Ermittlungspersonen der Staatsanwaltschaft sind, ist in Rechtsverordnungen der Bundesländer festgelegt.[175] Für Baden-Württemberg ist dies beispielsweise in der Verordnung der Landesregierung über die Ermittlungspersonen der Staatsanwaltschaft vom 12. Februar 1996 geregelt.[176] Danach sind Ermittlungspersonen der Staatsanwaltschaft alle Polizeivollzugsbeamten vom Polizeikommissaranwärter nach Abschluss des Grundstudiums über den Polizeimeister bis hin zum Vizepräsidenten, wobei Beamte des höheren Polizeivollzugsdienstes in leitender Position nicht hierzu gehören. Den Ermittlungspersonen kann die Staatsanwaltschaft direkt einen Auftrag erteilen. Sie sind dann verpflichtet, den Anforderungen der Staatsanwaltschaft Folge zu leisten (§ 152 Abs. 1 GVG). Gleichwohl ist die in der Praxis übliche **Weisungsform** nicht die des Auftrags, sondern die des Ersuchens, sodass die beauftragte Behörde die interne Zuständigkeit selbst organisieren kann.[177] Dies gebietet die Rücksichtnahme auf die Funktionsfähigkeit des dortigen Behördenbetriebs.[178] Erfüllt die Ermittlungsperson die sachliche Weisung der Staatsanwaltschaft nicht ordnungsgemäß, so obliegt die Reaktion oder Ahndung dem Dienstvorgesetzten im Hauptamt auf Anregung der Staatsanwaltschaft.[179] 90

## 3. Grenzen des Weisungsrechts

Das Weisungsrecht ist auf die Strafverfolgungstätigkeit der Polizei begrenzt und lässt die sich aus dem Hauptamt ergebenden allgemeinen Dienstpflichten grundsätzlich unberührt.[180] Dabei kann mit Blick auf § 161 Abs. 1 S. 2 StPO die Staatsanwaltschaft auch die konkrete Durchführung vorschreiben,[181] 91

174 M-G/S-*Schmitt*, Einl. Rn. 39.

175 Übersicht bei M-G/S-*Schmitt*, § 152 GVG Rn. 6.

176 GBl. 1996, 184.

177 Vgl. M-G/S-*Köhler*, § 161 Rn. 11; KK-*Mayer*, § 152 GVG Rn. 11.

178 *Kissel/Mayer*, § 152 Rn. 14.

179 *Kissel/Mayer*, § 152 Rn. 18.

180 *Kissel/Mayer*, § 152 Rn. 10.

181 BGH 27.05.2009 – 1 StR 99/09, NJW 2009, 2612, 2613; LR-*Erb*, § 163 Rn. 13; SK-*Wohlers/Albrecht*, § 163 Rn. 5.

wenngleich aufgrund der zumeist größeren polizeilichen Situationserfahrung hiervon zurückhaltend Gebrauch gemacht werden sollte.[182] Kollidieren Aufgaben der Strafverfolgung mit Aufgaben der Gefahrenabwehr, so ist mangels gesetzlicher Regelung problematisch, wieweit das Weisungsrecht der Staatsanwaltschaft gegenüber der Polizei reicht.[183] In unaufschiebbaren Fällen, in denen sich die Gefahrenabwehr nicht mit den Zielen der Strafverfolgung vereinbaren lässt, soll die Polizei über den **Schwerpunkt der Maßnahme** entscheiden.[184] Dies überzeugt aufgrund der regelmäßig faktisch besseren Lageeinschätzung durch die Polizei. Liegt dieser bei der Gefahrenabwehr, wird also die Maßnahme nach Polizeirecht begründet, steht der Staatsanwaltschaft – auch aus dem Sachzusammenhang – kein Weisungsrecht zu.[185]

## IV. Recht des ersten Zugriffs

92 Die Polizei wird aber nicht nur aufgrund des Weisungsrechts der Staatsanwaltschaft tätig, sondern hat nach § 163 Abs. 1 StPO auch das Recht und die Pflicht zum sog. ersten Zugriff. Erhält sie also Kenntnis von einer möglichen Straftat, muss sie von sich aus tätig werden und alle notwendigen Ermittlungen vornehmen. Daher unterliegt sie, wie die Staatsanwaltschaft, dem **Legalitätsprinzip** (§§ 163 Abs. 1, 152 Abs. 2 StPO). Allerdings gilt für die Polizei nicht das **Opportunitätsprinzip**. Dieses Recht, ein Verfahren nach pflichtgemäßem Ermessen einzustellen oder zu beschränken, steht im Strafverfahren nur der Staatsanwaltschaft als Herrin des Verfahrens zu. Insofern unterliegen die Ermittlungen der Polizei der umfassenden Leitung der Staatsanwaltschaft.[186] Die Polizei muss aber in diesen Fällen zumindest den Sachverhalt so ermitteln, dass die Staatsanwaltschaft für ihre Entscheidung im Rahmen des Opportunitätsprinzips eine Grundlage hat. So etwa bei der Frage, ob ein besonderes öffentliches Interesse an der Strafverfolgung besteht. Das Recht des ersten Zugriffs durch die Polizei bedeutet dabei, dass es sich um unaufschiebbare Maßnahmen handelt (§ 163 Abs. 1 S. 1 StPO: „…alle keinen Aufschub gestattenden Anordnungen“). In der Konsequenz muss die Staatsanwaltschaft von der Polizei unverzüglich informiert werden, um ihre Aufgabe der Leitung und Gestaltung des Ermittlungsverfahrens wahrnehmen zu können (§ 163 Abs. 2 S. 1 StPO). Die Polizei soll insofern eine **justizielle Steuerung des Ermittlungsverfahrens** ermöglichen, wozu letztlich auch eine kontinuierliche Information der Staatsanwaltschaft über das Ermitt-

---

182 A.A. *Krey*, ZRP 1971, 224 ff.

183 Ausführlich *Krey/Heinrich*, Rn. 321 ff. m.w.N.

184 SK-*Wohlers*, § 152 GVG Rn. 5; a.A. *Kühne*, Rn. 149.

185 LR-*Erb*, § 161 Rn. 68; vgl. auch Anlage A Teil B RiStBV.

186 BeckOK-*Häfen*, § 163 Rn. 3.

lungsgeschehen gehören würde.[187] Dem entspricht jedoch die Praxis in weiten Teilen nicht. Insbesondere im Bereich der kleineren und mittleren Kriminalität ermittelt die Polizei regelmäßig völlig selbstständig und verfügt die Sache erst an die Staatsanwaltschaft ab, wenn der Sachverhalt ihrer Ansicht nach ausermittelt ist. Diese dem Gesetz zuwiderlaufende Praxis hat strukturelle Gründe, wie beispielsweise den „Erledigungsdruck" bei der Staatsanwaltschaft, den überwiegend polizeilichen Anzeigeneingang, den polizeilichen Ressourcenvorsprung sowie die Unterschiede beim kriminalistischen und kriminaltechnischen Know-how.[188] Die enormen quantitativen und qualitativen Ermittlungsanforderungen machen daher heutzutage faktisch eine ständige aktive Beteiligung der Staatsanwaltschaft an den alltäglichen Ermittlungen unmöglich.[189] Diese **„faktische Vorrangstellung der Polizei"**[190], die letztlich aus der gesetzlichen Pflicht zur Eigeninitiative folgt (§ 163 Abs. 1 StPO), ändert jedoch nichts an der Konzeption der StPO, dass die Polizei als „verlängerter Arm der Staatsanwaltschaft" alle Ermittlungen für die Staatsanwaltschaft als Herrin des Ermittlungsverfahrens durchführt. Die Erforschungspflicht der Polizei entspricht derjenigen der Staatsanwaltschaft und ist in diesem Sinne eine Durchgangszuständigkeit.[191] Insoweit ist funktional eine selbstständige Strafverfolgung der Polizei auf das Recht des ersten Zugriffs beschränkt.[192] Dies ergibt sich auch zwangsläufig aus der Gesamtverantwortung der Staatsanwaltschaft für das Ermittlungsverfahren.[193]

## E. Der Verteidiger

### I. Allgemeines

Der Verteidiger ist zumeist ein in Deutschland zugelassener **Rechtsanwalt**. 93
Dieser hat dieselbe Ausbildung wie ein Richter oder Staatsanwalt absolviert und damit die Befähigung zum Richteramt nach dem Deutschen Richtergesetz erlangt (vgl. § 4 S. 1 Nr. 1 BRAO). Rechtsanwälte aus EU-Mitgliedsstaaten, EWR-Vertragsstaaten und der Schweiz dürfen nach den Vorschriften des EuRAG in Deutschland tätig werden.[194] Darüber hinaus kann aber

187 Hierzu MüKo-*Kölbel*, § 160 Rn. 19.

188 MüKo-*Kölbel*, § 160 Rn. 19 Fn. 57 m.w.N.

189 Zur Gefahr einer „Verpolizeilichung des Ermittlungsverfahrens" *Roxin/Schünemann*, § 9 Rn. 22 f.; a.A. *Krey/Heinrichs*, Rn. 314 ff.

190 MüKo-*Kudlich*, Einl. Rn. 300.

191 *Ernesti*, NStZ 1983, 57, 61.

192 A.A. *Kramer*, Rn. 106b, der darin eine „eigene Aufgabe" der Polizei erblickt.

193 Hierzu *Rüping*, ZStW 95 (1983), 894, 909 ff.

194 Ausführlich MüKo-*Kämpfer/Travers*, § 138 Rn. 3 u. 9.

auch ein Rechtslehrer einer deutschen Hochschule i.S.d. Hochschulrahmengesetzes mit der Befähigung zum Richteramt als Verteidiger tätig werden (§ 138 Abs. 1 StPO). Durch den Verweis auf das Hochschulrahmengesetz sind davon nicht nur Rechtslehrer an Universitäten, sondern auch an Fachhochschulen bzw. Hochschulen für angewandte Wissenschaften erfasst.[195] Mit Genehmigung des Gerichts sind auch andere Beistände wählbar (§ 138 Abs. 2 S. 1 StPO). Der Beschuldigte hat die Möglichkeit, bis zu drei Verteidiger zu wählen (§ 137 Abs. 1 S. 2 StPO). Umgekehrt gilt für den Verteidiger das **Verbot der Mehrfachverteidigung** (§ 146 StPO); d.h. der Verteidiger darf weder mehrere derselben Tat Beschuldigte noch in einem Verfahren mehrere verschiedener Taten Beschuldigte vertreten. Damit sollen mögliche Interessenkonflikte vermieden werden. Grundsätzlich ist die Verteidigung des Beschuldigten in jeder Lage des Verfahrens zulässig, jedoch nur in bestimmten Fällen (vgl. § 140 StPO) auch zwingend erforderlich.

## II. Stellung und Funktion

94 Der Verteidiger ist ein von Gericht und Staatsanwaltschaft unabhängiges und gleichberechtigtes **Organ der Rechtspflege** (vgl. § 1 BRAO).[196] Er steht daher nicht unter der Kontrolle des Gerichts. Ihm stehen besondere Rechte und Pflichten zu, deren Verletzungen zwar durch ehrengerichtliche Maßnahmen geahndet werden können,[197] regelmäßig aber gerade nicht von dem erkennenden Strafgericht.

95 Da das Gericht von Amts wegen die Wahrheit ermitteln muss und auch die Staatsanwaltschaft verpflichtet ist, alle entlastenden Umstände zu ermitteln, scheint die Verteidigung eigentlich überflüssig zu sein. In der Praxis kann jedoch weder die Staatsanwaltschaft noch das Gericht diese Objektivität vollauf gewährleisten. Die auf Strafverfolgung ausgerichtete Tätigkeit der Staatsanwaltschaft beeinträchtigt zwangsläufig eine völlig unbefangene Beurteilung des Sachverhalts. So hat die Staatsanwaltschaft die zur Anklage geführten Ermittlungen geleitet und mit der abschließenden Anklageschrift den hinreichenden Tatverdacht und damit die Wahrscheinlichkeit einer Verurteilung des Angeklagten bejaht. Auch das Gericht hat dem stets in der staatsanwaltschaftlichen Anklage enthaltenen Antrag auf Eröffnung der Hauptverhandlung zugestimmt und sich insofern zunächst einmal der Ansicht der Staatsanwaltschaft angeschlossen. Daher ist die **Verteidigung als notwendiger Gegenpart** im Strafverfahren erforderlich. Aufgrund der fehlenden Distanz

---

195 BGH 28.08.2003 – 5 StR 232/02, NJW 2003, 3573, 3574; KK-*Willnow*, § 138 Rn. 5.

196 BVerfG 08.10.1974 – 2 BvR 748/73, BVerfGE 38, 105, 119.

197 BVerfG 04.04.1984 – 1 BvR 1287/83, BVerfGE 66, 337, 354.

sowie der notwendigen Kenntnisse des Rechts und seiner praktischen Handhabung im Verfahren ist es dem Beschuldigten auch kaum möglich, sich selbst effektiv zu verteidigen. Der Prozess der Wahrheitsfindung im Strafverfahren erfordert daher neben Gericht und Staatsanwaltschaft mit Polizei auch die Verteidigung. Alle steuern auf das Ziel einer gerechten Entscheidung zu. Nur die Ausgangspunkte differieren: Staatsanwaltschaft und Polizei gehen von einem staatlichen Strafanspruch aus, der Richter von der Totalität des Rechts und der Verteidiger vom Schutzanspruch des Beschuldigten.[198] Die Aufgabe der Verteidigung, den Beschuldigten vor einer ungerechten, unangemessenen Behandlung zu bewahren, erweist den Verteidiger als **Mitträger der Wahrheits- und Gerechtigkeitsfindung**. Insoweit ist er nach der Rechtsprechung und der h.L. richtigerweise auch an die Belange einer funktionstüchtigen Strafrechtspflege gebunden und nicht ausschließlich einseitiger Interessenvertreter des Beschuldigten.[199] Allerdings ist er nicht zur Unparteilichkeit verpflichtet. Der Verteidiger darf – und muss grundsätzlich – einseitig und parteiisch sein; dies jedoch im Rahmen der rechtlich erlaubten Mittel.

Der Verteidiger ist **Berater und Beistand** des Beschuldigten (§ 137 Abs. 1 S. 1 **96**
StPO) – nicht Vertreter des Beschuldigten – und trägt dadurch zu einem rechtsstaatlichen, justizförmigen Verfahren bei. Im Unterschied zu einem Vertreter des Beschuldigten wird der Verteidiger unabhängig vom Beschuldigten tätig. Er ist nicht an dessen Weisungen gebunden.[200] Hierbei wird dem Beschuldigten die Verteidigungshilfe unter Umständen sogar gegen dessen Willen aufgedrängt. So kann der Verteidiger im Interesse einer sachgerechten Verteidigung auch gegen den Willen des Beschuldigten agieren.[201]

**Beispiele:**

Der Verteidiger stellt gegen den Willen des Beschuldigten einen Beweisantrag oder beantragt gegen den Willen des Beschuldigten die Unterbringung in einem psychiatrischen Krankenhaus (§ 81 StPO) zur Überprüfung der Schuldfähigkeit.

Insofern ist der Verteidiger nicht weisungsgebundener Vertreter des Beschuldigten,[202] wie beispielsweise der Rechtsanwalt als Prozessbevollmächtigter einer Partei im Zivilprozess. Diese **Unabhängigkeit des Verteidigers** vom Willen des Beschuldigten findet ihre Grenze in der Schweigepflicht des Verteidi-

198 *Dahs*, Rn. 13.

199 Zum Streit über die Rechtsstellung des Verteidigers ausführlich *Roxin/Schünemann*, § 19 Rn. 2a ff. m.w.N.

200 BGH 30.10.1959 – 1 StR 418/59, BGHSt 13, 337, 343.

201 BGH 30.01.1959 – 1 StR 510/58, BGHSt 12, 367, 369.

202 Ein Ausnahmefall findet sich in § 234 StPO.

gers. Auch darf der Verteidiger gegen den ausdrücklichen Willen des Beschuldigten keine Rechtsmittel einlegen (§ 297 StPO), zurücknehmen (§ 302 Abs. 2 StPO) oder einen Rechtsmittelverzicht erklären[203]. Der Strafverteidiger hat eigene Rechte, die neben den Rechten des Beschuldigten bestehen.[204] Daher kann ein Rechtsanwalt, der zugleich Beschuldigter ist, sich zwar selbst verteidigen, hat jedoch nicht die Rechte des Verteidigers, wie das unbeschränkte Akteneinsichtsrecht nach § 147 Abs. 1 StPO,[205] sondern die eines Beschuldigten. Im Falle einer notwendigen Verteidigung (§ 140 StPO) muss der Rechtsanwalt als Beschuldigter dann sogar zwingend einen von ihm gewählten oder vom Gericht bestellten Verteidiger haben.

## III. Pflichten

Der Verteidiger hat insbesondere folgende wichtige Pflichten, die ihn in der Wahl der Verteidigungsmöglichkeiten auch begrenzen:

### 1. Fürsprachepflicht

97 Es ist die Aufgabe des Verteidigers, seinen Mandanten zu schützen und die Rechtsstellung des Beschuldigten als Prozesssubjekt zu wahren. Er ist verpflichtet, alle zugunsten des Beschuldigten sprechenden tatsächlichen und rechtlichen Gesichtspunkte geltend zu machen.[206] Auch überwacht er zum Schutz seines Mandanten die Rechtmäßigkeit des Verfahrens. Diese auf eine **einseitige Interessenwahrnehmung** ausgerichteten Pflichten bilden das Gegengewicht zur tendenziell auf Überführung des Beschuldigten ausgelegten Tätigkeit der Staatsanwaltschaft.[207] Hierzu darf er alle rechtlich erlaubten Mittel des Strafverfahrens einsetzen.

**Beispiele:**

Der Verteidiger rät einem Zeugen, von seinem Zeugnisverweigerungsrecht Gebrauch zu machen[208] oder erklärt dem Beschuldigten, welche Vorteile sein Schweigen in der Hauptverhandlung hätte.

203 M-G/S-*Schmitt*, § 302 Rn. 30.
204 BGH 30.01.1959 – 1 StR 510/58, BGHSt 12, 367, 369.
205 BVerfG 26.02.1988 – 2 BvR 287/87, NStZ 1988, 282.
206 BGH 15.02.1956 – StE 1/56, BGHSt 9, 20, 22.
207 *Dahs*, Rn. 10 f.
208 BGH 18.10.1957 – 5 StR 383/57, BGHSt 10, 393, 394 f.

## 2. Verschwiegenheitspflicht

Der Verteidiger unterliegt einer strafbewehrten Verschwiegenheitspflicht (§ 203 StGB) hinsichtlich der Tatsachen, die er im Rahmen des Auftrags von seinem Mandanten erfährt. Sie gilt über den Tod des Mandanten hinaus (§ 203 Abs. 5 StGB). In der Konsequenz darf der Verteidiger den Beschuldigten belastende Umstände nicht ohne dessen Zustimmung vortragen. Er kann folglich auch den (falschen) Freispruch anstreben, solange er dafür nur verfahrensrechtlich erlaubte Mittel einsetzt. 98

**Beispiel:**

Hat der Mandant seinem Verteidiger die Tat gestanden, sie jedoch vor Gericht bestritten oder von seinem Schweigerecht Gebrauch gemacht und reichen die Beweise für eine Verurteilung nicht aus, so muss der Verteidiger im Interesse des Mandanten einen Freispruch aus Mangel an Beweisen beantragen.[209]

Das ist **rechtsethisch** auch keineswegs bedenklich, da nach dem Gesetz der Schuldige, wenn ihm die Tat mit prozessual erlaubten Mitteln nicht nachgewiesen werden kann, freigesprochen werden muss. Ist der Verteidiger hierzu aus beruflichen oder persönlichen Gründen nicht bereit, muss er das Mandat niederlegen. Würde der Verteidiger gar dem Gericht das gegenüber ihm ausgesprochene Geständnis mitteilen, würde er seine Verschwiegenheitspflicht verletzen und sich nach § 203 Abs. 1 Nr. 3 StGB strafbar machen.

## 3. Wahrheitspflicht

Infolge der Stellung des Verteidigers als Organ der Rechtspflege darf er zur Verteidigung nur **rechtlich erlaubte Mittel** einsetzen. Er unterliegt einer Wahrheitspflicht, d.h.: „Alles was der Verteidiger sagt, muß wahr sein, aber er darf nicht alles sagen, was wahr ist".[210] Insoweit beschränkt sich die Wahrheitspflicht darauf, nichts Unwahres zu sagen. Dabei verbietet die Wahrheitspflicht dem Verteidiger, die Interessen des Mandanten um den Preis der Wahrheit durchzusetzen. Er darf insoweit nichts zur Überführung des Beschuldigten beitragen. Der Verteidiger kann auch alle Behauptungen im Strafverfahren zugunsten seines Mandanten vortragen, von denen er nicht sicher weiß, dass sie unwahr sind.[211] 99

209 Vgl. BGH 20.05.1952 – 1 StR 748/51, BGHSt 2, 375, 377.

210 *Dahs*, Rn. 49.

211 BGH 01.09.1992 – 1 StR 281/92, BGHSt 38, 345, 348; BGH 09.05.2000 – 1 StR 106/00, 46, 53, 54 f.; BGH 01.09.1992 – 1 StR 281/92, NStZ 1993, 79, 80.

**Beispiel:**

Der Beschuldigte macht ein Alibi geltend, das der Verteidiger dem Gericht vorträgt, obwohl es ihm selbst eher unwahrscheinlich erscheint.

Die Grenze der prozessualen Wahrheitspflicht ist erst dann überschritten, wenn er bewusst Unwahres zur Verteidigung nutzt, was in der Folge eine Strafbarkeit nach § 258 Abs. 1 StGB begründen kann.

**Beispiel:**

Der Verteidiger veranlasst den geständigen Beschuldigten oder einen Zeugen bewusst zur Falschaussage.[212]

## IV. Rechte des Verteidigers

Die Aufgabe des Verteidigers als Berater und Beistand des Beschuldigten erfordert zur effektiven Verteidigung eine Vielzahl von Kontakt-, Anwesenheits- und Informationsrechten. Die wichtigsten sind folgende Rechte:

### 1. Kontaktrecht

**100** Der Verteidiger hat ein unbeschränktes Recht zum mündlichen und schriftlichen Verkehr mit dem Beschuldigten, auch dann, wenn dieser sich in Haft befindet (§ 148 Abs. 1 StPO). Diese Regelung wird an anderen Stellen der StPO entsprechend ergänzt. So beispielsweise für den Bereich der Zeugnisverweigerung (§ 53 Abs. 1 Nr. 2 StPO) und der Beschlagnahmeverbote (§ 97 StPO). Über den Wortlaut des § 148 Abs. 1 StPO hinaus muss dies auch für sog. Anbahnungsgespräche gelten, in denen der Verteidiger eine mögliche Mandatsübernahme mit dem Beschuldigten abklärt.[213] Eine Einschränkung macht § 148 Abs. 2 StPO, wenn der Beschuldigte einer Straftat nach §§ 129a oder 129b StGB verdächtig ist.

### 2. Anwesenheitsrechte

**101** Eine effektive Verteidigung erfordert weitgehende Anwesenheitsrechte bei Ermittlungshandlungen der Strafverfolgungsorgane und in der Hauptverhandlung. Der Verteidiger hat in der Hauptverhandlung immer ein Anwesenheitsrecht. Im Ermittlungsverfahren hingegen beschränkt sich dieses Recht auf die Anwesenheit bei der richterlichen Beschuldigten- und Zeugenvernehmung

212 BGH 09.05.2000 – 1 StR 106/00, BGHSt 46, 53, 55 ff.

213 So auch *Roxin/Schünemann*, § 19 Rn. 75; a.A. KG Berlin 03.12.1984 – ER 92/84, StV 1985, 405 m. abl. Anm. *Hassemer*.

(§ 168c StPO) sowie bei der polizeilichen, staatsanwaltschaftlichen und richterlichen Beschuldigtenvernehmung (§§ 163a Abs. 3 S. 2, Abs. 4 S. 3, 168c Abs. 1, Abs. 5 StPO). In der Folge hat der Verteidiger kein Anwesenheitsrecht bei polizeilichen oder staatsanwaltschaftlichen Zeugenvernehmungen, er kann aber zugelassen werden.[214] Von dem Termin der Beschuldigtenvernehmung ist der Verteidiger vorher zu unterrichten (§ 168c Abs. 5 S. 1 StPO). In Fällen einer Gefährdung des Untersuchungserfolges durch konkret zu befürchtende Verdunkelungsmaßnahmen kann eine Terminbenachrichtigung des Verteidigers unterbleiben (§ 168c Abs. 5 S. 2 StPO). Auch hat der Verteidiger bei der Beschuldigtenvernehmung ein Erklärungs- und Fragerecht (§ 168c Abs. 1 S. 2 StPO). Ein Anspruch auf Terminverlegung besteht hingegen nicht (§ 168c Abs. 5 S. 3 StPO).

### 3. Akteneinsichtsrecht

#### a) Allgemeines

Eines der wichtigsten Rechte des Verteidigers ist das auf Akteneinsicht (§ 147 **102**
StPO). Nur so kann der Verteidiger sich über den Verfahrensstand und die Beweislage umfassend informieren. Das Akteneinsichtsrecht besteht daher grundsätzlich vom ersten Tag der Verteidigung an. Im Ermittlungsverfahren kann die Akteneinsicht bei Gefährdung des Untersuchungserfolges versagt werden (§ 147 Abs. 2 S. 1 StPO). Befindet sich der Beschuldigte in Untersuchungshaft, so hat der Verteidiger jedoch stets ein Recht auf Einsicht in die zur Beurteilung der Rechtmäßigkeit der Freiheitsentziehung notwendigen Aktenteile (§ 147 Abs. 2 S. 2 StPO). Die Beschränkung der Akteneinsicht nach § 147 Abs. 2 S. 1 StPO gilt darüber hinaus auch nicht für Protokolle über Beschuldigtenvernehmungen, Sachverständigengutachten und richterliche Untersuchungshandlungen, bei denen der Verteidiger anwesend war oder ein Anwesenheitsrecht gehabt hätte (§ 147 Abs. 3 StPO). Wurde der Beschuldigte zuvor bereits als Zeuge vernommen, so erstreckt sich das unbeschränkte Akteneinsichtsrecht auch auf diese Protokolle.[215] Über das **Akteneinsichtsgesuch** entscheidet im Ermittlungsverfahren die Staatsanwaltschaft, nach Anklageerhebung der Vorsitzenden des mit der Sache befassten Gerichts (§ 147 Abs. 5 S. 1 StPO). Mit Eintritt der Rechtskraft ist wiederum die Staatsanwaltschaft als Vollstreckungsbehörde für die Gewährung der Akteneinsicht zuständig. Die Polizei ist im Ermittlungsverfahren nicht befugt, Akteneinsicht zu gewähren, sondern hat ein solches Gesuch des Verteidigers an die zuständige Staatsanwaltschaft als Herrin des Ermittlungsverfahrens weiterzuleiten. Üblicherweise wird dem Verteidiger die Akte zur Einsichtnahme

214 M-G/S-*Köhler*, § 163 Rn. 16 u. § 161a Rn. 10a.

215 OLG Hamburg 01.11.1985 – VAs 13/85, StV 1986, 422.

in die Kanzlei übersandt (§ 147 Abs. 4 StPO). Ein Anspruch darauf besteht aber nicht.[216] Der Verteidiger darf die Akte selbst einsehen, aber nicht dem Mandanten übergeben (vgl. § 19 BORA). Jedoch kann er die Akte ablichten und den Beschuldigten umfassend über den Inhalt informieren. Üblicherweise wird daher die Akte zunächst kopiert und dann mit dem Beschuldigten besprochen. Dabei darf der Verteidiger seinem Mandanten auch Kopien fertigen und überlassen.[217]

#### b) Umfang

103 Hinsichtlich des Umfangs und Inhalts gilt der **Grundsatz der Aktenvollständigkeit**. Schriftstücke, Ton- oder Bildaufnahmen, Videoaufzeichnungen und Untersuchungshaft-Unterlagen, d.h. alles, was für das Verfahren geschaffen worden ist, darf der Akte nicht entzogen werden.[218] Hierzu zählen auch als Computerdateien gespeicherte Kurzübersetzungen und inhaltliche Zusammenfassungen abgehörter Telefonate.[219] Auch muss dem Verteidiger Einsicht in Sonderbände, wie Haft- und Gesundheitsbände eines anderen Beschuldigten, gewährt werden, damit der Verteidiger entscheiden kann, ob diese verteidigungsrelevant sind.[220] Eine Ausnahme bilden die nach § 96 StPO gesperrten Akten und Aktenteile. Polizeiliche **Spurenakten** unterliegen nur dann dem Akteneinsichtsrecht, wenn sie schuld- und rechtsfolgenrelevante Umstände beinhalten und in diesem Sinne in die Ermittlungsakten der Staatsanwaltschaft einfließen.[221] Die bei der Polizei belassenen Spurenakten, die regelmäßig Persönlichkeitsrechte Dritter berühren, sind nicht vom Akteneinsichtsrecht umfasst.[222] Gleichwohl soll dem Verteidiger in bestimmten Konstellationen die Einsichtnahme in tatbezogene Spurenakten gewährt werden.[223] Darüber hinaus sind Unterlagen oder Daten mit rein innerdienstlicher Bedeutung, wie etwa polizeiliche **Arbeitsvermerke** zum Fortgang und zur Bewertung der bisherigen Ermittlungen, nicht vom Akteneinsichtsrecht umfasst.[224]

### 4. Sonstige Rechte

104 Als Beistand des Beschuldigten kann der Verteidiger jederzeit Erklärungen abgeben und Beweisanträge in gleichem Umfang wie der Beschuldigte stellen.

---

216 BGH 14.09.1993 – 5 StR 283/93, NStZ 1994, 227.

217 M-G/S-*Schmitt*, § 147 Rn. 20.

218 BGH 10.10.1990 – StB 14/90, BGHSt 37, 204, 205 f.

219 BGH 18.06.2009 – 3 StR 89/09, StV 2010, 228, 230.

220 OLG Frankfurt am Main 21.12.2020 – 3 Ws 852/20, NStZ 2021, 382, 383 m. Anm. *Fröba*.

221 M-G/S-*Schmitt*, § 147 Rn. 18.

222 BVerfG 12.01.1983 – 2 BvR 864/81, BVerfGE 63, 45, 62 f.; BGH 26.05.1981 – 1 StR 48/81, BGHSt 30, 131, 138 ff.

223 BGH 25.01.1983 – 5 StR 782/82, NStZ 1983, 228.

224 BGH 18.06.2009 – 3 StR 89/09, StV 2010, 228, 229 f.

In der Hauptverhandlung, für die diese Rechte in §§ 244 Abs. 3–6 u. 257 Abs. 2 StPO ausdrücklich normiert sind, kommt dem Fragerecht des Verteidigers gegenüber Zeugen und Sachverständigen (§ 240 Abs. 2 StPO) eine praktisch große Bedeutung zu. Weiterhin hat der Verteidiger ein Recht zur Beanstandung von Anordnungen des Vorsitzenden (§ 238 Abs. 2 StPO) und von Fragen. Ebenso darf er für den Beschuldigten Rechtsmittel einlegen, jedoch nur, wenn dieser das wünscht (§ 297 StPO). Darüber hinaus kann der Verteidiger auch eigene Ermittlungen anstellen. So kann er Privatgutachten in Auftrag geben, sich den Tatort ansehen oder nach Entlastungszeugen suchen. Auch kann er mit Zeugen über die Ausübung ihres Zeugnisverweigerungsrechts zugunsten des Beschuldigten sprechen.[225] Weiterhin darf der Verteidiger in der Hauptverhandlung starke und eindringliche Ausdrücke einsetzen, wenn er damit ein berechtigtes Anliegen vertritt. Die Grenze des Erlaubten ist erst dann überschritten, wenn andere Beteiligte oder der Verfahrensverlauf keinen Anlass dazu gegeben haben (vgl. § 43a Abs. 3 BRAO).[226]

## V. Wahl- und Pflichtverteidigung

Die Verteidigung kann durch **Bevollmächtigung**, die sog. Wahlverteidigung 105 (§ 138 StPO), oder durch **Beiordnung**, die sog. Pflichtverteidigung (§§ 141 ff. StPO), erfolgen. Im ersten Fall wählt der Beschuldigte den Verteidiger selbst. Im zweiten Fall wird der Verteidiger vom Gericht bestellt. Von dieser Frage, wer den Verteidiger beruft (Gericht oder Beschuldigter), ist die Frage einer freiwilligen oder aber notwendigen Verteidigung (§§ 140 ff. StPO) zu unterscheiden. Hierbei geht es um die Frage, ob der Beschuldigte zwingend einen Verteidiger braucht oder aber auch ohne auskommen kann. **Notwendige Verteidigung** bedeutet insoweit, dass ein Verteidiger zwingend erforderlich ist. Dies kann ein frei gewählter Wahlverteidiger oder aber – wenn der Beschuldigte keinen ausgewählt hat – ein vom Gericht bestellter Pflichtverteidiger sein. Insofern gibt es Pflichtverteidiger nur in den Fällen der notwendigen Verteidigung (§ 140 StPO). Allerdings ist nicht jeder Verteidiger bei der notwendigen Verteidigung ein Pflichtverteidiger. Das Institut der notwendigen Verteidigung ist eine **Konkretisierung des Rechtsstaatsprinzips** (Art. 20 Abs. 3 GG).[227] Mit der Bestellung eines Verteidigers ohne Rücksicht auf die finanziellen Verhältnisse des Beschuldigten soll das rechtsstaatliche Interesse an einer wirksamen Verteidigung des Beschuldigten gesichert werden.[228] Dies

225 BGH 18.10.1957 – 5 StR 383/57, BGHSt 10, 393, 394 f.

226 Vgl. BVerfG 10.07.1996 – 1 BvR 873/94, NStZ 1997, 35 ff.

227 BVerfG 19.10.1977 – 2 BvR 462/77, BVerfGE 46, 202, 210.

228 BVerfG 06.11.1984 – 2 BvL 16/83, BVerfGE 68, 237, 254.

bedeutet, dass im Falle einer notwendigen Verteidigung auch gegen den ausdrücklichen Wunsch des Beschuldigten, der sich selbst verteidigen will, ein Verteidiger bestellt werden muss. Zwar kann der Beschuldigte sich grundsätzlich – sowohl bei Wahl- als auch bei Pflichtverteidigung – selbst verteidigen, jedoch ist er dann verfahrensrechtlich kein Verteidiger, sondern Beschuldigter.[229]

**Beispiel:**

Dem eines Verbrechens (Fall der notwendigen Verteidigung gem. § 140 Abs. 1 Nr. 2 StPO) beschuldigten Rechtsanwalt, der sich selbst verteidigen will, muss daher auch gegen seinen Willen ein Verteidiger bestellt werden.

**106** Liegt kein Fall der notwendigen Verteidigung vor, kann kein Pflichtverteidiger bestellt werden. Ein **Prozesskostenmodell**, wie es im Strafverfahren international vorherrschend ist und beispielsweise auch im deutschen Zivilverfahren besteht, bei dem eine Bedürftigkeitsprüfung erfolgt, kennt das deutsche Strafverfahren nicht.[230] In der Folge ist der sozialschwache gegenüber dem bessergestellten Beschuldigten benachteiligt. So sind zwar Gericht, Staatsanwaltschaft und Polizei zu einer fairen Verfahrensführung verpflichtet (Art. 1 Abs. 1 EMRK), aber keineswegs dazu, den Beschuldigten auf die rechtlich zulässige Ausnutzung prozessualer Rechte hinzuweisen, die im konkreten Fall für ihn günstig wären.[231] So muss die Polizei zwar den Beschuldigten vor der Vernehmung auf sein Schweigerecht hinweisen, aber ihn nicht darüber aufklären, ob Schweigen oder Aussagen aufgrund der Beweislage im Ergebnis günstiger für ihn ist.

### 1. Fälle notwendiger Verteidigung

**107** Ob ein Fall der notwendigen Verteidigung vorliegt, beurteilt sich nach § 140 Abs. 1 u. 2 StPO. Hierbei zählt Absatz 1 insgesamt elf mögliche Fälle der notwendigen Verteidigung auf, während Absatz 2 eine Generalklausel mit unbestimmten Rechtsbegriffen, wie „Schwere der Tat“ oder „Schwere der zu erwartenden Rechtsfolge“ und „Schwierigkeit der Sach- oder Rechtslage“ enthält. Auch die Verteidigungsunfähigkeit des Beschuldigten kann nach § 140 Abs. 2 StPO eine Verteidigerbestellung notwendig machen.

229 Vgl. BVerfG 26.02.1988 – 2 BvR 287/87, NStZ 1988, 282.

230 Kritisch unter Bezugnahme auf EGMR 22.11.2018 – 18297/13 (D.L./Deutschland), NJW 2019, 2005 ff.; *Roxin/Schünemann*, § 19 Rn. 17.

231 *Kühne*, Rn. 196.

**Beispiele für die Verteidigungsunfähigkeit:**

Der Beschuldigte kann nicht oder nur eingeschränkt lesen oder schreiben;[232] ist der deutschen Sprache nicht hinreichend mächtig und ein Dolmetscher kann dies nicht ausgleichen[233].

Die wohl in der Praxis am häufigsten vorkommenden Alternativen sind die in § 140 Abs. 1 Nr. 1, 2, 4 und 5 StPO genannten Fallgruppen: ist zu erwarten, dass die Hauptverhandlung im ersten Rechtszug vor dem Oberlandesgericht, dem Landgericht oder dem Schöffengericht stattfindet (Nr. 1) oder wird dem Beschuldigten ein Verbrechen (§ 12 Abs. 1 StGB) zur Last gelegt (Nr. 2) so liegt ein Fall notwendiger Verteidigung vor; weiterhin, wenn der Beschuldigte dem Gericht zur Entscheidung über Haft oder einstweilige Unterbringung vorgeführt werden soll (Nr. 4) oder aber sich aufgrund einer richterlichen Anordnung oder Genehmigung in einer Anstalt befindet (Nr. 5).

**Beispiele zur Anstaltsunterbringung:**

Straf- und Abschiebehaft, Auslieferungshaft, Unterbringung in Psychiatrie, Entziehungsanstalt, Sicherungsverwahrung.

## 2. Bestellung eines Pflichtverteidigers

Hat der Beschuldigte noch keinen Verteidiger selbst beauftragt, stellt sich die **108**
Frage, zu welchem Zeitpunkt im Falle einer notwendigen Verteidigung das Gericht spätestens einen Pflichtverteidiger bestellen muss. Hierbei erfolgt die Bestellung entweder auf Antrag des Beschuldigten (§ 141 Abs. 1 S. 1 StPO) oder von Amts wegen (§ 141 Abs. 2 StPO). Der **Antrag des Beschuldigten** kann formlos gestellt werden, sodass auch ein mündlicher Antrag ausreichend ist.[234] Voraussetzung für den Antrag ist, dass dem Beschuldigten der Tatvorwurf eröffnet worden ist und ein Fall der notwendigen Verteidigung prognostiziert werden kann.[235] Im Ermittlungsverfahren erfolgt die Antragstellung gegenüber der Polizei oder der Staatsanwaltschaft (§ 142 Abs. 1 S. 1 StPO). Die Staatsanwaltschaft legt den Antrag mit einer Stellungnahme dem zuständigen Gericht zur Entscheidung vor (§ 142 Abs. 1 S. 2 StPO). Nach Anklageerhebung wird der Antrag gegenüber dem zuständigen Gericht (§ 142 Abs. 1 S. 3 StPO) gestellt. Über den Antrag muss unverzüglich, d.h. so bald

232 LG Berlin 15.06.2021 – 525 Qs 34/21, StraFo 2021, 3; BeckOK-*Krawczyk*, § 140 Rn. 44 m.w.N.

233 Zu den Anforderungen OLG Nürnberg 03.03.2014 – 2 Ws 63/14, NStZ-RR 2014, 183.

234 M-G/S-*Schmitt*, § 142 Rn. 4.

235 BeckOK-*Krawczyk*, § 141, Rn. 3 f.

wie sachlich möglich,[236] vom Gericht entschieden werden. Dabei ist spätestens vor einer Beschuldigtenvernehmung oder Gegenüberstellung ein Pflichtverteidiger zu bestellen (§ 141 Abs. 1 S. 2 StPO). Ausnahmsweise kann eine Beschuldigtenvernehmung oder Gegenüberstellung bei gegenwärtigen Gefahren für Leben, Leib oder Freiheit sowie zur Abwendung einer erheblichen Gefährdung eines Strafverfahrens auch bereits vor der Verteidigerbestellung erfolgen (§ 141a StPO).

**Beispiele:**

Akute Terrorlage, Geiselnahme oder Entführung; Vernichtung von Beweismitteln oder Bedrohung von Zeugen durch Dritte.

**109** Sofern der Beschuldigte einem Gericht zur Entscheidung über Haft oder einstweilige Unterbringung vorgeführt werden soll (Ausnahmen in § 141 Abs. 2 S. 2, 3 StPO), er sich aufgrund richterlicher Anordnung in einer Anstalt befindet oder aber ersichtlich ist, dass er sich nicht selbst verteidigen kann, wird ihm **von Amts wegen** in der Regel auf unverzüglichen Antrag der Staatsanwaltschaft vom zuständigen Gericht, d.h. im Ermittlungsverfahren vom Ermittlungsrichter, ein Verteidiger bestellt (§§ 141 Abs. 2 Nr. 1–3, 142 Abs. 2 u. Abs. 3 StPO). Hierbei kann der Ermittlungsrichter aufgrund seiner Fürsorgepflicht aber auch ohne einen Antrag der Staatsanwaltschaft einen Pflichtverteidiger bestellen, sofern die materiellen Voraussetzungen für die Bestellung erfüllt sind.[237] Liegt keiner dieser drei Fälle vor, muss dem Beschuldigten spätestens im Zwischenverfahren, wenn der Beschuldigte (Angeschuldigte) zur Erklärung über die Anklageschrift aufgefordert wird (vgl. § 201 StPO), vom Vorsitzenden des Gerichts, bei dem das Verfahren anhängig ist, ein Verteidiger bestellt werden (§ 141 Abs. 2 Nr. 4 StPO). In besonders eilbedürftigen Fällen, bei denen eine richterliche Bestellung nicht abgewartet werden kann, steht der Staatsanwaltschaft eine **Eilkompetenz** zur Bestellung eines Verteidigers zu (§ 142 Abs. 4 StPO).

**Beispiel:**

Eine Vernehmung duldet keinen Aufschub und der Richter ist nicht erreichbar.[238]

**110** Die **Kosten des Pflichtverteidigers** werden zunächst aus der Staatskasse beglichen. Da die Gewährleistung eines fairen Verfahrens (Art. 1 Abs. 1 EMRK) je-

236 M-G/S-*Schmitt*, § 141 Rn. 7.

237 BGH 04.06.2021 – 2 BGs 254/21, BeckRS 2021, 20920.

238 BT-Drs. 19/13829, S. 42.

doch nicht erfordert, den Beschuldigten auch von den Kosten und Auslagen der Pflichtverteidigung freizustellen,[239] gilt auch hierfür die Regelung des § 465 StPO, wonach der Beschuldigte im Falle einer Verurteilung die Verfahrenskosten und damit auch die Kosten der Pflichtverteidigung zu tragen hat.

### 3. Besonderheiten bei jugendlichen und heranwachsenden Beschuldigten

Für Jugendliche (§ 1 Abs. 2 JGG) enthalten die §§ 68–68b JGG spezielle, den entsprechenden Vorschriften der StPO vorgehende Regelungen zur notwendigen Verteidigung und Pflichtverteidigerbestellung. Diese gelten gem. § 109 Abs. 1 S. 1 JGG auch für Heranwachsende (§ 1 Abs. 2 JGG). Die Fälle der notwendigen Verteidigung sind abschließend in § 68 Nr. 1–5 JGG geregelt, der in Nr. 1 auf § 140 StPO verweist. Für die Praxis von großer Bedeutung ist § 68 Nr. 5 JGG, wonach bei **Erwartung einer Jugendstrafe**, die in diesem Sinne nicht nur möglich, sondern überwiegend wahrscheinlich sein muss,[240] auch wenn diese zur Bewährung ausgesetzt wird, oder einer Anordnung der Unterbringung in einem psychiatrischen Krankenhaus oder einer Entziehungsanstalt ein Fall der notwendigen Verteidigung gegeben ist. Ein solcher Fall liegt regelmäßig dann vor, wenn aufgrund der Verdachtslage voraussichtlich eine Anklage vor dem Jugendschöffengericht oder der Jugendkammer (§§ 40 f. JGG) erfolgen wird, also eine Jugendstrafe oder Unterbringung und nicht nur eine Erziehungsmaßregel oder ein Zuchtmittel, für die der Jugendrichter zuständig ist (§ 39 Abs. 1 JGG), in Betracht kommt.[241] Ein Antragsrecht des jugendlichen Beschuldigten, wie in § 141 Abs. 1 StPO für die Erwachsenen geregelt, besteht nicht. Stattdessen ist stets **von Amts wegen** zu prüfen und vor jeder Vernehmung oder Gegenüberstellung ein Pflichtverteidiger zu bestellen (§ 68 Abs. 1 S. 1 JGG). **Ausnahmen** hiervon finden sich für den Bereich sog. „Abzock- bzw. Abziehdelikte“ (§ 68 Abs. 1 S. 2 JGG) und in § 68a JGG, der ähnlich, aber in Anbetracht der größeren Schutzbedürftigkeit des jugendlichen Beschuldigten noch ein wenig enger gefasst ist als § 141a StPO. Das fehlende Antragsrecht bedeutet jedoch nicht, dass der jugendliche Beschuldigte keinen Bestellungsantrag stellen darf, da die Zulässigkeit eines solchen Antrags sich schon aus der Belehrungspflicht über § 136 Abs. 1 S. 5 StPO ergibt.[242] 111

239 BT-Drs. 17/12578 S. 15.

240 BeckOK/JGG-*Noak*, § 68 Rn. 27.

241 *Kölbel*, NStZ 2021, 526, 527.

242 BeckOK/JGG-*Noak*, § 68a Rn. 4; *Eisenberg/Kölbel*, § 68a Rn. 13.

## VI. Ausschluss des Verteidigers

112 Ein Ausschluss des Verteidigers greift sowohl in die Rechte des Beschuldigten als auch in die Freiheit der Berufsausübung (Art. 12 GG) ein und ist daher abschließend in §§ 138a ff. StPO geregelt. Die Ausschlussgründe sind in §§ 138a u. 138b StPO aufgelistet und betreffen beispielsweise den Fall, dass der Verteidiger an der dem Beschuldigten vorgeworfenen Tat beteiligt ist (§ 138a Abs. 1 Nr. 1 StPO) oder aber eine Handlung begangenen hat, die für den Fall der Verurteilung des Beschuldigten eine Datenhehlerei, Begünstigung, Strafvereitelung oder Hehlerei darstellen würde (§ 138a Abs. 1 Nr. 3 StPO). Insofern sind die Ausschlussgründe Fälle des **Missbrauchs der Beistandsfunktion** des Verteidigers.[243] Das Verfahren über den Ausschluss führt grundsätzlich das Oberlandesgericht, ausnahmsweise der Bundesgerichtshof (§ 138c Abs. 1 StPO).

## VII. Strafbarkeit des Verteidigers

113 Strafverteidigung bedeutet häufig eine Gratwanderung zwischen erlaubtem und unerlaubtem Verteidigerverhalten.[244] Dabei ist pflichtentsprechendes Verteidigerverhalten, d.h. strafverfahrensrechtlich zulässiges Handeln, nicht tatbestandsmäßig i.S.d. **Strafvereitelung** (§ 258 StGB).[245] Im Umkehrschluss ergeben sich die Grenzen erlaubter Verteidigungstätigkeit aus dem Strafverfahrensrecht und können bei Überschreitung zur Strafbarkeit nach § 258 StGB führen, wenn in deren Folge die Bestrafung des Beschuldigten bewusst vereitelt wurde bzw. werden sollte.[246] Die Problematik besteht darin, dass das Strafverfahrensrecht keine ausdrücklichen Regelungen zu den Grenzen erlaubter Verteidigungstätigkeit enthält. Was verboten und was erlaubt ist, ergibt sich insoweit aus der Stellung und Funktion der Verteidigung im Rahmen des Strafverfahrens, wie oben schon exemplarisch für die Wahrheitspflicht des Verteidigers kurz aufgezeigt (s. Rn. 99). Danach ist u.a. das Erfinden von Lügen für den Angeklagten bzw. der Rat zur Lüge, die Verleitung eines Zeugen zu unwahren Aussagen oder das Stellen von Beweisanträgen, die eine Straftat darstellen, verboten und kann zur Strafbarkeit des Verteidigers nach § 258 StGB führen.[247] Strittig ist, ob sog. **verteidigungsfremdes Verhalten**, das sich nur den äußeren Anschein der Verteidigung gibt, verboten ist.[248] Im Zwei-

---

243 Hierzu ausführlich *Beulke/Ruhmannseder*, Rn. 514 ff.

244 *Beulke/Swoboda*, Rn. 274.

245 BGH 09.05.2000 – 1 StR 106/00, BGHSt 46, 53, 54 f. m.w.N.

246 Hierzu *Beulke/Ruhmannseder*, Rn. 1 ff.

247 Eine Zusammenstellung mit Nachweisen findet sich bei *Beulke/Swoboda*, Rn. 276.

248 Zu Recht kritisch zu diesem Begriff LR-*Lüderssen/Jahn*, § 138a Rn. 64a.

felsfall wird allerdings auch dabei stets dem Erfordernis einer wirksamen Verteidigung der Vorrang einzuräumen sein.[249] Ebenso verhält es sich mit einer verfahrenshinderlichen und insoweit möglicherweise missbräuchlichen sog. **Konfliktverteidigung.**[250]

**Beispiele für missbräuchliches Verteidigerverhalten:**[251]

Stellen von völlig grundlosen Befangenheitsanträgen oder Beweisanträgen mit erfundenem Beweisthema und Beweismittel, unentschuldigtes Entfernen aus dem Gerichtssaal, wiederholtes Fordern von Pausen.

Darüber hinaus besteht für den Verteidiger auch die Gefahr einer **Strafbarkeit wegen Geldwäsche** nach § 261 Abs. 1 Nr. 3 u. 4 StGB, wenn er von seinem Mandanten ein Honorar annimmt, was möglicherweise aus einer rechtswidrigen Tat stammt. Im Hinblick auf die Berufsausübungsfreiheit (Art. 12 GG) hat das Bundesverfassungsgericht eine **verfassungskonforme Auslegung des § 261 StGB** festgelegt. Danach macht sich der Verteidiger nur strafbar, wenn er im Zeitpunkt der Annahme des Honorars sichere Kenntnis hat, dass dieses aus einer Katalogtat stammt. Ein nur bedingter Vorsatz oder gar die leichtfertige Unkenntnis (§ 261 Abs. 6 S. 2 StGB) begründen keine Strafbarkeit des Verteidigers, da ansonsten das Risiko eigener Strafverfolgung den Verteidiger am Erwerb hindern könnte.[252] Der Gesetzgeber hat dem durch ein entsprechendes gesetzliches Strafverteidigerprivileg in § 261 Abs. 1 S. 3 u. Abs. 6 S. 2 StGB nunmehr Rechnung getragen.[253] 114

# F. Der Beschuldigte

## I. Beschuldigtenstellung

Im gemeinrechtlichen Inquisitionsprozess war der Beschuldigte letztlich ein Objekt der gerichtlichen Untersuchung, im Sinne eines Mittels staatlicher Bemühungen zur Wahrheitsfindung. In der Folge war er diesem Verfahren nahezu wehrlos aufgeliefert. Erst mit dem reformierten Strafprozess im 19. Jahrhundert setzte sich allmählich die Erkenntnis durch, dass der Beschuldigte ein mit selbstständigen Rechten ausgestattetes **Prozesssubjekt** 115

249 BGH 06.04.2000 – 1 StR 502/99, BGHSt 46, 36, 46.
250 Hierzu *Krey/Heinrichs*, Rn. 405 m.w.N.; *Müller*. S. 98 f.
251 Aus *Trurnit*, Kriminalistik 2009, 425 m.w.N.
252 BVerfG 30.03.2004 – 2 BvR 1520/01, BVerfGE 110, 226, 262 ff.
253 Kritisch *Fischer*, § 261 Rn. 45 ff.

ist.[254] Diese Subjektstellung ist immanent für ein modernes rechtsstaatliches Strafverfahren. So verbietet die Achtung der Menschenwürde (Art. 1 Abs. 1 GG), den Beschuldigten unter Verletzung seines verfassungsrechtlich geschützten sozialen Wert- und Achtungsanspruchs zum bloßen Objekt der Strafverfolgung zu machen.[255] Er muss die Möglichkeit haben, auf den Gang und das Ergebnis des Strafverfahrens Einfluss nehmen zu können.[256] Diese Subjektstellung findet ihren Ausdruck in vielfältigen, noch darzustellenden Rechten des Beschuldigten sowie in der bis zur rechtskräftigen Verurteilung geltenden Unschuldsvermutung.[257]

## II. Beschuldigtenbegriff

### 1. Gesetzlicher Terminus

116 Der Frage, ob jemand Beschuldigter eines Strafverfahrens ist, kommt erhebliche Bedeutung zu, da mit dem Beschuldigtenstatus besondere Rechte und Pflichten verbunden sind und die StPO Maßnahmen enthält, die nur gegen einen Beschuldigten durchgeführt werden dürfen. Der Beschuldigtenbegriff ist jedoch im Gesetz nicht definiert. § 157 StPO nennt lediglich die Unterfälle Angeschuldigter und Angeklagter. Insofern bildet die Bezeichnung Beschuldigter den Oberbegriff.[258] **Angeschuldigter** wird der Beschuldigte im Zwischenverfahren genannt, d.h. nach Anklageerhebung. Ist durch das Gericht im Zwischenverfahren die Eröffnung des Hauptverfahrens beschlossen worden, so wird der Beschuldigter nunmehr im Hauptverfahren als **Angeklagter** bezeichnet. Für das Ermittlungsverfahren verbleibt es insofern bei der Bezeichnung Beschuldigter. Der Beschuldigtenstatus endet mit dem rechtskräftigen Freispruch bzw. der rechtskräftigen Verurteilung oder der Einstellung des Verfahrens.[259] Im Falle der rechtskräftigen Verurteilung wird der bisherige Beschuldigte nunmehr als **Verurteilter** bezeichnet (vgl. §§ 359, 450a StPO).[260]

---

254 Zur Entwicklung *Rüping/Jerouschek*, Rn. 243 ff.; zum Begriff des Prozesssubjekts BVerfG 21.06.1977 – 1 BvL 14/76, BVerfGE 45, 187, 227 f.; BVerfG 12.04.1983 – 2 BvR 1304/80, BVerfGE 63, 380, 390.

255 BVerfG 21.06.1977 – 1 BvL 14/76, BVerfGE 45, 187, 228; BGH 14.06.1960 – 1 StR 683/59, BGHSt 14, 358, 364.

256 BVerfG 12.04.1983 – 2 BvR 1304/80, BVerfGE 63, 380, 390.

257 BVerfG 08.10.1974 – 2 BvR 747/73, BVerfGE 38, 105, 111.

258 M-G/S-*Schmitt*, § 157 Rn. 4.

259 Vgl. OLG Hamm 17.01.1974 – 4 Ws 350/73, NJW 1974, 914, 915; MüKo-*Schuhr*, Vorb. §§ 133 Rn. 34 m.w.N.

260 Zur gesetzlichen Bezeichnung eines Freigesprochenen vgl. § 362 StPO.

## 2. Formeller Beschuldigtenbegriff

Die beiden wichtigen Kriterien zur Bestimmung, ob jemand Beschuldigter des Strafverfahrens ist, sind **Tatverdacht und Verfolgungswille**. Rechtsprechung und h.L. vertreten dabei zutreffend einen sog. formellen Beschuldigtenbegriff. Danach ist derjenige Beschuldigter, gegen den das Strafverfahren betrieben wird.[261] In der Folge wird ein Ermittlungsverfahren ohne einen individualisierten Beschuldigten „gegen Unbekannt" geführt. Die Begründung der Beschuldigteneigenschaft ist nach dem formellen Beschuldigtenbegriff grundsätzlich vom **Verfolgungswillen der Strafverfolgungsbehörden** abhängig und weniger vom Tatverdacht. Dieser Verfolgungswille muss durch einen Willensakt nach außen manifestiert werden.[262] Zur subjektiven Komponente des Verfolgungswillens muss also als objektive Komponente ein nach außen wirkendes Zeichen dieses Willens, ein sog. **Inkulpationsakt**, hinzukommen.[263] Somit ist nicht jede Person, gegen die ein Tatverdacht besteht, gleich Beschuldigter. Sie wird – in Anlehnung an § 397 Abs. 1 AO – zum Beschuldigten, wenn die Ermittlungsbehörden Maßnahmen ergreifen, die objektiv erkennbar darauf abzielen, gegen ihn wegen einer Straftat vorzugehen,[264] gleichgültig, ob er hiervon Kenntnis hat. Dabei können grundsätzlich auch dann, wenn nur eine Person als Täter in Betracht kommt, mehrere Personen Beschuldigte dieser Tat sein. Der den Verfolgungswillen ausdrückende Inkulpationsakt liegt eindeutig vor bei strafverfahrensrechtlichen Maßnahmen, die nur gegenüber einem Beschuldigten zulässig sind. 117

**Beispiele:**

Einleitung eines Ermittlungsverfahrens gegen eine individualisierte Person, Durchsuchung beim Verdächtigen nach Beweismitteln gem. § 102 StPO, vorläufige Festnahme nach § 127 StPO, Anordnung einer Blutentnahme nach § 81a Abs. 2 StPO, Durchführung einer Telekommunikationsüberwachung nach § 100a StPO.

Solange diese Maßnahmen nicht willkürlich erfolgen, wird auch stets der jeweils erforderliche Verdachtsgrad vorliegen, sodass dem Tatverdacht neben dem Verfolgungswillen in der Regel keine eigenständige Bedeutung für die Bestimmung der Beschuldigteneigenschaft zukommt.

261 BGH 18.10.1956 – 4 StR 278/56, BGHSt 10, 8, 12; BGH 23.07.1986 – 3 StR 164/86, BGHSt 34, 138, 140; *Beulke/Swoboda*, Rn. 172 f; KK-*Diemer*, § 136 Rn. 4; *Krey/Heinrich*, Rn. 459 ff.; LR-*Gleß*, § 136 Rn. 4; M-G/S-*Schmitt*, Einl. Rn. 76; MüKo-*Kudlich*, Einl. Rn. 280; *Roxin/Schünemann*, § 25 Rn. 11; SK-*Rogall*, Vor § 133 Rn. 26 jeweils m.w.N.; a.A. *Grünwald*, S. 78.

262 BGH 27.02.1992 – 5 StR 190/91, BGHSt 38, 214, 228.

263 BGH 23.07.1986 – 3 StR 164/86, BGHSt 34, 138, 140.

264 BGH 24.07.2003 – 3 StR 212/02, NJW 2003, 3142, 3143.

### 3. Beschuldigtenbegriff bei Vernehmungen

118 Auch bei Vernehmungen gelten die dargelegten Grundsätze. Ein „nur" Verdächtiger (s. Rn. 120) kann daher als Zeuge vernommen werden.[265] Nur so erklären sich die Normen der §§ 55, 60 Nr. 2 StPO, die für die Vernehmung eines verdächtigen Zeugen ein Auskunftsverweigerungsrecht und ein Vereidigungsverbot festlegen. Allerdings kann sich bei einer Zeugenvernehmung aus dem **Ziel, der Gestaltung und den Begleitumständen** dann ein Verfolgungswille ergeben, wenn der Vernommene den Eindruck gewinnt, dass sich das Strafverfahren nunmehr gegen ihn richtet.[266]

**Beispiel:**

Der vernehmende Polizeibeamte äußert in einer Vermisstensache gegenüber dem als Zeugen vernommenen Ehemann der vermissten Ehefrau, dass diese nach seiner Überzeugung tot sei, er dem Ehemann kein Wort glaube, dieser sein Gewissen erleichtern solle, sagen solle, wo die Leiche versteckt sei und er einer Nachschau in seinem Haus sowie der Abgabe einer Speichelprobe für eine DNA-Analyse zustimmen solle.[267]

Entscheidend ist insoweit auch bei Vernehmungen weniger die Stärke des Tatverdachts als vielmehr der nach außen in Erscheinung tretende Verfolgungswille. Besteht jedoch gegen den zu Vernehmenden bereits ein auf hinreichend gesicherten Erkenntnissen beruhender Anfangsverdacht (§ 152 Abs. 2 StPO), so ist er aufgrund des Legalitätsprinzips (s. Rn. 149) zwingend als Beschuldigter zu belehren und vernehmen.[268] **Anfangsverdacht** in Bezug auf eine individualisierte Person bedeutet, dass konkrete tatsächliche Anhaltspunkte, die nach kriminalistischer Erfahrung die Beteiligung des Betroffenen an einer verfolgbaren Straftat möglich erscheinen lassen, vorliegen.[269] Für die Beurteilung, ob bereits ein solcher Anfangsverdacht gegen den zu Vernehmenden besteht und er deshalb als Beschuldigter zu behandeln ist, steht den Strafverfolgungsbehörden ein Spielraum zu.[270]

---

265 BGH 06.06.2019 – StB 14/19, BGHSt 64, 89, 99 ff.

266 BGH 03.07.2007 – 1 StR 3/07, BGHSt 51, 367, 371 ff.

267 Vgl. BGH 03.07.2007 – 1 StR 3/07, BGHSt 51, 367, 373 f.

268 Vgl. BGH 31.05.1990 – 4 StR 112/90, BGHSt 37, 48, 51 f.; BGH 03.07.2007 – 1 StR 3/07, BGHSt 51, 46, 367, 371; BGH 18.12.2008 – 4 StR 455/08, BGHSt 53, 112, 114; BGH 06.06.2019 – StB 14/19, BGHSt 64, 89, 100 f.

269 BGH 06.02.2019 – 3 StR 280/18, NStZ 2019, 546; vgl. auch KK-*Diemer*, § 152 Rn. 7 m.w.N.

270 BGH 18.10.1956 – 4 StR 278/56, BGHSt 10, 8, 12; BGH 31.05.1990 – 4 StR 112/90, BGHSt 37, 48, 51.

**Beispiel:**

Der Vernehmende kann die Verdachtslage weiter abklären und dabei auch einen zu vernehmenden Zeugen mit einer nur vagen Verdachtslage konfrontieren.[271]

Der **Beurteilungsspielraum** darf jedoch nicht mit dem Ziel, den Zeitpunkt der Beschuldigtenbelehrung möglichst weit hinauszuschieben, missbraucht werden.[272] Auch eine Vernehmung eines verdächtigen Zeugen, die darauf abzielt, ihn als Täter einer Straftat zu überführen, ist rechtsmissbräuchlich.[273] Solche **missbräuchlichen Vorenthaltungen** des Beschuldigtenstatus durch die Strafverfolgungsbehörden verstoßen gegen den Fair-trial-Grundsatz (s. Rn. 40), mit der Konsequenz, dass die Rechtsfolgen so herangezogen werden, als ob bereits ein Beschuldigtenstatus vorgelegen hätte.[274] Wird also dem Betroffenen bei seiner Vernehmung der Beschuldigtenstatus rechtsmissbräuchlich vorenthalten, so ist der Vernehmungsinhalt mangels fehlender Beschuldigtenbelehrung nicht verwertbar.[275] **119**

## 4. Begriff des Verdächtigen

Ein Verdächtiger ist **kein Beschuldigter**, sondern eine Person, gegen die möglicherweise ein Strafverfahren geführt werden kann, aber eben noch nicht geführt wird.[276] Hierbei sind geringe und ungewisse Anhaltspunkte dafür, dass er die Tat als Täter oder Teilnehmer begangen hat, bereits ausreichend.[277] Insofern hat ein Tatverdächtiger noch nicht die Stellung eines Beschuldigten inne,[278] er ist nur nicht frei von Verdacht. Der Begriff des Verdächtigen ist im Bereich der Vernehmungen keine eigenständige Kategorie neben Beschuldigten und Zeugen. Ist der Verdacht nur vage, so handelt es sich verfahrensrechtlich um einen **(verdächtigen) Zeugen**.[279] Bedeutung hat der Begriff jedoch für die Zwangsmaßnahmen der Identitätsfeststellung, die bei einem Verdächtigen möglich ist (§ 163b Abs. 1 StPO) und der Durchsuchung nach § 102 StPO, die zumindest nach dem Wortlaut bei Verdächtigen erfolgen kann. Hat sich der Verdacht stark genug konkretisiert, wird der Verdächtige durch einen entsprechenden Willensakt der Strafverfolgungsbehörden zum Beschuldig- **120**

271 BGH 06.06.2019 – StB 14/19, NJW 2019, 2627, 2630.
272 BGH 27.02.1992 – 5 StR 190/91, BGHSt 38, 214, 228.
273 BGH 30.12.2014 – 2 StR 439/13, NStZ 2015, 291, 292.
274 Vgl. BGH 27.02.1992 – 5 StR 190/91, BGHSt 38, 214, 221 ff.
275 Weitere Nachweise bei M-G/S-*Schmitt*, § 136 Rn. 20 f.
276 Vgl. LR-*Tsambikakis*, § 102 Rn. 10 m.w.N.
277 KK-*Weingarten*, § 163b Rn. 9.
278 BGH 17.02.2016 – 2 StR 25/15, NStZ 2016, 551, 552.
279 Hierzu auch *Kramer*, Rn. 22.

ten. Kein Verdächtiger ist hingegen derjenige, der nicht Beschuldigter sein oder werden kann, wie beispielsweise ein Strafunmündiger (§ 19 StGB).

## III. Beschuldigtenrechte

121 Der Beschuldigte hat als Prozesssubjekt eine Fülle von selbstständigen Verfahrensrechten, um auf den Gang und das Ergebnis des Strafprozesses Einfluss nehmen zu können. Dabei gelten die Verfahrensrechte des Beschuldigten teilweise bereits im Ermittlungsverfahren, teils jedoch erst im Zwischen- bzw. Hauptverfahren. Im Folgenden werden die wichtigsten Rechte dargestellt.

### 1. Aufklärungsrecht

122 Dem Beschuldigten muss zu Beginn der **Vernehmung** eröffnet werden, welche Tat ihm zur Last gelegt wird (§§ 136 Abs. 1 S. 1, 163a Abs. 4 S. 1 StPO). Dies ermöglicht ihm, sich gegen den Vorwurf zu verteidigen (vgl. § 136 Abs. 2 StPO) bzw. gezielt an der Aufklärung der Tat mitzuwirken, wozu er aber natürlich nicht verpflichtet ist. Der bislang ermittelte Sachverhalt bzw. die Verdachtsmomente sind dem Beschuldigten klar und detailliert bekannt zu geben, sodass dadurch der Gegenstand des Verfahrens bestimmt und ihm eine Verteidigung und Mitwirkung im Verfahren ermöglicht wird.[280] Bei staatsanwaltschaftlichen und richterlichen Vernehmungen muss ihm zusätzlich auch mitgeteilt werden, welche Strafvorschriften in Betracht kommen (§§ 163a Abs. 3 S. 2, 136 Abs. 1 S. 1 StPO).

### 2. Selbstbelastungsfreiheit

#### a) Mitwirkungsverweigerungsrecht

123 Im deutschen Strafverfahren gilt der von der Achtung vor der menschlichen Würde (Art. 1 Abs. 1 GG), dem Persönlichkeitsrecht (Art. 2 Abs. 1 GG) und dem Rechtsstaatsprinzip (Art. 20 Abs. 3 GG) geprägte **nemo-tenetur-Grundsatz.**[281] Dieser gehört zum Kernbereich des von Art. 6 EMRK garantierten Rechts auf ein faires Verfahren und zählt zu den Grundprinzipien eines rechtsstaatlichen Strafverfahrens.[282] Der Grundsatz besagt, dass der Beschuldigte nicht verpflichtet ist, sich selbst zu belasten oder sonst aktiv an seiner eigenen Überführung mitzuwirken (nemo tenetur se ipsum accusare). Er muss nicht durch aktives Handeln zu seiner eigenen Strafverfolgung beitragen.[283] Unabhängig von der Schwere des Tatvorwurfs hat dieser Grund-

280 BGH 06.10.1981 – 1 StR 356/81, BGHSt 30, 215, 217 ff.

281 BVerfG 13.01.1981 – 1 BvR 116/77, BVerfGE 56, 37, 49 f.; BGH 27.02.1992 – 5 StR 190/91, BGHSt 38, 214, 220.

282 BGH 26.07.2007 – 3 StR 104/07, BGHSt 52, 11, 17.

283 BGH 09.04.1986 – 3 StR 551/85, BGHSt 34, 39, 46.

satz Vorrang vor einer effektiven Strafverfolgung.[284] Es besteht insoweit eine verfassungsrechtlich in Art. 2 Abs. 1 i.V.m. Art. 1 Abs. 1 GG und dem Rechtsstaatsprinzip (Art. 20 Abs. 3 GG) verbürgte **Selbstbelastungsfreiheit**, die nur durch bestimmte Erscheinenspflichten und Personalienangaben eingeschränkt wird. Daraus abgeleitet hat der Beschuldigte im Strafverfahren grundsätzlich nur eine **Duldungspflicht** beispielsweise von Zwangsmaßnahmen, aber keine aktive Mitwirkungspflicht (s. Rn. 134).[285]

### b) Aussageverweigerungsrecht

Auch folgt aus dem nemo-tenetur-Grundsatz die Aussagefreiheit des Beschul- **124**
digten. Dieser hat daher sowohl bei seiner Vernehmung im Ermittlungsverfahren (§ 136 Abs. 1 S. 2 StPO) als auch später in der Hauptverhandlung (§ 243 Abs. 5 S. 1 StPO) ein **Aussageverweigerungsrecht** (s. auch Rn. 209). Es ist nicht Aufgabe des Beschuldigten, das Nichtvorliegen seiner Schuld nachzuweisen.[286] Es steht ihm frei, die für ihn zweckmäßigste Verteidigungsart zu wählen. Diese kann darin bestehen, dass er sich zur Sache vollständig oder teilweise einlässt oder aber schweigt. Aussagen, die unter Druck, Zwang oder Täuschung zustande kommen, sind unzulässig (vgl. § 136a StPO). In der Konsequenz darf aus dem völligen Schweigen oder dem Bestreiten der Täterschaft kein nachteiliger Schluss für den Beschuldigten gezogen werden.[287] Selbst aus einer verweigerten Personalienangabe dürfen keine nachteiligen Folgerungen gezogen werden.[288] **Teilschweigen**, d.h. wenn der Beschuldigte sich lediglich zu einzelnen Aspekten äußert, kann aber gegen ihn verwertet werden.[289] Belastende Aussagen in **außerstrafrechtlichen Verfahren** können im Strafprozess unverwertbar sein. Dies gilt insbesondere dann, wenn in der anderen Verfahrensordnung die Aussage rechtlich erzwingbar ist, [290] wie beispielsweise im zivilrechtlichen Zwangsvollstreckungsverfahren.[291] Ist eine Mitwirkung in dem anderen Verfahren hingegen nicht erzwingbar oder wird die Aussage in dem anderen Verfahren im Wesentlichen zur Durchsetzung eigener Interessen gemacht, ist sie im Strafprozess aber grundsätzlich verwertbar.[292]

---

284 BGH 26.07.2007 – 3 StR 104/07, BGHSt 52, 11, 17.

285 BGH 13.05.1996 – GSSt 1/96, BGHSt 42, 139, 152.

286 BGH 17.12.1982 – 3 StR 453/82, StV 1983, 186; KG Berlin 31.08.2001 – (3) 1 Ss 188/01, StV 2002, 412.

287 BVerfG 07.07.1995 – 2 BvR 326/92, BVerfG NStZ 1995, 555; BGH 02.04.1987 – 4 StR 46/87, BGHSt 34, 324, 326; BGH 19.01.2000 – 3 StR 531/99, BGHSt 45, 367, 368 f.

288 BayObLG 28.08.1980 – 1 Ob OWi 294/80, NJW 1981, 1385.

289 BGH 03.12.1965 – 4 StR 573/65, BGHSt 20, 298, 300; BGH 19.01.2000 – 3 StR 531/99, BGHSt 45, 367, 369.

290 Hierzu BVerfG 13.01.1981 – 1 BvR 116/77, BVerfGE 56, 37.

291 Hierzu BGH 19.03.1991 – 5 StR 516/90, BGHSt 37, 340, 342 f.

292 Vgl. BGH 19.03.1991 – 5 StR 516/90, BGHSt 37, 340, 442 f.; BGH 15.12.1989 – 2 StR 167/89, BGHSt 36, 328, 331 ff.

**Beispiel:**

Pflichtangaben des Beschuldigten nach einem Verkehrsunfall gegenüber dem Kfz-Haftpflichtversicherer.[293]

### 3. Recht auf Verteidigung

125 Der Beschuldigte hat das Recht, in jeder Lage des Verfahrens einen Verteidiger zu wählen und sich von diesem beraten zu lassen (§ 137 Abs. 1 StPO). In Fällen der notwendigen Verteidigung hat er einen Anspruch auf Bestellung eines Verteidigers (§§ 140 ff. StPO).

### 4. Rechtliches Gehör

126 Der Anspruch auf rechtliches Gehör vor Gericht ist ein **Prozessgrundrecht** und findet sich als wesentlicher Bestandteil des Rechtsstaatsprinzips (Art. 20 Abs. 3 GG)[294] in Art. 103 Abs. 1 GG sowie in Art. 6 Abs. 1 EMRK. Es ist das Recht der an einem gerichtlichen Verfahren Beteiligten, sich im Verfahren zum Sachverhalt und zur Rechtslage zu äußern.[295] Hierdurch soll sichergestellt werden, dass die Entscheidung frei von Verfahrensfehlern ergeht, die ihren Grund im Fehlen der Kenntnisnahme und Berücksichtigung des Sachvortrages der Parteien haben.[296] Insofern darf das Gericht bei seiner Entscheidung nur die Tatsachen und Beweisergebnisse berücksichtigen, zu denen dem Betroffenen Gelegenheit gegeben wurde, Stellung zu nehmen.[297] Hierzu können Anträge gestellt oder Ausführungen zur Sach- und Rechtslage gemacht werden, die das Gericht zur Kenntnis nehmen und in Erwägung ziehen muss.[298] Im Strafverfahren ist dieses Prozessgrundrecht insbesondere durch die Vorschrift des § 33 Abs. 1–3 StPO einfachrechtlich garantiert. Diese Norm gilt dabei nicht nur für den Beschuldigten, sondern auch für die anderen Verfahrensbeteiligten. Für das Hauptverfahren finden sich Konkretisierungen insbesondere in den §§ 243 Abs. 2, 5 u. 257 Abs. 1, 258 StPO. Über Art. 103 Abs. 1 GG hinaus wird dem Beschuldigten bereits im Ermittlungsverfahren das rechtliche Gehör eingeräumt. So muss die Staatsanwaltschaft ihm spätestens vor Abschluss der Ermittlungen Gelegenheit zur Stellungnahme geben (§ 163a Abs. 1 StPO). Im Zwischenverfahren trifft diese Pflicht

293 BVerfG 07.07.1995 – 2 BvR 1778/94, NStZ 1995, 599 f.; KG Berlin 07.07.1994 – (3) 1 Ss 175/93, NStZ 1995, 146 f.

294 LR-*Kühne*, Einl. Abschn. I Rn. 75 f.

295 BVerfG 24.03.1982 – 2 BvH 1/82, BVerfGE 60, 175, 210.

296 BVerfG 29.11.1983 – 1 BvR 1313/82, BVerfGE 65, 305, 307.

297 BVerfG 25.10.1956 – 1 BvR 440/54, BVerfGE 6, 12.

298 BVerfG 17.05.1983 – 2 BvR 731/80, BVerfGE 64, 135, 144; BVerfG 29.11.1983 – 1 BvR 1313/82, BVerfGE 65, 305, 306 f.

das Gericht, welches über die Eröffnung des Hauptverfahrens entscheidet (§ 201 Abs. 1 S. 1 StPO).[299]

### 5. Akteneinsichtsrecht

Der Beschuldigte, der sich selbst verteidigt, hat als Ausfluss des Grundrechts auf informationelle Selbstbestimmung einen **Informationsanspruch** hinsichtlich der Kenntnisse, die Dritte über ihn sowie über seine Handlungen haben. Ohne eine umfängliche Akteneinsicht ist eine sachgerechte Verteidigung kaum möglich. Daher hat der unverteidigte Beschuldigte gem. § 147 Abs. 4 StPO – in Einklang mit den Anforderungen der Art. 6 Abs. 1, 3 EMRK und Art. 103 Abs. 1 GG – einen umfassenden eigenen Anspruch auf Akteneinsicht. Eine nach alter Rechtslage mögliche Prüfung der Erforderlichkeit der Akteneinsicht durch Staatsanwaltschaft bzw. Gericht ist nicht zulässig, da die Beurteilung dieser Frage allein dem Beschuldigten, der Akteneinsicht begehrt, überlassen ist.[300] Lediglich bei Gefährdung des Untersuchungszwecks oder entgegenstehenden überwiegenden schutzwürdigen Interessen Dritter kann das Akteneinsichtsrecht versagt werden (§ 147 Abs. 4 S. 1 StPO). Wird die Akte in Papierform geführt, können dem Beschuldigten anstelle der Einsichtnahme auch Kopien zur Verfügung gestellt werden (§ 147 Abs. 4 S. 2 StPO). Dies dient der Wahrung der **Aktenintegrität** und steht im Ermessen der für die Einsichtnahme zuständigen Stelle,[301] d.h. im Ermittlungsverfahren der Staatsanwaltschaft – nicht der Polizei (!) – und im Hauptverfahren des Gerichts. Hat der Beschuldigte hingegen einen Verteidiger, wird die Akteneinsicht ausschließlich von diesem wahrgenommen, außer die Effektivität der Verteidigung wäre ohne (zusätzliches) eigenes Einsichtsrecht beeinträchtigt.[302] 127

**Beispiel:**

Den Verteidigern bleibt angesichts des Umfangs des Aktenmaterials nicht genügend Zeit für die Unterrichtung des Beschuldigten über den Verfahrensgegenstand, wobei es zudem in besonderem Maße auf die Kenntnis des Beschuldigten zum prozessgegenständlichen Lebenssachverhalt ankommt.[303]

299 Weitere Aspekte bei *Roxin/Schünemann*, § 18 Rn. 4 ff.

300 BT-Drs. 18/9416, S. 60.

301 BeckOK-*Wessing*, § 147 Rn. 2.

302 BGH 01.09.2020 – 2 StR 45/20, BeckRS 2020, 27383.

303 Vgl. EGMR 12.03.2003 – 46221/99 (Öcalan/Türkei), EuGRZ 2003,472, 479 f.

### 6. Anwesenheitsrechte

128 Die Anwesenheitsrechte des Beschuldigten bestehen in erster Linie im Hauptverfahren. Im Ermittlungsverfahren hat der Beschuldigte lediglich bei richterlichen Zeugen- und Sachverständigenvernehmungen ein Anwesenheitsrecht (§ 168c Abs. 2 StPO), welches jedoch eingeschränkt werden kann (vgl. § 168c Abs. 3–5 StPO), insbesondere wenn durch seine Anwesenheit die konkrete Gefahr besteht, dass der Zeuge nicht die Wahrheit sagen wird. Bei polizeilichen und staatsanwaltschaftlichen Zeugenvernehmungen sowie bei allen – auch richterlichen[304] – Vernehmungen von Mitbeschuldigten im Ermittlungsverfahren hat der Beschuldigte hingegen kein Anwesenheitsrecht. Während der Hauptverhandlung hat der Angeklagte nicht nur die Pflicht anwesend zu sein (§ 231 StPO), sondern auch das Recht (vgl. § 230 Abs. 1 StPO). Dieses Recht kann eingeschränkt werden. So kann dem Angeklagten vorübergehend während einer Vernehmung die Anwesenheit untersagt werden (§ 247 StPO).

**Beispiel:**

Der Angeklagte muss sich auf Anordnung des Gerichts aus dem Sitzungssaal entfernen, wenn bei der Vernehmung eines Kindes die konkrete Befürchtung eines erheblichen Nachteils für das körperliche und seelische Wohl des Zeugen besteht.[305] Sobald der Angeklagte wieder teilnimmt, ist er über den wesentlichen Inhalt der Verhandlung in seiner Abwesenheit durch das Gericht zu informieren (§§ 231a Abs. 2, 231b Abs. 2, 247 S. 4 StPO).

### 7. Recht auf Dolmetscher

129 Jeder Beschuldigte, der der deutschen Sprache nicht mächtig ist, hat nach Art. 6 Abs. 3 a, e EMRK für das gesamte Strafverfahren Anspruch auf **unentgeltliche Beiordnung** eines Dolmetschers.[306] Dieser Anspruch besteht bereits im Ermittlungsverfahren. § 187 Abs. 1 GVG gibt dem der deutschen Sprache nicht hinreichend mächtigen Beschuldigten für das gesamte Strafverfahren einen Anspruch auf Beiordnung eines Dolmetschers oder Übersetzers. § 163a Abs. 5 StPO stellt klar, dass dies auch bereits bei polizeilichen und staatsanwaltschaftlichen Beschuldigtenvernehmungen gilt. Umfasst werden auch die vorbereitenden Gespräche mit einem Verteidiger, gleichgültig, ob es sich um einen vom Gericht bestellten Pflichtverteidiger (§§ 140, 141 StPO) oder einen Wahlverteidiger handelt.[307] Die Tatsache, dass der Beschuldigte Ausländer

304 Hierzu BGH 20.02.1997 – 4 StR 598/96, BGHSt 42, 391, 392 ff.

305 M-G/S-*Schmitt*, § 247 Rn. 11.

306 BGH 26.10.2000 – 3 StR 6/00, BGHSt 46, 178, 183.

307 Vgl. BGH 26.10.2000 – 3 StR 6/00, BGHSt 46, 178, 183.

ist, begründet jedoch nicht automatisch die Notwendigkeit eines Dolmetschers. Entscheidend ist, ob der Beschuldigte die **Gerichtssprache Deutsch** (§ 184 S. 1 GVG) ausreichend beherrscht oder nicht.[308] Maßstab dafür ist, ob der Beschuldigte in der Lage ist, verfahrensrechtliche Sachlagen zu verstehen und sich zu verteidigen.[309] Danach sind die Sprachkenntnisse unzureichend, wenn der Beschuldigte zwar Deutsch versteht, sich in dieser Sprache aber nur unzureichend ausdrücken kann.[310] Die Entscheidung hierüber trifft bei polizeilichen Beschuldigtenvernehmungen der die Vernehmung durchführende Beamte.[311] Zur Prüfung der sprachlichen Befähigung muss versucht werden, unter Einbeziehung des Beschuldigten dessen Sprachkenntnisse zu ermitteln.[312] Bleiben Zweifel, ist dem Beschuldigten ein Dolmetscher zu stellen. Darüber hinaus hat der Beschuldigte gem. § 187 Abs. 2 GVG **Anspruch auf schriftliche Übersetzung** aller Unterlagen, von der förmlichen Mitteilung des Beschuldigten über das Bestehen eines Anfangsverdachts bis zum Abschluss des Ermittlungsverfahrens, sofern sie zur Wahrnehmung der Verteidigung und Wahrung des Rechts auf ein faires Verfahren notwendig sind.[313] Darüber hinaus haben auch **hör- oder sprachbehinderte Personen** bereits im Ermittlungsverfahren (§ 163a Abs. 5 StPO) Anspruch auf die Hinzuziehung eines Dolmetschers oder eine schriftliche Verständigung (§ 186 Abs. 1 u. 2 GVG).

### 8. Weitere Rechte

Ein ausländischer Staatsangehöriger hat nach seiner Festnahme das Recht auf 130
**Benachrichtigung der konsularischen Vertretung** seines Heimatstaates (§ 114b Abs. 2 S. 4 StPO, Art. 36 Abs. 1 lit. b S. 3 WÜK), damit diese ihn bei seiner Verteidigung unterstützen kann. Weiterhin hat der Beschuldigte als Angeklagter in der Hauptverhandlung neben seinem Verteidiger ein **eigenes Fragerecht** gegenüber Zeugen und Sachverständigen (§ 240 Abs. 2), ein Recht zur Beanstandung von Anordnungen des Vorsitzenden (§ 238 Abs. 2 StPO) und von Fragen sowie ein Beweisantragsrecht (§ 244 Abs. 3–6 StPO). Ebenso hat er das Recht auf Rechtsmitteleinlegung (§ 296 Abs. 1 StPO). Auch ist er berechtigt, einen Ablehnungsantrag gegen das Gericht wegen Besorgnis der Befangenheit zu stellen (§ 24 Abs. 3 S. 1 StPO). Dem Angeklagten steht immer **das letzte Wort** in der Hauptverhandlung zu (§ 258 Abs. 2 StPO). Hat der Angeklagte

308 *Müller*, S. 38; ausführlich *Kissel/Mayer*, § 184 Rn. 1.

309 *Eisenberg*, JR 2013, 442, 446.

310 BVerfG 17.05.1983 – 2 BvR 731/80, NJW 1983, 2762, 2763; OLG Frankfurt am Main 09.07.1952 – 1 Ss 230/52, NJW 1952, 1310.

311 Zur Überprüfung von Sprachkenntnissen *Müller*, S. 117.

312 Vgl. BT-Drs. 17/12578, S. 8.

313 M-G/S-*Schmitt*, § 187 GVG Rn. 5; zu den Grenzen notwendiger Übersetzungen BGH 18.02.2020 – 3 StR 430/19, BGHSt 64, 283, 286 ff.

keinen Verteidiger, so darf er nach dem Plädoyer des Staatsanwalts auch selbst plädieren. Plädiert für den Angeklagten ein Verteidiger, so hat der Vorsitzende danach den Angeklagten stets zu fragen, ob er selbst noch etwas dem Plädoyer seines Verteidigers hinzufügen möchte (§ 258 Abs. 3 StPO). Dadurch soll der Angeklagte die Möglichkeit erhalten, sich abschließend zum gesamten Prozessstoff äußern zu können und dem Gericht vor der Beratung einen möglichst frischen Eindruck seiner Person und Sichtweise des Geschehens zu geben.[314]

### 9. Anspruch auf Persönlichkeitsschutz vor medialer Berichterstattung

131 Der Beschuldigte hat bei der Berichterstattung über ein Strafverfahren in den Medien, welche durch Art. 5 Abs. 1 S. 2 GG geschützt werden, einen Anspruch auf den Schutz seines allgemeinen Persönlichkeitsrechts (Art. 2 Abs. 1 i.V.m. Art. 1 Abs. 1 GG). Zur Wahrung der Unschuldsvermutung besteht daher während eines laufenden Strafverfahrens grundsätzlich ein **Anspruch auf Anonymität** der Person des Beschuldigten (vgl. auch Nr. 23 RiStBV).[315] Nur bei zeitgeschichtlich bedeutsamen Verfahren gegen Personen, die im Fokus der Öffentlichkeit stehen, sind analog § 23 Abs. 1 KunstUrhG Ausnahmen von diesem Grundsatz zulässig.[316] Nach einer Verurteilung des Angeklagten entfällt der Schutz der Anonymität zumindest bei schweren Straftaten. Aber auch hier ist stets eine **Interessenabwägung** zwischen dem allgemeinen Persönlichkeitsrecht und dem Recht der Freiheit der Berichterstattung erforderlich.[317] Auch polizeiliche, staatsanwaltschaftliche[318] und gerichtliche Pressemitteilungen müssen dem Fairnessgrundsatz und der Unschuldsvermutung Rechnung tragen. So erfordern Pressemitteilungen im Ermittlungsverfahren in der Regel eine qualifizierte Wahrscheinlichkeit, dass sich der Anfangsverdacht auch bestätigen wird.[319] Die Justizverwaltung hat in besonderer Weise die staatliche **Objektivitäts- und Neutralitätspflicht** sowie das Sachlichkeitsgebot zu beachten.[320] Dies erfordert eine zumindest ausgewogene und zurückhaltende Berichterstattung, um eine mögliche Vorverurteilung des Beschuldigten in der Öffentlichkeit im Sinne einer „öffentlichen Prangerwirkung" zu verhindern bzw. zumindest nicht noch zu fördern.[321]

---

314 *Roxin/Schünemann*, § 44 Rn. 5.

315 Zu den Anforderungen *Dunckel*, NStZ 2021, 656, 657.

316 OLG Düsseldorf 14.09.2012 – III-6 StS 1/12, StV 2013, 200, 201.

317 Zur Interessenabwägung zwischen Rundfunkfreiheit und Persönlichkeitsschutz BVerfG 05.06.1973 – 1 BvR 536/72, BVerfGE 35, 202 ff.; ausführlich *Roxin/Schünemann*, § 18 Rn. 20 ff. m.w.N.

318 Hierzu BayVGH 20.08.2020 – 7 ZB 19.1999, StV 2021, 84 f.

319 Vgl. BVerfG 18.03.2020 – 1 BvR 34/17, BeckRS 2020, 9600, Rn. 5 u. 7.

320 Grundlegend OVG NRW 04.02.2021 – 4 B 1380/20, StV 2021, 85 ff. m. Anm. *Esser*, StV 2021, 94 ff.

321 Zu möglichen verfahrensrechtlichen Folgen *Krey/Heinrich*, Rn. 484 ff.

## IV. Pflichten des Beschuldigten

Der Beschuldigte des Strafverfahrens hat einerseits die aus seiner Subjektstellung folgenden Rechte. Andererseits muss er das Strafverfahren und die damit verbundenen Maßnahmen hinnehmen. Er hat daher nicht nur Rechte, sondern auch Pflichten, die notfalls mit Zwang gegen ihn durchgesetzt werden können. Er ist insoweit auch ein **Objekt des staatlichen Zwanges**.[322] Aber auch hierbei müssen die Würde seiner Person (Art. 1 Abs. 1 GG) sowie der Verhältnismäßigkeitsgrundsatz beachtet werden.[323] Folgende Pflichten sind ausdrücklich zu nennen: 132

### 1. Erscheinens- und Anwesenheitspflicht

Im Ermittlungsverfahren muss der Beschuldigte zu den Vernehmungen vor dem Ermittlungsrichter und dem Staatsanwalt erscheinen (§§ 133, 163a Abs. 3 S. 1 StPO). Dies gilt selbst dann, wenn er bereits zuvor erklärt hat, keine Angaben zur Sache machen zu wollen.[324] Bei unentschuldigtem Ausbleiben kann er zwangsweise vorgeführt werden (§§ 133 Abs. 2, 163a Abs. 3 S. 2 StPO). Bei polizeilichen Vernehmungen besteht hingegen keine Erscheinenspflicht des Beschuldigten. In der Hauptverhandlung hat der Angeklagte eine Anwesenheitspflicht (§ 231 StPO). Ist er ausgeblieben, d.h. trotz ordnungsgemäßer Ladung nicht erschienen, so wird er vorgeführt. Ist er hingegen abwesend, d.h. sein Aufenthaltsort ist unbekannt oder er hält sich im Ausland auf und seine Gestellung vor das zuständige Gericht ist nicht möglich (§ 276 StPO), so darf keine Hauptverhandlung stattfinden, sondern allenfalls ein Beweissicherungsverfahren durchgeführt werden (§ 285 StPO). Von dieser Anwesenheitspflicht können in einigen Fällen Ausnahmen gemacht werden (§§ 231 Abs. 2 ff. StPO). 133

### 2. Duldungspflicht

Der Beschuldigte muss sich an der Durchführung der gegen ihn gerichteten Ermittlungsmaßnahmen nicht aktiv beteiligen. Er kann nicht gezwungen werden, an seiner eigenen Überführung durch aktives Handeln mitzuwirken. So muss er beispielsweise keine Sprech- oder Gangproben abgeben. Jedoch muss er die Durchführung von Ermittlungsmaßnahmen, wie beispielsweise eine Durchsuchung seiner Person (§ 102 StPO) oder eine Blutentnahme (§ 81a StPO) oder vorläufige Festnahme (§ 127 StPO), dulden. Dieser sog. **Passivitätsgrundsatz**[325] verpflichtet den Beschuldigten, das Strafverfahren und die 134

322 *Roxin/Schünemann*, § 18 Rn. 1.

323 Vgl. BVerfG 10.06.1963 – 1 BvR 790/58, BVerfGE 16, 194 ff.; BVerfG 25.07.1963 – 1 BvR 542/62, BVerfGE 17, 108 ff.

324 M-G/S-*Schmitt*, § 133 Rn. 5.

325 KG Berlin 04.05.1979 – (1) 1 StE 2/77, NJW 1979, 1668, 1689.

damit verbundenen Maßnahmen, wie Eingriffe in seine persönliche Freiheit und körperliche Integrität, über sich ergehen zu lassen.

## G. Der Verletzte

### I. Begriff des Verletzten

135 Der Begriff des Verletzten war bisher nicht gesetzlich bestimmt und hat nunmehr in der neuen Vorschrift des § 373b StPO eine **Legaldefinition** erhalten, die für die gesamte StPO gilt.[326] Danach sind Verletzte diejenigen, die durch die Tat, ihre Begehung unterstellt oder rechtskräftig festgestellt, in ihren Rechtsgütern unmittelbar beeinträchtigt worden sind oder unmittelbar einen Schaden erlitten haben (§ 373 Abs. 1 StPO). Insofern kann jemand durch die Tat nur dann verletzt sein, wenn die übertretene Norm – zumindest auch – die Rechte dieser Person schützen will.[327] In der Regel liegt dies vor bei Verletzung eines strafrechtlich geschützten Individualrechtsguts wie beispielsweise Leben, Leib, Freiheit, sexuelle Selbstbestimmung, Eigentum oder Vermögen.[328] Aber nicht nur die Verletzung von Rechtsgütern, sondern auch (sonstige) Schäden werden erfasst.

**Beispiel:**

Bei den Aussagedelikten (§§ 153 ff. StGB) ist das geschützte Rechtsgut die Rechtspflege und damit kein Individualrechtsgut. Aber Verletzter kann auch derjenige sein, der durch die Falschaussage in seiner Person einen Nachteil erleidet.[329]

Der Einschub „ihre Begehung unterstellt oder rechtskräftig festgestellt“ stellt klar, dass der Verletztenbegriff nicht erst nach rechtskräftiger Entscheidung gilt, sondern bereits in einem Stadium, in dem das Ermittlungsverfahren gegen einen Beschuldigten noch nicht abgeschlossen ist.[330] Dieser Kreis der Verletzten wird im Fall des Todes einer Person, welcher die direkte Folge der Tat ist, um die in § 373b Abs. 2 StPO abschließend aufgelisteten Familienangehörigen erweitert.

136 In der Praxis wird oftmals für den Verletzten der **Begriff des Opfers oder auch des Geschädigten** verwendet, obwohl in der StPO regelmäßig nur vom Ver-

326 KK-*Allgayer*, § 373b Rn. 1.
327 BT-Drs. 19/27654, 42.
328 BeckOK-*Weiner*, § 373b Rn. 13.
329 Vgl. BT-Drs. 19/27654, S. 101.
330 Vgl. BT-Drs. 19/27654, S. 100.

letzten die Rede ist. Auch wenn die Begriffe zumeist inhaltsgleich verwendet werden, ist festzuhalten, dass insbesondere der Begriff des Opfers einen deutlich stärker wertenden Einschlag aufweist. Mag dies in bestimmten Fallkonstellationen auch durchaus passender erscheinen, ist dem insoweit neutralerem Begriff des Verletzten zumindest tendenziell der Vorzug zu geben.[331]

## II. Stellung des Verletzten

Die Stellung des Verletzten hat sich im Lauf der Jahrzehnte gewandelt. Öffentlichkeit und Gesetzgeber sind durch die wissenschaftliche Disziplin der Viktimologie auf die berechtigten Verletzteninteressen aufmerksam gemacht worden.[332] In der Folge sind diese im Laufe der letzten Jahrzehnte zu Recht deutlich gestärkt worden. Mit dem 5. Buch der StPO wurde die Stellung des Verletzten intensiver ins Blickfeld gerückt und der Verletzte als **Prozesssubjekt** mit vielen Rechten ausgestattet. Durch das Opferschutzgesetz[333] und das 1. und 2. Opferrechtsreformgesetz[334] sowie zuletzt durch das „Gesetz zur Fortentwicklung der StPO und zur Änderung weiterer Vorschriften“ vom 25.06.2021[335] wurden Stellung und Rechte des Verletzten weiter ausgebaut. Allerdings enthalten die Regelungen keine umfassende Beteiligung und sind auch nicht abschließend. Der immer wieder pauschal erhobene Vorwurf, das Strafverfahren würde „Täterschutz über Opferschutz“ stellen, entspricht jedoch nicht den mittlerweile umfangreichen gesetzlichen Regelungen der Rechte und Verfahrensmöglichkeiten von Verletzten. Zumal die Stärkung von Beschuldigtenrechten die Rechtsposition des Verletzten nicht unmittelbar berührt. Vielmehr ist infolge der Ausdehnung der Verletztenrechte eher eine Gefahr der Beeinträchtigung von Beschuldigtenrechten erkennbar.[336] **137**

Das Strafverfahrensrecht weist dem Verletzten an mehreren Stellen verschiedene **Funktionen** zu. Zum einen tritt er im Klageerzwingungsverfahren (§§ 172 ff. StPO) und bei der Privatklage (§§ 374 ff. StPO) als subsidiärer Vertreter des staatlichen Sanktionsanspruchs auf. Im Nebenklageverfahren (§§ 395 ff. StPO) tritt er zusätzlich zur Staatsanwaltschaft auf. Darüber hinaus kann er als Antragsteller seine privaten Schadensersatzansprüche durch das Adhäsionsverfahren (§§ 403 ff. StPO) im Strafverfahren geltend **138**

331 So auch *Krey/Heinrich*, Rn. 490.
332 Hierzu *Schroeder/Verrel*, Rn. 84.
333 BGBl. I, 1986, S. 2496 ff.
334 BGBl. I, 2004, S. 1354 ff.; BGBl. I, 2009, S. 2280 ff.
335 BGBl. I, 2021, S. 2099 ff.
336 Vgl. auch *Roxin/Schünemann*, § 1 Rn. 8.

machen. Im materiellen Strafrecht finden sich für den Verletzten wichtige Strafantragsnormen (vgl. auch §§ 77, 77a StGB).

### III. Rechte des Verletzten

**139** Die Rechte des Verletzten finden sich insbesondere in den §§ 406d bis 406l StPO. Danach kann der Verletzte sich über den Stand des Verfahrens informieren (§ 406d StPO). Auch hat er im gleichen Ausmaß wie der Beschuldigte ein Akteneinsichtsrecht und kann selbst (§ 406e Abs. 3 StPO) oder über einen Rechtsanwalt (§ 406e Abs. 1 StPO) Akteneinsicht nehmen. Er hat die Möglichkeit, sich in jeder Lage des Verfahrens eines Rechtsanwalts als Beistand zu bedienen (§ 406f Abs. 1 StPO). Dabei unterscheidet das Gesetz zwischen den zur Nebenklage befugten und unbefugten Verletzten (vgl. § 406h StPO). In beiden Fällen hat der als **Beistand** hinzugezogene Rechtsanwalt sowohl im Ermittlungsverfahren, bei staatsanwaltschaftlichen und richterlichen Vernehmungen des Verletzten, als auch in der Hauptverhandlung ein Anwesenheitsrecht (§§ 406f Abs. 1 S. 2, 406h StPO). Darüber hinaus kann der Verletzte zu seiner Vernehmung als Zeuge eine **Vertrauensperson** seiner Wahl mitbringen (§ 406f Abs. 2 StPO). Dies gilt auch für polizeiliche Vernehmungen. Hierbei kann es sich um Mitarbeiter von Opferhilfeeinrichtungen, Familienangehörige oder Bekannte handeln. Der Sinn liegt nicht, wie beim anwaltlichen Beistand, in einem rechtlichen, sondern in einem menschlichen, psychosozialen oder psychologischen Beistand für den Verletzten, insbesondere bei Aggressions- oder Gewalttaten, beispielsweise Körperverletzungs- oder Sexualdelikten.[337] Die Anwesenheit kann allerdings untersagt werden, wenn eine Gefährdung des Untersuchungserfolges zu befürchten ist (§ 406f Abs. 2 S. 1 StPO). Unter aussagepsychologischen Gesichtspunkten ist die Anwesenheit von Begleitpersonen aus dem privaten Umfeld des Verletzten problematisch und daher möglichst zu vermeiden.[338]

**140** Weiterhin kann der Verletzte sich eines **psychosozialen Prozessbegleiters** bedienen (§ 406g StPO). Die Qualifikationsanforderungen finden sich in §§ 3, 4 PsychPbG. Dabei handelt es sich um eine nicht-rechtliche Unterstützung (§ 2 PsychPbG). So hat der psychosoziale Prozessbegleiter zwar ein Anwesenheitsrecht bei der Vernehmung des Verletzten und auch während der Hauptverhandlung, jedoch kein eigenes Fragerecht und auch kein Zeugnisverweigerungsrecht.[339] Zielgruppe sind dabei besonders schutzbedürftige Verletzte. Diese haben einen Rechtsanspruch auf eine psychosoziale Prozessbegleitung,

337 BeckOK-*Weiner*, § 406f Rn. 3.
338 Ausführlich *Posch*, S. 110 ff.
339 M-G/S-*Schmitt*, § 406g Rn. 2.

welche darauf abzielt, Belastungen und das Risiko einer sekundären Viktimisierung im Strafverfahren zu reduzieren (§ 2 Abs. 1 PsychPbG).

**Beispiele:**

Kinder und Jugendliche, die Verletzte von Sexual- und Gewaltdelikten geworden sind, Menschen mit einer Behinderung oder psychischen Beeinträchtigung, Betroffene von Sexualstraftaten und Gewalttaten mit schweren physischen, psychischen oder wirtschaftlichen Folgen sowie Betroffene von vorurteilsmotivierter Gewalt oder sonstiger Hasskriminalität oder von Menschenhandel.[340]

Nach dem Leitbild der psychosozialen Prozessbegleitung erfolgt dabei eine klare Trennung von strafverfahrensbezogener Beratung und Begleitung, um bewusste oder unbewusste Beeinflussungen der Zeugenaussage durch die Begleitperson auszuschließen und ihre Neutralität im Verfahren zu wahren.[341] Auf all diese Rechte und Befugnisse innerhalb und außerhalb des Strafverfahrens muss der Verletzte hingewiesen werden (vgl. §§ 406i ff. StPO).

Darüber hinaus sind im Gesetz über die Entschädigung für Opfer von Gewalt- **141**
taten (OEG) Möglichkeiten zur **Opferentschädigung** geregelt. Danach erhält derjenige Entschädigung, der infolge eines vorsätzlichen und rechtswidrigen tätlichen Angriffs oder dessen Abwehr, durch vorsätzliche Giftbeibringung oder durch ein Verbrechen mit gemeingefährlichen Mitteln eine gesundheitliche Schädigung erlitten hat (vgl. § 1 OEG). Entschädigung wird dabei für die gesundheitlichen und wirtschaftlichen Folgen nach den Regeln des Bundesversorgungsgesetzes (vgl. §§ 9 ff. BVG) geleistet.

---

340 MüKo-*Grau*, § 406g.

341 BT-Drs. 18/2641, S. 30.

# 3. KAPITEL Das Ermittlungsverfahren

## A. Allgemeines

Das Strafverfahren beginnt mit dem Ermittlungsverfahren, das zum **Ziel** hat, die Entscheidung der Staatsanwaltschaft, ob Anklage zu erheben ist (§ 160 Abs. 1 StPO), vorzubereiten. **Zweck des Ermittlungsverfahrens** ist zum einen, bei unbegründetem Verdacht eine Hauptverhandlung zu vermeiden und zum anderen, für den Fall der Anklageerhebung hinsichtlich des dann möglichen Hauptverfahrens die Beweismittel zusammenzutragen und auszuwerten. Da insoweit sowohl diese Entscheidung der Staatsanwaltschaft als auch – im Falle der Anklageerhebung – das Hauptverfahren vorbereitet wird, bezeichnet man das Ermittlungsverfahren auch als **Vorverfahren**. Im Ergebnis soll damit im Sinne einer **Prognoseentscheidung** festgestellt werden, ob ein hinreichender Tatverdacht (§§ 170 Abs. 1, 203 StPO) besteht, d.h. eine Verurteilung des Beschuldigten wahrscheinlicher als ein Freispruch ist. Nur in diesem Fall wird Anklage erhoben. **142**

Nach der ursprünglichen Konzeption des Gesetzgebers dient das Ermittlungsverfahren der Vorbereitung einer Entscheidung der Staatsanwaltschaft und insoweit ggf. auch der Hauptverhandlung als Kernstück des Strafverfahrens. In der Rechtspraxis jedoch werden durch die Ermittlungsergebnisse des Vorverfahrens die **Weichen für das Hauptverfahren** gestellt, das sich oftmals in einer Bestätigung der im Ermittlungsverfahren gefundenen Ergebnisse erschöpft.[342] Auch existieren vielfältige Einstellungsmöglichkeiten durch die Staatsanwaltschaft (vgl. §§ 153, 153a ff. StPO), die damit ein Strafverfahren bereits im Ermittlungsverfahren beenden kann. Es besteht daher eine faktische Verschiebung der Bedeutung der Verfahrensabschnitte vom Hauptverfahren hin zum Ermittlungsverfahren. Dem hat der Gesetzgeber in den letzten Jahren z. T. auch durch die Stärkung der Beschuldigtenrechte und der Verteidigung Rechnung getragen. So hat beispielsweise der Beschuldigte nunmehr ein eigenes Antragsrecht auf Bestellung eines Pflichtverteidigers (§ 141 Abs. 1 StPO); auch ist die Pflichtverteidigerbestellung zeitlich in das Ermittlungsverfahren vorverlagert worden (s. Rn. 108 f.). **143**

---

342 Hierzu auch *Kramer*, Rn. 169; *Kühne*, Rn. 351; *Roxin/Schünemann*, § 39 Rn. 35 jeweils m.w.N.

## B. Offizialprinzip

### I. Begriff

144 Die Einleitung eines Strafverfahrens obliegt grundsätzlich nicht dem Bürger, sondern dem Staat. Das Gegenteil wäre eine sog. **Popularklage**, bei der der Bürger die Strafklage erhebt, wie beispielsweise vom theoretischen Ansatz her in England und Spanien, wobei auch dort durch zahlreiche Beschränkungen und Ausnahmen die Strafverfolgung praktisch zumeist durch den Staat erfolgt.[343] Im weiteren Sinne umfasst dieses Offizialprinzip die Durchführung des gesamten Strafverfahrens von der Einleitung des Ermittlungsverfahrens bis zum Urteil und zur Strafvollstreckung. Im engeren Sinne versteht man darunter die Strafverfolgungstätigkeit der Staatsanwaltschaft und Polizei bis zur Anklageerhebung, die von der Staatsanwaltschaft wahrgenommen wird (§ 152 Abs. 1 StPO). Durch das **staatliche Monopol der Strafverfolgung** soll sichergestellt werden, dass Straftaten nicht unverfolgt bleiben, da ihre Verfolgung grundsätzlich als Ausfluss der generalpräventiven Strafzwecke im öffentlichen Interesse ist und nicht abhängig von Privatinteressen sein soll.[344] In der Folge sind die meisten Straftaten auch sog. Offizialdelikte, die „ex officio“ (von Amts wegen) von der Staatsanwaltschaft und der Polizei verfolgt werden, ohne dass es eines besonderen Anstoßes bedarf. Dies gilt selbst dann, wenn der Verletzte keine Strafverfolgung wünscht.

### II. Ausnahmen

145 Der Grundsatz, dass der Staat ohne Rücksicht auf den Willen des Verletzten stets einschreitet und ein Strafverfahren betreibt, ist jedoch nicht immer sachgerecht. Daher gibt es Ausnahmen vom Offizialprinzip. Dies sind bestimmte Arten von Delikten, bei denen das öffentliche Interesse an der Strafverfolgung kaum oder zumindest weniger stark vorhanden ist oder aber von anderen Interessen überlagert wird.

#### 1. Antragsdelikte

146 Unter Antragsdelikten versteht man Delikte, die grundsätzlich auf Antrag des Verletzten verfolgt werden und insoweit das Offizialprinzip einschränken. Man unterscheidet zwischen absoluten (echten, reinen) und relativen (bedingten, eingeschränkten) Antragsdelikten.[345] Bei **absoluten Antragsde-**

343 Ein kurzer historischer Abriss findet sich bei *Roxin/Schünemann*, § 12 Rn. 1 ff.

344 *Schünemann*, § 12 Rn. 7.

345 Die Terminologie ist nicht ganz einheitlich; vgl. nur *Beulke/Swoboda*, Rn. 46; *Krey/Heinrich*, Rn. 573 f. *Roxin/Schünemann*, § 12 Rn. 8 ff.

**likten** darf zwar auch ohne Strafantrag ein Strafverfahren von Amts wegen eingeleitet werden (vgl. § 127 Abs. 3 StPO), jedoch ohne den Strafantrag keine Verurteilung erfolgen.

**Beispiele:**

Hausfriedensbruch (§ 123 StGB), Beleidigung (§ 193 StGB).

**Relative Antragsdelikte** sind demgegenüber nicht stets antragsbedürftig. Insofern werden Delikte wie der Haus- und Familiendiebstahl (§ 247 StGB) teilweise auch zu den relativen Antragsdelikten gezählt, da mit Blick auf das Grunddelikt des Diebstahls (§ 242 StGB) ein Strafantrag nur erforderlich ist, wenn zwischen dem Verletzten und dem Täter zur Zeit der Tat eine bestimmte nähere Beziehung bestand.[346] Weiterhin zählen zu den relativen Antragsdelikten die Delikte, deren Verfolgung alternativ einen Strafantrag voraussetzt oder die verfolgt werden können, wenn die Staatsanwaltschaft ein **besonderes öffentliches Interesse** an der Verfolgung (hierzu Nr. 86 RiStBV) bejaht.

**Beispiele:**

(Einfache) Körperverletzung (§ 230 StGB), Sachbeschädigung (§ 303c StGB).

Das Bestehen eines besonderen öffentlichen Interesses stellt eine Ermessensentscheidung der Staatsanwaltschaft dar, die nach h.M. gerichtlich nicht überprüfbar ist.[347]

### 2. Ermächtigungsdelikte

Auch Taten, die nur auf **Ermächtigung** verfolgt werden, schränken das Offizialprinzip ein. Es handelt sich um politische Delikte, bei denen Staatsinteressen berücksichtigt werden können. Die zuständigen politischen Organe können entscheiden, ob eine Strafverfolgung stattfinden oder besser unterbleiben soll. Anders als beim Strafantrag ist diese Erklärung nicht frist- und formgebunden. Außerdem ist sie von Amts wegen einzuholen. Darüber hinaus ist bei Straftaten gegen ausländische Staaten ein **Strafverlangen** der ausländischen Regierung notwendig (§ 104a StGB). **147**

346 So *Fischer*, Vor § 77 Rn. 3; *Kindhäuser/Schumann*, § 4 Rn. 14; anders *Volk/Engländer*, § 18 Rn. 3.

347 BGH 26.05.1961 – 2 StR 40/61, BGHSt 16, 225, 230.

**Beispiele:**

Verunglimpfung des Bundespräsidenten (§ 90 StGB), Verfassungsfeindliche Verunglimpfung von Verfassungsorganen (§ 90b StGB), Preisgabe von Staatsgeheimnissen (§ 97 StGB).

### 3. Privatklagedelikte

**148** Privatklagedelikte schränken das Offizialprinzip nicht nur ein, sondern durchbrechen es.[348] Es sind Straftatbestände, die nur im Wege der Privatklage (nicht zu verwechseln mit dem zivilrechtlichen Klageweg) verfolgt werden. Der Verletzte tritt an die Stelle der Staatsanwaltschaft und übernimmt selbst die Anklage (§ 385 StPO). Mit Ausnahme des § 241 StGB handelt es sich um Antragsdelikte, die abschließend in § 374 Abs. 1 StPO aufgelistet sind.

**Beispiele:**

Hausfriedensbruch, Beleidigung, (einfache) Körperverletzung, Nötigung, Sachbeschädigung.

Jedoch kann die Staatsanwaltschaft Privatklagedelikte im Wege der öffentlichen Klage verfolgen, wenn dies im öffentlichen Interesse liegt (§ 376 StPO) oder das Verfahren jederzeit an sich ziehen (§ 377 Abs. 2 S. 1 StPO). Das **Privatklageverfahren** (s. Rn. 703 f.) dient der Entkriminalisierung bagatellartiger Taten des täglichen Lebens[349] und zumindest praktisch auch der Prozessökonomie. Staatsanwaltschaft und Gericht sollen von Bagatelldelikten, die das öffentliche Interesse nicht oder zumindest weniger stark berühren, freigehalten werden. Deswegen sind die Regelungen tendenziell klagefeindlich. Dies drückt sich beispielsweise in einem hohen Kostenrisiko des Privatklägers aus (vgl. §§ 379, 379a StPO). Die praktische Bedeutung von Privatklageverfahren ist daher sehr gering.[350]

## C. Legalitätsprinzip

### I. Begriff

**149** Die Berechtigung der Strafverfolgungsbehörden zur Einleitung und Durchführung des Ermittlungsverfahrens korrespondiert mit dem Legalitätsprinzip, das sowohl Staatsanwaltschaft als auch Polizei von Amts wegen verpflichtet,

348 *Krey/Heinrich*, Rn. 569.

349 MüKo-*Daimagüler*, Vorb. § 374 Rn. 2.

350 M-G/S-*Schmitt*, Vor § 374 Rn. 1 m.w.N.; *Roxin/Schünemann*, § 65 Rn. 4.

unter der Voraussetzung zureichender tatsächlicher Anhaltspunkte für eine verfolgbare Straftat einzuschreiten und ein Ermittlungsverfahren durchzuführen (§§ 152 Abs. 2, 163 Abs. 1 StPO). Gibt das Ergebnis des Ermittlungsverfahrens genügend Anlass, muss die Staatsanwaltschaft Anklage erheben (§ 170 Abs. 1 StPO). Hierdurch wird sichergestellt, dass die Einleitung und Durchführung eines Strafverfahrens und damit die Ahndung einer Straftat nicht in das Belieben der Strafverfolgungsbehörden gestellt werden. Insoweit sichert das Legalitätsprinzip die **Gleichheit vor dem Gesetz**.[351]

### II. Durchbrechungen

Das **Opportunitätsprinzip** ermöglicht es, trotz eines Anfangsverdachts von 150
der Verfolgung und Anklageerhebung abzusehen. So finden sich insbesondere in den §§ 153–154e StPO sowie für das Jugendstrafverfahren in § 45 JGG viele Einstellungsgründe, die es der Staatsanwaltschaft – nicht der Polizei, für die das Legalitätsprinzip insoweit uneingeschränkt gilt – erlauben, das Ermittlungsverfahren trotz des Vorliegens der Voraussetzungen für eine Anklageerhebung einzustellen (s. hierzu Rn. 187 ff.). In der Folge kann ein Strafverfahren bei geringfügigen Tatvorwürfen, wenn das staatliche Strafverfolgungsinteresse auf andere Weise befriedigt werden kann oder vorrangige öffentliche Interessen entgegenstehen, eingestellt werden. Auch bei den bereits oben dargestellten Privatklagedelikten (s. Rn. 148) steht es im pflichtgemäßen Ermessen der Staatsanwaltschaft, ob sie die Verfolgung übernimmt (§ 376 StPO).

## D. Einleitung des Ermittlungsverfahrens

Auf welche Weise die Strafverfolgungsbehörden von dem Verdacht einer 151
Straftat Kenntnis erhalten, ist rechtlich ohne Bedeutung. Die Einleitung eines Strafverfahrens kann entweder durch private Initiative in Form einer Strafanzeige oder eines Strafantrags oder durch die amtliche Wahrnehmung einer Straftat erfolgen.

### I. Einleitung aufgrund privater Initiative

Die meisten Strafverfahren werden auf Veranlassung einer Privatperson ein- 152
geleitet. Dies kann durch eine Strafanzeige oder einen Strafantrag (§ 158 Abs. 1 u. 2 StPO) erfolgen. Eine allgemeine Pflicht zur **Anzeigeerstattung** besteht für Privatpersonen – unabhängig von der Schwere der Tat – nicht. Die

351 BVerfG 05.08.1969 – 1 BvR 586/62, BVerfGE 20, 162, 222; BVerfG 23.07.1982 – 2 BvR 8/82, NStZ 1982, 430.

§§ 138, 139 StGB normieren zwar die Pflicht zur Anzeige von bestimmten geplanten schweren Straftaten. Dies dient aber nicht der Verfolgung, sondern der **Verhinderung dieser Straftaten**. Anzeige und Strafantrag führen nicht automatisch zur Einleitung eines Ermittlungsverfahrens, verpflichten aber die Strafverfolgungsbehörden aufgrund des Legalitätsprinzips zur Prüfung des Sachverhalts.[352] Ist die Schwelle des Anfangsverdacht noch nicht erreicht, darf kein Ermittlungsverfahren eingeleitet werden. Allenfalls können die angezeigten Informationen überprüft werden.

### 1. Strafanzeige

153 Eine Strafanzeige ist die Mitteilung eines Sachverhalts gegenüber den Strafverfolgungsbehörden, der nach Ansicht des Mitteilenden Anlass zur Strafverfolgung bietet und stellt eine **Anregung** an die Strafverfolgungsbehörden dar, zu prüfen, ob ein Strafverfahren einzuleiten ist.[353] Begehrt der Anzeigeerstatter hingegen die Einleitung eines Strafverfahrens, so stellt dies einen **Strafantrag i.w.S.** (§ 158 Abs. 1 StPO) dar.[354] Eine solche Anzeige bzw. ein solcher Antrag kann von jedermann gestellt werden, auch wenn er durch die Straftat weder mittelbar noch unmittelbar berührt wird. Hierbei kann die Strafanzeige gegen eine konkret benannte Person, gegen Unbekannt oder auch als Selbstanzeige erfolgen. Eine besondere Form ist nicht vorgeschrieben, sodass die Mitteilung mündlich oder schriftlich – auch anonym – bei der Staatsanwaltschaft, den Behörden und Beamten des Polizeidienstes oder dem Amtsgericht (§ 158 Abs. 1 S. 1 StPO) erfolgen kann. Mündliche Anzeigen müssen aber beurkundet werden (§ 158 Abs. 1 S. 2 StPO). Die Zuständigkeit der Anzeigenaufnahme begründet eine Verpflichtung, die angezeigten Straftaten entgegenzunehmen, zu bearbeiten oder aber an die zuständige Stelle weiterzuleiten.[355] Dagegen besteht **keine Pflicht zur Annahme** offensichtlich unbegründeter oder querulatorischer Anzeigen, weil insofern keine Verfolgungspflicht nach dem Legalitätsprinzip (§ 152 Abs. 2 StPO) gegeben ist.[356]

**Beispiel:**

Anzeige eines Sachverhalts, der lediglich eine (nicht strafbare) fahrlässige Sachbeschädigung darstellt.

352 KK-*Weingarten*, § 158 Rn. 1.

353 BayObLG 21.05.1985 – RReg. 1 St 73/85, NJW 1986, 441, 442.

354 KK-*Weingarten*, § 158 Rn. 3.

355 LR-*Erb*, § 158 Rn. 28, 30.

356 SK-*Wohlers/Deiters*, § 158 Rn. 14.

Ist in tatsächlicher oder rechtlicher Hinsicht zweifelhaft, ob der Anfangsverdacht einer Straftat besteht, kann die Polizei die Anzeige ohne weitere Bearbeitung der Staatsanwaltschaft vorlegen.[357] Diese darf sich aber nicht auf eine reine Schlüssigkeitsprüfung beschränken, sondern muss prüfen, ob Anhaltspunkte dafür vorliegen, dass der Sachverhalt möglicherweise in der Anzeige nicht vollständig oder nur ungenau wiedergegeben ist.[358] **Anonyme Anzeigen** bedürfen einer besonders kritischen und sorgfältigen Prüfung. Dies gilt insbesondere dann, wenn diese Grundlage einer in Grundrechte eingreifenden Zwangsmaßnahme, z.B. einer Durchsuchung, sein sollen.[359] In diesem Fall muss die anonyme Anzeige von beträchtlicher sachlicher Qualität sein oder aber schlüssiges Tatsachenmaterial vom Anzeigeerstatter vorgelegt werden.[360]

### 2. Strafantrag

Von Strafanzeige und Strafantrag i.w.S. zu unterscheiden ist der **Strafantrag i.e.S.** (§ 158 Abs. 2 StPO), dessen inhaltliche Anforderungen sich nach den §§ 77 ff. StGB richten und der daher nur von dem durch die Straftat **Verletzten** innerhalb von drei Monaten ab Bekanntwerden von Tat und Täter gestellt werden kann (§ 77b StGB). Er ist für die Verfolgung von absoluten Antragsdelikten eine Prozessvoraussetzung. Trotzdem ist die Einleitung eines Ermittlungsverfahrens bereits vor der Stellung des Strafantrags zulässig (vgl. § 127 Abs. 3 StPO u. Nr. 6 RiStBV). Im Unterschied zur Strafanzeige muss der Strafantrag i.e.S. bei der Staatsanwaltschaft schriftlich oder zu Protokoll, bei der Polizei stets schriftlich gestellt werden (§ 158 Abs. 2 StPO). Er kann auch in einer Strafanzeige enthalten sein.[361] Insofern braucht das Wort „Strafantrag" nicht ausdrücklich genannt zu werden. 154

Die **Unterscheidung** von Strafanzeige, Strafantrag i.w.S. und Strafantrag i.e.S. ist auch wichtig im Hinblick auf einen Einstellungsbescheid und die Möglichkeit eines Klageerzwingungsverfahrens (§§ 172 ff. StPO). Stellt die Staatsanwaltschaft das Strafverfahren mangels hinreichendem Tatverdacht (§ 170 Abs. 2 StPO) ein, muss sie grundsätzlich jeden Antragsteller eines Strafantrags darüber bescheiden (§ 171 S. 1 StPO). Jedoch wird dabei nur der Verletzte (i.e.S.) über die Möglichkeit der Anfechtung belehrt (§ 171 S. 2 StPO). 155

357 LR-*Erb*, § 158 Rn. 35.

358 M-G/S-*Köhler*, § 160 Rn. 9.

359 BVerfG 14.07.2016 – 2 BvR 2474/14, BeckRS 2016, 50709.

360 Vgl. BGH 03.12.1991 – 1 StR 120/90, BGHSt 38, 144, 147.

361 M-G/S-*Köhler*, § 158 Rn. 4.

### 3. Vertraulichkeitszusage

156 Grundsätzlich ist es möglich, einem Hinweisgeber[362] bzw. Informanten die vertrauliche Behandlung seiner Anzeige zuzusichern. Hierfür zuständig ist die Staatsanwaltschaft, sodass die Polizei vor der Zusicherung deren Zustimmung einholen muss.[363] Die Zusage ist für Polizei und Staatsanwaltschaft grundsätzlich bindend, nicht aber für das Gericht des Hauptverfahrens.[364] Als Folge der Vertraulichkeitszusage wird eine Anzeige, die den Anzeigenden erkennen lässt, nicht zu den Ermittlungsakten genommen.[365] Zu beachten ist, dass solche Vertraulichkeitszusagen nur ausnahmsweise erfolgen, namentlich im Bereich der Schwerkriminalität, Organisierten Kriminalität, des illegalen Betäubungsmittel- und Waffenhandels, der Falschgeldkriminalität und der Staatsschutzdelikte[366]. Dabei beschränkt sich die Vertraulichkeitszusage in der Regel auf den Namen des Hinweisgebers. Nur für den Fall, dass der Sachverhalt Rückschlüsse auf die Identität des Hinweisgebers ermöglicht, sind auch hier Einschränkungen möglich.[367] Das Interesse an der Ausschöpfung aller Beweise zur Überführung des Angeklagten, das Interesse des Anzeigeerstatters an der Abwehr der mit der Offenlegung seiner Identität verbundenen Gefahren und das Interesse der Ermittlungsbehörden, sich durch die Zusage von Vertraulichkeit eine Erkenntnisquelle für die Strafverfolgung zu erschließen, müssen im Einzelfall gegeneinander abgewogen werden.[368]

## II. Einleitung von Amts wegen

157 Strafanzeige und Strafantrag sind nur eine Möglichkeit, die zur Einleitung eines Strafverfahrens führen können. In vielen Fällen erhalten die Strafverfolgungsbehörden durch eigene Wahrnehmungen, Erkenntnisse aus anderen Verfahren oder Akten und Schriftstücken anderer Behörden, durch Anzeigen von anderen Behörden oder durch die Berichterstattung in Presse, Rundfunk und Fernsehen von dem Verdacht einer Straftat Kenntnis. Auf diese Art zustande gekommene Strafverfahren werden als **Verfahren von Amts wegen** bezeichnet. Zu beachten ist, dass Behörden, denen keine Strafverfolgungstätigkeit anvertraut ist, grundsätzlich keine Anzeigepflicht haben.[369] Ausnah-

---

362 Zum sog. Whistleblower *Roxin/Schünemann*, § 39 Rn. 11a f. m.w.N.

363 M-G/S-*Köhler*, § 158 Rn. 16.

364 KK-*Weingarten*, § 158 Rn. 23.

365 M-G/S-*Köhler*, § 158 Rn. 17a.

366 Vgl. Anlage D I. Ziff. 3 ff. RiStBV.

367 KK-*Weingarten*, § 158 Rn. 18.

368 Vgl. BVerfG 08.10.2009 – 2 BvR 547/08, NJW 2010, 925, 927.

369 BGH 30.04.1997 – 2 StR 670/96, BGHSt 43, 82, 85.

men bestehen für den Richter bei strafbaren Handlungen während der Sitzung (§ 183 GVG) und für Gemeindebehörden, wenn Anhaltspunkte für einen unnatürlichen Tod vorliegen oder der Leichnam eines Unbekannten gefunden wird (§ 159 StPO). Darüber hinaus kann sich eine **Anzeigepflicht** aus besonderen gesetzlichen Bestimmungen (z.B. § 41 Abs. 1 OWiG, § 116 AO, § 40 WStG) oder auch aufgrund besonderer Dienstpflichten ergeben.[370]

Während die im Dienst erlangte Kenntnis von möglichen Straftaten auf- **158**
grund des Legalitätsprinzips für Staatsanwälte und Polizeibeamte eine Strafverfolgungspflicht – und nicht nur eine Anzeigepflicht – auslöst, ist umstritten, inwieweit dies auch bei einer **außerdienstlichen Kenntniserlangung** von Straftaten der Fall ist. Diese Problematik betrifft nicht nur die strafverfahrensrechtlichen Aufgaben der mit der Strafverfolgung betrauten Beamten, sondern auch eine mögliche Strafbarkeit wegen Strafvereitelung im Amt durch Unterlassen (§§ 258, 258a, 13 StGB). Es geht um die Frage, ob Staatsanwälten und Polizeibeamten aufgrund ihres allgemeinen Persönlichkeitsrechts (Art. 2 Abs. 1 i.V.m. Art. 1 Abs. 1 GG) ein geschützter Bereich menschlicher Beziehungen zu gewähren ist (Privatsphäre), der durch ihre beruflichen Pflichten (Legalitätsprinzip) nicht eingeschränkt werden darf. Die h.M. ist der Auffassung, dass eine Pflicht zum Einschreiten daher nicht bei allen Straftaten, sondern nur bei schweren Straftaten, die nach Art oder Umfang die Belange der Öffentlichkeit und der Volksgesamtheit in besonderem Maße berühren, besteht.[371] Dem ist zuzustimmen. Notwendig ist insoweit stets eine einzelfallbezogene Abwägung, ob das öffentliche Interesse den privaten Belangen vorgeht.[372] Von entscheidender Bedeutung ist dabei die Schwere der Rechtsgutsverletzung. Als Kriterien zur Konkretisierung können der **Straftatenkatalog des § 138 StGB** und vor allem die **Differenzierung Verbrechen/Vergehen** (§ 12 StGB) herangezogen werden.[373]

**Beispiele:**

Einschreiten (+) bei Vergewaltigung, vorsätzlichen Tötungsdelikten, schweren Körperverletzungen, Raubdelikten, Betäubungsmittelhandel; (-) bei Beleidigungsdelikten, (einfacher) Körperverletzung, Nötigung, Taschendiebstahl, Sachbeschädigung, Betäubungsmittelbesitz.

---

370 Zu Letzterem RG 03.10.1918 – I 349/18, RGSt 53, 108; RG 06.07.1939 – 2 D 354/3973, RGSt 73, 265, 266 f.

371 BGH 15.12.1953 – 5 StR 294/53, BGHSt 5, 225, 229; BGH 16.12.1958 – 1 StR 456/58, BGHSt 12, 277, 280 f.

372 BGH 29.10.1992 – 4 StR 358/92, BGHSt 388, 392.

373 So auch *Kindhäuser/Schumann*, § 4 Rn. 9; *Roxin/Schünemann*, § 39 Rn. 3 jeweils m.w.N.

Die Pflicht zur Verfolgung einer Straftat und damit auch eine mögliche Strafbarkeit nach §§ 258a, 258, 13 StGB entfällt, wenn der Staatsanwalt oder Polizeibeamte untätig bleibt, weil er an der zu verfolgenden Straftat als Täter, Teilnehmer, Hehler oder Begünstigter selbst beteiligt war (vgl. §§ 258a, 258 Abs. 5 StGB).[374] Drohen jedoch nur disziplinarrechtliche Konsequenzen, gilt dies nicht.[375]

## III. Anfangsverdacht

159 Für die Einleitung eines Ermittlungsverfahrens ist der Anfangsverdacht als materielle Voraussetzung notwendig. Dieser markiert die Grenze, ab wann die Strafverfolgungsbehörden eingreifen müssen und dürfen. Sinn und Zweck des Anfangsverdachts ist es, den Bürger vor unnötigen, unbegründeten und unangemessenen staatlichen Übergriffen, insbesondere Willkür, zu schützen.[376] § 152 Abs. 2 StPO umschreibt ihn als **„zureichende tatsächliche Anhaltspunkte“**. Damit sind konkrete Anhaltspunkte i.S.v. Tatsachen zu verstehen, die nach kriminalistischer Erfahrung das Vorliegen einer verfolgbaren Straftat zumindest als möglich erscheinen lassen.[377] Dabei können auch dürftige und noch ungeprüfte Angaben, Gerüchte und einseitige Behauptungen zureichende Anhaltspunkte sein, wenn sie durch zusätzlich Tatsachen plausibel erscheinen.[378] Hingegen genügen bloße Vermutungen oder allgemeine bzw. kriminalistische Erfahrungen nicht. Auch liegt kein Anfangsverdacht vor, wenn er auf unhaltbaren Erwägungen beruht, mithin das Ermittlungsverfahren also objektiv willkürlich eingeleitet wird.[379]

**Beispiel:**

Nachdem bei einer Verkehrskontrolle beim Fahrer in der Hosentasche Haschisch gefunden und durch einen Schnelltest Betäubungsmittelkonsum festgestellt worden war, wird ein Anfangsverdacht wegen BtM-Delikten auch gegen den befreundeten Beifahrer B, der bereits fünf Verurteilungen wegen BtM-Delikten hat, bejaht und eine Durchsuchung seiner Wohnung angeordnet, obwohl sich bei B weder Drogen gefunden hatten noch ein Drogentest durchgeführt worden war.[380]

374 KK-*Weingarten*, § 158 Rn. 31.

375 RG 19.06.1939 – 4 D 402/36, RGSt 70, 251, 253 f.

376 MüKo-*Peters*, § 152 Rn. 34.

377 BVerfG 08.03.2004 – 2 BvR 27/04, NStZ-RR 2004, 206, 207; ausführlich M-G/S-*Schmitt*, § 152 Rn. 4 m.w.N.

378 KK-*Diemer*, § 152 Rn. 7.

379 BVerfG 02.10.2003 – 2 BvR 660/03, NStZ 2004, 447.

380 BVerfG 11.06.2010 – 2 BvR 3044/09, BeckRS 2010, 51328.

Erforderlich sind vielmehr **konkrete Tatsachen**. Diese müssen allerdings noch nicht eine Wahrscheinlichkeit oder gar Sicherheit des Vorliegens einer Straftat begründen. Vielmehr genügt die **Möglichkeit**. Auch braucht sich der Anfangsverdacht nicht gegen eine bestimmte Person richten. Ein Strafverfahren kann und wird in der Praxis oftmals auch gegen Unbekannt geführt.

**Beispiel:**

Jemand zeigt den Diebstahl seines Fahrrades an oder die nächtliche Beschädigung seines Pkw durch Unbekannte.

Inwieweit ein Anfangsverdacht für die Begehung einer Straftat durch ein an sich **legales Verhalten** begründet wird, ist umstritten und wohl auch in der Rechtsprechung nicht abschließend geklärt.[381] **160**

**Beispiele:**

Anfangsverdacht der Steuerhinterziehung bei Errichtung geheimer Bankkonten im Ausland.[382] Anfangsverdacht wegen Besitzes von Kinderpornografie bei legalem Erwerb und Besitz von Kinderfotos (Fall Edathy).[383]

Notwendig ist zumindest, dass weitere Anhaltspunkte, die auf eine Straftat hindeuten, hinzukommen müssen. Ansonsten würde man rechtskonforme Handlungen unter Generalverdacht stellen. Die weiteren Anhaltspunkte müssen beispielsweise typische Verdeckungshandlungen, wie im ersten Fallbeispiel die Errichtung geheimer Konten oder einschlägiges strafbares Verhalten in der Vergangenheit sein.[384] Demgegenüber sind allein kriminalistische Erfahrungen, wie wohl im Fall Edathy („Wer legale Kinderfotos besitzt, hat auch illegale Kinderfotos im Besitz"), nicht ausreichend für die Begründung eines Anfangsverdachts.

Eine **Grenze für die Annahme des Anfangsverdachts** markiert das Willkürverbot (s. Rn. 51). Diese ist dann erreicht, wenn der Anfangsverdacht aus schlechthin unhaltbaren Erwägungen – objektiv willkürlich – bejaht oder aufrechterhalten wird.[385] Bei der Beantwortung der Frage, ob ein Verdacht zureicht, mithin ein Anfangsverdacht bejaht werden muss, steht den Strafverfolgungsbehörden **161**

---

381 Hierzu ausführlich *Hoven*, NStZ 2014, 361 ff. m.w.N.

382 BVerfG 23.03.1994 – 2 BvR 396/94, NJW 1994, 2079 ff.

383 BVerfG 15.08.2014 – 2 BvR 969/14, NJW 2014, 3085 ff.

384 BVerfG 01.08.2014 – 2 BvR 200/14, NJW 2015, 851, 853.

385 BVerfG 02.10.2003 – 2 BvR 660/03, NStZ 2004, 447.

ein **Beurteilungsspielraum** zu.[386] Die Anwendung dieses unbestimmten Rechtsbegriffs erfordert im Einzelfall die Abwägung aller für die Entscheidung wesentlichen be- und entlastenden Umstände in Gestalt einer Gesamtschau.[387] Bezogen auf eine verdächtige Person kann diese Beurteilung beispielsweise von der Stärke des Tatverdachts und dem Verhalten der Strafverfolgungsbehörden gegenüber dieser Person abhängen.[388] Der Beurteilungsspielraum darf jedoch nicht missbraucht werden, beispielsweise um den Zeitpunkt einer Beschuldigtenbelehrung möglichst weit hinauszuschieben.[389] Dies kann einen Verstoß gegen den Grundsatz des fairen Verfahrens (Art. 6 Abs. 1 EMRK) begründen.[390]

## IV. Vorermittlungen

162 Ist unklar, ob der Anfangsverdacht einer Straftat vorliegt, besteht nach wohl h.M.[391] in engen Grenzen auch die Möglichkeit sog. Vorermittlungen, um zu klären, ob ein Strafverfahren eingeleitet werden muss.[392]

**Beispiel:**

Anzeige, die nicht gänzlich aus der Luft gegriffen ist, also Verdachtsmomente aufweist, aber dennoch fragwürdig erscheint.

Die StPO kennt solche Vorermittlungen, die teilweise auch als **Initiativermittlungen** bezeichnet werden,[393] eigentlich nicht. Gleichwohl werden sie in der Praxis von Polizei und Staatsanwaltschaft durchgeführt. Sie beruhen auf der Überlegung, dass eine vorschnelle Einleitung eines Ermittlungsverfahrens für die betroffene Person erhebliche private und berufliche Nachteile haben kann, sofern der Tatvorwurf öffentlich oder aktenkundig wird.[394] Mangels Anfangsverdacht besteht dabei noch kein Ermittlungsverfahren, sodass Vernehmungen von Verdächtigen oder Zeugen nicht möglich sind.[395] Allenfalls denkbar wäre eine freiwillige informatorische Befragung. Auch sind mangels Anfangsverdacht jegliche Grundrechtseingriffe in Form von

386 BVerfG 08.11.1983 – 2 BvR 1138/83, MDR 1984, 284; BGH 27.02.1992 – 5 StR 190/91, BGHSt 38, 214, 228.

387 BGH 21.04.1988 – III ZR 255/86, NJW 89, 96, 97.

388 BGH 31.05.1990 – 4 StR 112/90, BGHSt 37, 48, 52; BGH 27.02.1992 – 5 StR 190/91, BGHSt 38, 214, 228.

389 BGH 27.02.1992 – 5 StR 190/91, BGHSt 38, 214, 228.

390 BGH 12.01.2005 – 5 StR 191/04, JR 2005, 300.

391 KK-*Diemer*, § 152 Rn. 10 m.w.N.

392 M-G/S-*Schmitt*, § 152 Rn. 4b.

393 So bei *Schroeder/Verrel*, Rn. 72.

394 Vgl. BGH 03.07.2007 – 1 StR 3/07, BGHSt 51, 367, 372.

395 BGH 19.08.2020 – 6 BGs 95/20, BeckRS 49708.

Zwangsmaßnahmen verboten. Möglich wäre hingegen die freiwillige Herausgabe von Unterlagen. Dies alles ist kritisch zu sehen, da letztlich der für alle Maßnahmen der StPO stets notwendige Anfangsverdacht fehlt. So ist es nicht Aufgabe der Strafverfolgungsbehörden – quasi außerhalb eines förmlichen Strafverfahrens – den für die Einleitung stets notwendigen Anfangsverdacht erst aufgrund lediglich kriminalistischer Mutmaßungen im Hinblick auf eine vage Vermutung zu ermitteln.

**Beispiel:**

Ein Polizeibeamter geht dem bloßen Gerücht nach, die Frau des A sei verschwunden und befragt den A nach dem Verbleib seiner Frau.[396]

In der Folge würde der Betroffene gerade nicht, wie behauptet, vor einem zu vorschnell eingeleiteten Ermittlungsverfahren geschützt, sondern eine Art der **Persönlichkeitserforschung** durchgeführt[397], die im Widerspruch zu den Grundrechten des Beschuldigten und dem System der repressiven Strafverfolgung stehen würde, an deren Beginn stets der Anfangsverdacht steht.

Von den Vorermittlungen zu unterscheiden sind die ausnahmsweise bereits **163** **im Vorfeld eines Anfangsverdachts** zulässigen Maßnahmen der Entgegennahme und Protokollierung von Strafanzeigen und -anträgen (§ 158 StPO) sowie die Anzeigepflicht bei unnatürlichen Todesfällen und Leichenfunden unbekannter Personen nach § 159 StPO, die verhindern soll, dass bei derart gewichtigen Straftaten wie Tötungsdelikten ein Beweismittelverlust eintritt oder Ermittlungsanlässe unerkannt bleiben[398] und die daher noch kein Ermittlungsverfahren i.S.d. § 160 StPO sind (s. hierzu Rn. 165 ff.).[399] Die Maßnahmen der erkennungsdienstlichen Behandlung (§ 81b Abs. 1 2. Alt. StPO), der DNA-Identitätsfeststellung (§ 81g StPO), der Beschlagnahme von Zufallsfunden (§ 108 StPO) und der Datenverarbeitung für künftige Strafverfahren (§ 484 StPO) zielen zwar ebenfalls auf mögliche zukünftige Strafverfahren ab und bewegen sich insoweit vor der Einleitung zukünftiger Strafverfahren, knüpfen jedoch – anders als die §§ 158, 159 StPO –, an ein bereits laufendes Strafverfahren an.[400]

Die nicht mit den Vorermittlungen zu verwechselnden sog. **Vorfeldermitt-** **164** **lungen** werden anlasslos gegen bestimmte Personen oder Gruppen durch-

396 Beispiel aus *Roxin/Schünemann*, § 39 Rn. 17.

397 *Krey/Heinrich*, Rn. 607 m.w.N.

398 MüKo-*Kölbel*, § 159 Rn. 1.

399 BGH 02.12.2003 – 1 StR 102/03, BGHSt 49, 29, 32.

400 Insoweit zu undifferenziert *Kramer*, Rn. 172; *Trurnit*, Rn. 34.

geführt, um befürchteten Straftaten vorzubeugen. Diese sind nach h.M. unzulässig.[401] Dem ist zuzustimmen. Vorfeldermittlungen sind vielmehr präventiv ausgerichtete Polizeiarbeit. Die Zulässigkeit von Vorfeldermittlungen beispielsweise der Steuerfahndung ergibt sich aus § 208 Abs. 1 S. 1 Nr. 3 AO, wonach auch unbekannte Steuerfälle aufzuklären sind.[402]

## V. Todesermittlungen

### 1. Anzeigepflicht nach § 159 StPO

165 Sind Anhaltspunkte vorhanden, dass eine Person eines nicht natürlichen Todes gestorben ist oder wird der Leichnam eines Unbekannten gefunden, sind Polizei- und Gemeindebehörden zur sofortigen Anzeige an die Staatsanwaltschaft verpflichtet (§ 159 Abs. 1 StPO). Eine Bestattung der Person darf erst nach schriftlicher Genehmigung der Staatsanwaltschaft erfolgen (§ 159 Abs. 2 StPO), dem sog. Bestattungsschein. Das Verfahren dient der Feststellung der Todesursache, um zu klären, ob diese strafrechtlich irrelevant ist oder nicht und begründet noch kein Ermittlungsverfahren. Vielmehr ermöglicht es der Staatsanwaltschaft die frühzeitige Prüfung und Entscheidung über die Einleitung eines Ermittlungsverfahrens.[403] Insoweit handelt es sich bei diesem sog. **Todesermittlungsverfahren** um **Vorermittlungen** zur Prüfung eines Anfangsverdachts. Gleichzeitig dient das Verfahren der Beweissicherung, insbesondere durch Spurensicherung, Leichenschau und Leichenöffnung.[404] Es handelt sich um ein **Beweissicherungs- und Vorprüfungsverfahren.**[405]

166 **Nicht natürlich** ist neben der Selbsttötung jeder durch äußere Einwirkung eingetretene Tod, bei dem nicht von vornherein sicher auszuschließen ist, dass das Verhalten eines Dritten eine Ursache gesetzt hat.[406] Hinweise auf einen unnatürlichen Tod können sich aus dem Fundort der Leiche, aus Spuren von Gewalt oder bei jüngeren Menschen auch aus dem Fehlen von äußeren Anhaltspunkten für einen natürlichen Tod ergeben.[407] Den Tod darf nur ein Arzt feststellen. Bis zum Eintreffen des Arztes dürfen keine Veränderungen vorgenommen werden, die nicht zwingend aus Gründen der öffentlichen Sicherheit erforderlich sind.[408] Anhaltspunkte für einen nicht natürlichen Tod liegen bereits dann vor, wenn der die Todesbescheinigung ausstellende Arzt

---

401 KK-*Diemer*, § 152 Rn. 10 m.w.N.

402 MüKo-*Peters*, § 152 Rn. 63.

403 BGH 02.12.2003 – 1 StR 102/03, BGHSt 49, 29, 32.

404 KK-*Weingarten*, § 159 Rn. 1.

405 BGH 28.03.2018 – 2 Ars 97/18, NStZ-RR 2018, 185, 186.

406 LR-*Erb*, § 159 Rn. 2.

407 M-G/S-*Köhler*, § 159 Rn. 5.

408 M-G/S-*Köhler*, § 159 Rn. 4.

einen natürlichen Tod nicht positiv feststellen kann oder eine Todesursache nicht zu erkennen vermag.[409] Hinsichtlich der korrekten ärztlichen Feststellung und Bescheinigung der Todesursache bestehen in der Forschung und Literatur allerdings erhebliche Bedenken. So wird aufgrund verschiedener empirischer Anhaltspunkte davon ausgegangen, dass Ärzte teilweise aus Überforderung und Unkenntnis fälschlicherweise einen natürlichen Tod bescheinigen und dadurch zahlreiche Tötungsdelikte unerkannt bleiben.[410] **Unbekannt** ist ein Toter, der nicht alsbald, beispielsweise durch mitgeführte Ausweispapiere, identifiziert werden kann; unabhängig davon, ob er allein oder im Beisein anderer Personen, beispielsweise in öffentlichen Verkehrsmitteln, stirbt.[411]

Die Staatsanwaltschaft trifft ggf. die zur Identifizierung notwendigen Maß- **167**
nahmen (§ 88 StPO) und prüft, ob Ermittlungen zu veranlassen sind und insbesondere eine Leichenschau oder Leichenöffnung (§ 87 StPO) geboten ist.[412] Eine **Beschlagnahme der Leiche** im Rahmen der Todesermittlungen richtet sich entgegen teilweise vertretener Ansicht[413] – mangels Ermittlungsverfahren und damit mangels Anfangsverdachts einer Straftat – nicht nach §§ 94 ff. StPO,[414] sondern nach § 87 StPO, der insoweit eine für das Todesermittlungsverfahren sachnotwendige sog. Annexkompetenz (s. Rn. 253) begründet.[415] Ergeben sich Hinweise auf ein strafbares Verhalten Dritter, wird ein Ermittlungsverfahren eingeleitet.[416] In diesem Fall kann der Leichnam nach §§ 94 ff. StPO beschlagnahmt werden.

## 2. Leichenschau nach § 87 Abs. 1 StPO

Ist nicht von vornherein eine Straftat auszuschließen, so wird im Regelfall unter **168**
Hinzuziehung eines **Arztes als Sachverständigem**[417] durch die Staatsanwaltschaft und in Ausnahmefällen auf ihren Antrag durch das Gericht eine Leichenschau (§ 87 Abs. 1 S. 1 StPO) möglichst am Tat- oder Fundort durchgeführt. Es handelt sich dabei um die Besichtigung der äußeren Beschaffenheit einer Lei-

---

409 *Heghmanns/Herrmann*, Rn. 681.

410 *Eisenberg*, Rn. 1945; M-G/S-*Köhler*, § 159 Rn. 5; MüKo-*Kölbel*, § 159 Rn. 9 jeweils m.w.N.

411 KK-*Weingarten*, § 159 Rn. 3.

412 Vgl. Nr. 33–38 RiStBV.

413 KK-*Weingarten*, § 159 Rn. 6 im eigenen Widerspruch zu § 159 Rn. 1; M-G/S-*Schmitt*, § 87 Rn. 9.

414 HK-*Zöller*, § 159 Rn. 9; KMR-*Noltensmeier-von Osten*, § 159 Rn. 1; MüKo-*Kölbel*, § 159 Rn. 12.

415 *Klauck*, NStZ 2022, 81, 82.

416 BGH 02.12.2003 – 1 StR 102/03, BGHSt 49, 29, 32.

417 KK-*Hadamitzky*, § 87 Rn. 3.

che.[418] Dies stellt eine Einnahme des Augenscheins der nach Möglichkeit vollständig entkleideten Leiche ohne deren Öffnung dar.[419] Der Leichnam soll insbesondere auf sichere Todeszeichen sowie äußere Anhaltspunkte für einen nicht natürlichen Tod untersucht werden. Ist die Todesursache bereits ermittelt, kann auf die Hinzuziehung eines Arztes ausnahmsweise auch verzichtet werden (§ 87 Abs. 1 S. 2 StPO). Diese sog. **staatsanwaltschaftliche Leichenschau** wird allerdings in der Praxis – entgegen Nr. 33 Abs. 3 RiStBV – kaum noch vorgenommen, sondern stattdessen bei ungewöhnlichen Todesfällen zunächst die Kriminalpolizei eingeschaltet.[420] Somit erfolgt die erste strafverfahrensrechtlich veranlasste Leichenschau in der Regel durch die Polizei bzw. Kriminalpolizei, bevor die Leiche in ein Institut für Rechtsmedizin gebracht wird.[421] Grundlage für diese **polizeiliche Leichenschau** – die § 87 StPO eigentlich gar nicht vorsieht – ist die Ermittlungsgeneralklausel des § 163 Abs. 1 StPO.[422] Sie dient insbesondere dazu, die Leiche bis auf Weiteres zu sichern und dafür Sorge zu tragen, dass an ihr und ihrem Fundort bis zum Eintreffen des Arztes keine Veränderungen vorgenommen werden.[423] Ihr Beweiswert beschränkt sich insoweit auf die Beschreibung der eigenen Wahrnehmung.[424] Darüber hinaus dient sie ggf. auch zur Einleitung von Fahndungsmaßnahmen nach dem bekannten Beschuldigten, unbekannten Verdächtigen oder Gegenständen, die dem Verletzten entwendet oder vom Beschuldigten am Tatort zurückgelassen wurden.[425] Hierbei besteht ein bestimmtes Handlungsschema für die polizeiliche Leichenschau.[426] Die Staatsanwaltschaft muss aber unverzüglich informiert werden, sofern ein vorsätzliches Tötungsdelikt oder ein tödlicher Unfall mit offensichtlichem Fremdverschulden vorliegt.[427]

### 3. Leichenöffnung nach § 87 Abs. 2–4 StPO

**169** Lässt sich durch die Leichenschau fremdes Verschulden nicht ausschließen und muss daher die Todesursache und der Todeszeitpunkt festgestellt werden, so ist eine Leichenöffnung – auch als Obduktion oder Sektion bezeichnet – notwendig.[428] Steht wiederum die Todesursache einwandfrei fest, so ist eine Lei-

418 MüKo-*Trück*, § 87 Rn. 4.
419 KK-*Hadamitzky*, § 87 Rn. 3.
420 *Heghmanns/Herrmann*, Rn. 682; MüKo-*Trück*, § 87 Rn. 9.
421 *Klauck*, NStZ 2022, 81, 82.
422 S/S/W-*Ziegler*, § 159 Rn. 4; *Soiné*-StPO, § 87 Rn. 2.
423 KK-*Weingarten*, § 159 Rn. 7.
424 *Klauck*, NStZ 2022, 81, 82.
425 *Soiné*-StPO, § 87 Rn. 2 ff.
426 Ausführlich *Soiné*-StPO, § 87 Rn. 3 f.
427 *Heghmanns/Hermann*, Rn. 682.
428 M-G/S-*Schmitt*, § 87 Rn. 8 f.

chenöffnung entbehrlich. **Anordnungsbefugt** ist der Richter, bei Gefahr im Verzug auch die Staatsanwaltschaft (§ 87 Abs. 4 S. 1 StPO). Die Leichenöffnung muss von **zwei Ärzten** durchgeführt werden (§ 87 Abs. 2 S. 1 StPO), die ununterbrochen anwesend sein müssen[429] und von welchen einer Gerichtsarzt oder einer der in § 87 Abs. 2 S. 2 StPO genannten Ärzte sein muss. Die Staatsanwaltschaft hat das Recht, aber keine Pflicht zur Teilnahme (§ 87 Abs. 2 S. 5 StPO). Auf Antrag der Staatsanwaltschaft muss der Ermittlungsrichter an der Leichenöffnung teilnehmen (§ 87 Abs. 2 S. 6 StPO), was jedoch nur in Sachen von besonderer Bedeutung, wie beispielsweise politisch motivierten Morden, in Betracht kommt.[430] Für den Beschuldigten und seinen Verteidiger besteht kein Anwesenheitsrecht.[431] Polizeibeamten kann die Anwesenheit gestattet werden.[432] Vor der Leichenöffnung soll nach Möglichkeit die **Identität des Verstorben** festgestellt werden (§ 88 Abs. 1 StPO). Ist ein Beschuldigter vorhanden, soll ihm die Leiche zur Anerkennung vorgezeigt werden (§ 88 Abs. 2 StPO), worauf allerdings bei bekannter Identität verzichtet werden kann.[433] Die Leichenöffnung umfasst zwingend die Öffnung der Brust-, Kopf- und Bauchhöhle (§ 89 StPO). Darüber hinaus können noch weitere Untersuchungen, wie die Entnahme von Blut- und Harnproben, Mageninhalt und Leichenteilen durchgeführt werden.[434] Besonderheiten bestehen bei der Öffnung der Leiche eines Neugeborenen (§ 90 StPO) und bei Verdacht auf Vergiftungstod (§ 91 StPO).

Auch die **Exhumierung**, d.h. die Ausgrabung einer beerdigten Leiche, ist möglich, um eine Leichenschau oder Leichenöffnung durchzuführen (§ 87 Abs. 3 StPO). Anordnungsbefugt ist der Richter, bei Gefahr im Verzug die Staatsanwaltschaft (§ 87 Abs. 4 S. 1 StPO). Hiervon sind die Angehörigen zu benachrichtigen (§ 87 Abs. 4 S. 2 StPO). **170**

## E. Durchführung des Ermittlungsverfahrens

### I. Allgemeines

Die Staatsanwaltschaft als Herrin des Ermittlungsverfahrens sowie die Polizei haben den Sachverhalt zu erforschen (§§ 160 Abs. 1 u. 3, 163 Abs. 1 StPO) und dabei Be- und Entlastendes zu ermitteln (§ 160 Abs. 2 StPO). Zentrale Aufgabe ist insoweit die Ermittlung des tatsächlich geschehenen **171**

429 LR-*Krause*, § 87 Rn. 19.
430 M-G/S-*Schmitt*, § 87 Rn. 14.
431 KK-*Hadamitzky*, § 87 Rn. 7.
432 SK-*Rogall*, § 87 Rn. 12.
433 M-G/S-*Schmitt*, § 88 Rn. 2.
434 Nr. 35 Abs. 1 RiStBV.

Sachverhalts (**Untersuchungsgrundsatz**). Hierbei schreibt die StPO den Strafverfolgungsbehörden für die Durchführung des Ermittlungsverfahrens aber keine konkreten Handlungsanweisungen vor, wie zu ermitteln ist. Dies wäre auch in Anbetracht der vielfältigen Ermittlungsmöglichkeiten kaum praktikabel. Zur Sachverhaltserforschung kann die Staatsanwaltschaft „Ermittlungen jeder Art" entweder selbst oder durch die Polizei vornehmen lassen (§ 161 Abs. 1 S. 1 StPO). Charakteristisch für die Durchführung des Ermittlungsverfahrens ist die **freie Gestaltung des Ermittlungsverfahrens.**[435] Nur so können kriminaltaktische- und kriminaltechnische Möglichkeiten effizient eingesetzt werden.

**Beispiele:**

Der Beschuldigte kann am Beginn oder erst am Ende des Ermittlungsverfahrens vernommen werden. Obwohl die Voraussetzungen eines Haftbefehls vorliegen, wird der Beschuldigte nicht festgenommen, sondern observiert, da die Vermutung besteht, dass er die Ermittler zu dem bisher unbekannten Mittäter führen wird.

Die Grenze aller taktischen und technischen Ermittlungsmöglichkeiten setzt aber das Strafverfahrensrecht. Nur Ermittlungsmaßnahmen, die rechtlich zulässig und zur Aufklärung der jeweiligen Straftat geeignet und erforderlich sind, können eingesetzt werden. Große Bedeutung kommt der Vernehmung des Beschuldigten und möglicher Zeugen sowie dem Einsatz von Zwangsmaßnahmen zu, um den Sachverhalt aufzuklären und Beweismittel für das weitere Strafverfahren zu sammeln. Diese Aspekte werden aufgrund ihrer besonderen Relevanz für das Ermittlungsverfahren gesondert in den folgenden Kapiteln behandelt.

## II. Aktenführung

**172** Alle wesentlichen Vorgänge der Ermittlungen müssen von den Strafverfolgungsbehörden dokumentiert werden (§ 168b Abs. 1 StPO). Hierzu gehören beispielsweise Aktenvermerke, Fotos, Skizzen und Zeichnungen, nicht hingegen von Polizeibeamten selbst gefertigte Notizen und Aufzeichnungen.[436] Auch Vernehmungen sollen in der Form des § 168a StPO protokolliert werden (§ 168b Abs. 2 StPO). Dies gilt nicht nur für die Staatsanwaltschaft, sondern auch für die Polizei.[437] Wie bereits dargelegt (s. Rn. 92) sind die Behörden und Beamten des Polizeidienstes grundsätzlich verpflichtet,

---

435 BVerfG 18.09.1995 – 2 BvR 103/92, NStZ 1996, 45.

436 OLG Düsseldorf 14.05.2007 – IV-5 Ss-OWi 97/07, StraFo 2007, 338.

437 BGH 19.06.1997 – 1 StR 168/97, NStZ 1997, 611.

alle ermittelnden Informationen an die Staatsanwaltschaft unverzüglich weiterzugeben (§ 163 Abs. 2 S. 1 StPO). Dieser Informationsanspruch begründet die Pflicht zur vollständigen und wahren Aktenführung (**Grundsatz der Aktenwahrheit und Aktenklarheit**).[438] Danach müssen sich aus den Akten alle für die Schuld- und Rechtsfolgenfrage relevanten Erkenntnisse ergeben.[439] Die Polizei muss den Verlauf und Ertrag ihrer Nachforschungsaktivitäten aktenkundig machen, um ein lückenloses Bild von dem bisherigen Verfahrensverlauf und den gewonnenen Erkenntnissen zu vermitteln. Hierzu sollte auch die zusammenfassende Darstellung der Ermittlungen in Form eines Schlussberichts gehören; wenngleich keine diesbezügliche Pflicht besteht.[440] Die Übersendung ihrer „Verhandlungen" (§ 163 Abs. 2 S. 1 StPO) umfasst dabei nicht nur die eigentliche Ermittlungsakte, sondern auch Beiakten, sachliche Beweismittel und sichergestellte Einziehungsgegenstände.[441] Grundsätzlich müssen auch sämtliche Spurenakten vorgelegt werden.[442] Betreffen die Informationen ausschließlich polizeitaktische Konzeptionen und stehen in keinem relevanten Zusammenhang mit der Tat- und Schuldfrage oder der Frage der Rechtmäßigkeit von Eingriffsmaßnahmen, so scheint es zumindest vertretbar, diese nicht zu den Sachakten zu nehmen und beispielsweise in Sonderheften abzulegen; ggf. kommt auch eine Sperrung nach § 96 StPO in Betracht (s. Rn. 382).[443]

### III. Datenerhebung und -verarbeitung

Die Strafverfolgungsbehörden können **Auskünfte** von allen öffentlichen Be- 173
hörden einholen. Für diese besteht gegenüber der Staatsanwaltschaft und der von dieser beauftragten Polizei eine Auskunftspflicht.[444] Auch die Polizei selbst ist berechtigt, alle Behörden um Auskunft zu ersuchen, jedoch sind diese dann nur bei Gefahr im Verzug zur Auskunft verpflichtet (§ 163 Abs. 1 S. 2 StPO). Diese Auskunftsansprüche stellen insoweit eine Rechtsgrundlage zur Weitergabe personenbezogener Daten dar.[445] Die Erhebung und Verwendung personenbezogener Daten greift in das Recht auf informationelle Selbstbestimmung (Art. 2 Abs. 1 i.V.m. Art. 1 Abs. 1 GG) ein. Für die darüber hinaus in einem laufenden Strafverfahren typischerweise an-

438 MüKo-*Kölbel*, § 163 Rn. 36.
439 Hierzu *Marquardt/Oelfke*, Rn. 692 ff.
440 M-G/S-*Köhler*, § 163 Rn. 65.
441 KK-*Weingarten*, § 163 Rn. 27.
442 LR-*Erb*, § 163 Rn. 86; M-G/S-*Köhler*, § 163 Rn. 24.
443 KK-*Weingarten*, § 163 Rn. 27.
444 MüKo-*Kölbel*, § 161 Rn. 24 f. u. § 163 Rn. 10.
445 *Kramer*, Rn. 108a.

fallenden persönlichen Daten enthalten daher die §§ 474 ff. StPO entsprechende **datenschutzrechtliche Bestimmungen**, die den Datenschutzgesetzen des Bundes und der Länder als lex specialis vorgehen.[446] Danach dürfen die in einem konkret anhängigen Strafverfahren rechtmäßig aufgrund einer gesonderten Ermächtigungsgrundlage[447] erhobenen personenbezogenen Daten in Dateisystemen verarbeitet werden (§ 483 Abs. 1 StPO). Hierunter fallen insbesondere Dateien, die aufgrund der Auswertung beschlagnahmter Beweismittel erstellt wurden sowie Falldateien und Spurendokumentationsdateien.[448] **Personenbezogene Daten** sind alle Daten, die sich auf eine identifizierbare oder identifizierte Person beziehen (§ 46 Nr. 1 BDSG). Das Verarbeiten der personenbezogenen Daten umfasst dabei das Erheben, das Erfassen, die Organisation, das Ordnen, die Speicherung, die Anpassung, die Veränderung, das Auslesen, das Abfragen, die Verwendung, die Offenlegung durch Bereitstellung, den Abgleich, die Verknüpfung, die Einschränkung, das Löschen und die Vernichtung (§ 46 Nr. 2 BDSG). Polizeiliche Datensysteme enthalten in der Regel einen Datenbestand, der sowohl repressiven als auch präventiven Zwecken dient (sog. **Mischdateien**). Für die Verarbeitung und Nutzung dieser Mischdateien gilt das für die speichernde Stelle geltende Recht (§ 483 Abs. 3 StPO), also in der Regel das Polizeirecht.[449] Die Vorschrift regelt nicht die Zulässigkeit der Führung von Akten.[450] Die Verarbeitung und Nutzung personenbezogener Daten in einer elektronischen Akte oder Aktenkopie ist in den §§ 496 ff. StPO geregelt.

**174** Die Übermittlung der gespeicherten personenbezogenen Daten richtet sich nach § 487 StPO, das Löschen und die Einschränkungen der Verarbeitung nach § 489 StPO. Für die Übermittlung personenbezogener Daten von Amts wegen, d.h. ohne Auskunftsersuchen, an andere Strafverfolgungsbehörden oder an Bußgeldstellen ist § 477 StPO einschlägig. Übermittlungsverbote und Verwendungsbeschränkungen regelt § 479 StPO. Während die Verwendung von Zufallsfunden als **Spurenansatz** im Sinne eines neuen Ermittlungsansatzes in anderen Strafverfahren grundsätzlich zulässig ist, gelten durch den Verweis in § 479 Abs. 2 S. 1 StPO auf § 161 Abs. 3 StPO für die Beweisverwertung solcher Zufallsfunde in anderen Strafverfahren die Einschränkungen nach dem Grundsatz des **hypothetischen Ersatzeingriffs** (s. Rn. 488 f.). Die Verwendung von personenbezogenen Daten aus der Strafverfolgung für **Zwecke der Gefahrenabwehr** erlaubt § 481 StPO. Diese sog. **Nutzungsum-**

446 M-G/S-*Köhler*, Vorb. §§ 474 ff. Rn. 3.
447 KK-*Gieg*, § 483 Rn. 2.
448 M-G/S-*Köhler*, § 483 Rn. 1.
449 M-G/S-*Köhler*, § 483 Rn. 5; kritisch KK-*Gieg*, § 483 Rn. 5; LR-*Hilger*, 26. Aufl., § 483 Rn. 11.
450 BeckOK-*Wittig*, § 483 Rn. 1.

**widmung** richtet sich nach den Polizeigesetzen (§ 481 Abs. 1 S. 1 StPO). Sie ist unzulässig, wenn besondere bundesgesetzliche oder entsprechende landesgesetzliche Verwendungsregelungen entgegenstehen (§ 481 Abs. 2 StPO). Die Zulässigkeit und den Umfang der Verarbeitung personenbezogener Daten aus einem Strafverfahren für die **Zwecke künftiger Strafverfahren** regelt § 484 StPO. Darüber hinaus enthalten die §§ 474–476 StPO Rechtsgrundlagen für die Erteilung von Auskünften und die Gewährung von Akteneinsicht für Justizbehörden und öffentliche Stellen, Privatpersonen und sonstige Stellen sowie zu Forschungszwecken. Von erheblicher praktischer Bedeutung ist dabei insbesondere § 475 StPO. Danach kann ein Rechtsanwalt Aktenauskünfte oder Akteneinsicht für eine Privatperson erhalten, sofern hierfür ein **berechtigtes Interesse** dargelegt wird.[451]

## F. Abschluss des Ermittlungsverfahrens

### I. Allgemeines

Sofern keine weitere Sachverhaltsaufklärung mehr zu erwarten ist bzw. der Sachverhalt soweit möglich ausermittelt ist, übersendet die Polizei, die regelmäßig die Ermittlungen durchgeführt hat, der Staatsanwaltschaft als Herrin des Verfahrens ihre Ermittlungsergebnisse (§ 163 Abs. 2 StPO). Auf dieser Tatsachengrundlage muss die Staatsanwaltschaft nunmehr eine Entscheidung treffen, durch die das Ermittlungsverfahren abgeschlossen wird. Diese beinhaltet entweder eine Anklageerhebung oder aber die Einstellung des Verfahrens (§ 170 StPO). Die Polizei selbst besitzt – mangels Verfahrensherrschaft – keine Einstellungskompetenz. Darüber hinaus kann die Staatsanwaltschaft das Verfahren auch in Fällen des Opportunitätsprinzips (s. Rn. 187 ff.), das damit den Anklagezwang durchbricht, einstellen (z.B. §§ 153 ff. StPO). Zu beachten ist, dass in der Praxis die Mehrzahl der Ermittlungsverfahren nicht zur Anklage kommt, sondern eingestellt oder aber auf andere Art, insbesondere durch Strafbefehl (s. Rn. 687 f.), erledigt wird. Insoweit ist die Staatsanwaltschaft faktisch mehr Einstellungs- als Anklagebehörde.[452] 175

Grundsätzlich bestehen dabei für die Staatsanwaltschaft **Mitteilungs- und Unterrichtungspflichten** gegenüber den Polizeibehörden, die mit der Angelegenheit befasst waren (§ 482 StPO), um diese auf dem Sachstand zu halten und deren Datenbestand zu aktualisieren.[453] So muss die Staatsanwaltschaft in je- 176

451 Kritisch *Roxin/Schünemann*, § 59 Rn. 3.

452 Hierzu *Ostendorf/Brüning*, § 12 Rn. 22.

453 LR-*Hilger*, 26. Aufl., § 482 Rn. 1.

dem Fall der Polizei ihr Aktenzeichen mitteilen (§ 482 Abs. 1 StPO) und zu gegebener Zeit über den Verfahrensausgang unterrichten (§ 482 Abs. 2–4 StPO).

## II. Anklageerhebung

### 1. Prognoseentscheidung der Staatsanwaltschaft

177 Die Staatsanwaltschaft ist aufgrund des **Legalitätsprinzips** (§ 152 Abs. 2 StPO) grundsätzlich verpflichtet, Anklage zu erheben, sofern die Ermittlungen genügend Anlass zur Erhebung der öffentlichen Klage bieten (§ 170 Abs. 1 StPO).[454] Dies ist dann der Fall, wenn mit einer Eröffnung des Hauptverfahrens durch das Gericht zu rechnen ist. Hierfür erforderlich ist ein hinreichender Tatverdacht (§ 203 StPO). Insofern ist auch für die Staatsanwaltschaft Beurteilungsmaßstab der hinreichende Tatverdacht, der eine **Wahrscheinlichkeit** dafür erfordert, dass dem Beschuldigten im künftigen Hauptverfahren die Tat nachgewiesen werden kann und eine Verurteilung zu erwarten ist.[455] Aufgrund der vorläufigen, auf den Ermittlungsergebnissen beruhenden Sach- und Rechtslage muss die Staatsanwaltschaft nach praktischer Erfahrung eine Verurteilung nach Durchführung der Hauptverhandlung für wahrscheinlicher als einen Freispruch halten, wobei ihr ein nicht unerheblicher **Beurteilungsspielraum** zusteht.[456] Entscheidend ist insoweit die eigene **Prognose** der Staatsanwaltschaft, ob sie am Ende einer Hauptverhandlung zum Antrag auf Verurteilung gelangen würde.[457] Gleichwohl könnte die Staatsanwaltschaft später am Ende der Hauptverhandlung im Plädoyer einen Freispruch beantragen, wenn sich diese zuvor getroffenen Prognose in der Beweisaufnahme der Hauptverhandlung nicht bestätigt hat.

### 2. Form und Inhalt der Anklageschrift

#### a) Regelfall

178 Die Anklageerhebung erfolgt in der Regel durch die Einreichung einer **schriftlichen Anklageschrift** bei dem zuständigen Gericht unter Vorlage der amtlichen Ermittlungsakten und mit dem Antrag, das Hauptverfahren zu eröffnen (§ 199 Abs. 2 StPO). Die inhaltlichen Anforderungen der Anklageschrift ergeben sich aus § 200 StPO und umfassen den Angeschuldigten, die Tat – im Sinne eines historischen Geschehensablaufs –, die ihm zur Last gelegt wird, Zeit und Ort ihrer Begehung, die gesetzlichen Merkmale der Straftat und die

---

454 KK-*Moldenhauer*, § 170 Rn. 4.

455 BGH 23.09.1960 – 3 StR 28/60, BGHSt 15, 155, 158.

456 BGH 18.05.2000 – III ZR 180/99, NJW 2000, 2672.

457 M-G/S-*Schmitt*, § 170 Rn. 2; *Roxin/Schünemann*, § 40 Rn. 7; SK-*Wohlers/Albrecht*, § 170 Rn. 27.

anzuwendenden Strafvorschriften; weiterhin die Beweismittel, das für das Hauptverfahren zuständige Gericht und – falls vorhanden – den Verteidiger. Auch muss die Anklageschrift das wesentliche Ergebnis der Ermittlungen enthalten, wovon allerdings abgesehen werden kann, wenn Anklage beim Strafrichter als Einzelrichter erhoben wird. Hiervon macht die Praxis regelmäßig Gebrauch. Je nach Umfang der Strafsache können Anklageschriften wenige Seiten oder mehrere Hunderte Seiten umfassen.

#### b) Besondere Formen

Neben der von der StPO als Normalfall gedachten Anklageerhebung bestehen **179** besondere Formen, deren Voraussetzungen bei den besonderen Verfahrensarten genauer beschrieben werden (s. Rn. 687 ff.). So ist die Anklageerhebung auch durch einen Antrag auf **Aburteilung im beschleunigten Verfahren** möglich, wenn die Sache aufgrund des einfachen Sachverhalts oder der eindeutigen Beweislage zur sofortigen Verhandlung geeignet ist (§ 417 StPO). In diesem Fall kann die Anklage auch mündlich erfolgen (§ 418 Abs. 3 StPO). Auch die sog. **Nachtragsanklage** (§ 266 StPO) kann mündlich erhoben werden; ebenso ein der Anklage gleichgestellter Antrag auf **Entscheidung im vereinfachten Jugendstrafverfahren** (§§ 76 ff. JGG). Führt die Staatsanwaltschaft wegen Schuld- oder Verhandlungsunfähigkeit kein Strafverfahren durch, so kommt unter Umständen ein **Sicherungsverfahren** (§§ 413 ff. StPO) in Betracht, beispielsweise wenn eine Unterbringung in einem psychiatrischen Krankenhaus erfolgen soll. In diesem Fall tritt eine Antragsschrift anstelle der Anklageschrift, die aber den Erfordernissen der Anklageschrift entsprechen muss (§ 414 Abs. 2 StPO). Auch das in der Praxis häufig angewendete **Strafbefehlsverfahren** (§§ 407 ff. StPO) erfordert keine Anklage- sondern eine Antragsschrift. Erachtet die Staatsanwaltschaft aufgrund der Ermittlungsergebnisse ein Hauptverfahren für nicht erforderlich, so erfolgt anstelle der Anklageerhebung ein schriftlicher Antrag auf Erlass eines Strafbefehls (§ 407 Abs. 1 S. 2–4 StPO).

### 3. Wirkungen der Anklageerhebung

Entschließt die Staatsanwaltschaft sich zur Anklageerhebung, so vermerkt sie **180** den Abschluss der Ermittlungen in den Akten (§ 169a StPO). Dies hat insbesondere zur Folge, dass dem Verteidiger ab diesem Zeitpunkt ein **uneingeschränktes Akteneinsichtsrecht** zusteht (vgl. § 147 Abs. 2, Abs. 5 S. 2 u. Abs. 6 StPO).

Mit Erhebung der Anklageschrift geht die Verfahrensherrschaft von der Staats- **181** anwaltschaft auf das Gericht über. Damit trägt das Gericht für den weiteren Verfahrensablauf die Verantwortung (vgl. § 155 Abs. 2 StPO). Gleichwohl ist damit die Staatsanwaltschaft keineswegs an ihre mit der Anklageschrift mitgeteilten Auffassungen und Anträge gebunden.[458] Auch kann sie die Anklage bis zur Eröffnung des Hauptverfahrens noch zurücknehmen, danach aber – zum Schutz des Beschuldigten – nicht mehr (§ 156 StPO; sog. **Immutabilitätsprinzip**). Weiterhin wird durch die Anklageerhebung der Prozessgegenstand in sachlicher und persönlicher Hinsicht festgelegt, d.h. die gerichtliche Untersuchung und Entscheidung darf sich nur auf die in der Anklage bezeichnete Tat und beschuldigte Person beziehen (§ 155 Abs. 1 StPO). Diese Bindung des Gerichts ist Ausfluss des **Akkusationsprinzips** (s. Rn. 76). Mit Tat ist dabei nicht eine **Tat** im materiell-rechtlichen Sinne (§ 52 StGB) gemeint, sondern im prozessualen Sinne (§§ 155, 264 StPO). Es handelt sich um einen historischen Geschehensablauf, innerhalb dessen der Beschuldigte einen oder mehrere Straftatbestände verwirklicht haben soll. Hierzu zählt das gesamte Verhalten des Angeklagten, soweit es mit dem in der Anklage bezeichneten geschichtlichen Vorgang nach Auffassung des Lebens ein einheitliches Vorkommnis bildet.[459]

**Beispiel:**[460]

Bei einem Mord gehören dazu auch die grundsätzlich straflosen Vorbereitungshandlungen und die Bemühungen des Beschuldigten, die Leiche zu verstecken.

Die Festlegung dieses Prozessgegenstandes hat eine sog. **Umgrenzungsfunktion** und ist Prozessvoraussetzung,[461] sodass ihr Fehlen ein Verfahrenshindernis bewirkt.[462] Darüber hinaus wird durch die Anklageerhebung der Beschuldigte nunmehr zum Angeschuldigten (§ 157 StPO).

## III. Einstellung des Verfahrens nach § 170 Abs. 2 StPO

### 1. Allgemeines

182 Bieten die Ermittlungen keinen genügenden Anlass zur Erhebung der öffentlichen Klage, hat die Staatsanwaltschaft also den hinreichenden Tatverdacht verneint, so stellt sie das Verfahren ein (§ 170 Abs. 2 S. 1 StPO). Die Einstellung kann sich aus tatsächlichen oder rechtlichen Gründen ergeben.

458 Hierzu *Roxin/Schünemann*, § 40 Rn. 11.

459 BGH 29.09.1987 – 4 StR 376/87, BGHSt 35, 60, 62.

460 Aus *Volk/Engländer*, § 13 Rn. 1.

461 BGH 02.03.2011 – 2 StR 524/10, BGHSt 56, 183, 185 f.

462 Ausführlich *Krey/Heinrich*, Rn. 533 ff.

**Beispiele:**

Die vorhandenen Beweise reichen für die Begründung der Verurteilungswahrscheinlichkeit nicht aus und weitere Ermittlungsmöglichkeiten bestehen nicht; die Ermittlungen haben die Nichtschuld des Beschuldigten ergeben; die Tat ist verjährt, ein notwendiger Strafantrag fehlt; die Tat erfüllt keinen Straftatbestand, ist gerechtfertigt oder entschuldigt.

Die Einstellung erfolgt durch Verfügung der Staatsanwaltschaft, die ohne Verzögerung zu erfolgen hat.[463] Durch die Einstellung nach § 170 Abs. 2 StPO tritt **kein Strafklageverbrauch** ein, da die Einstellungsverfügung keine Rechtskraft entfaltet. Die Staatsanwaltschaft kann daher das Strafverfahren jederzeit wieder aufnehmen. Dies gilt selbst bei unveränderter Rechts- und Sachlage.[464] Der Beschuldigte genießt insoweit keinen Vertrauensschutz.[465]

### 2. Einstellungsnachricht an den Beschuldigten

Der Beschuldigte erhält eine sog. Einstellungsnachricht, sofern er vernommen worden ist, ein Haftbefehl gegen ihn erlassen war, er um einen Bescheid gebeten hat oder ein besonderes Interesse an der Bekanntgabe besteht (§ 170 Abs. 2 S. 2 StPO). Diese ergeht in der Regel formlos.[466] Hat sich die Unschuld des Beschuldigten ergeben oder ist zumindest jeglicher begründeter Verdacht entfallen, so wird ihm dies in der Einstellungsnachricht mitgeteilt.[467] Ansonsten erfolgt in der Regel die Benachrichtigung des Beschuldigten ohne Begründung. Liegt keiner der in § 170 Abs. 2 S. 2 StPO genannten Fälle vor, erhält der Beschuldigte hingegen keine Einstellungsnachricht. Dies ist regelmäßig dann der Fall, wenn der Beschuldigte zu keinem Zeitpunkt von der Existenz des gegen ihn gerichteten Verfahrens erfahren hatte.[468] Ein **Anspruch auf Löschung** der bei der Staatsanwaltschaft gespeicherten personenbezogenen Daten besteht für den Betroffenen grundsätzlich nicht, da die Daten bis zum Ablauf der Verjährungsfristen für die Strafverfolgung verfügbar sein müssen.[469] **183**

463 M-G/S-*Schmitt*, § 170 Rn. 6.
464 RG 09.10.1933 – II 391/33, RGSt 67, 315, 316.
465 KK-*Moldenhauer*, § 170 Rn. 23.
466 KK-*Moldenhauer*, § 170 Rn. 29.
467 M-G/S-*Schmitt*, § 170 Rn. 10; Nr. 88 RiStBV.
468 *Kramer*, Rn. 268.
469 OLG Zweibrücken 09.08.2006 – 1 Vas 14/06, NStZ 2007, 55.

### 3. Einstellungsbescheid an den Antragsteller

184 Derjenige, der einen Antrag auf Erhebung der öffentlichen Klage gestellt hat, erhält von der Staatsanwaltschaft einen begründeten Einstellungsbescheid (§ 171 S. 1 StPO). Hierbei handelt es sich um denjenigen, der Strafanzeige nach § 158 Abs. 1 StPO erhoben hat und dabei den eindeutigen Willen einer strafrechtlichen Verfolgung des Angezeigten zum Ausdruck gebracht hat, also einen Antragsteller eines Strafantrags i.w.S. (s. Rn. 153). Dieser braucht also kein Verletzter der Straftat zu sein. Handelt es sich bei dem Antragsteller jedoch um den Verletzten (§ 373b Abs. 1 StPO), so erhält er zusätzlich noch eine förmliche Rechtsmittelbehelfsbelehrung über die Anfechtungsmöglichkeiten gegen die Einstellung (§ 171 S. 2 StPO), wodurch ihm die Möglichkeit eines Klageerzwingungsverfahrens (§§ 172 ff. StPO) gegeben wird.

### 4. Klageerzwingungsverfahren durch den Verletzten

185 Das Klageerzwingungsverfahren sichert das Interesse des Verletzten an der Strafverfolgung und bezweckt darüber hinaus die Einhaltung des Legalitätsprinzips, indem die Entscheidung der Staatsanwaltschaft, die Tat nicht zu verfolgen, sondern einzustellen, gerichtlich überprüft werden kann.[470] Damit wird zugleich das Weisungsrecht des Justizministers gegenüber der Staatsanwaltschaft (s. Rn. 73) begrenzt. Insoweit besteht ein **gerichtlicher Schutz des Legalitätsprinzips**. In der Konsequenz gilt es nicht bei Privatklagedelikten und Einstellungen aus Opportunitätsgründen (§ 173 Abs. 2 S. 3 StPO). Dic praktische Bedeutung des Klageerzwingungsverfahrens ist relativ gering, wenngleich seine bloße Existenz eine gewisse präventive Wirkung entfaltet.[471] Auch ist die Mehrzahl der wenigen geführten Klageerzwingungsverfahren im Ergebnis erfolglos.[472]

186 Das Verfahren läuft in **drei Stufen** ab. Die erste Stufe ist der bei der Staatsanwaltschaft vom Verletzten gestellte Antrag auf Strafverfolgung, der durch die Einstellung des Verfahrens mittels Einstellungsbescheid an den Antragsteller abgelehnt wurde. In der zweiten Stufe muss der Antragsteller gegen den Einstellungsbescheid binnen zwei Wochen Beschwerde (sog. Vorschaltbeschwerde) beim zuständigen Generalstaatsanwalt einlegen (§ 172 Abs. 1 StPO). Hilft die einstellende Staatsanwaltschaft der Beschwerde nicht ab und lehnt auch der Generalstaatsanwalt diese ab, so kann der Antragsteller in der dritten Stufe innerhalb eines Monats Antrag auf gerichtliche Entscheidung beim zuständigen Oberlandesgericht stellen (§ 172 Abs. 2–4 StPO). Mit diesem Antrag

470 *Krey/Heinrich*, Rn. 589 m.w.N.

471 *Beulke/Swoboda*, Rn. 532.

472 Hierzu *Krey/Heinrich*, Rn. 600 m.w.N.

beginnt das eigentliche Klageerzwingungsverfahren als gerichtliches Verfahren. Die Zulässigkeitsanforderungen verlangen, dass der Antrag von einem Rechtsanwalt unterzeichnet wird und die Tatsachen und Beweismittel anzugeben sind (§ 172 Abs. 3 StPO). Für die Durchführung des Verfahrens ist § 173 StPO zu beachten. Das Oberlandesgericht entscheidet in Beschlussform und verwirft entweder den Antrag (§ 174 StPO) oder beschließt – für die Staatsanwaltschaft verbindlich – die Anklageerhebung (§ 175 StPO).

## IV. Einstellung des Verfahrens aus Opportunitätsgründen

### 1. Allgemeines

Wie bereits dargelegt, verpflichtet das Legalitätsprinzip die Staatsanwaltschaft **187**
grundsätzlich, Ermittlungen aufzunehmen und bei Vorliegen eines hinreichenden Tatverdachts Anklage zu erheben (§ 170 Abs. StPO). Jedoch wird das Legalitätsprinzip in vielen Fällen durch das Opportunitätsprinzip durchbrochen. Danach hat die Staatsanwaltschaft in bestimmten gesetzlich geregelten Konstellationen ein **Wahlrecht**, entweder Anklage zu erheben oder aber im Rahmen pflichtgemäßer Ermessensausübung das Verfahren einzustellen, obwohl ein hinreichender Tatverdacht gegeben ist. Hierdurch soll insbesondere den begrenzten Ressourcen der Staatsanwaltschaft und auch der Gerichte Rechnung getragen werden, damit diese möglichst prozessökonomisch eingesetzt werden können.[473] Weiterhin werden damit auch general- und spezialpräventive Zwecke verfolgt, wie eine „unerwünschte Vielstraferei" und eine nicht notwendige Kriminalisierung von Ersttätern.[474] Insoweit ist die Ausgestaltung des Opportunitätsprinzips auch eine Reaktion auf die Veränderungen im materiellen Strafrecht.[475] Die Einstellungsmöglichkeiten des Opportunitätsprinzips beschränken sich weitestgehend auf Vergehen (§ 12 Abs. 2 StGB) und führen in der Praxis dazu, dass im Bereich der einfachen und teilweise auch der mittleren Kriminalität das Opportunitätsprinzip vorherrschend ist. Sie sind hauptsächlich in den §§ 153–154f StPO geregelt[476] und werden für den **Bereich des Jugendstrafverfahrens** durch die §§ 45, 47 JGG, die vor allem einen erzieherischen Zweck verfolgen,[477] noch erweitert (sog. **Diversion**[478]). Dabei kann man die vielfältigen Einstellungsmöglichkeiten nach den Gründen der Opportunität unterteilen: So, wenn das Strafverfolgungsinteresse auf-

473 BGH 26.05.1961 – 2 StR 40/61, BGHSt 16, 225, 229.

474 *Krey/Heinrich*, Rn. 616 m.w.N.

475 *Rüping*, Rn. 327.

476 Ausführlich *Krey/Heinrich*, Rn. 618 ff.

477 Vgl. *Eisenberg/Köbel*, JGG, § 45 Rn. 7.

478 Zum Begriff BeckOK/JGG-*Schneider*, § 45 Rn. 2.

grund eines geringen Tat- und Schuldvorwurfs (z.B. § 153 StPO, § 31a BtMG), einer Kompensation (z.B. § 153a StPO) oder dem Entgegenstehen anderer vorrangiger Interessen (§ 153d StPO) wegfällt; oder aber wenn der Verletzte selbst die Strafverfolgung betreiben kann (§§ 376, 377 StPO).[479] Darüber hinaus gilt das Opportunitätsprinzip auch für relative Antragsdelikte, bei denen ein Strafantrag fehlt und die Staatsanwaltschaft über das besondere öffentliche Interesse an der Strafverfolgung entscheiden muss (z.B. § 230 StGB).

**188** Weiterhin ist bei mehreren Taten i.S.v. § 264 StPO (s. Rn. 683) ein **Teilverzicht** auf die Strafverfolgung gemäß § 154 StPO möglich. Auch kann nach § 154a StPO die Strafverfolgung bei einer Tat im prozessualen Sinne auf einzelne Tatteile oder Gesetzesverletzungen beschränkt werden. Die §§ 154, 154a StPO dienen vor allem der Vereinfachung und Beschleunigung des Verfahrens.[480] Hiervon wird beispielsweise dann Gebrauch gemacht, wenn der ausgeschiedene Teil im Hinblick auf die erwartete Bestrafung wegen des angeklagten Teils nicht beträchtlich ins Gewicht fällt.

**Beispiel für § 154a StPO:**

Bei einem Wohnungseinbruchsdiebstahl wird die dabei verwirklichte Sachbeschädigung nicht angeklagt; ebenso wenig bei einem Mord die dabei begangene Beleidigung.

Von großer praktischer Bedeutung sind insbesondere die Einstellungen nach §§ 153, 153a StPO und § 31a BtMG; ebenso die Verweisung auf den Privatklageweg (§ 376 StPO).

## 2. Einstellung nach § 153 StPO

**189** Das Absehen von der Verfolgung bei Geringfügigkeit (§ 153 StPO) erfordert eine **geringe Schuld** des Täters und ein **fehlendes öffentliches Interesse** an der Strafverfolgung. Die Einstellung ist nur bei Vergehen, nicht bei Verbrechen möglich. Die Schuld ist als gering anzusehen, wenn sie bei Vergleich mit Vergehen gleicher Art nicht unerheblich unter dem Durchschnitt liegt, also die Strafe im untersten Bereich des in Frage kommenden Strafrahmens anzusetzen wäre.[481] Hierbei braucht die Schuld nicht nachgewiesen zu werden, sondern es genügt eine hypothetische Schuldbeurteilung im Sinne einer gewissen Wahrscheinlichkeit.[482] Grundsätzlich bedarf die Einstellung der Zustimmung des

479 *Roxin/Schünemann*, § 14 Rn. 5; weitere Einteilungsmöglichkeiten bei *Beulke/Swoboda*, Rn. 513 m.w.N.

480 KK-*Diemer*, § 154 Rn. 1 u. § 154a Rn. 1.

481 M-G/S-*Schmitt*, § 153 Rn. 4.

482 BVerfG 29.05.1990 – 2 BvR 254, 1343/88, BVerfGE 82, 106, 117 f.

Gerichts (§ 153 Abs. 1 S. 1 StPO). Diese ist aber entbehrlich, wenn die Tat nicht im Mindestmaß mit einer erhöhten Strafe bedroht ist (§ 38 Abs. 2 StGB) und die Tatfolgen gering sind (bei Vermögensdelikten ca. 50 Euro[483]). Insoweit hat die Staatsanwaltschaft im Bereich der Bekämpfung der massenhaft auftretenden **Bagatellkriminalität** eine große Machtfülle, die kriminalpolitisch durchaus bedenklich erscheint.[484] Eine Zustimmung des Beschuldigten ist dabei nicht erforderlich. Der Beschuldigte hat auch keinen Anspruch darauf, dass das Strafverfahren fortgesetzt wird, damit er den Tatverdacht vor Gericht entkräften kann. Die Einstellung durch die Staatsanwaltschaft (§ 153 Abs. 1 StPO) bewirkt keinen Strafklageverbrauch, sodass die Verfolgung jederzeit wieder aufgenommen werden kann.[485] Allerdings wird man dafür sachlich nachvollziehbare Gründe benötigen, da ansonsten das Wiederbetreiben des Verfahrens willkürlich wäre.[486] Nach der Anklageerhebung kann die Einstellung durch das Gericht unter denselben Voraussetzungen erfolgen (§ 153 Abs. 2 StPO). Hierbei ist nunmehr aber nicht nur die Zustimmung der Staatsanwaltschaft, sondern auch des Angeschuldigten erforderlich. Auch entfaltet die Einstellung durch das Gericht eine **beschränkte Rechtskraft**, wonach aber dann kein Strafklageverbrauch eintritt, wenn sich die Tat nachträglich nicht mehr als Vergehen, sondern als Verbrechen erweist.[487]

### 3. Einstellung nach § 153a StPO

Bei § 153a StPO handelt es sich um ein **vereinfachtes Erledigungsverfahren** 190
im Bereich der leichten und mittleren Kriminalität, das sowohl Beschleunigungs- als auch Entlastungseffekte für die Justiz hat.[488] Die Verhängung einer Strafe wird durch die Erfüllung von **Auflagen und Weisungen** der Staatsanwaltschaft ersetzt. Im Unterschied zu § 153 StPO wird hier nicht auf eine Sanktion verzichtet, aber eben keine Strafe verhängt. Auch besteht ein öffentliches Interesse an der Strafverfolgung, das aber durch die Erfüllung von Auflagen und Weisungen kompensiert wird. Da solche Auflagen und Weisungen keinen Strafcharakter haben, hat die Vorschrift einen **Entkriminalisierungseffekt**.[489] Voraussetzung ist, dass die Schwere der Schuld des Beschuldigten nicht entgegenstehen darf und sich der Tatvorwurf auf ein Vergehen bezieht (§ 153a Abs. 1 S. 1 StPO). Es muss insoweit ein hinreichender Tatverdacht bestehen.[490]

483 MüKo-*Peters*, § 153 Rn. 42.

484 So auch *Krey/Heinrich*, Rn. 625.

485 RG 09.10.1933 – II 391/33, RGSt 67, 315, 316; LR-*Mavany*, § 153 Rn. 59, 93.

486 KK-*Diemer*, § 153 Rn. 26.

487 BGH 26.08.2003 – 5 StR 145/03, BGHSt 48, 331, 334 f.

488 LR-*Mavany*, § 153a Rn. 3.

489 *Volk/Engländer*, § 12 Rn. 23.

490 M-G/S-*Schmitt*, § 153a Rn. 7.

Die im Unterschied zu § 153 StPO höheren Anforderungen an die Schuld eröffnen die Möglichkeit, auch Straftaten aus dem Bereich der mittleren Kriminalität einzubeziehen, insbesondere mittelschwere Eigentums- und Vermögensdelikte, aber auch große Wirtschaftsstrafverfahren. Die Auflagen und Weisungen müssen geeignet sein, das öffentliche Interesse an der Strafverfolgung zu beseitigen. Die Aufzählung von Auflagen und Weisungen in § 153a Abs. 1 S. 2 StPO ist nicht abschließend, sodass auch andere, unbenannte Auflagen und Weisungen möglich sind. Diese müssen aber stets einen inneren Zusammenhang mit der in Rede stehenden Tat haben.[491] Besonders praxisrelevant ist die Geldauflage (§ 153a Abs. 1 S. 2 Nr. 2 StPO). Deren Höhe ist gesetzlich nicht bestimmt, jedoch ist der Verhältnismäßigkeitsgrundsatz bei der Festsetzung der Höhe zu beachten.[492] Die Zustimmung des Beschuldigten und des Gerichts ist notwendig, wobei wie bei § 153 StPO auch hier die Zustimmung des Gerichts ausnahmsweise entbehrlich ist (§§ 153a Abs. 1 S. 7, 153 Abs. 1 S. 2 StPO). Das Verfahren läuft **zweistufig** ab. Zunächst wird das Verfahren von der Staatsanwaltschaft vorläufig eingestellt. Hat der Beschuldigte die Auflagen und Weisungen vollständig erfüllt, so muss die Staatsanwaltschaft in der zweiten Stufe das Verfahren endgültig einstellen.[493] Dadurch tritt **Strafklageverbrauch** ein und die Tat kann allenfalls noch als Verbrechen verfolgt werden, aber nicht mehr als Vergehen (§ 153a Abs. 1 S. 5 StPO). Der Beschuldigte, gegen den das Verfahren endgültig eingestellt worden ist, gilt weiterhin als unschuldig.[494] Werden die Auflagen und Weisungen nicht erfüllt, setzt die Staatsanwaltschaft das Verfahren fort. Nach Anklageerhebung erfolgt die Einstellung unter den gleichen materiell-rechtlichen Voraussetzungen wie bei § 153a Abs. 1 StPO durch unanfechtbaren Beschluss des Gerichts (§ 153a Abs. 2 StPO).

**191** Die Vorschrift des § 153a StPO steht seit ihrer Einführung 1974 in der **Kritik**.[495] So werden **verfassungsrechtliche und rechtspolitische Bedenken** angeführt. Problematisch ist die Unbestimmtheit der Einstellungsvoraussetzungen, insbesondere der Auflagen und Weisungen. Auch die Befugnis der Staatsanwaltschaft als Teil der Exekutive, das Verfahren ohne Zustimmung des Gerichts mittels einer Sanktion zu beenden, ist bedenklich. Weiterhin erscheint die faktische Freiwilligkeit der Zustimmung des Beschuldigten fraglich, da ihm im Falle der Ablehnung die Durchführung des Strafverfahrens droht. Darüber hinaus ermöglicht § 153a StPO ein „freikaufen" durch Auflagenerfüllung und

491 M-G/S-*Schmitt*, § 153a Rn. 14.

492 KK-*Diemer*, § 153a Rn. 15.

493 M-G/S-*Schmitt*, § 153a Rn. 45.

494 BVerfG 06.12.1995 – 2 BvR 1732/95, NStZ-RR 1996, 168, 169.

495 Ausführlich *Hellmann*, Rn. 567; *Krey/Heinrich*, Rn. 634 f.; *Roxin/Schünemann*, § 14 Rn. 14 f. jeweils mit weiteren Nachweisen.

bewirkt damit eine „Kommerzialisierung der Strafrechtspflege" zugunsten der Wohlhabenden. Gleichwohl nutzt die Praxis die Einstellungsmöglichkeiten des § 153a StPO als sehr effektives Instrument zur Entlastung der Justiz.

### 4. Einstellung nach § 31a BtMG

Im Bereich von Betäubungsmitteldelikten sind Verfahrenseinstellungen nach **192**
§ 31a BtMG von großer praktischer Bedeutung.[496] Die Staatsanwaltschaft kann bei Verstößen gegen die Vergehenstatbestände des § 29 Abs. 1, 2 u. 4 BtMG von der Verfolgung absehen, wenn die Schuld des Täters als gering anzusehen ist, kein öffentliches Interesse an der Strafverfolgung besteht und die Betäubungsmittel nur zum Eigenverbrauch dienen (§ 31a Abs. 1 S. 1 BtMG). Für die Bestimmung des öffentlichen Interesses wird die Umschreibung bei den Privatklagedelikten herangezogen (s. Rn. 193).[497] Bei gelegentlichem Erwerb und Besitz von Cannabisprodukten zum **Eigenverbrauch** erfolgt insoweit nach der sog. Cannabis-Entscheidung des Bundesverfassungsgerichts regelmäßig eine Verfahrenseinstellung.[498] Hierdurch sollen nicht zwingend gebotene Verfahren wegen suchtbedingter Kleinkriminalität zur Ressourcenschonung vermieden werden, um effektiver gegen professionellen Betäubungsmittelhandel vorzugehen; darüber sollte durch die Einführung der Vorschrift auch die bundesweit bis dahin sehr unterschiedliche Einstellungspraxis angeglichen werden,[499] was allerdings nur bedingt gelungen ist. Die Einstellung der Staatsanwaltschaft nach § 31a Abs. 1 BtMG bewirkt keinen Strafklageverbrauch.[500] Ist bereits Anklage erhoben, so kann das Gericht mit Zustimmung der Staatsanwaltschaft und in der Regel auch des Angeschuldigten das Verfahren durch Beschluss einstellen (§ 31a Abs. 2 BtMG), der eine beschränkte Rechtskraftwirkung und damit einen beschränkten Strafklageverbrauch entfaltet, welcher beispielsweise bei Vorliegen eines Verbrechenstatbestandes entfällt.[501] Darüber hinaus enthält § 31a Abs. 1 S. 2 BtMG eine weitere Möglichkeit der Verfahrenseinstellung zur Legalisierung des Besitzes einer geringen Konsummenge in Drogenkonsumräumen als Maßnahme der Schadensregulierung, mit der die Not Schwerstabhängiger gelindert werden soll.[502]

496 Hierzu MüKo/StGB-*Nobis*, § 31a BtMG Rn. 5.

497 Weber/Kornprobst/Maier-*Weber*, § 31a Rn. 40.

498 BVerfG 09.03.1994 – 2 BvR 2031/92, BVerfGE 90, 145, 189.

499 BeckOK/BtMG-*Wettly*, § 31a Rn. 4.

500 BeckOK/BtMG-*Wettly*, § 31a Rn. 43.

501 Weber/Kornprobst/Maier-*Weber*, § 31a Rn. 159.

502 Weber/Kornprobst/Maier-*Weber*, § 31a Rn. 11; Einzelheiten bei MüKo/StGB-*Nobis*, § 31a BtMG Rn. 53 ff.

## 5. Verweisung auf den Privatklageweg

193 Das Opportunitätsprinzip gilt auch im Bereich der Privatklagedelikte (§§ 374 ff. StPO). Diese sind abschließend in § 374 Abs. 1 StPO aufgelistet und umfassen typischerweise leichtere Vergehen. Es steht im pflichtgemäßen Ermessen der Staatsanwaltschaft, ob sie bei den in § 374 Abs. 1 StPO genannten Delikten Anklage erhebt oder das Verfahren einstellt (§ 376 StPO). Verneint die Staatsanwaltschaft das öffentliche Interesse an der Strafverfolgung, so stellt sie das Verfahren ein und verweist den Verletzten auf den Privatklageweg. Die Verfolgung liegt dagegen im öffentlichen Interesse, wenn der Rechtsfrieden über den Lebenskreis des Verletzten hinaus gestört und die Strafverfolgung ein gegenwärtiges Interesse der Allgemeinheit ist.[503]

**Kriterien:**

Ausmaß der Rechtsverletzung; Rohheit oder Gefährlichkeit der Tat; rassistische, fremdenfeindliche oder sonstige menschenverachtende Beweggründe des Täters; Stellung des Verletzten im öffentlichen Leben.[504]

Die Einstellung und Verweisung auf den Privatklageweg bewirkt insoweit eine **Umlenkung** des Offizialverfahrens auf ein Privatklageverfahren (s. Rn. 703 f.) als Ausnahme vom Offizialprinzip. Hierdurch erhält der Verletzte die Möglichkeit, unabhängig von der Staatsanwaltschaft selbst eine Tat zu verfolgen. Einen Rechtsbehelf gegen die Einstellung und den Verweis auf den Privatklageweg hat der Verletzte nicht. Er kann allenfalls Gegenvorstellung und Dienstaufsichtsbeschwerde erheben.[505] Auch kann er kein Klageerzwingungsverfahren betreiben (§ 172 Abs. 2 S. 3 StPO), da die Interessen des Verletzten durch die Möglichkeit der Privatklage ausreichend gewahrt sind.[506] Weiterhin hat die Staatsanwaltschaft – auch gegen den Willen des Privatklägers – die Möglichkeit, das Verfahren jederzeit vor Eintritt der Rechtskraft wieder zu übernehmen (§ 377 Abs. 2 S. 1 StPO). **Personenbezogene Daten** können in den kriminalpolizeilichen Sammlungen auch nach Einstellung und Verweisung auf den Privatklageweg gespeichert werden.[507]

503 M-G/S-*Schmitt*, § 376 Rn. 1.
504 Nr. 86 Abs. 2 RiStBV.
505 M-G/S-*Schmitt*, § 376 Rn. 6.
506 KK-*Allgayer*, § 376 Rn. 2.
507 VGH Mannheim 20.02.2001 – 1 S 2054/00, NVwZ 2001, 1289 f.

# 4. KAPITEL Die Vernehmung des Beschuldigten

## A. Allgemeines

Die Vernehmung des Beschuldigten findet regelmäßig im Ermittlungsverfahren (§§ 163a, 136 StPO) und im Hauptverfahren (§§ 243 Abs. 5 S. 2, 136 Abs. 2 StPO) statt. Im Zwischenverfahren kann der Angeschuldigte vom Gericht lediglich zu einzelnen Beweisfragen, nicht jedoch zum Anklagevorwurf insgesamt vernommen werden.[508] Der Beschuldigte ist **spätestens vor Abschluss der Ermittlungen** zu vernehmen, sofern das Verfahren nicht eingestellt wird (§ 163a Abs. 1 S. 1 StPO). In einfach gelagerten Fällen genügt es, dass ihm Gelegenheit gegeben wird, sich schriftlich zu äußern (§ 163a Abs. 1 S. 2 StPO). Hierin zeigt sich das Recht des Beschuldigten auf **rechtliches Gehör** (Art. 103 Abs. 1 GG). Die Vernehmung des Beschuldigten hat eine **Doppelfunktion**. Zum einen ermöglicht sie dem Beschuldigten, gehört zu werden, d.h. sich zu verteidigen.[509] In der Folge ist die Belehrung des – in der Regel rechtsunkundigen – Beschuldigten über seine Rechte notwendige Voraussetzung dafür, dass dieser sich durch die Vernehmung effektiv verteidigen kann. Nur so wird dieser Hauptzweck der Vernehmung erreicht. Zum anderen dient die Beschuldigtenvernehmung auch der Sachverhaltsaufklärung[510] i.S.d. Wahrheitsermittlung. 194

Wer den Beschuldigten im Ermittlungsverfahren vernimmt – Gericht, Staatsanwaltschaft oder Polizei –, entscheiden die Strafverfolgungsbehörden. Die Vernehmung des Beschuldigten ist in den §§ 133–136a u. 168c StPO geregelt, die allerdings unmittelbar nur für die richterliche Vernehmung gelten. Für die staatsanwaltschaftliche Beschuldigtenvernehmung ist § 163a Abs. 3 StPO einschlägig, für die polizeiliche § 163a Abs. 4 StPO, die jeweils in unterschiedlicher Ausprägung auf die Normen der richterlichen Beschuldigtenvernehmung verweisen. Der Beschuldigte ist verpflichtet, auf Ladung zur Vernehmung vor dem Richter (§ 133 StPO) und auch vor der Staatsanwaltschaft (§ 163a Abs. 3 S. 1 StPO) zu erscheinen. Dies gilt auch für den Beschuldigten, der schon vorher mitgeteilt hat, dass er nicht zur Sache aussagen will. Die **Ladung** erfolgt dabei grundsätzlich schriftlich durch verschlossenen Brief und soll die Tatsache, dass er als Beschuldigter vernommen werden soll sowie den Gegenstand der Beschuldigung erkennen lassen (Nr. 44 RiStBV). Bleibt der ordnungsgemäß geladene Beschuldigte unentschuldigt fern und ist die 195

508 M-G/S-*Schmitt*, § 202 Rn. 2.

509 BGH 14.05.1974 – 1 StR 366/73, BGHSt 25, 325, 332.

510 LR-*Erb*, § 163a Rn. 32.

Vorführung in der Ladung angedroht worden, kann er zwangsweise vorgeführt werden (§§ 133, 134, 163a Abs. 1 S. 2 StPO). Hingegen besteht mangels entsprechender gesetzlicher Regelung keine **Erscheinenspflicht** des Beschuldigten zur Vernehmung vor der Polizei. Sofern der Beschuldigte einen **Verteidiger** hat, besteht für diesen ein Anwesenheitsrecht bei der Vernehmung. Dies gilt nicht nur für die richterliche, sondern auch für die staatsanwaltschaftliche und polizeiliche Beschuldigtenvernehmung (§§ 168c Abs. 1 u. 5, 163a Abs. 3 S. 2, Abs. 4 S. 2 StPO). Über den Termin der Beschuldigtenvernehmung ist der Verteidiger vorab durch die Vernehmungsbeamten zu informieren (§ 168c Abs. 5 S. 1 StPO), damit er die Möglichkeit der Teilnahme hat.

**196** Die Vernehmung eines Verdächtigen (s. Rn. 120) ist mangels Beschuldigteneigenschaft des Vernommenen keine Beschuldigtenvernehmung. Da die StPO keine Vernehmung eines Verdächtigen als „Auskunftsperson der dritten Art"[511] kennt, ist der Verdächtige als Zeuge zu vernehmen. Ergibt sich im Verlauf der Vernehmung des (verdächtigen) Zeugen ein Anfangsverdacht gegen diesen, muss die Zeugenvernehmung abgebrochen werden und der zu Vernehmende nunmehr als Beschuldigter vernommen werden.[512]

**197** Der Beschuldigte muss bei der Vernehmung verhandlungsfähig sein. **Verhandlungsfähigkeit** bedeutet, dass der Beschuldigte seine Interessen vernünftig wahrnehmen, seine Rechte wahren und seine Verteidigung in verständiger und verständlicher Weise führen kann.[513] Im Bereich der Vernehmungen eng damit verbunden ist der gesetzlich nicht definierte Begriff der **Vernehmungsfähigkeit**, der als Kriterium die kognitive Leistungsfähigkeit des zu Vernehmenden beinhaltet.[514] So muss der Beschuldigte den Tatvorwurf, die Belehrung und die damit verbundenen Rechte intellektuell verstehen, um sich angemessen verteidigen zu können. Dies kann beispielsweise bei stark übermüdeten, angetrunkenen, unter Drogen oder Schock stehenden Personen zweifelhaft sein.[515] Eine trotzdem erfolgte Vernehmung kann dann zu einem Beweisverwertungsverbot der Angaben des Beschuldigten führen.[516]

---

511 *Volk/Engländer*, § 9 Rn. 5.

512 Vgl. BGH 31.05.1990 – 4 StR 112/90, BGHSt 37, 48, 51 f.

513 BGH 08.02.1995 – 5 StR 434/94, BGHSt 41, 16, 18.

514 *Eisenberg*, Rn. 539.

515 Ausführlich *Müller*, S. 125 ff.

516 Vgl. BGH 12.10.1993 – 1 StR 475/93, NJW 1994, 333, 334.

## B. Vernehmungsbegriff

Die Vernehmung ist eine Befragung, die von einem Angehörigen der Strafverfolgungsorgane mit dem Ziel der Gewinnung einer Aussage durchgeführt wird, wobei der Vernehmende der zu vernehmenden Person in amtlicher Funktion gegenübertritt und in dieser Eigenschaft Auskunft verlangt.[517] Die **drei entscheidenden Voraussetzungen** sind somit die amtliche Funktion des Vernehmenden, die Erkennbarkeit dieser Funktion für den zu Vernehmenden und das Auskunftsersuchen des Vernehmenden.[518] 198

**Beispiele:**

Führt ein Verdeckter Ermittler oder eine Vertrauensperson im Auftrag der Polizei ein Gespräch mit einem Tatverdächtigen, so handelt es sich mangels Erkennbarkeit der amtlichen Funktion nicht um eine Vernehmung.[519] Gleiches gilt, wenn der Polizeibeamte, etwa bei einem Telefonat, seine amtliche Funktion verschweigt.

Führt eine **Privatperson** Befragungen durch, beispielsweise ein Privatdetektiv, so handelt es sich nicht um Vernehmungen i.S.d. StPO, sodass auch die Vorschriften der §§ 133–136a StPO nicht anwendbar sind. Gleiches gilt grundsätzlich auch für Befragungen bei unternehmensinternen Ermittlungen (sog. Internal Investigations).[520]

## C. Vernehmungsähnliche Situationen

In der Praxis häufig vorkommende Vernehmungskonstellationen, die teilweise auch als vernehmungsähnliche Situationen[521] bezeichnet werden, sind die Spontanäußerung, die informatorische Befragung und das informatorische Vorgespräch. Darüber hinaus stellt sich auch bei Gesprächen am Notruf die Frage, ob diese als Vernehmungen einzuordnen sind. 199

### I. Spontanäußerung

Bei einer sog. Spontanäußerung geht die Initiative zur Mitteilung von der Auskunft gebenden Person aus, die aus freien Stücken ungefragt Angaben macht. 200

517 BGH 13.05.1996 – GSSt 1/96, BGHSt GSSt 42, 139, 145 f.; BGH 21.07.1994 – 1 StR 83/94, BGHSt 40, 211, 213.

518 *Kramer*, Rn. 28a.

519 BGH 13.05.1996 – GSSt 1/96, BGHSt GSSt 42, 139, 145.

520 Hierzu *Roxin/Schünemann*, § 25 Rn. 14 m.w.N.

521 Vgl. BGH 13.05.1996 – GSSt 1/96, BGHSt GSSt 42, 139, 148.

**Beispiele:**

Ein Mann erscheint auf der Polizeiwache und erzählt ungefragt, dass er einen versuchten Totschlag begangen hat.[522] Polizeibeamte werden wegen eines von der Ehefrau per Notruf gemeldeten Falles häuslicher Gewalt zu einer Wohnung gerufen. Unmittelbar nach dem Öffnen der Wohnungstür erzählt die Ehefrau den Polizeibeamten in einem „nicht zu bremsenden Redeschwall", dass sie von ihrem Mann geschlagen und mit einem Gürtel bis zur Bewusstlosigkeit gewürgt worden sei.[523]

Mangels Befragung des Vernehmenden fehlt es am Auskunftsersuchen. Weder liegt eine Vernehmung vor, noch ist eine Belehrung notwendig.[524] Dabei besteht keine Pflicht der Strafverfolgungsbehörden, die spontane Äußerung sofort zu unterbrechen. Dies ändert sich, wenn der Vernehmende auf diese spontanen Äußerungen hin Nachfragen stellt.[525] Von diesem Moment an liegt ein Auskunftsersuchen und damit eine Vernehmung vor. Der Vernommene muss dann auch entsprechend als Beschuldigter belehrt werden. Diese Grundsätze gelten auch für ein **spontanes Geständnis** vor der Beschuldigtenvernehmung, sofern keine Anhaltspunkte dafür bestehen, dass die Belehrungspflichten gezielt umgangen wurden oder mit verbotenen Mitteln auf die Willensfreiheit des Beschuldigten eingewirkt wurde, um ihn zu einer Selbstbelastung zu verleiten.[526] Auch bei Angaben im Rahmen eines **polizeilichen Notrufs** handelt es sich nicht um eine Vernehmung, sondern um eine spontane Bekundung des Meldenden, der aus freien Stücken sein Verlangen nach behördlichem Einschreiten kundtut.[527] Daran ändern auch Nachfragen des den Notruf entgegennehmenden Polizeibeamten nichts, solange diese Fragen ausschließlich darauf abzielen, zu klären, inwieweit und in welchem Umfang eine behördliche Hilfeleistung erforderlich ist. Dies ändert sich erst dann, wenn der Polizeibeamte Einzelheiten zum Tatgeschehen abfragen würde.[528]

## II. Informatorische Befragung

201 Die sog. informatorische Befragung ist dagegen nach den genannten Kriterien des Vernehmungsbegriffs eine Vernehmung.[529] Sie betrifft das Herumfragen

522 BGH 09.06.2009 – 4 StR 170/09, NStZ 2009, 702.
523 OLG Hamm 24.05.2011 – 2 RVs 20/11, NStZ 2012, 53, 54.
524 BGH 27.09.1989 – 3 StR 188/89, StV 1990, 194.
525 Vgl. BGH 27.06.2013 – 3 StR 435/12, BGHSt 58, 301, 307.
526 BGH 09.06.2009 – 4 StR 170/09, NStZ 2009, 702, 703; KK-*Diemer*, § 136 Rn. 4a.
527 BGH 14.01.1986 – 5 StR 762/85, NStZ 1986, 232.
528 OLG Hamm 24.05.2011 – 2 RVs 20/11, NStZ 2012, 53.
529 Vgl. BGH 27.02.1992 – 5 StR 190/91, BGHSt 38, 214, 227.

eines Strafverfolgungsbeamten, ob überhaupt Anhaltspunkte für eine Straftat bestehen und wer als Zeuge oder Beschuldigter in Betracht kommt.

**Beispiel:**

Herumfragen am Tatort, um erste Informationen zu gewinnen.

Der Sache nach handelt es sich um **Zeugenanhörungen**.[530] Charakteristisch ist die **Unkenntnis des Fragenden**, der sich insoweit zunächst einen Informationszugang verschaffen will. Nach der Rechtsprechung, der zuzustimmen ist, sind dies – unabhängig von ihrem Vernehmungs- bzw. Anhörungscharakter – formlose Vorgespräche, die ohne Belehrung zulässig sind.[531] Ist oder wird die Auskunftsperson jedoch Beschuldigter, d.h. verdichten sich die Verdachtsmomente gegen die Auskunftsperson so sehr, dass diese ernstlich als Täter der untersuchten Straftat in Betracht kommt (s. Rn. 118), ist eine Beschuldigtenbelehrung zwingend notwendig. Erfolgen im Rahmen einer rechtmäßigen informatorischen Befragung **selbstbelastende Angaben** eines späteren Beschuldigten, wird teilweise von der Literatur aus dem Fehlen der Belehrungspflicht eine nachträgliche Unverwertbarkeit der Angaben abgeleitet,[532] was jedoch nicht überzeugt, solange die Angaben des Befragten rechtmäßig zustande gekommen sind. Insofern verdienen Rechtsprechung und Teile der Literatur Zustimmung, die solche Angaben grundsätzlich als verwertbar einstufen.[533] In der Folge können dem (späteren) Beschuldigten im Rahmen seiner nach ordnungsgemäßer Belehrung durchgeführten Vernehmung z.B. auch seine früheren Angaben aus der rechtmäßigen informatorischen Befragung vorgehalten werden.[534]

## III. Vorbesprechung

Der eigentlichen Vernehmung ist regelmäßig und notwendigerweise eine sog. 202
Vorbesprechung, auch als Vor-[535] oder Kontaktgespräch[536] bezeichnet, vorgeschaltet. Diese dient dem Ziel, eine gute Vernehmungsatmosphäre zu schaffen,

530 *Eisenberg*, Rn. 509 m.w.N.

531 BGH 27.02.1992 – 5 StR 190/91 BGHSt 38, 214, 227 f.; vgl. auch BGH 31.05.1990 – 4 StR 112/90, BGHSt 37, 48, 51 f.

532 MüKo-*Kölbel*, § 163a Rn. 11 m.w.N.

533 BGH 06.06.2019 – StB 14/19, BGHSt 64, 89, 99 ff.; BGH 30.01.2001 – 1 StR 454/00, BeckRS 2001, 1988; HK-*Zöller*, § 163a Rn. 3; KK-*Weingarten* § 163a Rn. 2; MüKo-*Schuhr*, § 136 Rn. 66 f. jeweils m.w.N.

534 BGH 27.10.1982 – 3 StR 364/82, NStZ 1983, 86.

535 *Artkämper/Floren/Schilling*, Rn. 186 ff.

536 *Clages/Ackermann/Gundlach*, S. 262; *Habschick*, S. 125.

einen ersten Zugang zu der zu vernehmenden Person herzustellen und die nachfolgend protokollierte Vernehmung zu straffen. In der Praxis werden Vorbesprechungen oftmals ohne Belehrung geführt, die dann erst vor der eigentlichen Vernehmung erfolgt. Da solche Vorbesprechungen jedoch regelmäßig auch den Anlass der Vernehmung beinhalten, betreffen sie damit bereits den Tatvorwurf. Insoweit sind sie rechtlicher Bestandteil der Vernehmung, sodass stets eine vorausgehende Belehrung notwendig ist.[537]

**Beispiel:**

Würde der Beschuldigte in dem ohne Belehrung geführten Vorgespräch bereits Belastendes äußern, nach der Beschuldigtenbelehrung jedoch von seinem Aussageverweigerungsrecht Gebrauch machen, wären seine Angaben aus dem Vorgespräch mangels Belehrung nicht verwertbar.[538]

## D. Vernehmungsablauf

### I. Vernehmung zur Person

203 Zu Beginn erfolgt die Vernehmung zur Person. Diese dient zur Feststellung der **Identität des Beschuldigten**. Zu diesen Angaben ist der Beschuldigte nach der Rechtsprechung und h.L. verpflichtet.[539] Dem ist zuzustimmen, da das Gesetz ihm nur die Befugnis einräumt, nicht zur Sache auszusagen, was im Einklang mit der Selbstbelastungsfreiheit steht. Zu diesen Pflichtangaben gehören daher nur die für eine zweifelsfreie Identitätsfeststellung notwendigen Angaben, wie Vor-, Nach- und Geburtsname, Ort, Tag und Jahr der Geburt, Anschrift mit Straße und Wohnort sowie Staatsangehörigkeit (vgl. auch Nr. 13 Abs. 1 S. 1 RiStBV).[540] Bei einer Verweigerung dieser Angaben zur Person begeht der Beschuldigte eine Ordnungswidrigkeit (§ 111 Abs. 1 OWiG). Jedoch ist der Beschuldigte – entgegen teilweise vertretener Literaturauffassung[541] – zu den weitergehenden in § 111 Abs. 1 OWiG aufgeführten Angaben wie Familienstand

537 LR-*Erb*, § 163a Rn. 86.

538 Vgl. AG München 10.07.1989 – 561-Cs 496 Js 110772/88, StV 1990, 104 f.; LG Nürnberg 13.10.1993 – 8 Ns 342 Js 40242/92, StV 1994, 123; AG Homburg-Saar 15.11.1993 – 5 Gs 854/93, StV 1994, 123 f.; AG Itzehoe 08.05.1996 – 311 Js 22568/95, StV 1996, 592 f.

539 BGH 10.11.1967 – 4 StR 512/66, BGHSt 21, 334, 364; BGH 29.08.1972 – 2 StR 190/72, BGHSt 25, 13, 17; KK-*Diemer*, § 136 Rn. 7; *Krey/Heinrich*, Rn. 479; M-G/S-*Schmitt*, § 136 Rn. 5; a.A. AK-*Gundlach*, § 136 Rn. 13; LR-*Gleß*, § 136 Rn. 17; *Rüping*, Rn. 101; SK-*Rogall*, Vor §§ 133 Rn. 71.

540 *Eisenberg*, Rn. 540; LR-*Gleß*, § 136 Rn. 15 m.w.N.

541 KK-*Diemer*, § 136 Rn. 6; M-G/S-*Schmitt*, § 136 Rn. 5; differenzierend MüKo-*Schuhr*, § 136 Rn. 17.

und Beruf nicht verpflichtet, da diese zur zweifelsfreien Identitätsfeststellung nicht notwendig sind[542] und er sich möglicherweise durch diese Angaben auch bereits selbst belasten könnte.[543] Insoweit enthält § 111 Abs. 1 OWiG auch keine eigenständige Befugnisnorm, die zur Auskunftserteilung der dort genannten Angaben verpflichtet – was zu einer wohl verfassungswidrigen allgemeinen Auskunftspflicht des Bürgers führen würde – , sondern setzt diese Verpflichtung aufgrund einer anderen gesetzlichen Grundlage für eine mögliche Ordnungswidrigkeit voraus.[544] Fragen zu den **persönlichen Verhältnissen** (§ 136 Abs. 3 StPO; vgl. auch Nr. 13 ff. RiStBV) wie Werdegang, berufliche Ausbildung und Tätigkeit, familiäre und wirtschaftliche Verhältnisse sowie Vorstrafen fallen nach allgemeiner Ansicht bereits unter die Vernehmung zur Sache und damit unter das Aussageverweigerungsrecht.[545]

## II. Eröffnung des Tatvorwurfs

Bei der Eröffnung des Tatvorwurfs muss dem Beschuldigten der Sachver- **204**
halt soweit bekannt gegeben werden, dass er sich verteidigen kann. Der Tatvorwurf muss derart bestimmt sein, dass der Beschuldigte den Vernehmungsgegenstand zweifelsfrei erkennt.[546] Nur wenn der Beschuldigte genau weiß, wessen er beschuldigt wird und auf welche Umstände sich der Vorwurf gründet, kann er über seine Verteidigungsstrategie entscheiden.[547]

**Beispiel:**

Der Beschuldigte steht im Verdacht, seine Ehefrau erschlagen zu haben, wird jedoch in Unkenntnis über den Tod der Ehefrau gelassen, indem ihm bei der Vernehmung nur mitgeteilt wird, er habe „seiner Frau etwas Schlimmes angetan". Da ein Hinweis auf den Tod seiner Ehefrau fehlt, ist ihm die Tat nicht einmal in groben Zügen eröffnet worden.[548] In der Folge bleibt für ihn unklar, ob er sich gegen einen Tatvorwurf wegen Körperverletzung oder aber wegen Totschlags verteidigen muss.

Während Gericht und Staatsanwaltschaft den Beschuldigten auf die in Be- **205**
tracht kommenden **Strafvorschriften** hinweisen müssen (§§ 136 Abs. 1 S. 1, 163a Abs. 3 S. 2 StPO), besteht hingegen für die Polizei keine entsprechende Verpflichtung (vgl. § 163a Abs. 4 S. 1 StPO). Wird ein solcher, oftmals sach-

542 BVerfG 08.03.2011 – 1 BvR 47/05, StV 2011, 389, 390.

543 Vgl. auch SK-*Rogall*, § 136 Rn. 36.

544 KK/OWiG-*Rogall*, § 111 Rn. 3 u. 25 ff.; MüKo-*Schuhr*, § 136 Rn. 18 jeweils m.w.N.

545 KK-*Diemer*, § 136 Rn. 21; M-G/S-*Schmitt*, § 136 Rn. 5; MüKo-*Schuhr*, § 136 Rn. 16.

546 *Eisenberg*, Rn. 542.

547 LR-*Gleß*, § 136 Rn. 22.

548 BGH 06.03.2012 – 1 StR 623/11, NStZ 2012, 581 f.

dienlicher Hinweis von der Polizei trotzdem gegeben, so muss er vollständig und korrekt sein. Dabei müssen dem Beschuldigten die einschlägigen Vorschriften erläutert werden.[549] Aus einer falschen Rechtsauskunft kann sich ein Beweisverwertungsverbot ergeben.

## III. Belehrungspflichten

### 1. Allgemeines

206 Der Beschuldigte ist vor seiner Vernehmung stets über seine Rechte nach § 136 Abs. 1 S. 2–6 StPO zu belehren. Dies gilt nicht nur für richterliche, sondern über die Verweisungsnorm des § 163a Abs. 3 S. 2 u. Abs. 4 S. 2 StPO auch für staatsanwaltschaftliche und polizeiliche Beschuldigtenvernehmungen. Darüber hinaus sind in bestimmten Fällen weitere Belehrungen und Hinweise erforderlich. Wird die erste Vernehmung später durch eine weitere Vernehmung des Beschuldigten über denselben Tatvorwurf ergänzt, so ist nach neuer Rechtslage eine **erneute Belehrung** erforderlich, da der Gesetzgeber zum 1. Juli 2021[550] die amtliche Überschrift des § 136 StPO von „Erster Vernehmung“ in „Vernehmung“ geändert und auch inhaltlich jeweils vor dem Wort „Vernehmung“ das Wort „ersten“ gestrichen hat. Dieser Änderung liegt der Gedanke zugrunde, dass der Beschuldigte sich darüber bewusst sein soll, dass seine prozessualen Rechte unabhängig davon, ob er diese bereits ausgeübt hat oder nicht, fortbestehen; zugleich sollen dadurch die Ermittlungsbehörden im Hinblick auf eine Überprüfung der Verdachtslage sensibilisiert werden. [551] Keine neue Belehrungspflicht besteht hingegen bei der Fortsetzung einer lediglich unterbrochenen Vernehmung,[552] allerdings sehr wohl dann, wenn sich der Tatvorwurf ändert oder erweitert.

207 Grundsätzlich muss jeder Beschuldigte über seine Rechte belehrt werden, unabhängig davon, ob er seine Rechte kennt oder nicht.[553] Allerdings führt eine **unterbliebene Belehrung** eines Beschuldigten, der seine Rechte kennt, nicht zu einem Beweisverwertungsverbot.[554] Allein aus der Tatsache, dass jemand bereits Vorstrafen hat, kann jedoch nicht auf die Kenntnis seiner Beschuldigtenrechte geschlossen werden.[555] Im Zweifel ist stets von einer Unkenntnis

---

549 Vgl. LR-*Gleß*, § 136 Rn. 26.

550 Gesetz zur Fortentwicklung der Strafprozessordnung und zur Änderung weiterer Vorschriften v. 25.06.2021 (BGBl. I, S. 2099 ff.).

551 BT-Drs. 19/27654, S. 81.

552 BT-Drs. 19/27654, S. 81.

553 BGH 22.11.2001 – 1 StR 220/01, BGHSt 47, 172, 173.

554 BGH 27.02.1992 – 5 StR 190/91, BGHSt 38, 214, 224 f.; BGH 22.11.2001 – 1 StR 220/01, BGHSt 47, 172, 173.

555 BGH 27.02.1992 – 5 StR 190/91, BGHSt 38, 214, 225.

des Beschuldigten auszugehen. Erscheint der Beschuldigte zur Vernehmung mit seinem Verteidiger, ist hingegen ausnahmsweise davon auszugehen, dass er seine Rechte kennt.[556] Trotzdem muss auch in diesen Fällen belehrt werden, da das Gesetz **keine Ausnahme von der Belehrungspflicht** enthält. In der Folge muss jeder belehrt werden, mag er auch darauf hinweisen, seine Rechte zu kennen. Dies ist rechtlich geboten und auch sinnvoll, da selbst derjenige, der mit der Rechtslage vertraut ist, sich als Beschuldigter in einer besonderen Situation befindet und daher möglicherweise einen entsprechenden rechtlichen Hinweis benötigt, um „klare Gedanken" fassen zu können.[557] Entscheidend ist dabei nicht der Wortlaut der Beschuldigtenbelehrung, sondern dass der Beschuldigte die Inhalte richtig erfasst.[558] Dazu kann es notwendig sein, den Belehrungsinhalt dem Beschuldigten auf einem für ihn **verständlichen Sprachniveau** mitzuteilen.

§ 136 Abs. 1 S. 2–6 StPO beinhaltet die Belehrung über die Aussagefreiheit, **208** das Recht zur Verteidigerkonsultation mit den Möglichkeiten der Bestellung eines Pflichtverteidigers und zum Beantragen von Beweiserhebungen. Kommt ein Täter-Opfer-Ausgleich in Betracht (§ 46a Nr. 1 StGB), so ist der Beschuldigte darauf hinzuweisen. In geeigneten Fällen muss über die **Möglichkeit der schriftlichen Äußerung** belehrt werden. Diese Äußerungsform kommt beispielsweise bei umfangreichen Einlassungen oder dann in Betracht, wenn der Beschuldigte erklärt, dass er vor seiner Einlassung einen Verteidiger konsultieren will oder für die Einlassung eine vorhergehende Auswertung umfangreicher Unterlagen notwendig ist.[559] Im Einzelnen ist Folgendes zu beachten.

## 2. Aussageverweigerungsrecht

Die Belehrung über das Aussageverweigerungsrecht soll klarstellen, dass der **209** Beschuldigte sich nicht äußern muss, obwohl er einem Vernehmungsbeamten in amtlicher Eigenschaft gegenübersteht (s. auch Rn. 124). Eine unvollständige oder gar fehlende Belehrung über die Aussagefreiheit führt zu einem Beweisverwertungsverbot der Aussage des Beschuldigten.[560] Teilt der Beschuldigte mit, dass er sich nicht äußern will, ist dies zu akzeptieren und Nachfragen nach den Schweigegründen sind nicht erlaubt. In keinem Fall darf der Beschuldigte zu einer Aussage überredet, jedoch in geeigneten Fällen, beispielsweise bei eindeutig gegen ihn sprechender Beweislage, auf mögliche Nachteile seines Schweigens hingewiesen werden.[561]

556 BGH 27.02.1992 – 5 StR 190/91, BGHSt 38, 214, 225.
557 BGH 22.11.2001 – 1 StR 220/01, BGHSt 47, 172, 173.
558 *Eisenberg*, Rn. 564.
559 M-G/S-*Schmitt*, § 136 Rn. 12.
560 Seit BGH 27.02.1992 – 5 StR 190/91, BGHSt 38, 214 ständige Rspr.
561 *Eisenberg*, Rn. 565 m.w.N.

**Beispiel:**

Das fortdauernde Befragen eines in Gewahrsam befindlichen Beschuldigten auf dem Weg zu einer ärztlichen Untersuchung, der nach Belehrung von seinem Aussageverweigerungsrecht Gebrauch gemacht hat, verletzt die Aussagefreiheit und führt zur Unverwertbarkeit der Angaben.[562]

Entschließt der Beschuldigte sich zur Aussage, so kann er auch über das „Wie" seiner Aussage frei entscheiden, indem er nur zeitweise oder teilweise aussagt oder sich eine Erklärung seines Verteidigers zurechnen lässt.[563] Da die Äußerungen des Beschuldigten der freien Beweiswürdigung unterliegen, kann das Gericht sein **Teilschweigen** auch gegen ihn verwerten.[564] Den aussagebereiten Beschuldigten mit einem allgemeinen Hinweis zur Wahrheit zu ermahnen ist grundsätzlich nicht erlaubt, da ihn **keine prozessuale Wahrheitspflicht** trifft.[565] Ebenso wenig darf dem Beschuldigten, gegen den noch keine zur Überführung ausreichenden Beweise vorliegen, erklärt werden, die Aufklärung der Wahrheit liege in seinem Interesse.[566]

### 3. Recht zur Verteidigerkonsultation

210 Der Beschuldigte ist darüber zu belehren, dass er jederzeit und damit auch schon vor seiner Vernehmung einen von ihm zu wählenden Verteidiger sprechen kann (§ 136 Abs. 1 S. 2 StPO). Mit der bloßen Belehrung ist es dabei nicht getan. Hierzu gehören auch **ernsthafte Bemühungen** der Vernehmungsbeamten, dem Beschuldigten bei der Herstellung des Kontakts zu einem Verteidiger effektiv zu helfen, indem ihm Informationen zur Verfügung gestellt werden, die es ihm erleichtern, einen Verteidiger zu kontaktieren (§ 136 Abs. 1 S. 3 StPO).

**Beispiele:**

Vorlage eines Telefon- oder Branchenverzeichnisses. Benutzung des Diensttelefons.

Auf bestehende **anwaltliche Notdienste** ist hinzuweisen (§ 136 Abs. 1 S. 4 StPO). Die Empfehlung eines bestimmten Verteidigers sollte hingegen unterbleiben.[567] Verlangt der Beschuldigte nach der Belehrung einen Verteidiger zu

562 BGH 06.03.2018 – 1 StR 277/17, NStZ 2019, 36 f.

563 Ausführlich *Eisenberg*, Rn. 831 ff.

564 BGH 03.12.1965 – 4 StR 573/65, BGHSt 20, 298, 300; BGH 19.01.2000 – 3 StR 531/99, BGHSt 45, 367, 369.

565 BGH 15.08.1952 – 3 StR 267/52, BGHSt 3, 149, 152; LR-*Gleß*, § 136 Rn. 63 m.w.N.

566 LR-*Gleß*, § 136 Rn. 66.

567 Vgl. BGH 12.01.1996 – 5 StR 756/94, BGHSt 42, 15, 20.

sprechen, so ist die Vernehmung sofort zu unterbrechen.[568] Eine Verweigerung der Kontaktaufnahme mit dem Verteidiger durch die Vernehmungsbeamten mit dem Hinweis, die Vernehmung werde so lange fortgesetzt, „bis Klarheit herrscht“, führt zu einem Beweisverwertungsverbot der daraufhin erfolgten Angaben des Beschuldigten.[569] Wird die Vernehmung ohne vorangegangene Konsultation des Verteidigers fortgesetzt, ist dies nur zulässig, wenn sich der Beschuldigte ausdrücklich nach erneutem Hinweis auf sein Recht, einen Verteidiger hinzuzuziehen, mit der Fortsetzung der Vernehmung freiwillig einverstanden erklärt.[570] Erscheint der Verteidiger, so ist ihm unverzüglich Gelegenheit zu geben, mit dem Beschuldigten unter vier Augen zu sprechen.[571]

### 4. Recht auf Bestellung eines Pflichtverteidigers

Der Beschuldigte muss weiterhin darüber belehrt werden, dass er im Falle **211**
einer notwendigen Verteidigung (§ 140 StPO) die Bestellung eines Pflichtverteidigers beantragen kann. Die Belehrung muss zwingend das **Antragsrecht** und den zuständigen Adressaten des Antrags beinhalten.[572] Auch muss der Beschuldigte auf die Kostenfolge des § 465 StPO hingewiesen werden, wonach er im Falle einer Verurteilung die Kosten des Verfahrens und damit auch die Kosten der Pflichtverteidigung zu tragen hat. Sobald ein Antrag des Beschuldigten auf Bestellung eines Pflichtverteidigers erfolgt (§ 141 Abs. 1 StPO) oder aber einer der in § 141 Abs. 2 S. 1 Nr. 1–3 StPO aufgeführten Fälle gegeben ist, darf eine Vernehmung oder Gegenüberstellung ohne vorherige Bestellung eines Pflichtverteidigers grundsätzlich nicht durchgeführt werden. Ausnahmen davon finden sich in § 141a StPO. Hat der Beschuldigte jedoch keinen Antrag auf Bestellung eines Pflichtverteidigers gestellt und liegt auch keiner der Fälle des § 141 Abs. 2 StPO vor, so kann auch ohne Beistand eines Verteidigers eine Vernehmung oder Gegenüberstellung durchgeführt werden.[573]

### 5. Beweisantragsrecht

Die Belehrung über das Beweisantragsrecht soll dem Beschuldigten deut- **212**
lich machen, dass er sich auch in dieser Form verteidigen und ggf. entlasten kann, selbst wenn er ansonsten keine Angaben zur Sache machen will.[574] Das Recht enthält eine Verpflichtung der Strafverfolgungsbehörden, bean-

568 BGH 29.10.1992 – 4 StR 126/92, BGHSt 38, 372, 373.

569 BGH 29.10.1992 – 4 StR 126/92, BGHSt 38, 372, 373 f.

570 BGH 21.05.1996 – 1 StR 154/96, BGHSt 42, 170, 173.

571 Vgl. BGH 29.10.1992 – 4 StR 126/92, BGHSt 38, 372, 373.

572 KK-*Diemer*, § 136 Rn. 15.

573 M-G/S-*Schmitt*, § 141 Rn. 5.

574 M-G/S-*Köhler*, § 163a Rn. 8a.

tragte Entlastungsbeweise zu erheben, wenn sie für das Verfahren von Bedeutung sind. Die Entscheidung darüber obliegt der Staatsanwaltschaft und wird nach pflichtgemäßem Ermessen beurteilt.[575] Der Hinweis erfolgt im Anschluss an die Belehrung zur Aussagefreiheit und zur Verteidigerkonsultation, kann aber noch später im Lauf der Vernehmung nachgeholt werden. Ein Schweigen des Beschuldigten macht den Hinweis nicht entbehrlich, da auch ein die Aussage verweigernder Beschuldigter Beweiserhebungen beantragen kann und darf.[576]

### 6. Qualifizierte Belehrung

213 Ist eine notwendige Beschuldigtenbelehrung bei einer früheren Vernehmung unterblieben, etwa weil der Beschuldigte zu Unrecht zunächst als Zeuge vernommen worden ist, so muss dies durch eine erneute Vernehmung geheilt werden. Bei Beginn dieser nachfolgenden Vernehmung muss der Beschuldigte auf die Nichtverwertbarkeit der früheren Angaben ausdrücklich hingewiesen werden.[577] Diese sog. qualifizierte Belehrung ist dann neben der üblichen Belehrung nach § 136 Abs. 1 S. 2–6 StPO durchzuführen. Dies soll verhindern, dass ein Beschuldigter nur deshalb auf sein Aussageverweigerungsrecht verzichtet, weil er glaubt, die frühere Aussage, mit der er sich selbst belastet hat, nicht mehr aus der Welt schaffen zu können. Insoweit wird der primäre Vernehmungszweck, nämlich Verteidigung (vgl. § 136 Abs. 2 StPO), ohne die qualifizierte Belehrung nur unvollständig ermöglicht. Unterbleibt die aus diesem Grund notwendige qualifizierte Belehrung, führt dies bei gezielter Umgehung der Belehrungspflichten oder bloßer Wiederholung seiner früheren Aussage zu einem Beweisverwertungsverbot der Inhalte der erneuten Vernehmung.[578]

### 7. Belehrung ausländischer oder sprachunkundiger Beschuldigter

214 Bei Beschuldigten mit ausländischer Staatsbürgerschaft ist die Belehrungspflicht des Art. 36 Abs. 1 lit. b WÜK zu beachten,[579] wonach der **verhaftete Beschuldigte** die Unterrichtung der konsularischen Vertretung seines Heimatstaates verlangen kann. Diese Belehrung hat aber nicht erst bei der Vernehmung, sondern unverzüglich in schriftlicher Form mit der Festnahme durch die Polizeibeamten zu erfolgen (vgl. § 114b Abs. 2 S. 3 StPO).[580] Wenn

575 KK-*Weingarten*, § 163a Rn. 9.
576 BeckOK-*Monka*, § 136 Rn. 15.
577 BGH 18.12.2008 – 4 StR 455/08, BGHSt 53, 112, 115.
578 BGH 18.12.2008 – 4 StR 455/08, BGHSt 53, 112, 115 f.
579 BGH 20.12.2007 – 3 StR 318/07, BGHSt 52, 110, 112 f.
580 Hierzu BGH 25.09.2007 – 5 StR 116/01 u. 5 StR 475/02, BGHSt 52, 48, 51 ff.

der Beschuldigte der deutschen Sprache nicht in ausreichendem Maße mächtig ist – die Staatsangehörigkeit ist irrelevant – oder es sich um einen Hör- oder Sprachbehinderten handelt, ist ein **Dolmetscher** kostenlos beizuziehen (Art. 6 Abs. 3 a, e EMRK, § 163a Abs. 5 StPO, §§ 186 Abs. 1, 187 Abs. 1 GVG).

## IV. Vernehmung zur Sache

Die Vernehmung zur Sache gibt dem Beschuldigten die Möglichkeit zur Verteidigung,[581] indem er beispielsweise Verdachtsgründe beseitigt oder Entlastungstatsachen vorbringt (§ 136 Abs. 2 StPO). Hierzu gehören neben den Einzelheiten der Tat auch alle über die reinen Personalien hinausgehenden persönlichen Angaben. 215

**Beispiele:**

Vorstrafen, Familien-, Arbeits- und Vermögensverhältnisse, Krankheiten, Verhältnisse zu Mitbeschuldigten und Zeugen.

Der Vernehmungszweck erfordert zunächst, dem Beschuldigten Gelegenheit zu geben, eine möglichst zusammenhängende Sachdarstellung (sog. **Bericht**) abzugeben.[582] Dies ist zwar gesetzlich nicht vorgeschrieben, aber zumindest aus kriminalistischer und aussagepsychologischer Sicht erforderlich.[583] Nach dem möglichst umfangreichen, eigenständigen freien Bericht erfolgt die Befragung des Beschuldigten (sog. **Verhör**). Hierbei muss darauf geachtet werden, möglichst offene Fragen zu stellen, bei denen der Aussagende entscheidet, wie viel und welche Art von Information er zu dem nachgefragten Thema geben möchte.[584]

Der Beschuldigte hat bei seinen (freiwilligen) Angaben **keine Wahrheitspflicht**.[585] Prozessual ergibt sich dies daraus, dass die Angaben des Beschuldigten nur unwiderlegbar, aber nicht wahr sein müssen, um prozessual i.S.d. „in dubio pro reo"-Grundsatzes erfolgreich zu sein.[586] Ob daraus ein „Recht zur Lüge" hergeleitet werden kann, ist umstritten,[587] ändert inhaltlich aber nichts daran, dass der Beschuldigte sanktionslos lügen, d.h. sich selbst begünstigen, darf. Strafbar wird die Lüge für den Beschuldigten jedoch dann, 216

581 BGH 14.05.1974 – 1 StR 366/73, BGHSt 25, 325, 332.

582 Vgl. BGH 09.01.1959 – 2 StR 265/59, BGHSt 13, 358, 361; BGH 14.02.1990 – 3 StR 426/89, StV 1990, 245; a.A. M-G/S-*Schmitt*, § 136 Rn. 17.

583 *Eisenberg*, Rn. 583 m.w.N.

584 *Posch*, S. 205 u. 82 ff.

585 BGH 15.08.1952 – 3 StR 267/52, BGHSt 3, 149, 152.

586 *Roxin/Schünemann*, § 25 Rn. 10.

587 *Eisenberg*, Rn. 550; M-G/S-*Schmitt*, § 136 Rn. 18 jeweils m.w.N.

wenn er dadurch die Straftatbestände der §§ 145d, 164 oder 185 ff. StGB verwirklicht.

**Beispiel:**

Der Beschuldigte lenkt den Tatverdacht bewusst wahrheitswidrig auf eine unverdächtige Person.

## V. Dokumentation

### 1. Allgemeines

217 Die Vernehmung des Beschuldigten muss protokolliert werden. Für richterliche und staatsanwaltschaftliche Vernehmungen besteht eine gesetzliche **Protokollierungspflicht** (§§ 168 u. 168b Abs. 2 S. 1 StPO). Eine entsprechende Regelung zur Notwendigkeit und zum Inhalt eines polizeilichen Vernehmungsprotokolls fehlt. Jedoch wird von der Rechtsprechung auf den für staatsanwaltschaftliche Vernehmungen geltenden § 168b Abs. 2 S. 1 StPO verwiesen.[588] Danach statuiert § 168b Abs. 2 StPO eine Soll-Vorschrift für die Anfertigung eines Vernehmungsprotokolls und muss auch bei polizeilichen Vernehmungen beachtet werden.[589] Hinsichtlich der Form wird auf den Grundgedanken des § 168a StPO Bezug genommen. Danach soll auch das polizeiliche Protokoll Ort, Zeit, Details zum zeitlichen Verlauf, die mitwirkenden Personen und die Genehmigung des Protokolls sowie die durchgeführten Belehrungen beinhalten.[590] Der Beschuldigte kann eine Abschrift des Vernehmungsprotokolls erhalten, worüber bei polizeilichen und staatsanwaltschaftlichen Vernehmungen die Staatsanwaltschaft entscheidet.[591] Wird ausnahmsweise kein Protokoll gefertigt, so ist die erfolgte Teilnahme des Verteidigers aktenkundig zu machen (§ 168b Abs. 2 S. 3 StPO).

### 2. Protokollarten

218 Die Protokollierung der Vernehmung kann schriftlich, durch eine reine Tonaufnahme oder aber eine Bild-Ton-Aufzeichnung erfolgen. In den beiden letztgenannten Fällen muss die Aufzeichnung im Anschluss verschriftlicht werden, wobei zwischen Wortlaut- und Inhaltsprotokoll zu unterscheiden ist. Das authentischste Protokoll der Vernehmung wird durch eine Bild-Ton-Aufzeichnung erzielt. Eine solche **Videoaufzeichnung** stellt technisch das optimale Mittel dar, eine Vernehmung wahrheitsgemäß abzubilden, da hierdurch die Ver-

588 BGH 19.06.1997 – 1 StR 168/97, NStZ 1997, 611.

589 BGH 24.01.1995 – 5 StR 577/94, NStZ 1995, 353; hierzu *Altenhain*, ZIS 2015, 269.

590 LR-*Erb*, § 163a Rn. 101.

591 M-G/S-*Köhler*, § 163a Rn. 26.

nehmungssituation objektiv abgebildet wird und so die gesamte Körpersprache und die wortlautgetreuen Äußerungen der Vernehmungsteilnehmer ohne inhaltliche und sprachliche Gewichtung wiedergegeben werden.[592] Eine Videoaufnahme der Beschuldigtenvernehmung ist grundsätzlich gemäß § 136 Abs. 4 S. 1 StPO möglich, in ihrer Verwendung aber auf die Zwecke des Strafverfahrens begrenzt (§§ 136 Abs. 4 S. 3, 58a Abs. 2 StPO). Eine Ton- oder Videoaufnahme der Vernehmung darf nicht heimlich erfolgen, sondern muss dem Beschuldigten mitgeteilt werden.[593] Eine Einwilligung des Beschuldigten ist nicht notwendig, sodass die Aufzeichnung grundsätzlich auch gegen seinen Willen möglich ist.[594] Bei Verfahren wegen vorsätzlicher Tötungsdelikte und gegen besonders schutzwürdige Personen besteht eine grundsätzliche **Pflicht zur Bild-Ton-Aufzeichnung** der Beschuldigtenvernehmung (§ 136 Abs. 4 S. 2 Nr. 1 u. 2 StPO). Dies gilt sowohl für richterliche als auch staatsanwaltschaftliche und polizeiliche Beschuldigtenvernehmungen (§§ 136 Abs. 4, 163a Abs. 3 S. 2, Abs. 4 S. 2 StPO). Für die Vernehmung jugendlicher Beschuldigter gilt § 70c Abs. 2 JGG. Bei der Durchführung einer Videovernehmung, die auch als Bild-Ton oder audiovisuelle Vernehmung bezeichnet wird, müssen alle bei der Vernehmung Anwesenden gleichzeitig von der Kamera erfasst werden.[595] Auch muss die gesamte Vernehmung inklusive der erforderlichen Belehrungen aufgezeichnet werden.[596] Über die Videovernehmung muss kein Wortlautprotokoll angefertigt werden, sehr wohl jedoch ein **Inhaltsprotokoll**.[597] Dabei kann die Verschriftlichung mithilfe der Videodokumentation im Nachhinein erfolgen.[598] Darüber hinaus ist seit 1. Juli 2021[599] auch bei der Beschuldigtenvernehmung der Einsatz einer **Videokonferenztechnik** erlaubt (§§ 136 Abs. 5, 58b StPO). Die Vorschrift ermöglicht es, im Ermittlungsverfahren eine Vernehmung unter Verwendung von Bild-Ton-Übertragungen durchzuführen, ohne dass der Beschuldigte selbst persönlich im Vernehmungszimmer anwesend sein muss, und gilt nicht nur für richterliche, sondern auch für staatsanwaltschaftliche (§ 163a Abs. 3 S. 2 StPO) und polizeiliche (§ 163a Abs. 4 S. 2 StPO) Beschuldigtenvernehmungen. Begründet wird diese Erweiterung insbesondere damit, dass vor dem Hintergrund der COVID-

592 Ausführlich *Michel*, S. 110 ff.

593 BGH 09.04.1986 – 3 StR 551/85, BGHSt 34, 39, 52.

594 *Michel*, S. 193 f.

595 Zur technischen Durchführung *Michel*, S. 222 ff.

596 HK-*Ahlbrecht*, § 136 Rn. 54; M-G/S-*Schmitt*, § 136 Rn. 19b.

597 KK-*Diemer*, § 136 Rn. 25b; M-G/S-*Schmitt*, § 136 Rn. 19b.

598 HK-*Ahlbrecht*, § 136 Rn. 56.

599 Gesetz zur Fortentwicklung der Strafprozessordnung und zur Änderung weiterer Vorschriften v. 25.06.2021 (BGBl. I, S. 2099 ff.).

19-Pandemie auf diese Weise eine persönliche Anwesenheit des Beschuldigten im Vernehmungszimmer vermieden werden könnte.[600]

## VI. Vernehmung jugendlicher Beschuldigter

219 Bereits mit Eröffnung des Beschuldigtenstatus, und damit schon vor einer Vernehmung, muss der Jugendliche (§ 1 Abs. 2 JGG) nach dem sehr umfangreichen Katalog des § 70a Abs. 1 JGG über den Ablauf des Jugendstrafverfahrens informiert werden. Weitere anlassbezogene Informationen (z.B. bei Untersuchungshaft) sind in § 70a Abs. 2–4 JGG geregelt. Zu beachten ist, dass diese Informationen nicht die bei konkreten Ermittlungsmaßnahmen, wie beispielsweise einer Vernehmung, notwendigen Belehrungen ersetzen. Die Belehrung und Vernehmung des jugendlichen Beschuldigten muss entsprechend seinem Alter sowie seinem Entwicklungs- und Bildungsstand erfolgen (§§ 70b Abs. 1 S. 1, 70c Abs. 1 JGG). Den **Erziehungsberechtigten** steht das Recht zu, gehört zu werden sowie Fragen und Anträge zu stellen (§ 67 Abs. 1 JGG). Auch können sie einen Verteidiger wählen (§ 67 Abs. 2 JGG). Bei der Vernehmung des Jugendlichen haben die Erziehungsberechtigten grundsätzlich ein Anwesenheitsrecht (§ 67 Abs. 3 JGG).[601] Hierüber sind der jugendliche Beschuldigte und die Erziehungsberechtigten vor der Vernehmung zu informieren (§ 67a Abs. 1 JGG). Es genügt, mindestens einen Erziehungsberechtigten des Jugendlichen zu informieren (§ 67 Abs. 5 S. 3 JGG). Eine bestimmte Form der Benachrichtigung schreibt das Gesetz dabei nicht vor. Entscheidend ist, dass die Information rechtzeitig vor der Vernehmung erfolgt, damit die Erziehungsberechtigten ihr Anwesenheitsrecht auch wahrnehmen können. Insoweit muss die Vernehmung eine angemessene Zeit zurückgestellt werden, um die Information und das Erscheinen der Erziehungsberechtigten zu ermöglichen.[602] Auch ist der Jugendliche darauf hinzuweisen, dass er sich vor seiner Vernehmung und der Entscheidung darüber, ob er sich zur Sache äußern will, mit dem bzw. den Erziehungsberechtigten beraten darf.[603] Bei Teilnahmeverdacht und Missbrauch kann das Anwesenheitsrecht entzogen werden (§ 67 Abs. 4 JGG). Liegt ein Fall der **notwendigen Verteidigung** vor, ist der Verteidiger über den Termin der Vernehmung zu benachrichtigen und die Vernehmung kann grundsätzlich erst nach Erscheinen des Verteidigers bzw. einer angemessenen Wartefrist beginnen (§ 70c Abs. 4 JGG). Ist der notwendige Verteidiger nicht anwesend, muss die Vernehmung in Bild und Ton aufgezeichnet werden

600 BT-Drs. 19/27654, S. 82.

601 Ostendorf/JGG-*Sommerfeld*, § 67 Rn. 10.

602 Ausführlich *Kölbel*, NStZ 2021, 524, 529 f.

603 *Eisenberg/Kölbel*, § 67 Rn. 11c.

(§ 70c Abs. 2 JGG). Über die Fälle des § 140 StPO hinaus sind in § 68 JGG weitere Fälle der notwendigen Verteidigung aufgeführt. Die Bestellung eines Pflichtverteidigers ist abweichend von §§ 141, 141a StPO in den §§ 68a, 68b JGG geregelt, die kein Antragsrecht, sondern stets eine Bestellung von Amts wegen vorsehen (s. hierzu Rn. 111). Die meisten der genannten Normen gelten auch für **heranwachsende Beschuldigte** (vgl. § 109 Abs. 1 JGG).

## E. Verbotene Vernehmungsmethoden

### I. Grundsätzliches

Die Achtung der Menschenwürde (Art. 1 Abs. 1 GG) verbietet es, die Wahrheit im Strafverfahren um jeden Preis zu ermitteln.[604] Der Beschuldigte als Subjekt des Verfahrens soll frei darüber entscheiden können, ob und was bzw. wie er aussagt. Dies kommt bereits durch die in § 136 Abs. 1 S. 2 StPO enthaltende Aussagefreiheit, die im StGB durch das strafbewehrte Verbot der Aussageerpressung (§ 343 StGB) ergänzt wird, zum Ausdruck. Die Erfahrungen mit sog. „Gestapo-Methoden" unter dem Nationalsozialismus haben den Gesetzgeber im Rechtsvereinheitlichungsgesetz vom 12.09.1950[605] aber dazu veranlasst,[606] in § 136a StPO – als **Konkretisierung der Menschenwürdegarantie** des Art. 1 Abs. 1 GG[607] – alle Vernehmungsmethoden ausdrücklich zu verbieten, die die Freiheit der Willensentschließung und Willensbetätigung ausschalten, umgehen oder beeinträchtigen. 220

Das Verbot der Vorschrift gilt ohne Rücksicht auf eine **Einwilligung** des Beschuldigten (§ 136a Abs. 3 S. 1 StPO). Es erfasst alle **Vernehmungen** durch den Richter, die Staatsanwaltschaft (§ 163a Abs. 3 S. 2 StPO) und die Polizei (§ 163a Abs. 4 S. 2 StPO) im Strafverfahren. Sofern ein Sachverständiger Beschuldigte oder Zeugen im Auftrag der Strafverfolgungsbehörden untersucht oder befragt, gilt auch hier § 136a StPO.[608] Ebenso anwendbar ist die Vorschrift bei Vernehmungen von Zeugen (§ 69 Abs. 3 StPO) und Sachverständigen (§§ 72, 69 Abs. 3 StPO). Aus der Verletzung dieses Verbots folgt ein gesetzliches und damit zwingendes **Beweisverwertungsverbot** der Aussage. Dies gilt selbst dann, wenn der Beschuldigte mit der Verwertbarkeit einverstanden wäre (§ 136 Abs. 3 S. 2 StPO). Es erstreckt sich dabei auch 221

604 BVerfG 19.10.1983 – 2 BvR 859/83, NJW 1984, 428.

605 BGBl. I, S. 455 ff.

606 Vgl. BGH 30.10.1951 – 1 StR 363/51, BGHSt 1, 387.

607 BVerfG 19.10.1983 – 2 BvR 859/83, NJW 1984, 428; BGH 16.02.1954 – 1 StR 578/53, BGHSt 5, 332, 333.

608 BGH 04.03.1958 – 5 StR 7/58, BGHSt 11, 211, 212.

auf Mitbeschuldigte (sog. **Drittwirkung**).[609] Zu beachten ist, dass § 136a StPO nicht für durch **Privatpersonen** veranlasste und durchgeführte Befragungen gilt, da diese nicht unter den Vernehmungsbegriff fallen.[610] Wenden Privatpersonen entsprechende Methoden an, können die darauf getätigten Angaben nach der Rechtsprechung grundsätzlich verwertet werden.[611]

**Beispiel:**

Ein Zeuge erlangt durch Täuschung des Beschuldigten Informationen, die diesen belasten, und teilt sie den Ermittlungsbehörden mit.[612]

Die Grenze ist allerdings dann überschritten und muss zu einem Beweisverwertungsverbot der erlangten Erkenntnisse führen, wenn die angewandte Methode den Tatbestand und die Rechtswidrigkeit einer Strafnorm verwirklicht oder gar gegen die Menschenwürde verstößt.[613]

**Beispiel:**

Der Vater foltert durch massive körperliche Misshandlungen den Beschuldigten, der im Verdacht steht, seine Tochter sexuell missbraucht zu haben, so lange, bis dieser ein Geständnis ablegt.

## II. Fallgruppen des § 136a Abs. 1 S. 1 StPO

### 1. Allgemeines

222 Die Aufzählung der in § 136a Abs. 1 S. 1 StPO genannten verbotenen Methoden ist nicht abschließend, sondern **nur beispielhaft**.[614] Auch lassen sich die im Gesetz genannten Methoden nicht genau voneinander abgrenzen, sondern gehen teilweise ineinander über.

**Beispiele:**

Misshandlung, körperlicher Eingriff und Quälerei; Täuschung und Versprechen von Vorteilen; körperlicher Eingriff und Verabreichen von Mitteln.

609 BGH 07.06.2022 – 5 StR 332/21, NJW 2022, 2487, 2488.
610 BGH 26.07.2007 – 3 StR 104/07, BGHSt 52, 12, 15.
611 Vgl. OLG Celle 19.09.1984 – 3 Ss 116/84, NJW 1985, 641.
612 BGH 01.12.2016 – 3 StR 230/16, NJW 2017, 1828, 1831.
613 Einzelheiten streitig, vgl. MüKo-*Schuhr*, § 136a Rn. 83 f. m.w.N.
614 BGH 16.02.1954 – 1 StR 578/53, BGHSt 5, 332, 334.

In der Folge kann es erforderlich sein, ein Verhalten unter mehreren rechtlichen Gesichtspunkten zu prüfen.[615] Inwieweit durch eine Methode des § 136a Abs. 1 StPO die Willensfreiheit tatsächlich tangiert wird, kann offenbleiben, solange eine Willensbeeinträchtigung zumindest nicht auszuschließen ist.[616] Sicher feststehen muss aber, dass eine verbotene Methode vorliegt. Auch müssen die unzulässigen Methoden gezielt und nicht nur fahrlässig von den Vernehmungspersonen eingesetzt werden.[617] In einigen Fällen, wie beispielsweise der Ermüdung, müssen die Handlungen, die den jeweiligen Zustand bewirkt haben, nicht zwingend von den Vernehmungsbeamten getätigt worden sein. Hier genügt es, dass der zu Vernehmende den Zustand beispielsweise vor der Vernehmung selbst herbeigeführt hat.

## 2. Misshandlung

Unter einer Misshandlung sind erhebliche Beeinträchtigungen der körperlichen Unversehrtheit oder des körperlichen Wohlbefindens zu verstehen (vgl. § 223 Abs. 1 StGB).[618] **223**

**Beispiele:**

Schläge, Tritte, Stiche, Anstrahlen mit Licht, Peinigen durch Lärm oder grelle Beleuchtung, systematischer Schlafentzug, übermäßige Kälte, Unterbringung in Dunkelhaft.

## 3. Ermüdung

Ermüdung ist ein Zustand, bei dem das Ruhebedürfnis so übermächtig geworden ist, dass es andere Gesichtspunkte bei der Willensentschließung zurückdrängt. Entscheidend ist, dass der Beschuldigte durch die Vernehmung selbst oder aber aufgrund anderer Umstände objektiv im Sinne einer tiefgreifenden Erschöpfung so ermüdet ist,[619] dass seine Willensfreiheit beeinträchtigt wird.[620] **224**

**Beispiel:**

Abgabe eines Geständnisses nach 30 Stunden oder mehr ohne Schlaf.[621]

---

615 KK-*Diemer*, § 136a Rn. 9.

616 BGH 24.03.1959 – 5 StR 27/59, BGHSt 13, 60, 61.

617 BGH 21.05.2004 – 1 StR 170/04, NStZ 2004, 631.

618 KK-*Diemer*, § 136a Rn. 10 f.

619 BGH 21.10.2014 – 5 StR 296/14, BGHSt 60, 50, 51.

620 BGH 30.10.1951 – 1 StR 393/51, BGHSt 1, 376, 379.

621 BGH 24.03.1959 – 5 StR 27/59, BGHSt 13, 60, 61; BGH 21.10.2014 – 5 StR 296/14, BGHSt 60, 50, 51.

Es kommt nur auf den **Ermüdungszustand** an, unabhängig davon, ob der Vernehmende diesen bewusst herbeiführt oder erkennt.[622] Nächtliche Vernehmungen, insbesondere bei sog. Kapitaldelikten, sind grundsätzlich zulässig, da nicht erforderlich ist, dass der Beschuldigte genauso ausgeruht wie am Tag ist.[623] Entscheidend ist in diesen Fällen nur, dass der Beschuldigte ausreichende Ruhephasen hatte. Unerheblich ist, wenn er in dieser Zeit tatsächlich nicht schläft, aber sich zumindest ausgeruht („gedöst") hat, da nach der Rechtsprechung die geistige Leistungsfähigkeit auch durch Ruhe und Entspannung wieder erreicht werden kann.[624]

### 4. Körperliche Eingriffe

225 Körperlichen Eingriffe sind Maßnahmen, die sich unmittelbar auf den Körper des Beschuldigten auswirken.[625] Hierzu zählen auch schmerzfreie und folgenlose Eingriffe, wie beispielsweise Injektionen. Die Fallgruppe hat kaum eigenständige Bedeutung, da Eingriffe zumeist auch unter die Fallgruppen Misshandlung, Verabreichung von Mitteln oder Quälerei fallen.

### 5. Verabreichen von Mitteln

226 Verabreichen von Mitteln ist das Einführen von festen, flüssigen oder gasförmigen Stoffen in den Körper, unabhängig davon, in welcher Form dies geschieht.[626]

**Beispiele:**

Einatmen, Einspritzen, Einführen in Körperöffnungen, Beimischen in Speisen und Getränke.

Das Verbot greift ein, wenn der Beschuldigte aufgrund der Mitteleinnahme nicht mehr in der Lage ist, frei über den Inhalt seiner Aussage zu entscheiden, da durch das verabreichte Mittel die Willenskraft erschöpft ist. Hierunter fallen **hemmungslösende, wach machende oder einschläfernde Mittel**.[627] Dabei kommt es nach der Rechtsprechung nicht darauf an, ob der Vernehmende sie verabreicht hat oder aber der Beschuldigte bereits zu Beginn der Vernehmung unter ihrem Einfluss steht, weil er die Mittel selbst

622 BGH 24.03.1959 – 5 StR 27/59, BGHSt 13, 60, 61.
623 BGH 15.05.1992 – 3 StR 419/91, BGHSt 38, 291, 294.
624 BGH 15.05.1992 – 3 StR 419/91, BGHSt 38, 291, 293.
625 BeckOK-*Monka*, § 136a Rn. 12.
626 M-G/S-*Schmitt*, § 136a Rn. 10.
627 KK-*Diemer*, § 136a Rn. 15.

eingenommen hat.[628] Die Verabreichung von Mitteln der Stärkung und Erfrischung ist grundsätzlich erlaubt, [629] kann aber auch verweigert werden.

**Beispiele:**

Schokolade, Kaugummi, Traubenzucker, Kaffee, Tee, Zigaretten.

Im Einzelfall kann beispielsweise bei starken Rauchern, die Entzugserscheinungen zeigen, die Hingabe von Zigaretten durchaus Einfluss auf die Willensentschließung haben.[630] Beschuldigte, die unter **Einfluss von Alkohol oder Betäubungsmitteln** stehen, können grundsätzlich vernommen werden. Erst wenn die Willensfreiheit durch das Rauschmittel ernsthaft beeinträchtigt ist, liegt ein Fall des Verabreichens von Mitteln vor.

**Beispiele:**

Bejaht für einen ersichtlich trinkgewohnten Beschuldigten mit 4,44 Promille;[631] verneint für einen alkoholgewohnten Beschuldigten mit 2,0 Promille.[632]

### 6. Quälerei

Quälerei ist das Zufügen länger andauernder oder sich wiederholender kör- **227**
perlicher oder auch seelischer Schmerzen bzw. Leiden.[633]

**Beispiele:**

Fortwährende Schläge, entwürdigende Behandlungen, wie fortwährende Beschimpfungen, Dunkelhaft, Erzeugung von Angst und Hoffnungslosigkeit.

Lichtbilder des Verletzten dürfen dagegen dem Beschuldigten gezeigt werden.[634] Auch ist grundsätzlich eine Konfrontation mit der Leiche des Opfers zulässig, jedoch nicht, um die Willensfreiheit bei einer Vernehmung zu beeinträchtigen, da dies eine entwürdigende Behandlung im Sinne einer **seelischen Quälerei** darstellt.[635]

628 LG Mannheim 24.10.1975 – 3 KLs 22/75, NJW 1977, 346, 347.

629 BGH 07.05.1953 – 5 StR 934/52, BGHSt 5, 290, 291.

630 BGH 07.05.1953 – 5 StR 934/52, BGHSt 5, 290, 291.

631 OLG Köln 25.10.1988 – Ss 567/88, StV 1989, 520 f.

632 BGH 07.10.1979 – 1 StR 194/69, MDR 1970 *Dallinger*, 14.

633 HK-*Ahlbrecht*, § 136a Rn. 30.

634 M-G/S-*Schmitt*, § 136a Rn. 11.

635 BGH 07.10.1960 – 4 StR 342/60, BGHSt 15, 187, 189 ff.

**Beispiel:**

Ein der Ermordung seines Sohnes verdächtiger Vater wird nach mehrmaliger Androhung gegen seinen Willen zur Leiche seines Kindes geführt, wo er weinend zusammenbricht und ein Geständnis ablegt.

### 7. Täuschung

#### a) Allgemeines

228 Eine Täuschung liegt vor, wenn der Beschuldigte zu Äußerungen veranlasst wird, die er zwar freiwillig, aber aufgrund einer durch den Vernehmenden bewirkten falschen Vorstellung abgibt. Das Merkmal beeinträchtigt weder die Menschenwürde noch die Willensfreiheit, ist aber eines Rechtsstaates unwürdig.[636] Der Begriff ist daher eng auszulegen.[637] In der Folge fallen unbeabsichtigte Irreführungen grundsätzlich nicht darunter;[638] ebenso wenig fahrlässige Fehlinformationen[639] oder irrtümlich falsche oder unvollständige Rechtserklärungen des Vernehmungsbeamten,[640] wobei die Einzelheiten umstritten sind. Grundsätzlich können Täuschung Tatsachen, Rechtsfragen oder auch Absichten betreffen.

**Beispiele:**

Die Beweiskette sei erdrückend, obwohl nur wenige Indizien vorliegen.[641] Der Mitbeschuldigte habe bereits gestanden, obwohl dieser tatsächlich schweigt.[642] Belastungszeugen hätten ausgesagt, obwohl es keine Zeugen gibt (Tatsachen). Der Beschuldigte müsse die Wahrheit sagen.[643] Schweigen gilt als Schuldbeweis (Rechtsfragen). Aus seiner Aussage werden keine für den Beschuldigten nachteiligen Schlüsse gezogen (Absichten).

Hierzu zählt auch die **bewusste Irreführung** des Beschuldigten durch Vorspiegeln oder Entstellen von Tatsachen.[644]

---

636 M-G/S-*Schmitt*, § 136a Rn. 12.

637 BGH 13.05.1996 – GSSt 1/96, BGHSt 42, 139, 149; BGH 31.03.2011 – 3 StR 400/10, NStZ 2011, 596, 597.

638 BGH 07.06.1983 – 5 StR 409/81, BGHSt 31, 395, 400; BGH 24.08.1988 – 3 StR 129/88, BGHSt 35, 328, 329.

639 BGH 21.05.2004 – 1 StR 170/04, NStZ 2004, 631.

640 BGH 10.02.2021 – 6 StR 326/20, StraFo 2021, 202 f.; SK-*Rogall*, § 136a Rn. 59; a.A. LR-*Gleß* § 136a Rn. 50.

641 BGH 24.08.1988 – 3 StR 129/88, BGHSt 35, 328, 330.

642 Vgl. LG Freiburg 17.10.2003 – 10 Ns 61 Js 6476/03 – AK 33/03, StV 2004, 647.

643 LG Regensburg 10.02.2012 – NSV 121 Js 17270/1998 jug., StV 2012, 332.

644 BGH 31.05.1990 – 4 StR 112/90, BGHSt 37, 48, 52 f.; BGH 07.01.1997 – 1 StR 666/96, NStZ 1997, 251.

**Beispiel:**

Die Polizei vernimmt den Tatverdächtigen als Zeugen in einer Vermisstensache, obwohl bereits eine Leiche mit abgetrenntem Kopf gefunden wurde.[645]

### b) Konkludente Täuschungen

Ob auch sog. konkludente Täuschungen von § 136a Abs. 1 StPO erfasst werden oder aber erlaubt sind, ist umstritten.[646] Hierunter fallen insbesondere **doppeldeutige Erklärungen**, die die Vorstellung des Beschuldigten durch eine Fehlinterpretation des vom Vernehmungsbeamten mitgeteilten Inhalts beeinflussen. 229

**Beispiel:**

Dem Beschuldigten wird in der Vernehmung mitgeteilt, der Mitbeschuldigte habe sich schon „geäußert", obwohl dieser nur seine Personalien angegeben hat.

Da Sprache nur dann als zuverlässiger Informationsvermittler dienen kann, wenn Sender und Empfänger den Worten die gleiche Bedeutung beimessen,[647] ist eine Einordnung von doppeldeutigen Erklärungen als Täuschung geboten. Werden diese doppeldeutigen Äußerungen gezielt eingesetzt und versteht der Beschuldigte die Äußerungen im Kontext der Vernehmung – wie vom Vernehmungsbeamten bezweckt – falsch, liegt eine verbotene Täuschung vor. Entscheidend ist nämlich nicht allein, ob der Vernehmungsbeamte lügt, sondern ob seine gezielte doppeldeutige Äußerung das bezweckte falsche Vorstellungsbild beim Beschuldigten hervorruft. Auch kann durch eine doppeldeutige Erklärung oftmals wirksamer auf die Aussagefreiheit eingewirkt werden, als durch eine Lüge.[648]

### c) Kriminalistische List

Die Täuschung ist unzulässig, grundsätzlich erlaubt ist dagegen die sog. kriminalistische List. 230

**Beispiele:**

Taktisches Zurückhalten von Ermittlungsergebnissen;[649] Vorspiegeln freundlicher Gesinnung;[650] Stellen von Fang- und Suggestivfragen.

---

645 BGH 31.05.1990 – 4 StR 112/90, BGHSt 37, 48, 50 ff.

646 Eine Täuschung abl. M-G/S-*Schmitt*, § 136a, Rn. 15; *Kramer*, Rn. 46; eine Täuschung befürwortend *Eisenberg*, Rn. 666 f.; Lisken/Denninger-*Frister*, F Rn. 92; MüKo-*Schuhr*, § 136a, Rn. 46 m.w.N.

647 *Eisenberg*, Rn. 666.

648 Hierzu *Puppe*, GA 1978, 289, 290.

649 OLG Köln 06.06.1972 – Ss 63/72, MDR 1972, 965, 966.

650 Vgl. BGH 07.05.1953 – 5 StR 934/52, BGHSt 5, 290, 291.

Inwieweit Irrtümer, denen der Beschuldigte selbst erlegen ist, als eine Form der kriminalistischen List ausgenutzt werden dürfen, ist umstritten. Weitestgehend Einigkeit besteht, dass man den **eigenen Irrtum des Beschuldigten** über die Aussagefreiheit nicht ausnutzen darf.[651] Andere Irrtümer, denen der Beschuldigte selbst erliegt und die der Vernehmungsbeamte bemerkt, braucht dieser grundsätzlich nicht aufzuklären.

**Beispiel:**

Der Beschuldigte geht irrtümlich davon aus, dass nur schriftlich festgehaltene und von ihm unterzeichnete Angaben gerichtsverwertbar sind.[652]

Hat der Vernehmungsbeamte den Irrtum des Beschuldigten allerdings selbst gezielt herbeigeführt, so stellt dies eine verbotene Täuschung dar.

**Beispiel:**

Dem Beschuldigten wird in einem Vorgespräch, welches nach Angaben der Vernehmungsbeamtin von ihr nach Belehrung in „lockerer Atmosphäre" geführt wird, erklärt, das folgende Gespräch sei noch nicht seine offizielle und dann auch zu Protokoll genommene Aussage.[653]

Sofern der Vernehmende den Irrtum beim Beschuldigten vorsatzlos verursacht hat und dies bemerkt, besteht nach der Rechtsprechung eine **Aufklärungspflicht** nur ausnahmsweise dann, wenn die Aussage des Beschuldigten nachweislich gerade auf dem Irrtum beruht.[654] Eine weitergehende Aufklärungspflicht bei jeder vom Vernehmungsbeamten vorsatzlos verursachten und dann bemerkten Fehlvorstellung lehnt die Rechtsprechung weitestgehend ab.[655] Dies ist zu undifferenziert und überzeugt daher nicht. Der Vernehmungsbeamte hat zumindest dann, wenn er den von ihm fahrlässig bewirkten Irrtum beim Beschuldigten erkennt, aus dem Fairness-Grundsatz eine Aufklärungspflicht für die letztlich von ihm verursachte Fehleinschätzung. So dient die Vernehmung des Beschuldigten vor allem seiner Verteidigung (§ 136 Abs. 2 StPO). Besteht zumindest die Möglichkeit, dass die Willensfreiheit infolge des Irrtums fahrlässig beeinträchtigt worden ist, so muss dieser Irrtum vom Vernehmungsbeamten auch aufgeklärt werden.[656]

651 M-G/S-*Schmitt*, § 136a Rn. 17; LR-*Gleß*, § 136a Rn. 47.

652 BGH 07.01.1997 – 1 StR 666/96, NStZ 1997, 251, 252.

653 AG Delmenhorst 12.03.1991 – VI 9/91, StV 1991, 254.

654 BGH 07.06.1983 – 5 StR 409/81, BGHSt 31, 395, 400.

655 Vgl. BGH 24.08.1988 – 3 StR 129/88, BGHSt 35, 328, 329 f.

656 Ebenso *Beulke/Swoboda*, Rn. 211; *Krey/Heinrich*, Rn. 1189; *Volk/Engländer*, § 9 Rn. 15; *Günther*, StV 1988, 421, 423.

### d) Hörfallen

Verbotene Täuschungen können auch die sog. Hörfallen darstellen, bei denen der Beschuldigte konkludent darüber getäuscht wird, dass er vernommen wird. 231

**Beispiel:**[657]

Während einer Vernehmungspause verlässt der Vernehmungsbeamte den Raum, damit der Beschuldigte Gelegenheit erhält, mit einem Dritten zu sprechen. Tatsächlich hört er das Gespräch durch die angelehnte Tür mit.

Da der Beschuldigte über den Vernehmungscharakter getäuscht wird, stellt dies eine verbotene Täuschung dar.[658] Auch **heimliche Tonbandaufnahmen** während einer Vernehmung sind grundsätzlich unzulässig, weil außerhalb des Anwendungsbereichs der §§ 100a ff. StPO ein Eingriff in die Vertraulichkeit des Wortes gem. § 201 StGB untersagt ist.[659] Hingegen verstößt es mangels Vernehmung nicht gegen § 136a Abs. 1 StPO, wenn bei angeordneter Telekommunikationsüberwachung (§ 100a StPO) der Beschuldigte durch polizeiliches Handeln zu einem **selbstbelastenden Telefongespräch** veranlasst wird.[660]

**Beispiel:**

Der Telefonanschluss des Beschuldigten wird zulässigerweise überwacht. Um ihn zu einer belastenden Äußerung zu motivieren, ruft die Polizei bei der Ehefrau an und kündigt die alsbaldige Verhaftung des Beschuldigten an. Daraufhin telefoniert dieser mit einem Mittäter und äußert in dem Gespräch Belastendes.

Das heimliche Mithören von Gesprächen, die **private Dritte** auf Veranlassung der Strafverfolgungsbehörden mit dem Beschuldigten führen, unterfallen hingegen nach wohl h.M. zu Recht grundsätzlich nicht § 136a StPO, da weder eine Vernehmung noch eine vernehmungsähnliche Situation gegeben ist.[661]

657 Beispiel aus *Beulke/Swoboda*, Rn. 212.

658 Ebenso *Beulke/Swoboda*, Rn 212; *Eisenberg*, Rn. 638; KK-*Diemer*, § 136a Rn. 6 m.w.N.

659 BGH 17.03.1983 – 4 StR 640/82, BGHSt 31, 304, 306; BGH 09.04.1986 – 3 StR 551/85, BGHSt 34, 39, 50 ff.; KK-*Diemer*, § 136a Rn. 24 f.; LR-*Gleß*, § 136a Rn. 52; SK-*Rogall*, § 136a, Rn. 69.

660 BGH 09.05.1985 – 1 StR 63/85, BGHSt 33, 217, 223 f.

661 BGH 13.05.1996 – GSSt 1/96, BGHSt 42, 139, 146 f.; KK-*Diemer*, § 136a Rn. 26 m.w.N.

**Beispiel:**

Die Polizei verdächtigt den Beschuldigten eines schweren Raubs und wendet sich an dessen Freund um Mithilfe. Dieser ist dazu bereit, ruft bei dem Beschuldigten an und erwähnt den schweren Raub. Das Telefongespräch, in dem der Beschuldigte tatsächlich gegenüber seinem Freund alles einräumt, wird mit Einverständnis des Freundes von der Polizei mitgehört.

**232** Jedoch ist die **Frage der Verwertbarkeit** solcher Gesprächsinhalte im Einzelfall sehr umstritten.[662] Die Rechtsprechung bejaht dies zumindest dann, wenn es – wie im obigen Beispiel (schwerer Raub) – um die Aufklärung einer Straftat von erheblicher Bedeutung (s. hierzu Rn. 361) geht und der Einsatz anderer Ermittlungsmaßnahmen wesentlich weniger Erfolg versprechend oder wesentlich erschwert wäre.[663] Hingegen liegt ein Beweisverwertungsverbot vor, wenn der Beschuldigte sich zuvor bereits auf sein Aussageverweigerungsrecht berufen hat, da dies einen Verstoß gegen die Selbstbelastungsfreiheit darstellt.[664] Unabhängig von der Geltendmachung des Aussageverweigerungsrechts gilt dies aufgrund der besonderen Zwangswirkung der Untersuchungshaft aber auch, wenn der in Untersuchungshaft befindliche Beschuldigte mit einem anderen Häftling zum Zwecke der Ausforschung zusammengelegt wird.[665]

### 8. Hypnose

**233** Hypnose ist die Einwirkung auf einen anderen, durch die unter Ausschluss des bewussten Willens eine Einengung des Bewusstseins auf die von dem Hypnotisierenden gewünschte Vorstellungsrichtung erfolgt.[666] Inwieweit das Verbot der Hypnose bei Vernehmungen ausnahmslos gilt oder aber zumindest zur Beseitigung sog. **posthypnotischer Hemmungen** sowie zur **Auffrischungen des Gedächtnisses** eines Zeugen, der damit einverstanden ist, Ausnahmen erfährt, ist umstritten, wird aber von der h.M. abgelehnt.[667] Dem ist zuzustimmen, da eine solche Einschränkung des Hypnoseverbots zwar durchaus nachvollziehbare kriminalistische Gründe haben mag. Jedoch verbietet der eindeutige Gesetzeswortlaut des § 136a StPO jegliche Formen von Hypnose sowie auch eine Einwilligung des zu Vernehmenden. Möglich wäre hingegen, dass sich ein Zeuge

662 Ausführlich M-G/S-*Schmitt*, § 136a Rn. 4a; *Roxin/Schünemann*, § 24 Rn. 40 ff. jeweils m.w.N.

663 BGH 13.05.1996 – GSSt 1/96, BGHSt 42, 139, 156 f.

664 BGH 26.07.2007 – 3 StR 104/07, BGHSt 52, 11, 16 ff.

665 BGH 28.04.1987 – 5 StR 666/86, BGHSt 34, 362, 363 f.

666 M-G/S-*Schmitt*, § 136a Rn. 19.

667 KK-*Diemer*, § 136a Rn. 28; M-G/S-*Schmitt*, § 136a Rn. 19; MüKo-*Schuhr*, § 136a Rn. 50 jeweils m.w.N.; a.A. AK-*Gundlach*, § 136a Rn. 44 ff.; *Artkämper*, Kriminalistik 2009, 417, 419 ff.; *Beetz/Wiest*, Kriminalistik 2008, 355 ff.; SK-*Rogall*, § 136a Rn. 70.

zur Auffrischung seiner Erinnerung privat hypnotisieren lässt und dann die dadurch gewonnenen Erkenntnisse in einer späteren Vernehmung angibt.

## III. Verbotene Methoden nach § 136a Abs. 1 S. 2 u. 3 StPO

### 1. Allgemeines

Die verbotenen Methoden (**Zwang, Drohung, Versprechen**) beziehen sich auf beliebige Mittel, sodass auch systematische Überschneidungen mit den Fallgruppen des § 136a Abs. 1 S. 1 StPO möglich sind. Hierbei stellen die Methoden Drohung und Versprechen klar, dass bereits in der Ankündigung von unzulässigem Verhalten eine verbotene Beeinflussung der Willensbildung des Beschuldigten liegt. 234

**Beispiele:**

Drohung mit körperlicher Misshandlung, Folter[668] oder Quälerei[669].

Die verbotenen Methoden des § 136a Abs. 1 S. 2 u. 3 StPO stellen einen Zusammenhang zwischen dem **Legalitätsprinzip und der Aussagefreiheit** des Beschuldigten her. Die Regeln des Strafverfahrens dürfen von den Vernehmenden weder zum Vorteil noch zum Nachteil des Beschuldigten verletzt werden. In der Folge dürfen bestehende Ermessensspielräume nur durch Anwendung sachgerechter Kriterien genutzt werden.[670]

### 2. Zwang

Zwang darf nur eingesetzt werden, wenn das Verfahrensrecht eine entsprechende Eingriffsnorm vorsieht, wie beispielsweise eine vorläufige Festnahme. Darüber hinaus ist Zwang verboten. Glaubt der Beschuldigte irrig, er befinde sich in einer Zwangslage, ist dies ohne Bedeutung.[671] 235

**Beispiel:**

Für den Beschuldigten unangenehme Fragen während der Vernehmung.

Besteht eine rechtswidrige Zwangslage, wie beispielsweise eine rechtswidrige Freiheitsberaubung des Beschuldigten, so kommt ein Beweisverwertungsverbot der im Rahmen einer Vernehmung getätigten Angaben nach der Recht-

668 Hierzu EGMR 01.06.2010 – 22978/05 (Gäfgen/Deutschland), NJW 2010, 3145, 3146 ff.

669 Hierzu BGH 13.07.1962 – 4 StR 70/62, BGHSt 17, 364, 367 ff.

670 MüKo-*Schuhr*, § 136a Rn. 53.

671 M-G/S-*Schmitt*, § 136a Rn. 20.

sprechung nur in Betracht, wenn der Zwang **gezielt** zur Herbeiführung einer Aussage eingesetzt wird.[672] Daher liegt eine Ausübung unzulässigen Zwangs nicht schon darin, dass ein vorläufig Festgenommener vor der Vorführung innerhalb der Frist des § 128 Abs. 1 S. 1 StPO von der Staatsanwaltschaft oder der Polizei vernommen wird.[673]

### 3. Drohung mit verfahrensrechtlich unzulässigen Maßnahmen

**236** Drohung mit einer verfahrensrechtlich unzulässigen Maßnahme liegt vor, wenn der Vernehmende ein entsprechendes Geschehen in Aussicht stellt, auf dessen Eintritt er Einfluss zu haben behauptet.

**Beispiel:**

Drohung mit vorläufiger Festnahme, obwohl keine Festnahmegrund besteht; Drohung mit einem in § 56f StGB nicht vorgesehenen Widerruf der Strafaussetzung.[674]

Die Ankündigung zulässiger Maßnahmen (z.B. Festnahme), die sachlich geboten sind, ist hingegen erlaubt, ebenso reine **Warnungen, Belehrungen und Hinweise**, da sie nicht die Entschließungsfreiheit des Beschuldigten betreffen, sondern nur Überlegungen, die der Beschuldigte auch selbst anstellen könnte.[675]

**Beispiel:**

Hinweis, dass Leugnen aufgrund der erdrückenden Beweislage nicht erfolgversprechend ist.

### 4. Versprechen von gesetzlich nicht vorgesehenen Vorteilen

**237** Es handelt sich bei dem Versprechen von gesetzlich nicht vorgesehenen Vorteilen nach der Rechtsprechung um eine **bindende Zusage**, die geeignet ist, das Aussageverhalten zu beeinflussen, da der Empfänger auf deren Einhaltung vertraut.[676]

---

672 BGH 19.07.1995 – 2 StR 758/94, NJW 1995, 2933, 2936.

673 BGH 17.11.1989 – 2 StR 418/89, NJW 1990, 1188.

674 LG Bielefeld 12.03.1993 – 2 KLs C4/92 II, StV 1993, 239.

675 Vgl. BGH 04.08.1998 – 1 StR 79/98, StV 1999, 407.

676 BGH 01.04.1960 – 4 StR 36/60, BGHSt 14, 189, 191; weitere Nachweise bei M-G/S-*Schmitt*, § 136a Rn. 23.

**Beispiel:**

Mitteilung, dass ein Geständnis stets zu einer milderen Strafe führt;[677] Versprechen, bei Ablegen eines Geständnisses keinen Haftbefehl wegen Fluchtgefahr zu beantragen.[678]

Zulässig ist dagegen nach der Rechtsprechung, dem Beschuldigten mögliche Vorteile bloß in Aussicht zu stellen.[679]

**Beispiele:**

Hinweis, dass durch ein Geständnis möglicherweise der Haftgrund der Verdunkelungsgefahr entfallen könnte oder dass ein Geständnis strafmildernd wirken könnte.

In diesem Kontext sind auch die sog. **Kronzeugenregelungen** (§ 31 BtMG, § 46b StGB) und die **Verständigung** (§ 257c StPO) zu betrachten, die an das Aussageverhalten des Beschuldigten bestimmte Vergünstigungen knüpfen. Ob diese Vergünstigungen eintreten, hängt allerdings immer von dem Inhalt der Aussage ab, sodass auch hier lediglich ein Vorteil in Aussicht gestellt wird und damit kein Verstoß gegen § 136a StPO vorliegt.[680] Gleiches gilt für Absprachen im Ermittlungsverfahren zwischen der Staatsanwaltschaft und den Verfahrensbeteiligten (vgl. § 160b StPO).[681] Sagt das Gericht als Gegenleistung für ein Geständnis hingegen bewusst eine unzutreffende rechtliche Bewertung der Tat zu, liegt darin das Versprechen eines gesetzlich nicht vorgesehenen Vorteils.[682] **238**

## IV. Maßnahmen nach § 136a Abs. 2 StPO

Das Erinnerungsvermögen und die Einsichtsfähigkeit des Beschuldigten dürfen nicht beeinträchtigt werden. **Erinnerungsvermögen** ist die Fähigkeit, sich in der Vergangenheit liegende Tatsachen und Geschehnisse mithilfe eigener Denkarbeit zu vergegenwärtigen. **Einsichtsfähigkeit** ist das Vermögen des Beschuldigten, die inhaltliche und wertungsmäßige Bedeutung der Aussage und deren Folgen zutreffend einzuschätzen. Sie wird durch Maßnahmen gemindert, die sein Wertungsvermögen so beeinflussen, dass er nicht mehr ausreichend beurteilen kann, was richtig oder falsch, günstig oder ungünstig für ihn **239**

677 Vgl. BGH 01.04.1960 – 4 StR 36/60, BGHSt 14, 189, 191.

678 OLG Köln 24.06.2013 – 2 Ws 264/13, NStZ 2014, 172, 173 f.; zur Zusage der Entlassung aus der Untersuchungshaft BGH 14.09.1965 – 5 StR 307/65, BGHSt 20, 268, 269.

679 BGH 01.04.1960 – 4 StR 36/60, BGHSt 14, 189, 191 f.

680 Kritisch zur Praxis der Urteilsabsprachen *Roxin/Schünemann*, § 25 Rn. 27.

681 Zu diesem sog. „kleinen Deal" ausführlich *Nötzel/Klauck*, NStZ 2021, 577 ff.

682 BGH 27.04.2007 – 2 StR 523/06, NStZ 2007, 655, 657.

ist.[683] Das Verbot hat in der Praxis kaum Bedeutung, da die Maßnahmen in der Regel von den Verboten des § 136a Abs. 1 StPO erfasst werden. Denkbar wären hier als Verstöße bestimmte Fragetechniken, wie Fang- oder Suggestivfragen, die aber gerade nicht grundsätzlich verboten sind,[684] mag der Beweiswert auch zweifelhaft sein[685].

## V. Sonstige verbotene Vernehmungsmethoden

240 Da die Auflistung der Methoden in § 136a StPO nicht abschließend ist, kommen grundsätzlich auch andere, nicht genannte Methoden in Betracht. Hier ist vor allem der Einsatz eines **Polygrafen** („Lügendetektors") zu nennen. Dabei handelt es sich um ein technisches Gerät, das mittels Sensoren bei dem Vernommenen – dem währenddessen Fragen gestellt werden, die er in der Regel verneinen oder ausnahmsweise bejahen muss – körperliche Vorgänge, die der direkten willentlichen Kontrolle weitgehend entzogen sind, wie Blutdruck, Pulsschlag, Atemfrequenz, elektrische Leitfähigkeit der Haut, Muskelspannung und Oberflächentemperatur des Körpers registriert und grafisch auf Papierstreifen darstellt.[686] Daraus werden dann Rückschlüsse auf die subjektive Richtigkeit des während der Messung Ausgesagten gezogen. Die Verwendung des Lügendetektors wurde im Hinblick auf das allgemeine Persönlichkeitsrecht (Art. 2 Abs. 1 i.V.m. Art. 1 Abs. 1 GG) und in entsprechender Anwendung des § 136a StPO ohne Rücksicht auf das Einverständnis des Betroffenen zutreffend als unzulässig angesehen.[687] Nach neuerer Auffassung des Bundesgerichtshofs verstößt der Einsatz eines Polygrafen allerdings nicht gegen § 136a StPO, sofern der Beschuldigte freiwillig mitwirkt. Jedoch führt eine solche Untersuchung zu einem völlig **ungeeigneten Beweismittel** (§ 244 Abs. 3 S. 3 Nr. 4 StPO).[688] In der Folge hat der Beschuldigte auch keinen Anspruch auf Einsatz eines Polygrafen, um seine Unschuld zu beweisen.[689]

---

683 KK-*Diemer*, § 136a Rn. 35.

684 M-G/S-*Schmitt*, § 136a Rn. 25.

685 Hierzu *Müller*, S. 87.

686 Ausführlich zu Funktion und Verfahren BGH 17.12.1998 – 1 StR 156/98, BGHSt 44, 308, 313 ff.

687 BVerfG 18.08.1981 – 2 BvR 166/81, NStZ 1981, 446, 447; BVerfG 07.04.1998 – 2 BvR 1827/97, NJW 1998, 1938, 1939; BGH 16.02.1954 – 1 StR 578/53, BGHSt 5, 332, 335.

688 BGH 17.12.1998 – 1 StR 156/98, BGHSt 44, 308, 318 f. Zum Stand der Diskussion KK-*Diemer*, § 136a Rn. 34 m.w.N.

689 Vgl. BGH 30.11.2010 – 1 StR 509/10, NStZ 2010, 474, 475.

## F. Prüfung der Rechtmäßigkeit einer Beschuldigtenvernehmung

Aus den dargelegten Grundsätzen zur Beschuldigtenvernehmung lässt sich eine **Checkliste** zur Überprüfung der Rechtmäßigkeit einer Befragung ableiten. So muss zunächst ein Anfangsverdacht bestehen, damit überhaupt eine strafverfahrensrechtliche Befragung möglich ist. Eine Beschuldigtenvernehmung ist wiederum nur gegenüber einem Beschuldigten möglich. Die Belehrungspflichten sind abhängig von der Art der Befragung (Vernehmung, Spontanäußerung etc.) und erfordern ggf. eine bestimmte Dokumentationsform. Wünscht der Beschuldigte nach der Belehrung einen Verteidiger zu sprechen oder liegt ein Fall der notwendigen Verteidigung vor, können sich weitere Plichten der Vernehmungsbeamten ergeben. Auch dürfen keine verbotenen Vernehmungsmethoden vorliegen. Daraus ergibt sich folgendes (grobes) **Schema zur Prüfung der Rechtmäßigkeit einer Beschuldigtenvernehmung**: 241

**Prüfungsschema:**

- Anfangsverdacht einer Straftat
- Status des Vernehmenden: Beschuldigter, (verdächtiger) Zeuge?
- Vernehmung i.S.d. Vernehmungsbegriffs: ggf. Abgrenzung gegenüber informatorischer Befragung, Vorbesprechung oder Spontanäußerung?
- Eröffnung des Tatvorwurfs und vollständige Belehrung: ggf. qualifizierte Belehrung, Dokumentation auf Video bei vorsätzlichen Tötungsdelikten etc.?
- bei/nach Belehrung ggf.: Dolmetscher, Hilfspflichten bei Kontaktherstellung zu Verteidiger, Einleitung einer Pflichtverteidigerbestellung, Besonderheiten bei Jugendlichen etc.?
- Keine verbotenen Vernehmungsmethoden

# 5. KAPITEL Zwangsmaßnahmen und Grundrechtseingriffe

## A. Allgemeines

Für Ermittlung und Beweissammlung stehen der Staatsanwaltschaft und der Polizei strafprozessuale Zwangsmaßnahmen zur Verfügung. Diese Zwangsmaßnahmen stellen **Eingriffe in die Individualsphäre des Betroffenen** dar und sind stets mit Grundrechtseingriffen verbunden. Im Einzelnen finden sich Eingriffe in die persönliche Freiheit (Art. 2 Abs. 2 S. 2 GG; z.B. vorläufige Festnahme), die körperliche Unversehrtheit (Art. 2 Abs. 2 S. 1 GG; z.B. Entnahme von Blutproben), das Eigentum (Art. 14 Abs. 1 GG; z.B. Beschlagnahme), die Unverletzlichkeit der Wohnung (Art. 13 Abs. 1 GG; z.B. Wohnungsdurchsuchung), das Post-, Brief- und Fernmeldegeheimnis (Art. 10 Abs. 1 GG; z.B. Telekommunikationsüberwachung), die Berufsfreiheit (Art. 12 Abs. 1 GG; z.B. vorläufiges Berufsverbot) und das Recht auf informationelle Selbstbestimmung (Art. 2 Abs. 1 i.V.m. Art. 1 Abs. 1 GG; z.B. Rasterfahndung, Einsatz Verdeckter Ermittler). **242**

Ein System der Zwangsmaßnahmen ist dem Gesetz nicht zu entnehmen. Die Zwangsmaßnahmen lassen sich nach ihrer **prozessualen Funktion** in Zwecke der Ermittlung, der Sicherung von Beweisen, der Feststellung von Verfahrensvoraussetzungen, der Sicherung der Durchführung des Verfahrens und der Urteilsvollstreckung sowie der Verhütung von Straftaten einteilen.[690] Diese Unterteilung ist rechtsstaatlich von Bedeutung. **243**

**Beispiel:**

Untersuchungshaft dient der Sicherung von Beweisen (Verdunkelungsgefahr) und des Verfahrens (Fluchtgefahr) sowie der Verhütung von Straftaten (Wiederholungsgefahr), aber nicht zur Ermittlung. So wäre die Anordnung von Untersuchungshaft gegen den Beschuldigten zum Zwecke der Erlangung eines Geständnisses unzulässig.

Grundsätzlich können Zwangsmaßnahmen dabei **offen oder verdeckt** durchgeführt werden. Offen ist eine Maßnahme, wenn sie für den Betroffenen erkennbar ist, während verdeckte Maßnahmen unbemerkt vom Betroffenen, also heimlich, erfolgen, gleichgültig, ob dieser die heimliche Maßnahme bemerkt. **244**

**Beispiele:**

Die Durchsuchung einer Person ist eine offene Maßnahme, während die Observation eine verdeckte Maßnahme darstellt.

---

690 *Roxin/Schünemann*, § 29 Rn. 2; *Schroeder/Verrel*, Rn. 105.

**245** **Verdeckte Maßnahmen** greifen gerade aufgrund der Unkenntnis des Betroffenen von der Maßnahme oftmals intensiv in dessen Grundrechte ein. Rechtsschutz ist wegen der fehlenden Kenntnis regelmäßig erschwert.[691] Auch werden teilweise viele Personen von einer verdeckten Maßnahme betroffen, die keinen Anlass für deren Anordnung gegeben haben.[692]

**Beispiel:**

Bei einer Telekommunikationsüberwachung (§ 100a StPO) werden alle Gespräche des überwachten Telefonanschlusses des Beschuldigten aufgezeichnet, also auch diejenigen, die er mit nicht in das Strafverfahren involvierten Verwandten, Freunden, Kollegen, Geschäftspartnern etc. führt.

In der Folge ist gerade bei verdeckten Maßnahmen der Anwendungsbereich auf die Aufklärung von Straftaten eines bestimmten Schweregrades beschränkt. Auch sind die Verhältnismäßigkeitsanforderungen teilweise in der Norm konkretisiert und verdeckte Maßnahmen kommen regelmäßig nur subsidiär in Betracht.[693]

**246** Nach dem **Gesetzesvorbehalt** dürfen Eingriffe in Grundrechte des Bürgers nur aufgrund eines Gesetzes erfolgen. Hierbei handelt es sich im materiellen Sinne um förmliche Parlamentsgesetze, Rechtsverordnungen und Satzungen.[694] Keine Gesetze in diesem Sinne sind Verwaltungsvorschriften wie beispielsweise die RiStBV. Auch müssen nach dem **Bestimmtheitsgrundsatz** die in Grundrechte eingreifenden Ermächtigungsgrundlagen hinreichend bestimmt und klar formuliert sein.[695] Dem würde eine allgemeine Generalklausel, die quasi alle i.S.d. Verhältnismäßigkeit für das Strafverfahren erforderlichen Maßnahmen erlaubt, nicht entsprechen. In der Folge enthält die StPO viele einzelne Spezialermächtigungen für offene sowie verdeckte Ermittlungsmaßnahmen. Dieser seit Bestehen der StPO sich ständig erweiternde Katalog an Spezialermächtigungen ist insoweit gerade kein Zeichen für einen zunehmenden „Polizeistaat“, sondern **Ausdruck der Rechtsstaatlichkeit**.[696] Die notwendigen feinen Abstufungen in den einzelnen formellen und materiellen Anforderungen der jeweiligen Ermächtigungsgrundlage sind dabei eine einfachrechtliche Konkretisierung der verfassungsrechtlichen Verhältnismäßigkeit.

691 BVerfG 11.03.2008 – 1 BvR 2074/05, NJW 2008, 1505, 1508.
692 BVerfG 04.04.2006 – 1 BvR 518/02, NJW 2006, 1939, 1944.
693 Ausführlich *Trurnit*, Rn. 62 ff.
694 *Trurnit*, Rn. 13.
695 BVerfG 27.02.2008 – 1 BvR 370/07, NJW 2008, 822, 827 f.
696 Hierzu *Schroeder/Verrel*, Rn. 102.

## B. Ermittlungsgeneralklauseln

Außer den vielen Spezialermächtigungen der StPO, die im Folgenden dargestellt werden, bestehen auch zwei sog. Ermittlungsgeneralklauseln für die Staatsanwaltschaft (§ 161 Abs. 1 S. 1 StPO) sowie für die Polizei (§ 163 Abs. 1 S. 2 StPO). Diese Normen sind bis zum Inkrafttreten des StVÄG 1999[697] überwiegend als reine Aufgabenzuweisungen eingestuft worden, die nicht zu strafprozessualen Grundrechtseingriffen ermächtigen. Durch die Umgestaltung der beiden Vorschriften zu **„kleinen Eingriffsgeneralklauseln"**[698] erlauben diese Ermächtigungsnormen nunmehr auch Grundrechtseingriffe. Dies erscheint durchaus sinnvoll und notwendig, um die vielfältigen Möglichkeiten von Ermittlungsmaßnahmen angemessen nutzen und auf die sich ständig ändernden Erscheinungsformen der Kriminalität entsprechend reagieren zu können. Allerdings besteht stets ein **Vorrang der spezialgesetzlichen Ermächtigungsnormen** (§§ 161 Abs. 1 S. 1, 163 Abs. 1 S. 2 StPO: „soweit nicht andere gesetzliche Vorschriften ihre Befugnisse besonders regeln"). In der Folge beschränken sich die Eingriffsmöglichkeiten der Generalklauseln auf weniger intensive, nur geringfügige Grundrechtseingriffe[699] sowie auf Ermittlungsmaßnahmen, die nicht in Grundrechte des Betroffenen eingreifen. Liegen die notwendigen Voraussetzungen einer Spezialermächtigung nicht vor, ist ein Rückgriff auf die Generalklauseln der §§ 161, 163 StPO ausgeschlossen. Ansonsten würde man die Voraussetzungen der Spezialermächtigung durch einen Rückgriff auf die Generalklausel aushebeln. Auch kann die Ausübung von körperlichem Zwang nicht auf die Generalklauseln gestützt werden.[700] Ebenso wenig sind Ermittlungen erlaubt, die Straftatbestände verwirklichen, da ansonsten jede Verfolgung einer Straftat die Begehung von Straftaten rechtfertigen würde. Die Verwirklichung einer Straftat durch Strafverfolgungsbehörden setzt aber stets eine Spezialermächtigung voraus. 247

**Beispiele:**

Eine vorläufige Festnahme nach § 127 Abs. 2 StPO erfüllt den Straftatbestand der Freiheitsberaubung (§ 239 Abs. 1 StGB); eine Blutentnahme nach § 81a Abs. 1 StPO verwirklicht den Straftatbestand der Körperverletzung (§ 223 Abs. 1 StGB).

Gleichwohl können wegen des **Grundsatzes der freien Gestaltung des Ermittlungsverfahrens** nicht nur offene, sondern auch verdeckte Ermittlungs- 248

697 BGBl. I, S. 1253 ff.

698 *Krey/Heinrich*, Rn. 703.

699 BGH 31.01.2007 – StB 18/06, BGHSt 51, 211, 218.

700 KK-*Weingarten*, § 163 Rn. 12.

maßnahmen auf die Generalklauseln gestützt werden. Bei Letzteren ist der Verhältnismäßigkeitsgrundsatz in besonderem Maße zu beachten.

**Beispiele:**

Einfache Fahndungsmaßnahmen unterhalb der Schwelle von §§ 331 ff. StPO; Befragungen des Umfeldes einer verdächtigen Person; Anfertigen von Tatortfotos; kurzfristige Observationen; „reine Internetaufklärung" in allgemein zugänglichen sozialen Netzwerken;[701] nach h.M. auch der Einsatzsatz von Vertrauenspersonen, Informanten, Scheinaufkäufern von Betäubungsmitteln oder nicht offen ermittelnden Polizeibeamten (s. Rn. 552).[702]

249 Darüber hinaus enthält § 161 Abs. 1 StPO eine **Auskunfts- und Datenübermittlungspflicht** der Staatsanwaltschaft für die Verfolgung von Straftaten gegenüber allen öffentlichen Behörden.[703] Der grundsätzlichen Pflicht zur Auskunft können im Einzelfall Beschlagnahmeverbote (§ 97 StPO), das Post- und Fernmeldegeheimnis (Art. 10 GG), das Steuergeheimnis (§ 30 AO) oder das Sozialgeheimnis (§ 35 SGB I) entgegenstehen, nicht aber z.B. das Bankgeheimnis.[704] Von anderen Stellen oder Personen kann ebenfalls Auskunft verlangt werden. Es handelt sich dann aber nicht um einen Auskunftsanspruch nach § 161 Abs. 1 StPO, sondern um eine formlose Art der Zeugenvernehmung.[705] Bei Verweigerung der Auskunft kann eine förmliche Vernehmung erzwungen werden (vgl. § 161a StPO). Auch Durchsuchungen und Beschlagnahmen kommen dann grundsätzlich in Betracht.[706]

250 Für die Polizei besteht ein Auskunftsanspruch im Falle der Auftragserteilung durch die Staatsanwaltschaft (§ 161 Abs. 1 S. 2 StPO) und darüber hinaus selbstständig bei Gefahr im Verzug (§ 163 Abs. 1 S. 2 StPO). Ansonsten hat die Polizei nur ein **selbstständiges Fragerecht**, das die Behörde nicht zur Auskunft verpflichtet.[707]

701 Hierzu M-G/S-*Köhler*, § 100a Rn. 7.

702 Weitere Beispiele bei KK-*Weingarten*, § 161 Rn. 1; M-G/S-*Köhler*, § 161 Rn. 1 u. § 163 Rn. 28.

703 BVerfG 20.04.2016 – 1 BvR 966/09, NJW 2016, 1781, 1804.

704 Einzelheiten bei KK-*Weingarten*, § 161 Rn. 7 ff.

705 LG Frankfurt am Main 25.11.1953 – 5/7 Qs 183/53, NJW 1954, 688.

706 M-G/S-*Köhler*, § 161 Rn. 2.

707 M-G/S-*Köhler*, § 163 Rn. 1a.

## C. Struktur der Zwangsmaßnahmen

Die Zwangsmaßnahmen weisen regelmäßig eine **zweistufige Struktur** auf, indem zuerst die jeweilige Maßnahme und ihre materiell-rechtlichen Voraussetzungen (Anordnungsvoraussetzungen) beschrieben werden. In einem folgenden Absatz oder Paragrafen sind dann die formell-rechtlichen Voraussetzungen, insbesondere die Frage der Anordnungskompetenz geregelt. Weitere rechtliche Fragestellungen betreffen u.a. die Verwertbarkeit und die Rechtsschutzmöglichkeiten. Zu den materiell-rechtlichen Voraussetzungen gehören stets die Stärke des Tatverdachts, die sich an der Eingriffsintensität orientiert, der Betroffene der Maßnahme (Verdächtiger, Beschuldigter oder Dritter) und die Verhältnismäßigkeit. Darüber hinaus enthalten einige der verdeckten Ermittlungsmaßnahmen aufgrund der hohen Eingriffsintensität auch Mindestanforderungen hinsichtlich der Schwere der Straftat, auf die sich der Tatverdacht bezieht (z.B. § 100a Abs. 1 S. 1 Nr. 1 u. 2, Abs. 2 StPO), spezielle Subsidiaritätsgrundsätze (z.B. § 100a Abs. 1 S. 1 Nr. 3 StPO) und negative Voraussetzungen, wie den Schutz des Kernbereichs privater Lebensgestaltung (§ 100d StPO). Vor der Prüfung der Anordnungsvoraussetzungen einer Zwangsmaßnahme stellt sich stets die Frage des Grundrechtseingriffs und des Zwecks der jeweiligen Ermittlungsmaßnahme. 251

Daraus lässt sich folgendes allgemeines (grobes) **Schema zur Prüfung der Rechtmäßigkeit von Zwangsmaßnahmen** ableiten: 252

**Prüfungsschema:**

**1. Vorüberlegung zur Auswahl der Zwangsmaßnahme:**

- Grundrechtseingriff und Zweck der Maßnahme?

**2. Materielle Rechtmäßigkeit (Anordnungsvoraussetzungen):**

- Verdachtsstufe: Anfangsverdacht (ggf. bezogen auf bestimmte Straftaten), dringender Tatverdacht?
- Betroffener: Beschuldigter, Verdächtiger, Unverdächtiger, Zeuge, Dritter?
- Weitere spezielle Voraussetzungen: z.B. bei verdeckten Zwangsmaßnahmen Subsidiaritätsklausel u. negative Kernbereichsprognose
- Verhältnismäßigkeit: geeignet, erforderlich u. angemessen?

**3. Formelle Rechtmäßigkeit:**

- Anordnungskompetenz: Wer und wie (Form, ggf. Frist)?
- Evtl. weitere Form- und Durchführungsvorschriften: z.B. § 106 StPO

## D. Durchsetzung von Zwangsmaßnahmen

253 Während die Voraussetzungen für eine Zwangsmaßnahme, beispielsweise eine akustische Überwachung außerhalb von Wohnungen (§ 100f StPO) oder eine körperliche Untersuchung (§ 81a StPO), in der jeweiligen strafverfahrensrechtlichen Spezialermächtigung normiert sind, enthält die StPO keinerlei Bestimmungen zur Vorbereitung, Durchführung und Beendigung der jeweiligen Zwangsmaßnahme.

**Beispiele:**

Einbau von Abhörtechnik in den Pkw des Beschuldigten zur akustischen Überwachung; Verbringen des Beschuldigten zur Blutentnahme.

Diese ebenfalls in Grundrechte eingreifenden Begleitmaßnahmen werden nach h.M. zu Recht als sog. **Annexkompetenz** durch die jeweilige Ermächtigungsnorm legitimiert.[708] Liegen die rechtlichen Voraussetzungen einer Zwangsmaßnahme vor, so sind damit auch alle zur Realisierung der Maßnahme erforderlichen und angemessenen Begleitmaßnahmen erlaubt.[709]

254 Hierbei darf auch **Zwang** angewendet werden, soweit das Strafverfahrensrecht dies zulässt (vgl. § 136a Abs. 1 S. 2 StPO). Die Zulässigkeit ergibt sich aus Sinn und Zweck der durchzusetzenden Anordnung. Daher können strafprozessuale Zwangsmaßnahmen grundsätzlich mit Zwang durchgesetzt werden. Hinsichtlich der Art und Weise der Anwendung unmittelbaren Zwangs enthält die StPO keine Regelung. Nach h.M. kommen die Durchsetzungsregelungen, die für das den Zwang durchsetzende Organ erlassen worden sind, zur Anwendung.[710] Für die Polizei, die in der Regel die Zwangsmaßnahmen durchsetzt, sollen insoweit die jeweiligen polizeirechtlichen Regelungen zur Anwendung unmittelbaren Zwangs gelten, wenngleich dies zumeist nur im Zusammenhang mit § 127 Abs. 2 StPO diskutiert wird.[711] Eine solche verbindliche Geltung von länderspezifischem Polizeirecht im bundesrechtlichen Strafverfahren überzeugt nicht. So enthält die StPO eine abschließende Regelung für die jeweilige Zwangsmaßnahme, sodass die aus Art. 74 Abs. 1 Nr. 1 GG resultierende Gesetzgebungskompetenz des Bundes der Geltung von Landespolizeirecht im Strafverfahren entgegensteht. Einfachrechtlich entfaltet § 6 Abs. 1

708 Nachweise bei *Krey/Heinrich*, Rn. 707, Fn. 16.

709 Vgl. BGH 24.01.2001 – 3 StR 324/00, BGHSt 46, 266, 273 f.

710 BGH 25.03.1999 – 1 StR 26/99, JR 2000, 297 ff. m. Anm. *Ingelfinger*; KK-*Glaser*, § 127 Rn. 40; M-G/S-*Schmitt*, Einl. Rn. 46; *Roxin/Schünemann*, § 31 Rn. 11 f.; a.A. *Kramer*, Rn. 11c f.; *Schmidt/Schöne*, NStZ 1994, 218 ff.; SK-*Paeffgen*, § 127 Rn. 29 ff.

711 Vgl. die Nachweise bei M-G/S-*Schmitt*, § 127 Rn. 20.

EGStPO eine Sperrwirkung gegenüber den landesrechtlichen Vorschriften.[712] Auch würde der verbindliche Rückgriff auf landesrechtliche Polizeinormen unter Umständen zu einer unterschiedlichen Durchsetzungspraxis der bundesrechtlichen StPO führen. Maßstab für die Anwendung von unmittelbarem Zwang sollte daher stets der Verhältnismäßigkeitsgrundsatz sein. Die polizeirechtlichen Regelungen des unmittelbaren Zwangs können dabei allenfalls als Orientierungsmaßstab zur Art und Weise der Durchführung im Sinne einer unverbindlichen Konkretisierung der Verhältnismäßigkeit dienen.[713]

## E. Kompetenzverteilung für Zwangsmaßnahmen

### I. Grundsätzliches

Die Zuständigkeit für die Anordnung von strafverfahrensrechtlichen Zwangsmaßnahmen orientiert sich grundsätzlich an der Eingriffsintensität. Zuständig sind entweder der Richter, die Staatsanwaltschaft, die Ermittlungspersonen der Staatsanwaltschaft, die Polizei oder ganz ausnahmsweise der Bürger. Die primäre richterliche Zuständigkeit für die Anordnung von Zwangsmaßnahmen ist dabei in der StPO der Regelfall und soll sicherstellen, dass eine nicht an den Ermittlungen beteiligte und unabhängige Instanz über den Grundrechtseingriff entscheidet.[714] Dem liegt auch die Vorstellung zugrunde, dass der Richter im Gegensatz zur Polizei und auch zur Staatsanwaltschaft durch seine verfassungsrechtlich herausgehobene Stellung berufen ist, einen gerechten Ausgleich zwischen dem öffentlichen Interesse an einer wirksamen Strafverfolgung und dem Individualinteresse an der Wahrung von Freiheitsrechten zu finden.[715] Der **Richtervorbehalt** ist in der StPO wesentlich weiter gefasst als im Grundgesetz, wo ein Richtervorbehalt lediglich in Art. 104 Abs. 2 S. 2 GG für freiheitsentziehende Maßnahmen und in Art. 13 Abs. 2–5 GG für Wohnungsdurchsuchungen und -überwachungen ausdrücklich genannt wird. So enthält die StPO beispielsweise einen Richtervorbehalt für Durchsuchungen von Personen (§ 105 Abs. 1 StPO). Auch die körperliche und die molekulargenetische Untersuchung (§§ 81a, 81e, f StPO) stehen grundsätzlich unter einem Richtervorbehalt; ebenso die meisten verdeckten Maßnahmen. Hingegen kann beispielsweise eine Identitätsfeststellung (§ 163b StPO) oder eine erkennungsdienstliche Behandlung (§ 81b StPO) durch die Polizei angeordnet werden. Weiterhin hat jedermann, also jeder Bürger, das Recht zur vorläufigen Festnahme nach § 127 Abs. 1 S. 1 StPO. 255

712 Hierzu *Schmidt/Schöne*, NStZ 1994, 218, 219.

713 Ebenso *Kramer*, Rn. 11d.

714 BVerfG 16.06.1987 – 1 BvR 1202/84, BVerfGE 76, 83, 91.

715 *Rüping*, Rn. 311.

## II. Eilzuständigkeit

256 Für besonders intensive Grundrechtseingriffe ist ausschließlich der Richter zuständig.

**Beispiele:**

Verhaftung (§ 114 Abs. 1 StPO), Unterbringung zur psychiatrischen Beobachtung (§ 81 Abs. 1 StPO), Beschlagnahme in Presseräumen (§ 98 Abs. 1 S. 2 StPO), Online-Durchsuchung und akustische Wohnraumüberwachung (§ 100e Abs. 2 S. 1, 2 StPO), Beschlagnahme periodischer Druckwerke (§ 111q Abs. 4 S. 1 StPO).

Staatsanwaltschaft und Ermittlungspersonen der Staatsanwaltschaft haben darüber hinaus bei vielen unter einem Richtervorbehalt stehenden Zwangsmaßnahmen eine Eilzuständigkeit. Hierunter ist die Befugnis zu verstehen, anstelle der eigentlich zuständigen Anordnungsstelle zu entscheiden.[716] Voraussetzung dafür ist **Gefahr im Verzug**, was immer dann vorliegt, wenn die vorherige Einholung einer richterlichen Anordnung den Erfolg der Maßnahme gefährden würde, d.h. bei strafverfahrensrechtlichen Maßnahmen ein Beweismittelverlust verhindert werden soll.[717] Der Regelfall ist aber die richterliche Anordnung. Aufgrund dieses **Ausnahmecharakters** der nicht richterlichen Anordnung muss der Begriff Gefahr im Verzug eng ausgelegt werden.[718] Erforderlich sind konkrete Tatsachen, während die bloße Möglichkeit eines Beweismittelverlusts nicht ausreicht.[719] Die Strafverfolgungsbehörden müssen regelmäßig zunächst versuchen, eine richterliche Anordnung zu erlangen. In der Folge besteht eine Verpflichtung der Gerichte, die Erreichbarkeit eines Richters durch die Einrichtung von Eil- und Notdiensten sicherzustellen. Diese müssen auch außerhalb der üblichen Geschäftszeiten ganzjährig zwischen 6 und 21 Uhr bestehen.[720] Während der Nachtzeit muss ein **richterlicher Bereitschaftsdienst** (§ 22c GVG) dann eingerichtet werden, wenn hierfür ein über den Ausnahmefall hinausgehender Bedarf vom jeweiligen Gerichtspräsidium festgestellt wird. Das Fehlen eines nach diesem Maßstab erforderlichen nächtlichen richterlichen Bereitschaftsdienstes kann im Einzelfall einen schwerwiegenden Organisationsmangel darstellen und die staatsanwaltschaftliche oder polizeiliche Eilanordnung rechtswidrig machen. Wird der Richter erreicht, verweigert jedoch eine (rechtzeitige) Entscheidung lebt die

716 *Trurnit*, Rn. 81.

717 BVerfG 03.04.1979 – 1 BvR 994/76, BVerfGE 51, 97, 111.

718 BVerfG 20.02.2001 – 2 BvR 1444/00, BVerfGE 103, 142, 156 f.

719 BVerfG 20.02.2001 – 2 BvR 1444/00, BVerfGE 103, 142, 158.

720 BVerfG 12.03.2019 – 2 BvR 675/14, NJW 2019, 1428.

Eilkompetenz nicht wieder auf.[721] Eine Ausnahme besteht nur dann, wenn nach der Befassung des Richters neue Umstände auftreten oder bekannt werden, die eine Gefahr des Beweismittelverlusts bei vorheriger Einschaltung des Richters begründen würden.[722] Eine Anordnung aufgrund der Eilkompetenz ist gerichtlich voll überprüfbar.[723] Hieraus folgt eine umfassende **Dokumentations- und Begründungspflicht** der Strafverfolgungsbehörden. Schon ein Verstoß dagegen kann die Anordnung rechtswidrig machen.

Die polizeiliche Eilzuständigkeit ist dabei nach h.M.[724] zu Recht nachrangig 257 gegenüber der staatsanwaltschaftlichen Eilkompetenz. Dieses **Rangverhältnis** folgt aus der Funktion der Staatsanwaltschaft als Herrin des Ermittlungsverfahrens.[725] Die Polizei muss daher zunächst versuchen, über die Staatsanwaltschaft eine richterliche Anordnung einzuholen. Ist kein Richter erreichbar, so kann die Staatsanwaltschaft die Maßnahme anordnen. Ist auch die Staatsanwaltschaft nicht erreichbar, muss die Polizei versuchen, die richterliche Anordnung direkt einzuholen. Kann weder die Staatsanwaltschaft noch der Richter erreicht werden oder besteht aufgrund einer plötzlich auftretenden Verfahrenssituation sofortiger Handlungsbedarf, um einen drohenden Beweismittelverlust zu verhindern, so besteht eine polizeiliche Eilkompetenz.

## F. Schutz von Berufsgeheimnisträgern gem. § 160a StPO

Die Tätigkeit bestimmter Berufsgruppen setzt eine **besondere Vertraulichkeit** 258 voraus, die mit Blick auf Art. 12 GG auch der Strafverfolgung Grenzen setzt. Der Schutz dieser Berufsgruppen vor Ermittlungsmaßnahmen ist in § 160a StPO normiert. Zweck dieser Vorschrift ist ein harmonisiertes System zur Berücksichtigung der von den Zeugnisverweigerungsrechten der Berufsgeheimnisträger (§§ 53, 53a StPO) geschützten Interessen außerhalb einer Vernehmungssituation.[726] Hierdurch soll verhindern werden, dass Strafverfolgungsbehörden Erkenntnisse, die Zeugnisverweigerungsberechtigte im Rahmen des Schutzzwecks erhalten oder haben, statt durch Vernehmung

721 BVerfG 16.06.2015 – 2 BvR 2718/10, NJW 2015, 2787, 2791.

722 BVerfG 16.06.2015 – 2 BvR 2718/10, NJW 2015, 2787, 2792 f.

723 Vgl. BVerfG 11.06.2010 – 2 BvR 1046/08, NJW 2010, 2864.

724 BVerfG 12.02.2007 – 2 BvR 273/06, NJW 2007, 1345, 1346; HK-*Gercke*, § 98 Rn. 11; KK-*Greven*, § 98, Rn. 11; LR-*Menges*, § 98 Rn. 31; M-G/S-*Köhler*, § 98 Rn. 6; MüKo-*Hauschild*, § 98 Rn. 6; *Müller/Trurnit*, StraFo 2008, 144, 147; a.A. *Kuhlmann*, DRiZ 1978, 240; *Metz*, NStZ 2012, 242 ff.

725 Hierzu sowie zu den im Folgenden beschriebenen Konsequenzen *Müller/Trurnit*, StraFo 2008, 144, 147.

726 BT-Drs. 16/5846, S. 2, 25.

ersatzweise mit Hilfe anderer, meist verdeckter Ermittlungsmaßnahmen gewinnen.[727] Dabei sind aber nicht nur verdeckte, sondern auch offene Ermittlungsmaßnahmen im Rahmen eines abgestuften Systems von Beweiserhebungs- und Beweisverwertungsverboten bestimmten Einschränkungen unterworfen. So sind Ermittlungsmaßnahmen, die sich gegen einen Geistlichen, Verteidiger, Rechtsanwalt oder einen Kammerrechtsbeistand richten, unzulässig, wenn diese Maßnahmen voraussichtlich Erkenntnisse erbringen würden, über die diese Personen das Zeugnis verweigern dürften (§ 160a Abs. 1 S. 1 StPO). Dieses **absolute Beweiserhebungsverbot** wird um ein Verwendungsverbot sowie eine Löschungs- und Dokumentationspflicht ergänzt (§ 160a Abs. 1 S. 2–4 StPO). Dies gilt auch bei Maßnahmen, die sich nicht unmittelbar gegen die genannten Personengruppen richten, diese aber zufällig betreffen (§ 160a Abs. 1 S. 5 StPO). Für die in § 53 Abs. 1 S. 1 Nr. 3–3b und 5 StPO genannten Berufsgeheimnisträger (Beratungs- und Heilberufe sowie Medien) besteht hingegen nur ein **relatives Beweiserhebungsverbot** nach dem Verhältnismäßigkeitsgrundsatz. Abzuwägen ist das Interesse der Allgemeinheit an einer wirksamen Strafrechtspflege gegen das öffentliche Interesse an den vom Berufsgeheimnisträger wahrgenommenen Aufgaben und das individuelle Interesse an den ihm anvertrauten oder bekannt gewordenen Tatsachen.[728] Betrifft das Verfahren keine Straftat von erheblicher Bedeutung (s. Rn. 361), so ist die Annahme eines überwiegenden Strafverfolgungsinteresses regelmäßig ausgeschlossen (§ 160a Abs. 2 S. 1 2. Hs. StPO). Alle genannten Einschränkungen umfassen auch die mitwirkenden Personen (§§ 160a Abs. 3, 53a StPO).

259 Die Einschränkungen gelten nach der sog. **Verstrickungsregel** nicht, wenn bestimmte Tatsachen den Verdacht begründen, dass der betroffene Personenkreis an der Tat oder an einer Datenhehlerei, Begünstigung, Strafvereitelung oder Hehlerei beteiligt ist (§ 160a Abs. 4 S. 1 StPO). Mit Tat ist dabei die Tat gemeint, wegen der die Ermittlungsmaßnahmen vorgenommen werden. Bei Medienpersonen greift die Verstrickungsregelung erst ein, wenn eine entsprechende Erklärung vorliegt (§ 160a Abs. 4 S. 2 StPO). Im Falle einer Sicherstellung, Online-Durchsuchung oder akustischen Wohnraumüberwachung gehen die Spezialvorschriften der §§ 97, 100d Abs. 5 StPO dem § 160a StPO vor (§ 160a Abs. 5 StPO). Für die Kommunikation mit einem Verteidiger gilt der weitergehende Schutz des § 148 StPO.[729]

727 KK-*Weingarten*, § 160a Rn. 1.

728 BGH 04.02.2016 – StB 24/14, NStZ 2016, 741, 742.

729 M-G/S-*Köhler*, § 160a Rn. 2.

# G. Rechtsschutz gegen Zwangsmaßnahmen

## I. Allgemeines

Jedem, der durch die öffentliche Gewalt in seinen Rechten verletzt wird, steht grundsätzlich der Rechtsweg offen (Art. 19 Abs. 4 GG). **Gerichtlicher Rechtsschutz** gegen Zwangsmaßnahmen im Ermittlungsverfahren ist zum einen mittelbar durch ein Rechtsmittel (s. Rn. 708 ff.) gegen ein Urteil möglich, in deren Folge ein Beweisverwertungsverbot einer rechtswidrigen Zwangsmaßnahme festgestellt werden kann. Weiterhin können nach Erschöpfung des Rechtsweges einzelne Zwangsmaßnahmen mit der Verfassungsbeschwerde (Art. 93 Abs. 1 Nr. 4a GG) vor dem Bundesverfassungsgericht angegriffen werden. Darüber hinaus besteht auch bereits im Ermittlungsverfahren eine Rechtsschutzmöglichkeit unmittelbar gegen die Zwangsmaßnahme. Dieser unmittelbare Rechtsschutz gegen Zwangsmaßnahmen ist in der StPO aber nur unzureichend geregelt und beruht in der Folge zum Großteil auf verfassungsrechtlicher und fachgerichtlicher Rechtsprechung. Hierbei lassen sich Rechtsschutzmöglichkeiten gegen bevorstehende oder gerade andauernde und gegen bereits erledigte Maßnahmen unterscheiden. Weiterhin bestehen Unterschiede danach, ob die Maßnahme von einem Richter oder aber von der Staatsanwaltschaft bzw. der Polizei angeordnet wurde. Auch kann sich der Rechtsschutz gegen die Anordnung der Maßnahme selbst oder aber gegen die Art und Weise ihrer Durchführung richten. Für verdeckte Maßnahmen enthält das Gesetz in § 101 Abs. 7 StPO eine Sonderregelung zum Rechtsschutz. Für den Bereich der Untersuchungshaft bestehen erweiterte Rechtsschutzmöglichkeiten. Im Einzelnen gilt Folgendes: 260

## II. Bevorstehende oder andauernde Zwangsmaßnahmen

Gegen die vom Richter angeordneten Zwangsmaßnahmen ist die **Beschwerde** (§§ 304 ff. StPO) gegeben (s. auch Rn. 711). Beschwerdeberechtigt ist der durch die Maßnahme in seinen Rechten Verletzte,[730] d.h. bei Zwangsmaßnahmen regelmäßig der vom Grundrechtseingriff Betroffene der Maßnahme. Die Beschwerde wird gem. § 306 Abs. 1 StPO bei dem Gericht eingelegt, dessen Entscheidung angefochten wird („iudex a quo"). Der Richter kann der Beschwerde abhelfen oder sie dem Beschwerdegericht vorlegen. Über die Beschwerde entscheidet dann nicht das Gericht, dem der Richter, dessen Entscheidung angefochten wird, angehört, sondern das übergeordnete Gericht (sog. **Devolutiveffekt**). Dies ist im Falle einer ermittlungsrichterlichen An- 261

730 M-G/S-*Schmitt*, § 304 Rn. 6.

ordnung regelmäßig eine Strafkammer des Landgerichts (vgl. § 73 Abs. 1 GVG). Gegen dessen Entscheidung ist ausnahmsweise eine **weitere Beschwerde** nur in den in § 310 Abs. 1 StPO genannten Gründen möglich.

**Beispiel:**

Gegen die Haftbeschwerde ist eine weitere Beschwerde zulässig.

**262** Erfolgt die Anordnung der Zwangsmaßnahme durch die Staatsanwaltschaft oder die Polizei, findet sich nur für die Beschlagnahme eine Rechtsschutzregelung in § 98 Abs. 2 S. 2 StPO. Danach kann der Betroffene jederzeit eine richterliche Entscheidung beantragen. Aufgrund der Rechtsschutzgarantie von Art. 19 Abs. 4 GG muss jedoch auch bei allen anderen von der Staatsanwaltschaft oder der Polizei angeordneten Zwangsmaßnahmen die Möglichkeit einer richterlichen Überprüfung bestehen. In der Folge wird **§ 98 Abs. 2 S. 2 StPO analog** auf die anderen Zwangsmaßnahmen angewendet. Zuständig ist im Ermittlungsverfahren der Ermittlungsrichter. Gegen seine ablehnende Entscheidung ist dann die Beschwerde möglich.

**263** Wendet sich der Betroffene nicht gegen die Anordnung der Zwangsmaßnahme als solche, sondern gegen die **Art und Weise der Durchführung**, so gilt unabhängig davon, wer die Maßnahme angeordnet hat, ebenfalls die Rechtsschutzmöglichkeit nach § 98 Abs. 2 S. 2 StPO analog.[731] Sofern allerdings die richterliche Anordnung genaue Ausführungen zur Art und Weise des Vollzugs der Zwangsmaßnahme enthält, muss die Art und Weise der Durchführung mit der Beschwerde angegriffen werden.[732] Ansonsten müsste der Richter, der die Einzelheiten des Vollzugs bereits angeordnet hat, über seine eigene Entscheidung befinden.[733]

## III. Erledigte Zwangsmaßnahmen

**264** Nach der früheren Rechtsprechung bestand bei richterlich angeordneten Zwangsmaßnahmen nach Abschluss derselben kein Rechtsschutzbedürfnis des Betroffenen mehr.[734] Das Prinzip des richterlichen Rechtsschutzes (Art. 19 Abs. 4 GG) sei bereits durch die richterliche Anordnung der Maßnahme im Sinne einer Präventivkontrolle gewahrt. Jedoch erfolgt die richterliche Anordnung ohne Anhörung des Betroffenen der Zwangsmaßnahme. Um demjenigen

731 BGH 07.12.1998 – 5 AR (VS) 2/98, BGHSt 44, 265, 268.

732 Vgl. BGH 25.08.1999 – 5 AR (VS) 1/99, BGHSt 45, 183, 187.

733 Hierzu *Roxin/Schünemann*, § 29 Rn. 14.

734 BGH 13.06.1978 – StB 51/78, BGHSt 28, 57, 58; BGH 23.10.1978 – StB 202/78, BGHSt 28, 160, 161.

rechtliches Gehör und damit effektiven Rechtsschutz zu geben, ist jedoch eine nachträgliche richterliche Kontrolle der bereits durchgeführten Maßnahme notwendig. Daher ist nach neuerer Rechtsprechung eine Beschwerde gegen bereits erledigte richterlich angeordnete Zwangsmaßnahmen zulässig.[735] Für bereits erledigte Zwangsmaßnahmen, die durch die Staatsanwaltschaft oder die Polizei angeordnet worden sind, besteht die richterliche Überprüfung gem. § 98 Abs. 2 S. 2 StPO analog.[736] Dies gilt auch, wenn nur die Art und Weise des Vollzugs der richterlich oder nicht richterlich angeordneten und bereits erledigten Maßnahme angegriffen wird.[737] Voraussetzung ist allerdings stets ein – trotz der Erledigung der Zwangsmaßnahme – noch bestehendes **Rechtsschutzinteresse**. Dies setzt nach der Rechtsprechung eine konkrete Wiederholungsgefahr oder einen tiefgreifenden Grundrechtseingriff voraus.

**Beispiele für tiefgreifende Grundrechtseingriffe:**

Richterlich angeordnete Wohnungsdurchsuchung; schwerwiegende Beeinträchtigungen der Pressefreiheit; Eingriffe in die körperliche Unversehrtheit und in die persönliche Freiheit (Festnahmen und Verhaftungen).[738]

Darüber hinaus kann sich das Rechtsschutzinteresse auch aus einer konkreten Wiederholungsgefahr ergeben.[739] Das sog. **Rehabilitationsinteresse** des Betroffenen genügt hingegen in der Regel nicht, da diesem noch im weiteren Verfahren genüge getan werden kann.[740] Betrifft die erledigte Zwangsmaßnahme jedoch nicht beschuldigte Dritte, so sind diese am weiteren Verfahren regelmäßig nicht beteiligt. Insofern könnte für diese durchaus ein Rehabilitationsinteresse bestehen.[741]

## IV. Sonderregel für verdeckte Zwangsmaßnahmen

Eine Sonderregel enthält **§ 101 Abs. 7 StPO** für die dort genannten verdeck- **265**
ten Maßnahmen. Nach entsprechender Benachrichtigung der in § 101 Abs. 4 S. 1 StPO genannten Personen können diese mit einer Frist von zwei Wochen nach der Benachrichtigung sowohl die richterliche oder nicht richterliche Anordnung[742] als auch die Art und Weise der Durchführung bereits erledigter

735 BVerfG 30.04.1997 – 2 BvR 817/90, BVerfGE 96, 27, 39 ff.; BGH 01.12.1988 – I BGs 1113/88, BGHSt 36, 30, 31 f.

736 BGH 07.12.1998 – 5 AR (VS) 2/98, BGHSt 44, 265, 268.

737 BGH 07.12.1998 – 5 AR (VS) 2/98, BGHSt 44, 265, 273 f.

738 Nachweise und weitere Beispiele bei M-G/S-*Schmitt*, Vor § 296 Rn. 18a.

739 BGH 01.12.1988 – I BGs 1113/88, BGHSt 36, 30, 32.

740 BGH 26.06.1990 – 5 AR (VS) 8/90, BGHSt 37, 79, 83 f.

741 *Krey/Heinrich*, Rn. 1813 m.w.N.

742 M-G/S-*Köhler*, § 101 Rn. 25.

dort genannter verdeckter Maßnahmen gerichtlich überprüfen lassen. Ein konkretes Rechtsschutzbedürfnis ist nicht erforderlich. Die Regelung soll der Tatsache Rechnung tragen, dass verdeckte Maßnahmen grundsätzlich ohne Kenntnis der Betroffenen erfolgen und diese daher nach Erledigung der Maßnahme über den heimlichen Grundrechtseingriff informiert werden müssen und so auch eine **nachträgliche Rechtsschutzmöglichkeit** erhalten. Zu beachten ist, dass § 101 Abs. 4 S. 3–5 StPO als Ausdruck der Verhältnismäßigkeit umfangreiche Möglichkeiten nennt, wann eine Benachrichtigung unterbleiben kann. Für erledigte Maßnahmen stellt § 101 Abs. 7 StPO nach der Rechtsprechung eine **abschließende Sonderregelung** dar, die die Anwendung der §§ 98 Abs. 2 S. 2, 304 ff. StPO ausschließt.[743] Für noch nicht erledigte verdeckte Maßnahmen bleibt es nach wohl h.M. zu Recht bei den genannten allgemeinen Rechtsschutzregeln.[744] Da die Rechtsschutzmöglichkeiten für den neu eingefügten § 95a StPO, der eine Zurückstellung der Benachrichtigung des Beschuldigten über eine Beschlagnahme (§§ 94 ff. StPO) ermöglicht (s. hierzu Rn. 392 f.), dem § 107 Abs. 7 S. 2–4 StPO nachgebildet sind, gelten für § 95a Abs. 5 StPO die hier dargelegten Grundsätze entsprechend.[745]

## V. Erweiterter Rechtsschutz bei Untersuchungshaft

266 Als Rechtschutzmöglichkeiten stehen dem verhafteten Beschuldigten die Haftbeschwerde und die Haftprüfung zur Verfügung. Für die **Haftbeschwerde** gelten die allgemeinen Regeln zur Beschwerde gegen Zwangsmaßnahmen (s. Rn. 261). Zu beachten ist, dass die Haftbeschwerde neben dem Antrag auf Haftprüfung unzulässig ist (sog. Subsidiarität der Haftbeschwerde, § 117 Abs. 2 S. 1 StPO). Gegen die Entscheidung im Haftprüfungsverfahren ist jedoch Beschwerde möglich (§ 117 Abs. 2 S. 2 StPO). Mit dem Antrag auf **Haftprüfung** kann der Beschuldigte jederzeit gerichtlich prüfen lassen, ob der Haftbefehl aufzuheben oder auszusetzen ist (§ 117 Abs. 1 StPO). Über diesen Haftprüfungsantrag entscheidet – im Unterschied zur Beschwerde – das Gericht, das den Haftbefehl erlassen hat. Der Antrag kann vom Beschuldigten jederzeit, also auch wiederholt, gestellt werden.[746] Darüber hinaus besteht auch ohne Antrag des Beschuldigten die Verpflichtung von Staatsanwaltschaft und Gericht, in jeder Lage des Verfahrens zu überprüfen, ob der Haftbefehl aufzuheben ist (vgl. § 120 StPO). Das Oberlandesgericht prüft nach einer **Haftdauer** von sechs Monaten von Amts wegen, ob

---

743 BGH 08.10.2008 – StB 12 – 15/08, BGHSt 53, 1, 3.

744 *Krey/Heinrich*, Rn. 1815 f.; *Volk/Engländer*, § 10 Rn. 83; a.A. HK-*Gercke*, § 101 Rn. 16; M-G/S-*Köhler*, § 101 Rn. 25.

745 Vgl. MüKo-*Hauschild*, § 95 Rn. 18.

746 KK-*Graf*, § 117 Rn. 4.

die Untersuchungshaft fortgesetzt werden darf (§§ 121, 122 StPO). Beruht die Untersuchungshaft allein auf dem Haftgrund der Wiederholungsgefahr (§ 112a StPO), so darf der Vollzug der Untersuchungshaft nicht länger als ein Jahr andauern (§ 122a StPO). Nach Einreichen der Jahresgrenze muss der Haftbefehl aufgehoben, nicht nur ausgesetzt, werden.[747]

### VI. Rechtsschutz gegen das Ermittlungsverfahren als solches

Obwohl die Einleitung und Fortführung eines Ermittlungsverfahrens für den 267
Beschuldigten durchaus mit erheblichen Belastungen verbunden sein kann, gibt es nach h.M. zu Recht dagegen keinen Rechtsschutz.[748] So kann der Beschuldigte beispielsweise keinen Rechtsbehelf gegen die verzögerte Bearbeitung des Ermittlungsverfahrens einlegen. Auch kann er nicht die Einstellung des Verfahrens mit der Begründung verlangen, dass andere wegen entsprechender Taten nicht verfolgt würden.[749] Die StPO enthält insoweit ein abgeschlossenes System von Rechtsschutzmöglichkeiten, die der Rechtsschutzgarantie des Art. 19 Abs. 4 GG genügen. Dieser garantiert keinen sofortigen umfassenden Rechtsschutz, sondern Rechtsschutz innerhalb angemessener Zeit.[750] Dieser Zeitpunkt liegt erst mit dem Abschluss des Ermittlungsverfahrens vor. Etwas anderes gilt nur, wenn ein objektiv willkürliches Verhalten der Staatsanwaltschaft zum Nachteil des Beschuldigten gegeben ist.[751]

## H. Freiheitsentziehende Zwangsmaßnahmen

### I. Verfassungsrechtliche Grundlagen

Die Freiheit der Person ist unverletzlich (Art. 2 Abs. 2 S. 2 GG). Vom Schutz- 268
bereich dieses Grundrechts werden sowohl die Freiheitsentziehung als auch die Freiheitsbeschränkung umfasst.[752] Eine **Freiheitsbeschränkung** liegt vor, wenn jemand durch die öffentliche Gewalt gegen seinen Willen daran gehindert wird, einen Ort oder Raum, der ihm tatsächlich und rechtlich zugänglich ist, aufzusuchen oder sich dort aufzuhalten.[753] Eine **Frei-**

---

747 M-G/S-*Schmitt*, § 122a Rn. 1.

748 *Beulke/Swoboda*, Rn. 493; *Krey/Heinrich*, Rn. 1808; *Volk/Engländer*, § 10 Rn. 75 jeweils m.w.N.; kritisch *Roxin/Schünemann*, § 29 Rn. 12 m.w.N.

749 BVerfG 23.07.1982 – 2 BvR 8/82, NStZ 1982, 430; OLG Hamburg 07.07.1988 – 1 Ss 104/88 OWi, NStZ 1988, 467 m.w.N.

750 BVerfG 16.12.1980 – 2 BvR 419/80, BVerfGE 55, 349, 369 m.w.N.

751 BVerfG 19.12.1983 – 2 BvR 1731/82, NStZ 1984, 228, 229.

752 BVerfG 08.03.2011 – 1 BvR 47/05, NVwZ 2011, 743, 744.

753 BVerfG 14.05.1996 – 2 BvR 1516/93, BVerfGE 94, 166, 198.

**heitsentziehung** als schwerster Fall der Freiheitsbeschränkung[754] ist dann gegeben, wenn die tatsächlich und rechtlich an sich gegebene körperliche Bewegungsfreiheit durch staatliche Maßnahmen in jede Richtung hin aufgehoben wird.[755] Die beiden Begriffe sind entsprechend ihrer Intensität anhand der Kriterien **Art, Zweck und Dauer** der Maßnahme abzugrenzen.[756]

**Beispiele:**

Freiheitsentziehung (+) bei vorläufiger Festnahme, Einkesseln von Demonstranten, Unterbringung in einem Haftraum.

Freiheitsbeschränkung (+) bei Verbringen zur Blutentnahme, Anhalten im Rahmen einer Identitätsfeststellung oder Verkehrskontrolle.

**269** Während sowohl freiheitsbeschränkende als auch freiheitsentziehende Maßnahmen ein förmliches Gesetz, d.h. ein Parlamentsgesetz, erfordern (Art. 104 Abs. 1 S. 1 GG), unterliegen freiheitsentziehende Maßnahmen darüber hinaus einem **verfassungsrechtlichen Richtervorbehalt** (Art. 104 Abs. 2 GG). In der Folge ist bei nicht richterlichen Freiheitsentziehungen unverzüglich eine richterliche Entscheidung herbeizuführen (Art. 104 Abs. 2 S. 2 GG). **Unverzüglich** erfordert eine Herbeiführung der richterlichen Entscheidung ohne jede Verzögerung, die sich nicht aus sachlichen Gründen rechtfertigen lässt.[757] Es handelt sich insoweit um einen strengeren Maßstab als bei der üblichen (zivilrechtlichen) Definition des § 121 Abs. 1 BGB („ohne schuldhaftes Zögern").[758] Auch darf die Polizei niemanden länger als bis zum Ende des Tages nach dem Ergreifen in eigenem Gewahrsam halten (Art. 104 Abs. 2 S. 3 GG). Der wegen des Verdachts einer Straftat Festgenommene ist spätestens am Tage nach der Festnahme dem Richter vorzuführen, der unverzüglich einen schriftlichen Haftbefehl zu erlassen oder die Freilassung anzuordnen hat (Art. 104 Abs. 3 GG). Sofern der Richter einen Haftbefehl erlässt, ist unverzüglich ein Angehöriger oder eine Vertrauensperson des Festgenommenen zu benachrichtigen (Art. 104 Abs. 4 GG). Diese verfassungsrechtlichen Vorgaben finden ihre Entsprechung und Konkretisierung im einfachen Recht der StPO. Von Interesse sind hier die freiheitsentziehenden Maßnahmen der Untersuchungshaft (§§ 112 ff. StPO), der einstweiligen Unterbringung (§ 126a StPO),

754 BVerfG 10.02.1960 – 1 BvR 526/53, BVerfGE 10, 302, 323.

755 BVerfG 14.05.1996 – 2 BvR 1516793, NVwZ 1996, 678, 681.

756 Vgl. BVerfGE 15.05.2002 – 2 BvR 2292/00, NJW 2002, 3161 f.; BGH 17.12.1981 – VII ZB 8/81, NJW 1982, 753, 755.

757 BVerfG 15.05.2002 – 2 BvR 2292/00, BVerfGE 105, 239, 249; BVerfG 24.07.2018 – 2 BvR 309/15, NJW 2018, 2619, 2625.

758 Dürig/Herzog/Scholz-*Mehde*, Art. 104 Rn. 91 m.w.N.

der vorläufigen Festnahme (§§ 127 ff. StPO) und der Unterbringung des Beschuldigten (§ 81 StPO).

## II. Untersuchungshaft gem. §§ 112 ff. StPO

### 1. Allgemeines

Der Eingriff in das Grundrecht auf Freiheit der Person (Art. 2 Abs. 2 S. 2 GG) 270
wird bei der Untersuchungshaft noch dadurch verstärkt, dass für den Betroffenen die Unschuldsvermutung (s. Rn. 41) gilt. Untersuchungshaft ist insoweit „Freiheitsberaubung gegenüber einem Unschuldigen".[759] In der Folge darf die Untersuchungshaft nur in streng begrenzten Ausnahmefällen angeordnet werden.[760] Dies ist der Fall, wenn die Bedürfnisse einer wirksamen Verbrechensbekämpfung gegenüber den Freiheitsinteressen des als unschuldig geltenden Beschuldigten überwiegen.[761] In diesem Sinne wird von dem Beschuldigten ein **Sonderopfer für die Allgemeinheit** verlangt,[762] für das er bei fehlender Verurteilung oder Verfahrenseinstellung auch entschädigt wird (§ 2 Abs. 1 StrEG). Diese Entschädigung beträgt für jeden angefangenen Tag der Freiheitsentziehung 75 Euro (§ 7 Abs. 3 StrEG). Wird der Beschuldigte verurteilt, so ist in der Regel die Untersuchungshaft auf die verhängte Strafe anzurechnen (§ 51 Abs. 1 StGB). Auch gilt in Haftsachen das Beschleunigungsgebot.[763]

Die Untersuchungshaft erfolgt, um die Durchführung des Erkenntnisverfah- 271
rens sowie des Strafvollstreckungsverfahrens sicherzustellen. Ziele sind, die Anwesenheit des Beschuldigten im Strafverfahren zu sichern (vgl. § 112 Abs. 2 StPO), eine ordnungsgemäße Tatsachenermittlung durch die Strafverfolgungsorgane zu gewährleisten (vgl. § 112 Abs. 2 Nr. 3 StPO) und die Strafvollstreckung zu garantieren (vgl. § 457 Abs. 2 StPO).

### 2. Besondere Arten der Untersuchungshaft

Neben dieser „klassischen" Untersuchungshaft existieren weitere besondere 272
Arten der Untersuchungshaft. So besteht zur Förderung des beschleunigten Verfahrens die Möglichkeit der sog. **Hauptverhandlungshaft** von maximal einer Woche, wenn zu befürchten ist, dass der Beschuldigte der Hauptverhandlung ansonsten fernbleiben wird (§ 127b StPO). Von praktischer Bedeutung ist die sog. **Ungehorsamshaft**. Dabei kann ein Haftbefehl bei einem unentschuldigten

759 *Hassemer*, StV 1984, 38, 40.

760 M-G/S-*Schmitt*, Vor § 112 Rn. 2.

761 BVerfG 30.05.1973 – 2 BvL 4/73, BVerfGE 35, 185, 190; BVerfG 06.02.1980 – 2 BvR 1070/79, 53, 152, 158.

762 Vgl. BGH 22.02.1973 – III ZR 162/70, NJW 1973, 1322, 1323.

763 BVerfG 19.10.1977 – 2 BvR 1309/76, BVerfGE 46, 194, 195 m.w.N.

Ausbleiben des Angeklagten in der Hauptverhandlung verhängt werden (§§ 230 Abs. 2, 236 StPO). Weiterhin kann vom Gericht ein sog. **Sicherungshaftbefehl** erlassen werden, wenn hinreichende Gründe vorhanden sind, dass eine Strafaussetzung zur Bewährung widerrufen wird (§ 453c StPO). Auch kann die Staatsanwaltschaft einen **Vollstreckungshaftbefehl** erlassen, wenn der Verurteilte die Strafe nicht antritt oder fluchtverdächtig ist (§ 457 Abs. 2 S. 1 StPO). Das Gleiche gilt, wenn ein Strafgefangener entweicht oder sich sonst dem Vollzug entzieht (§ 457 Abs. 2 S. 2 StPO). Regelwidrig aber trotzdem zulässig ist auch die sog. **Organisationshaft**.[764] Es handelt sich um den Haftabschnitt zwischen Beendigung der Untersuchungshaft und dem Antritt des Maßregelvollzugs, also den Zeitraum, den die Vollstreckungsbehörde benötigt, um einen Unterbringungsplatz in einer Maßregelvollzugsanstalt zu finden.

### 3. Einstweilige Unterbringung nach § 126a StPO

273 Sind dringende Gründe vorhanden, dass jemand im Zustand der fehlenden oder verminderten Schuldfähigkeit eine rechtswidrige Tat begangen hat, kommt anstelle der Untersuchungshaft die **einstweilige Unterbringung** in einem psychiatrischen Krankenhaus oder einer Entziehungsanstalt in Betracht (§ 126a StPO). Die Vorschrift dient dem Schutz der Gesellschaft vor gemeingefährlichen Rechtsbrechern und nimmt die Unterbringung nach den §§ 63, 64 StGB vorweg.[765] Hierbei muss die Unterbringung aus Gründen der öffentlichen Sicherheit erforderlich sein. Das ist der Fall, wenn eine Wahrscheinlichkeit höheren Grades besteht, der Beschuldigte werde weitere rechtswidrige Taten von solcher Schwere begehen, dass der Schutz der Allgemeinheit die einstweilige Unterbringung gebietet.[766]

### 4. Materiell-rechtliche Voraussetzungen der Untersuchungshaft

Der Erlass eines Haftbefehls erfordert drei Voraussetzungen: einen dringenden Tatverdacht gegen den Beschuldigten, einen Haftgrund sowie die Verhältnismäßigkeit von Anordnung und Vollzug der Untersuchungshaft (§ 112 Abs. 1 StPO).

#### a) Dringender Tatverdacht

274 Dringender Tatverdacht gem. § 112 Abs. 1 S. 1 StPO liegt vor, wenn nach dem bisherigen Ermittlungsstand eine **große (hohe) Wahrscheinlichkeit** dafür besteht, dass der Beschuldigte als Täter oder Teilnehmer einer nach

---

764 BVerfG 18.06.1997 – 2 BvR 2422/96, NStZ 1998, 77 m. Anm. *Lemke*; zu Recht kritisch M-G/S-*Schmitt*, Vor § 112 Rn. 7 m.w.N.

765 OLG Frankfurt am Main 18.02.1985 – 3 VAs 78/84, NStZ 1985, 284, 285.

766 MüKo-*Böhm/Werner*, § 126a Rn. 17.

deutschem Recht zu beurteilenden Straftat infrage kommt.[767] Insoweit müssen die belastenden Tatsachen die entlastenden bei Weitem überwiegen. Der Verdacht muss sich dabei auf eine prozessual verfolgbare, rechtswidrige und schuldhaft begangene Tat beziehen, wobei ein strafbarer Versuch ausreichend ist.[768] Nicht behebbare Verfahrenshindernisse, Rechtfertigungs- und Schuldausschließungsgründe dürfen dem dringenden Tatverdacht nicht entgegenstehen. Insofern muss nach h.M. richtigerweise zumindest eine **Verurteilungsmöglichkeit** bestehen.[769] Stattdessen grundsätzlich eine Verurteilungswahrscheinlichkeit zu fordern,[770] entspricht nicht der Funktion des dringenden Tatverdachts, der sich stets nach dem jeweiligen augenblicklichen Stand der Ermittlungen bestimmt. Da Untersuchungshaft grundsätzlich auch bereits in einem sehr frühen Verfahrensstadium verhängt werden kann und sich der weitere Verlauf des Verfahrens, insbesondere die Frage, ob Anklage erhoben werden kann, oftmals nur sehr schwierig und vage abschätzen lässt, ist zu Beginn der Ermittlungen die Möglichkeit der Verurteilung ausreichend, während erst zum Zeitpunkt der Anklageerhebung eine hohe Wahrscheinlichkeit der Verurteilung erforderlich ist. Dabei muss der dringende Tatverdacht aus bestimmten Tatsachen hergeleitet werden und nicht auf bloßen Vermutungen basieren.[771]

### b) Haftgründe

#### aa) Flucht

Der Haftgrund der Flucht liegt vor, wenn der Beschuldigte flüchtig ist oder **275**
sich verborgen hält (§ 112 Abs. 2 Nr. 1 StPO). Eine präzise Abgrenzung der beiden Begriffe ist zum einen nicht möglich, da sie sich überschneiden, zum anderen entbehrlich, da die Rechtsfolge die gleiche ist. Die Flucht muss aufgrund bestimmter Tatsachen festgestellt werden.[772] Der Beschuldigte ist **flüchtig**, wenn er seinen bisherigen räumlichen Lebensmittelpunkt aufgibt, um für die Strafverfolgungsorgane in dem anhängigen Verfahren unerreichbar zu sein und ihrem Zugriff entzogen ist.[773] Dabei ist es ausreichend, wenn dieser Erfolg lediglich in Kauf genommen wird.[774]

767 Allg. Meinung, vgl. etwa BVerfG 12.09.1995 – 2 BvR 2475/94, NJW 1996, 1049, 1050; BGH 05.05.1992 – StB 9/92, BGHSt 38, 276, 278; KK-*Graf*, § 112 Rn. 3 m.w.N.

768 M-G/S-*Schmitt*, § 112 Rn. 5.

769 BGH 06.04.1979 – 1 BJs 205/78/StB 16/79, bei *Pfeiffer*, NStZ 1981, 93, 94; BGH 18.10.2007 – StB 34/07, StV 2008, 84; BeckOK-*Krauß*, § 112 Rn. 9; KK-*Graf*, § 112 Rn. 3, 6; LR-*Lind*, § 112 Rn. 19; *Beulke/Swoboda*, Rn. 320; *Kindhäuser/Schumann*, Rn. 7; *Volk/Engländer*, § 10 Rn. 7.

770 So *Kramer*, Rn. 67; *Krey/Heinrich*, Rn. 721.

771 M-G/S-*Schmitt*, § 112 Rn. 7.

772 M-G/S-*Schmitt*, § 112 Rn. 15.

773 LR-*Lind*, 112 Rn. 40.

774 OLG Koblenz 11.07.1984 – 2 Ws 470/84, NStZ 1985, 88.

**Beispiele:**

Laufender Wohnungswechsel ohne Ummeldung, Aufgabe der Wohnung ohne eine neue zu beziehen; Absetzten ins Ausland.

Der Beschuldigte hält sich **verborgen**, wenn er den Ermittlungsbehörden seinen Aufenthalt verschleiert, um für diese unauffindbar zu sein und sich damit auf Dauer oder für eine längere Zeit dem Strafverfahren entzieht.[775]

**Beispiele:**

Unter falschem Namen oder an einem unbekannten Ort leben.

Wird der Beschuldigte ergriffen, entfällt der Haftgrund der Flucht, jedoch liegt dann regelmäßig der Haftgrund der Fluchtgefahr vor, da die vorherige Flucht ein Indiz für die Annahme der zukünftigen Flucht ist.[776]

#### bb) Fluchtgefahr

**276** Fluchtgefahr nach § 112 Abs. 2 Nr. 2 StPO ist der praktisch bedeutsamste Haftgrund, auf dem ca. 70 % aller Haftbefehle basieren.[777] Er liegt vor, wenn aufgrund bestimmter Tatsachen eine überwiegende Wahrscheinlichkeit besteht, dass der Täter sich zumindest für eine gewisse Zeit dem Strafverfahren entziehen werde.[778] Der **Begriff des Sichentziehens** erfordert ein Verhalten, das darauf ausgelegt ist, die Durchführung eines Strafverfahrens dauernd oder vorübergehend zu vereiteln oder zumindest erheblich zu erschweren, wobei dieser Erfolg von dem Beschuldigten beabsichtigt, erkannt oder auch nur in Kauf genommen werden muss.[779] Hierbei kann das Entziehen körperlicher oder auch „geistiger" Art sein. Als Entziehungshandlungen kommen insbesondere Flucht oder Untertauchen in Betracht, aber auch das Herbeiführen eines länger andauernden Zustandes der Verhandlungsunfähigkeit, beispielsweise durch exzessiven Drogenkonsum.[780] Die Fluchtgefahr muss aufgrund einer Würdigung aller relevanten Umstände des Einzelfalls **prognostiziert** werden. Dabei müssen alle für und gegen Fluchtgefahr sprechenden Indizien gegeneinander abgewogen werden.[781]

---

775 M-G/S-*Schmitt*, § 112 Rn. 14.

776 KK-*Graf*, § 112 Rn. 15.

777 SK-*Paeffgen*, § 112 Rn. 24; *Beulke/Swoboda*, Rn. 322 und *Kühne*, Rn. 418 nennen 90 %.

778 BGH 08.05.2014 – 1 StR 726/13, NJW 2014, 2372, 2373.

779 Vgl. BGH 04.11.1970 – 4 Ars 43/70, BGHSt 23, 380, 384.

780 KK-*Graf*, § 112 Rn. 18 m.w.N. aus der Rspr.

781 Beispiele bei KK-*Graf*, § 112 Rn. 22 ff.

**Indizien für Fluchtgefahr:**

Fluchtvorbereitungen, hohe Straferwartung, Flucht in einem früheren Verfahren, häufiger Wohnungs- und Arbeitsplatzwechsel, kein fester Wohnsitz, fehlende berufliche und persönliche Bindungen, charakterliche Labilität, Drogenabhängigkeit, Suchterkrankungen, erhebliche Vorstrafen, gute Beziehungen ins Ausland, gute Fremdsprachenkenntnisse, Vermögen im Ausland etc.

**Gegenindizien:**

Hohes Alter, schlechter Gesundheitszustand, gesicherte Lebens- und Einkommensverhältnisse am Wohnort, enge berufliche und familiäre Bindungen, Unterstützung der Ermittlungsbehörden, glaubhaftes Geständnis, bei Ausländern vorhandene Verwurzelung im Inland etc.

Zu beachten ist, dass diese Merkmale immer auf den konkreten Einzelfall bezogen geprüft werden müssen. Die Fluchtgefahr darf nur aus bestimmten Tatsachen hergeleitet werden, während bloße Mutmaßungen und Befürchtungen nicht genügen.[782] So kann eine **hohe Straferwartung** für sich allein in der Regel keine Fluchtgefahr begründen,[783] wohl aber in Verbindung mit weiteren konkreten Umständen.[784] Je höher die Straferwartung ausfällt, desto geringer sind dabei die Anforderungen an zusätzliche Umstände.[785] Bei einer besonders hohen Straferwartung, beispielsweise wegen versuchten Mordes, braucht daher nach h.M. nur geprüft werden, ob Umstände vorhanden sind, welche die daraus hergeleitete Fluchtgefahr ausräumen können.[786]

#### cc) Verdunkelungsgefahr

Im Unterschied zu den Haftgründen der Flucht und Fluchtgefahr, die die **277** Anwesenheit des Beschuldigten im Strafverfahren sichern sollen, hat der Haftgrund der Verdunkelungsgefahr die Funktion zu verhindern, dass der Beschuldigte in **unlauterer Weise** auf sachliche und persönliche Beweismittel einwirkt und dadurch die für das Verfahren relevante Sachverhaltsfeststellung beeinträchtigt.[787] Erforderlich ist hierbei eine große (hohe) tatsachenbasierte Wahrscheinlichkeit dafür, dass eine der in § 112 Abs. 2

782 M-G/S-*Schmitt*, § 112 Rn. 22.

783 OLG Hamm 28.04.2009 – 2 Ws 119/09, NStZ-RR 2010, 158.

784 OLG Hamm 28.01.2000 – 2 Ws 27/2000, NStZ-RR 2000, 188 f.

785 OLG Karlsruhe 22.09.1977 – 1 Ws 375/77, NJW 1978, 333.

786 LG Koblenz StV 2011, 290; OLG Hamburg StV 2002, 490 f.; KK-*Graf*, § 112 Rn. 19; M-G/S-*Schmitt*, § 112 Rn. 25; a.A. SK-*Paeffgen*, § 112 Rn. 25 f.

787 KK-*Graf*, § 112 Rn. 25.

Nr. 3a bis c StPO genannten Verdunkelungshandlungen zu erwarten ist, wenn der Beschuldigte nicht in Haft genommen wird.[788]

**Beispiele:**

Bedrohung und Einschüchterung von Zeugen; Bemühungen, um Tatspuren oder belastende schriftliche Unterlagen zu beseitigen.

Hingegen fallen Verhaltensweisen, mit denen der Beschuldigte lediglich seine Verfahrensrechte wahrnimmt, nicht darunter.

**Beispiel:**

Bitte an einen Zeugen, von seinem Zeugnisverweigerungsrecht Gebrauch zu machen.

Auch genügt es nicht, dass bestimmte Beweismittel noch nicht gesichert, Zeugen noch nicht vernommen oder Verletzte der Tat noch nicht gefunden worden sind.[789] Gleiches gilt, wenn ausreichend eindeutige Beweismittel zur Verfügung stehen, sodass es auf weitere Beweismittel nicht mehr ankommt.[790]

**Beispiel:**

Richterlich protokollierte Aussagen von unbeeinflussten Zeugen.[791]

278 Keinesfalls begründen – entgegen wohl teilweise anzutreffender Praxis[792] – ein fehlendes Geständnis oder eine „fehlende Kooperationsbereitschaft" des Beschuldigten, wie beispielsweise der Widerruf eines Geständnisses[793] oder die Weigerung, Mittäter zu nennen,[794] den Haftgrund der Verdunkelungsgefahr.[795] Solche sog. **„apokryphen Haftgründe"** stellen einen Missbrauch der Untersuchungshaft dar, weil hiermit dem Untersuchungshaftrecht fremde Zwecke verfolgt werden.

**dd) Schwere der Tat**

279 Nach seinem Wortlaut lässt § 112 Abs. 3 StPO im Falle des dringenden Tatverdachts einer der dort genannten Katalogtaten den Erlass eines Haftbe-

788 M-G/S-*Schmitt*, § 112 Rn. 27 f. m.w.N. aus der Rspr.

789 HK-*Posthoff*, § 112 Rn. 37; M-G/S-*Schmitt*, § 112 Rn. 28 jeweils m.w.N.

790 OLG Düsseldorf 15.02.1984 – 1 Ws 141/84, StV 1984, 339.

791 OLG Karlsruhe 02.11.1992 – 3 Ws 201/92, NJW 1993, 1148.

792 Hierzu *Krey/Heinrich*, Rn. 729; *Kühne*, Rn. 419.1; M-G/S-*Schmitt*, Vor § 112 Rn. 4a.

793 OLG Köln 10.09.1996 – 2 Ws 457/96, StV 1997, 27, 28.

794 LG Verden 04.05.1982 – 1 Qs 168/82, StV 1982, 374.

795 M-G/S-*Schmitt*, § 112 Rn. 29 m.w.N. aus der Rechtsprechung.

fehls auch dann zu, wenn kein Haftgrund nach § 112 Abs. 2 StPO vorliegt. Es handelt sich dabei um Straftaten der **Schwerkriminalität**, wie beispielsweise Mord, Totschlag, Völkermord, Erpresserischer Menschenraub und Geiselnahme. Dabei gilt § 112 Abs. 3 StPO auch für den Versuch einer Katalogtat, alle Formen der Beteiligung (§§ 25 ff. StGB) sowie den Versuch der Teilnahme (§ 30 StGB).[796] Der insoweit **absolute Haftgrund** (losgelöst von jeglichem konkreten Haftgrund) wird teilweise damit begründet, dass es für das Volksempfinden unerträglich sei, wenn sich ein Beschuldigter in Freiheit befinden würde, obwohl gegen ihn der dringende Tatverdacht einer schweren Straftat wie Mord oder Totschlag bestehe.[797] Dies würde jedoch auf eine vorweggenommene Strafvollstreckung bzw. eine „Verdachtsstrafe" hinauslaufen und gegen die Unschuldsvermutung sowie den Zweck der Untersuchungshaft und damit gegen den Verhältnismäßigkeitsgrundsatz verstoßen. Daher verlangt das Bundesverfassungsgericht eine **verfassungskonforme Auslegung** des § 112 Abs. 3 StPO.[798] Somit müssen Umstände vorliegen, die die Gefahr begründen, dass ohne Festnahme die alsbaldige Aufklärung und Ahndung der Tat gefährdet sein könnte. Hierfür müssen nicht zwingend bestimmte Tatsachen vorliegen, die einen Haftgrund begründen, aber zumindest darf Flucht- oder Verdunkelungsgefahr nicht auszuschließen oder Wiederholungsgefahr ernstlich zu befürchten sein.[799] Dies erfordert eine einzelfallbezogene Auseinandersetzung mit Umständen, die einem Haftgrund entgegenstehen könnten. In der Praxis wird diese verfassungskonforme Auslegung des absoluten Haftgrundes allerdings nur sehr selten zu einer Ablehnung des § 112 Abs. 3 StPO führen.

**Beispiel:**

Gegen den 85-jährigen Beschuldigten wird wegen eines Mordes ermittelt, den dieser vor 50 Jahren begangen haben soll. Da der Beschuldigte, der an den Rollstuhl gefesselt und auf einen Pfleger angewiesen ist, die Tat eingeräumt hat und sich dafür auch verantworten möchte, scheidet in diesem Fall der Haftgrund des § 112 Abs. 3 StPO aus.[800]

Abgesehen von solchen „Extremfällen" dürfte bei einem dringenden Tatverdacht hinsichtlich einer der in § 112 Abs. 3 StPO genannten schweren **Katalogtaten** – aufgrund der damit regelmäßig verbundenen hohen Straferwartung –

796 BeckOK-*Krauß*, § 112 Rn. 42 m.w.N.

797 *Kramer*, Rn. 73; *Roxin/Schünemann*, § 30 Rn. 10.

798 BVerfG 15.12.1965 – 1 BvR 513/65, BVerfGE 19, 342, 350.

799 M-G/S-*Schmitt*, § 112 Rn. 37 f.

800 Beispiel nach *Krey/Heinrich*, Rn. 733.

Fluchtgefahr nur äußerst selten auszuschließen sein.[801] In der Folge läuft die vom Bundesverfassungsgericht angemahnte Auslegung im Sinne einer wünschenswerten restriktiven Auslegung wohl weitestgehend ins Leere.[802]

280 Zu beachten ist, dass der Haftgrund des § 112 Abs. 3 StPO keine Sondervorschrift ist und daher nicht die Haftgründe des § 112 Abs. 2 StPO ausschließt. Auch ist der absolute Haftgrund im Jugendstrafrecht anwendbar.[803]

#### ee) Wiederholungsgefahr

281 Bei dringendem Tatverdacht hinsichtlich einer der in § 112a StPO abschließend aufgelisteten sog. **Anlasstaten** kommt der Haftgrund der Wiederholungsgefahr in Betracht. In der Praxis hat dieser Haftgrund eine geringe Bedeutung. Dies liegt zum einen daran, dass er **subsidiär** gegenüber den Haftgründen des § 112 StPO ist (§ 112a Abs. 2 StPO). Zum anderen stellt die Rechtsprechung an den Nachweis der Wiederholungsgefahr sehr hohe Anforderungen.[804] Inhaltlich ist zwischen den Anlasstaten nach § 112a Abs. 1 S. 1 Nr. 1 u. Nr. 2 StPO zu differenzieren. Während bei Nr. 1 ein dringender Tatverdacht hinsichtlich einer der dort genannten Straftat gegen die sexuelle Selbstbestimmung oder die Nachstellung ausreicht, erfordern die in Nr. 2 genannten Anlasstaten, dass sich der dringende Tatverdacht auf eine wiederholte oder fortgesetzte Begehung bezieht. Weiterhin muss bei Nr. 2 durch die Anlasstat eine schwerwiegende Beeinträchtigung der Rechtsordnung gegeben sein und eine Straferwartung von mehr als einem Jahr Freiheitsstrafe bestehen.[805] Zum dringenden Tatverdacht einer Anlasstat nach § 112a Abs. 1 S. 1 Nr. 1 oder Nr. 2 StPO muss die durch bestimmte Tatsachen begründete Gefahr hinzukommen, dass der Beschuldigte vor rechtskräftiger Aburteilung weitere erhebliche Straftaten gleicher Art begehen oder die Straftat fortsetzen wird (§ 112a Abs. 1 StPO).

282 Wie die Voraussetzungen des § 112a Abs. 1 StPO verdeutlichen, bezweckt dieser Haftgrund nicht die Verfahrenssicherung, sondern ist eine vorbeugende Maßnahme zum Schutz der Allgemeinheit vor weiteren erheblichen Straftaten. Er dient insoweit der Gefahrenabwehr und stellt eine Art **Sicherungshaft** dar.[806] Diese präventiv-polizeiliche Ausrichtung sprengt das System der Haftgründe des Strafverfahrens.[807] Nach der Rechtsprechung des Bundesverfassungsgerichts ist die Norm aber verfassungsgemäß.[808] Zur Be-

801 Hierfür beispielhaft BGH 29.09.2016 – StB 30/16, BGH NJW 2017, 341, 343.
802 Kritisch auch AK-*Deckers*, § 112 Rn. 30; *Roxin/Schünemann*, § 30 Rn. 10.
803 BGH 10.12.2015 – StB 16/15, StV 2016, 443.
804 Hierzu KK-*Graf*, § 112a Rn. 16 ff. m.w.N.
805 Einzelheiten bei M-G/S-*Schmitt*, § 112a Rn. 9 f.
806 KK-*Graf*, § 112a Rn. 2; M-G/S-*Schmitt*, § 112a Rn. 1.
807 *Rüping*, Rn. 214.
808 BVerfG 15.12.1965 – 1 BvR 513/65, BVerfGE 19, 342, 349 f.

gründung wird u.a. auf den Sachzusammenhang mit dem Strafverfahren hingewiesen, was aber kaum überzeugt,[809] da dieser auch sonst zumeist vorliegt, eine Differenzierung aber deshalb nicht entbehrlich macht.

### c) Verhältnismäßigkeit

Der Verhältnismäßigkeitsgrundsatz als ungeschriebenes Verfassungsprinzip 283
erhält in § 112 Abs. 1 S. 2 StPO eine besondere gesetzliche Ausformung. Danach muss ein Haftbefehl unterbleiben, wenn er zur Bedeutung der Sache und der Rechtsfolgen außer Verhältnis steht. Aus der Gesetzesformulierung folgt, dass die Verhältnismäßigkeit keine positive Haftvoraussetzung ist, sondern ein **Haftausschließungsgrund**.[810] Nur wenn die Unverhältnismäßigkeit feststeht, darf keine Untersuchungshaft angeordnet werden. Ist die Verhältnismäßigkeit hingegen nur zweifelhaft, steht dies der Anordnung nicht zwingend entgegen. Die Anordnung und Vollziehung der Untersuchungshaft ist nur zulässig, wenn die vollständige Aufklärung der Tat oder die rasche Durchführung des Strafverfahrens nicht anders gesichert werden kann. Auch darf die Untersuchungshaft zur Bedeutung der Sache und der zu erwartenden Strafe oder Maßregel der Besserung und Sicherung nicht außer Verhältnis stehen (§ 112 Abs. 1 S. 2 StPO). Um dies zu beurteilen, müssen die konkreten Nachteile und Gefahren des Freiheitsentzugs für den Beschuldigten mit der Bedeutung der einzelnen Strafsache und den zu erwartenden Sanktionen verglichen werden.[811] Ergibt sich ein deutliches Übergewicht der Nachteile, so darf keine Untersuchungshaft verhängt werden.[812]

**Beispiele:**

Somit kann eine schwere Krankheit der Anordnung der U-Haft entgegenstehen[813]; eine zu erwartende Geldstrafe dagegen nicht, da sie ja durch das Verfahren ermöglicht werden soll.

Bei **Privatklagedelikten** ist wegen fehlenden öffentlichen Interesses an der 284
Strafverfolgung Untersuchungshaft unverhältnismäßig.[814] § 113 StPO enthält für die dort erfassten **Bagatelldelikte** eine Sonderregel. Danach ist bei Vergehenstatbeständen, die mit Freiheitsstrafe bis zu sechs Monaten bedroht sind,

809 Kritisch auch *Kramer*, Rn. 74; LR-*Lind*, § 112a Rn. 10 f.; *Roxin/Schünemann*, § 30 Rn. 12; SK-*Paeffgen*, § 112a Rn. 4.

810 BeckOK-*Krauß*, § 112, Rn. 43; KK-*Graf*, § 112 Rn. 46; M-G/S-*Schmitt*, § 112 Rn. 8; a.A. SK-*Paeffgen*, § 112 Rn. 10.

811 BGH 30.03.2017 – 2 BJs 184/16-2 StB 7/17, NStZ 2017, 418, 419.

812 KK-*Graf*, § 112 Rn. 47.

813 Vgl. OLG Düsseldorf 16.11.1992 – 2 Ws 445-447/92, NStZ 1993, 554.

814 *Krey/Heinrich*, Rn. 735 m.w.N.

Verdunkelungsgefahr als Haftgrund ausgeschlossen. Fluchtgefahr ist in diesen Fällen nur unter einengenden Voraussetzungen möglich (vgl. § 113 Abs. 2 StPO). Auch die **Aussetzung des Vollzugs** des Haftbefehls (§ 116 StPO) dient der Verhältnismäßigkeit im Sinne einer Konkretisierung der Erforderlichkeit. So wird geprüft, ob der verfahrenssichernde Zweck der Untersuchungshaft durch mildere Mittel erreicht werden kann, wie beispielsweise eine Meldeauflage (§ 116 Abs. 1 Nr. 1 StPO) und eine Kaution (§ 116 Abs. 1 Nr. 4 StPO). Auch die **Haftkontrollen** (§§ 120, 121 StPO) konkretisieren, neben dem Beschleunigungsgebot, den Verhältnismäßigkeitsgrundsatz. So ist der Haftbefehl aufzuheben, sobald die Voraussetzungen der Untersuchungshaft nicht mehr vorliegen oder aber unverhältnismäßig wären (§ 121 Abs. 1 StPO). Auch darf der Vollzug der Untersuchungshaft wegen derselben Tat grundsätzlich nicht über sechs Monate hinaus aufrechterhalten werden (§ 121 Abs. 1 StPO). Ausnahmen bestehen nur, wenn bereits ein Urteil ergangen ist, die Hauptverhandlung vor Ablauf der Sechs-Monats-Frist begonnen hat (§ 121 Abs. 3 S. 2 StPO) oder die besondere Schwierigkeit, der besondere Umfang der Ermittlungen oder ein anderer wichtiger Grund das Urteil noch nicht zugelassen haben (§ 121 Abs. 1 StPO).

### 5. Erlass des Haftbefehls

285 Die Untersuchungshaft wird durch **schriftlichen Haftbefehl** des Richters angeordnet (§ 114 Abs. 1 StPO). In dem Haftbefehl ist der Beschuldigte anzuführen, weiterhin die Tat, deren er dringend verdächtig ist, der Haftgrund und in der Regel die Tatsachen, aus denen sich dringender Tatverdacht und Haftgrund ergeben (§ 114 Abs. 2 StPO). Die Tatsachen sollen dazu dienen, ungerechtfertigte und übereilte Haftbefehle zu verhindern. Ausnahmsweise kann von den Tatsachenangaben im Falle der Gefährdung der Staatssicherheit aber abgesehen werden (§ 114 Abs. 2 Nr. 4 StPO). Zuständig für den Erlass des Haftbefehls ist im Ermittlungsverfahren der Richter bei dem Amtsgericht, in dessen Bezirk ein Gerichtsstand begründet ist oder der Beschuldigte sich aufhält (§ 125 Abs. 1 StPO). Hierbei bedarf es grundsätzlich eines Antrags der Staatsanwaltschaft. Diese kann dabei den Antrag auch bei dem Amtsgericht stellen, in dessen Bezirk sie ihren Sitz hat (§ 162 Abs. 1 S. 2 StPO).[815] Nach Anklageerhebung ist das Gericht der Hauptsache zuständig (§ 125 Abs. 2 S. 1 StPO). Hierbei kann in dringenden Fällen der Vorsitzende den Haftbefehl auch allein erlassen (§ 125 Abs. 2 S. 2 StPO). Ein Antrag der Staatsanwaltschaft ist nicht mehr notwendig, allerdings eine Anhörung (§ 33 StPO). Auch nach Rechtskraft des Urteils ist das erkennende Gericht weiterhin zuständig, bis die Strafvollstreckung angeordnet wird. Sodann ist die Staatsanwaltschaft als Vollstreckungsbehörde (§ 451 Abs. 1 StPO) für die Anordnung eines Vollstreckungshaftbe-

815 Einzelheiten bei M-G/S-*Köhler*, § 162 Rn. 9 f.

fehls zuständig (§ 457 Abs. 2 StPO). Hierin liegt kein Verstoß gegen Art. 104 Abs. 2 S. 1 GG, da die notwendige richterliche Entscheidung über die Freiheitsentziehung bereits mit dem rechtskräftigen Urteil oder Strafbefehl getroffen worden ist. Es handelt sich bei dem Vollstreckungshaftbefehl nur um die Durchführung einer vom Gericht angeordneten Freiheitsentziehung.[816]

### 6. Vollstreckung des Haftbefehls

Der Haftbefehl wird durch Verhaftung mittels **Ergreifung** des Beschuldigten 286
vollzogen. Zuständig ist die Staatsanwaltschaft (§ 36 Abs. 2 S. 2 StPO), die sich dazu der Polizei bedient (§ 161 Abs. 1 StPO). Dem Beschuldigten ist bei der Ergreifung soweit möglich der Haftbefehl bekannt zu geben und eine Abschrift – falls erforderlich mit Übersetzung in einer ihm verständlichen Sprache – auszuhändigen (§ 114a StPO). Darüber hinaus ist er unverzüglich und nach Möglichkeit schriftlich über seine Rechte zu belehren (§ 114b Abs. 1 StPO). Diese **Belehrung** soll vom Beschuldigten schriftlich bestätigt, die mögliche Weigerung dokumentiert werden (§ 114b Abs. 1 S. 4 StPO). Inhaltlich umfasst die sehr umfangreiche Belehrung des § 114b Abs. 2 StPO 15 Punkte. Mit diesem am 01.01.2010 in Kraft getretenen Katalog,[817] der in den Folgejahren weiter ergänzt und angepasst wurde, wird eine Vorverlagerung der Belehrungspflichten bei Verhafteten bezweckt, um diese so frühzeitig wie möglich über ihre Rechte aufzuklären.[818] Diese an das angloamerikanische Recht erinnernde Belehrung ist im deutschen Strafverfahrensrecht tendenziell systemfremd.[819] Auch erscheint zweifelhaft, inwieweit der Beschuldigte in der Festnahmesituation die große Fülle an Rechten intellektuell überhaupt in ihrer Bedeutung vollständig erfassen kann, sodass eine faktische Stärkung der Beschuldigtenrechte mindestens zweifelhaft ist.

Im Einzelnen umfasst die Belehrung zunächst die aus Sicht des Verhafteten 287
wohl wichtigste Mitteilung, dass er unverzüglich, spätestens am nächsten Tag nach der Ergreifung, dem Gericht vorgeführt werden wird, welches dann über eine mögliche Inhaftierung entscheidet (§ 114b Abs. 2 S. 1 Nr. 1 StPO). Weiterhin muss der Beschuldigte über Aussagefreiheit, Beweisantragsrecht, Recht auf Verteidigerkonsultation und sein Antragsrecht auf Bestellung eines Pflichtverteidigers hingewiesen werden (§ 114b Abs. 2 S. 1 Nr. 2–4a StPO). Keineswegs jedoch ersetzt dies die (spätere) Beschuldigtenbelehrung vor der Vernehmung. Weiterhin betreffen die Belehrungen das Recht des Beschuldig-

---

816 BGH 04.11.1970 – 4 Ars 43/70, BGHSt 23, 380, 386; BeckOK-*Coen*, § 457 Rn. 6; KK-*Appl*, § 457 Rn. 1; M-G/S-*Schmitt*, § 457 Rn. 10; MüKo-*Nestler*, § 457 Rn. 22.

817 Gesetz zur Änderung des Untersuchungshaftrecht v. 29.07.2009 (BGBl. I, S. 2274 ff.).

818 BT-Drs. 16/11644, S. 16.

819 Hierzu *Kramer*, Rn. 76.

ten auf Zugang zu einem Arzt seiner Wahl, zur Benachrichtigung von Angehörigen oder Vertrauenspersonen, zur Akteneinsicht sowie zur Einlegung von Rechtsbehelfen im Rahmen der Untersuchungshaft (§ 114b Abs. 2 S. 1 Nr. 5–8 StPO). Dieser umfangreiche Katalog wird in § 114b Abs. 2 S. 2–4 StPO noch durch den Hinweis auf das Akteneinsichtsrecht des Verteidigers, die unentgeltliche Beiordnung eines Dolmetschers oder Übersetzers für den der deutschen Sprache nicht hinreichend mächtigen bzw. sprach- oder hörbehinderten Beschuldigten sowie die Unterrichtung der konsularischen Vertretung bei ausländischen Beschuldigten ergänzt.

**288** Darüber hinaus ist dem Verhafteten Gelegenheit zu geben, einen Angehörigen oder eine Vertrauensperson zu benachrichtigen, sofern der Untersuchungszweck dadurch nicht gefährdet wird (§ 114c Abs. 1 StPO). Bereits mit der Ergreifung des Beschuldigten aufgrund eines Haftbefehls liegt ein **Fall der notwendigen Verteidigung** vor (§ 140 Abs. 1 Nr. 4 StPO). Dem Beschuldigten ist – unabhängig von einem möglichen Antrag auf Pflichtverteidigerbestellung – von Amts wegen (§ 141 Abs. 2 S. 1 Nr. 1 StPO) auf Antrag der Staatsanwaltschaft durch das Gericht (§ 142 Abs. 2, 3 Nr. 2 StPO) ein Pflichtverteidiger zu bestellen.[820] Das Verfahren zur Pflichtverteidigerbestellung muss dabei bereits mit Ergreifung des Beschuldigten in die Wege geleitet werden.[821] Nach der Verhaftung ist der Beschuldigte unverzüglich dem **zuständigen Richter** vorzuführen (§ 115 Abs. 1 StPO). Zuständig ist der Richter, der den Haftbefehl erlassen hat. Ist dies nicht möglich, so muss er unverzüglich dem Richter des nächsten Amtsgerichts vorgeführt werden (§ 115a StPO). **Unverzüglich** bedeutet, ohne jede vermeidbare Verzögerung. Wie bereits oben dargelegt (s. Rn. 269) ist dabei ein strenger Maßstab anzulegen,[822] der entgegen teilweise vertretener Ansicht[823] über den Anforderungen des § 121 Abs. 1 BGB („ohne schuldhaftes Zögern") liegt.[824] So darf die **Vorführung** nicht zugunsten weiterer polizeilicher Ermittlungsmaßnahmen zurückgestellt werden.[825] Ist eine Vorführung am Tag der Ergreifung nicht möglich, muss diese spätestens am darauffolgenden Tag durchgeführt werden, auch wenn dieser ein Sonnabend, Sonn- oder Feiertag ist.[826] Die Frist kann nicht verlängert werden; auch kann der Beschuldigte auf ihre Einhaltung nicht verzichten.[827] Ein Verstoß führt wegen Art. 104 Abs. 3 S. 1 GG

820 M-G/S-*Schmitt*, § 141 Rn. 12.

821 BeckOK-*Krauß*, § 114b Rn. 9.

822 M-G/S-*Schmitt*, § 115 Rn. 4 u. § 25 Rn. 8.

823 MüKo-*Böhm/Werner*, § 115 Rn. 16.

824 Vgl. BVerfG 15.05.2002 – 2 BvR 2292/00, BVerfGE 105, 239, 249; BVerfG 24.07.2018 – 2 BvR 309/15, NJW 2018, 2619, 2625.

825 BGH 20.10.2014 – 5 StR 176/14, BGHSt 60, 38, 42.

826 M-G/S-*Schmitt*, § 115 Rn. 5.

827 KK-*Graf*, § 115 Rn. 5a f.

zur Aufhebung des Haftbefehls und Freilassung des Beschuldigten.[828] Eine unter Fristverstoß zustande gekommene Aussage des Beschuldigten vor der Polizei ist im Regelfall unverwertbar.[829] Vorführung bedeutet dabei nicht die persönliche Gegenüberstellung mit dem Richter, sondern das Unterstellen des Beschuldigten unter die unmittelbare Verfügungsgewalt des Richters, was mit dem Verbringen in das Gerichtsgebäude und die Einlieferung in das Gerichtsgefängnis gegeben ist.[830]

Nach der Vorführung ist der Beschuldigte durch das Gericht unverzüglich, spätestens am nächsten Tage, über den Gegenstand der Beschuldigung zu vernehmen (§§ 115 Abs. 2 u. 3 StPO). Mit Abschluss der **Vernehmung** muss der Richter entscheiden, ob er den Haftbefehl aufrechterhält (§ 115 Abs. 4 StPO), aufhebt (§ 120 StPO) oder aber außer Vollzug setzt (§ 116 StPO). Erfolgt die Vorführung und Vernehmung nicht durch den zuständigen Richter, sondern durch den **Richter des nächsten Amtsgerichts** (§ 115a StPO), sind dessen Entscheidungsmöglichkeiten eingeschränkt. Dieser kann den Beschuldigten nur freilassen, wenn der Haftbefehl bereits nicht mehr besteht, die Staatsanwaltschaft die Aufhebung beantragt (§ 120 Abs. 3 StPO) oder aber der Ergriffene nicht die in dem Haftbefehl bezeichnete Person ist (§ 115a Abs. 2 StPO). Wird der Haftbefehl vollzogen, so muss vom Gericht unverzüglich ein Angehöriger oder eine Vertrauensperson benachrichtigt werden (§ 114c Abs. 2 StPO, Art. 104 Abs. 4 GG). Dies gilt selbst dann, wenn der Beschuldigte dem widerspricht bzw. darauf verzichtet.[831] Dadurch soll verhindert werden, dass jemand ohne Kenntnis Dritter spurlos aus der Öffentlichkeit verschwindet.[832] Insoweit dient die Vorschrift dem Vertrauen der Allgemeinheit in die Rechtsstaatlichkeit der Strafrechtspflege. **289**

Sind gegen denselben Beschuldigten mehrere Haftbefehle wegen verschiedener Taten (in getrennten Strafverfahren) ergangen, so können diese nicht gleichzeitig vollstreckt werden.[833] Hinsichtlich des nicht vollstreckten Haftbefehls wird sog. **Überhaft** vermerkt. Diese kommt dann zum Tragen, wenn der Haftbefehl, aufgrund dessen der Beschuldigte inhaftiert ist, aufgehoben wird. **290**

## 7. Vollzug der Untersuchungshaft

Während der Bund für die in §§ 112 ff. StPO geregelten Gründe der Anordnung von Untersuchungshaft („Ob“) zuständig ist, sind für die Art und Weise der **291**

828 LR-*Lind*, § 115 Rn. 9.

829 KK-*Graf*, § 115 Rn. 5a.

830 M-G/S-*Schmitt*, § 115 Rn. 3.

831 KK-*Graf*, § 114c Rn. 14; M-G/S-*Schmitt*, § 114c Rn. 6.

832 Vgl. LG Frankfurt am Main 13.10.1958 – 5/7 Qs 217/58, NJW 1959, 61.

833 KK-*Graf*, Vorb. § 112 Rn. 17.

Ausgestaltung der Untersuchungshaft („Wie“) die Bundesländer verantwortlich. In der Folge finden sich die Vorschriften zur konkreten Ausgestaltung des Untersuchungshaftvollzugs in den **Untersuchungshaftvollzugsgesetzen** der einzelnen Bundesländer.[834] Dabei dürfen dem Untersuchungsgefangenen, für den die Unschuldsvermutung gilt, nur solche Grundrechtseinschränkungen auferlegt werden, die sich aus dem Zweck der Untersuchungshaft und den Bedürfnissen von Sicherheit und Ordnung der jeweiligen Vollzugsanstalt ergeben. Wichtige Grundsätze sind dabei die Einzelunterbringung und die Trennung der Untersuchungsgefangenen von den Strafgefangenen. Weiterhin enthält § 119 Abs. 1 S. 1 StPO einen nicht abschließenden Katalog der häufiger in Betracht kommenden **Beschränkungen** für inhaftierte Beschuldigte.[835] Diese betreffen den Empfang von Besuchen, die Telekommunikation, die Überwachung der Außenkontakte, die Unterbringung des Beschuldigten sowie die Kontakte zu anderen Inhaftierten. Ein solcher Beschränkungsbeschluss wird von dem Gericht getroffen, das den Haftbefehl erlassen hat (§ 126 Abs. 1 S. 1 StPO) und darf grundsätzlich nur zur Abwehr von Flucht-, Verdunkelungs- oder Wiederholungsgefahr erfolgen.

### 8. Europäischer Haftbefehl

292 Auf dem Prinzip des gegenseitigen Vertrauens der Mitgliedsstaaten und der **gegenseitigen Anerkennung** beruht der Europäische Haftbefehl.[836] Grundlage ist der Rahmenbeschluss des EU-Rates über den Europäischen Haftbefehl und das Übergabeverfahren vom 13.06.2002.[837] Nachdem die erste Umsetzung des Rahmenbeschlusses in nationales Recht in Deutschland vom Bundesverfassungsgericht für nichtig erklärt wurde,[838] ist unter Berücksichtigung der verfassungsgerichtlichen Vorgaben am 02.08.2006 das Europäische Haftbefehlsgesetz in Kraft getreten,[839] das die gesetzlichen Grundlagen zum Europäischen Haftbefehl in den §§ 78 ff. IRG regelt. Dabei handelt es sich nicht um eine neue, neben §§ 112 ff. StPO tretende Haftmöglichkeit, sondern um die EU-weite **Durchsetzung eines nationalen Haftbefehls**.[840] Der Europäische Haftbefehl ist insoweit Fahndungsinstrument und Auslieferungsersuchen.[841] Die Auslieferung von Beschuldigten innerhalb der EU-Staaten wird im Unterschied zum vorherigen Auslieferungsverfahren durch den Europäischen Haft-

---

834 Überblick bei *Köhne*, JR 2011, 198.

835 MüKo-*Böhm/Werner*, § 119 Rn. 30.

836 EuGH 21.10.2010 – C 306/09, NJW 2011, 285, 286.

837 Rahmenbeschluss 2002/584/JI, ABl. EG 2002 Nr. L 190, S. 1.

838 BVerfG 18.07.2005 – 2 BvR 2236/04, BVerfGE 113, 273 ff.

839 BGBl. I, 2006, S. 1721 ff.

840 EUGH 01.06.2016 – C-241/15, StraFo 2016, 286.

841 BVerfG 28.09.2020 – 2 BvR 1435/20, NJW 2020, 3375, 3376.

befehl vereinfacht und verkürzt. Erreicht wird dies insbesondere dadurch, dass der ausliefernde EU-Staat grundsätzlich nicht die Rechtmäßigkeit des Haftbefehls überprüft, sondern die Entscheidung des ersuchenden EU-Staates anerkennt, und zwar auch in Bezug auf eigene Staatsangehörige. Der Rahmenbeschluss nennt 32 Straftaten bzw. Deliktsgruppen, bei denen die Auslieferung grundsätzlich auch dann erfolgen muss, wenn die Tat im ausliefernden EU-Staat gar nicht strafbar ist. Hierbei handelt es sich um Straftaten wie beispielsweise Terrorismus, Menschenhandel, vorsätzliche Tötung, Vergewaltigung, Betrug, Korruption, Drogenhandel sowie bisher im deutschen Recht nicht „vertypte" Delikte wie Cyberkriminalität, Rassismus, Fremdenfeindlichkeit. Nach einer Entscheidung des Europäischen Gerichtshofs vom 27.05.2019 sind deutsche Staatsanwaltschaften nicht zur **Ausstellung** eines Europäischen Haftbefehls befugt, da sie als exekutive Behörde keine „ausstellende Justizbehörde" i.S.v. Art. 6 Abs. 1 des Rahmenbeschlusses zum Europäischen Haftbefehl seien.[842] Danach müssen in Deutschland Europäische Haftbefehle von Richtern ausgestellt werden.

## III. Vorläufige Festnahme

### 1. Allgemeines

In Eilfällen, in denen der Erlass eines Haftbefehls durch den Richter nicht abgewartet werden kann, besteht das Recht der vorläufigen Festnahme. Die StPO kennt verschiedene Arten der vorläufigen Festnahme. Die **Anwesenheits- und identifizierungssichernde Festnahme** nach § 127 Abs. 1 S. 1 StPO steht jeder Person, unabhängig davon, ob sie volljährig ist oder nicht,[843] zu (sog. Jedermann-Festnahmerecht oder Flagranzfestnahme) und gilt damit auch für Polizeibeamte, die dabei auch außerhalb ihres Zuständigkeitsbereichs dieses Recht wahrnehmen können.[844] Ist die Polizei zugegen, endet das Recht der Privatperson, denn gegen deren erkennbaren Willen darf sie nicht tätig werden.[845] Dient die vorläufige Festnahme durch Staatsanwaltschaft oder Polizei der Identitätsfeststellung (sog. **identifizierungssichernde amtliche Festnahme**), so richtet sich diese gem. § 127 Abs. 1 S. 2 StPO nach § 163b Abs. 1 StPO.[846] Eine **haftsichernde Festnahme** durch Staatsanwaltschaft und Polizei eröffnet § 127 Abs. 2 StPO. Ein weiteres **Festnahmerecht zur Sicherung der Durchführung des beschleunigten Verfahrens** findet 293

842 EuGH 27.05.2019 – C 508/18, NJW 2019, 2145 ff. m. Anm. *Schubert*.

843 M-G/S-*Schmitt*, § 127 Rn. 7.

844 LR-*Gärtner*, § 127 Rn. 27 m.w.N.

845 AK-*Krause*, § 127 Rn. 3; LR-*Gärtner*, § 127 Rn. 28.

846 KK-*Glaser*, § 127, Rn. 22; M-G/S-*Schmitt*, § 127 Rn. 7; a.A. *Kramer*, Rn. 56.

sich in § 127b StPO. Darüber hinaus kann bei Straftaten während einer Gerichtsverhandlung auch der Richter eine vorläufige Festnahme veranlassen (§ 183 S. 2 GVG, § 127 StPO). Im Steuerstrafverfahren besteht für die Finanzbeamten, Zollfahndungsämter und die mit der Zoll- und Steuerfahndung betrauten Beamten ein Festnahmerecht (§§ 399 Abs. 1, 402 Abs. 1, 404 S. 1 AO).

**294** Keine vorläufige Festnahme, aber eine **vorübergehende Festnahme von Störern** strafprozessualer Amtshandlungen kann der die Amtshandlung vor Ort leitende Staatsanwalt oder Polizeibeamte anordnen (§ 164 StPO). Es handelt sich hierbei um ein amtliches Selbsthilferecht.[847] Die Vorschrift bezieht sich nur auf Amtshandlungen strafprozessualer Art und richtet sich gegen jeden, der die Amtshandlung vorsätzlich behindert, erschwert oder unmöglich macht.[848] Dies können Schaulustige, Zuhörer, Betroffene, Hinzugezogene oder sonst anwesende Personen sein; bei Pressevertretern, Verteidigern und sonstigen Beiständen ist eine zurückhaltende bzw. einschränkende Vorgehensweise angezeigt.[849] Erst wenn weniger einschneidende Mittel, wie beispielsweise Zurechtweisung, entsprechende Belehrung und Androhung der Festnahme nicht erfolgversprechend sind, kann eine Festnahme unter Beachtung des Verhältnismäßigkeitsgrundsatzes in einer den Störer möglichst wenig belastenden, dem Vollzugsbeamten aber noch zumutbaren Weise erfolgen und darf nur so lange dauern, bis die Störung beseitigt ist.[850]

**Beispiele:**

Der Störende kann in einen Nebenraum oder in ein Polizeifahrzeug eingeschlossen, oder, wenn dies alles nicht möglich ist, auch zur Dienststelle verbracht werden.

## 2. Vorläufige Festnahme nach § 127 Abs. 1 StPO

### a) Tatbegriff

**295** Voraussetzung ist das Betreffen oder Verfolgen auf **frischer Tat**. Insoweit knüpft § 127 Abs. 1 StPO an die „Frische", nicht an die „Schwere" der Tat an und gilt somit für alle Straftaten, unabhängig von deren Gewichtung oder dem Wert der Beute.[851] Sinn und Zweck ist, die Strafverfolgung zu ermöglichen, deshalb muss die Privatperson die Intention haben, den Täter der Straf-

847 M-G/S-*Schmitt*, § 164 Rn. 1.

848 KK-*Schmitt*, § 164 Rn. 4.

849 MüKo-*Kölbel*, § 164 Rn. 6.

850 KK-*Schmitt*, § 164 Rn. 7.

851 BGH 10.02.2000 – 4 StR 558/99, NJW 2000, 1348 f.

verfolgung zuzuführen. Präventive Gesichtspunkte oder die Verfolgung zivilrechtlicher Ansprüche können nicht auf § 127 Abs. 1 StPO gestützt werden. Auch darf nur die der Strafverfolgung unterliegende Person festgenommen werden. Daher können strafunmündige Kinder (§ 19 StGB) mangels verfolgbarer Straftat nicht vorläufig festgenommen werden.[852] Erforderlich ist eine begangene oder versuchte **rechtswidrige Straftat**, während eine straflose Vorbereitungshandlung oder eine Ordnungswidrigkeit nicht ausreicht.[853] Nicht erkennbare Rechtfertigungs- und Schuldausschließungsgründe lassen das Festnahmerecht unberührt.

Umstritten ist, ob die Straftat **tatsächlich begangen** sein muss oder aber der dringende Tatverdacht ausreicht.[854] Praktisch bedeutsam ist dies für Irrtumsfälle, in denen der Festnehmende irrtümlich von einer Straftat ausgeht. **296**

**Beispiel:**

Kaufhausdetektiv K glaubt irrtümlich, T habe einen Diebstahl begangen und nimmt diesen vorläufig fest. Die darin liegende Freiheitsberaubung (§ 239 Abs. 1 StGB) wäre durch § 127 Abs. 1 S. 1 StPO nicht gerechtfertigt, sofern man als Voraussetzung eine wirklich begangene Straftat verlangen würde. In der Folge könnte T gegen die Festnahme Notwehr (§ 32 StGB) üben. Lässt man hingegen für die Festnahme einen dringenden Tatverdacht genügen, wäre die Freiheitsberaubung gerechtfertigt und T hätte kein Notwehrrecht.

Überzeugender ist, eine wirklich begangene oder versuchte Straftat zu verlangen.[855] Denn der Eingriff in die Freiheitsrechte eines anderen Bürgers darf nur gestattet werden, wenn der Festnehmende sicher ist, dass der andere eine Straftat verwirklicht hat. Andernfalls muss er die Festnahme den staatlichen Behörden überlassen. Die Gegenauffassung[856] würde das Notwehrrecht des zu Unrecht Festgenommen zu sehr einschränken und steht auch nicht mit dem Sinn des Jedermann-Festnahmerechts in Einklang, das dem Bürger zwar eine öffentliche Aufgabe überträgt,[857] aber gerade keine

---

852 M-G/S-*Schmitt*, § 127 Rn. 3a; LR-*Gärtner*, § 127 Rn. 8 jeweils m.w.N.

853 KK-*Glaser*, § 127 Rn. 7.

854 Offengelassen von BGH 10.02.2000 – 4 StR 558/99, BGHSt 45, 378, 380; zum Streitstand LR-*Gärtner*, § 127 Rn. 9 ff.; jeweils m.w.N.

855 So auch OLG Hamm 24.11.1976 – 4 Ss 263/76, NJW 1977, 590, 591; OLG Celle 26.11.2014 – 32 Ss 176/14, BeckRS 2015, 3; *Beulke/Swoboda*, Rn. 367; M-G/S-*Schmitt*, § 127 Rn. 4; *Roxin/Schünemann*, § 31 Rn. 4; *Rüping*, Rn. 244; *Volk/Engländer*, § 10 Rn. 67 jeweils m.w.N.

856 OLG Hamm 08.01.1998 – 2 Ss 1526/97, NStZ 1998, 370; *Hellmann*, Rn. 266; KK-*Glaser*, § 127 Rn. 9; *Krey/Heinrich*, Rn. 777 jeweils m.w.N.

857 RG 13.02.1888 – 3/88, RGSt 17, 127, 128.

Rechtspflicht[858] zur Festnahme auferlegt. Schützenswerter erscheint insoweit der unschuldig Festgenommene als der freiwillig Festnehmende. Darüber hinaus bietet das materielle Strafrecht bei dieser vorzugswürdigen Auffassung eine interessengerechte Lösung. So würde der zu Unrecht Festgenommene ein Notwehrrecht haben und der unrechtmäßig Festnehmende zwar rechtswidrig handeln, sich aber im Regelfall in einem schuldausschließenden Erlaubnistatbestandsirrtum befinden.[859]

297 **Betroffen auf frischer Tat** ist, wer bei der Tatbegehung oder unmittelbar danach am Tatort oder in dessen unmittelbarer Nähe gestellt wird.[860] Unter den Begriff der **Verfolgung** fallen alle Maßnahmen, die darauf abzielen, den Täter zu ergreifen, und die geeignet sind, dies zu ermöglichen, zu erleichtern oder zu sichern.[861] **Verfolgung auf frischer Tat** liegt vor, wenn sich der Täter bereits vom Tatort entfernt hat, sichere Anhaltspunkte wie beispielsweise Tatspuren aber auf ihn als Täter hinweisen und seine Verfolgung zum Zwecke der Ergreifung unverzüglich begonnen wird.[862] Dabei kann der Verfolger auch Helfer benachrichtigen und Hilfsmittel, wie einen Pkw, beschaffen. Er braucht auch nicht der Entdecker der Tat sein. So ist ausreichend, dass er von dem Entdecker oder einem weiteren Verfolger zur Festnahme veranlasst worden ist.[863] Ebenso wenig muss der Täter auf Sicht oder Gehör verfolgt werden; eine vorübergehende Unterbrechung ist unschädlich.[864] Die unmittelbar nach Entdeckung der frischen Tat aufgenommene und ununterbrochen andauernde Verfolgung kann ohne zeitliche Begrenzung bis zur Festnahme des Täters fortgesetzt werden.[865]

### b) Festnahmegründe

298 Weiterhin muss einer der beiden Festnahmegründe (Fluchtverdacht oder Identität nicht feststellbar) gegeben sein. Für den **Fluchtverdacht** gelten nicht die strengen Voraussetzungen der Fluchtgefahr (§ 112 Abs. 2 Nr. 2 StPO). Ausreichend ist, dass nach den erkennbaren Umständen des Einzelfalls, insbesondere dem Verhalten des Betroffenen, im Sinne einer „Augenblicksentscheidung“ damit zu rechnen ist, dass dieser sich durch Flucht der Verantwortung entziehen werde, wenn er nicht alsbald festgenommen wird.[866] Eine Festnahme zur **Iden-**

858 KK-*Glaser*, § 127 Rn. 6.

859 Hierzu *Erhardt*, Rn. 160 ff.

860 RG 20.01.1925 – I 971724, RGSt 59, 49, 50, vgl. auch RG 12.10.1931 – II 520/31, RGSt 65, 392, 394.

861 RG 13.12.1897 – 3760/97, RGSt 30, 386, 388.

862 M-G/S-*Schmitt*, § 127 Rn. 6.

863 RG 01.02.1926 – II 766/25, RGSt 60, 67, 69.

864 RG 03.06.1924 – IV 504/24, RGSt 58, 226.

865 M-G/S-*Schmitt*, § 127 Rn. 6.

866 KK-*Glaser*, § 127 Rn. 16.

**titätsfeststellung** ist zulässig, wenn der Betroffene die Angaben zur Person verweigert, sich nicht mit gültigen Ausweispapieren, wie Personalausweis oder Reisepass, ausweisen kann und seine Identität ohne weitere Nachforschungen nicht festgestellt werden kann. Die Angabe des Namens und der Wohnung steht der Festnahme nicht entgegen, sofern die Personalien nicht an Ort und Stelle überprüft werden können.[867] Dies gilt auch bei Vorlage eines Führerscheins, aus dem sich der gegenwärtige Wohnsitz und Aufenthaltsort nicht ergibt.[868] Benutzt der Betroffene ein Kraftfahrzeug, so genügt das amtliche Kennzeichen grundsätzlich nicht, da der Halter nicht unbedingt der Fahrer sein muss.[869] Weiterhin reicht eine Identifizierung durch einen Dritten selbst dann nicht aus, wenn dieser sich ausweisen kann.[870] Ist hingegen der Name des Festnehmenden bekannt, so entfällt eine Festnahmebefugnis.[871] Ein Durchsuchungsrecht zum Auffinden von Ausweispapieren oder auch Beweismitteln besteht für Privatpersonen nicht. Das gilt auch für Privatdetektive, private Sicherheits- oder Ordnungsdienste. Grundsätzlich darf der Betroffene auch nicht gegen seinen Willen an einen anderen Ort gebracht werden. Er kann aber ausnahmsweise zur nächsten Polizeidienststelle verbracht werden, wenn die Identitätsfeststellung am Festnahmeort wegen störender Einflüsse nicht möglich ist.[872]

#### c) Verhältnismäßigkeit

Da § 127 Abs. 1 StPO die Festnahme unabhängig von der Schwere bei allen **299**
Straftaten zulässt, beschränkt sich die Verhältnismäßigkeit im Wesentlichen auf die Anwendung des Zwangs. Die Festnahme ist ein sog. **Realakt**, der nicht angeordnet werden muss. Dem Betroffenen muss nur deutlich gemacht werden, dass eine Festnahme wegen einer bestimmten Tat erfolgt. Sie kann mit Zwang durchgesetzt werden, wie beispielsweise die Wegnahme des Zündschlüssels nach einem alkoholbedingten Verkehrsunfall.[873] Die Anwendung **körperlicher Gewalt** zur Festnahme durch Private ist grundsätzlich erlaubt, wenn sie für die Festnahme erforderlich ist und in einem angemessenen Verhältnis zum Festnahmezweck steht. Hierbei hat die Gesundheit des Täters Vorrang vor dem durch § 127 StPO geschützten staatlichen Interesse an der Strafverfolgung.[874] Freiheitsberaubung, Nötigung und leichte, durch die Festnahme verursachte Körperverletzungen sind er-

---

867 RG 02.05.1895 – 1164/95, RGSt 27, 198, 199.

868 BayObLG 25.07.2002 – 5 StR RR 209/2002, NStZ-RR 2002, 336; a.A. AG Hannover 17.10.2005 – 314 AR 12/05, StV 2006, 321.

869 HK-*Posthoff*, § 127 Rn. 14.

870 RG 28.07.1938 – 3 D 509/38, RGSt 72, 300, 301.

871 RG 13.11.1933 – II 579/33, RGSt 67, 351, 353.

872 LR-*Gärtner*, § 127 Rn. 24.

873 Vgl. OLG Saarbrücken 29.01.1959 – Ss 78/58, NJW 1959, 1190, 1191.

874 BGH 10.02.2000 – 4 StR 558/99, BGHSt 45, 378, 381.

laubt,[875] nicht aber eine ernsthafte Gesundheitsschädigung oder gar unmittelbare Lebensgefährdung.[876]

**Beispiele:**

Erlaubt ist festes Zupacken[877], Fesseln, Anspringen, zu Fall bringen und am Boden fixieren,[878] Drohen mit Schusswaffeneinsatz, Abgabe von Warnschüssen[879]; aber nicht der gezielte Schusswaffeneinsatz[880] oder ein lebensgefährliches Würgen[881].

300 Diese Grundsätze gelten aber nur für das Recht der Festnahme. Widersetzt sich der Beschuldigte und greift den Festnehmenden an, ist dieser Angriff rechtswidrig und der Festnehmende hat ein **Notwehrrecht** (§ 32 StGB). Liegen die Voraussetzungen nach § 32 StGB vor, kann dann unter Umständen sogar eine Schusswaffe eingesetzt werden. Gegen gerechtfertigte Maßnahmen des Festnehmenden hat der Betroffene dagegen mangels Rechtswidrigkeit des Angriffs kein Notwehrrecht.[882]

### d) Zwangsmittel der Polizei zur Festnahme

301 Über die zulässigen Zwangsmittel der Polizei bei der Festnahme enthält die StPO keine Regelungen. Nach wohl h.M.[883] erfolgt ein Rückgriff auf die Polizeigesetze der Länder und des Bundes, d.h. im Falle der Festnahme auf die jeweiligen Regelungen zum unmittelbaren Zwang (z.B. §§ 63 Abs. 2 ff. PolG BW, §§ 69 ff. NPOG). Bemisst man hingegen – entgegen dieser kaum überzeugenden Ansicht – die Anwendung von unmittelbarem Zwang am Verhältnismäßigkeitsgrundsatz des § 127 StPO, können die polizeirechtlichen Regelungen zum unmittelbaren Zwang aber als Orientierungsmaßstab herangezogen werden (s. hierzu Rn. 254). Diese sind in den Ländern und im Bund zwar nicht völlig identisch, aber weitgehend ähnlich. Unterschieden werden dabei einfache körperliche Gewalt, Hilfsmittel der körperlichen Gewalt und Waffengebrauch (z.B. § 64 Abs. 1 PolG BW, § 69 Abs. 1 NPOG). Insbesondere der **Schusswaffeneinsatz** zur Festnahme ist dabei als Ausprägung des Verhältnismäßigkeitsgrundsatzes regelmäßig stark eingeschränkt und nur erlaubt, um

875 BGH 10.02.2000 – 4 StR 558/99, BGHSt 45, 378, 381 f.
876 BGH 03.07.2007 – 5 StR 37/07, NStZ-RR 2007, 303.
877 OLG Stuttgart 02.03.1984 – 3 Ss (14) 75/84, NJW 1984, 1694, 1695.
878 BGH 10.02.2000 – 4 StR 558/99, BGHSt 45, 378, 381.
879 Vgl. BGH 11.09.1997 – 4 StR 296/97, NStZ-RR 1998, 50.
880 Vgl. BGH 18.11.1980 – VI ZR 151/78, NJW 1981,745 f.
881 BGH 10.02.2000 – 4 StR 558/99, BGHSt 45, 378, 383 f.
882 RG 28.07.1938 – 3 D 509/38, RGSt 72, 300, 301.
883 BGH 25.03.1999 – 1 StR 26/99, JR 2000, 297 ff. m. Anm. *Ingelfinger*; KK-*Glaser*, § 127 Rn. 40; M-G/S-*Schmitt*, Einl. Rn. 46; *Roxin/Schünemann*, § 31 Rn. 11 f.; a.A. *Kramer*, Rn. 11c f.; *Schmidt/Schöne*, NStZ 1994, 218 ff.; SK-*Paeffgen*, § 127 Rn. 29 ff.

eine Person, die eines Verbrechenstatbestandes dringend verdächtig ist und die sich der Festnahme durch Flucht zu entziehen versucht, anzuhalten. (z.B. § 68 Abs. 1 Nr. 2 PolG BW, § 77 Abs. 1 Nr. 3a NPOG).[884]

### 3. Vorläufige Festnahme durch Staatsanwaltschaft und Polizei nach § 127 Abs. 2 StPO

Die Staatsanwaltschaft und die Beamten des Polizeidienstes, die keine Er- 302
mittlungspersonen zu sein brauchen, sind bei Gefahr im Verzug zur vorläufigen Festnahme befugt, sofern die Voraussetzungen eines Haft- oder Unterbringungsbefehls vorliegen. **Gefahr im Verzug** liegt vor, wenn die Festnahme wegen des Zeitverlusts, der dadurch eintritt, dass vorher ein gerichtlicher Haft- oder Unterbringungsbefehl erwirkt wird, gefährdet wäre.[885] Dies beurteilt der Beamte aufgrund pflichtgemäßer Prüfung der Umstände, soweit sie für ihn zum Zeitpunkt des Einschreitens erkennbar sind.[886] Dabei ist zu berücksichtigen, dass eine fernmündliche Entscheidung des Gerichts über die Untersuchungshaft – aufgrund des Schriftformerfordernisses des Haftbefehls (§ 114 Abs. 1 StPO) – nicht möglich ist, sodass diesem Aspekt bei der Beurteilung, ob Gefahr im Verzug vorliegt, anders als bei der Durchsuchung keine einschränkende Rolle zukommt. Gemäß § 127 Abs. 3 StPO ist die vorläufige Festnahme bei einem **Antragsdelikt** auch bereits vor Stellung des Strafantrags zulässig. Gleiches gilt, wenn eine Straftat nur mit Ermächtigung oder auf Strafverlangen verfolgbar ist. Nach § 127 Abs. 4 StPO gelten für die vorläufige Festnahme durch Staatsanwaltschaft und Polizei die **Belehrungs- und Hinweispflichten** der §§ 114a bis 114c StPO entsprechend.

### 4. Weiteres Verfahren

Der von einer Privatperson vorläufig Festgenommene ist unmittelbar der 303
Polizei zuzuführen. Weitergehende Maßnahmen, wie beispielsweise die **Feststellung der Personalien** des Festgenommenen, ist der Privatperson nicht erlaubt. Diese stellt, falls notwendig, die Polizei fest und prüft, ob eine Festnahme nach § 127 Abs. 2 StPO möglich oder ob der Betreffende zu entlassen ist.[887] Nach der vorläufigen Festnahme durch die Ermittlungsbehörden erfolgt in der Regel zunächst ebenfalls die Identitätsfeststellung (§ 163b Abs. 1 StPO). Sodann ist zu entscheiden, ob der Festgenommene freigelassen wird oder aber unverzüglich, spätestens am Tage nach der Festnahme, eine **richterliche Vorführung** erfolgt (§ 128 Abs. 1 S. 1 StPO). Diese Frist entspricht

884 Ausführlich *Turnit*, Rn. 435.
885 M-G/S-*Schmitt*, § 127 Rn. 19.
886 BGH 16.10.1952 – 5 StR 330/52, BGHSt 3, 241, 243.
887 M-G/S-*Schmitt*, § 128 Rn. 3.

der verfassungsrechtlichen Vorgabe des Art. 104 Abs. 2 S. 3 GG, wonach die Polizei aufgrund eigener Machtvollkommenheit niemanden länger als bis zum Ende des auf die Ergreifung folgenden Tages in eigenem Gewahrsam halten darf. Da die vorläufige Festnahme nach § 127 StPO nicht aufgrund eines Haftbefehls erfolgt, steht den Ermittlungsbehörden nach zutreffender Ansicht der h.M. aber ein Spielraum zur Verfügung, innerhalb dessen sie entscheiden können, ob eine Vorführung sachgerecht ist bzw. die Voraussetzungen für den Erlass eines Haftbefehls voraussichtlich vorliegen.[888] Zur Klärung dieser Frage darf der Festgenommene auch polizeilich vernommen werden. Nur so erhält der Richter im Falle der Vorführung eine ausreichende Entscheidungsgrundlage. Bei den rechnerisch möglichen 48 Stunden handelt es sich allerdings um eine **Höchstfrist**, die nur ausgeschöpft werden darf, wenn es sachlich unerlässlich ist. Zu beachten ist, dass bis zur Vorführungsentscheidung noch kein **Fall der notwendigen Verteidigung** nach § 140 Abs. 1 Nr. 4 StPO gegeben ist.[889] Erst wenn feststeht, dass der Beschuldigte dem Richter vorgeführt werden soll, liegt § 140 Abs. 1 Nr. 4 StPO vor. In der Konsequenz muss dann auch unverzüglich von Amts wegen (§ 141 Abs. 2 S. 1 Nr. 1 StPO) auf Antrag der Staatsanwaltschaft (§ 142 Abs. 2 StPO) ein Pflichtverteidiger durch den Richter (§ 142 Abs. 3 Nr. 2 StPO) bestellt werden.

**304** Eine Freilassung des Beschuldigten durch die Ermittlungsbehörden muss erfolgen, sofern die möglichen Haftgründe der vorläufigen Festnahme entfallen. Darüber hinaus kann auch unter den Voraussetzungen des § 127a oder § 132 StPO eine **Freilassung gegen Sicherheitsleistung** (Kaution) erfolgen. Gemäß **§ 127a StPO** kann von einer vorläufigen Festnahme abgesehen werden, wenn der Beschuldigte eine angemessene Sicherheit hinterlegt. Voraussetzung ist, dass er keinen festen Wohnsitz oder Aufenthalt im Geltungsbereich dieses Gesetzes hat und ein Haftbefehl nur wegen Fluchtgefahr begründet werden kann. Außerdem darf nicht damit zu rechnen sein, dass wegen seiner Tat eine Freiheitsstrafe oder eine freiheitsentziehende Maßregel der Besserung und Sicherung verhängt wird (§ 127a Abs. 1 Nr. 1 StPO). Diese Vorschrift soll besonders durchreisende Ausländer erfassen, die eine geringfügige Straftat in der Bundesrepublik begangen haben.[890] Wohnsitz und Aufenthalt richten sich nach den zivilrechtlichen Regeln. Der Wohnsitz ergibt sich aus § 7 BGB. Der Aufenthalt beschreibt das rein tatsächliche Zustandsverhältnis einer Person zu einem bestimmten Ort oder einer Region, wobei das rein tatsächliche Verweilen von einer gewissen Dauer oder Regelmäßigkeit genügt.[891]

---

888 BGH 28.06.2018 – 3 StR 23/18, NStZ 2018, 734, 735 m. Anm. *Berghäuser*; KK-*Glaser*, § 128 Rn. 5; M-G/S-*Schmitt*, § 128 Rn. 5; kritisch *Beulke/Swoboda*, Rn. 372.

889 BT-Drs. 19/13829, S. 33.

890 LR-*Gärtner*, § 127a Rn. 2.

891 KK-*Graf*, § 113 Rn. 6a.

**Beispiel:**

Ein Wohnsitzloser, der durch die Bundesrepublik vagabundiert, hat seinen Aufenthalt in der Bundesrepublik.[892]

Die angemessene Sicherheitsleistung bemisst sich nach der Strafzumessungspraxis der Gerichte.[893] Für die Art der Sicherheitsleistung gilt gemäß § 127a Abs. 2 StPO der § 116a Abs. 1 u. 3 StPO. Weiterhin muss der Beschuldigte einen **Zustellungsbevollmächtigten** bestellen (§§ 127a Abs. 2, 116a Abs. 3 StPO). Zuständig für die Anordnung nach § 127a StPO sind die Staatsanwaltschaft und die Polizei, wobei im Regelfall der Polizeibeamte, der den Beschuldigten zunächst festnimmt oder hätte festnehmen können, die Entscheidung trifft.[894] **305**

Gemäß **§ 132 StPO** kann von dem Beschuldigten eine angemessene Sicherheit für eine zu erwartende Geldstrafe und die Kosten des Verfahrens verlangt werden, wenn er einer Straftat dringend verdächtig ist und im Geltungsbereich dieses Gesetzes keinen festen Wohnsitz oder Aufenthalt hat. Die Vorschrift ergänzt § 127a StPO und ermöglicht insbesondere Maßnahmen gegen durchreisende ausländische Kraftfahrer.[895] Im Gegensatz zu § 127a StPO regelt die Norm aber den Fall, dass die Voraussetzungen eines Haftbefehls – und damit auch die der vorläufigen Festnahme nach § 127 Abs. 2 StPO – gerade nicht vorliegen. Auch erfolgt die Anordnung durch den **Richter**. Nur bei Gefahr im Verzug dürfen Staatsanwaltschaft und Ermittlungspersonen die Anordnung treffen (§ 132 Abs. 2 StPO). Leistet der Beschuldigte keine Sicherheit, können **Beförderungsmittel oder andere Sachen** (auch Bargeld), die er bei sich führt und ihm allein gehören, beschlagnahmt werden (§ 132 Abs. 3 StPO). Bei dieser sog. **Sicherheitenbeschlagnahme** ist im Rahmen der Verhältnismäßigkeit zu beachten, dass die Gegenstände den Wert der angeordneten Sicherheit nicht wesentlich überschreiten dürfen. Auch können Gegenstände, die der Beschuldigte unbedingt benötigt, nicht beschlagnahmt werden. **306**

**Beispiele:**

Pkw für die Rückreise in sein Heimatland; für die Weiterreise notwendiges Bargeld.

Soll der Beschuldigte **vorgeführt** werden, ist die Staatsanwaltschaft zu beteiligen, da sie grundsätzlich den Haftbefehl (§ 128 Abs. 2 S. 2 StPO) und **307**

892 LG Magdeburg 30.01.2007 – 26 Qs 14/07, NStZ 2007, 544.

893 S/S/W-*Herrmann*, § 127a Rn. 8.

894 KK-*Glaser*, § 127a Rn. 10.

895 MüKo-*Gerhold*, § 132 Rn. 1 f.

auch die Bestellung des Pflichtverteidigers beantragen (§§ 141 Abs. 2 S. 1 Nr. 1, 142 Abs. 2 StPO) muss. Sodann entscheidet der Richter darüber, ob ein Haft- oder Unterbringungsbefehl erlassen oder die Freilassung anzuordnen ist (§ 128 Abs. 2 StPO). Die Vernehmung richtet sich nach § 115 Abs. 3 StPO (§ 128 Abs. 1 S. 2 StPO).

### 5. Vorläufige Festnahme bei beschleunigtem Verfahren nach § 127b StPO

308 Die vorläufige Festnahme nach § 127b StPO soll eine stärkere Nutzung des **beschleunigten Verfahrens** (§§ 417 ff. StPO) fördern, indem die Anwesenheit des Angeklagten in der Hauptverhandlung abgesichert wird.[896] Ziel des beschleunigten Verfahrens ist, die „Strafe auf dem Fuße" folgen zu lassen, um dem Täter das Unrecht seines Tuns besser vor Augen führen zu können (s. Rn. 689). Die Spezialregelung des § 127b StPO schafft hierzu für Staatsanwaltschaft und Polizei über § 127 StPO hinaus eine zusätzliche Möglichkeit zur vorläufigen Festnahme eines auf frischer Tat Betroffenen oder Verfolgten. Für die Straftat genügt dringender Tatverdacht (§ 127b Abs. 2 S. 1 StPO). Erforderlich ist die **Wahrscheinlichkeit**, dass eine unverzügliche Entscheidung im beschleunigten Verfahren erfolgt (§ 127b Abs. 1 S. 1 Nr. 1 StPO). Unverzüglich ist dabei so zu verstehen, dass die Hauptverhandlung binnen einer Woche stattfindet (vgl. § 127b Abs. 2 StPO). Insoweit muss ein Richter zur Durchführung des Verfahrens bereit sein. Erforderlich ist daher aus organisatorischen Gründen eine vorherige Absprache zwischen Staatsanwaltschaft, Polizei und Gericht. Der praktische Anwendungsbereich liegt zumeist bei großen Demonstrationen, Sportveranstaltungen und ähnlichen Großereignissen. Zielgruppe sind dabei „reisende Straftäter", Wohnungslose und Ausländer, bei denen aus sozialen oder in ihrer Persönlichkeit liegenden Gründen zu befürchten ist, dass sie einer beschleunigt anberaumten Hauptverhandlung fernbleiben würden.[897] Diese Prognose muss aufgrund bestimmter Tatsachen bestehen. Das ist anzunehmen, wenn nach den Umständen des Einzelfalls diese Möglichkeit ernsthaft zu erwarten ist, wobei die Anwendung der §§ 127a, 132 StPO ausgeschlossen sein muss.[898]

**Beispiele:**

Der Beschuldigte ist einer früheren Hauptverhandlung ferngeblieben; der Beschuldigte hat keinen festen Wohnsitz, sodass ihm Ladungen nicht zugestellt werden können.

---

896 MüKo-*Böhm*, § 127b Rn. 1.

897 M-G/S-*Schmitt*, § 127b Rn. 1.

898 M-G/S-*Schmitt*, § 127b Rn. 10.

Nach § 127b Abs. 1 S. 2 StPO gelten die Belehrungs- und Hinweispflichten der §§ 114a bis 114c StPO entsprechend. Hinsichtlich der Vorführung vor den Richter und dessen Entscheidung gilt § 128 StPO. Hierbei soll der Richter entscheiden, der für die Durchführung des beschleunigten Verfahrens zuständig ist (§ 127b Abs. 3 StPO). Erlässt der Richter einen Haftbefehl, so ist diese **Hauptverhandlungshaft** höchstens auf eine Woche ab dem Tage der Festnahme begrenzt (§ 127b Abs. 2 S. 2 StPO). Statistisch kommt der Anwendung des beschleunigten Verfahrens und der Hauptverhandlungshaft in der Praxis jedoch keine wesentliche Bedeutung zu.[899]

## IV. Unterbringung zur Beobachtung nach § 81 StPO

Nach § 81 Abs. 1 StPO kann der Beschuldigte auf richterliche Anordnung zur **309**
Vorbereitung eines Gutachtens über seinen psychischen Zustand für maximal sechs Wochen (§ 81 Abs. 5 StPO) in einem **öffentlichen psychiatrischen Krankenhaus** untergebracht und dort beobachtet werden. Ziel der Maßnahme ist zu klären, ob der Beschuldigte zur Tatzeit schuldfähig war (§§ 20, 21 StGB), jetzt verhandlungsfähig oder allgemeingefährlich ist (§ 66 Abs. 1 S. 1 Nr. 4 StGB).[900] Auch kann der Entwicklungsstand eines Jugendlichen oder Heranwachsenden überprüft werden (§§ 73, 104 Abs. 1 Nr. 12, 109 Abs. 1 JGG). Nicht zulässig ist die Unterbringung zur Prüfung der Glaubwürdigkeit.[901] Ebenso wenig darf eine Einschränkung der Schuldfähigkeit, die lediglich Folge von Alkoholgenuss oder Medikamenteneinnahme ist, mithilfe der Unterbringung überprüft werden.[902]

Notwendige Voraussetzung ist ein dringender Tatverdacht (§ 81 Abs. 2 S. 1 **310**
StPO). Die Unterbringung erfordert insoweit das Vorliegen gerichtsverwertbarer Tatsachen, durch die der Beschuldigte mit großer Wahrscheinlichkeit einer rechtswidrigen Tat überführt werden kann. Besondere Bedeutung hat im Hinblick auf die Schwere des Eingriffs der **Grundsatz der Verhältnismäßigkeit** (§ 81 Abs. 2 S. 2 StPO). Daher darf die Unterbringung nicht schwerer wiegen als die für die Straftat zu erwartende Strafe oder Maßregel.[903] Auch ist eine Unterbringung nur zulässig, wenn der psychiatrische Zustand nicht anders beurteilt werden kann.[904] Der Beschuldigte muss diese Freiheitsberaubung und seine Beobachtung zwar **dulden**, aber in keiner Weise aktiv an den

899 HK-*Posthoff*, § 127b Rn. 2.

900 KK-*Hadamitzky*, § 81 Rn. 1.

901 BGH 07.05.1955 – 5 StR 52/55, JR 1955, 472.

902 KMR-*Bosch*, § 81 Rn. 12.

903 LR-*Krause*, § 81 Rn. 14.

904 BVerfG 09.10.2001 – 2 BvR 1523/01, StV 2001, 657, 658.

ärztlichen Untersuchungen und psychologischen Tests mitwirken. Daher ist eine Untersuchung unzulässig, wenn der Beschuldigte die für die Untersuchung durch einen psychiatrischen Sachverständigen notwendige Zusammenarbeit mit diesem verweigert.[905] Vor der Einweisung müssen ein Sachverständiger und der Verteidiger gehört werden (§ 81 Abs. 1 StPO). Es liegt ein **Fall der notwendigen Verteidigung** vor (§ 140 Abs. 1 Nr. 6 StPO). Die Entscheidung der Unterbringung im Ermittlungsverfahren trifft nicht der Ermittlungsrichter, sondern das für die Eröffnung des Hauptverfahrens zuständige Gericht (§ 81 Abs. 3 StPO). Gegen die Anordnung ist sofortige Beschwerde zulässig, die aufschiebende Wirkung hat (§ 81 Abs. 4 StPO).

311 Untersuchungen des Beschuldigten auf seinen Geisteszustand sind sowohl nach § 81 StPO als auch nach § 81a StPO möglich. Dabei ist zu beachten, dass § 81 StPO in **Abgrenzung zu § 81a StPO** zwar eine mit der stationären Unterbringung verbundene Freiheitsentziehung (Art. 2 Abs. 2 S. 2 u. 3, 104 Abs. 2 GG) und Beobachtung erlaubt, jedoch gestattet § 81 StPO keine körperliche Untersuchung und damit keinen Eingriff in die körperliche Unversehrtheit (Art. 2 Abs. 2 S. 1 GG).[906] Daher müssen körperliche Untersuchungen, die für die Begutachtung erforderlich sind, nach § 81a StPO erfolgen.

## I. Identitätsfeststellungen

### 1. Allgemeines

312 § 163b StPO dient der **Feststellung der Identität einer Person** für Zwecke des Strafverfahrens und erlaubt Eingriffe in das Recht auf informationelle Selbstbestimmung (Art. 2 Abs. 1 i.V.m. Art. 1 Abs. 1 GG) sowie durch das Anhalten und Festhalten in die Freiheit der Person (Art. 2 Abs. 2 S. 2, 104 Abs. 1 u. 2 GG). Die Maßnahme stellt durch das Anhalten zur Kontrolle eine Freiheitsbeschränkung dar, die durch ein Festhalten zur Freiheitsentziehung werden kann. Auf polizeirechtliche Regelungen können Identitätsfeststellungen zu repressiven Zwecken nicht gestützt werden. Im Bußgeldverfahren gilt die Norm entsprechend (§ 46 Abs. 1 OWiG). Unterschieden wird zwischen Identitätsfeststellungen von Verdächtigen (§ 163a Abs. 1 StPO) und Unverdächtigen (§ 163b Abs. 2 StPO). Bei mit der Maßnahme verbundenen Freiheitsentziehungen ist § 163c StPO zu beachten.

313 Die Identitätsfeststellung nach § 163b StPO setzt den Anfangsverdacht einer Straftat voraus, lässt als Betroffenen der Maßnahme nach Abs. 1 aber einen

---

905 Vgl. M-G/S-*Schmitt*, § 81 Rn. 8.

906 BGH 08.07.1955 – 5 StR 233/55, BGHSt 8, 144, 146 ff.

Verdächtigen genügen, während Abs. 2 die Identitätsfeststellung bei Unverdächtigen regelt. **Verdächtiger** ist jeder, gegen den sich möglicherweise ein Strafverfahren richten kann (s. Rn. 120). Da dies eine Mindestvoraussetzung ist, kann der Betroffene der Maßnahme nach § 163b Abs. 1 StPO zwar auch ein Beschuldigter sein, jedoch braucht er diesen Status noch nicht erreicht zu haben.[907] In der Literatur wird hingegen teilweise gefordert, dass der Betroffene ein Beschuldigter ist,[908] was jedoch mit dem Wortlaut der Vorschrift kaum in Einklang zu bringen ist und auch systematisch im Hinblick auf die Möglichkeit der erkennungsdienstlichen Behandlung zur Identitätsfeststellung (§ 163b Abs. 1 S. 3 StPO) nicht überzeugt. Wäre der Verdächtige immer gleich ein Beschuldigter, so würde für die erkennungsdienstliche Behandlung direkt § 81b Abs. 1 StPO zur Anwendung kommen und die Erlaubnis des § 163b Abs. 1 S. 3 StPO wäre überflüssig. Erst wenn konkrete Anhaltspunkte vorliegen, die Täterschaft oder Teilnahme des Betroffenen als möglich erscheinen lassen, sich der Anfangsverdacht einer Straftat also nunmehr eindeutig gegen den Verdächtigen richtet, wird dieser zum Beschuldigten. Dies kann zwar infolge der konkreten Durchführung der Identitätsfeststellung auch umgehend eintreten, ist aber nicht zwingend. So wird der Verdächtige nicht zum Beschuldigten, wenn sich nach kurzer Überprüfung der Personalien herausstellt, dass es sich nicht um den gesuchten Tatverdächtigen handelt.[909] Überhaupt kein Verdächtiger ist hingegen derjenige, der nicht Beschuldigter sein oder werden kann.[910]

**Beispiel:**

Ein Kind, dem man sofort ansieht, dass es noch im Kindesalter ist. Eine Identitätsfeststellung nach § 163b Abs. 2 StPO scheidet ebenfalls mangels Strafbarkeit der Tat und damit mangels Aufklärungsinteresse aus. Allenfalls wenn noch weitere strafmündige Personen an der Tat beteiligt sind, könnte die Identität des Strafunmündigen nach § 163b Abs. 2 festgestellt werden.

Bei **gewalttätigen Demonstrationen** muss der Begriff des Verdächtigen im 314
Lichte der Versammlungsfreiheit (Art. 8 GG) ausgelegt werden. In der Folge genügt die bloße Teilnahme an einer Versammlung, aus der heraus Einzelne oder eine Minderheit Straftaten begehen, nicht zur Begründung der Verdachtseigenschaft.[911]

907 Vgl. BGH 17.02.2016 – 2 StR 25/15, NStZ 2016, 551, 552.

908 *Trurnit*, Rn. 169.

909 KK-*Weingarten*, § 163b Rn. 9; LR-*Erb*, § 163b Rn. 10; MüKo-*Kölbel*, § 163b Rn. 6.

910 Hierzu LR-*Erb*, § 163b Rn. 11a.

911 BVerfG 02.11.2016 – 1 BvR 289/15, NVwZ 2017, 555, 556.

## II. Identitätsmaßnahmen beim Verdächtigen

### 1. Umfang der Identitätsangaben

315 § 163b Abs. 1 S. 1 StPO stellt eine Generalklausel dar, die alle notwendigen („erforderlichen") Maßnahmen erlaubt, um die Identität zweifelsfrei festzustellen.[912]

**Beispiele:**

Anhalten und Befragen nach Personalien, Aufforderung sich auszuweisen, Aushändigung der mitgeführten Ausweispapiere verlangen, Feststellungen aus polizeilichen Unterlagen, Erkundigungen bei anderen Personen oder Stellen, Prüfung der Echtheit der Ausweispapiere.

Der Umfang der Identitätsfeststellung orientiert sich an § 111 Abs. 1 OWiG, der allerdings keine selbstständige Regelung der Auskunftspflicht enthält.[913] Dabei ist zu berücksichtigen, dass nicht alle dort aufgezählten Angaben erforderlich sind. Entscheidend ist, dass eine **zuverlässige und unkomplizierte Erreichbarkeit der Person** sichergestellt ist.[914] In der Folge ist die Kenntnis des Berufs, des Familienstands und unter Umständen auch der Staatsangehörigkeit entbehrlich.[915] Es darf dann auch nicht danach gefragt werden.[916] Notwendige Angaben sind insoweit Vor- und Familienname, Geburtsname, Geburtstag und Geburtsort sowie – falls vorhanden und notwendig – die Wohnanschrift.[917] Die Identität steht fest, wenn an den Angaben des Verdächtigen keine Zweifel bestehen oder wenn ein Personalausweis vorgelegt worden ist, bei dem keine konkreten Anhaltspunkte für eine Fälschung vorliegen. Auch andere Ausweispapiere, die die erforderlichen Angaben enthalten, sind ausreichend.

**Beispiel:**

Da ein Führerschein oder Reisepass keine Wohnungsanschrift enthält, muss diese – falls notwendig – auf andere Weise ermittelt werden.[918]

Wenn der Betroffene den Polizeibeamten bekannt ist oder ein glaubwürdiger Dritter den Betroffenen zuverlässig und zweifelsfrei identifiziert, ist dies ausreichend.

---

912 M-G/S-*Köhler*, § 163b Rn. 5.

913 BVerfG 07.03.1995 – 1 BvR 1564/92, NJW 1995, 3110, 3111.

914 MüKo-*Kölbel*, § 163b Rn. 10.

915 LR-*Erb*, § 163b Rn. 17.

916 BGH 29.08.1972 – 2 StR 190/72, BGHSt 25, 13, 17.

917 Vgl. BVerfG 08.03.2011 – 1 BvR 47/05, NStZ 2011, 529, 530.

918 LR-*Erb*, § 163b Rn. 18.

### 2. Mitwirkungspflicht

Nach h.M. besteht eine aktive **Mitwirkungspflicht** des Betroffenen, die Feststellungen zu ermöglichen.[919] Bei Weigerung führt dies zu einer Ordnungswidrigkeit nach § 111 OWiG.[920] Dies überzeugt nicht, da der Wortlaut des § 163b StPO das nicht hergibt, sondern viel mehr für eine bloße **Duldungspflicht** spricht. So bleibt der Umfang einer Mitwirkungspflicht mangels konkreter Regelung völlig offen.[921] Auch würde dies dazu führen, dass gegen einen die Personalienangaben verweigernden Unverdächtigen (§ 163b Abs. 2 StPO) ein Verfahren wegen des Verstoßes gegen § 111 Abs. 1 OWiG eingeleitet werden könnte und sodann in diesem Ordnungswidrigkeitenverfahren die gegenüber § 163b Abs. 2 StPO weitergehenden Maßnahmen des § 163b Abs. 1 StPO ergriffen werden könnten. Dies stellt aber gerade eine Umgehung der gesetzlichen Grenzen der Identitätsfeststellungen bei Unverdächtigen (s. hierzu Rn. 321) dar, die Ausdruck des Verhältnismäßigkeitsgrundsatzes sind. **316**

### 3. Erforderliche Maßnahmen

Ist die Identität nicht ohne Weiteres feststellbar, kann der Verdächtige festgehalten, durchsucht und erkennungsdienstlich behandelt werden (§ 163b Abs. 1 S. 2, 3 StPO). Die zusätzlichen Voraussetzungen des § 163b Abs. 1 S. 2 StPO stellen insofern eine gesetzliche **Konkretisierung des verfassungsrechtlichen Verhältnismäßigkeitsgebots** dar und sollen sicherstellen, dass ein Eingriff in die persönliche Freiheit nur dann erfolgt, wenn er zur Feststellung der Identität unerlässlich ist.[922] Der mit der Identitätsfeststellung befasste Beamte muss sich daher grundsätzlich bemühen, die Maßnahmen ohne Zeitverlust an Ort und Stelle und mit den nach der Generalklausel (§ 163b Abs. 1 S. 1 StPO) zulässigen Mitteln durchzuführen.[923] Dass die Identität mit Hilfe der obigen Eingriffsmaßnahmen einfacher und bequemer zu klären ist, rechtfertigt ihre Anwendung nicht.[924] **317**

#### a) Festhalten

Der Verdächtige darf festgehalten werden, wenn seine Identität sonst nicht oder nur unter erheblichen Schwierigkeiten festgestellt werden kann (§ 163b Abs. 1 S. 1 StPO). Dies kann daran liegen, dass zunächst vor Ort **318**

---

919 BGH 10.11.1967 – 4 StR 512/66, BGHSt 21, 334, 364; BGH 29.08.1972 – 2 StR 190/72, 25, 13, 17; M-G/S-*Köhler*, § 163b Rn. 6; MüKo-*Kölbel*, § 163b Rn. 10; a.A. *Kramer*, Rn. 183.

920 BayObLG 16.03.1993 – 3 ObOWi 20/93, NJW 1994, 63; OLG Karlsruhe 06.04.1984 – 3 Ss 35/84, VRS 1984, Bd. 66, 461; *Trurnit*, Rn. 178.

921 Ebenso *Kramer*, Rn. 183.

922 BVerfG 08.03.2011 – 1 BvR 47/05, NStZ 2011, 529, 530.

923 KK-*Weingarten*, § 163b Rn. 14.

924 LR-*Erb*, § 163b, Rn. 31 m.w.N.

andere dringendere Maßnahmen durchgeführt werden müssen, aber auch andere Ursachen kommen in Betracht.

**Beispiele:**

Der Betroffene ist nicht registrierter Ausländer oder spricht kein Deutsch; die Vorlage der Ausweispapiere wird verweigert; der Betroffene macht widersprüchliche Angaben.

Festhalten ist jede gegen den Willen des Betroffenen vorgenommene Einschränkung seiner Bewegungsfreiheit über die Zeit bloßen Anhaltens hinaus, die notwendigerweise für eine alsbald mögliche Identitätsfeststellung benötigt wird und beginnt bereits mit der Aufforderung, sich nicht zu entfernen.[925] Hierzu zählt auch jede unfreiwillige Verbringung an einen anderen Ort. Es handelt sich dabei nach zutreffender h.M. um eine **Freiheitsentziehung** i.S.v. Art. 104 Abs. 2 GG.[926] Die Gegenauffassung,[927] die hierin grundsätzlich nur eine Freiheitsbeschränkung erblickt, lässt sich mit dem eindeutigen Gesetzeswortlaut des § 163c StPO nicht in Einklang bringen. Auch eine differenzierte, der polizeirechtlichen Literatur entlehnte Auffassung, nach der erst bei einem Festhalten von mehr als einer Stunde eine Freiheitsberaubung gegeben sei,[928] hat gesetzlich keine Grundlage und überzeugt aufgrund des singulären Abgrenzungsarguments der Dauer im Lichte der Rechtsprechung des Bundesverfassungsgerichts zu den §§ 163b, c StPO[929] kaum.

### b) Durchsuchung und erkennungsdienstliche Behandlung

319 Der Verdächtige selbst und seine mitgeführten Sachen dürfen durchsucht werden, wobei allein die Identitätsfeststellung **Zweck der Durchsuchung** sein darf. Ein Missbrauch zur gezielten Suche nach Beweismitteln ist daher unzulässig.[930] Werden bei der Durchsuchung zufällig Beweismittel gefunden (sog. Zufallsfunde), gelten die §§ 94, 108 StPO.[931] Zur Eigensicherung des eingesetzten Beamten oder zum Schutz eines Dritten kann die Durchsuchung nach den Bestimmungen des Polizeirechts auf Waffen und gefährliche Werkzeuge erstreckt werden (z.B. § 34 Abs. 2 PolG BW; § 22 Abs. 2 NPOG). Zweck muss hierbei aber die Eigensicherung und nicht die gezielte Suche nach Beweismitteln für das Strafverfahren sein. Die Durchsuchung

925 KK-*Weingarten*, § 163b Rn. 16.

926 M-G/S-*Köhler*, § 163b Rn. 7.

927 *Kramer*, Rn. 183.

928 *Trurnit*, Rn. 167 m.w.N.

929 Vgl. BVerfG 08.03.2011 – 1 BvR 47/05, NStZ 2011, 529, 530.

930 LR-*Erb*, § 163b Rn. 45.

931 M-G/S-*Köhler*, § 163b Rn. 22.

der Person erlaubt das Suchen in der Kleidung und auf der Körperoberfläche, beispielsweise nach Ausweisen oder besonderen Identifikationsmerkmalen wie Muttermalen, Narben oder Tätowierungen.[932] **Mitgeführte Sachen** sind solche, über die der Verdächtige im Zeitpunkt der Durchsuchung die tatsächliche Herrschaftsgewalt ausübt.

**Beispiele:**

Tasche, ein Rucksack, ein Koffer oder auch ein Kraftfahrzeug.[933]

Wohnungen und andere Räume dürfen hingegen nicht zur Identitätsfeststellung,[934] sondern nur unter den Voraussetzungen der §§ 102 ff. StPO durchsucht werden. Auch bei der Durchsuchung zu Identifizierungszwecken ist § 81d StPO (s. Rn. 338) zu beachten.

Falls erforderlich, kann die Identität durch eine erkennungsdienstliche Maß- **320** nahme (§ 81b StPO) festgestellt werden. Die Durchführung ist dabei regelmäßig mit dem Verbringen des Betroffenen zur Dienststelle verbunden.

## III. Identitätsmaßnahmen beim Unverdächtigen

Die Identitätsfeststellung einer unverdächtigen Person ist zulässig, wenn **321** sie zur Aufklärung einer Straftat geboten ist. Dies kommt insbesondere dann in Betracht, wenn sie Zeuge einer Straftat war. Grundsätzlich sind alle gegenüber dem Verdächtigen möglichen Maßnahmen zur Identitätsfeststellung auch gegenüber dem Unverdächtigen erlaubt, unterliegen jedoch als Ausdruck des Verhältnismäßigkeitsgrundsatzes stärkeren **Einschränkungen**. Ein Festhalten ist daher nur zulässig, wenn dies zur Bedeutung der Sache nicht außer Verhältnis steht (§ 163b Abs. 2 S. 2 StPO). Entscheidend ist also nicht die Bedeutung der zu erwartenden Aussage, sondern die Bedeutung der Strafsache im Ganzen.[935]

**Beispiel:**

Ein Passant, der einen Verkehrsunfall ohne größere Folgen beobachtet hat, darf nicht zur Feststellung seiner Identität festgehalten werden.

932 KK-*Weingarten*, § 163b Rn. 20.

933 BGH 17.02.2016 – 2 StR 25/15; NStZ 2016, 551, 552.

934 KK-*Weingarten*, § 163b Rn. 23.

935 M-G/S-*Köhler*, § 163b Rn. 17.

Eine **Durchsuchung oder erkennungsdienstliche Maßnahme** darf nicht gegen den Willen des Unverdächtigen erfolgen (§ 163b Abs. 2 S. 2 StPO). Eine ausdrückliche Einverständniserklärung ist dabei nach wohl h.M. zu Recht nicht notwendig.[936] Ausreichend ist, dass zumindest konkludent der entgegenstehende Wille erkennbar ist.[937]

## IV. Formell-rechtliche Voraussetzungen

322 Die Maßnahme kann sowohl von der Staatsanwaltschaft als auch von den Beamten des Polizeidienstes **angeordnet** werden (§ 163b Abs. 1 S. 1 StPO). Zu Beginn der Maßnahme ist dem Verdächtigen zu eröffnen, welcher Tat im Sinne eines strafrechtlich relevanten Sachverhalts er verdächtigt wird (§§ 163b Abs. 1 S. 1, 163a Abs. 4 S. 1 StPO). Strafvorschriften, die in Betracht kommen, brauchen nicht genannt zu werden. Es handelt sich um eine **wesentliche Formvorschrift**, die bei Nichtbeachtung zur Rechtswidrigkeit der Maßnahme führt.[938] Der Unverdächtige ist nach § 69 Abs. 1 S. 2 StPO zu belehren. Ihm ist mitzuteilen, welche Straftat durch seine Identitätsfeststellung aufgeklärt werden soll, wobei der Name des Beschuldigten dabei nicht genannt zu werden braucht.[939] Wird der Verdächtige oder Unverdächtige festgehalten, gelten die umfangreichen Mitteilungs-, Belehrungs- und Benachrichtigungspflichten der §§ 114a–114c StPO entsprechend (§ 163c Abs. 1 S. 3 StPO). Auch kann die Maßnahme mit Zwang durchgesetzt werden. Beim Unverdächtigen beschränkt sich dieser auf das Festhalten, da Durchsuchung und erkennungsdienstliche Behandlung nur mit seinem Einverständnis möglich sind (§ 163b Abs. 2 S. 2 StPO).

## V. Festhalten zur Identitätsfeststellung

323 Gemäß § 163c Abs. 1 S. 1 StPO darf eine Person nicht länger festgehalten werden, als zur Identitätsfeststellung unerlässlich ist. Die **Höchstdauer** der Festhaltung des Betroffenen beträgt insgesamt zwölf Stunden (§ 163c Abs. 2 StPO). Ist mit Ablauf dieser Höchstfrist die Identität nicht festgestellt, muss er auf freien Fuß gesetzt werden.[940] Die Frist beginnt mit der Anordnung der Maß-

---

936 KK-*Weingarten*, § 163b Rn. 31; M-G/S-*Köhler* jeweils m.w.N.; a.A. LR-*Erb*, § 163b Rn. 43; MüKo-*Kölbel*, § 163b Rn. 25; SK-*Wolter*, § 163b Rn. 53.

937 KK-*Weingarten*, § 163b Rn. 31.

938 OLG Hamm 10.05.2012 – 3 RVs 33/12, NStZ 2013, 62, 63.

939 KK-*Weingarten*, § 163b Rn. 32; M-G/S-*Köhler*, § 163b Rn. 3; a.A. *Roxin/Schünemann*, § 31 Rn. 20.

940 Zur Rechtmäßigkeit einer darüber hinaus gehenden polizeirechtlichen Ingewahrsamnahme zur Identitätsfeststellung LG Mönchengladbach 08.08.2019 – 5 T 35/19, NStZ 2021, 125, 126 f. m. Anm. *Kische*.

nahme. War der Betroffene anfangs mit dem Festhalten einverstanden, beginnt die Frist erst zu laufen, wenn dies erkennbar nicht mehr vorliegt.[941] Da es sich, wie oben dargelegt (s. Rn. 318), um eine Freiheitsentziehung handelt, ist der Festgehaltene unverzüglich, d.h. ohne jede Verzögerung, die nicht sachlich oder rechtlich begründet ist,[942] dem Gericht vorzuführen. Die Zuständigkeit ergibt sich aus § 162 StPO. Auf die Vorführungspflicht kann der Betroffene nicht verzichten, es sei denn, er erklärt sich bereit, die Maßnahme freiwillig zu dulden, da dann keine Freiheitsentziehung vorliegt.[943] Sofern die Vorführung mehr Zeit in Anspruch nehmen würde als die Identitätsfeststellung selbst, entfällt die Vorführungspflicht (§ 163c Abs. 1 S. 2 StPO). Diese **Prognoseentscheidung** soll als Ausdruck der Verhältnismäßigkeit die Zeit des Festhaltens minimieren. Stellt sich später heraus, dass doch mehr Zeit erforderlich ist als vorausberechnet, muss die Vorführung aber erneut geprüft werden.

Für den Festgehaltenen gelten die **Mitteilungs-, Belehrungs- und Benachrichtigungspflichten** der §§ 114a bis 114c StPO entsprechend (§ 163c Abs. 1 S. 3 StPO). Fallen bei der Identitätsfeststellung des Verdächtigen Unterlagen an, werden sie zu den Ermittlungsakten genommen. Sie können zugleich in die polizeilichen Sammlungen aufgenommen werden.[944] Betrifft die Überprüfung dagegen einen Unverdächtigen, sind die angefallen Unterlagen zu vernichten (§ 163c Abs. 4 StPO). Ausgenommen davon bleiben die für die Identität unerlässlichen Daten, wie Nachname, Vorname, Geburtstag, Geburtsort und Anschrift.[945] 324

## J. Erkennungsdienstliche Maßnahmen

### I. Allgemeines

Erkennungsdienstliche Maßnahmen nach § 81b StPO dienen der Feststellung unveränderlicher körperlicher Merkmale des Beschuldigten im Sinne einer Identifizierung oder Wiedererkennung.[946] Die Erhebung dieser personenbezogenen Daten stellt einen Eingriff in das Recht auf informationelle Selbstbestimmung (Art. 2 Abs. 1 i.V.m. Art. 1 Abs. 1 GG) dar. Ein mögliches Festhalten zur Durchführung der Maßnahmen ist eine Freiheitsbeschränkung (Art. 2 Abs. 2 S. 2, 104 Abs. 1 GG), kann aber bei stundenlangem Fest- 325

941 M-G/S-*Köhler*, § 163c Rn. 15.
942 Vgl. BVerfG 15.05.2002 – 2 BvR 2292/00, BVerfGE 105, 239, 249 m.w.N.
943 M-G/S-*Köhler*, § 163c Rn. 5 m.w.N.; kritisch MüKo-*Kölbel*, § 163c Rn. 5.
944 KK-*Weingarten*, § 163c Rn. 18.
945 M-G/S-*Köhler*, § 163c Rn. 18.
946 *Kramer*, Rn. 184.

halten zur Freiheitsentziehung (Art. 104 Abs. 2 GG) werden.[947] In der 1. Alt. des § 81b Abs. 1 StPO werden sie genutzt, um be- oder entlastende Tatsachen in einem gegen den Beschuldigten anhängigen Strafverfahren zu liefern.[948]

**Beispiele:**

Identifizierung einer unbekannten Person; Wiedererkennung des Beschuldigten durch Zeugen; Abgleich von Fingerabdrücken mit Tatortspuren.

**Maßnahmen der 2. Alt. des § 81b Abs. 1 StPO** dienen der vorsorgenden Bereitstellung von sächlichen Hilfsmitteln für die Erforschung und Aufklärung zukünftiger Straftaten, haben aber keinen unmittelbaren Bezug zu einem konkreten Strafverfahren.[949] Sie sind also vorbeugender und sichernder Natur und liefern die Grundlage für (künftige) Ermittlungen unbekannter und zukünftiger Straftäter. Die im Rahmen des § 81b Abs. 1 2. Alt. StPO gewonnenen Unterlagen werden nicht zu den Ermittlungsakten genommen, sondern in zentralen polizeilichen Sammlungen aufgenommen.[950] Die Maßnahme dient insoweit der Ergänzung und Aktualisierung der polizeilichen Sammlungen, deren Einrichtung auf den kriminologisch-kriminalistischen Erkenntnissen des 19. Jahrhunderts beruht, wonach die Polizei es oftmals immer wieder mit den gleichen Beschuldigten zu tun hat.[951] Da diese Maßnahme nur bei „Gelegenheit des Strafverfahrens"[952] vorgenommen wird, ordnet die h.M. die 2. Alt. der **präventiv-polizeilichen Tätigkeit** zu. Es handele sich um in die StPO aufgenommenes materielles Polizeirecht.[953] Überzeugender erscheint hingegen, dies als **Teil der Strafverfolgungsvorsorge** (s. Rn. 4) anzusehen, da die Maßnahme, wie beispielsweise auch der strukturell vergleichbare § 81g StPO, dazu dient, zukünftige Straftaten aufzuklären und nicht dazu, die Begehung von Straftaten präventiv zu verhindern. Damit aber wäre auch § 81b Abs. 1 2. Alt. StPO Teil des Strafverfahrens.[954] Dieser Streit ist vor allem für die Frage des Rechtsschutzes (Verwaltungsgerichte oder ordentliche Gerichte) relevant, der von der h.M. – aus den genannten Gründen kaum überzeugend – für die 2. Alt. im Verwaltungsstreitverfahren gesehen wird.[955]

947 BVerfG 08.03.2011 – 1 BvR 47/05, NStZ 2011, 529, 530.

948 *Trurnit*, Rn. 254.

949 BVerwG 19.10.1982 – 1 C 29/79, NJW 1983, 772.

950 LR-*Krause*, § 81b Rn. 7.

951 *Kramer*, Rn. 184a.

952 *Roxin/Schünemann*, § 33 Rn. 14.

953 BVerwG 14.07.2014 – 6 B 2/14, NVwZ-RR 2014, 848 f.; M-G/S-*Schmitt*, § 81b, Rn. 3; LR-*Krause*, § 81b Rn. 3 m.w.N.

954 Ebenso *Kramer*, Rn. 185; SK-*Rogall*, § 81b Rn. 10; *Trurnit*, Rn. 262 m.w.N.

955 Nachweise bei KK-*Hadamitzky*, § 81b Rn. 10.

Erkennungsdienstliche Maßnahmen sind nur gegen den Beschuldigten möglich. Mangels Beschuldigteneigenschaft scheiden rechtskräftig Verurteilte, Freigesprochene und strafunmündige Kinder (§ 19 StGB) als Betroffene der Maßnahme aus.[956] Für die erkennungsdienstliche Behandlung nach § 81b Abs. 1 2. Alt. StPO bedeutet die Beschuldigteneigenschaft, dass die Anordnung aus einem konkret gegen den Betroffenen als Beschuldigten geführten Strafverfahren folgt. Die **Notwendigkeit** der erkennungsdienstlichen Behandlung muss sich aus den Ergebnissen dieses Verfahrens herleiten.[957] Weiterhin muss bezogen auf die einzelnen Maßnahmen nach § 81b Abs. 1 StPO insbesondere auch die **Geeignetheit und Erforderlichkeit** im Hinblick auf den Zweck beachtet werden. **326**

**Beispiel:**

Die Abnahme eines Zehnfinger- und Handflächenabdrucks bei einem Beschuldigten, der im Verdacht steht, eine Sachbeschädigung (§ 303 Abs. 2 StGB) begangen zu haben und am Tatort keine Finger- oder Handflächenabdrücke hinterlassen hat, ist nicht zur Täterfeststellung nach § 81b Abs. 1 1. Alt. StPO geeignet. Da der Beschuldigte von einem Augenzeugen beobachtet und später wiedererkannt worden ist, scheidet mangels Erforderlichkeit auch die Fertigung eines Fünfseiten- und Ganzkörperbildes nach § 81b Abs. 1 1. Alt. StPO aus.[958]

Die Anordnung nach § 81b Abs. 1 StPO sowohl der 1. Alt. als auch der 2. Alt. ist nur solange möglich, wie das Verfahren gegen den Beschuldigten noch andauert. Nach Verfahrensbeendigung ist eine Anordnung mangels Beschuldigteneigenschaft nicht mehr möglich, jedoch die Ausführung einer noch im laufenden Verfahren erfolgten Anordnung.[959] Nach endgültiger Verfahrenseinstellung gemäß §§ 153 ff. oder 170 Abs. 2 StPO ist eine Anordnung des § 81b Abs. 1 2. Alt. StPO nach h.M. zu Recht nicht mehr möglich.[960] Entsprechende Maßnahmen gegen Verdächtige oder Zeugen sind nur im Rahmen des § 163b StPO zulässig. **327**

## II. Zulässige Maßnahmen nach § 81b Abs. 1 StPO

Zu den erkennungsdienstlichen Maßnahmen nach § 81b Abs. 1 StPO zählen – die Aufzählung in der Vorschrift ist nur beispielhaft – die Anfertigung von **328**

956 LR-*Krause*, § 81b Rn. 8a; a.A. VG Freiburg 03.04.1979 – VS VI 1054/78, NJW 1980, 901 m. abl. Anm. *Benfer*.

957 BVerwG 19.10.1982 – 1 C 29/79, NJW 1983, 772, 773.

958 Beispiel nach BVerfG 29.07.2022 – 2 BvR 54/22, NStZ 2023, 52 f.

959 BVerwG 23.11.2005 – 6 C 2/05, NJW 2006, 1225, 1226.

960 LR-*Krause*, § 81b Rn. 9; M-G/S-*Schmitt*, § 81b Rn. 7; SK-*Rogall*, § 81b Rn. 29; a.A. KK-*Hadamitzky*, § 81b Rn. 2.

Lichtbildern, die Abnahme von Finger-, Hand- und Fußabdrücken, Messungen von Größe, Gewicht und Umfang, Stimm-, Sprech-, Schrift- oder Geruchsproben und ähnliche Maßnahmen, die den ganzen Körper oder Körperteile betreffen können; so beispielsweise auch die Videoaufzeichnung bei einer Gegenüberstellung.[961] Nicht unter § 81b Abs. 1 StPO fallen hingegen Messungen der Atem- und Pulsbewegung, um die innere Erregung zu ermitteln.[962] Weiterhin zulässig sind zum Zwecke der Identifizierung Vergleichsaufnahmen des Beschuldigten mit einer Raumüberwachungskamera am Tatort, wobei ihm dabei auch eine (durchsichtige) Strumpfmaske übergezogen und er gezwungen werden kann, eine bestimmte Körperhaltung einzunehmen.[963] Auch kann der Beschuldigte am Tatort fotografiert werden, wie er gerade von Polizeibeamten festgenommen wird.[964] Da es sich bei der erkennungsdienstlichen Behandlung um eine **offene Maßnahme** handelt, sind heimliche Tonaufnahmen zur Stimmenanalyse nur unter den Voraussetzungen der §§ 100f, h StPO zulässig.[965]

**329** Zur **Vorbereitung** identifizierender Maßnahmen sind grundsätzlich äußerliche Veränderungen des Beschuldigten zulässig.[966]

**Beispiele:**

Auf- bzw. Absetzen einer Perücke, Strumpfmaske oder Brille sowie Veränderung der Haar- und Barttracht.

Werden zu diesem Zweck Haar- und Barttracht geschnitten oder gefärbt, so wird darin teilweise ein körperlicher Eingriff oder zumindest eine körperliche Untersuchung gesehen, sodass die Ermächtigungsgrundlage für eine solche Vorbereitungsmaßnahme nicht § 81b Abs. 1 StPO, sondern § 81a StPO sei.[967] Dies überzeugt jedoch kaum, da es sich gerade nicht um die Feststellung der körperlichen Beschaffenheit handelt, sondern um eine der Identifizierung des Beschuldigten durch Zeugen dienende Vorbereitungshandlung.[968] Inwieweit auch eine Abnahme und Nutzung der Fingerabdrücke des Beschuldigten zur **Entsperrung seines beschlagnahmten Mobiltelefons** auf § 81b Abs. 1 1. Alt.

961 BVerfG 27.09.1982 – 2 BvR 1199/82, NStZ 1983, 84.

962 BGH 09.04.1986 – 3 StR 551/85, BGHSt 34, 39, 45.

963 BGH 16.09.1992 – 3 StR 413/92, NStZ 1993, 47, 48.

964 OLG Köln 26.08.1975 – Ss 149/75, MDR 1976, 67.

965 M-G/S-*Schmitt*, § 81b Rn. 8.

966 BGH 16.09.1992 – 3 StR 413/92, NStZ 1993, 47; M-G/S-*Schmitt*, § 81b Rn. 10.

967 BVerfG 14.02.1978 – 2 BvR 406/77, BVerfGE 47, 239, 247 f.; *Kühne*, Rn. 475; *Rüping*, Rn. 262.

968 Ebenso KK-*Hadamitzky*, § 81a Rn. 6; *Krey/Heinrich*, Rn. 801; LR-*Krause*, § 81a Rn. 47; M-G/S-*Schmitt*, § 81a Rn. 23; *Roxin/Schünemann*, § 33 Rn. 16.

StPO gestützte werden kann, ist bisher obergerichtlich nicht geklärt, erscheint aber als Vorbereitungsmaßnahme für den Zugriff auf die im Mobiltelefon gespeicherten Daten nach § 110 StPO (s. Rn. 438) rechtlich zulässig, da die Identifizierungsfunktion des § 81b StPO zumindest ein Zwischenziel darstellt, um dadurch die Daten zu erlangen.[969]

Eine aktive Mitwirkungspflicht besteht für den Beschuldigten nicht. Er muss jedoch auch gegen seinen Willen die Maßnahmen dulden (sog. **Passivitätsgrundsatz**), die insoweit auch mit unmittelbarem Zwang durchgesetzt werden können. Eine vorherige Androhung der Zwangsmittel ist dabei weder nach der 1. Alt. noch nach der 2. Alt. des § 81b Abs. 1 StPO notwendig.[970] So darf der Beschuldigte erforderlichenfalls zwangsweise zur Polizeidienststelle gebracht und dort bis zur Erledigung der Maßnahme festgehalten werden. Darin liegt grundsätzlich keine Freiheitsentziehung, sondern nur eine **Freiheitsbeschränkung**.[971] Auch dürfen zur Fertigung von Handflächen- und Fingerabdrücken Arme und Finger mit Gewalt gestreckt werden.[972] Falls notwendig kann der Beschuldigte auch gefesselt werden.[973] 330

## III. Anforderungen des § 81b Abs. 1 2. Alt. StPO

Erkennungsdienstliche Maßnahmen nach § 81b Abs. 1 2. Alt. StPO kommen insbesondere bei gewerbs-, gewohnheits- oder bandenmäßig handelnden Personen sowie sonstigen Rückfalltätern in Betracht.[974] Bei anderen Beschuldigten kommt es darauf an, ob wegen der Art und Schwere ihrer Straftat davon auszugehen ist, dass sie in ähnlicher oder anderer Weise erneut straffällig werden.[975] Nach kriminalistischer Erfahrung müssen angesichts aller Umstände des Einzelfalls Anhaltspunkte für die Annahme bestehen, dass der Betroffene in den Kreis der Verdächtigen einer noch aufzuklärenden anderen strafbaren Handlung mit einbezogen werden könnte und dass die erkennungsdienstlichen Unterlagen die wegen dieser Straftat zu führenden Ermittlungen fördern könnten.[976] Die **Notwendigkeit** einer erkennungsdienstlichen Behandlung nach der 2. Alt. beurteilt sich danach, ob die erkennungsdienstlichen Unterlagen gerade für die Aufklärung solcher Straftaten geeignet und erforderlich sind, für die eine Wiederholungsgefahr prognostiziert werden kann.[977] 331

---

969 Ebenso LG Ravensburg 14.02.2023 – 2 Qs 9/23, BeckRS 2023, 3879.

970 LR-*Krause*, § 81b Rn. 24.

971 SK-*Rogall*, § 81b Rn. 36.

972 BGH 09.04.1986 – 3 StR 551/85, BGHSt 34, 39, 45.

973 M-G/S-*Schmitt*, § 81b Rn. 15.

974 LR-*Krause*, § 81b Rn. 10.

975 M-G/S-*Schmitt*, § 81b Rn. 12.

976 BVerfG 14.12.2000 – 2 BvR 1741/99, BVerfGE 103, 21, 36.

977 VG Regensburg 28.06.2011 – RO 4 K 11.233, StV 2012, 8 f.

**Beispiel:**
Besteht Wiederholungsgefahr für einen Einbruchsdiebstahl, sind erkennungsdienstliche Maßnahmen wie die Abnahme von Fingerabdrücken notwendig, aber nicht die Feststellung von Tätowierungen im Intimbereich.

**332** Einer erkennungsdienstlichen Maßnahme nach der 2. Alt. steht nicht entgegen, dass der Beschuldigte erstmals in Erscheinung getreten ist; ebenso wenig eine Bewährungsstrafe oder dass das Verfahren eingestellt worden ist.[978] Die Maßnahme kann zur Aktualisierung des Materials **wiederholt** werden, so beispielsweise bei Fingerabdrücken und Lichtbildern nach fünf bis neun Jahren.[979]

## IV. Formell-rechtliche Voraussetzungen und Sonstiges

**333** Zuständig für die **Anordnung** nach § 81b Abs. 1 1. Alt. StPO sind im Ermittlungsverfahren die Staatsanwaltschaft und die Beamten des Polizeidienstes, nach der Anklageerhebung das mit der Sache befasste Gericht.[980] Soweit es sich um eine erkennungsdienstliche Maßnahme nach § 81b Abs. 1 2. Alt. StPO handelt, ist ausschließlich die Polizei zuständig.[981] Die Anordnung von Maßnahmen nach der 2. Alt. kann nach herrschender, aber wie oben dargelegt kaum überzeugender Ansicht (s. Rn. 325) nur im Verwaltungsrechtsweg angefochten werden.[982] Danach sind sowohl die Anordnung selbst als auch die Ablehnung eines Antrags auf Vernichtung der Unterlagen Verwaltungsakte, die nur vor den Verwaltungsgerichten angefochten werden können. Widerspruch und Anfechtungsklage gegen die Anordnung haben daher eine aufschiebende Wirkung (§ 80 Abs. 1 S. 1 VwGO), sodass die Maßnahme bis zu einer rechtskräftigen Entscheidung nur unter den Voraussetzungen des § 80 Abs. 2 S. 1 Nr. 4 VwGO sofort vollziehbar ist. Für die Vollstreckung der Anordnung gelten die Vorschriften des jeweiligen Landespolizeigesetzes (z.B. §§ 63 ff. PolG BW, §§ 64 ff. NPOG).

**334** Die für die Durchführung des Strafverfahrens nach § 81b Abs. 1 1. Alt. StPO gewonnenen Unterlagen werden Bestandteil der Strafakten.[983] Die Speicherung der gewonnen Daten ist gemäß § 483 StPO zulässig. Unzulässig ist die Aufbewahrung, wenn der Tatverdacht durch das Ermittlungsverfahren oder

978 M-G/S-*Schmitt*, § 81b Rn. 12a m.w.N.

979 Rechtsprechungsnachweise bei M-G/S-*Schmitt*, § 81b Rn. 12b.

980 LR-*Krause*, § 81b Rn. 22.

981 BVerwG 23.11.2005 – 6 C 2/05, NJW 2006, 1225, 1226.

982 BGH 21.11.1978 – StB 210/78, BGHSt 28, 206, 209; BVerwG 18.05.2011 – 6 B 1.11, StraFo 2011, 312 ff.

983 M-G/S-*Schmitt*, § 81b Rn. 2.

das Urteil – Freispruch wegen erwiesener Unschuld – völlig ausgeräumt ist; dann hat der Beschuldigte einen Rechtsanspruch auf Vernichtung der Unterlagen.[984] Die Verwendung bzw. Speicherung der nach § 81b Abs. 1 2. Alt. StPO gewonnenen erkennungsdienstlichen Unterlagen für künftige Strafverfahren richtet sich nach § 484 StPO. Für die Verarbeitung in Dateien der Polizei gelten die Vorschriften der Landespolizeigesetze (§ 484 Abs. 4 StPO). Die Nutzung der Daten, beispielsweise einer Wahllichtbildvorlage, erfolgt in der Regel nach § 163 Abs. 1 StPO.[985]

## V. Nachverfahren gem. § 81b Abs. 2–5 StPO

Mit dem Einfügen der Abs. 2–5 des § 81b StPO zum 1. Oktober 2022[986] hat der **335** Gesetzgeber eine Rechtsgrundlage zur nachträglichen Aufnahme und Übermittlung von **Fingerabdrücken** an das Bundeskriminalamt geschafften, um einen entsprechenden Datensatz nach EU-Recht zu erstellen. Hierdurch ist die EU-Verordnung 2019/816 in nationales Recht umgesetzt worden. Die neu eingefügten Regelungen lassen § 81b Abs. 1 StPO unberührt und dienen der Verbesserung des bestehenden Europäischen Strafregisterinformationssystems (ECRIS) über verurteilte Drittstaatsangehörige.[987] Die für dieses sog. Nachverfahren notwendigen Voraussetzungen sind in § 81b Abs. 2 StPO aufgeführt und müssen kumulativ vorliegen. Dabei muss es sich bei dem Beschuldigten um einen **Drittstaatsangehörigen** i.S.v. Art. 3 Nr. 7 EU-VO 2019/816 handeln (§ 81b Abs. 2 S. 1 Nr. 1 StPO), sodass Bürger der Europäischen Union nicht erfasst sind, auch wenn sie daneben noch eine solche Drittstaatsangehörigkeit besitzen.[988] Erfasst sind weiterhin Staatenlose und Personen, deren Staatsangehörigkeit unbekannt ist.[989] Der Beschuldigte muss rechtskräftig zu einer Freiheits- oder Jugendstrafe verurteilt worden sein oder aber es muss gegen ihn eine freiheitsentziehende Maßregel der Besserung und Sicherung angeordnet worden sein (§ 81b Abs. 2 S. 1 Nr. 2 StPO). Dabei darf die entsprechende Eintragung im Bundeszentralregister noch nicht getilgt sein (§ 81b Abs. 2 S. 1 Nr. 4 StPO). Ausnahmsweise besteht bei konkreter Gefahr der Entziehung des Beschuldigten die Möglichkeit, bereits vor Rechtskraft der Entscheidung die Fingerabdrücke zu nehmen (§ 81b Abs. 2 S. 2 StPO).[990] Eine konkrete Gefahr kann sich aus den Lebensumständen, der Einlassung oder aber dem Tatvorwurf ergeben.[991]

984 LR-*Krause*, § 81b Rn. 29 m.w.N.
985 *Trurnit*, Rn. 264.
986 BGBl. I, S. 3420.
987 M-G/S-*Schmitt*, § 81b Rn. 20.
988 BT-Drs. 19/27432, S. 43; insoweit ungenau M-G/S-*Schmitt*, § 81b Rn. 22.
989 BT-Drs. 19/27432, S. 13 u. 43.
990 Kritisch BeckOK-*Goers*, § 81b Rn. 18e.
991 BT-Drs. 19/27432, S. 44.

**Beispiel:**

Der Beschuldigte gibt an, dass er sich zu einem einmaligen urlaubsbedingten Besuch in Deutschland aufhält.

336 Die Anordnung bedarf einer **konkreten Begründung**, die sich nicht in der bloßen Wiederholung des Gesetzeswortlauts erschöpfen darf.[992] Weiterhin dürfen die Fingerabdrücke nur genommen werden, wenn noch keine Fingerabdrücke im Rahmen eines Strafverfahrens aufgenommen und infolgedessen in den polizeilichen Systemen gespeichert sind (§ 81b Abs. 2 S. 1 Nr. 3 StPO).[993] Die Fingerabdrücke werden insofern **im Nachhinein** genommen, was den Namen des Verfahrens (Nachverfahren) erklärt. Die Fingerabdrücke werden an das Bundeskriminalamt übermittelt (§ 81b Abs. 3 StPO) und dort nach Maßgabe des § 81b Abs. 4 StPO verarbeitet. Für andere Zwecke als die Erstellung eines Datensatzes gem. Art. 5 Abs. 1 Buchst. b EU-VO 2019/816 gelten nach § 81b Abs. 5 StPO grundsätzlich die allgemeinen Regelungen zur Datenverarbeitung nach §§ 481–485 StPO mit den dort genannten Ausnahmen. Für die **Durchführung** der Fingerabdrucknahme sowie die hierfür ggf. notwendigen Vorbereitungs- und Begleitmaßnahmen gilt das zu § 81b Abs. 1 StPO oben Ausgeführte.

## K. Körperliche Untersuchungen

### I. Grundsätzliches

337 § 81a StPO erlaubt die zwangsweise Untersuchung des Beschuldigten, wodurch sein Körper zum **Augenscheinsobjekt** (s. Rn. 626) wird, während § 81c StPO die körperliche Untersuchung von Zeugen ohne deren Einwilligung gestattet. Durch diese Maßnahmen wird in das Recht auf informationelle Selbstbestimmung (Art. 2 Abs. 1 i.V.m. Art. 1 Abs. 1 GG) eingegriffen. Auch ein Eingriff in die körperliche Unversehrtheit (Art. 2 Abs. 2 S. 1 GG) ist zulässig, ebenso mögliche, mit der Maßnahme verbundene kurzfristige Freiheitsbeschränkungen (Art. 2 Abs. 2 S. 2, 104 Abs. 1 GG).[994] **Zweck der Untersuchung** ist die Feststellung verfahrenserheblicher Tatsachen. Hierzu zählen die Beschaffenheit des Körpers („die äußere und innere Seinsweise des Körpers“[995]) und seiner Bestandteile wie Blut, Magensäfte sowie das Vorhanden-

992 KK-*Hadamitzky*, § 81b Rn. 11.

993 BT-Drs. 19/27432, S. 43.

994 MüKo-*Trück*, § 81a Rn. 1.

995 BGH 16.02.1954 – 1 StR 578/53, BGHSt 5, 332, 336.

sein von Fremdkörpern, aber auch der psychische Zustand.[996] Dieser Zweck unterscheidet die Untersuchung von der Durchsuchung, bei der nach Gegenständen in oder unter der Kleidung, auf der Körperoberfläche oder in den natürlichen Körperöffnungen wie Mund, Scheide und After gesucht wird.[997] Hingegen stellt die Suche nach verschluckten oder sonst im Körperinneren befindlichen Gegenständen – unabhängig vom Zweck – immer eine Untersuchung dar, sodass dann stets § 81a StPO Anwendung findet.[998]

Kann das **Schamgefühl verletzt** werden, muss die Untersuchung ein Arzt oder eine Person gleichen Geschlechts durchführen (§ 81d Abs. 1 StPO). Dies gilt unabhängig davon, ob die Untersuchung freiwillig oder unfreiwillig erfolgt (§ 81d Abs. 2 StPO). Eine Altersgrenze besteht grundsätzlich nicht, sodass die Vorschrift auch für Kinder gilt. Ausgenommen sind nach h.M. Kleinkinder unter sechs Jahren, wobei dies keine unumstößliche Festlegung, sondern eher eine widerlegbare Vermutung ist.[999] Auf Verlangen ist eine Person des Vertrauens zuzulassen.[1000] Die Vorschrift gilt nicht nur für körperliche Untersuchungen, sondern auch für Durchsuchungen nach §§ 102, 103 StPO.[1001] 338

## II. Körperliche Untersuchung des Beschuldigten

### 1. Allgemeines

Der Begriff des Beschuldigten bedeutet nicht, dass bereits ein Ermittlungsverfahren durchgeführt wird, vielmehr ist ausreichend, dass es mit der Anordnung nach § 81a StPO eingeleitet wird.[1002] Die Norm enthält in Abs. 1 die materiell-rechtlichen Voraussetzungen und in Abs. 2 die Anordnungskompetenz, während Abs. 3 die Datenverarbeitung regelt. Dabei unterscheidet Abs. 1 zwischen einfachen körperlichen Untersuchungen und körperlichen Eingriffen. **Einfache körperliche Untersuchungen** dienen der Untersuchung der körperlichen Beschaffenheit und Funktion sowie der sinnlichen Wahrnehmung von Fremdkörpern in natürlichen Körperöffnungen oder des psychischen Zustands des Beschuldigten und der Arbeitsweise des Gehirns.[1003] 339

996 KK-*Hadamitzky*, § 81a Rn. 5.
997 LR-*Krause*, § 81a Rn. 19 m.w.N.; a.A. AK-*Wassermann*, § 81a Rn. 2.
998 LR-*Krause*, § 81a Rn. 20 m.w.N.
999 SK-*Rogall*, § 81d Rn. 7 m.w.N.; gegen eine Altersbegrenzung KMR-*Bosch*, § 81d Rn. 2.
1000 M-G/S-*Schmitt*, § 81d Rn. 5.
1001 LR-*Krause*, § 81d Rn. 2.
1002 HK-*Brauer*, § 81a Rn. 2.
1003 M-G/S-*Schmitt*, § 81a Rn. 8 f.

**Beispiele:**

Untersuchung der Körperoberfläche auf Tatspuren wie Blutspritzer, Hämatome, Kratzspuren und andere Wunden; Alkohol- und Drogentests, Speichelentnahme, EKG, EEG, Blutdruckmessung, Ultraschalluntersuchung.[1004]

340 Sonderformen der körperlichen Untersuchung bilden **körperliche Eingriffe**. Beispielhaft nennt das Gesetz die Blutprobe. Andere körperliche Eingriffe liegen vor, wenn in das haut- und muskelumschlossene Innere des Körpers eingedrungen wird, insbesondere um dem Körper Stoffe zu entnehmen oder zuzuführen.[1005] Auch die mit einer Strahlenbelastung verbundenen Untersuchungsmethoden zählen dazu.[1006]

**Beispiele:**

Entnahme von Blut, Liquor, Urin, Samen; Verabreichen von Brechmitteln; Auspumpen des Magens; Röntgenuntersuchung, Kernspintomografie, Computertomografie.

### 2. Unterscheidung zwischen einfacher Untersuchung und körperlichem Eingriff

341 Der entscheidende Unterschied des Eingriffs zur einfachen Untersuchung liegt dabei nicht in der Zufügung von Schmerzen oder Benutzung von ärztlichen Instrumenten, sondern in der Beibringung von auch nur geringfügigen **Substanzverletzungen** des Körpers.[1007] Mangels einer Läsion ist daher die Inspektion natürlicher Körperöffnungen nach zutreffender h.M. im Regelfall kein körperlicher Eingriff.[1008] Auch die Entnahme einer Speichelprobe ist nach wohl h.M. nur eine einfache Untersuchung und kein körperlicher Eingriff.[1009] Dem ist zuzustimmen, da lediglich Körpersubstanz abgetragen wird, es aber nicht zu einer Substanzverletzung in dem genannten Sinne führt. Sofern jedoch eine konkrete Verletzungsgefahr mit der Untersuchung natürlicher Körperöffnungen, beispielsweise durch tiefes Eindringen, verbunden ist, liegt ein körperlicher Eingriff vor.[1010]

1004 Hierzu mit weiteren Beispielen MüKo-*Trück*, § 81a Rn. 9 m.w.N.

1005 LK-*Krause*, § 81a Rn. 27 m.w.N.

1006 MüKo-*Trück*, § 81a Rn. 16.

1007 M-G/S-*Schmitt*, § 81a Rn. 14 f.

1008 KK-*Hadamitzky*, § 81a Rn. 6; LR-*Krause*, § 81a Rn. 19; a.A. SK-*Rogall*, § 81a Rn. 25.

1009 LR-*Krause*, § 81a Rn. 60; MüKo-*Trück*, § 81a Rn. 7; a.A. M-G/S-*Schmitt*, § 81a Rn. 14 f; Turnit, Rn. 211.

1010 MüKo-*Trück*, § 81a Rn. 11.

Während die einfache körperliche Untersuchung von einem Polizeibeamten durchgeführt werden kann, dürfen körperliche Eingriffe nur durch einen **approbierten Arzt** vorgenommen werden. Anderem medizinisch ausgebildetem Personal, wie Sanitätern, Krankenschwestern, Arzthelfern etc., ist der Eingriff nicht erlaubt.[1011] Allerdings dürfen Letztere unter Aufsicht eines approbierten Arztes Blut für die Zwecke des § 81a StPO entnehmen, da dieser dann die Verantwortung übernimmt.[1012] Der Eingriff muss nach den Regeln der ärztlichen Kunst erfolgen.[1013] Bestehen solche Regeln nicht, beispielsweise bei neuartigen Untersuchungsmethoden, so ist der Eingriff unzulässig.[1014] Als Ausfluss des Verhältnismäßigkeitsgrundsatzes müssen **Gesundheitsnachteile** mit an Sicherheit grenzender Wahrscheinlichkeit ausgeschlossen sein. Ein Nachteil liegt nur bei Eintritt einer erheblich über die Untersuchungsdauer hinaus wirkenden Beeinträchtigung des körperlichen Wohlbefindens vor, nicht schon bei Schmerzen oder anderen vorübergehenden Unannehmlichkeiten.[1015] **Unverhältnismäßig** ist daher die zwangsweise Harnentnahme, da gewartet werden kann, bis Harn auf natürlichem Wege gelassen wird, das Einspritzen eines Kontrastmittels in die Halsschlagader zwecks einer Röntgenaufnahme des Gehirns (Angiografie) wegen ihrer Gefährlichkeit, die Aufzeichnung der Penisreaktion auf sexuelle Reize (Phallografie) wegen der Unzumutbarkeit der Begleitumstände und des zweifelhaften Ergebnisses.[1016] Die zwangsweise Verabreichung von Brechmitteln (Vomitivmitteln), wodurch verschluckte Betäubungsmittel entdeckt werden sollen, ist nach wohl h.M. zumindest zur Aufklärung schwerer Straftaten zulässig[1017] und verfassungsrechtlich nicht verboten[1018]. Die Gegenmeinung[1019] weist hingegen zutreffend darauf hin, dass die zwangsweise Verabreichung solcher Brechmittel, wie Ipecacuanha-Sirup oder auch Apomorphin, für den Betroffenen mit erheblichen Gesundheitsgefahren verbunden ist und die Maßnahme daher unzulässig sei. Dem hat sich wohl nunmehr auch der Bundesgerichtshof[1020] angenähert, nachdem der Europäische Gerichtshof für Men- 342

1011 LR-*Krause*, § 81a Rn. 35.

1012 OLG Köln 19.11.1965 – Ss 375/65, NJW 1966, 416.

1013 BHG 08.07.1955 – 5 StR 233/55, BGHSt 8, 144, 148.

1014 KK-*Hadamitzky*, § 81a Rn. 6.

1015 LR-*Krause*, § 81a Rn. 31; M-G/S-*Schmitt*, § 81a Rn. 17.

1016 Weitere Beispiele bei MüKo-*Trück*, § 81a Rn. 15.

1017 OLG Bremen 19.01.2000 – Ws 168/99, NStZ-RR 2000, 270; KG 28.03.2000 – 1 Ss 87,98, NStZ-RR 2001, 204; OLG Karlsruhe 07.05.2004 – 2 Ws 77/04, NStZ 2005, 399, 400; KK-*Hadamitzky*, § 81a Rn. 6; LR-*Krause*, § 81a, Rn. 52; M-G/S-*Schmitt*, § 81a Rn. 22.

1018 BVerfG 15.9.1999 – 2 BvR 2360/95, NStZ 2000, 96 m. Anm. *Rixen*, NStZ 2000, 381.

1019 OLG Frankfurt am Main 11.10.1996 – 1 Ss 28/96, StV 1996, 651, 652 f.; *Eisenberg*, Rn. 1638; MüKo-*Trück*, § 81a Rn. 17.

1020 BGH 29.04.2010 – 5 StR 18/10, BGHSt 55, 121, 130.

schenrechte darin eine unmenschliche, gegen Art. 3 und 6 EMRK verstoßende Methode erblickt hat.[1021] Dem ist zuzustimmen.

### 3. Duldungspflicht und Verhältnismäßigkeit

343 Für den Beschuldigten besteht keine aktive Mitwirkungspflicht an der Untersuchung, da er nicht zu seiner eigenen Überführung beizutragen braucht (sog. **Passivitätsgrundsatz**).[1022] Somit kann er beispielsweise nicht zu einem Atemalkoholtest, einem Körperreaktionstest oder einer Gehprobe gezwungen werden.[1023] Der Beschuldigte muss die Maßnahme aber dulden.[1024] Auch muss er sich für die Untersuchung zur Verfügung stellen und ggf. entkleiden oder die erforderliche Körperhaltung einnehmen.[1025] Der Eingriff muss unerlässlich sein und in einem angemessenen Verhältnis zur Schwere der Tat stehen.[1026]

**Beispiele:**

Die Blutentnahme als eher ungefährlicher und geringfügiger Eingriff[1027] ist zum Nachweis einer Trunkenheitsfahrt (§ 316 StGB) erforderlich und daher grundsätzlich erlaubt. Soll hingegen die möglicherweise alkoholbedingt beeinträchtigte Schuldfähigkeit des Beschuldigten mithilfe des entnommenen Blutes überprüft werden, muss die Schwere des der Maßnahme zugrunde liegenden Delikts berücksichtigt werden; eine Blutentnahme bei einem Hausfriedensbruch (§ 123 StGB) oder einer Beleidigung (§ 185 StGB) wäre daher unzulässig; ebenso mangels Intensität der Tat bei einer Widerstandshandlung (§ 113 StGB) durch kurzfristiges Festhalten an einem Treppengeländer.

### 4. Anordnungsbefugnis

344 Die Anordnung der körperlichen Untersuchung trifft grundsätzlich der **Richter**, bei Gefahr im Verzug die Staatsanwaltschaft und nachrangig[1028] (s. Rn. 257) ihre Ermittlungspersonen (§ 81 Abs. 2 S. 1 StPO). Bei schweren Eingriffen, beispielsweise einer Liquorentnahme, ist immer der Richter zuständig.[1029] **Gefahr im Verzug** bezieht sich auf den drohenden Beweismittelverlust und ist

1021 EGMR 17.07.2006 – 54810/00 (Jalloh/Deutschland), NJW 2006, 3117, 3121 u. 3124; so auch *Beulke/Swoboda*, Rn. 374; *Turnit*, Rn. 213.

1022 BGH 09.04.1986 – 3 StR 551/85, BGHSt 34, 39, 46.

1023 M-G/S-*Schmitt*, § 81a Rn. 11 m.w.N. aus der Rspr.

1024 HK-*Bauer*, § 81a Rn. 7.

1025 Vgl. LG Düsseldorf 11.07.1973 – 11 a S 28/73, NJW 1973, 1930, 1931.

1026 BVerfG 21.05.2004 – 2 BvR 715/04, NJW 2004, 3697, 3698.

1027 OLG Köln 17.12.1985 – 1 Ss 318/85, NStZ 1986, 234, 235.

1028 BVerfG 12.02.2007 – 2 BvR 273/06, NJW 2007, 1345, 1346.

1029 BVerfG 31.10.2007 – 2 BvR 1346/07, NJW 2008, 3053, 3054; LR-*Krause*, § 81a Rn. 66; vgl. auch BVerfG 25.07.1963 – 1 BvR 542/62, NJW 1963, 2368, 2370.

mit auf den Einzelfall bezogenen Tatsachen zu begründen und zu dokumentieren (s. Rn. 256). Hierbei kommt Gefahr im Verzug insbesondere dann in Betracht, wenn der Richter nicht erreicht werden kann oder aber der Beschuldigte sich vor dem Erlass einer richterlichen Anordnung zu entfernen versucht.[1030] Die Anordnung der körperlichen Untersuchung wird durch den Richter in der Regel in Beschlussform erlassen, kann aber, wie die Eilanordnungen von Staatsanwaltschaft oder Polizei, auch mündlich getroffen werden. Der Eingriff und die festzustellenden Tatsachen müssen bezeichnet werden. **Keiner richterlichen Anordnung** bedarf es für Blutprobenentnahmen bei Verdacht eines Delikts der Gefährdung des Bahn-, Schiffs,- Straßen- und Luftverkehrs oder einer Trunkenheitsfahrt (§ 81 Abs. 2 S. 2 StPO). In diesen Fällen steht die Anordnungsbefugnis der Staatsanwaltschaft und ihren Ermittlungspersonen zu. Nach teilweise vertretener Ansicht in Rechtsprechung und Literatur wird dabei von einer gleichrangigen Anordnungskompetenz zwischen Staatsanwaltschaft und Polizei, nicht zwingend Ermittlungspersonen, ausgegangen.[1031] Dies überzeugt jedoch aus den Gründen, die auch bei der Eilkompetenz einen Vorrang der Staatsanwaltschaft begründen (s. Rn. 257), nicht. So spricht die Stellung der Staatsanwaltschaft als Herrin des Ermittlungsverfahrens und ihre daraus folgende Sachleitungskompetenz für eine **nachrangige Anordnungskompetenz der Polizei.**[1032] Da § 81a Abs. 2 S. 2 StPO nur den Richtervorbehalt entfallen lässt, muss es sich bei den Polizeibeamten auch – wie bei der Eilkompetenzregelung in § 81a Abs. 2 S. 2 StPO – um Ermittlungspersonen der Staatsanwaltschaft handeln.[1033] Hierbei kann die Staatsanwaltschaft durch allgemeine Weisungen ihre vorrangige Anordnungskompetenz über den Einzelfall hinaus auf die Polizei übertragen.[1034] Für alle anderen Blutprobenentnahmen, beispielsweise zum Nachweis der Schuldfähigkeit oder verminderten Schuldfähigkeit (§§ 20, 21 StGB), gilt weiterhin der Richtervorbehalt nach § 81a Abs. 2 S. 1 StPO.

## 5. Zwang

Die Weigerung des Beschuldigten, sich Maßnahmen nach § 81a StPO zu unterziehen, begründet keine vorläufige Festnahme nach § 127 Abs. 1 StPO. **345**
Jedoch gestattet im Wege der Annexkompetenz (s. Rn. 253) § 81a StPO bei Gefahr im Verzug die zur Durchführung der Maßnahme erforderliche **Freiheits-**

1030 *Müller*, DIE POLIZEI 2010, 129, 130.

1031 OLG Rostock 03.11.2017 – 20 RR 85/17, NJW 2018, 114; BeckOK-*Goers*, § 81a Rn. 27; KK-*Hadamitzky*, § 81a Rn. 8; MüKo-*Trück*, § 81a Rn. 33.

1032 Ebenso M-G/S-*Schmitt*, § 81a, Rn. 26; zur Rechtslage bei Eilkompetenzen *Müller/Trurnit*, StraFo 2008, 144, 146 f.

1033 Ebenso ohne Begründung M-G/S-*Schmitt*, § 81a Rn. 26.

1034 BeckOK-*Goers*, § 81a Rn. 27; M-G/S-*Schmitt*, § 81a, Rn. 26; MüKo-*Trück*, § 81a Rn. 33.

**beschränkung,**[1035] wie beispielsweise das Festhalten bis zum Abtransport. Auch darf der Beschuldigte zur Blutprobenentnahme zwangsweise dem nächsten geeigneten und erreichbaren Arzt zugeführt oder zur Polizeidienststelle verbracht und dort bis zum Erscheinen des Arztes festgehalten sowie falls erforderlich zur Entnahme auch fixiert bzw. festgeschnallt werden.[1036]

### 6. Einwilligung des Beschuldigten

346 Willigt der Beschuldigte ein, ist eine Anordnung gemäß § 81a Abs. 2 StPO entbehrlich.[1037] Die Einwilligung ist allerdings nur wirksam, wenn sie in Kenntnis der Bedeutung und Gefährlichkeit des Eingriffs freiwillig und ernstlich erfolgt.[1038] Eine bloße Hinnahme der Maßnahme stellt keine wirksame Einwilligung dar.[1039] Auch muss der Beschuldigte zuvor über sein Weigerungsrecht aufgeklärt werden.[1040] Ein Irrtum über das Weigerungsrecht darf nicht ausgenutzt werden. Steht der Beschuldigte unter Alkohol- oder Drogeneinfluss, hängt die Einwilligungsfähigkeit vom Einzelfall ab und kann ausnahmsweise auch bei BAK-Werten von über zwei Promille noch gegeben sein.[1041]

### 7. Datenverarbeitung

Die entnommenen Blutproben und sonstigen Körperzellen dürfen nur für Zwecke eines anhängigen Strafverfahrens verwertet werden und sind unverzüglich zu vernichten, sobald sie dafür nicht mehr benötigt werden (§ 81 Abs. 3 StPO). Eine Verwertung zu anderen Zwecken, beispielsweise zur Gefahrenabwehr, ist verboten.[1042]

## III. Körperliche Untersuchung anderer Personen

### 1. Untersuchung auf Spuren und Tatfolgen

347 Die Vorschrift des § 81c Abs. 1 StPO lässt körperliche Untersuchungen anderer Personen zu, die nicht Beschuldigte sind, wenn sie als Zeugen in Betracht kommen. Nach dem sog. **Zeugengrundsatz** kommt es nicht auf die Aussagefähigkeit der Person, sondern nur auf die potenzielle Vernehmungsfähigkeit im

---

1035 BayObLG 30.06.1963 – RReg. 1 St 451/63, NJW 1964, 459, 460; LR-*Krause*, § 81a Rn. 76.
1036 MüKo-*Trück*, § 81a Rn. 37 m.w.N. aus der Rspr.
1037 M-G/S-*Schmitt*, § 81a Rn. 3.
1038 Vgl. BGH 02.12.1963 – III ZR 222/62, NJW 1964, 1177 f.
1039 OLG Bamberg 19.03.2009 – 2 Ss 15/09, NJW 2009, 2146.
1040 MüKo-*Trück*, § 81a Rn. 26.
1041 M-G/S-*Schmitt*, § 81a Rn. 4 m.w.N.
1042 KK-*Hadamitzky*, § 81a Rn. 9a.

Sinne einer potenziellen Verfahrensrolle als Zeuge an.[1043] Daher können auch Säuglinge, Kleinkinder oder Geisteskranke untersucht werden; ebenso Personen, die wegen Bewusstlosigkeit keine Beobachtungen gemacht haben. Nach dem sog. **Spurengrundsatz** dürfen die potenziellen Zeugen nur zur Feststellung von Spuren oder Folgen einer strafbaren Handlung untersucht werden und nicht auf ihre Glaubhaftigkeit oder ihren allgemeinen Geisteszustand.[1044] Spuren sind dabei alle unmittelbar durch die Tat verursachten Veränderungen am Körper, die Rückschlüsse auf den Täter oder die Tat erlauben, während Tatfolgen auch mittelbar durch die Tat verursacht worden sein können.[1045]

**Beispiele:**

Stich- und Schusswunden, Hautabschürfungen, Zahnlücken, Blutergüsse, Knochenbrüche, Prellungen und andere Verletzungen sowie Blutspuren, Spermienreste, schlechter Ernährungszustand des Opfers einer Freiheitsberaubung, Defloration nach Vergewaltigung.

Diese körperlichen Untersuchungen muss der Betroffene **dulden**. Hierzu zäh- **348**
len neben der Begutachtung äußerlich sichtbarer Verletzungen, beispielsweise bei Fällen von Kindesmisshandlung, auch die Inspektion von natürlichen Körperöffnungen, sofern das Innere ohne ärztliche Hilfe sichtbar gemacht werden kann, wie das Öffnen des Mundes für einen Speicheltest oder ein Scheidenabstrich.[1046] Körperliche Eingriffe, wie Magenaushebungen oder Röntgenaufnahmen, sind hingegen verboten, da **nur Spuren am Körper** und nicht im Körper festgestellt werden dürfen.[1047] Die Einschränkungen gelten nicht, wenn der Betroffene einwilligt. Als **wirksame Einwilligung** in diesem Sinne ist – wie bei § 81a StPO – nur die freiwillige, ernstliche und in Kenntnis der Sachlage erteilte ausdrückliche Zustimmung anzusehen.[1048] Notwendig ist dabei eine Belehrung dahingehend, welche Maßnahme durchgeführt werden soll und dass diese ohne Einwilligung des Betroffenen nicht zulässig ist.[1049] Die Einwilligung kann jederzeit widerrufen werden, jedoch bleibt das bis zum Widerruf Ermittelte verwertbar, selbst wenn der ordnungsgemäß Belehrte ein Zeugnisverweigerungsrecht nach § 52 StPO hat.[1050]

---

1043 LR-*Krause*, § 81c Rn. 12.

1044 BGH 11.11.1959 – 2 StR 471/59, BGHSt 14, 21, 23.

1045 MüKo-*Trück*, § 81c Rn. 10 f.

1046 M-G/S-*Schmitt*, § 81c Rn. 16.

1047 *Roxin/Schünemann*, § 33 Rn. 27.

1048 Vgl. BGH 02.12.1963 – III ZR 222/62, NJW 1964, 1177 f.

1049 LR-*Krause*, § 81c Rn. 5.

1050 KK-*Hadamitzky*, § 81c Rn. 8; M-G/S-*Schmitt*, § 81c Rn. 5 m.w.N.

### 2. Blutprobenentnahmen und Abstammungsuntersuchungen

349 Eine Ausnahme vom Zeugen- und Spurengrundsatz findet sich in § 81c Abs. 2 StPO. Danach gilt für Abstammungsuntersuchungen und Blutprobenentnahmen der **Aufklärungsgrundsatz.**[1051] Die Blutprobenentnahme ist insoweit der einzige körperliche Eingriff, der ohne Einwilligung des Betroffenen zulässig ist.

**Beispiel:**[1052]

Im Strafverfahren gegen eine Mutter wegen Falschaussage (§ 153 StGB) im Unterhaltsprozess können bei dem Kind zur Aufklärung der Straftat der Mutter Blutproben entnommen und Abstammungsuntersuchungen durchgeführt werden, obwohl es weder Zeuge der Falschaussage war, noch die Spuren dieser Tat an seinem Körper trägt.

**Blut** kann dabei aber nicht nur für Abstammungsuntersuchungen, sondern auch für andere Zwecke entnommen werden, z.B. wenn Blutspuren am Täter gesichert und eine Übereinstimmung mit dem Opferblut festgestellt werden soll, oder um festzustellen, ob eine Krankheit, wie Aids, vom Täter übertragen wurde.[1053] Die Entnahme einer Blutprobe von einem Verstorbenen, beispielsweise zur Klärung der Schuldfrage nach einem Verkehrsunfall, richtet sich aber nach h.M. nicht nach § 81c StPO, sondern nach den Regeln der §§ 94 ff. StPO.[1054]

350 **Untersuchungen zur Abstammung** sind Lichtbildaufnahmen, Messungen, Fingerabdrücke, nicht aber Speichelproben.[1055] Blutprobenentnahmen und Abstammungsuntersuchungen müssen von einem Arzt durchgeführt werden (§ 81c Abs. 2 S. 2 StPO). Die Maßnahmen dürfen nicht dazu führen, dass ein Nachteil für die Gesundheit des Betroffenen zu befürchten ist und müssen unerlässlich sein (§ 81c Abs. 2 S. 1 StPO). Letzteres ist anzunehmen, wenn ohne sie die Ermittlung der Wahrheit ausgeschlossen erscheint.[1056]

### 3. Verhältnismäßigkeit nach § 81c Abs. 4 StPO

351 Sowohl Maßnahmen nach § 81c Abs. 1 als auch nach Abs. 2 StPO müssen für den Betroffenen zumutbar sein (§ 81c Abs. 4 StPO). Dies drückt den Grundsatz der Verhältnismäßigkeit aus. Für die Frage der Unzumutbarkeit

1051 M-G/S-*Schmitt*, § 81c Rn. 18.
1052 Nach *Roxin/Schünemann*, § 33 Rn. 29.
1053 KK-*Hadamitzky*, § 81c Rn. 5; LK-*Krause*, § 81c Rn. 23.
1054 *Roxin/Schünemann*, § 33 Rn. 32; SK-*Rogall*, § 81c Rn. 13 m.w.N.
1055 M-G/S-*Schmitt*, § 81c Rn. 18.
1056 SK-*Rogall*, § 81c Rn. 38.

der Untersuchung oder des Eingriffs kommt es dabei auf die persönlichen Verhältnisse der Beteiligten, auf die Art und Folgen der Untersuchung sowie darauf an, ob die Maßnahme nicht außer Verhältnis zur Bedeutung der Strafsache steht.[1057] Abzuwägen ist das zur Durchsetzung des konkreten Strafanspruchs bestehende Aufklärungsinteresse gegenüber dem Persönlichkeitsrecht des Betroffenen.[1058]

### 4. Untersuchungsverweigerungsrecht

Personen, die nach § 52 StPO ein Zeugnisverweigerungsrecht haben, steht ein damit korrespondierendes Untersuchungsverweigerungsrecht zu (§ 81c Abs. 3 StPO). Ein Weigerungsrecht für nach §§ 53, 53a StPO Zeugnisverweigerungsberechtigte besteht hingegen nicht.[1059] Dies gilt nach dem eindeutigen Wortlaut der Norm auch für nach § 55 StPO Auskunftsverweigerungsberechtigte.[1060] Trotz der nahen Verwandtschaft zwischen Zeugnis- und Untersuchungsverweigerungsrecht[1061] können diese unabhängig voneinander ausgeübt werden, d.h. der Betroffene kann entweder nur die Untersuchung oder nur das Zeugnis oder auch beides verweigern.[1062] Die Verweigerung der Untersuchung steht aber der Einnahme des Augenscheins nicht entgegen.[1063] Daher können beispielsweise Spuren, die offen zutage treten, beobachtet und verwertet werden. **352**

**Beispiel:**

Verletzungen im Gesicht der durch ihren Ehemann misshandelten Frau.

Über das Untersuchungsverweigerungsrecht muss belehrt werden (§ 81 Abs. 3 S. 2 StPO). Die Nichtbelehrung führt zu einem Beweisverwertungsverbot.[1064] Die **Belehrungspflicht** nach § 52 Abs. 3 StPO gilt entsprechend für alle Fälle des § 81c Abs. 3 S. 1 StPO. Zu belehren ist der Betreffende selbst, auch wenn dies bereits nach § 52 StPO erfolgt ist.[1065] Besitzt er keine ausreichende Verstandesreife, gilt gemäß § 81c Abs. 2 S. 2–5 StPO eine § 52 Abs. 2 StPO entsprechende Regelung (s. Rn. 597 f.), mit der wichtigen Einschrän- **353**

1057 MüKo-*Trück*, § 81c Rn. 43.

1058 M-G/S-*Schmitt*, § 81c Rn. 17.

1059 KK-*Hadamitzky*, § 81c Rn. 10; SK-*Rogall*, § 81c Rn. 42.

1060 MüKo-*Trück*, § 81c Rn. 25; a.A. OLG Braunschweig 12.02.1954 – Ws 183/53, NJW 1954, 1052, 1053.

1061 BGH 20.11.1953 – 2 StR 467/53, BGHSt 5, 132, 133.

1062 LR-*Krause*, § 81c Rn. 31.

1063 M-G/S-*Schmitt*, § 81c Rn. 22 f.

1064 BGH 16.03.1993 – 1 StR 888/92, StV 1993, 563.

1065 BGH 14.10.1959 – 2 StR 249/59, BGHSt 13, 394, 399.

kung, dass es auf die Bereitschaft des Betroffenen, sich untersuchen zu lassen, nicht ankommt. Es entscheidet insoweit allein der gesetzliche Vertreter.[1066] Diese Belehrungspflicht entfällt aber, wenn aufgrund des geistigen Zustands die Bedeutung nicht vermittelt werden kann.[1067] Zur Beweissicherung ist die Entnahme einer Blutprobe zulässig, wenn der gesetzliche Vertreter von der Entscheidung ausgeschlossen oder an ihr gehindert ist (§ 81c Abs. 3 S. 3–5 StPO). Sie darf dann allerdings nur vom Gericht, falls dies nicht rechtzeitig erreichbar ist, auch von der Staatsanwaltschaft angeordnet und nur mit nachträglicher Einwilligung des Vertreters (Erziehungsberechtigter oder Ergänzungspfleger) verwertet werden.

### 5. Anordnungsbefugnis

354 Die Anordnungsbefugnis (§ 81c Abs. 5 StPO) entspricht mit Ausnahme von § 81c Abs. 3 S. 3 u. 4 StPO der des § 81a Abs. 2 S. 1 StPO. Weigert sich der Betroffene, die körperliche Untersuchung zuzulassen, kann die Maßnahme durch **Ordnungsgeld und Ordnungshaft** (§§ 81c Abs. 6 S. 1, 70 StPO) durchgesetzt werden. Dieses Recht steht aber nur dem Richter zu. Gegen den gesetzlichen Vertreter dürfen die Ordnungsmittel nicht festgesetzt werden.[1068] **Unmittelbarer Zwang** erfordert eine besondere Anordnung durch den Richter und setzt voraus, dass der Betroffene trotz Festsetzung eines Ordnungsgeldes bei seiner Weigerung bleibt oder aber Gefahr im Verzug vorliegt (§ 81c Abs. 6 S. 2 u. 3 StPO). Beugehaft nach § 70 Abs. 2 StPO ist gegen den Betroffenen nicht zulässig.[1069]

## L. Molekulargenetische Untersuchungen

### I. Allgemeines

355 Die auch als DNA (Desoxyribonukleinsäure-)-Analyse bezeichnete molekulargenetische Untersuchung von Körperzellen, die sich in Blut, Haaren, Harn, Hautresten, Kotsedimenten, Schweiß, Speichel, Sperma, Vaginalsekret etc. finden, dient zur Identifizierung bzw. dem Ausschluss von Spurenverursachern (sog. **genetischer Fingerabdruck**).[1070] Dabei werden nach einem standardisierten naturwissenschaftlichen Verfahren festgelegte Abschnitte der DNA erhoben, untersucht und verglichen.[1071] Diese Teile der

1066 M-G/S-*Schmitt*, § 81c Rn. 26.
1067 BGH 15.11.1994 – 1 StR 461/94, BGHSt 40, 336, 337.
1068 KK-*Hadamitzky*, § 81c Rn. 22.
1069 M-G/S-*Schmitt*, § 81c Rn. 30.
1070 Weitere Beispiele bei MüKo-*Trück*, § 81e Rn. 6.
1071 Einzelheiten bei *Eisenberg*, Rn. 1905 ff.

DNA finden sich ausschließlich in den nicht codierten Bereichen. Das Untersuchungsergebnis erlaubt eine **statistische Wahrscheinlichkeitsaussage**. Je geringer die Wahrscheinlichkeit ist, dass zufällig eine andere Person identische Merkmale aufweist, desto höher kann das Tatgericht den Beweiswert einer Übereinstimmung einordnen und so auf die Täterschaft schließen.[1072] Dabei muss das Gericht zwar alle relevanten Umstände würdigen, kann seine Überzeugungsbildung aber ggf. allein auf eine DNA-Spur stützen, sofern die Wahrscheinlichkeit, dass der Spurenverursacher nicht der Beschuldigte ist, im Milliarden- oder Billionenbereich liegt.[1073] Insoweit kommt der Untersuchungsmethode ein **hoher Beweiswert** zu. Die Feststellung, Speicherung und weitere Verwendung eines DNA-Identifizierungsmusters greift in das Recht auf informationelle Selbstbestimmung (Art. 2 Abs. 1 i.V.m. Art. 1 Abs. 1 GG) ein.[1074] Da die Untersuchung nur den nicht codierten Bereich der DNA betrifft, also nicht die inhaltliche Entschlüsselung der in den Genen gespeicherten Erbinformationen, wird der Kernbereich der privaten Lebensgestaltung (s. hierzu Rn. 474) nicht berührt.[1075] Eine Ausforschung schutzbedürftiger genetischer Anlagen des Betroffenen liegt nicht vor. Dies gilt auch für die Ende 2019 eingeführte erweiterte Feststellung von Merkmalen nach § 81e Abs. 2 S. 2 StPO.[1076]

Die **Rechtsinstitute** zur molekulargenetischen Untersuchung im Strafver- **356** fahren finden sich in den §§ 81e bis 81h StPO. Hierbei betreffen die §§ 81e, 81f StPO die Untersuchung von Vergleichsmaterial des Beschuldigten und Tatortspuren im laufenden Strafverfahren, während § 81h StPO eine Reihenuntersuchung Unverdächtiger regelt. In § 81g StPO sind die Voraussetzungen für die Entnahme von Körperzellen beim Beschuldigten und die Erstellung eines DNA-Identifizierungsmusters sowie dessen Speicherung für künftige Strafverfahren festgelegt.

## II. Molekulargenetische Untersuchung nach §§ 81e, 81f StPO

### 1. Materiell-rechtliche Voraussetzungen

§ 81e StPO enthält die materiell-rechtlichen Voraussetzungen der molekular- **357** genetischen Untersuchung in einem anhängigen Strafverfahren, während die formell-rechtlichen Voraussetzungen sich in § 81f StPO finden. Dabei dürfen an dem durch Maßnahmen nach §§ 81a und 81c StPO erlangten Material

1072 BGH 21.03.2013 – 3 StR 247/12, BGHSt 58, 212, 214 f. m.w.N.

1073 BGH 21.03.2013 – 3 StR 247/12, BGHSt 58, 212, 215.

1074 BVerfG 18.09.2007 – 2 BvR 2577/06, NJW 2008, 281.

1075 *Trurnit*, Rn. 234.

1076 Vgl. BT-Drs. 19/14747, S. 26; M-G/S-*Schmitt*, § 81e Rn. 10 m.w.N.

(§ 81e Abs. 1 S. 1 StPO) oder an aufgefundenem, sichergestelltem oder beschlagnahmtem Spurenmaterial (§ 81e Abs. 2 S. 1 StPO) molekulargenetische Untersuchungen durchgeführt werden. Typische **DNA-Spurenträger** für Spurenmaterial sind diejenigen, die am Tatort oder am Tatopfer sichergestellt werden.[1077] Hierbei darf das DNA-Identifizierungsmuster, die Abstammung und das Geschlecht der Person[1078] festgestellt und mit vorhandenem Vergleichsmaterial abgeglichen werden (§ 81e Abs. 1 S. 1 StPO). Die dem Betroffenen entnommenen Körperzellen und das aufgefundene Vergleichsmaterial werden gleichzeitig untersucht und dann verglichen. Hierdurch soll festgestellt werden, ob das aufgefundene Spurenmaterial von dem Betroffenen stammt.[1079] Sofern unbekannt ist, von welcher Person das Spurenmaterial stammt, dürfen darüber hinaus **Feststellungen über Augen-, Haar- und Hautfarbe sowie das Alter** getroffen werden (§ 81e Abs. 2 S. 2 StPO). Mit dieser Ende 2019[1080] eingeführten Erweiterung sollen bei ungeklärten Straftaten weitere Ermittlungsansätze geschaffen werden.[1081] So können die Erkenntnisse dazu verwendet werden, den Kreis der freiwilligen Teilnehmer einer Reihenuntersuchung (§ 81h StPO) weiter zu begrenzen, indem nur Teilnehmer eingeladen werden, die die festgestellten Merkmale aufweisen.[1082] Auch können diese Merkmale eine Öffentlichkeitsfahndung (§§ 131 ff. StPO) erleichtern.[1083] Untersuchungen zur Feststellung anderer als der genannten Tatsachen, beispielsweise Tatsachenfeststellungen für die Erstellung eines Persönlichkeitsprofils, sind verboten (§ 81e Abs. 1 S. 2 StPO). Verstöße führen zu einem Beweisverwertungsverbot.[1084]

### 2. Einwilligung und Anordnung

358 Molekulargenetische Untersuchungen nach § 81e Abs. 1 StPO dürfen ohne **schriftliche Einwilligung** der betroffenen Personen nur durch das Gericht, bei Gefahr im Verzug auch durch die Staatsanwaltschaft und ihre Ermittlungspersonen angeordnet werden (§ 81f Abs. 1 S. 1 StPO). Es ist also zwischen Entnahme der Körperzellen nach §§ 81a bzw. 81c StPO und der molekulargenetischen Untersuchung nach §§ 81e, 81f StPO, die zusätzlich angeordnet werden muss, zu unterscheiden. Willigt der Betroffene in die Maßnahme des

1077 BeckOK-*Goers*, § 81e Rn. 13.

1078 Zur molekulargenetischen Bestimmung des Geschlechts von bekannten Personen *Ziebarth*, DIE POLIZEI 2023, 149 ff.

1079 LR-*Krause*, § 81e Rn. 37.

1080 Gesetz zur Modernisierung des Strafverfahrens v. 10.12.2019 (BGBl. I, S. 2121 ff.).

1081 M-G/S-*Schmitt*, § 81e Rn. 10.

1082 BT-Drs. 19/14747, S. 27.

1083 M-G/S-*Schmitt*, § 81e Rn. 10.

1084 HK-*Brauer*, § 81e Rn. 8 m.w.N.; differenzierend KK-*Hadamitzky*, § 81e Rn. 7.

§ 81e Abs. 1 StPO schriftlich ein, ist eine richterliche Anordnung entbehrlich. Ebenso ist eine Einwilligung in die Entnahme der Körperzellen nach §§ 81a oder 81c StPO möglich. Die schriftliche Einwilligung muss freiwillig und ohne Druck, wie beispielsweise der Gewährung von Vergünstigungen, abgegeben werden.[1085] Das Schriftformerfordernis dient der sicheren Dokumentation und hat für den Betroffenen eine zusätzliche Aufklärungsfunktion.[1086] Die Einwilligung ist nur wirksam, wenn der Betroffene zuvor über die Verwendungszwecke und die Möglichkeit einer weiteren Nutzung und Speicherung (§ 81g StPO) der zu erhebenden Daten belehrt wurde (§ 81f Abs. 1 S. 2 StPO).[1087] Eine Schriftlichkeit der **Belehrung** ist nicht vorgeschrieben, empfiehlt sich jedoch, um dem Vorwurf einer unzulänglichen Belehrung entgegentreten zu können.[1088] Zu beachten ist, dass die wirksame schriftliche Einwilligung des Betroffenen nur den Richtervorbehalt entfallen lässt, nicht das Erfordernis einer schriftlichen Anordnung der Maßnahme, die dann von der Staatsanwaltschaft oder der Polizei getroffen wird.[1089] Für die Untersuchung von aufgefundenem, sichergestelltem oder beschlagnahmtem Spurenmaterial besteht kein Richtervorbehalt. Ausreichend ist in diesen Fällen eine Anordnung durch die Staatsanwaltschaft oder die Beamten des Polizeidienstes.[1090]

Die **Anordnung der molekulargenetischen Untersuchung** muss stets schriftlich **359** erfolgen und dabei den Tatvorwurf, die Gründe für den Anfangsverdacht sowie den Zweck der molekulargenetischen Untersuchung knapp umreißen.[1091] Weiterhin muss der Sachverständige, der die Untersuchung durchführt, bezeichnet werden (vgl. § 81f Abs. 2 S. 1 StPO). Dieser muss einer organisatorisch und sachlich von der ermittlungsführenden Behörde getrennten Organisationseinheit angehören (§ 81f Abs. 2 S. 1 StPO). Hierzu zählen auch die kriminaltechnischen Institute des Bundeskriminalamts und der Landeskriminalämter.[1092] Dem Sachverständigen ist das Untersuchungsmaterial des Betroffenen in anonymisierter Form zu übergeben (§ 81f Abs. 2 S. 3 StPO). Wird das Untersuchungsmaterial für das Verfahren nicht mehr benötigt, ist es unverzüglich zu vernichten.[1093]

1085 M-G/S-*Schmitt*, § 81f Rn. 2.

1086 BT-Drs. 15/5674, S. 11.

1087 LG Düsseldorf 14.02.2003 – X Qs 8/02, NJW 2003, 1883, 1884; BeckOK-*Goers*, § 81f Rn. 5; KK-*Hadamitzky*, § 81f Rn. 3; a.A. M-G/S-*Schmitt*, § 81f Rn. 2.

1088 KK-*Hadamitzky*, § 81f Rn. 3.

1089 BeckOK-*Goers*, § 81f Rn. 1.

1090 LG Potsdam 12.12.2005 – 24 Qs 169/05, NJW 2006, 1224.

1091 LG Ravensburg 09.03.2009 – 2 Qs 22/09, NStZ-RR 2010, 18, 19.

1092 BeckOK-*Goers*, § 81f, Rn. 6.

1093 M-G/S-*Schmitt*, § 81e Rn. 8.

## III. DNA-Identitätsfeststellung nach § 81g StPO

### 1. Allgemeines

360 § 81g StPO erlaubt es, dem Beschuldigten Körperzellen zum Zweck der Identitätsfeststellung in künftigen Strafverfahren zu entnehmen. Es handelt sich um eine **prophylaktische Maßnahme zur Strafverfolgungsvorsorge** (s. Rn. 4), die dem Strafverfahrensrecht zuzuordnen ist.[1094] Sie stellt insoweit „genuines Strafprozessrecht" dar[1095] und dient als Grundlage für die beim Bundeskriminalamt geschaffene DNA-Analyse-Datei[1096] und soll Beweismittel zur Aufklärung künftiger Straftaten bereitstellen. Im Unterschied zu §§ 81e, 81f StPO ermächtigt § 81g StPO sowohl zur Entnahme als auch zur Untersuchung von Körperzellen. Zulässig ist die Maßnahme nur gegenüber dem Beschuldigten, gegen den ein Strafverfahren aus einer der drei im Gesetz genannten Deliktsgruppen geführt wird. Dabei ist als Verdachtsgrad ein Anfangsverdacht ausreichend, der zum Zeitpunkt der Anordnung von Entnahme und Untersuchung gegeben sein muss. Darüber hinaus erweitert § 81g Abs. 4 StPO die Anwendung der Vorschrift auf bereits rechtskräftig Verurteilte, möglicherweise nicht Schuldfähige, wegen Geisteskrankheit Verhandlungsunfähige und nach § 3 JGG nicht verantwortliche Jugendliche. Gegenüber Kindern ist die Maßnahme hingegen unzulässig;[1097] ebenso gegenüber rechtskräftig Freigesprochenen.[1098]

### 2. Materiell-rechtliche Voraussetzungen

#### a) Anlasstaten

361 Die erste mögliche Deliktsgruppe der sog. Anlasstaten betrifft **Straftaten von erheblicher Bedeutung** (§ 81g Abs. 1 S. 1 StPO). Diese sind mindestens dem Bereich der mittleren Kriminalität zuzurechnen, stören empfindlich den Rechtsfrieden und müssen geeignet sein, das Gefühl der Rechtssicherheit der Bevölkerung erheblich zu beeinträchtigen.[1099] Hierbei ist als Ausdruck der Verhältnismäßigkeit insbesondere die Geeignetheit der Maßnahme zur Aufklärung der Straftat zu berücksichtigen. Daher muss zumindest die Möglichkeit bestehen, dass bei der Begehung der jeweiligen Straftat von erheblicher Bedeutung der Täter auch Körperzellen absondern könnte.[1100]

---

1094 BVerfG 14.12.2000 – 2 BvR 1741/99, BVerfGE 103, 21, 30 ff.

1095 SK-*Rogall*, § 81g Rn. 1.

1096 Hierzu ausführlich *Soiné*, S. 112.

1097 M-G/S-*Schmitt*, § 81g Rn. 5.

1098 OLG Oldenburg 16.07.2008 – 1 Ws 390/08, NStZ 2008, 711.

1099 BVerfG 14.12.2000 – 2 BvR 1741/99, BVerfGE 103, 21, 34.

1100 OLG Jena 09.08.1999 – 1 Ws 215-99, NJW 1999, 3571; KG Berlin 28.02.2019 – 2 Ws 136/19 – 121 AR 188/19, StraFo 2019, 455; LG Leipzig 19.07.2007 – 1 Qs 215/07, StraFo 2007, 464.

Hingegen ist nicht erforderlich, dass der Beschuldigte bei der Anlasstat Körperzellen abgesondert hat.

**Beispiele:**

Verbrechen oder schwerwiegende Vergehen nach §§ 224, 243, 253 StGB oder schwerwiegende Vergehen nach dem BtMG (str.); jedoch nicht bei dem Verbrechen des § 154 StGB oder schwerwiegenden Vergehen nach §§ 263, 266 StGB.[1101]

Auch bei einer **Straftat gegen die sexuelle Selbstbestimmung** (§§ 174–184g StGB) ist die Maßnahme zulässig (§ 81g Abs. 1 S. 1 StPO). Dabei bedarf es keiner Straftat von erheblicher Bedeutung. Sexualdelikte, die Verbrechenstatbestände darstellen, fallen bereits unter die erste Fallgruppe.[1102] Weiterhin kommen als Anlasstaten auch **sonstige Straftaten**, die – für sich allein genommen – weder Straftaten von erheblicher Bedeutung, noch solche gegen die sexuelle Selbstbestimmung sind, in Betracht. Diese müssen jedoch aufgrund wiederholter Begehung in ihrem Unrechtsgehalt einer Straftat von erheblicher Bedeutung gleichstehen (§ 81g Abs. 1 S. 2 StPO). Hierbei soll auch nicht erforderlich sein, dass der Betroffene wegen der Begehung dieser Taten bereits verurteilt ist, sondern der begründete Verdacht der wiederholten Begehung ausreichen.[1103]

**Beispiel:**

Wiederholter Hausfriedensbruch (§ 123 StGB) in Fällen von sog. Stalking; nicht bei wiederholtem Schwarzfahren (§ 265a StGB).

### b) Wiederholungsgefahr

Voraussetzung ist ferner die Annahme einer Wiederholungsgefahr (sog. **Negativprognose**). Danach muss wegen der Art oder der Ausführung der Tat, der Persönlichkeit des Beschuldigten oder sonstiger Erkenntnisse Grund zu der Annahme bestehen, dass gegen den Beschuldigten künftig Strafverfahren wegen einer Straftat von erheblicher Bedeutung zu führen sind (§ 81g Abs. 1 S. 1 StPO). Es kommt nicht darauf an, dass der Täter wegen der gleichen Straftaten, die Grundlage des gegenwärtigen Verfahrens sind, künftig in Erscheinung treten könnte. Ob die Voraussetzungen für die Annahme von Wiederholungsgefahr vorliegen, ist unter **Berücksichtigung sämtlicher Umstände im Einzelfall** zu prüfen.[1104] Zu berücksichtigen sind insbesonde- 362

1101 Vgl. auch die zahlreichen Rechtsprechungsnachweise bei BeckOK-*Goers*, § 81g Rn. 2.1.

1102 KK-*Hadamitzky*, § 81g Rn. 6.

1103 BT-Drs. 15/5674, S. 11.

1104 BVerfG 03.05.2016 – 2 BvR 2349/15, NJW 2016, 2799.

re Anlasstat, Vorstrafen, Rückfallgeschwindigkeit, Prägung in Richtung bestimmter Delikte, Motivationslage bei früheren Straftaten, das Verhalten des Betroffenen in einer Bewährungszeit oder nach einem Straferlass und frühere und derzeitige Lebensumstände.[1105]

### 3. Durchführung, Anordnung und Speicherung

**363** Zur Durchführung der Maßnahme dürfen dem Beschuldigten Körperzellen entnommen und zur Feststellung des DNA-Identifizierungsmusters bzw. des Geschlechts molekulargenetisch untersucht werden. Andere Feststellungen sind unzulässig (§ 81g Abs. 2 S. 2 StPO). Dabei dürfen nicht nur die eigentlichen Körperzellen, sondern alle Substanzen, die diese Zellen enthalten, wie Blut, Speichel etc. entnommen werden. In der Regel erfolgt ein **Wangenschleimhautabstrich**.[1106] Sobald die entnommenen Körperzellen nicht mehr erforderlich sind, müssen sie unverzüglich vernichtet werden (§ 81g Abs. 2 S. 1 StPO).

**364** Die Entnahme von Körperzellen darf ohne schriftliche Einwilligung der betroffenen Person nur durch das Gericht angeordnet werden (§ 81g Abs. 3 S. 1 StPO). Bei Gefahr im Verzug besteht eine Eilzuständigkeit der Staatsanwaltschaft und ihrer Ermittlungspersonen. Willigt der Betroffene in die Entnahme von Körperzellen ein, bedarf es keiner gerichtlichen Anordnung. Die Anordnung einer molekulargenetischen Untersuchung ohne schriftliche Einwilligung der betroffenen Person darf nur das Gericht treffen (**absoluter Richtervorbehalt**). Willigt der Betroffene in diese Untersuchung schriftlich ein, bedarf es keiner gerichtlichen Anordnung. Die Beauftragung des Sachverständigen erfolgt in diesem Fall durch die Staatsanwaltschaft oder Polizei.[1107] Hinsichtlich der Durchführung der Untersuchung gilt § 81f Abs. 2 StPO (§ 81g Abs. 3 S. 4 StPO). Die Begründungsanforderungen des richterlichen Beschlusses finden sich in § 81g Abs. 3 S. 5 StPO.

**365** § 81g Abs. 5 StPO enthält Regelungen für die Speicherung und Verwendung der erhobenen Daten. Demnach dürfen diese beim Bundeskriminalamt gespeichert und nach Maßgabe des BKAG verwendet werden. Die Speicherung erfolgt in der **DNA-Analyse-Datei**, die das Bundeskriminalamt gemeinsam mit den Landeskriminalämtern als Verbunddatei führt (§§ 2 Abs. 4 Nr. 1, 8 Abs. 6 Nr. 1 BKAG). Sie ist ein für die Praxis wichtiges Hilfsinstrument zur Verbrechensaufklärung und umfasste Mitte 2015 ca. 1.111.000 Datensätze; jeden Monat kommen ca. 8.000 Datensätze hinzu; gelöscht werden hingegen lediglich

1105 KK-*Hadamitzky*, § 81g Rn. 10.

1106 MüKo-*Trück*, § 81g Rn. 19.

1107 KK-*Hadamitzky*, § 81g Rn. 14.

ca. 1.600 Datensätze pro Monat.[1108] Die Staatsanwaltschaften können in einem automatisierten Verfahren Daten aus dieser Datei für Zwecke der Strafrechtspflege abrufen (§ 11 Abs. 4 S. 2 Nr. 3 BKAG) und nach Maßgabe des BKAG verwenden. Gleiches gilt für die nach § 81e Abs. 1 StPO erhobenen Daten eines Beschuldigten, die unter den nach § 81 e Abs. 1 StPO genannten Voraussetzungen gewonnen worden sind, sowie die nach § 81e Abs. 2 StPO erhobenen Daten (§ 81g Abs. 5 S. 2 StPO). Es handelt sich um sog. **Umwidmungsfälle**, weil die DNA-Analyse für das laufende Ermittlungsverfahren durchgeführt wurde und die Daten nunmehr für zukünftige Verfahren in der Datei gespeichert werden sollen.[1109] Die Übermittlung der Daten darf dabei nur für die Zwecke des Strafverfahrens, der Gefahrenabwehr und der internationalen Rechtshilfe erfolgen (§ 81g Abs. 5 S. 3 StPO). Bei der Speicherung von Daten, die bei einer Maßnahme nach § 81e StPO erhoben worden sind, ist der Beschuldigte unverzüglich zu benachrichtigen und darauf hinzuweisen, dass er die gerichtliche Entscheidung beantragen kann (§ 81g Abs. 5 S. 4 StPO).

## IV. DNA-Reihenuntersuchung nach § 81h StPO

### 1. Allgemeines

§ 81h StPO regelt die Durchführung von DNA-Reihenuntersuchungen (sog. **366**
**Massenscreening** oder Massengentest). Die Vorschrift trägt dem Aufklärungsinteresse bei schwerwiegenden Straftaten Rechnung, wenn der Täter einer abgrenzbaren Gruppe von Personen zuzuordnen ist und sich eine Beschuldigteneigenschaft noch nicht begründen lässt.[1110] Sie erlaubt, auf **freiwilliger Basis** von Personen, die bestimmte auf einen unbekannten Täter vermutlich zutreffende Merkmale erfüllen, Körperzellen zu entnehmen, sie molekulargenetisch zu untersuchen und das auf diese Weise erlangte molekulargenetische Identifizierungsmuster mit tatrelevantem Spurenmaterial automatisiert abzugleichen. **Zweck der Maßnahme** ist, festzustellen, ob das sichergestellte Spurenmaterial von diesen Personen oder von ihren Verwandten in gerader Linie oder in der Seitenlinie bis zum dritten Grad stammt. Auf diese Weise können Personen herausgefiltert werden, die nicht als Verdächtige in Betracht kommen. Abs. 1 enthält die materiell-rechtlichen Voraussetzungen für den Reihengentest, Abs. 2 regelt das Anordnungsverfahren und Abs. 3 die Durchführung der Reihenuntersuchung. In Abs. 4 finden sich besondere Mitteilungs- und Belehrungspflichten.

1108 *Ostendorf/Brüning*, § 11 Rn. 16.

1109 Hierzu M-G/S-*Schmitt*, § 81g Rn. 12b.

1110 Kritisch zur Norm MüKo-*Trück*, § 81h Rn. 1.

## 2. Voraussetzungen

367 Voraussetzung ist zunächst ein **Anfangsverdacht hinsichtlich eines Verbrechens** gegen das Leben, die körperliche Unversehrtheit, die persönliche Freiheit oder die sexuelle Selbstbestimmung (§ 81h Abs. 1 StPO), wobei der Versuch der Tat genügt.[1111]

**Beispiele:**

Mord, Totschlag, Körperverletzung mit Todesfolge, schwere Körperverletzung, Vergewaltigung, Erpresserischer Menschenraub, Geiselnahme.

Als weitere Voraussetzung müssen aufgrund der Ermittlungen auf den oder die unbekannten Täter mutmaßlich zutreffende Merkmale festgelegt werden können. Eine entsprechende tatrelevante Täterspur muss dabei durch eine kriminalwissenschaftliche Untersuchung nachgewiesen worden sein. Anhand dieses Täterprofils muss der Personenkreis, der an dem Reihengentest teilnehmen soll, eingegrenzt werden (sog. **Prüfungsmerkmale**). Diese gruppenspezifischen Merkmale sind Eigenschaften, Umstände oder Verhältnisse, die nach dem Ermittlungsstand auf den Täter oder Tatbeteiligte zutreffen können.[1112]

**Beispiele:**

Alter, Geschlecht, Haar- und Augenfarbe, Kahlköpfigkeit, Haltereigenschaft eines bestimmten Kraftfahrzeugtyps, Dialektfärbung der Sprache, Wohnort oder die Zugehörigkeit zu einem bestimmten Unternehmen.[1113]

Durch diese Festlegung auf bestimmte Prüfungsmerkmale soll gewährleistet werden, dass der in Betracht kommende Personenkreis nicht uferlos ausgeweitet wird.[1114] Auch ist im Rahmen der **Verhältnismäßigkeit** zu prüfen, ob die Maßnahme, insbesondere im Hinblick auf die Anzahl der von ihr betroffenen Personen, nicht außer Verhältnis zur Schwere der Tat steht (§ 81h Abs. 1 StPO). Hierbei sind auch die Kosten für die Maßnahme zu berücksichtigen, sodass ein Test an mehr als 10.000 Personen regelmäßig nicht mehr verhältnismäßig sein dürfte.[1115] Auch müssen alle anderen Ermittlungsmaßnahmen erfolglos gewesen sein, da die Maßnahme **Ultima Ratio** ist.

---

1111 BT-Drs. 15/5674, S. 13.

1112 KK-*Hadamitzky*, § 81h Rn. 3.

1113 Weitere Beispiele bei MüKo-*Trück*, § 81h Rn. 8.

1114 KK-*Hadamitzky*, § 81h Rn. 3.

1115 LR-*Krause*, § 81h Rn. 22; M-G/S-*Schmitt*, § 81h Rn. 5; a.A. KMR-*Bosch*, § 81h Rn. 11.

Die Maßnahme darf nur mit **schriftlicher Einwilligung** der betroffenen Personen erfolgen (§ 81h Abs. 1 StPO). Andernfalls ist die Maßnahme nicht zulässig. Darüber hinaus sind die Betroffenen schriftlich zu belehren. Die Inhalte der **Belehrung** finden sich in § 81h Abs. 4 StPO und umfassen auch die Nutzung der Ergebnisse. Die DNA-Reihenuntersuchung steht unter einem **absoluten Richtervorbehalt** und bedarf daher immer der schriftlichen richterlichen Anordnung (§ 81h Abs. 2 S. 1 u. 2 StPO). Für die Durchführung gilt § 81f Abs. 2 StPO entsprechend (§ 81h Abs. 3 S. 1 StPO). Werden die Aufzeichnungen über die festgestellten DNA-Identifizierungsmuster zur Aufklärung des Verbrechens nicht mehr benötigt, sind sie unverzüglich zu löschen, was zu dokumentieren ist (§ 81h Abs. 3 S. 3 u. 4 StPO). Die Aufnahme der Daten in die DNA-Analyse-Datei des Bundeskriminalamtes ist nicht zulässig (§ 81h Abs. 4 S. 2 Nr. 4 StPO). 368

### 3. Durchführung

Liegen die Voraussetzungen vor, dürfen Körperzellen – in der Regel durch eine Speichelprobe – entnommen, zur Feststellung des DNA-Identifizierungsmusters und des Geschlechts anonymisiert untersucht und die festgestellten DNA-Identifizierungsmuster sodann mit den DNA-Identifizierungsmustern des Spurenmaterials automatisiert abgeglichen werden (§ 81h Abs. 1 Nr. 1–3 StPO). Das Spurenmaterial darf daraufhin untersucht werden, ob es von den am Reihengentest teilnehmenden Personen herrührt (§ 81h Abs. 1 StPO). Bei einem Treffer wird die Probe entanonymisiert. Darüber hinaus erlaubt § 81h Abs. 1 StPO seit einer Gesetzesänderung 2017[1116] auch, festzustellen, ob das Spurenmaterial von ihren Verwandten in gerader Linie (Eltern, Kinder, Großeltern, Enkel) oder in der Seitenlinie bis zum dritten Grad (Geschwister, Halbgeschwister, Nichten, Neffen) stammt (sog. **Beinahetreffer**). In der Folge kann nach einer Entanonymisierung dieser Probe, die darauf hindeutet, dass es sich beim Spurenverursacher um einen Verwandten des Probanden handelt, diese als Ausgangspunkt für weitere Ermittlungsmaßnahmen gegen den Spurenverursacher genutzt werden.[1117] 369

Aus einer **Verweigerung der freiwilligen Teilnahme** dürfen keine nachteiligen Schlüsse gezogen werden, da dies gegen den Grundsatz der Selbstbelastungsfreiheit verstoßen würde.[1118] Andererseits kann sich aber nach der Rechtsprechung und Teilen der Literatur zu Recht durch die Eingrenzung des Personenkreises – weil andere Personen durch die Maßnahme als Täter 370

1116 Zur alten Rechtslage BGH 20.12.2012 – 3 StR 117/12, BGHSt 58, 84, 92 ff.

1117 *Beulke/Swoboda*, Rn. 378.

1118 BVerfG 27.02.1996 – 2 BvR 200/91, NJW 1996, 1578, 1588; BGH 21.01.2004 – 1 StR 364/03, BGHSt 49, 56, 57 ff.

ausgeschlossen werden konnten – und unter Einbeziehung weiterer Verdachtsmomente im Einzelfall ein Anfangsverdacht ergeben, sodass die Maßnahme dann zwangsweise entsprechend §§ 81a, 81e StPO erfolgen kann.[1119]

## M. Gegenüberstellung

Die Gegenüberstellung des Zeugen mit anderen Zeugen oder dem Beschuldigten ist ein Mittel zur Wahrheitserforschung im Strafverfahren.[1120] Dabei werden die Vernehmungs- und die Identifizierungsgegenüberstellung unterschieden.

### I. Vernehmungsgegenüberstellung

371 Die Vernehmungsgegenüberstellung ist eine **Konfrontation von Personen innerhalb einer Vernehmung** und soll Widersprüche zwischen einer Zeugenaussage und den Angaben des Beschuldigten oder eines anderen Zeugen durch Rede und Gegenrede, Fragen und Vorhalte klären.[1121] Es handelt sich also um eine besondere Art der Vernehmung im Hinblick auf die gegenübergestellten Personen, bei welcher auch eine gegenseitige Befragung zugelassen werden kann.[1122] Ermächtigungsgrundlage ist § 58 Abs. 2 StPO. Die Befugnis zur Durchführung steht außer dem Richter und der Staatsanwaltschaft (§ 161a Abs. 1 S. 2 StPO) auch der Polizei zu (§ 163 Abs. 3 S. 2 StPO).

### II. Identifizierungsgegenüberstellung

#### 1. Allgemeines

372 Bei der Identifizierungsgegenüberstellung wird eine zu identifizierende Person von einem Zeugen in **Augenschein** genommen. Für den Zeugen, der die Identität im Sinne einer Wiedererkennung (sog. **Rekognition**) feststellen soll, ist die Gegenüberstellung eine Vernehmung, die er nur bei bestehenden Zeugnis- und Auskunftsverweigerungsrechten (§§ 52 ff. StPO) verweigern kann.[1123] Der Gegenübergestellte muss sich von dem Zeugen in Augenschein nehmen lassen, auch wenn er als Beschuldigter von seinem Schwei-

1119 BGH 21.01.2004 – 1 StR 364/03, BGHSt 49, 56, 60; vgl. auch BVerfG 02.08.1996 – 2 BvR 1511/96, NJW 1996, 3071, 3072 f.; *Roxin/Schünemann*, § 33 Rn. 35; a.A. *Beulke/Swoboda*, Rn. 378 m.w.N.

1120 BeckOK-*Huber*, § 58 Rn. 6.

1121 KG 04.05.1979 – (1) 1 StE 2/77 (130/77), NJW 1979, 1668, 1669.

1122 LR-*Ignor/Bertheau*, § 58 Rn. 10.

1123 M-G/S-*Schmitt*, § 58, Rn. 9.

gerecht Gebrauch macht[1124] oder als Zeuge die Aussage verweigert.[1125] Zum Zwecke der Identifizierung des Beschuldigten ist auch die zwangsweise Veränderung seiner Kleidung sowie seiner Haar- und Barttracht zulässig. Hingegen begründet die zwangsweise Durchsetzung einer Mitwirkung des Beschuldigten an einem Stimmenvergleich einen Verstoß gegen die Selbstbelastungsfreiheit.[1126] Zur Dokumentation der Gegenüberstellung sind sowohl Lichtbild- als auch Videoaufnahmen erlaubt.[1127] Auch ist der Beschuldigte nicht berechtigt, den Vergleich seiner äußeren Erscheinung mit dem Erinnerungsbild des Zeugen durch Grimassen, Schließen der Augen, Senken des Kopfes oder Verdrehen der Gliedmaßen zu verhindern und kann durch unmittelbaren Zwang daran gehindert werden.[1128]

## 2. Ermächtigungsgrundlage

Hinsichtlich der rechtlichen Einzelheiten einer Identifizierungsgegenüber- **373**
stellung besteht in Rechtsprechung und Literatur weitgehend Einigkeit. Umstritten ist jedoch die Ermächtigungsgrundlage. Für den Fall einer wirksamen Einwilligung des Beschuldigten im Ermittlungsverfahren wird teilweise § 163 Abs. 1 StPO als Ermächtigungsgrundlage für die Gegenüberstellung durch die Polizei genannt.[1129] Im Hinblick auf die Mitte 2017 vom Gesetzgeber[1130] in § 58 Abs. 2 S. 2–5 StPO niedergelegten Anwesenheits- und Informationsrechte des Verteidigers und die entsprechenden Belehrungen und Antragsrechte des Beschuldigten überzeugt dies kaum. Zumindest aber müssten dann diese Rechte des Verteidigers und auch des Beschuldigten entsprechende Anwendung finden. Auch liegt bei einer zwangsweisen Gegenüberstellung ein Eingriff in das Recht auf informationelle Selbstbestimmung vor (Art. 2 Abs. 1 i.V.m. Art. 1 Abs. 1 GG). Teilweise wird die Gegenüberstellung daher als eine Maßnahme nach § 81b StPO betrachtet,[1131] während die Gegenauffassung darin einen Sonderfall der körperlichen Untersuchung nach § 81a StPO sieht.[1132] Beides überzeugt nicht, da es sich weder um die Feststellung unveränderlicher körperlicher Merkmale noch um eine Feststellung der Beschaffenheit des Körpers (§ 81a StPO) beim Beschuldigten handelt. Vielmehr

1124 BGH 09.04.1968 – 3 StR 551/85, BGHSt 34, 39, 49.

1125 KMR-*Neubeck*, § 58 Rn. 9; M-G/S-*Schmitt*, § 58, Rn. 9; a.A. KK-*Bader*, § 58 Rn. 8.

1126 KK-*Bader*, § 58 Rn. 8; MüKo-*Maier*, § 58 Rn. 44.

1127 BVerfG 27.09.1982 – 2 BvR 1199/82, NStZ 1983, 84.

1128 KG 04.05.1979 – (1) 1 StE 2/77 (130/77), NJW 1979, 1668, 1669; a.A. *Kühne*, Rn. 479.

1129 *Kramer*, Rn. 186; *Trurnit*, Rn. 221.

1130 BGBl. I, S. 3295 ff.

1131 *Roxin/Schünemann*, § 33 Rn. 16; SK-*Rogall*, § 58 Rn. 35.

1132 BVerfG 14.02.1978 – 2 BvR 406/77, BVerfGE 47, 239; KK-*Bader*, § 58 Rn. 8; *Kramer*, Rn. 186a; *LR-Ignor/Bertheau*, § 58 Rn. 15; *Trurnit*, Rn. 221.

ergibt sich die **Duldungspflicht der Gegenüberstellung** aus § 58 Abs. 2 StPO.[1133] Das hiergegen vorgebrachte Argument, § 58 Abs. 2 StPO erfasse nur Vernehmungsgegenüberstellungen, bei denen Zwang verboten ist (vgl. § 136a StPO),[1134] erschließt sich aus dem Wortlaut der Norm und der Systematik keineswegs. Die Verortung der Norm im Bereich der Vorschriften der Zeugenvernehmung besagt lediglich, dass die Gegenüberstellung für den Zeugen im Ergebnis eine Vernehmung darstellt, indem er Auskunft über seine Beobachtung der Gegenüberstellung gibt. Der Beschuldigte ist dabei hingegen bloß die vom Zeugen in Augenschein genommene Person, und kein Vernommener.[1135] Letztlich spricht auch das in § 58 Abs. 2 StPO eingefügte Anwesenheitsrecht des Verteidigers (§ 58 Abs. 2 S. 2–5 StPO) und das damit korrespondierende Antragsrecht des Beschuldigten auf Bestellung eines Pflichtverteidigers im Falle der notwendigen Verteidigung (§ 141 Abs. 1 StPO) eindeutig dafür, dass § 58 Abs. 2 StPO auch die Ermächtigungsgrundlage für Identifizierungsgegenüberstellungen bildet. Anders sind hingegen die **möglichen Vorbereitungen** einer Gegenüberstellung zu bewerten. So lassen sich Veränderungen des äußeren Erscheinungsbildes des Beschuldigten, wie das Anziehen von Kleidungsstücken, das Aufsetzen einer Perücke oder einer Sonnenbrille, aber auch die Veränderung der Haar- und Barttracht – in Parallele zu Vorbereitungen erkennungsdienstlich anzufertigender Fotos – auf § 81b StPO stützen (s. hierzu Rn. 329).

### 3. Wahlgegenüberstellung

374 Aufgrund des geringen Beweiswerts einer Einzelgegenüberstellung[1136] findet die Identifizierungsgegenüberstellung in der Regel als Wahlgegenüberstellung statt (Nr. 18 RiStBV). Dabei werden dem Zeugen mehrere Personen gleichen Geschlechts, ähnlichen Alters und Erscheinungsbildes gegenübergestellt.[1137] Eine solche Gegenüberstellung kann gedeckt (zwei Räume, die mit einem sog. venezianischen Spiegel verbunden sind) oder offen erfolgen.[1138] Nach der Rechtsprechung empfiehlt sich eine **sequenzielle Gegenüberstellung** von mindestens acht Personen, die dem Zeugen einzeln nacheinander gegenübergestellt werden. Der höhere Beweiswert einer solchen sequenziell durchgeführten Wahlgegenüberstellung beruht vor allem darauf, dass dem Zeugen in Ermangelung zeitgleich vorgeführter weiterer Personen die Identifizierung im Wege

1133 So auch BGH 09.04.1968 – 3 StR 551/85, BGHSt 34, 39, 49; KG 04.05.1979 – (1) 1 StE 2/77 (130/77), NJW 1979, 1668, 1669; *Krey/Heinrich*, Rn. 1336; M-G/S-*Schmitt*, § 58 Rn. 9.

1134 *Kramer*, Rn. 186; *Trurnit*, Rn. 221.

1135 BGH 09.04.1968 – 3 StR 551/85, BGHSt 34, 39, 49.

1136 OLG Koblenz 05.02.2007 – 2 Ss 312/06, NStZ-RR 2008, 81, 82.

1137 OLG Karlsruhe 17.03.1983 – 3 HEs 77/83, NStZ 1983, 377, 378.

1138 Hierzu sowie zu einer verdeckten Gegenüberstellung *Clages/Ackermann/Gundlach*, S. 307 ff.

eines – in der Praxis häufig vorkommenden – Ausschlussverfahrens am Maßstab eines (relativen) Ähnlichkeitsurteils regelmäßig verschlossen ist.[1139] Der Zeuge kann und muss vielmehr bei jeder einzelnen Person ausschließlich auf sein aktuelles Erinnerungsbild zurückgreifen. Auch sollte die Wahlgegenüberstellung nicht gleich abgebrochen werden, wenn der Zeuge eine Person wiedererkennt, sondern insgesamt mindestens acht Personen gezeigt werden.[1140] Verstöße dagegen machen das Ergebnis der Gegenüberstellung zwar nicht völlig wertlos, wirken sich aber negativ auf den Beweiswert aus.[1141] Auch die Wiederholung einer Wahlgegenüberstellung in einem späteren Verfahrensabschnitt oder nach bereits vorher erfolgter Wiedererkennung des Beschuldigten wirkt sich negativ auf den Beweiswert aus.[1142] Es besteht die Gefahr, dass der Zeuge den Beschuldigten nur deshalb wiedererkennt, weil er ihn schon zuvor einmal wiedererkannt hat.[1143] Durch das vorangegangene Wiedererkennen wird das ursprüngliche Erinnerungsbild des Zeugen überlagert.[1144] Darüber hinaus kann anstelle einer Gegenüberstellung eine (sequenzielle) **Wahllichtbildvorlage** oder ein (sequenzielles) **Video-Wiedererkennungsverfahren**[1145] nach denselben Grundsätzen durchgeführt werden.[1146] Weiterhin ist die Identifizierung eines Beschuldigten auch aufgrund eines Stimmenvergleichs (sog. **akustisches Wiedererkennungsverfahren**) möglich.[1147]

### III. Anwesenheitsrecht des Verteidigers

Bei einer Gegenüberstellung mit dem Beschuldigten ist dessen Verteidiger **375**
die Anwesenheit gestattet (§ 58 Abs. 2 S. 2 StPO). Das Anwesenheitsrecht gilt für die Vernehmungs- und die Identifizierungsgegenüberstellung.[1148] Liegt ein Fall der notwendigen Verteidigung vor (§ 140 StPO), ist der Beschuldigte vor Durchführung einer Gegenüberstellung mit ihm dahin gehend zu belehren, dass und gegenüber bei wem er die Beiordnung eines Pflichtverteidigers beantragen kann (§§ 58 Abs. 2 S. 5, 141 Abs. 1 S. 1, 142 Abs. 1 StPO). Die erfolgte Belehrung ist zu protokollieren. Um sein Anwesenheitsrecht ausüben zu können, ist der Verteidiger über den Termin der Gegenüberstellung zu be-

---

1139 BGH 12.03.2020 – 4 StR 544/19, NStZ 2020, 499, 500 bezogen auf die Wahllichtbildvorlage.

1140 BGH 09.11.2011 – 1 StR 524/11, NStZ 2012, 283, 284.

1141 Vgl. KG 13.10.1980 – (1) 1 StE 2/77 (130/77), NStZ 1982, 215, 216 f.

1142 Vgl. BGH 08.02.2023 – 6 StR 516/22, NStZ 2023, 250 f. m. Anm. *Eisenberg*.

1143 BGH 27.02.1996 – 4 StR 6/96, NStZ 1996, 350, 351.

1144 BGH 28.06.1961 – 2 StR 194/61, BGHSt 16, 204, 205 f.; OLG Düsseldorf 10.05.1990 – 2 Ss 71/90 – 19/90 III, NStZ 1990, 506, 507.

1145 Hierzu *Odenthal*, NStZ 2001, 580 ff.

1146 BGH 14.04.2011 – 4 StR 501/10, NStZ 2011, 648, 649.

1147 BGH 24.02.1994 – 4 StR 317/93, BGHSt 40, 66, 68 f.

1148 BeckOK-*Huber*, § 58 Rn. 13.

nachrichtigen, wobei ein Anspruch auf Terminverlegung bei Verhinderung des Verteidigers nicht besteht (§ 58 Abs. 2 S. 3 u. 4 StPO). Die Regelung bezieht sich nur auf die persönliche Gegenüberstellung des Beschuldigten, sodass Wahllichtbildvorlagen ohne Verteidiger möglich sind.[1149]

## N. Sicherstellung und Beschlagnahme

### I. Allgemeines

376 Sicherstellung ist im Strafverfahren die **formlose Bemächtigung** eines Gegenstandes durch ein Strafverfolgungsorgan für Zwecke des Strafverfahrens. Sie ist in der Regel ausreichend, wenn der Gegenstand vom Gewahrsamsinhaber freiwillig herausgegeben wird oder aber dieser nicht bekannt ist.[1150] Sind mehrere Personen über die Sache verfügungsberechtigt, müssen alle einwilligen.[1151] Im Unterschied dazu ist Beschlagnahme die **förmliche Sicherstellung** des Gegenstandes. Diese ist immer dann notwendig, wenn der Gegenstand nicht freiwillig herausgegeben wird. Jedoch kann auch bei einer freiwilligen Herausgabe beschlagnahmt werden.[1152] Die Beschlagnahme ist insoweit ein Sonderfall der Sicherstellung.[1153] Durch jede Form der Sicherstellung – nicht nur durch die Beschlagnahme – entsteht ein **öffentlich-rechtliches Verwahrungsverhältnis** des Staates, welches durch § 133 StGB und für den Fall der Beschlagnahme auch durch § 136 StGB geschützt wird.[1154] Die Maßnahmen beziehen sich stets auf Gegenstände, wobei je nach Art der Sicherstellung oder Beschlagnahme darunter entweder nur körperliche Gegenstände, d.h. bewegliche und unbewegliche Sachen, fallen, oder aber auch Forderungen und sonstige Rechte. Die Vorschriften erlauben neben einem Eingriff in die allgemeine Handlungsfreiheit (Art. 2 Abs. 1 GG) insbesondere einen Eingriff in das Eigentumsgrundrecht (Art. 14 Abs. 1 GG). Darüber hinaus können auch andere Grundrechte wie das Recht auf informationelle Selbstbestimmung (Art. 2 Abs. 1 i.V.m. Art. 1 Abs. 1 GG)[1155] oder die Pressefreiheit (Art. 5 Abs. 1 S. 2 GG)[1156] betroffen sein.

---

1149 M-G/S-*Schmitt*, § 58 Rn. 16.

1150 M-G/S-*Köhler*, § 94 Rn. 12.

1151 LR-*Menges*, § 94 Rn. 36.

1152 BGH 07.09.1956 – 1 BJs 182/55, StB 28/56, NJW 1956, 1805, 1806.

1153 *Kramer*, Rn. 188.

1154 BGH 11.10.1960 – 5 StR 333/60, BGHSt 15, 149, 150; M-G/S-*Köhler*, § 94 Rn. 17.

1155 BVerfG 02.03.2006 – 2 BvR 2099/04, NStZ 2006, 641, 642.

1156 BVerfG 10.12.2010 – 1 BvR 2020/04, NJW 2011, 1863, 1864.

## II. Arten der Sicherstellung und Beschlagnahme

Die StPO kennt zwei grundsätzliche Anwendungsbereiche der Sicherstellung und Beschlagnahme. Nach § 94 ff. StPO können Gegenstände sichergestellt und beschlagnahmt werden, die als **Beweismittel im Strafverfahren** in Betracht kommen. Hierdurch soll ein Verlust dieser Beweismittel verhindert und dadurch die Durchführung des Strafverfahrens gesichert werden. Darüber hinaus können zur **Sicherung der Einziehung und Unbrauchbarmachung** nach §§ 111b ff. StPO Gegenstände beschlagnahmt werden. Dies soll die Vollstreckung der im Urteil möglicherweise auszusprechenden Einziehung (§§ 73 ff. StGB) sicherstellen. Beide Beschlagnahmearten stehen eigenständig nebeneinander[1157] und können daher bezogen auf einen Gegenstand auch gleichzeitig angeordnet werden. Besonderheiten gelten für die Sicherstellung und Beschlagnahme von Führerscheinen, die der Einziehung unterliegen (§ 94 Abs. 3 StPO) und für die wegen des damit verbundenen Eingriffs in das Brief-, Post- und Fernmeldegeheimnis (Art. 10 GG) erhöhten Verfahrensvoraussetzungen unterliegende Postbeschlagnahme (§§ 99 f. StPO). Auch die sog. Sicherheitenbeschlagnahme (§ 132 Abs. 3 StPO) stellt einen Sonderfall dar, da sie sich nach den §§ 94 ff. StPO richtet, aber nicht zu Beweiszwecken erfolgt (s. Rn. 306). **377**

## III. Sicherstellung und Beschlagnahme zu Beweiszwecken

### 1. Beweisgegenstände nach § 94 StPO

Gemäß § 94 Abs. 1 StPO können nur Gegenstände, die als Beweismittel von Bedeutung sein können, sichergestellt oder beschlagnahmt werden. Beweismittel sind dabei alle beweglichen und unbeweglichen Sachen, die unmittelbar oder mittelbar für die den Gegenstand des Strafverfahrens bildende Tat oder die Umstände ihrer Begehung potenzielle Beweisbedeutung erbringen können.[1158] **Potenzielle Beweisbedeutung** erfordert die nicht ganz fernliegende Möglichkeit, dass der Gegenstand im Strafverfahren zu Untersuchungszwecken in irgendeiner Weise verwendet werden kann.[1159] Von dem Begriff Gegenstände sind nur körperliche Gegenstände erfasst, nicht Forderungen oder sonstige Rechte. Sie können beweglich oder unbeweglich sein.[1160] **378**

---

1157 M-G/S-*Köhler*, § 111b Rn. 1.

1158 BVerfG 12.04.2005 – 2 BvR 1027/02, BVerfGE 113, 29.

1159 M-G/S-*Köhler*, § 94 Rn. 6.

1160 MüKo-*Hauschild*, § 94 Rn. 12.

**Beispiele:**

Waffen, Werkzeuge, Diebesbeute, Grundstücke, Räume, Datenträger wie Computer, Festplatten, USB-Sticks oder Mobiltelefone, Akten, Urkunden; auch Leichen, Leichenteile, Körperteile und Körperinhalte, wie Blut und Urin.

Dazu zählen auch sog. **Spurenträger**, die zwar nicht selbst Beweis erbringen, an denen sich aber Beweismittel befinden, wie beispielsweise Kleidungsstücke, an denen Blut oder Sperma haftet. Auf den bürgerlich-rechtlichen Sachbegriff (§ 90 BGB) kommt es nicht an,[1161] sodass nach zutreffender h.M.[1162] ebenso gespeicherte Daten wie E-Mails darunter fallen, da diese sich als nicht körperliche Gegenstände mit dem Wortsinn „Gegenstand“ vereinbaren lassen.[1163] Die Sicherstellung erfolgt in diesem Fall durch Übermittlung der Daten. Eigentum, Besitz oder Gewahrsam sind unerheblich. Somit können Gegenstände auch sichergestellt werden, wenn sie sich bei einem unbeteiligten Dritten befinden.[1164]

379 Beweisbedeutung hat der jeweilige Gegenstand grundsätzlich bis zum Abschluss des gesamten Strafverfahrens. Die Beschlagnahme kann dabei als erste Maßnahme das Verfahren einleiten.[1165] Erledigt sich der Beweischarakter, weil der Gegenstand beispielsweise fotografiert, die Daten kopiert oder die Spuren gesichert sind, so ist die Sicherstellung aufzuheben.

380 Die Sicherstellung wird durch amtliche Verwahrung oder auf andere Weise bewirkt. **Amtliche Verwahrung** bedeutet, dass die Behörde oder eine beauftragte Stelle oder Person die Sache in Besitz nimmt.[1166] Erfolgt sie **auf andere Weise**, weil eine Ingewahrsamnahme nicht möglich ist, wie beispielsweise bei unbeweglichen Gegenständen, ist eine Beschlagnahme notwendig.[1167] Dabei muss ein Herrschaftsverhältnis in irgendeiner Weise begründet werden,[1168] beispielsweise durch amtliches Versiegeln der Wohnung. Daten können und sollten – als Ausdruck der Verhältnismäßigkeit – sichergestellt werden, indem sie auf einen behördlichen Datenträger überspielt werden.[1169]

---

1161 LR-*Menges*, § 94 Rn. 17.

1162 BVerfG 16.06.2009 – 2 BvR 902/06, BVerfGE 124, 43, 60f.; LR-*Menges*, § 94 Rn. 14; M-G/S-*Köhler*, § 94 Rn. 3 f, 16; a.A. *Krey/Heinrich*, Rn. 823; *Roxin/Schünemann*, § 34 Rn. 4.

1163 BVerfG 12.04.2005 – 2 BvR 1027/02, BVerfGE 113, 29, 50; vgl. auch BGH 31.03.2009 – 1 StR 76/09, NStZ 2009, 397, 398 f.

1164 M-G/S-*Köhler*, § 94 Rn. 1.

1165 OLG Celle 23.11.1962 – 3 Ws 280/62, NJW 1963, 407, 408.

1166 M-G/S-*Köhler*, § 94 Rn 15.

1167 KK-*Greven*, § 94 Rn. 16.

1168 BGH 11.10.1969 – 5 StR 333/60, BGHSt 15, 149, 150.

1169 SK-*Wohlers/Greco*, § 94 Rn. 26.

Dieser Datenbestand ist im Ganzen Beweismittel, gleichgültig, ob sich neben den beweiserheblichen Daten noch andere auf ihm befinden.[1170]

## 2. Herausgabepflicht nach § 95 StPO

Derjenige, der einen Beweisgegenstand i.S.d. § 94 StPO im Gewahrsam hat, **381**
ist nach § 95 StPO zur Herausgabe verpflichtet (sog. **Editionspflicht**). Auf die Zustimmung des Eigentümers kommt es nicht an.[1171] Die Vorschrift erleichtert den Strafverfolgungsbehörden den Zugriff auf Beweisgegenstände, deren Gewahrsamsinhaber bekannt ist.[1172] Der Beschuldigte ist aufgrund der Selbstbelastungsfreiheit zur Herausgabe nicht verpflichtet.[1173] Die Beschlagnahmeverbote nach § 97 StPO gelten auch für § 95 StPO. Im Falle der Weigerung können durch das Gericht die in § 70 StPO vorgesehenen Ordnungs- und Zwangsmittel festgesetzt werden (§ 95 Abs. 2 S. 1 StPO). Zeugnisverweigerungsberechtigte (§§ 52 ff. StPO) können zwar zur Herausgabe aufgefordert werden, der Anspruch ist jedoch nicht mit Zwangsmitteln durchsetzbar (§ 95 Abs. 2 S. 2 StPO). Der Verhältnismäßigkeitsgrundsatz ist zu beachten, sodass beispielsweise bei Schriftstücken stets zu prüfen ist, ob deren Fotokopien nicht genügen.[1174] Zuständig für das Herausgabeverlangen sind im Ermittlungsverfahren neben dem Gericht – auch dann, wenn kein Fall von Gefahr im Verzug vorliegt – nach zutreffender h.M. Staatsanwaltschaft und Polizei.[1175]

## 3. Einschränkungen der Beschlagnahme

### a) Sperrerklärung nach § 96 StPO

Ein Beschlagnahmeverbot besteht für behördliche Akten und andere amtlich **382**
verwahrte Schriftstücke, wenn die oberste Dienstbehörde erklärt, das Bekanntwerden des Inhalts würde dem Wohl des Bundes oder eines deutschen Landes Nachteile bereiten (§ 96 StPO). Oberste Dienstbehörde ist in der Regel der jeweilige Fachminister, d.h. für den Bereich der Polizei der Innenminister. Diese sog. **Sperrerklärung** schränkt die Amtshilfepflicht (Art. 35 Abs. 1 GG) der Behörden gegenüber den Strafverfolgungsorganen ein.[1176] Eine Sperrerklärung der obersten Dienstbehörde verhindert, dass Akten und andere

1170 LG Köln 11.08.1994 – 112 Qs 2/94, NStZ 1995, 54, 55.

1171 MüKo-*Hauschild,* § 95 Rn. 9.

1172 M-G/S-*Köhler,* § 95 Rn. 1.

1173 MüKo-*Hauschild,* § 97 Rn. 12.

1174 SK-*Wohler/Greco,* § 95 Rn. 8.

1175 M-G/S-*Köhler,* § 95 Rn. 2; MüKo-*Hauschild,* § 95 Rn. 7 jeweils m.w.N.; a.A. wohl KK-*Greven,* § 95 Rn. 3 (nur Ermittlungspersonen).

1176 M-G/S-*Köhler,* § 96 Rn. 1.

Schriftstücke herausgegeben werden und ist für das Strafgericht bindend.[1177] Die Verfahrensbeteiligten, nicht aber Gericht und Staatsanwaltschaft,[1178] können die Sperrerklärung vor dem Verwaltungsgericht anfechten.[1179] Liegt eine Erklärung nicht vor bzw. ist sie unwirksam, darf hingegen eine Beschlagnahme erfolgen.[1180]

### b) Beschlagnahmeverbote nach § 97 StPO

383 Die Beschlagnahmeverbote des § 97 StPO knüpfen an die Zeugnisverweigerungsrechte der §§ 52, 53, 53a StPO an und sollen als Ergänzung eine Umgehung dieser Rechte verhindern.[1181] Sie beziehen sich nur auf Gegenstände, die als Beweismittel in Betracht kommen und gelten nicht für Gegenstände, die der Einziehung unterfallen (§§ 111b ff. StPO). Sofern der Zeugnisverweigerungsberechtigte selbst der Beschuldigte ist, gilt § 97 StPO nicht.[1182] Wird die Sache freiwillig herausgegeben, liegt darin ein Verzicht auf das Beschlagnahme- und Verwertungsverbot des § 97 StPO.[1183] Das Beschlagnahmeverbot entfällt, wenn das Zeugnisverweigerungsrecht nicht mehr besteht, beispielsweise weil der Arzt oder Rechtsanwalt von seiner Schweigepflicht wirksam entbunden worden ist.

384 Zu den **beschlagnahmefreien Gegenständen** zählen schriftliche Mitteilungen zwischen dem Beschuldigten und den nach §§ 52 oder 53 Abs. 1 Nr. 1–3b StPO Zeugnisverweigerungsberechtigten (§ 97 Abs. 1 Nr. 1 StPO). Dies sind alle Gedankenäußerungen, die der Absender einem Empfänger zukommen lässt, damit dieser davon Kenntnis nimmt.[1184]

**Beispiele:**

Briefe, E-Mails, Karten, Mitteilungen auf Bild- Ton- und Datenträgern oder Abbildungen.

Weiterhin Aufzeichnungen dieser Zeugnisverweigerungsberechtigten über die ihnen vom Beschuldigten anvertrauten Mitteilungen oder über andere Umstände, auf die sich das Zeugnisverweigerungsrecht erstreckt (§ 97 Abs. 1

1177 BGH 16.04.1985 – 5 StR 718/84, BGHSt 33, 178, 179 f.
1178 KK-*Greven*, § 96 Rn. 32.
1179 BGH 24.06.1998 – 5 AR (VS) 1/98, BGHSt 44, 107 ff.
1180 BGH 18.03.1992 – 1 BGs 90/92, BGHSt 38, 237 ff.
1181 BGH 03.12.1991 – 1 StR 120/90, BGHSt 38, 144, 146.
1182 BGH 27.03.2009 – 2 StR 302/08, BGHSt 53, 257, 260 f.
1183 BGH 23.01.1963 – 2 StR 534/62, BGHSt 18, 227, 230.
1184 BGH 25.02.1998 – 3 StR 490/97, BGHSt 44, 46, 48; HK-*Gercke*, § 97 Rn. 15.

Nr. 2 StPO). Hierbei handelt es sich um auf Papier festgehaltene mündliche Mitteilungen oder andere sinnliche Wahrnehmungen.[1185]

**Beispiele:**

Karteien, Krankenblätter, Handakten, notarielle Beurkundungen, Entwürfe.

Darüber hinaus auch andere Gegenstände, einschließlich der ärztlichen Untersuchungsbefunde, auf die sich das Zeugnisverweigerungsrecht dieser Personen erstreckt (§ 97 Abs. 1 Nr. 3 StPO).

**Beispiele:**

Fremdkörper, die der Arzt aus dem Körper des Beschuldigten entfernt hat; Blut, Röntgenbilder, Kardiogramme, Fieberkurven, Blutbilder, Alkoholbefunde.

Die Beschlagnahmefreiheit des § 97 Abs. 1 S. 1 StPO gilt nur, wenn sich die **385**
Gegenstände **im Gewahrsam des entsprechenden Personenkreises** befinden (§ 97 Abs. 2 S. 1 StPO). Gewahrsam ist die tatsächliche Verfügungsgewalt über den Gegenstand. Ausreichend ist der Mitgewahrsam des Zeugnisverweigerungsberechtigten. Dies gilt jedoch nicht, wenn der Beschuldigte Mitgewahrsamsinhaber ist.[1186] **Verteidigerunterlagen**, die sich im Gewahrsam des Beschuldigten befinden, dürfen über den Wortlaut des § 97 Abs. 2 S. 1 StPO nicht beschlagnahmt werden. Dies ergibt sich aus § 148 StPO, der dem Beschuldigten grundsätzlich uneingeschränkten Verkehr mit dem Verteidiger gestattet.[1187]

§ 97 Abs. 2 S. 2 StPO enthält eine sog. **Verstrickungsregel**. Danach besteht **386**
kein Beschlagnahmeverbot bei einem Verdacht der Teilnahme an der verfolgten Tat oder dem Verdacht einer Datenhehlerei, Begünstigung, Strafvereitelung oder Hehlerei. Dies gilt – trotz § 148 StPO – auch für den strafrechtlich **verstrickten Verteidiger**.[1188] Ebenso wenig greifen die Beschränkungen, wenn es sich um Deliktsgegenstände handelt.[1189] Dies sind Gegenstände, die durch eine Straftat hervorgebracht oder zu ihrer Begehung gebraucht wurden oder aus dieser herrühren.[1190]

1185 M-G/S-*Köhler*, § 97 Rn. 29.

1186 BGHSt 04.08.1964 – 3 StB 12/63, BGHSt 19, 374 f.

1187 BGH 24.03.1982 – 3 StR 28/82 (S), NJW 1982, 2508.

1188 BGH 27.03.2009 – 2 StR 302/08, BGHSt 53, 257, 260 ff., einschränkend KK-*Greven*, § 97 Rn. 39; LR-*Menges*, § 97 Rn. 98 jeweils m.w.N.

1189 M-G/S-*Köhler*, § 97 Rn. 22.

1190 MüKo-*Hauschild*, § 97 Rn. 60.

**Beispiele:**

Aus Straftat hervorgebracht: Falschgeld, selbst hergestellte Betäubungsmittel. Zur Tatbegehung gebraucht: Einbruchswerkzeuge, Waffen, Urkunden. Aus Straftat herrührend: Diebesgut.

§ 97 Abs. 3 StPO erweitert den von § 97 Abs. 1 u. 2 StPO erfassten Personenkreis auf die mitwirkenden Personen (§ 53a StPO).

**387** Für **Abgeordnete und deren mitwirkende Personen** besteht nach § 97 Abs. 4 StPO ein Beschlagnahmeverbot für Schriftstücke und sämtliche Gegenstände, die vom Schutzbereich des Zeugnisverweigerungsrechts dieser Personengruppe umfasst werden.[1191] Zu beachten ist, dass § 97 Abs. 2 S. 3 StPO nicht gilt, sodass auch bei einer Tatbeteiligung dieses Personenkreises ein Beschlagnahmeverbot besteht. Nur wenn der Abgeordnete selbst als Beschuldigter verfolgt wird, ist die Beschlagnahme ohne Einschränkungen möglich.[1192]

**388** Bei **Mitarbeitern von Presse und Rundfunk** gilt das Beschlagnahmeverbot aus § 97 Abs. 5 StPO. Umfasst werden Schriftstücke, Ton-, Bild- und Datenträger, die Aufschluss über Verfasser, Einsender oder sonstige Informanten und die von ihnen gemachten Mitteilungen geben, allerdings nur, soweit sich das Zeugnisverweigerungsrecht (§ 53 Abs. 1 S. 1 Nr. 5 StPO) darauf erstreckt.[1193] Die Sachen müssen sich im Gewahrsam der Person bzw. Redaktion etc. befinden. Die Vorschrift ist also weiter gefasst als § 97 Abs. 2 S. 1 StPO und umfasst beispielsweise auch die Kraftfahrzeuge einer Redaktion. Auch selbst recherchiertes Material darf nicht beschlagnahmt werden.[1194] § 97 Abs. 2 S. 2 StPO gilt entsprechend (§ 97 Abs. 5 S. 2 StPO). Allerdings muss hier ein dringender Verdacht der Verstrickung vorliegen und die Beschlagnahme muss im Hinblick auf die Pressefreiheit (Art. 5 Abs. 1 S. 2 GG) verhältnismäßig sein.[1195]

#### c) Beschlagnahmeverbote unmittelbar aus dem Grundgesetz

**389** Beschlagnahmeverbote können sich auch unmittelbar aus dem allgemeinen Persönlichkeitsrecht (Art. 2 Abs. 1 i.V.m. Art. 1 Abs. 1 GG) ergeben. So können schriftliche Aufzeichnungen, wie Unterlagen, die der Beschuldigte zu seiner Verteidigung angefertigt hat,[1196] oder die **Intimsphäre** betreffende Tagebucheintragungen unverwertbar sein und damit einem Beschlagnahme-

1191 SK-*Wohlers/Greco*, § 97 Rn. 51.

1192 LR-*Menges*, § 97 Rn. 130.

1193 M-G/S-*Köhler*, § 97 Rn. 45.

1194 KK-*Greven*, § 97 Rn. 2.

1195 Hierzu BVerfG 10.12.2010 – 1 BvR 1739/04, NJW 2011, 1859, 1860 ff.

1196 BGH 25.02.1998 – 3 StR 490/97, BGHSt 44, 46 ff.

verbot unterliegen. Dies gilt aber nicht absolut, sondern muss im Rahmen der Verhältnismäßigkeit zwischen dem Persönlichkeitsinteresse des Betroffenen an der Geheimhaltung gegenüber dem staatlichen Strafverfolgungsinteresse, das bei schweren Straftaten wie Mord oder Sexualverbrechen überwiegen kann, abgewogen werden.[1197]

### 4. Anordnung und Durchführung

Die Beschlagnahme, nicht die formlose Sicherstellung, unterliegt einem **390** **Richtervorbehalt**. Die Befugnis steht dem Gericht, bei Gefahr im Verzug der Staatsanwaltschaft und ihren Ermittlungspersonen zu (§ 98 Abs. 1 S. 1 StPO). Gefahr im Verzug liegt vor, wenn der Erfolg der Beschlagnahme, nämlich das Beweismittel zu erlangen, durch eine vorher einzuholende richterliche Anordnung gefährdet wäre, beispielsweise wenn der Beschuldigte das Beweismittel in dieser Zeit beseitigen würde. Die Beschlagnahme nach § 97 Abs. 5 S. 2 StPO in den Räumen einer Redaktion, eines Verlages, einer Druckerei oder einer Rundfunkanstalt darf nur das Gericht anordnen (§ 98 Abs. 1 S. 2 StPO). Bei der Postbeschlagnahme (§§ 99, 100 StPO) besteht keine Eilkompetenz der Ermittlungspersonen (vgl. § 100 Abs. 1 StPO).

Der Beamte, der ohne richterliche Anordnung einen Gegenstand beschlag- **391** nahmt hat, soll innerhalb von drei Tagen eine **richterliche Bestätigung** beantragen, wenn bei der Beschlagnahme weder der Betroffene noch ein erwachsener Angehöriger anwesend war; gleiches gilt, wenn der Betroffene – im Falle seiner Abwesenheit ein erwachsener Angehöriger – gegen die Beschlagnahme ausdrücklich Widerspruch erhoben hat (§ 98 Abs. 2 S. 1 StPO). Die Frist von drei Tagen beginnt mit dem Ende der Beschlagnahme zu laufen. Betroffener ist jeder, in dessen Gewahrsam durch die Beschlagnahme eingegriffen wird oder dessen Eigentums- und Besitzrechte tangiert werden.[1198] Der Betroffene kann jederzeit eine gerichtliche Entscheidung fordern (§ 98 Abs. 2 S. 2 StPO). Über diese Rechte ist er zu belehren (§ 98 Abs. 2 S. 5 StPO). Erfolgt die Beschlagnahme in einem **Dienstgebäude** oder in einer nicht allgemein zugänglichen Einrichtung oder Anlage der Bundeswehr, wie einer Kaserne, einem Übungsplatz, einem Panzer, Flugzeug oder Schiff etc., ist § 98 Abs. 4 StPO zu beachten.[1199] Die Durchführung der Beschlagnahme wird durch Wegnahme oder Anordnung einer Verfügungsbeschränkung bewirkt, beispielsweise bei Räumen und Grundstücken durch eine Versiegelung oder ein Betretungsverbot. Die Beschlagnahme kann, im Unterschied zur Anord-

---

1197 Vgl. BGH 13.11.1997 – 4 StR 404/97, BGHSt 43, 300, 303.

1198 LR-*Menges*, § 98 Rn. 49.

1199 Einzelheiten bei *Brodag*, Rn. 211.

nung, von jedem Polizeibeamten durchgeführt werden. Auch die Anwendung von unmittelbarem Zwang ist erlaubt.[1200]

### 5. Zurückstellung der Benachrichtigung des Beschuldigten nach § 95a StPO

392 Grundsätzlich ist die Beschlagnahme nach § 94 StPO eine offene Maßnahme, die dem Betroffenen und den Verfahrensbeteiligten bekanntzumachen ist (§§ 33 Abs. 1, 35 Abs. 2 StPO).[1201] In der Folge ist der Beschuldigte auch bei einer Beschlagnahme eines Gegenstandes bei einem unverdächtigen Dritten darüber zu informieren. Hiervon macht der zum 01.07.2021 neu eingefügte § 95a StPO[1202] eine Ausnahme. Die Vorschrift ermöglicht bei einer richterlich angeordneten oder nachträglich bestätigten Beschlagnahme eines Gegenstandes, der sich im Gewahrsam eines unverdächtigen Dritten befindet, die Benachrichtigung des Beschuldigten zurückzustellen, um sonstige verdeckt geführte Ermittlungsmaßnahmen nicht zu gefährden.[1203] Relevant ist dies vor allem bei der Beschlagnahme von E-Mails des Beschuldigten, Chatverläufen und Inhalten von Nutzerkonten auf sozialen Netzwerken, die bei einem Provider oder Cloud-Anbieter gespeichert sind.[1204] Diese Zurückstellung der Benachrichtigung des Beschuldigten macht aus der eigentlich offenen Beschlagnahme eine **verdeckte Maßnahme** (s. hierzu Rn. 481), wodurch die Gefahr einer Umgehung der wesentlich strengeren Voraussetzungen der §§ 100a, 100b StPO besteht (s. Rn. 484 ff. u. 497 ff.).[1205]

393 Voraussetzung ist gem. § 95a Abs. 1 S. 1 Nr. 1 StPO ein Tatverdacht i.S.d. Anfangsverdachts einer **Straftat von erheblicher Bedeutung**, wobei auch der Versuch oder eine Vorbereitungstat ausreicht. Dies sind Straftaten, die mindestens dem Bereich der mittleren Kriminalität zuzurechnen sind, den Rechtsfrieden empfindlich stören und geeignet sind, das Gefühl der Rechtssicherheit der Bevölkerung erheblich zu beeinträchtigen.[1206] Zur Konkretisierung verweist das Gesetz auf den Straftatenkatalog des § 100a Abs. 2 StPO, der aber nicht abschließend ist, sondern als Orientierungshilfe dient.[1207] Auch muss die Straftat im Einzelfall von erheblicher Bedeutung sein. Diese Voraussetzungen entsprechen denen des § 100g Abs. 1 S. 1 Nr. 1 StPO (s. hierzu Rn. 520). Hierbei besteht nach § 95a Abs. 1 Nr. 2 StPO eine **strenge Subsidiaritätsklau-**

1200 M-G/S-*Köhler*, § 98 Rn. 24.

1201 KK-*Greven*, § 95a Rn. 1.

1202 Gesetz zur Fortentwicklung der Strafprozessordnung und zur Änderung weiterer Vorschriften v. 25.06.2021 (BGBl. I, S. 2099, 2100 f.).

1203 BT-Drs. 19/27654, S. 38.

1204 M-G/S-*Köhler*, § 95a Rn. 1.

1205 Hierzu *Gallus/Zeyher*, NStZ 2022, 462, 464 ff.; MüKo-*Rückert*, § 100a Rn. 104.

1206 BVerfG 14.12.2000 – 2 BvR 1741/99, BVerfGE 103, 21, 34.

1207 M-G/S-*Köhler*, § 95 Rn. 5.

**sel**, die der des § 100a Abs. 1 S. 1 Nr. 3 StPO entspricht. Danach muss die Erforschung des Sachverhalts oder die Ermittlung des Aufenthaltsortes des Beschuldigten auf andere Weise wesentlich erschwert oder aussichtslos sein. Die Zurückstellung der Benachrichtigung darf **nur vom Gericht angeordnet** werden (§ 95a Abs. 2 S. 1 StPO). Ist der Gegenstand von der Staatsanwaltschaft oder ihren Ermittlungspersonen aus Gefahr im Verzug beschlagnahmt worden, kann mit der Einholung der richterlichen Bestätigung (§ 98 Abs. 2 S. 1 StPO) die Zurückstellung der Benachrichtigung des Beschuldigten beantragt werden (§ 95a Abs. 3 StPO). Die Anordnung ist auf höchstens sechs Monate befristet und kann wiederholt werden (§ 95a Abs. 2 S. 2 StPO). Besteht keine Gefährdung des Untersuchungszwecks mehr, muss eine Benachrichtigung des Beschuldigten unverzüglich unter Hinweis auf den nachträglichen Rechtsschutz erfolgen (§ 95a Abs. 4 StPO). Die **Rechtsschutzmöglichkeiten** sind § 101 Abs. 7 S. 2–4 StPO nachgebildet[1208] und finden sich in § 95a Abs. 5 StPO. Um die Geheimhaltung zu sichern, kann gegen den unverdächtigen Dritten ein sog. **Offenbarungsverbot** verhängt werden, welches diesem verbietet, gegenüber dem Beschuldigten und Dritten die Beschlagnahme oder eine vorausgehende Durchsuchung oder Herausgabeanordnung kundzutun (§ 95a Abs. 6 StPO).

## IV. Postbeschlagnahme und Auskunftsverlangen nach §§ 99, 100 StPO

### 1. Postbeschlagnahme gem. § 99 Abs. 1 StPO

Die Postbeschlagnahme ist die **Weisung an ein Postunternehmen**, die bereits 394
vorliegenden und/oder die künftig zu erwartenden Postsendungen oder einzelne von ihnen auszusondern und auszuliefern.[1209] Die Vorschrift erlaubt den Eingriff in das durch Art. 10 GG geschützte Brief-, Post- und Fernmeldegeheimnis. Sie stellt einen Unterfall des § 94 StPO dar.[1210] Die Postsendungen müssen sich im Gewahrsam von Personen und Unternehmen befinden, die geschäftsmäßig Post- oder Telekommunikationsdienste erbringen oder daran mitwirken (§ 99 Abs. 1 S. 1 StPO). Es handelt sich insoweit um eine Beschlagnahme von **Postsendungen, die sich „auf dem Weg befinden“**. Hat der Absender noch oder der Empfänger bereits Gewahrsam, so ist dies kein Fall der Postbeschlagnahme nach § 99 Abs. 1 StPO. Die Beschlagnahme erfolgt dann nach den §§ 94, 98 StPO.

1208 MüKo-*Hauschild*, § 95a Rn. 18.

1209 LR-*Menges*, § 99 Rn. 17.

1210 KK-*Greven*, § 99 Rn. 1.

395 Der Begriff **Postsendungen** ist weit zu fassen (vgl. § 4 Nr. 5 PostG). Er umfasst alle Gegenstände, die von einem Absender zu einem Adressaten von der Post transportiert werden.[1211]

**Beispiele:**

Briefe, Postkarten, Pakete, Bücher, Kataloge, Zeitschriften, Zeitungen etc.

Die Sendungen müssen an den Beschuldigten gerichtet sein (§ 99 Abs. 1 S. 1 StPO). Dies ist auch der Fall, wenn sie für einen anderen bestimmt sind, aber der Name des Beschuldigten oder ein Deckname als Adressat angegeben ist.[1212] Ebenso zulässig ist die Beschlagnahme, wenn die Sendungen von dem Beschuldigten herrühren oder – obwohl nicht an ihn adressiert – für diesen bestimmt sind (§ 99 Abs. 1 S. 2 StPO). Für den letzteren Fall reichen bloße Vermutungen nicht aus, vielmehr muss dies aus Tatsachen geschlossen werden.[1213]

396 Ist der Betroffene bereit, die Postsendung **freiwillig** herauszugeben, braucht für die Beschlagnahme nicht auf § 99 Abs. 1 StPO zurückgegriffen werden, da Absender und Empfänger gegenseitig nicht zur Wahrung des Postgeheimnisses verpflichtet sind.[1214] Dagegen ist eine freiwillige Herausgabe durch die Post oder ein entsprechendes Unternehmen unzulässig, da sonst das Postgeheimnis (Art. 10 GG, § 39 PostG), das die Kunden schützt, verletzt wird. **Verteidigerpost** darf nicht beschlagnahmt werden (§ 148 StPO), sofern gegen den Verteidiger kein Verdacht der Beteiligung besteht.[1215] Für zeugnisverweigerungsberechtigte Berufsgeheimnisträger gilt § 160a StPO (s. Rn. 258 f.).[1216]

### 2. Auskunftsverlangen gem. § 99 Abs. 2 StPO

397 Unter den Voraussetzungen des § 99 Abs. 1 StPO besteht seit 01.07.2021[1217] nunmehr das die physische Postbeschlagnahme ergänzende Recht,[1218] von den Postdienstleistern **Auskunft über Postsendungen** zu verlangen, die an den Beschuldigten gerichtet sind, von ihm herrühren oder für ihn bestimmt sind (§ 98 Abs. 1 S. 1 StPO). Schon nach alter Rechtslage war es zulässig – als weniger intensiver Grundrechtseingriff gegenüber der Postbeschlagnahme – Auskunft

1211 Vgl. auch § 4 Nr. 5 PostG.

1212 M-G/S-*Köhler*, § 99 Rn. 10.

1213 MüKo-*Hauschild*, § 99 Rn. 24.

1214 LR-*Menges*, § 99 Rn. 12 f.

1215 KK-*Greven*, § 99 Rn. 12.

1216 M-G/S-*Köhler* § 99, Rn. 13.

1217 Gesetz zur Fortentwicklung der Strafprozessordnung und zur Änderung weiterer Vorschriften v. 25.06.2021 (BGBl. I, S. 2099 ff.).

1218 KK-*Greven*, § 99 Rn. 11a.

über die äußeren Merkmale der Sendung (Adressat, Absender, Sendungsart) und die Daten des Postverkehrs zu verlangen.[1219] Dies war letztlich Ausdruck der bei § 99 StPO besonders zu beachtenden Verhältnismäßigkeit. So konnte dann mithilfe dieser Auskünfte entschieden werden, ob eine Beschlagnahme noch erforderlich ist. Das nunmehr in § 99 Abs. 2 StPO neu geregelte Auskunftsverlangen geht in zeitlicher Hinsicht aber darüber hinaus. So kann auch Auskunft über Postsendungen verlangt werden, die im Zeitpunkt des Auskunftsbegehrens bereits zugestellt sind und sich damit nicht mehr im Gewahrsam des Postdienstleisters befinden (sog. **retrograde Postdaten**).[1220] Auch Postsendungen, die sich noch nicht im Gewahrsam des Postunternehmens befinden, werden davon erfasst, beispielsweise bei Online-Frankierungen, bei denen der Postdienstleister zwar schon mit der Übermittlung beauftragt ist, die Sendung aber noch nicht physisch erhalten hat.[1221] Die Auskunft beinhaltet die in § 98 Abs. 2 S. 2 Nr. 1–6 StPO abschließend genannten **äußeren Merkmale und die Umstände des Postsendungsverlaufs**.[1222] Dies umfasst nur ausnahmsweise den Inhalt der Sendung, sofern der Postdienstleister in rechtmäßiger Weise, nämlich bei Wahrung des Postgeheimnisses (§ 39 Abs. 1 PostG),[1223] von diesem Kenntnis erlangt hat (§ 99 Abs. 2 S. 3 StPO).

### 3. Formell-rechtliche Voraussetzungen gem. § 100 StPO

Die **Anordnungsbefugnis** für Maßnahmen nach § 99 StPO steht dem Ge- 398
richt und bei Gefahr im Verzug der Staatsanwaltschaft – nicht ihren Ermittlungspersonen – zu (§ 100 Abs. 1 StPO). Für die Durchführung der Maßnahme ist die Staatsanwaltschaft zuständig, die den entsprechenden Beschluss weiterleitet. Hinsichtlich der Beschlagnahme hat die Post selbst die Sendungen auszusondern und herauszugeben. Die Öffnung der ausgelieferten Sendungen steht dem Gericht zu, das die Befugnis auf die Staatsanwaltschaft übertragen kann (§ 100 Abs. 3 StPO). Weitere Einzelheiten des Verfahrens finden sich in § 100 Abs. 4–6 StPO. Da es sich um eine **verdeckte Maßnahme** handelt, ist § 101 StPO zu beachten.

## V. Beschlagnahme von Führerscheinen nach § 94 Abs. 3 StPO

Zu unterscheiden ist zwischen dem Führerschein als Dokument und der Fahr- 399
erlaubnis als materiell-rechtliche Berechtigung zum Führen von Kraftfahrzeu-

1219 MüKo-*Schuster*, § 99 Rn. 41 m.w.N.

1220 KK-*Greven*, § 99 Rn. 1a.

1221 BT-Drs. 19/27654, S. 70.

1222 M-G/S-*Köhler*, § 99 Rn. 14b.

1223 KK-*Greven*, § 99 Rn. 11a.

gen.[1224] Während ein Führerschein, der der Einziehung unterliegt, gem. § 94 Abs. 3 StPO nach §§ 94 ff. StPO sichergestellt werden darf, kann die Fahrerlaubnis im Ermittlungsverfahren vorläufig vom Gericht entzogen werden (§ 111a StPO). Voraussetzung für eine vorläufige **Entziehung der Fahrerlaubnis** sind dringende Gründe dafür, dass die Fahrerlaubnis im späteren Urteil entzogen wird (§ 111a Abs. 1 S. 1 StPO), was zugleich die **Einziehung des Führerscheins** im Urteil bewirkt (§ 111a Abs. 3 S. 2 StPO). Voraussetzung ist, dass der Beschuldigte eine rechtswidrige Tat bei oder im Zusammenhang mit dem Führen eines Kraftfahrzeugs oder unter Verletzung der Pflichten eines Kraftfahrzeugführers begangen und sich dadurch als ungeeignet zum Führen von Kraftfahrzeugen erwiesen hat (§ 69 Abs. 1 S. 1 StGB). Regelbeispiele der Nichteignung finden sich in § 69 Abs. 2 StGB. Staatsanwaltschaft und Polizei dürfen zwar die Fahrerlaubnis nicht vorläufig entziehen, aber den Führerschein sicherstellen bzw. bei Gefahr im Verzug die Beschlagnahme des Führerscheins anordnen (§§ 94 Abs. 3, 98 Abs. 1 S. 1 StPO), was ein Verbot zum Führen von Kraftfahrzeugen bewirkt (§ 21 Abs. 2 Nr. 2 StVG). Es handelt sich daher um eine **einziehungssichernde Beschlagnahme**. Gefahr im Verzug beschränkt sich hierbei aber nicht auf die Gefahr der Vereitelung seiner späteren Einziehung oder gar eines Verlusts des Führerscheins als Beweismittel, sondern liegt auch dann vor, wenn beispielsweise von dem bei einer Trunkenheitsfahrt betroffenem Kraftfahrer die Gefahr ausgeht, dass er weitere Trunkenheitsfahrten unternehmen oder sonstige Verkehrsvorschriften in schwerwiegender Weise verletzen werde, falls ihm nicht der Führerschein abgenommen wird.[1225] Gilt der Führerschein allerdings als Beweismittel, beispielsweise weil er eine Fälschung ist, wird er folglich unmittelbar nach § 94 Abs. 1 StPO sichergestellt.

**400** Führerscheine von Personen, die Inhaber einer Fahrerlaubnis aus EU- und EWR-Staaten sind und ihren ordentlichen Wohnsitz im Inland haben, sind wie deutsche Führerscheine zu behandeln (vgl. § 111a Abs. 3 StPO).[1226] Andere **ausländische Führerscheine** werden beschlagnahmt, um eine Eintragung über die vorläufige Entziehung der Fahrerlaubnis zu ermöglichen (§§ 111a Abs. 6, 94 Abs. 3, 98 StPO). Der Führerschein wird im Anschluss an die Eintragung des Vermerks wieder zurückgegeben. Nach § 69b Abs. 1 StGB hat die Entziehung einer im Ausland erteilten Fahrerlaubnis die Wirkung eines Fahrverbots im Gebiet der Bundesrepublik Deutschland.[1227]

1224 *Kindhäuser/Schumann*, § 8 Rn. 149.

1225 BGH 23.05.1969 – 4 StR 585/68, BGHSt 22, 385, 392 f.

1226 MüKo-*Hauschild* § 111a Rn. 42.

1227 M-G/S-*Köhler*, § 111a Rn. 18.

## VI. Sicherstellung von Einziehungsgegenständen

### 1. Allgemeines

Während die Vorschriften der §§ 94 ff. StPO – mit Ausnahme der Führerscheinbeschlagnahme nach § 94 Abs. 3 StPO – die Sicherstellung und Beschlagnahme von Beweismitteln betreffen, regeln die §§ 111b ff. StPO die Sicherstellung von Gegenständen zur Einziehung, Wertersatzeinziehung oder Unbrauchbarmachung (§§ 73 ff. StGB). Diese Vorschriften stellen ein **vorläufiges Sicherungsinstrument** dar, damit die spätere Vollstreckung (§§ 459g ff. StPO) nicht ins Leere läuft.[1228] Es soll gewährleistet werden, dass beispielsweise eine später durch Urteil ausgesprochene Einziehung nicht unmöglich wird, weil die Strafverfolgungsbehörden auf den Gegenstand bzw. die Vermögenswerte keinen Zugriff mehr haben. Dabei ist zwischen den **beiden Sicherungsinstrumenten** der Beschlagnahme zur Sicherung der Einziehung (§§ 111b bis 111d StPO) und des Vermögensarrests zur Sicherung der Wertersatzeinziehung (§§ 111e bis 111g StPO) zu unterscheiden. Vorläufige Sicherstellungsmaßnahmen bedeuten einen erheblichen Eingriff in die Rechte des Betroffenen, der lediglich auf dem Verdacht einer Erwerbstat beruht. Ihre Anordnung bedarf daher eines **Sicherungsbedürfnisses** als Ausdruck der Verhältnismäßigkeit.[1229] Auch die Dauer der Sicherstellung, die vom Gesetz nicht begrenzt wird, unterliegt dem Verhältnismäßigkeitsgrundsatz.[1230] 401

Durch diese strafverfahrensrechtlichen Sicherungsinstrumente wird vor allem[1231] die sog. **strafrechtliche Vermögensabschöpfung** abgesichert. Sie stellt im Kern einen Anspruch des Staates gegen eine strafrechtswidrig bereicherte Person dar[1232] und zielt darauf ab, Tätern von gewinnorientierten Straftaten die Früchte ihres deliktischen Handelns zu entziehen („crime must not pay“).[1233] Nach der Rechtsprechung des Bundesverfassungsgerichts handelt es sich dabei nicht um eine dem Schuldgrundsatz unterliegende Nebenstrafe, sondern um eine **Maßnahme eigener Art mit kondiktionsähnlichem Charakter.**[1234] Kondiktion ist ein zivilrechtlicher Rechtsbegriff, der im Kern einen Anspruch gegen einen ungerechtfertigt Bereicherten beinhaltet. 402

1228 *Ostendorf/Brüning*, § 11 Rn. 96.

1229 Hierzu KK-*Spillecke*, § 111b Rn. 13.

1230 *Köhler/Burghard*, NStZ 2017, 665, 677.

1231 Zu den verschiedenen Zwecken der Einziehung nach § 74 ff. StGB ausführlich Sch/Sch-*Eser/Schuster*, Vorb. §§ 73 ff. Rn. 19 ff.

1232 *Köhler*, NStZ 2017, 497, 498; kritisch *Roxin/Schünemann*, § 34 Rn. 33 ff.

1233 *Trüg*, NJW 2017, 1913.

1234 BVerfG 10.02.2021 – 2 BvL 8/19, BVerfGE 156, 354, 387 ff.; a.A. *Beck/Heuer*, NZWiSt 2019, 411, 417; *Theile*, JA 2020, 1, 2 f.; differenzierend *Rönnau/Begemeier*, NStZ 2021, 705, 708 ff.

403 Das **materielle Recht** der Einziehung ist in den §§ 73 ff. StGB geregelt.[1235] Es unterteilt sich in die Voraussetzungen der Einziehung von Taterträgen (§§ 73 ff. StGB) sowie von Tatprodukten, Tatmitteln und Tatobjekten (§§ 74 ff. StGB),[1236] die Wirkung der Einziehung (§ 75 StGB), die nachträgliche Anordnung der Wertersatzeinziehung (§ 76 StGB), die selbstständige Einziehung (§ 76a StGB) und die Verjährung (§ 76b StGB). Diese Vorschriften sind bei § 111b ff. StPO entsprechend zu berücksichtigen, d.h. es müssen bestimmte Tatsachen die Annahme begründen, dass die materiellen Voraussetzungen für Einziehung, Wertersatzeinziehung oder Unbrauchbarmachung vorliegen.[1237] Das **prozessuale Recht** besteht im Wesentlichen aus den Regelungen über die vorläufige Sicherstellung (§§ 111b ff. StPO) sowie aus besonderen Verfahrensvorschriften für das Hauptverfahren und das selbstständige Einziehungsverfahren (§§ 421 ff. StPO). Hinzu kommen die vollstreckungsrechtlichen Bestimmungen (§ 459g StPO) und die Regelungen über die Entschädigung (§§ 111i ff., 459h ff. StPO).

404 Der **Einziehungsadressat** muss bei einer Einziehung von Taterträgen nach § 73 StGB grundsätzlich Täter oder Teilnehmer der rechtswidrigen Erwerbstat sein (vgl. § 73 Abs. 1 StGB). Bei der Einziehung nach § 74 StGB muss ihm als Täter oder Teilnehmer einer vorsätzlichen Straftat der Einziehungsgegenstand gehören oder zustehen. Darüber hinaus kann Erziehungsadressat aber auch ein tatunbeteiligter Dritter sein (vgl. §§ 73b, 74a StGB). Die Einziehung nach § 73 StGB richtet sich primär darauf, dem Einziehungsadressaten den noch in seiner Ursprungsform vorhandenen Einziehungsgegenstand (§§ 73 Abs. 1, 74 Abs. 1 u. 2 StGB), die tatsächlich gezogenen Nutzungen (§ 73 Abs. 2 StGB) oder ein erlangtes Surrogat (§ 73 Abs. 3 StGB) zu entziehen. Die Sicherstellung dieser Einziehungsgegenstände erfolgt stets durch Beschlagnahme (§ 111c StPO).[1238] Hierbei gelten Einschränkungen für die Beschlagnahme zur Sicherung der Einziehung von Druckwerken und sonstigen Verkörperungen eines Inhalts (§ 111q StGB). Ersatzweise ist der staatliche Anspruch auf die Zahlung eines Geldbetrages gerichtet, der dem Wert des ursprünglichen Tatertrages entspricht (§§ 73c, 74c StGB). In diesem Fall erfolgt keine Beschlagnahme, sondern die Anordnung eines Vermögensarrests nach § 111e StPO.

---

1235 Ausführlich *Theile*, JA 2020, 1 ff. u. 81 ff.

1236 Zu den Einziehungstatbeständen *Bittmann*, NStZ 2023, 202 ff. m.w.N. aus der Rspr. des BGH.

1237 M-G/S-*Köhler*, § 111b Rn. 5 f. u. § 111e Rn. 4.

1238 M-G/S-*Köhler*, § 111b Rn. 12.

## 2. Beschlagnahme zur Sicherung der Einziehung

Soll durch die Vollstreckung die Einziehung von Taterträgen, die gegenständlich vorhanden sind (§§ 73, 73a StGB) oder von Tatprodukten, Tatmitteln und Tatobjekten (§ 74d Abs. 1 S. 2 StGB) gesichert werden, regeln die §§ 111b bis 111d StPO die Beschlagnahme der erlangten Einziehungsgegenstände. Dies können bewegliche und unbewegliche Sachen sein. 405

**Beispiele:**

Taterträge: Raubbeute, hinterzogene Steuern, Gewinne aus illegalem Glückspiel und Betäubungsmittelgeschäften, Kurierlohn bei Betäubungsmitteldelikten, Lohn für Auftragsmord; aber auch ein Surrogat für den ursprünglichen Taterlös.

Tatprodukte: Gefälschte Urkunden oder Geldscheine.

Tatmittel: Tatwaffe, Einbruchswerkzeuge, zur Tatausführung eingesetzte Kraftfahrzeuge.

Tatobjekte: Unbefugt besessene Waffen, geschmuggelte Waren, das Tier bei der Tierquälerei, das Kraftfahrzeug beim Fahren ohne Fahrerlaubnis

Die **Vollziehung der Beschlagnahme** richtet sich nach der Art des beschlagnahmten Gegenstandes. Zur Beschlagnahme von Gegenständen, die der Einziehung oder Unbrauchbarmachung unterliegen, ist die Durchsuchung nach §§ 102 ff. StPO zulässig (§ 111b Abs. 2 StPO). Bei beweglichen Sachen erfolgt die Beschlagnahme durch Ingewahrsamnahme oder durch Kenntlichmachung, beispielsweise in Form eines Siegels (§ 111c Abs. 1 StPO). Die Beschlagnahme von Forderungen und anderen Vermögensrechten wird durch Pfändung bewirkt (§ 111c Abs. 2 StPO). Grundstücke und grundstücksgleiche Rechte werden durch Eintragung eines Grundbuchvermerks gesichert (§ 111c Abs. 3 StPO). Schiffe, Schiffsbauwerke und Luftfahrzeuge werden wie bewegliche Sachen beschlagnahmt (§ 111c Abs. 4 StPO). Wird die Beschlagnahme eines Gegenstandes vollzogen, so unterliegt dieser einem Veräußerungsverbot nach § 136 BGB, dessen Wirkung durch die Eröffnung eines Insolvenzverfahrens über das Vermögen des Betroffenen nicht berührt wird (§ 111d Abs. 1 StPO). Ist der Einziehungsgegenstand zugleich Beweismittel, kann die Beschlagnahme zur Vollstreckungssicherung zusammen mit der Beschlagnahme zur Beweissicherung nach §§ 94 ff. StPO angeordnet werden.[1239] Eine Rückgabe gegen Beibringung eines entsprechenden Wertes oder eine Überlassung zur Benutzung sind nach Maßgabe des § 111d Abs. 2 StPO möglich. 406

1239 BeckOK-*Huber*, § 111b Rn. 3.

### 3. Vermögensarrest zur Sicherung der Wertersatzeinziehung

407 Sofern die Vollstreckung einer Wertersatzeinziehung gesichert werden soll, wird der **Vermögensarrest** als eigenständiges strafprozessuales Institut[1240] in das Vermögen des Einziehungsadressaten angeordnet (§ 111e Abs. 1 StPO). Die Vorschrift beinhaltet eine abschließende Regelung für die Sicherung von Zahlungsansprüchen des Staates gegen den Beschuldigten aus §§ 73c, 74c StGB oder gegen einen Drittbegünstigten aus §§ 73c i.V.m. 73b StGB.[1241] Es handelt sich um einen vorläufigen Zahlungstitel, der die Staatsanwaltschaft zur **vorläufigen Vollstreckung in das Vermögen** des Betroffenen berechtigt.[1242] Die Vollziehung der Anordnung richtet sich nach §§ 111f bis 111i StPO. Der Vermögensarrest in bewegliche Sachen, Forderungen oder andere Vermögensrechte wird durch Pfändung bewirkt (§ 111f Abs. 1 StPO). Grundstücke und grundstücksgleiche Rechte werden durch Eintragung einer Sicherungshypothek bewirkt (§ 111f Abs. 2 StPO). Schiffe, Schiffsbauwerke und Luftfahrzeuge werden wie bewegliche Sachen gesichert (§ 111c Abs. 4 StPO).

**Beispiel:**[1243]

Hochstapler H ist dringend verdächtig, von O betrügerisch eine Überweisung von 50.000 Euro erlangt zu haben. Die Ermittlungen ergeben, dass das betreffende Konto des H kein Guthaben mehr aufweist. Die Staatsanwaltschaft erwirkt daher gegen H zur Sicherung der Wertersatzeinziehung (§§ 73, 73c StGB) einen Vermögensarrest in Höhe von 50.000 Euro. Zur Vollstreckung des Vermögensarrestes lässt sie die Wohnung des H durchsuchen. Dabei kann Bargeld in Höhe von 30.000 Euro gepfändet werden.

Die Vollziehung des Vermögensarrests in einen Gegenstand bewirkt ein Veräußerungsverbot nach § 136 BGB (§ 111h Abs. 1 S. 1 StPO). Durch Hinterlegung eines in der Anordnung festgesetzten Geldbetrages (§ 111e Abs. 4 S. 2 StPO) kann der Betroffene die Aufhebung des Vollziehungsarrests, aber nicht des Vermögensarrests selbst bewirken (vgl. § 111g Abs. 1 StPO).[1244]

### 4. Anordnung und Sonstiges

408 Die Anordnung der Beschlagnahme und des Vermögensarrests trifft grundsätzlich das **Gericht**, bei Gefahr im Verzug auch die Staatsanwaltschaft (§ 111j Abs. 1 S. 1 u. 2 StPO). Zuständig ist der Ermittlungsrichter (§§ 111j Abs. 2

1240 Hierzu MüKo-*Bittmann*, § 111e Rn. 1.

1241 M-G/S-*Köhler*, § 111e Rn. 1.

1242 *Köhler*, NStZ 2017, 665, 677.

1243 Aus *Köhler*, NStZ 2017, 665, 677.

1244 M-G/S-*Köhler*, § 111g Rn. 2.

S. 4, 162 StPO). Bezogen auf die Beschlagnahme beweglicher Sachen sind nachrangig zur Staatsanwaltschaft (s. Rn. 257) auch ihre Ermittlungspersonen bei Gefahr im Verzug zur Anordnung befugt (§ 111j Abs. 1 S. 3 StPO). Bei Anordnungen der Staatsanwaltschaft ist eine richterliche Bestätigung einzuholen (§ 111j Abs. 2 S. 1 StPO). Dies gilt nicht für die Beschlagnahme beweglicher Sachen (§ 111j Abs. 2 S. 2 StPO). In allen Fällen kann der Betroffene die richterliche Entscheidung beantragen (§ 111j Abs. 2 S. 3 StPO). Hierüber ist er zu belehren. Weitere Durchführungsvorschriften finden sich in §§ 111k bis § 111p StPO. So kann beispielsweise auch eine **Notveräußerung** des beschlagnahmten oder gepfändeten Gegenstandes erfolgen, wenn der Verderb oder eine wesentliche Minderung des Werts der Sache droht (§ 111p StPO).

### 5. Beschlagnahme von Druckwerken

Die Vorschrift des § 111q StPO beschränkt aufgrund der zur gewährleisten- 409
den **Pressefreiheit** (Art. 5 Abs. 1 S. 2 GG) die Beschlagnahme zur Sicherung der Einziehung nach § 74d StGB von Druckwerken und sonstigen Verkörperungen eines Inhalts (§ 11 Abs. 3 StGB) und der Unbrauchbarmachung ihrer Herstellungsmittel (§ 74d Abs. 1 S. 2 StGB). Von der Vorschrift umfasst sind alle Inhalte, die in Schriften, auf Ton- oder Bildträgern, in Datenspeichern, Abbildungen oder anderen Verkörperungen enthalten sind oder die auch unabhängig von einer Speicherung mittels Informations- oder Kommunikationstechnik übertragen werden.[1245] Soweit Landespressegesetze entsprechende Vorschriften über die Beschlagnahme enthalten, sind sie unwirksam.[1246] § 111q StPO stellt besondere Anforderungen an die Verhältnismäßigkeit zum Schutz der Pressefreiheit (Art. 5 Abs. 1 S. 2 GG). Danach müssen die nachteiligen Folgen der Beschlagnahme, insbesondere die Gefährdung des öffentlichen Interesses an unverzögerter Verbreitung von aktuellen Themen gegenüber der Bedeutung der Sache, d.h dem Gewicht der Straftat, in einem angemessenen Verhältnis stehen.[1247] So ist die Beschlagnahme in der Regel bei schwerwiegenden Straftaten wie Hoch- oder Landesverrat zulässig.[1248] Dabei ist eine Beschränkung der Beschlagnahme auf die strafbaren Inhalte zu beachten (§ 111q Abs. 2 StPO). Auch kann der Betroffene die Vollziehung der Beschlagnahme abwenden (§ 111q Abs. 3 StPO), beispielsweise durch das Überkleben, Löschen oder Herausschneiden der beanstandeten Teile.[1249] Die §§ 94 ff. StPO werden durch § 111q StPO nicht berührt.

---

1245 BeckOK-*Huber*, § 111q Rn. 1.
1246 M-G/S-*Köhler*, § 111q Rn. 2.
1247 LR-*Johann*, § 111q Rn. 16, 19.
1248 LR-*Johann*, § 111q Rn. 21.
1249 M-G/S-*Köhler*, § 111q Rn. 9.

410 **Anordnungsbefugt** ist der Richter, bei Gefahr im Verzug die Staatsanwaltschaft, die dann eine richterliche Bestätigung innerhalb von drei Tagen einholen muss (§ 111q Abs. 4 StPO). Für die Beschlagnahme von **periodischen Druckwerken** und der ihnen gleichstehenden Gegenstände (§ 74d StGB) gilt eine ausschließliche Zuständigkeit des Richters (§ 111q Abs. 4 S. 1 StPO). Periodische Druckwerke sind entsprechend der Legaldefinitionen der Landespressegesetze Zeitungen, Zeitschriften und andere Druckwerke jeder Art, die in ständiger, wenn auch unregelmäßiger Folge und im Abstand von nicht mehr als sechs Monaten erscheinen, wie beispielsweise Tages- oder Wochenzeitungen, monatlich erscheinende Zeitschriften etc.[1250]

**Beispiel:**

In einer Wochenzeitschrift steht ein rechtsextremistischer Text. Die Zeitschrift ist Beweismittel für eine Straftat nach §§ 86, 86a StGB. Zu diesem Zweck kann ein Exemplar, aber nicht die gesamte Auflage nach §§ 94 ff. StPO beschlagnahmt werden. Die Beschlagnahme der anderen Exemplare kann nach §§ 111b, 111q StPO erfolgen, da Gründe für die Einziehung nach § 74d StGB vorliegen. Hierbei ist aber § 111q Abs. 2 und 3 StPO zu beachten.

## O. Durchsuchung

### I. Allgemeines

411 Eine Durchsuchung ist das planmäßige Suchen nach Personen oder Sachen, deren genaue räumliche Lage nicht bekannt ist.[1251] Sie ist eine offene, d.h., für den Betroffenen erkennbare Maßnahme.[1252] Eine verdeckte Online-Durchsuchung erfolgt nach § 100b StPO. Inwieweit das bloße **Betreten einer Räumlichkeit** zur Durchführung strafverfahrensrechtlicher Maßnahmen, insbesondere zur Vollstreckung eines Haftbefehls, eine Durchsuchung darstellt, ist umstritten. Von der Rechtsprechung, deren Entscheidungen allerdings – soweit ersichtlich – keine strafverfahrensrechtlichen, sondern polizeirechtliche Sachverhalte betreffen[1253] und Teilen der Literatur wird darin eine bloße sog. **Nachschau** und damit keine unter Art. 13 Abs. 2 GG fallende Durchsu-

1250 HK-*Gercke*, § 111q Rn. 12 KK-*Spillecke*, § 111q Rn. 11; a.A. MüKo-*Bittmann*, § 111q Rn. 29.

1251 BVerfG 19.11.1999 – BvR 2017/97, NJW 2000, 943, 944; BVerfG 03.04.1979 – 1 BvR 994/76, BVerfGE 51, 97, 107.

1252 BGH 31.01.2007 – StB 18/06, BGHSt 51, 211, 212 ff.

1253 BVerfG 13.10.1971 – 1 BvR 280/66, BVerfGE 32, 54, 68 ff.; BVerfG 05.05.1987 – 1 BvR 1113/85, BVerfGE 75, 318, 327; BVerfG 15.03.2007 – 1 BvR 2138/05, NVwZ 2007, 1049 ff.; BVerwG 06.09.1974 – I C 17.73, BVerwGE 47, 31, 37.

chung gesehen; es gehe nicht um das Auffinden einer sich verbergenden Person, sondern um ein bloßes Betreten zur Festnahme, welches durch die Festnahmevorschrift (§§ 127 ff. StPO) zumindest dann erlaubt sei, wenn sichere Kenntnis darüber bestehe, dass sich der Gesuchte in der zu durchsuchenden Wohnung aufhalte,[1254] ohne sich zu verstecken.[1255] In Anbetracht der Schrankensystematik des Art. 13 GG überzeugt dies jedoch kaum, da es sich auch bei einer Nachschau nicht um eine Maßnahme i.S.v. Art. 13 Abs. 7 GG handelt, sondern um ein ziel- und zweckgerichtetes Suchen staatlicher Organe nach Personen.[1256] Zu Recht wird darauf hingewiesen, dass die bloße Annahme der Polizei, der Festzunehmende befinde sich in der Wohnung, der Behörde eine kaum zu überprüfende Definitionsmacht geben und insoweit den sich aus dem Richtervorbehalt des Art. 13 Abs. 2 GG ergebenden Schutz unterlaufen würde.[1257] Auch wird durch das Betreten in das Wohnungsgrundrecht von möglichen Mitbewohnern eingegriffen, was von der Festnahmeanordnung kaum erfasst sein dürfte. Richtigerweise ist daher auch eine Nachschau eine Durchsuchung, für welche die §§ 102 ff. StPO gelten.

**Zweck der Durchsuchung** ist das Auffinden des Verdächtigen oder Beschul- **412**
digten (sog. Ergreifungsdurchsuchung) oder von Gegenständen, die als Beweismittel oder Einziehungsgegenstände im Strafverfahren in Betracht kommen (sog. Ermittlungsdurchsuchung). Die Ermittlungsdurchsuchung steht insoweit in engem Zusammenhang mit der Beschlagnahme, da die aufgefundenen Gegenstände sichergestellt bzw. beschlagnahmt werden. Durchsuchungsgegenstände sind Wohnungen und andere Räume (sog. Haussuchung) oder Personen und deren Sachen. Die Durchsuchung einer Person besteht im Suchen nach Sachen oder Spuren in oder unter der Kleidung, auch auf der Körperoberfläche und in den natürlichen Körperöffnungen (z.B. die Mundhöhle), die ohne Eingriff mit medizinischen Hilfsmitteln einzusehen sind.[1258] Das Suchen im Körperinneren nach Beweismitteln ist hingegen ein unter § 81a StPO fallender körperlicher Eingriff (s. Rn. 341). Bei Personendurchsuchungen ist § 81d StPO zu beachten (s. Rn. 338).

1254 BeckOK-*Hegmann*, § 102 Rn. 7; *Kramer*, Rn. 230; M-G/S-*Köhler*, § 102 Rn. 8; MüKo-*Hauschild*, § 102 Rn. 6; *Trurnit*, Rn. 350.

1255 KG 19.02.1999 – (5) 1 Ss 363/98, BeckRS 2014, 2694.

1256 HK-*Gercke*, § 102 Rn. 11; LR-*Tsambikakis*, § 102 Rn. 3; SK-*Wohlers/Jäger*, § 102 Rn. 20; so auch AK-*Amelung*, § 102 Rn. 21.

1257 *Kühne*, Rn. 501; vgl. auch BGH 04.06.2020 – 4 StR 15/20, NStZ 2020, 621.

1258 M-G/S-*Köhler*, § 102 Rn. 9.

413 **Rechtsgrundlage** für strafverfahrensrechtliche Durchsuchungen sind die §§ 102 ff. StPO, die einen Eingriff in das Recht auf Unverletzlichkeit der Wohnung (Art. 13 Abs. 1 GG) sowie in das allgemeine Persönlichkeitsrecht (Art. 2 Abs. 1 i.V.m. Art. 1 Abs. 1 GG) erlauben. Das kurzfristige Festhalten zur Durchsuchung einer Person stellt eine Freiheitsbeschränkung dar (Art. 2 Abs. 2, 104 Abs. 1 GG). Haussuchungen, beispielsweise bei einem Arzt oder Rechtsanwalt, können auch die Berufsfreiheit (Art. 12 Abs. 1 GG) berühren. Der **Begriff der Wohnung** ist weit auszulegen.[1259] Über den alltagssprachlichen Wohnungsbegriff hinaus fallen darunter auch andere Räumlichkeiten, soweit sie als Räume der Freizeit, der Mobilität, kultusbezogene oder der sozialen Beratung zuzuordnen sind und die Privatheit der Lebensgestaltung ermöglichen.[1260] Auch zählen zur Wohnung Zubehörflächen, die in einem erkennbaren Zusammenhang zum Wohnzweck stehen.

**Beispiele:**

Nicht allgemein zugängliche Geschäfts- und Büroräume, Gartenhäuser, Hotelzimmer, Krankenzimmer, Wohnwagen, Wohnmobile, bewohnbare Schiffe, Zelte, Schlafwagenabteile, Zubehörflächen wie Vorgärten[1261].

Nicht unter den Wohnungsbegriff fallen Personenkraftwagen[1262] oder Hafträume in der Justizvollzugsanstalt[1263].

414 Bei Wohnungsdurchsuchungen ist aufgrund der herausragenden Rolle von Art. 13 GG der **Verhältnismäßigkeitsgrundsatz** in besonderem Maße zu beachten.[1264] So darf der Anfangsverdacht nicht nur vage sein[1265] und mildere, geeignete Ermittlungsmaßnahmen dürfen nicht zur Verfügung stehen[1266].

1259 BVerfG 05.05.2011 – 2 BvR 1011/10, NJW 2011, 2275.

1260 BGH 10.08.2005 – 1 StR 140/05, BGHSt 50, 206, 211.

1261 BGH 14.03.1997 – 1 BGs 65/97, NStZ 1998, 157.

1262 BGH 11.04.1997 – 1 BGs 88/97, NStZ 1998, 157.

1263 BVerfG 30.05.1996 – 2 BvR 727/94, NJW 1996, 2643; BGH 24.07.1998 – 3 StR 78/98, BGHSt 44, 138, 141.

1264 BVerfG 10.11.1981 – 2 BvR 1118/80, BVerfGE 59, 95, 97.

1265 *Beulke/Swoboda*, Rn. 400.

1266 BVerfG 10.11.2017 – 2 BvR 1775/16, NJW 2018, 1240, 1241; BVerfG 10.01.2018 – 2 BvR 2993/14, NStZ 2019, 351.

**Beispiele:**

Marihuanageruch allein lässt zwar den Schluss auf möglichen bloßen Besitz von Betäubungsmitteln zum Eigenkonsum zu (§ 29 BtMG), aber nicht auf größere Mengen Betäubungsmittel, sodass eine Durchsuchung der Wohnung unverhältnismäßig wäre.[1267] In einem Presseunternehmen kann sie unverhältnismäßig sein, wenn diese Maßnahme schwer in den Betrieb eingreift und die entsprechende Tat wenig wahrscheinlich ist.[1268]

Die StPO unterscheidet zwischen Durchsuchen bei Beschuldigten (§ 102 StPO) und anderen Personen (§ 103 StPO). Besondere Anforderungen werden an Gebäudedurchsuchungen (§ 103 Abs. 2 S. 2 StPO) und nächtliche Haussuchungen (§ 104 StPO) gestellt. Die formellen Anforderungen sind in §§ 104 ff. StPO geregelt. Für die Suche nach Einziehungsgegenständen gelten die §§ 102–110 StPO entsprechend (§ 111b Abs. 2 StPO).

## II. Durchsuchung beim Beschuldigten nach § 102 StPO

### 1. Tatverdacht und Betroffener

Notwendig, aber auch ausreichend ist ein Tatverdacht im Sinne eines **Anfangsverdachts** einer verfolgbaren Straftat. Hierfür notwendig sind konkrete, d.h. bestimmte tatsächliche Anhaltspunkte, dass eine Straftat begangen worden ist.[1269] Bloße Vermutungen genügen nicht. Daher darf eine Durchsuchung nicht zur Ermittlung von Tatsachen dienen, die dann erst einen Anfangsverdacht begründen.[1270] **Verdächtiger** ist jeder, der im Sinne eines potenziellen Beschuldigten nach kriminalistischer Erfahrung oder aufgrund tatsächlicher Anhaltspunkte als Täter oder Teilnehmer einer verfolgbaren Straftat in Betracht kommt (s. auch Rn. 120).[1271] Der Verdacht gegen den Betroffenen ist insoweit noch vage und begründet keine Beschuldigteneigenschaft.[1272] Spätestens mit der Durchführung der Durchsuchung wird der Verdächtige aber zum Beschuldigten, da nunmehr das Strafverfahren ersichtlich gegen ihn betrieben wird.[1273] Dies zeigt sich auch an der amtlichen Überschrift des § 102 StPO: „Durchsuchung bei Beschuldigten“. Der Verdächtige bzw. Beschuldig- 415

1267 OLG Hamburg 23.03.2007 – 3 – 4/07 (REV) – 1 Ss 5/07, StV 2008, 12 f.; StV LG Hamburg, 14.09.2009 – 628 Qs 26/09, BeckRS 2010, 2416.

1268 BVerfG 05.08.1966 – 1 BvR 586/62, NJW 1966, 1603 ff.

1269 KK-*Henrichs/Weingast*, § 102 Rn. 1.

1270 BVerfG 26.10.2011 – 2 BvR 15/11, BeckRS 2011, 56457.

1271 MüKo-*Hauschild*, § 102 Rn. 8.

1272 *Soiné*, S. 34; vgl. auch BVerfG 23.03.1994 – 2 BvR 396/94, NJW 1994, 2079 f.

1273 BGH 28.02.1997 – StB 14/96, NStZ 1997, 398 f.; KK-*Henrichs/Weingast*, § 102 Rn. 1; MüKo-*Hauschild*, § 102 Rn. 9a m.w.N.

te muss als Täter oder Teilnehmer einer Straftat, wegen der das Ermittlungsverfahren, in dessen Rahmen die Durchsuchung stattfindet, eingeleitet worden ist oder wegen einer damit zusammenhängenden Datenhehlerei, Begünstigung, Strafvereitelung oder Hehlerei verdächtig sein. Gegen Strafunmündige, insbesondere Kinder (§ 19 StGB), kann sich mangels möglicher Beschuldigteneigenschaft kein Anfangsverdacht richten.[1274]

### 2. Durchsuchungszwecke

416 Mit der **Ergreifungsdurchsuchung** soll der Verdächtige bzw. Beschuldigte ergriffen werden. Hierzu zählt jede Festnahme, die der Durchführung einer gesetzlich zugelassenen Zwangsmaßnahme dient, wie beispielsweise Maßnahmen nach §§ 112, 126a, 127, 230 Abs. 2, 453c, 457, 463 Abs. 1, 163b, 81a, 81b StPO.[1275] Dabei darf nur in Behältnissen gesucht werden, in denen der Verdächtige sich tatsächlich aufhalten könnte.

**Beispiele:**

Schränke, große Truhen oder Kisten; nicht aber Kommoden, Schubladen oder Koffer.

Ist bekannt, dass sich der Verdächtige nicht in den zu durchsuchenden Räumen befindet, besteht aber die konkrete Vermutung, dass er sie in einem bestimmten Zeitraum aufsuchen wird, darf aus Zweckmäßigkeitsgründen nicht in die Wohnung eingedrungen werden, um dort auf ihn zu warten,[1276] da § 102 StPO eine offene Maßnahme ist, die nur die ziel- und zweckgerichtete Suche in der Wohnung erlaubt, nicht aber das Warten auf den Verdächtigen bzw. Beschuldigten.

417 Die **Ermittlungsdurchsuchung** dient zum Auffinden beschlagnahmefähiger Beweismittel. Unzulässig ist daher die Suche nach Beweismitteln, die einem Beschlagnahmeverbot unterliegen.[1277] Es darf auch nach Spuren oder Sachen gesucht werden, die selbst keine Beweismittel sind, aus denen aber Anhaltspunkte für Beweismittel gewonnen werden können, wie die Suche in einem Koffer, um eine Brieftasche zu finden, in der sich ein Hinterlegungsschein befindet.[1278] Gesucht werden darf auch nach Personen, die zu Beweiszwecken in Augenschein genommen werden sollen, nicht aber nach Zeugen.[1279]

1274 M-G/S-*Köhler* § 102 Rn. 4.
1275 M-G/S-*Köhler*, § 102 Rn. 11 f.
1276 So mit anderer Begründung auch *Brodag*, Rn. 252.
1277 SK-*Wohlers/Jäger*, § 102 Rn. 22.
1278 LR-*Tsambikakis*, § 102 Rn. 22.
1279 BeckOK-*Hegmann*, § 102 Rn. 5.

Voraussetzung für die Ermittlungsdurchsuchung ist die Vermutung des Auffindens von Beweismitteln. Diese sog. **Auffindevermutung** muss nicht zwingend durch tatsächliche Anhaltspunkte belegbar sein, bedarf aber gesicherter kriminalistischer Erfahrung; bloße vage Vermutungen genügen nicht.[1280] Trotz des unklaren Gesetzeswortlauts gilt die Auffindevermutung nicht nur für die Ermittlungsdurchsuchung, sondern auch für die Ergreifungsdurchsuchung.[1281] **418**

### 3. Durchsuchungsobjekte

Durchsuchungsobjekte sind sowohl bei der Ergreifungs- als auch bei der Ermittlungsdurchsuchung die Wohnung oder andere Räume des Verdächtigen. Wohnung bezeichnet die Räumlichkeiten, in denen sich der Verdächtige tatsächlich aufhält oder die er tatsächlich benutzt. Unerheblich ist, ob er Allein- oder Mitbesitz hat.[1282] **419**

**Beispiel:**

Bei Räumen einer WG, die von mehreren Personen mitbenutzt werden, wie Küche und Bad, gilt § 102 StPO; auch wenn der Tatverdacht sich nur auf eine Person der WG bezieht. Die ausschließlich von den unverdächtigen WG-Bewohnern genutzten Räume dürfen hingegen nicht nach § 102 StPO durchsucht werden, sondern ggf. nach § 103 StPO.

Der weit auszulegende Wohnungsbegriff erfasst dabei grundsätzlich auch Arbeits-, Betriebs- und Geschäftsräume (s. Rn. 413). Die zu durchsuchenden Räumlichkeiten brauchen nicht befugt genutzt zu werden, entscheidend ist die tatsächliche Nutzung.[1283] Daher genießt grundsätzlich auch der Hausbesetzer den Schutz des § 102 StPO, und zwar nicht nur der vom Eigentümer geduldete, sondern auch derjenige, der – ohne ausdrücklich geduldet zu sein – über längere Zeit faktisch den besetzten Raum als Wohnung benutzt.[1284] Andere Räume sind Räume, die der Verdächtige gelegentlich benutzt oder mitbenutzt, ohne dass er hier seinen Lebensmittelpunkt hat.[1285] Hierzu zählt auch das befriedete Besitztum.[1286]

1280 LR-*Tsambikakis*, § 102 Rn. 23 m.w.N.

1281 KK-*Henrichs/Weingast*, § 102 Rn. 3.

1282 BGH 15.10.1985 – 5 StR 325/85, NStZ 1986, 84, 85.

1283 BVerfG 09.08.2019 – 2 BvR 1684/18, NJW 2019, 3633, 3634.

1284 AK-*Amelung*, § 102 Rn. 19; HK-*Gercke*, § 102 Rn. 13; KK-*Bruns*, 8. Aufl., § 102 Rn. 9; MüKo-*Hauschild*, § 102 Rn. 18 m.w.N.; a.A. KK-*Henrichs/Weingast*, § 102 Rn. 9; LR-*Tsambikakis*, § 102 Rn. 26.

1285 KK-*Henrichs/Weingast*, § 102 Rn. 9.

1286 M-G/S-*Köhler*, § 102 Rn. 6 f.

**Beispiele:**

Lagerräume, Scheunen, Hofplätze, Lagerplätze oder Gärten.

Bei der Ermittlungsdurchsuchung kann auch der Verdächtige und die ihm gehörenden Sachen durchsucht werden. Zu den Sachen zählen alle beweglichen Gegenstände.[1287]

**Beispiele:**

Kraftfahrzeuge, Taschen, Koffer, Pakete, Akten, nicht am Körper getragene Kleidung.

Gehören bedeutet hier nicht Eigentum, sondern nur Gewahrsam, wobei Mitgewahrsam ausreicht.[1288]

### III. Durchsuchung beim Unverdächtigen nach § 103 Abs. 1 S. 1 StPO

**420** Der Zweck einer Durchsuchung beim Unverdächtigen nach § 103 Abs. 1 S. 1 StPO ist die **Ergreifung des Beschuldigten**, nicht des Verdächtigen, wobei dessen Identität noch nicht bekannt sein muss[1289] (Ergreifungsdurchsuchung); weiterhin auch das Auffinden von Beweismitteln oder Spuren (Ermittlungsdurchsuchung). Die Voraussetzungen für die Durchsuchung bei Unverdächtigen nach § 103 StPO sind enger als bei der Durchsuchung Verdächtiger nach § 102 StPO. Erforderlich ist zunächst ein Anfangsverdacht einer Straftat. Andere Personen i.S.d. § 103 StPO sind diejenigen, die nicht tatverdächtig sind oder die aufgrund von Schuld- oder Strafausschließungsgründen nicht verfolgt werden können, wie beispielsweise Kinder (§ 19 StGB).[1290] Kommt jedoch nur das strafunmündige Kind als Täter in Betracht, ist die Durchsuchung unzulässig.[1291] § 103 StPO liegt der gleiche Durchsuchungsbegriff zugrunde wie § 102 StPO,[1292] sodass entgegen dem Wortlaut nicht nur Räume des Unverdächtigen, sondern auch der Unverdächtige selbst und seine mitgeführten Sachen durchsucht werden können. Dies ergibt sich aus § 81c StPO, der den schweren Eingriff der körperlichen Untersuchung eines Unverdächtigen erlaubt, sodass die wesentlich mildere Maßnahme der Durchsuchung dieser Person erst recht zulässig sein muss.[1293] Ein Zeugnisverweigerungsrecht eines Angehörigen, bei

1287 LR-*Tsambikakis*, § 102 Rn. 36.
1288 SK-*Wohler/Jäger*, § 102 Rn. 14.
1289 MüKo-*Hauschild*, § 103 Rn. 8.
1290 *Eisenberg*, StV 1989, 554, 556.
1291 M-G/S-*Köhler*, § 103 Rn. 1.
1292 KK-*Henrichs/Weingast*, § 103 Rn. 3.
1293 M-G/S-*Köhler*, § 103 Rn. 3.

dem durchsucht werden soll, steht der Durchsuchung nicht entgegen; bei Berufsgeheimnisträgern ist § 160a StPO zu beachten (s. Rn. 258 f.).[1294]

Anders als § 102 StPO erfordert die Durchsuchung beim Unverdächtigen nicht nur gesicherte kriminalistische Erfahrung hinsichtlich des Auffindens, sondern **konkrete Tatsachen**, aus denen zu schließen ist, dass die gesuchte Person, Spur oder Sache sich in den zu durchsuchenden Räumen befindet.[1295] Die vorliegenden Erkenntnisse müssen im Sinne einer **Erfolgsaussicht** den vertretbaren Schluss zulassen, dass die gesuchte Person oder das Beweismittel gefunden werden.[1296] Insoweit müssen die gesuchten Beweismittel hinreichend individualisiert sein, d.h. im Durchsuchungsbeschluss so weit konkretisiert werden, dass weder bei dem Betroffenen noch bei den die Durchsuchung vollziehenden Polizeibeamten Zweifel über die zu suchenden Gegenstände entstehen können.[1297] **421**

Die genannten Einschränkungen des § 103 Abs. 1 S. 1 StPO gelten nicht für Räume, in denen der Beschuldigte ergriffen wurde oder die er während der Verfolgung betreten hat (§ 103 Abs. 2 StPO). Insoweit sind keine konkreten Tatsachen zur Auffindung mehr erforderlich, sondern es genügt die Auffindevermutung wie bei § 102 StPO. Dies ergibt sich aus der gesetzlichen Vermutung, dass infolge der Beziehung, die der Beschuldigte zu den Räumen hergestellt hat, irgendein denkbarer Durchsuchungszweck erreicht werden kann.[1298] Auch muss die Durchsuchung nicht zwingend dem Ziel der Ergreifung des Beschuldigten dienen, sondern kann zum Auffinden von Zeugen durchgeführt werden. **422**

Die Durchsuchung beim Nichtverdächtigen stellt erhöhte Anforderungen an die Prüfung der Verhältnismäßigkeit. Einem Nichtverdächtigen ist daher vor Durchführung der Durchsuchung Gelegenheit zu geben, die sicherzustellenden Gegenstände herauszugeben (sog. **Abwendungsbefugnis**).[1299] Auch muss der Durchsuchungsbeschluss die zu suchenden Gegenstände möglichst genau bezeichnen.[1300] **423**

1294 HK-*Gercke*, § 103 Rn. 16.
1295 BVerfG 11.01.2016 – 2 BvR 1361/13, NJW 2016, 1645.
1296 BGH 09.02.2021 – StB 9/20, BeckRS 2021, 3096.
1297 BGH 20.07.2022 – StB 29/22, NStZ 2022, 692, 693.
1298 M-G/S-*Köhler*, § 103 Rn. 15.
1299 BGH 18.11.2021 – StB 6/21, NJW 2022, 795, 797.
1300 BGH 05.06.2019 – StB 6/19, BeckRS 2019, 14495.

## IV. Durchsuchung zur Nachtzeit

**424** Die Durchsuchung von Wohnungen, Geschäftsräumen und befriedetem Besitztum ist zur Nachtzeit nach Maßgabe des § 104 StPO beschränkt. Die Nachtzeit umfasst den Zeitraum von **21 bis 6 Uhr** (§ 104 Abs. 3 StPO). Diese Beschränkung gilt jedoch nicht für allgemein zugängliche Räume oder sog. verrufene Räume.

**Beispiele:**

Gaststätten, Kneipen, Bars, Kinos, Theater, Wartesäle oder Bordelle, illegale Spielklubs, Hehlerkneipen.

Auch können Personen und Sachen nachts ohne Einschränkung durchsucht werden, soweit damit keine Durchsuchung der unter § 104 Abs. 1 StPO aufgeführten Räume verbunden ist. Die Voraussetzungen des § 104 Abs. 1 StPO brauchen nicht vorliegen, wenn die Durchsuchung vorher begonnen wurde, aber bis in die Nachtzeit hineinreicht.[1301] Es entspricht aber dem Gesetzeszweck, dass die Maßnahme vorher abgeschlossen sein sollte,[1302] deswegen ist entsprechend frühzeitig zu beginnen.

**425** Die Durchsuchung der in § 104 Abs. 1 StPO genannten Objekte zur Nachtzeit ist **ausnahmsweise gem. § 104 Abs. 1 Nr. 1–4 StPO zulässig** bei Verfolgung auf frischer Tat (Nr. 1), bei Gefahr im Verzug (Nr. 2), zur Wiederergreifung eines entwichenen Gefangenen (Nr. 4) und nach der insbesondere zur Aufklärung von Straftaten aus dem Bereich der Kinderpornografie 2021[1303] neu eingefügten Nr. 3, wenn bestimmte Tatsachen den Verdacht begründen, dass auf ein als Beweismittel in Frage kommendes elektronisches Speichermedium zugegriffen wird und ohne die Durchsuchung zur Nachtzeit die Auswertung desselben aussichtslos oder wesentlich erschwert wäre. Dies trägt dem Umstand Rechnung, dass Beschuldigte ihre elektronischen Speichermedien zumeist verschlüsseln, wodurch eine Auswertung dann nur schwer möglich und daher der polizeiliche Zugriff auf die Geräte während der Nutzung durch den Betroffenen und damit im unverschlüsselten Zustand besonders wichtig ist.[1304] Gefahr im Verzug besteht, wenn mit der Durchsuchung nicht bis Tagesbeginn gewartet werden kann, ohne dass der Erfolg wahrscheinlich gefährdet wäre. Für den Begriff „Frische Tat" genügt es, dass die

---

1301 BVerfG 24.05.1977 – 2 BvR 988/75, BVerfGE 44, 353, 369.

1302 BVerfG 24.05.1977 – 2 BvR 988/75, BVerfGE 44, 353, 369.

1303 Gesetz zur Fortentwicklung der Strafprozessordnung und zur Änderung weiterer Vorschriften v. 25.06.2021 (BGBl. I, S. 2099 ff.).

1304 KK-*Henrichs/Weingast*, § 104 Rn. 5.

Verfolgung unmittelbar nach der Entdeckung der Tat aufgenommen wird. Verfolgen bedeutet dabei nicht, dass die Durchsuchung nur der Ergreifung des Täters dient, sie kann auch Maßnahmen zur Tataufklärung umfassen, wie die Sicherstellung der Beute oder von Beweismitteln.[1305] Der **Begriff „Gefangener“** entspricht entgegen teilweise vertretener Ansicht[1306] nicht dem des § 120 Abs. 1 u. 4 StGB, sodass nicht jede sich in einem formell ordnungsgemäß angeordneten Gewahrsam befindliche Person[1307] umfasst ist, sondern nur die einer Straftat verdächtigen sowie – über § 457 Abs. 3 S. 1 StPO – auch die aus dem Strafvollzug oder Maßregelvollzug entwichenen Personen.[1308] Dies folgt daraus, dass § 104 StPO lediglich die Durchführung einer Durchsuchung nach den §§ 102, 103 StPO regelt, die aber einen Verdächtigen bzw. Beschuldigten voraussetzen.

**Beispiele für den Begriff des Gefangenen:**

Vorläufig Festgenommene, Personen in Untersuchungshaft, einstweiliger Unterbringung, Widerrufshaft (§ 453c StPO) oder Auslieferungshaft.

Dabei darf nicht nur nach dem Gefangenen selbst, sondern auch nach Anhaltspunkten für seinen Verbleib gesucht werden.[1309]

## V. Gebäudedurchsuchung nach § 103 Abs. 1 S. 2 StPO

Der durch das Antiterrorismusgesetz vom 14.04.1978[1310] eingeführte § 103 426
Abs. 1 S. 2 StPO erweitert die Durchsuchungsmöglichkeit zur Ergreifung des Beschuldigten, aber nicht zum Auffinden von Beweismitteln, auf ein **ganzes Gebäude**. Dabei handelt es sich um eine räumlich abgegrenzte selbstständige bauliche Einheit mit mehreren Wohnungen, wie ein Mehrfamilienhaus oder ein Hochhaus. Der Verdacht, dass der gesuchte Beschuldigte ergriffen werden kann, braucht sich nicht auf eine konkrete Wohnung zu beziehen, sondern nur auf das Gebäude, sodass jede einzelne Wohnung des Gebäudes durchsucht werden darf. Der Beschuldigte muss **dringend verdächtig** sein, eine Straftat nach §§ 89a, 89c Abs. 1–4 StGB oder nach § 129a StGB, auch in Verbindung mit § 129b Abs. 1 StGB, oder eine der in dieser Vorschrift genannten Straftaten begangen zu haben. Auch muss die

1305 M-G/S-*Köhler*, § 103 Rn. 3.

1306 KK-*Henrichs/Weingast*, § 104 Rn. 5; M-G/S-*Köhler*, § 104 Rn. 6.

1307 Vgl. *Fischer*, § 120 Rn. 2.

1308 LR-*Tsambikakis*, § 104 Rn. 7 f.; SK-*Wohlers/Jäger*, § 104, Rn. 10.

1309 AK-*Amelung*, § 104 Rn. 8.

1310 BGBl. I, S. 497 ff.

Annahme, dass der gesuchte Beschuldigte sich in dem Gebäude aufhält, aufgrund von festgestellten Tatsachen, die durch polizeiliche Ermittlungen, Beobachtungen von Zeugen oder Hinweisen aus der Bevölkerung, bestehen.[1311] Bloße Vermutungen sind nicht ausreichend. Lässt sich konkretisieren, dass er sich in einer bestimmten Wohnung aufhält, ist die Durchsuchung unter dem Gesichtspunkt der Verhältnismäßigkeit mit dieser zu beginnen.

## VI. Anordnungsbefugnis gem. § 105 Abs. 1 StPO

427 Die Durchsuchung darf nur durch den **Richter**, bei Gefahr im Verzug auch durch die Staatsanwaltschaft und ihre Ermittlungspersonen angeordnet werden (§ 105 Abs. 1 S. 1 StPO). Im Falle der Gebäudedurchsuchung steht die Eilkompetenz nur der Staatsanwaltschaft und nicht den Ermittlungspersonen zu (§ 105 Abs. 1 S. 2 StPO). Regelfall ist somit die richterliche Anordnung, wodurch eine vorbeugende effektive Kontrolle der Ermittlungsmaßnahme durch eine unabhängige und neutrale Instanz gewährleistet werden soll.[1312] Zuständig im Ermittlungsverfahren ist der Ermittlungsrichter (§§ 162, 169 StPO). Während der verfassungsrechtliche Richtervorbehalt des Art. 13 Abs. 2 GG nur für die Durchsuchung von Wohnungen zu beachten ist, gilt der einfachrechtliche Richtervorbehalt des § 105 Abs. 1 StPO auch für die Durchsuchung von Personen und deren mitgeführter Sachen. Eine bestimmte Form für die richterliche Durchsuchungsanordnung ist nicht vorgeschrieben. Sie sollte in der Regel schriftlich ergehen,[1313] kann aber auch mündlich, telefonisch oder per Fax erfolgen.[1314] In diesen Fällen muss sie aber in den Akten dokumentiert werden. Inhaltlich[1315] muss der **Durchsuchungsbeschluss** den Tatvorwurf mit Tatsachen möglichst genau konkretisieren, Zweck, Ziel und Ausmaß der Durchsuchung nennen sowie die gesuchten Gegenstände zumindest der Gattung nach beschreiben. Zugleich mit der Durchsuchung kann eine Beschlagnahmeanordnung ergehen.[1316] Ein Durchsuchungsbeschluss darf sechs Monate, nachdem er erlassen wurde, nicht mehr vollstreckt werden, sodass es einer erneuten richterlichen Prüfung und Entscheidung bedarf.[1317] Gleiches gilt, wenn er auf

---

1311 M-G/S-*Köhler*, § 103 Rn. 11.

1312 Grundlegend BVerfG v. 20.02.2001 – 2 BvR 1444/00, BVerfGE 103, 142 ff.

1313 BVerfG 25.01.1966 – 1 BvR 586/62, BVerfGE 20, 162, 227; BVerfG 21.11.2000 – 2 BvR 1444/00, BVerfGE 103, 142, 154.

1314 BGH 18.04.2007 – 5 StR 546/06, BGHSt 51, 285, 295; M-G/S-*Köhler*, § 105 Rn. 3.

1315 Ausführlich KK-*Henrichs/Weingast*, § 105 Rn. 4 m.w.N. aus der Rspr.

1316 M-G/S-*Köhler*, § 105 Rn. 7.

1317 BVerfG 27.05.1992 – 2 BvR 1992/92, BVerfGE, 96, 44, 54.

Verdachtsgründe gestützt wird, die mehr als sechs Monate zurückliegen.[1318] Wird aufgrund des richterlichen Durchsuchungsbeschlusses von der Polizei eine Wohnung durchsucht, so ist die Maßnahme mit dem Verlassen der Wohnung durch die ausführenden Beamten konkludent für beendet erklärt, wodurch sich auch die richterliche **Anordnung verbraucht** hat.[1319] Für eine erneute Durchsuchung der Wohnung wäre dann eine neue richterliche Anordnung notwendig.

Nur bei Gefährdung des Untersuchungserfolgs durch die mit der Einholung einer richterlichen Entscheidung verbundene Verzögerung besteht **Gefahr im Verzug**. In der Praxis wurden in der Vergangenheit über 90 % der Anordnungen von Haussuchungen durch die Ermittlungspersonen getroffen,[1320] wogegen sich insbesondere die Rechtsprechung des Bundesverfassungsgerichts gewendet hat.[1321] Danach gilt Folgendes: Der Begriff Gefahr im Verzug ist wegen des **Ausnahmecharakters der Eilentscheidung** eng auszulegen. Gefahr im Verzug muss mit Tatsachen belegt werden. Die bloße Möglichkeit des Beweismittelverlusts genügt nicht. Wegen der Zielrichtung des Richtervorbehalts müssen die Ermittlungsbehörden in der Regel zunächst versuchen, die Anordnung eines Richters zu erlangen. Die Erreichbarkeit eines Ermittlungsrichters muss durch die **Einrichtung von Eil- und Notdiensten** auch außerhalb der regelmäßigen Geschäftszeiten sichergestellt werden. Die Entscheidung, ob Gefahr im Verzug vorliegt, sowie die Auslegung des Begriffs unterliegen einer **unbeschränkten gerichtlichen Kontrolle**. Um eine wirksame gerichtliche Nachprüfung zu ermöglichen, sind sowohl das Ergebnis als auch die Grundlagen der Entscheidung in unmittelbarem zeitlichem Zusammenhang mit der Durchsuchungsmaßnahme in den Ermittlungsakten umfassend zu dokumentieren. Die Begründung muss tatsachenbasiert auf den Einzelfall bezogen sein. Reine Spekulationen, hypothetische Erwägungen oder lediglich auf kriminalistische Alltagserfahrung gestützte, fallunabhängige Vermutungen reichen nicht aus. Auch, dass versucht wurde, einen Richter zu erreichen oder was dem entgegenstand, ist zu dokumentieren. **428**

Sobald der Ermittlungsrichter mit dem Antrag auf Erlass einer Durchsuchungsanordnung befasst ist, endet die Eilkompetenz. Sie lebt auch nicht wieder auf, falls der Richter sich zu einer Entscheidung nicht oder nur nach Vorlage der Akte im Stande sieht. Nur, wenn nach der Befassung des Richters neue Umstände eintreten, die Gefahr im Verzug begründen, lebt die Eilkom- **429**

---

1318 LG Berlin 24.09.2002 – 508 Qs 115/02, NStZ 2004, 102 f.

1319 BGH 04.06.2020 – 4 StR 15/20, StV 2021, 409, f.

1320 *Ostendorf/Brüning*, § 11 Rn. 41 m.w.N.

1321 BVerfG 20.02.2001 – 2 BvR 1444/00, BVerfGE 103, 142 ff.; hierzu auch M-G/S-*Köhler*, § 105 Rn. 2 f. m.w.N.

petenz wieder auf. Ist nach umfassender Prüfung der Ermittlungsbehörden jedoch davon auszugehen, dass eine rechtzeitige Entscheidung des Richters aufgrund der Komplexität des Falles nicht möglich ist und daher ein Beweismittelverlust bei Einschaltung des Ermittlungsrichters droht, kann davon Abstand genommen und aus Gefahr im Verzug entschieden werden.[1322]

430 Für Staatsanwaltschaft und Polizei folgt daraus, dass nur noch in sehr eingeschränkten Fällen Gefahr im Verzug begründen kann, da selbst für die Nachtzeit zu prüfen ist, ob die Gerichte nicht für diese Fälle einen Notdienst, insbesondere in Großstädten, eingerichtet haben bzw. einrichten müssen. Zu beachten ist auch, dass bei Gebäudedurchsuchungen für die Ermittlungspersonen der Staatsanwaltschaft keine Anordnungsbefugnis bei Gefahr im Verzug besteht (§ 105 Abs. 1 S. 2 StPO). **Bewusste oder willkürliche Missachtungen** des Richtervorbehalts führen stets zu einem Beweisverwertungsverbot der bei der Durchsuchung aufgefundenen Beweismittel, unabhängig von der Schwere der Tat oder der Überlegung, ob die Beweismittel auch auf rechtmäßigem Wege hätten erlangt werden können (sog. hypothetischer Ersatzeingriff).[1323]

431 Einer Durchsuchungsanordnung bedarf es nicht, wenn eine **Einwilligung** vorliegt.[1324] Diese muss frei von Willensmängeln erfolgen und setzt die Kenntnis der Weigerungsmöglichkeit voraus. Eine stillschweigende Duldung ist nicht ausreichend.[1325] Wird die Einwilligung während der Durchsuchung widerrufen, kann diese, soweit die Voraussetzungen der §§ 102, 103 StPO vorliegen, weiterhin durchgeführt werden, da insoweit regelmäßig Gefahr im Verzuge vorliegt.[1326]

## VII. Durchführung der Durchsuchung

### 1. Durchsuchungszeugen

432 Für die Vollstreckung der richterlichen Durchsuchungsanordnung ist die Staatsanwaltschaft zuständig (§ 36 Abs. 2 S. 1 StPO), die in der Regel damit die Polizei beauftragt. Gemäß § 105 Abs. 2 S. 1 StPO sind sog. **Durchsuchungszeugen** heranzuziehen, wenn die Raumdurchsuchung ohne Beisein des Richters oder der Staatsanwaltschaft stattfindet. Es handelt sich nicht nur um eine Ordnungsvorschrift, sondern um eine wesentliche Förmlichkeit, von der die Rechtmäßigkeit der Durchsuchung abhängt,[1327] nicht jedoch die Verwertbarkeit

1322 BVerfG 16.06.2015 – 2 BvR 2718/10, BVerfGE 139, 245, 269 ff.

1323 BGH 30.08.2011 – 3 StR 210/11, NStZ 104, 105 m.w.N.

1324 Vgl. BGH 27.09.2018 – 4 StR 135/18, NStZ-RR 2019, 26 f.

1325 KK-*Henrichs/Weingast*, § 105 Rn. 1.

1326 BGH 15.10.1985 – 5 StR 338/85, NStZ 1986, 84, 85.

1327 BGH 31.01.2007 – StB 18/06, BGHSt 51, 211, 213 f.

der Durchsuchungsergebnisse.[1328] Wenn möglich sind ein Gemeindebeamter oder zwei Mitglieder der Gemeinde, in deren Bezirk die Durchsuchung erfolgt, zuzuziehen. Die Gemeindemitglieder dürfen aber nicht Polizeibeamte oder Ermittlungspersonen der Staatsanwaltschaft sein (§ 105 Abs. 3 S. 2 StPO). Der von der Durchsuchung Betroffene kann auf das Recht verzichten. Die Vorschrift dient dem Schutz des Betroffenen vor Übergriffen der Strafverfolgungsorgane und dem Interesse dieser vor ungerechtfertigten Anschuldigungen.[1329] Ist die Zuziehung unmöglich, kann sie ausnahmsweise unterbleiben.[1330] Die Entscheidung steht im pflichtgemäßen Ermessen der Ermittlungsbeamten.[1331] § 105 Abs. 3 StPO regelt die Durchsuchung bei der Bundeswehr.

## 2. Wesentliche Förmlichkeiten der Durchsuchung

Die bei der Durchsuchung zu beachtenden Formen sind in §§ 106, 107 **433** StPO geregelt. Hierbei handelt es sich nicht um bloße Ordnungsvorschriften, sondern um zwingendes Recht, deren Verletzung die Maßnahme rechtswidrig macht.[1332] Ein **Anwesenheitsrecht** hat der Inhaber, d.h. derjenige, der Gewahrsam an den Räumen oder Gegenständen hat,[1333] die durchsucht werden sollen (vgl. § 106 Abs. 1 S. 1 StPO). Gestattet der Inhaber dem Verteidiger die Anwesenheit, so darf sie ihm nicht versagt werden.[1334] Bei Abwesenheit des Inhabers ist, wenn möglich, sein Vertreter (z.B. Ehepartner), ein erwachsener Angehöriger, Hausgenosse (z.B. Mitbewohner) oder Nachbar in der genannten Reihenfolge[1335] zuzuziehen (§ 106 Abs. 1 S. 2 StPO). In den Fällen des § 103 Abs. 1 StPO muss dem Anwesenden der Zweck der Durchsuchung bekannt gegeben werden (§ 106 Abs. 2 StPO). Dies entfällt im Rahmen des § 104 Abs. 2 StPO. Ist der Beschuldigte kein Inhaber, hat er auch keinen Anspruch auf Anwesenheit während der Durchsuchung; dies gilt auch für den Verteidiger.[1336] Gleichwohl wird dem Verteidiger in der Praxis regelmäßig die Anwesenheit gestattet, sofern dadurch nicht der Untersuchungserfolg gefährdet wird.[1337] Bei **Störungen** der Durchsuchung ist § 164 StPO zu beachten (s. Rn. 294).

---

1328 M-G/S-*Köhler*, § 105 Rn. 11.

1329 BGH 09.05.1963 – 3 StR 6/63, NJW 1963, 1461 f.

1330 BGH 15.10.1985 – 5 StR 338/85, NStZ 1986, 84.

1331 RG 01.10.1920 – IV/619/20, RGSt 55, 161, 165 f.; M-G/S-*Köhler*, § 105 Rn. 11 m.w.N.; a.A. SK-*Wohlers/Jäger*, § 105 Rn. 57.

1332 BGH 31.01.2007 – StB 18/06, BGHSt 51, 211, 2013 f.

1333 MüKo-*Hauschild*, § 106 Rn. 3.

1334 *Dahs*, Rn. 383.

1335 M-G/S-*Köhler*, § 106 Rn. 4.

1336 KK-*Henrichs/Weingast*, § 106 Rn. 1.

1337 *Trurnit*, Rn. 382.

434 Dem Betroffenen der Durchsuchung ist auf Verlangen nach Beendigung eine schriftliche Mitteilung (sog. **Durchsuchungsprotokoll**) auszuhändigen, die den Grund der Durchsuchung sowie im Fall des § 102 StPO die Straftat bezeichnen muss (§ 107 S. 1 StPO). Gleiches gilt für sichergestellte Gegenstände (§ 107 S. 2 StPO). Wird nichts Verdächtiges gefunden, muss ihm auch das bescheinigt werden (sog. Negativbescheinigung). Weiterhin muss ein **Beweismittelverzeichnis** über die in Verwahrung oder Beschlag genommen Gegenstände erstellt werden (§ 109 StPO).

### 3. Beschlagnahme von Zufallsfunden

435 Gegenstände, die bei Gelegenheit einer Durchsuchung gefunden werden und nicht in Beziehung zu der laufenden Untersuchung stehen (sog. Zufallsfunde), können **vorläufig beschlagnahmt** werden (§ 108 Abs. 1 S. 1 StPO). § 108 StPO gilt somit nur für die strafprozessuale Durchsuchung und zeigt den engen Zusammenhang zwischen Beschlagnahme und Durchsuchung. Hierdurch soll der Staatsanwaltschaft die Möglichkeit eröffnet werden, zu prüfen, ob ein neues Ermittlungsverfahren gegen den von der Durchsuchung Betroffenen oder aber gegen einen Dritten einzuleiten und der Gegenstand dann als Beweismittel in diesem Verfahren zu beschlagnahmen ist.[1338] Entscheidend ist, dass der Gegenstand auf eine andere Straftat hindeutet, wobei verdächtige Umstände des Auffindens ausreichend sind.[1339]

**Beispiel:**

Bei einer Wohnungsdurchsuchung wegen des Verdachts des Betäubungsmittelhandels wird eine größere Anzahl von neuwertigen Notebooks und Spielkonsolen gefunden, wofür der Betroffene keine plausible Erklärung abgeben kann. Dies deutet auf Einbruchsdiebstähle hin, sodass die Gegenstände nach § 108 Abs. 1 StPO einstweilen beschlagnahmt werden können.

Handelt es sich hingegen um zufällig gefundene Beweismittel, die für das Ermittlungsverfahren, das Gegenstand der Durchsuchung ist, von Bedeutung sind, so werden diese nach § 94 StPO beschlagnahmt.[1340]

**Beispiele:**

Bei einer Durchsuchung zur Ergreifung des wegen Mordverdachts Beschuldigten wird eine Schusswaffe gefunden. Bei einem Wilderer wird nach einer Schusswaffe gesucht; dabei werden gleichzeitig auch Drahtschlingen gefunden.

1338 M-G/S-*Köhler*, § 108 Rn. 1.

1339 LR-*Tsambikakis*, § 108 Rn. 8.

1340 KK-*Henrichs/Weingast*, § 108 Rn. 7.

Es darf aber **nicht systematisch oder gezielt** nach solchen „Zufallsgegenständen" gesucht werden.[1341] Ein Verstoß hiergegen führt zu einem Beweisverwertungsverbot. Für die Gebäudedurchsuchung nach § 103 Abs. 1 S. 2 StPO gilt § 108 Abs. 1 S. 1 StPO nicht (§ 108 Abs. 1 S. 3 StPO). Ergibt sich jedoch bei der Gebäudedurchsuchung (zufällig) der Anfangsverdacht einer anderen Straftat, können nach zutreffender h.M. Maßnahmen nach § 94 StPO erfolgen.[1342]

Die Beschlagnahme kann der durchsuchende Beamte **anordnen**, der nicht **436** Ermittlungsperson der Staatsanwaltschaft zu sein braucht. Auch muss keine Gefahr im Verzug vorliegen.[1343] Werden Gegenstände einstweilen beschlagnahmt, ist die Staatsanwaltschaft in Kenntnis zu setzen, die darüber entscheidet, ob ein neues Ermittlungsverfahren eingeleitet wird.

Zu beachten ist, dass § 97 StPO eine einstweilige Beschlagnahme nach **437** § 108 Abs. 1 StPO hindert. § 108 Abs. 2 StPO enthält ein **Verwertungsverbot.** Es soll das Vertrauensverhältnis zwischen Arzt und Patientin schützen, indem Zufallsfunde aus einem Strafverfahren gegen einen Arzt nicht für ein Strafverfahren gegen eine Patientin wegen einer Straftat nach § 218 StGB (Schwangerschaftsabbruch) verwertet werden dürfen. Nach § 108 Abs. 3 StPO wird die Verwertung von Zufallsfunden zu Beweiszwecken begrenzt, wenn bei einem Medienmitarbeiter Gegenstände gefunden werden, auf die sich sein Zeugnisverweigerungsrecht (§ 53 Abs. 1 S. 1 Nr. 5 StPO) erstreckt.

#### 4. Durchsicht von Papieren und elektronischen Speichermedien

Die Durchsicht von Papieren und elektronischen Speichermedien (§ 110 **438** StPO) dient dem **Zweck**, die als Beweisgegenstände in Frage kommenden Papiere und elektronischen Speichermedien inhaltlich darauf zu prüfen, ob eine richterliche Beschlagnahme zu beantragen oder die Rückgabe notwendig ist und stellt keine formelle Sicherstellung oder Beschlagnahme dar.[1344] Der Begriff Papiere ist weit auszulegen und umfasst alles Schriftgut. Auch kann die Gedankenäußerung auf anderen Materialien, die der Aufzeichnung oder Speicherung menschlicher Äußerungen dienen, festgehalten werden.[1345]

---

1341 LG Bonn 01.07.1980 – 37 Qs 57/80, NJW 1981, 292, 293; KMR-*Müller*, § 108 Rn. 2.

1342 M-G/S-*Köhler*, § 108 Rn. 5; LR-*Tsambikakis*, § 108 Rn. 1; SK-*Wohler/Jäger*, § 108, Rn. 5, a.A. KK-*Henrichs/Weingast*, § 108 Rn. 8.

1343 BGH 04.08.1964 – 3 StB 12/63, BGHSt 19, 374, 376.

1344 M-G/S-*Köhler*, § 110 Rn. 2.

1345 LR-*Tsambikakis*, § 110 Rn. 7.

**Beispiele:**

Briefe, Skizzen, Zeichnungen, Buchhaltungs- und Datenverarbeitungsunterlagen; elektronische Datenträger und -speicher (§ 110 Abs. 3 S. 1 StPO), wie Mobiltelefone, Notebooks, Festplatten, CDs, DVDs, USB-Sticks etc. Nicht dagegen Personalausweise, Führerscheine oder im Handel erhältliche Bücher, denn sie enthalten keinen individuellen und somit geschützten Gedankeninhalt.

Die Vorschrift gilt nur für Papiere und elektronische Speichermedien, die sich im Gewahrsam des Betroffenen befinden, und ist analog auf Papiere und elektronische Speichermedien anzuwenden, die bei anderer Gelegenheit in den Gewahrsam der Strafverfolgungsbehörde gelangt sind.[1346]

439 Die Durchsicht steht nur der Staatsanwaltschaft und, auf deren **Anordnung**, auch ihren Ermittlungspersonen zu (§ 110 Abs. 1 i.V.m. Abs. 3 S. 1 StPO). Liegt keine Anordnung vor, sind die Polizeibeamten dazu nur befugt, wenn der Inhaber dies genehmigt (§ 110 Abs. 2 S. 1 StPO). Dabei muss die Durchsicht nicht zwingend an Ort und Stelle erfolgen. Ist die sofortige **Sichtung** aufgrund des Umfangs nicht möglich, so können die Papiere bzw. die elektronischen Daten, die auf elektronischen Speichermedien festgehalten sind, zu diesem Zweck auch mitgenommen werden.[1347] Um die Mitnahme der gesamten Originalpapiere bzw. des gesamten elektronischen Datenbestandes zu verhindern, ist als Ausdruck der Verhältnismäßigkeit im Sinne einer weniger eingriffsintensiven Maßnahme auch eine inhaltliche Grobsichtung vor Ort erlaubt.[1348] Im Falle der **Mitnahme** müssen die zur Durchsicht bestimmten Papiere in einen Umschlag verpackt, dieser im Beisein des Inhabers der Papiere mit dem Amtssiegel verschlossen und der Staatsanwaltschaft vorgelegt werden (§ 110 Abs. 2 S. 2 StPO). Entsprechendes gilt für elektronische Speichermedien (§ 110 Abs. 3 S. 1 StPO). Handelt es sich hingegen um bereits für einen Außenstehenden offensichtlich irrelevante oder nach § 97 StPO beschlagnahmefreie Papiere, beispielsweise Verteidigerpost, sind diese sofort und ungelesen herauszugeben.[1349]

440 § 110 Abs. 3 StPO erlaubt die Durchsicht von **räumlich getrennten elektronischen Speichermedien**, um festzustellen, ob sie für das Strafverfahren relevante Informationen enthalten. Die Regelung dient dazu, den Verlust von beweiserheblichen Daten zu vermeiden, die von dem durchsuchten Computer aus zwar grundsätzlich zugänglich sind, sich aber auf einem räumlich getrennten Speichermedium, wie etwa einem Server im Intranet oder Internet – und damit außerhalb des Durchsuchungsobjekts – befinden.

1346 M-G/S-*Köhler*, § 110 Rn. 1.

1347 *Volk/Engländer*, § 10, Rn. 56; M-G/S-*Köhler*, § 110 Rn. 2a.

1348 KK-*Henrichs/Weingast*, § 110 Rn. 6; LR-*Tsambikakis*, § 110 Rn. 15.

1349 M-G/S-*Köhler*, § 110 Rn. 2.

**Beispiele:**

E-Mails auf dem Server des Providers, Daten auf einer Cloud (sog. Cloud-Computing).

Die Durchsicht bzw. der Fernzugriff ist zulässig, wenn ansonsten ein Daten- und Beweismittelverlust droht, d.h., das externe Speichermedium nicht rechtzeitig sichergestellt werden kann. Die Maßnahme kann zwangsweise durchgesetzt werden, wenn der Betroffene den Zugang nicht zur Verfügung stellt.[1350] Zur Sicherung dürfen diese Daten auf einem Datenträger der Strafverfolgungsbehörden gespiegelt bzw. abgespeichert werden.[1351] Durch den Verweis in § 110 Abs. 3 S. 2 StPO auf § 98 Abs. 2 StPO ist sichergestellt, dass für die Sicherung der Daten innerhalb von drei Tagen die richterliche Bestätigung herbeigeführt werden muss.

## VIII. Legendierte Kontrollen

Legendierte Kontrollen haben insbesondere im Bereich der organisierten **441** Betäubungsmittelkriminalität eine große praktische Bedeutung. Dabei durchsuchen die Ermittlungsbehörden im Rahmen von lediglich vorgetäuschten (daher: „legendierten") allgemeinen Verkehrs- und Zollkontrollen (z.B. § 36 Abs. 5 StVO, §§ 43, 44 BPolG, § 10 ZollVG) mutmaßliche Drogenkuriere und deren mitgeführte Sachen und Fahrzeuge. Obwohl gegen die kontrollierten Personen bereits ein Anfangsverdacht besteht, werden diese auf Grundlage gefahrenabwehrrechtlicher Maßnahmen kontrolliert, um eine offene strafprozessuale Durchsuchung zu vermeiden, da ansonsten langfristig laufende verdeckte Ermittlungen gefährdet wären. Es handelt sich insoweit um eine **gezielte Suche nach Zufallsfunden**.[1352]

**Beispiel:**

A und B stehen im Verdacht, mit Betäubungsmitteln zu handeln. Aufgrund einer rechtmäßigen Telekommunikationsüberwachung ist der Polizei bekannt, dass A mit seinem Pkw Kokain aus den Niederlanden nach Deutschland bringt. Um die parallel laufenden Ermittlungen gegen B nicht zu gefährden, wird die Verkehrspolizei gebeten, A nach Überqueren der Grenze einer „unverdächtigen" Verkehrskontrolle zu unterziehen und dabei das Fahrzeug zu durchsuchen, um die „zufällig" gefundenen Betäubungsmittel zu beschlagnahmen.

1350 BT-Drs. 16/5846, S. 64.

1351 BeckOK-*Hegmann*, § 110 Rn. 14.

1352 MüKo-*Hauschild*, § 108 Rn. 7.

Eine solche Maßnahme umgeht bewusst den Richtervorbehalt des § 105 Abs. 1 StPO, verstößt gegen die Belehrungspflichten (§§ 163a Abs. 4, 136 StPO) und den Fair-trial-Grundsatz des Strafverfahrens (s. Rn. 40).[1353] Aus diesem Grund hatte der 4. Strafsenat des Bundesgerichtshofs eine solche Maßnahme auch als bedenklich eingestuft.[1354] Nach der neueren und mittlerweile wohl gefestigten[1355], aber inhaltlich kaum überzeugenden Rechtsprechung des Bundesgerichtshofs ist eine legendierte Kontrolle jedoch zulässig.[1356] Da es nicht nur um die repressive Beweisgewinnung gehe, sondern auch um Gefahrenabwehr („Aus-dem-Verkehr-Ziehen" der Betäubungsmittel), liege eine sog. doppelfunktionale Maßnahme[1357] vor, bei der die Eingriffsnormen des Strafverfahrensrechts und des Polizeirechts nebeneinander Anwendung fänden. Die gefundenen Beweismittel seien dann unter Anwendung von § 163 Abs. 3 S. 1 StPO im Strafverfahren verwertbar, sofern bei hypothetischer Betrachtung ein richterlicher Durchsuchungsbeschluss für die Maßnahme hätte erlassen werden können (sog. **hypothetischer Ersatzeingriff**). Diese tendenzielle Absage an die bisher vertretene Schwerpunkttheorie bei sog. polizeilichen Gemengelagen (s. Rn. 11) für die Frage der Beweisverwertung im Strafverfahren gibt der Polizei ein Wahlrecht, wodurch die Gefahr einer missbräuchlichen oder gar bewussten Umgehung der strafverfahrensrechtlichen Voraussetzungen besteht.[1358] Hierdurch werden im Ergebnis die Beschuldigtenrechte ausgehöhlt.[1359]

## P. Kontrollstellen

### I. Allgemeines

442 Kontrollstellen sind polizeiliche Einrichtungen auf öffentlichen Straßen und an anderen öffentlich zugänglichen Orten zur Identitätsfeststellung der angetroffenen Personen. Zum Zwecke der Strafverfolgung kann eine solche Kontrollstelle nach § 111 StPO errichtet werden. Sie dient insbesondere, aber nicht ausschließlich der **Fahndung** nach terroristischen Straftätern[1360] und der Erlangung von Beweismitteln.

1353 Ausführlich *Schütze/Kische*, DIE POLIZEI 2018, 186 ff.; *Müller/Römer*, NStZ 2012, 543 ff.; *Beulke/Swoboda*, Rn. 162; *Krey/Heinrich*, Rn. 849 m.w.N.

1354 BGH 11.02.2010 – 4 StR 436/09, NStZ 2010, 294.

1355 So M-G/S-*Köhler*, § 105 Rn. 1b.

1356 BGH 26.04.2017 – 2 StR 247/16, BGHSt 62, 123, 128 ff.; BGH 15.11.2017 – 2 StR 128/17, NStZ-RR 2018, 84 f.; BGH 10.06.2021 – 5 StR 377/20, juris.

1357 Hierzu *Zeitler/Trurnit*, Rn. 111.

1358 Hierzu u.a. *Brodowski*, JZ 2017, 1124, 1126, der diese Rspr. als „Rosinentheorie" bezeichnet.

1359 So auch *Beulke/Swoboda*, Rn. 162.

1360 LR-*Hauck*, § 111 Rn. 2; M-G/S-*Köhler*, § 111 Rn. 2 f.

**Beispiel:**[1361]

Ringalarmfahndung nach einem Terroranschlag oder Bankraub.

Hierbei ist § 111 StPO für die Einrichtung solcher Kontrollstellen zur Strafverfolgung eine abschließende Regelung, die in § 163d StPO durch die Befugnis zur Datenspeicherung (s. Rn. 447 ff.) erweitert wird.[1362] Polizeiliche Kontrollstellen ähnlicher Art dürfen für Zwecke der Strafverfolgung nicht eingerichtet werden. Möglich sind jedoch **bloße Sichtkontrollen**[1363] nach § 163 Abs. 1 StPO, nicht jedoch die Errichtung „einfacher Kontrollstellen", die auf §§ 127 oder 163b StPO gestützt werden[1364]. Auch dürfen gesetzlich zugelassene Kontrollen zu anderen Zwecken, wie beispielsweise eine präventiv-polizeiliche Razzia, nicht zur Fahndung von Straftätern genutzt werden. Gleichwohl erlauben die strafverfahrensrechtlichen Eingriffsnormen nach §§ 163b, 94, 95, 102, 103, 111b StPO – im Verbund gesehen – razziaähnliche Maßnahmen.[1365] Die Einrichtung einer Kontrollstelle nach § 111 StPO stellt noch keinen Grundrechtseingriff dar.[1366] Die Maßnahmen der Identitätsfeststellung und Durchsuchung, die an der Kontrollstelle durchgeführt werden, greifen jedoch in das Recht auf informationelle Selbstbestimmung (Art. 2 Abs. 1 i.V.m. Art. 1 Abs. 1 GG) und die Freiheit der Person (Art. 2 Abs. 2 S. 2 GG) ein.

## II. Voraussetzungen

Voraussetzung für die Einrichtung einer Kontrollstelle ist ein auf Tatsachen **443**
gegründeter einfacher **Tatverdacht** i.S.d. Anfangsverdachts einer Straftat nach §§ 89a, 89c Abs. 1–4, 250 Abs. 1 Nr. 1 StGB oder einer der in § 129a StGB genannten Straftaten (§ 111 Abs. 1 S. 1 StPO). Da die Vorschrift nicht an die Neufassung des § 250 StGB angepasst wurde, bezieht sich der in § 111 Abs. 1 S. 1 StPO aufgeführte § 250 Abs. 1 Nr. 1 StGB auf die alte Fassung dieser Vorschrift und damit nur auf den Raub mit Schusswaffen, wobei nach zutreffender Ansicht infolge des Verweises in § 255 StGB („gleich einem Räuber") auch eine räuberische Erpressung mit Schusswaffen erfasst wird.[1367]

1361 Beispiel aus *Trurnit*, Rn. 580.

1362 KK-*Henrichs/Weingast*, § 111 Rn. 2.

1363 M-G/S-*Köhler*, § 111 Rn. 1.

1364 *Roxin/Schünemann*, § 36 Rn. 22.

1365 *Krey/Heinrich*, Rn. 853; *Roxin/Schünemann*, § 35 Rn. 24; *Volk/Engländer*, § 10 Rn. 65.

1366 SK-*Wolter*, § 111 Rn. 2.

1367 KK-*Henrichs/Weingast*, § 111, Rn. 4; M-G/S-*Köhler*, § 111 Rn. 2 f.; a.A. LR-*Hauck*, § 111 Rn. 8; SK-*Wolter*, § 111 Rn. 4.

444 Notwendig ist nach § 111 Abs. 1 S. 1 StPO weiterhin eine Erfolgsaussicht. Diese besteht in einer **kriminalistischen Wahrscheinlichkeitsprognose**, dass die Maßnahme zur Ergreifung des Täters oder zur Auffindung und Sicherstellung von Beweismitteln an diesem Ort und zu dieser Zeit führen kann.[1368] Dabei erfordert § 111 StPO nicht zwingend einen örtlichen und zeitlichen Zusammenhang zur Tat, sodass Kontrollstellen auch an vom Tatort aus entfernten Orten und mit zeitlichem Abstand zur Tat eingerichtet werden können, sofern der beabsichtigte Erfolg zu erwarten ist.[1369] Kontrollstellen zu Fahndungszwecken dürfen daher bei entsprechender Erfolgserwartung auch ereignisunabhängig eingerichtet werden.[1370] **Orte der Kontrollstellen** können öffentliche Straßen und Plätze oder andere öffentlich zugängliche Orte sein. Straßen und Plätze sind Orte, die ohne Rücksicht auf etwaige privatrechtliche Verhältnisse einem unbestimmten Personenkreis zur Benutzung freistehen. Andere öffentlich zugängliche Orte sind solche, die von jedermann benutzt werden können.[1371]

**Beispiele:**

Bahnhöfe, Flugplätze, Sportplätze, öffentliche Gebäude; nicht aber private Geschäftsräume wie Kaufhäuser und Gaststätten; auch bewegliche Orte, wie Züge, Flugzeuge, Pkw zählen nicht dazu.

445 Zuständig für die **Anordnung** ist der Richter auf Antrag der Staatsanwaltschaft, bei Gefahr im Verzug auch die Staatsanwaltschaft und ihre Ermittlungspersonen (§ 111 Abs. 2 StPO). Gefahr im Verzug wird bei terroristischen Anschlägen, aber auch bei bewaffneten Banküberfällen oftmals gegeben sein, bei denen unmittelbar nach der Tat Kontrollstellen in der Umgebung des Tatorts Erfolg versprechen und eine auch telefonische Verständigung des Richters unter Umständen zu einer zwar nur kurzfristigen, aber für den Erfolg der Maßnahme entscheidenden Verzögerung führen kann. Liegen die Voraussetzungen des § 111 Abs. 1 StPO nicht mehr vor, ist die Kontrollstelle aufzuheben.

### III. Befugnisse an der Kontrollstelle

446 An einer Kontrollstelle ist jedermann verpflichtet, seine **Identität feststellen** und sich sowie seine mitgeführten Sachen **durchsuchen** zu lassen (§ 111 Abs. 1 S. 2 StPO). Dies gilt im Grundsatz für Verdächtige und Unverdächtige

1368 LR-*Hauck*, § 111 Rn. 11.
1369 KK-*Henrichs/Weingast*, § 111 Rn. 8.
1370 *Kramer*, Rn. 241; SK-*Wolter*, § 111 Rn. 7.
1371 HK-*Gercke*, § 111 Rn. 6.

nahezu im gleichen Maß.[1372] Einschränkungen können sich aber aus dem Verhältnismäßigkeitsgrundsatz ergeben, wenn beispielsweise ein Zusammenhang mit den gesuchten Tätern oder Beweismitteln fehlt.[1373] Die Befugnis zur Durchsuchung mitgeführter Sachen erstreckt sich bei Transportmitteln nicht nur auf Pkw, sondern auch auf mobile Wohnungen, die zum Schutzbereich des Art. 13 Abs. 1 GG gehören, wie Wohnwagen, Campingbusse und Schlafkabinen in Lkw. Dies entspricht dem Sinn und Zweck der Vorschrift, alle mitgeführten Sachen durchsuchen zu können.[1374] Bei der Identitätsfeststellung brauchen die Betroffenen nur ihre Personalien anzugeben. Ausweispapiere müssen sie nur vorzeigen, wenn sich dies aus anderen Vorschriften ergibt. Für die Durchsuchung und die Identitätsfeststellung an der Kontrollstelle gelten die §§ 106 Abs. 2 S. 1, 107 S. 2 1. Hs., 108 bis 110 Abs. 2 StPO sowie die §§ 163b, 163c StPO. Durch den Verweis auf § 163b StPO ist die **Durchsuchung von Unverdächtigen** und ihren mitgeführten Sachen oder gar deren erkennungsdienstliche Behandlung zur Identitätsfeststellung ohne deren Einwilligung nach h.M. zu Recht unzulässig (vgl. § 163b Abs. 2 S. 2 StPO).[1375] Lediglich nach Beweismitteln darf bei Unverdächtigen gesucht werden. Die Gegenansicht[1376], die auf die fehlende Unterscheidung von Verdächtigen und Unverdächtigen bei § 111 StPO verweist und daher auch die Durchsuchung von Unverdächtigen zur Identitätsfeststellung erlauben will, ist mit dem eindeutigen Wortlaut der Verweisungsnorm des § 111 Abs. 3 StPO nicht vereinbar. So erlaubt § 111 Abs. 1 S. 2 StPO zwar die Identitätsfeststellung bei jedermann, schränkt die möglichen Maßnahmen jedoch durch den Verweis in § 111 Abs. 3 StPO bei Unverdächtigen ein. Beweismittel, die nicht freiwillig herausgegeben werden, sind nach §§ 94, 98 StPO zu beschlagnahmen.

## Q. Netzfahndung nach § 163d StPO

### I. Allgemeines

Die Netzfahndung nach § 163d StPO gestattet eine computergestützte Fahndungsmaßnahme, die sich strukturell an den §§ 111, 100a StPO orientiert.[1377] Synonym gebraucht werden auch die Ausdrücke Schleppnetzfahn- 447

1372 LR-*Hauck*, § 111 Rn. 25.

1373 M-G/S-*Köhler*, § 111 Rn. 11.

1374 *Kramer*, Rn. 242; *Trurnit*, Rn. 583.

1375 LR-*Hauck*, § 111 Rn. 29; KK-*Henrichs/Weingast*, § 111 Rn. 14; *Kramer*, Rn. 242; *Krey/Heinrich*, Rn. 852; LR-*Hauck*, § 111 Rn. 29; *Roxin/Schünemann*, § 35 Rn. 21.

1376 M-G/S-*Köhler*, § 111 Rn. 11; *Trurnit*, Rn. 583.

1377 Zur Entstehungsgeschichte KK-*Moldenhauer*, § 163d Rn. 1.

dung und Kontrollfahndung. Über § 163d StPO ist es möglich, Dateien für einen bestimmten Zeitraum anzulegen (sog. Kurzzeit-Dateien), um personenbezogene Daten, die massenhaft bei Personenkontrollen an der Grenze oder an Kontrollstellen nach § 111 StPO anfallen und ansonsten in der Regel sofort wieder verloren gehen würden, auf ihre strafverfahrensrechtliche Relevanz hin auszuwerten.[1378] Diese zeitlich begrenzte Maßnahme beinhaltet eine **Massenkontrolle unbescholtener Bürger** und ist daher rechtspolitisch und datenschutzrechtlich umstritten.[1379] Zu unterscheiden ist die Netzfahndung von der sog. Schleierfahndung, die verdachts- und ereignisunabhängig an Durchgangsstraßen und in öffentlichen Einrichtungen als präventiv-polizeiliche Maßnahme nach einigen Polizeigesetzen (z.B. § 27 Abs. 1 Nr. 7 PolG BW) im grenznahen Bereich zulässig ist.[1380] Es handelt sich bei § 163d StPO insoweit um eine abschließende Regelung für das Strafverfahren.[1381] Die Vorschrift ermöglicht den Eingriff in das Recht auf informationelle Selbstbestimmung (Art. 2 Abs. 1 i.V.m. Art. 1 Abs. 1 GG).

### II. Materiell-rechtliche Voraussetzungen

448 Materiell-rechtliche Voraussetzung der Maßnahme ist ein mit Tatsachen begründeter Verdacht im Sinne eines Anfangsverdachts, dass ein noch nicht ermittelter Straftäter, von dem aber schon eine Beschreibung möglich ist, eine der in § 111 StPO oder in § 100a Abs. 2 Nr. 6–9 u. 11 StPO bezeichneten Straftaten begangen hat, wobei auch Versuch und Teilnahme an der jeweiligen Tat genügen.[1382] Es handelt sich hierbei insbesondere um Delikte aus dem **Bereich der Schwerstkriminalität**. Die personenbezogenen Daten müssen bei einer grenzpolizeilichen Kontrolle oder einer Personenkontrolle nach § 111 StPO erhoben werden. § 163d ist insoweit keine Rechtsgrundlage für die Erhebung der Daten, sondern für die Speicherung und Übermittlung.[1383] Bei grenzpolizeilichen Kontrollen sind die Daten angefallen, wenn bei einer Kontrolle des grenzüberschreitenden Verkehrs (§ 2 BPolG) Personen angehalten (§ 23 Abs. 3 BPolG) und deren Personalien durch die Bundespolizei festgestellt werden. In den Bundesländern Bayern, Bremen und Hamburg werden die bayerische Grenzpolizei bzw. die Bremer und Hamburger Wasserschutzpolizei als Grenzpolizeibehörden tätig.[1384]

1378 M-G/S-*Köhler*, § 163d Rn 2.
1379 *Roxin/Schünemann*, § 36 Rn. 10 m.w.N.
1380 Hierzu und zur teilweisen Verfassungswidrigkeit der Norm *Zeitler/Trurnit*, Rn. 402 ff.
1381 *LR-Erb*, § 163d Rn. 2.
1382 M-G/S-*Köhler*, § 163d Rn. 8 f.
1383 *Trurnit*, Rn. 590.
1384 KK-*Moldenhauer*, § 163d Rn. 10.

Zulässig ist die zeitweilige Speicherung und Auswertung von Daten über Personen mit bestimmten Merkmalen oder Eigenschaften in einer Datei eines automatischen Informationssystems. Es kommen Personalien wie Name, Geburtsort, Wohnort etc., aber auch andere für die Aufklärung der Straftat bedeutende Daten, wie Kfz-Typ und Kennzeichen, Tätowierungen, äußere Erscheinung etc., Erkenntnisse über Ort und Zeit der Kontrolle, Ergebnisse von Durchsuchungen und erkennungsdienstlichen Behandlungen in Betracht.[1385] Die Daten können untereinander oder mit Dateien der Strafverfolgungsbehörde und öffentlichen Registern, wie dem Melderegister, abgeglichen werden, nicht dagegen mit privaten, da dies eine Methode der Rasterfahndung wäre, die spezialgesetzlich in §§ 98a f. StPO geregelt ist (s. Rn. 458 ff.).[1386] Ergeben die ausgewerteten Daten einen Tatverdacht, werden sie zum Ermittlungsvorgang genommen. Auch bei einer automatischen Ablesung von Pässen und Personalausweisen an den Kontrollstellen ist die Vorschrift anwendbar (§ 163d Abs. 1 S. 2 StPO). Damit wird klargestellt, dass § 163d StPO eine gesetzliche Ausnahme vom grundsätzlichen Speicherungsverbot des § 17 Abs. 2 PassG ist.[1387] Weiterhin ist eine **Erfolgsaussicht** erforderlich. Es muss gerechtfertigt erscheinen, dass die Auswertung der gespeicherten Daten die Tat aufklären oder zur Ergreifung des Täters führen wird. Nach zutreffender Auffassung genügt dabei eine gewisse Wahrscheinlichkeit, die sich insbesondere aus der kriminalistischen Erfahrung ergeben kann.[1388] Die Datenübermittlung darf nur an Strafverfolgungsbehörden erfolgen (§ 163 Abs. 1 S. 3 StPO). Dies sind Staatsanwaltschaft und Polizei, aber auch Finanz- u. Zollbehörden, soweit sie strafverfolgend tätig werden.[1389] Ein Datentransfer an andere Behörden, beispielsweise an Nachrichtendienste, ist nicht zulässig. 449

### III. Formell-rechtliche Voraussetzungen

Die **formell-rechtlichen Voraussetzungen** finden sich in § 163d Abs. 2 und Abs. 3 StPO. Zuständig für die Anordnung ist der Richter, bei Gefahr im Verzug die Staatsanwaltschaft und ihre Ermittlungspersonen (§ 163d Abs. 2 StPO). Gefahr im Verzug liegt vor, wenn eine richterliche Anordnung nicht eingeholt werden kann, ohne dass der Erfolg der Maßnahme, die Datenerhebung sowie Speicherung und Auswertung, gefährdet wäre, was – wie bei der Einrichtung von Kontrollstellen nach § 111 StPO – insbesondere nach terro- 450

1385 HK-*Zöller*, § 163d Rn. 7.

1386 MüKo-*Kölbel*, § 163d Rn. 19.

1387 KK-*Moldenhauer*, § 163d Rn. 18.

1388 KMR-*Plöd*, § 163d Rn. 6; M-G/S-*Köhler*, § 163d Rn. 10; a.A. LR-*Erb*, § 163d Rn. 10.

1389 KK-*Moldenhauer*, § 163d Rn. 19.

ristischen Anschlägen oftmals der Fall sein wird.[1390] Darüber hinaus muss die Anordnung schriftlich erfolgen (§ 163d Abs. 3 S. 1 StPO). Personen und deren Daten, die gespeichert werden sollen, sind entsprechend dem jeweiligen Kenntnisstand nach bestimmten Merkmalen oder Eigenschaften so genau wie möglich zu bezeichnen (§ 163d Abs. 3 S. 2 StPO). Ebenso sind Art und Dauer der Maßnahmen festzulegen und räumlich zu begrenzen sowie zeitlich zu befristen (§ 163d Abs. 3 S. 3, 4 StPO). Diese detailreiche Regelung verfolgt den Zweck, dass möglichst wenige Personen betroffen und so wenige Daten wie möglich erfasst werden. Hat die Staatsanwaltschaft oder eine Ermittlungsperson die Maßnahme angeordnet, ist unverzüglich eine richterliche Bestätigung zu beantragen. Erfolgt keine richterliche Bestätigung innerhalb von drei Werktagen, tritt die Anordnung ohne Weiteres außer Kraft (§§ 163d Abs. 2 S. 3, 100e Abs. 1 S. 3 StPO). Dann sind die Maßnahmen zu beenden und die bis dahin gespeicherten Daten zu löschen oder zu vernichten.

**451** Die maximale **Dauer der Anordnung** beträgt sechs Monate (§ 163d Abs. 3 S. 4 u. 5 StPO). Nach § 163d Abs. 4 StPO sind die Maßnahmen unverzüglich zu beenden, wenn die Voraussetzungen für den Erlass der Anordnung nicht mehr vorliegen. Gleiches gilt, wenn der Zweck, der der Maßnahme zugrunde liegt, erreicht ist. In diesen Fällen sind die Daten unverzüglich zu löschen, wenn sie für das weitere Strafverfahren nicht oder nicht mehr benötigt werden, beispielsweise weil tatverdächtige Personen nicht entdeckt worden sind oder ein Abgleich erfolgt ist und weitere Vergleichsdaten nicht zu erwarten sind. Die gilt nicht für Daten, die in die Akten des Strafverfahrens aufgenommen werden. Unzulässig ist die Speicherung, wenn sie die Laufzeit nach § 163d Abs. 3 StPO um mehr als drei Monate überschreitet (§ 163d Abs. 4 S. 2 2. Hs. StPO), sodass die Daten maximal neun Monate gespeichert werden dürfen. Über die Löschung ist die Staatsanwaltschaft zu unterrichten (§ 163d Abs. 4 S. 3 StPO).

## R. Polizeiliche Beobachtung nach § 163e StPO

### I. Allgemeines

**452** § 163e StPO ist Rechtsgrundlage für die Ausschreibung zur polizeilichen Beobachtung einer Person für Zwecke des Strafverfahrens. Unter einer polizeilichen Beobachtung i.S.d. § 163e StPO wird die planmäßige, grundsätzlich **heimliche Sammlung von Erkenntnissen** über eine Person oder ein Objekt zwecks Erstellung eines vollständigen Bewegungsbildes des Beschuldigten

1390 MüKo-*Kölbel*, § 163d Rn. 27.

und zur Erfassung von Querverbindungen zwischen diesem und anderen Personen verstanden.[1391] Sie wirkt insoweit ähnlich wie eine Observation, unterscheidet sich jedoch von dieser. Bei der Observation führen Polizeibeamte verdeckt eine (visuelle) planmäßige Beobachtung von Personen durch. Bei der polizeilichen Beobachtung werden Daten über Personen, die bei polizeilichen Kontrollmaßnahmen, z.B. einer Verkehrskontrolle (§ 36 Abs. 5 StVO) oder einer Personen- (z.B. § 27 PolG BW) bzw. Identitätsfeststellung (z.B. § 13 NPOG, § 163b StPO), anfallen, heimlich, d.h. ohne Wissen des Betroffenen, gesammelt. Gemeint sind Daten wie Ort, Zeit, Fahrzeug, Personen, die den Betroffenen begleiten. Insofern wird die vorhandene polizeiliche Infrastruktur verwendet, um Erkenntnisse aus Personenkontrollen für Fahndungs- und Ermittlungszwecke zu nutzen.[1392] Die Ausschreibung zur polizeilichen Beobachtung umfasst dabei das Kennzeichen eines Kraftfahrzeugs, die Identifizierungsnummer oder äußere Kennzeichen von Wasser- oder Luftfahrzeugen und Containern, die auf den Beschuldigten oder eine Kontaktperson zugelassen bzw. von diesen genutzt werden (§ 163e Abs. 2 StPO). Dies gilt auch, wenn die Fahrzeuge oder Container von einer bisher namentlich noch nicht bekannten Person benutzt werden, die verdächtigt wird, eine Straftat von erheblicher Bedeutung begangen zu haben.[1393] § 163e StPO greift in das Recht auf informationelle Selbstbestimmung (Art. 2 Abs. 1 i.V.m. Art. 1 Abs. 1 GG) ein. Kennzeichnungspflichten finden sich in § 101 Abs. 3 StPO.

## II. Voraussetzungen

Die Maßnahme setzt voraus, dass zureichende tatsächliche Anhaltspunkte, **453**
also ein Tatverdacht im Sinne eines Anfangsverdachts bezogen auf eine **Straftat von erheblicher Bedeutung,** gegeben ist. Dies sind Straftaten, die mindestens dem Bereich der mittleren Kriminalität zuzurechnen sind, den Rechtsfrieden empfindlich stören und geeignet sind, das Gefühl der Rechtssicherheit der Bevölkerung erheblich zu beeinträchtigen.[1394] Grundsätzlich richtet sich die Maßnahme gegen den Beschuldigten. Sofern sich die Ausschreibung gegen andere Personen richtet, muss aufgrund bestimmter Tatsachen anzunehmen ein, dass sie mit dem Täter in Verbindung stehen oder eine solche Verbindung hergestellt wird (sog. **Kontaktpersonen**) und dass sie – im Sinne einer **Erfolgsaussicht** – zur Erforschung des Sachverhalts oder zur Ermittlung des Aufenthaltsorts des Täters führen wird (§ 163e

1391 M-G/S-*Köhler*, § 163e Rn. 1 f.

1392 KK-*Moldenhauer*, § 163e Rn. 1.

1393 M-G/S-*Köhler*, § 163e Rn. 9.

1394 BVerfG 14.12.2000 – 2 BvR 1741/99, BVerfGE 103, 21, 34.

Abs. 1 S. 3 StPO). Bei beiden Ausschreibungspersonen ist eine **Subsidiaritätsklausel** zu beachten (§ 163e Abs. 1 S. 2 u. 3 StPO).

**454** Die **Anordnungskompetenz** hat das Gericht, bei Gefahr im Verzug die Staatsanwaltschaft (§ 163e Abs. 4 StPO). Im letzteren Fall muss die Staatsanwaltschaft unverzüglich die gerichtliche Bestätigung beantragen. Wird die Anordnung der Staatsanwaltschaft nicht binnen drei Werktagen vom Gericht bestätigt, tritt sie außer Kraft (§§ 163e Abs. 4 S. 3, 4, 100e Abs. 1 S. 3 StPO). Die **Dauer der Maßnahme** ist auf ein Jahr begrenzt (§ 163e Abs. 4 S. 5 StPO). Sie kann aber um jeweils drei Monate verlängert werden (§ 163e Abs. 4 S. 6 StPO). **Kennzeichnungs- und Löschungspflichten** ergeben sich aus § 101 Abs. 3 u. 8 StPO.

## S. Automatische Kennzeichenerfassung nach § 163g StPO

### I. Allgemeines

**455** § 163g StPO ermöglicht im öffentlichen Verkehrsraum, vor allem auf Fernstraßen, die automatische Erhebung von Kfz-Kennzeichen, Ort, Datum, Uhrzeit und Fahrtrichtung mittels sog. **automatischer Kennzeichenlesesysteme** (AKLS). Dabei kann es sich sowohl um an bestimmten Kontrollpunkten fest installierte Geräte, als auch um einen mobilen Einsatz aus fahrenden Dienstwagen heraus handeln.[1395] Die zum 01.07.2021 neu eingeführte Vorschrift[1396] dient als strafverfahrensrechtliche Fahndungsmaßnahme der Ermittlung des Aufenthaltsortes des Beschuldigten sowie der Feststellung seiner Identität. Letzteres kommt dann infrage, wenn zwar das Kennzeichen des von ihm genutzten Kraftfahrzeugs bekannt ist, nicht aber er selbst.[1397]

**Beispiel:**

Der unbekannte Beschuldigte flieht mit einem Pkw, dessen Kennzeichen durch Zeugenangaben bekannt ist, vom Tatort.

Die Vorschrift greift gegenüber allen von der Kontrollmaßnahme erfassten Personen in das Recht auf informationelle Selbstbestimmung (Art. 2 Abs. 1

1395 *Roggan*, NStZ 2022, 19, 20.

1396 Gesetz zur Fortentwicklung der Strafprozessordnung und zur Änderung weiterer Vorschriften v. 25.06.2021 (BGBl. I, S. 2099 ff.); zum Gesetzgebungsverfahren S/S/W-*Höltkemeier*, § 163g Rn. 3.

1397 *Volk/Engländer*, § 10 Rn. 74c.

S. 1 i.V.m. Art. 1 Abs. 1 GG) ein.[1398] Es handelt sich um einen **verdeckten Fahndungseinsatz**, bei dem das Kennzeichen des den Standort des AKLS passierenden Fahrzeugs mittels einer Software ausgelesen und unverzüglich mit in einen Fahndungsdatensatz eingestellten Kennzeichen von Fahrzeugen abgeglichen wird, die auf den **Beschuldigten** oder seine **Kontaktperson** zugelassen sind bzw. von diesen genutzt werden (§ 163g Abs. 2 StPO). Der Datenabgleich hinsichtlich einer Kontaktperson unterliegt dabei einer Subsidiaritätsklausel (§ 163g Abs. 2 S. 1 Nr. 2 StPO). Der Begriff des Kennzeichens erfasst amtliche Kennzeichen, Versicherungskennzeichen und -plaketten sowie entwertete oder ausländische Kennzeichen.[1399] Andere mögliche Erkenntnisse, wie beispielsweise ein Gesichtsabgleich der Insassen zur Identifizierung, dürfen nicht erfolgen.[1400] Daher kann der gesetzlich bestimmte Zweck der Identitätsermittlung durch die Maßnahme nicht unmittelbar erfüllt werden. Hierzu sind nachträgliche Feststellungen zur Person des Fahrers notwendig, bei dem es sich jedoch keineswegs stets um die zu ermittelnde Zielperson handeln muss, wie beispielsweise bei Mietfahrzeugen.[1401] Der automatische Abgleich führt zu einem Treffer oder Nichttreffer (sog. **hit/no hit-Verfahren**). Bei einem Nichttreffer müssen die Daten sofort und spurlos gelöscht werden (§ 163g Abs. 2 S. 4 StPO). Im Trefferfall muss zur Kontrolle ein Mitarbeiter der Strafverfolgungsbehörden unverzüglich manuell einen eigenhändigen Abgleich vornehmen (§ 163g Abs. 2 S. 3 StPO).

## II. Voraussetzungen

Die massenhafte Erfassung dieser Daten erfordert in der Folge gesteigerte Anordnungsvoraussetzungen. Notwendig ist daher gem. § 163g Abs. 1 S. 1 StPO ein Tatverdacht im Sinne eines Anfangsverdachts einer **Straftat von erheblicher Bedeutung.** Dies sind Straftaten, die mindestens dem Bereich der mittleren Kriminalität zuzurechnen sind, den Rechtsfrieden empfindlich stören und geeignet sind, das Gefühl der Rechtssicherheit der Bevölkerung erheblich zu beeinträchtigen.[1402] Auch muss eine hinreichende Wahrscheinlichkeit der Erfassung der Zielperson bestehen (**Erfolgsaussicht**).[1403] Eine Anordnung „ins Blaue hinein" wäre unzulässig.[1404] Weiterhin muss 456

1398 Vgl. BVerfG 18.12.2018 – 1 BvR 142/15, NJW 2019, 827, 829; BVerfG 18.02.2018 – 1 BvR 2795/09, 1 BvR 3187/10, NJW 2019, 842, 844.

1399 BeckOK-*Häfen*, § 163g Rn. 7.

1400 BT-Drs. 19/27654, S. 87.

1401 *Roggan*, NStZ 2022, 19, 20.

1402 BVerfG 14.12.2000 – 2 BvR 1741/99, BVerfGE 103, 21, 34.

1403 BeckOK-*Häfen*, § 163g Rn. 6.

1404 S/S/W-*Höltkemeier*, § 163g Rn. 5.

die Maßnahme zeitlich und örtlich begrenzt werden (§ 163g Abs. 1 S. 2 StPO) und ist nur im **öffentlichen Verkehrsraum** zulässig.[1405] Dieser Begriff ist für die StPO neu[1406] und soll die dem öffentlichen Verkehr gewidmeten öffentlichen Straßen und Plätze umfassen, nicht aber private Orte, auch wenn diese einem unbestimmten Personenkreis zur Benutzung freigegeben sind.[1407] Eine dauerhafte oder flächendeckende Erfassung „ins Blaue hinein" ist unzulässig.[1408] Wann allerdings eine solche verbotene flächendeckende Erfassung vorliegt, lässt sich abstrakt-generell nur schwer bestimmen und ist stets eine rechtlich schwierig zu beantwortende Frage des Einzelfalls.[1409] In der Regel wird sich die Maßnahme aber örtlich und auf einen Zeitraum von Tagen beschränken, kann aber beispielsweise bei Terroranschlägen auch bundesweit an strategisch wichtigen Punkten auf Fernstraßen über einen Zeitraum von einem Monat noch verhältnismäßig sein.[1410]

**457** Ein Richtervorbehalt besteht nicht. Die **Anordnung** ergeht grundsätzlich durch die Staatsanwaltschaft in schriftlicher Form, bei Gefahr im Verzug durch ihre Ermittlungspersonen (§ 163g Abs. 3 S. 1 u. 4 StPO). In Eilfällen ist eine mündliche Anordnung ausreichend, die innerhalb von drei Tagen schriftlich dokumentiert werden muss (§ 163g Abs. 3 S. 4 StPO). Dabei muss die örtliche und zeitliche Begrenzung der Maßnahme benannt werden (§ 163g Abs. 3 S. 3 StPO). Sofern die Anordnungsvoraussetzungen nicht mehr vorliegen, ist sie unverzüglich zu beenden (§ 163g Abs. 4 StPO). Hinsichtlich der Löschung echter Trefferfälle gilt § 101 Abs. 8 StPO.

## T. Rasterfahndung nach §§ 98a, 98b StPO

### I. Allgemeines

**458** Die Rasterfahndung ist in den §§ 98a, 98b StPO geregelt. Sie stellt eine Rechtsgrundlage zur massenhaften Verarbeitung von Daten dar, die zur Verfolgung bestimmter, für die Organisierte Kriminalität typischer oder nach der Art der Ausführung oder Wirkung besonders schwerwiegender Straftaten dient.[1411] Die Maßnahme erlaubt einen Eingriff in das Recht auf informationelle Selbstbestimmung (Art. 2 Abs. 1 i.V.m. Art. 1 Abs. 1 GG). Unter

1405 M-G/S-*Köhler*, § 163g Rn. 2.

1406 KK-*Moldenhauer*, § 163g Rn. 7.

1407 BT-Drs. 19/27654, S. 87.

1408 BT-Drs. 19/27654, S. 87.

1409 Hierzu *Roggan*, NStZ 2022, 19, 20, der ein Bestimmtheitsdefizit ausmacht.

1410 KK-*Moldenhauer*, § 163g Rn. 8.

1411 BT-Drs. 12/989, S. 36.

dem Begriff der Rasterfahndung versteht man einen **maschinell-automatisierten Abgleich personenbezogener Daten** zwischen bestimmten, auf den gesuchten Täter vermutlich zutreffenden Prüfkriterien mit aus anderen Gründen von anderen privaten oder öffentlichen Stellen, die keine Strafverfolgungsbehörden sind, gespeicherten Daten.[1412] Der Abgleich geschieht anhand fallspezifischer, tätertypischer kriminalistischer **Prüfkriterien** (Raster) und soll die Personen ermitteln, auf die das Raster passt.

**Beispiele:**

Kundendaten der Stromversorger, Melderegister, Daten der Kraftfahrzeugzulassungsstelle.

Ziel ist entweder der Ausschluss von Personen, auf die die Prüfkriterien nicht passen (sog. **negative Rasterfahndung**), oder aber die Feststellung von Personen, die weitere für die Ermittlungen relevante Prüfungsmerkmale erfüllen (sog. **positive Rasterfahndung**).[1413]

**Beispiel:**

Von Mitgliedern einer terroristischen Vereinigung ist bekannt, dass sie Wohnungen mit mindestens 50 Wohneinheiten, die in der Nähe eines Autobahnanschlusses liegen und eine Tiefgarage haben, anmieten. Auch werden die Rechnungen für Strom und Gas stets bar bezahlt. Durch den automatisierten Abgleich von Daten der Energieversorger mit den Registern von Einwohnermelde- und Grundbuchämtern sowie Kraftfahrzeugzulassungsstellen werden Verdächtige herausgefiltert, die dann observiert werden.

Die praktische Bedeutung dieser durchaus erfolgversprechenden verdeckten Ermittlungsmethode ist wegen des organisatorisch hohen Aufwands eher gering.[1414] Auch liegt die Besonderheit darin, dass hier im Sinne einer Umkehrung der üblichen Ermittlungstätigkeit, bei der hinsichtlich eines bestimmten Tatverdächtigen im Verlauf der Ermittlungen Erkenntnisse gewonnen werden, zunächst gegen einen großen Kreis Unverdächtiger Ermittlungen geführt werden, bis sich aus ihrem Kreis im Wege einer stufenweisen Vorgehensweise Verdächtige ergeben.[1415] Die §§ 98a, 98b StPO gelten auch, wenn die Daten von der Stelle freiwillig herausgegeben werden.[1416] Hingegen handelt es sich nach

1412 M-G/S-*Köhler*, § 98a Rn. 2.

1413 KK-*Greven*, § 98a Rn. 2.

1414 SK-*Wohlers/Greco*, § 98a Rn. 8.

1415 *Kühne*, Rn. 543; MüKo-*Hauschild*, § 98a, Rn. 3.

1416 BT-Drs. 12/989, S. 37.

zutreffender Ansicht des Bundesverfassungsgerichts[1417] nicht um eine Rasterfahndung, wenn die ermittelnde Behörde nur gezielte, konkret täterbezogene Auskünfte von privaten Stellen einholt, da hierbei gerade nicht der gesamte Datenbestand zum Abgleich übermittelt wird. Ermächtigungsgrundlage sind dann die Ermittlungsgeneralklauseln (§§ 161 Abs. 1, 163 Abs. 1 StPO).

**Beispiel:**

Anfrage bei einem Kreditkartenunternehmen, welche Karteninhaber eine Überweisung auf ein bestimmtes Konto des Betreibers einer kinderpornografischen Internetseite getätigt haben.

Auch interne Abgleiche der nach den §§ 94, 110, 161, 163 StPO gewonnenen Daten der Strafverfolgungsbehörden stellen keine Rasterfahndung dar.[1418] So ist auch eine repressive „Streife im Netz“ unter Auswertung allgemein zugänglicher Online-Dienste keine Rasterfahndung, sondern nach den Ermittlungsgeneralklauseln (§§ 161 Abs. 1, 163 Abs. 1 StPO) zulässig.[1419]

## II. Voraussetzungen

459 Materiell-rechtliche Voraussetzung ist ein Tatverdacht im Sinne eines Anfangsverdachts einer **Straftat von erheblicher Bedeutung** (s. Rn. 361) aus dem **Katalog** des § 98a Abs. 1 S. 1 Nr. 1–6 StPO. Dieser nennt allerdings keine konkreten Straftatbestände, sondern listet generalisierend Deliktsgruppen aus bestimmten Kriminalitätsbereichen, die für die Organisierte Kriminalität typisch sind oder aber die nach Art der Tatausführung oder ihrer Auswirkungen besonders schwer wiegen.[1420] Neben dem allgemeinen Verhältnismäßigkeitsgrundsatz ist die **Subsidiaritätsklausel** zu berücksichtigen (§ 98a Abs. 2 S. 2 StPO). Danach ist eine Rasterfahndung nur zulässig, wenn die Ermittlungen auf andere Weise erheblich weniger Erfolg versprechend wären oder wesentlich erschwert wären. Letzteres ist der Fall, wenn andere Maßnahmen mit einen erheblich höheren Zeit- oder Personalaufwand verbunden wären.[1421] Inwieweit die Subsidiaritätsklausel tatsächlich eine Einschränkung der Maßnahme darstellt, erscheint jedoch zweifelhaft. Denn wenn eine Rasterfahndung erfolgversprechend ist, ist sie in der Regel anderen Ermittlungsmethoden überlegen, die in der Folge ihrerseits dann erheblich weniger erfolgversprechend sind.[1422]

1417 BVerfG 17.02.2009 – 2 BvR 1372/07, NJW 2009, 1405, 1406 f.
1418 *Hilger*, NStZ 1992, 457, 460.
1419 MüKo-*Hauschild*, § 98a Rn. 50.
1420 BT-Drs. 12/989, S. 36.
1421 MüKo-*Hauschild*, § 98a Rn. 41.
1422 Hierzu *Kühne*, Rn. 544.

Die ersuchte private oder öffentliche Stelle hat eine **Mitwirkungspflicht**. 460
Sie muss die verlangten Daten ausfiltern und der Strafverfolgungsbehörde zur Verfügung stellen (§ 98a Abs. 2 StPO). Wie dann die Daten technisch übermittelt werden, online oder offline, ist unerheblich.[1423] Ist aber eine Selektion nicht möglich oder unverhältnismäßig, sind alle Daten zu übermitteln (§ 98a Abs. 3 S. 1 StPO). Allerdings darf die Strafverfolgungsbehörde diese nicht benötigten unselektierten Daten nicht nutzen (§ 98a Abs. 3 S. 2 StPO). Die gerichtliche Anordnung muss sich auf alle Daten erstrecken. Werden die Daten für ein anderes Strafverfahren benötigt, bedarf es einer entsprechenden Anordnung. § 98a Abs. 4 StPO enthält eine Mitwirkungspflicht für die speichernde Stelle gegenüber der abgleichenden Stelle.

Die Maßnahme darf nur durch das **Gericht**, bei Gefahr im Verzug auch durch 461
die Staatsanwaltschaft angeordnet werden (§ 98b Abs. 1 S. 1 StPO). Im letzteren Fall hat die Staatsanwaltschaft unverzüglich die gerichtliche Bestätigung zu beantragen. Wird die Anordnung der Staatsanwaltschaft nicht binnen drei Werktagen von dem Gericht bestätigt, tritt sie außer Kraft (§ 98b Abs. 1 S. 2, 3 StPO). Die Anordnung ergeht schriftlich (§ 98b Abs. 1 S. 4 StPO). Weitere Formvoraussetzungen der Anordnung finden sich in § 98b Abs. 1 S. 5 StPO. Aus § 98b Abs. 4 StPO ergibt sich eine **Unterrichtungspflicht** der zuständigen Datenschutzbehörden.

**Zwangsmittel**, mit denen die einzelnen Mitwirkungspflichten durchgesetzt 462
werden können, ergeben sich aus §§ 98a Abs. 5, 95 Abs. 2 StPO. Sie stehen nur dem Gericht, bei Gefahr im Verzug auch der Staatsanwaltschaft, zu, wobei die Festsetzung von Haft dem Richter vorbehalten bleibt (§ 98b Abs. 2 StPO). Ist die Maßnahme beendet, sind die Datenträger unverzüglich zurückzugeben (§ 98b Abs. 2 S. 2 StPO). Personenbezogene Daten, die auf andere Datenträger übertragen wurden, sind unverzüglich zu löschen, sobald sie für das Strafverfahren nicht mehr benötigt werden (§ 98b Abs. 3 S. 2 StPO). Zuständig für die **Löschung** der Daten ist die Staatsanwaltschaft.

## U. Datenabgleich nach § 98c StPO

Der maschinelle Datenabgleich zur Aufklärung einer Straftat oder der Ermitt- 463
lung des Aufenthaltsortes einer Person, nach der für Zwecke eines Strafverfahrens gefahndet wird, ist in § 98c StPO geregelt. Es handelt sich um eine **automatisierte vergleichende Auswertung** von personenbezogenen Daten, die die Strafverfolgungsbehörden durch die in der StPO geregelten Ermittlungs-

1423 Vgl. KK-*Greven*, § 163g Rn. 19.

maßnahmen gewonnen haben. Vergleichsdaten können dabei nicht nur die zur Strafverfolgung, sondern auch die zur Strafvollstreckung oder Gefahrenabwehr erhobenen Daten sein. Von großer praktischer Bedeutung ist hierbei insbesondere das polizeiliche Informationssystem INPOL-neu mit über 100 Teildatenbanken[1424] und der Anwendung PIOS (Personen-Institutionen-Objekte-Sachen) mit weiteren Unterdateien wie z.B. SPUDOK (Spuren-Dokumentations-System) und AFIS (Automatisches Fingerabdruck-Identifikations-System).[1425] Darüber hinaus bestehen auch Online-Anschlüsse zum zentralen Verkehrsinformationssystem (ZEVIS) des Kraftfahrt-Bundesamtes, zum Ausländerzentralregister (AZR) beim Bundesverwaltungsamt sowie zu Meldebehörden und Kfz-Zulassungsstellen auf Länderebene. Über weitere eigene Dateien und Informationssysteme verfügen sowohl Bundespolizei als auch Zoll- und Landespolizeibehörden.[1426] Sonderregelungen zur Datenverarbeitung bestehen für die sog. Antiterrordatei und die sog. Rechtsextremismusdatei.[1427] Die besondere Bedeutung der Norm liegt in der **Zusammenführung von Daten** aus Strafverfolgung und Gefahrenabwehr.[1428] Im Unterschied zur Rasterfahndung nach §§ 98a, 98b StPO werden hierbei nur bereits erlangte – polizeiinterne – Daten maschinell abgeglichen (sog. **justizinterner Datenabgleich**). In der Folge unterliegt die Maßnahme auch nicht den hohen Anordnungsvoraussetzungen der Rasterfahndung nach §§ 98a, 98b StPO, sondern erfordert lediglich den Anfangsverdacht einer Straftat.[1429] Bei der im Gesetz genannten Person, nach der gefahndet wird, kann es sich um einen Beschuldigten, Zeugen oder Sachverständigen handeln.[1430] Unzulässig ist der Datenabgleich, sofern bundes- oder landesgesetzliche Regeln entgegenstehen (§ 98c S. 2 StPO).

## V. Ausschreibungen nach §§ 131 ff. StPO

### I. Allgemeines

464 § 131 StPO erlaubt die Fahndung nach einem Beschuldigten mit dem Ziel der Festnahme (früher sog. Steckbrief), während § 131a StPO die Fahndung nach dem Beschuldigten oder Zeugen zur Aufenthaltsermittlung gestattet. Nach § 131b StPO können bei diesen Fahndungen auch Abbildungen von noch un-

1424 KK-*Greven*, § 98c Rn. 2.

1425 Eine Auflistung wichtiger Unterdateien findet sich bei *Soiné*-StPO, § 98c Rn. 5.

1426 Ausführlich zu den polizeilich genutzten Datei- und Informationssystemen zur Strafverfolgung *Soiné*, S. 108 ff.

1427 Hierzu LK-*Menges*, § 98c Rn. 16 f.

1428 *Kühne*, Rn. 545.

1429 KMR-*Jäger*, § 98c Rn. 2.

1430 BeckOK-*Gerhold*, § 98c Rn. 10.

bekannten Beschuldigten oder Zeugen zur Identifizierung oder zu sonstigen Zwecken eingesetzt werden. § 131c StPO enthält Anordnungsbefugnisse für Maßnahmen nach §§ 131–131b StPO. Der Anwendungsbereich erstreckt sich auf die Strafverfolgung sowie auf die Strafvollstreckung (§§ 456a Abs. 2 S. 3, 457 Abs. 3 StPO). Die Maßnahmen stellen einen Eingriff in das Recht auf informationelle Selbstbestimmung (Art. 2 Abs. 1 i.V.m. Art. 1 Abs. 1 GG) dar.

## II. Ausschreibung zur Festnahme nach § 131 StPO

Die Fahndung zur Festnahme ist zulässig, wenn ein vollstreckbarer Haft- **465**
oder Unterbringungsbefehl vorliegt (§ 131 Abs. 1 StPO). Bei dem Haftbefehl kann es sich um einen Untersuchungshaftbefehl, (§§ 112 ff. StPO), einen die Hauptverhandlung sichernden Haftbefehl (§ 127b Abs. 2 StPO) sowie einen Vollstreckungshaftbefehl (§ 457 Abs. 2 StPO) handeln. **Ausschreibung** bedeutet, dass der Betroffene in das EDV-Fahndungssystem der Polizei (INPOL) bzw. in die Ländersysteme (z.B. POLAS) und/oder in das Schengener Informationssystem (SIS) aufgenommen wird. Darüber hinaus sind weitere sog. **Fahndungshilfsmittel** das Bundeskriminalblatt, die Landeskriminalblätter, Dateien nach den §§ 483 ff. StPO, soweit diese Fahndungsinformationen enthalten, das Bundes-, Verkehrs-, Gewerbe- und Ausländerzentralregister.[1431]
§ 131 Abs. 4 StPO regelt den **Inhalt der Fahndungsausschreibung**. Danach ist der Beschuldigte möglichst genau zu bezeichnen und soweit erforderlich zu beschreiben. Hierdurch sollen Verwechslungsgefahren ausgeschlossen werden.[1432] Auch dürfen Abbildungen, Fotos, Phantombilder beigefügt und Tat, Tatort, Tatzeit sowie weitere Umstände, die für die Ergreifung von Bedeutung sein können, angegeben werden.[1433] Die Maßnahme der Ausschreibung ist nur zulässig, wenn sie zur Ergreifung des Täters verhältnismäßig, insbesondere erforderlich ist.[1434] Gleichermaßen zuständig für die **Anordnung** sind der Richter und die Staatsanwaltschaft, bei Gefahr im Verzug auch ihre Ermittlungspersonen (§ 131 Abs. 1 StPO).

Liegt noch kein Haft- oder Unterbringungsbefehl vor, sind aber die Voraus- **466**
setzungen dafür gegeben, kann in **Eilfällen**, in denen der Erlass ohne Gefährdung des Fahndungserfolges nicht abgewartet werden kann, eine Ausschreibung zur Festnahme durch die Staatsanwaltschaft und ihre Ermittlungspersonen veranlasst werden (§ 131 Abs. 2 S. 1 StPO). Die Entscheidung über einen Haft- oder Unterbringungsbefehl ist dann unverzüglich, spätes-

1431 Vgl. die nicht abschließende Aufzählung in Nr. 40 RiStBV.

1432 SK-*Paeffgen*, § 131 Rn. 8.

1433 Ausführlich MüKo-*Gerhold*, § 131 Rn. 18.

1434 Hierzu MüKo-*Gerhold*, § 131 Rn. 5.

tens binnen einer Woche herbeizuführen (§ 131 Abs. 2 S. 2 StPO). Da die Voraussetzungen eines Haft- oder Unterbringungsbefehls erforderlich sind, müssen Haftgründe und dringender Tatverdacht gegen einen Beschuldigten vorliegen. Weiterhin muss die Maßnahme zur vorläufigen Festnahme erforderlich sein (§ 131 Abs. 2 S. 1 2. Hs. StPO). Dies macht deutlich, dass die Vorschrift die Bestimmungen zur vorläufigen Festnahme ergänzt.

**467** Während § 131 Abs. 1 u. 2 StPO nur die Ausschreibung zur Festnahme in behördeninternen Fahndungssystemen umfasst, regelt § 131 Abs. 3 StPO die **Öffentlichkeitsfahndung.** Voraussetzung einer Öffentlichkeitsfahndung (z.B. über Presse, Rundfunk, Fernsehen, Internet, Plakataushänge, Verteilung von Handzetteln) ist der **dringende Tatverdacht einer Straftat von erheblicher Bedeutung.** Dies sind Straftaten, die mindestens dem Bereich der mittleren Kriminalität zuzurechnen sind, den Rechtsfrieden empfindlich stören und geeignet sind, das Gefühl der Rechtssicherheit der Bevölkerung erheblich zu beeinträchtigen.[1435] Aufgrund ihrer erheblichen Eingriffsintensität in das allgemeine Persönlichkeitsrecht ist die Öffentlichkeitsfahndung weiterhin an eine **Subsidiaritätsklausel** gebunden. Danach ist sie nur zulässig, wenn andere Formen der Aufenthaltsermittlung erheblich weniger Erfolg versprechend oder wesentlich erschwert wären (§ 131 Abs. 3 S. 1 StPO). Insofern muss zunächst geprüft werden, ob nicht mildere Formen der Aufenthaltsermittlung vorrangig anzuwenden sind.[1436] Grundsätzlich sind nur der Richter und die Staatsanwaltschaft zur **Anordnung** befugt, bei Gefahr im Verzug und wenn Richter oder Staatsanwaltschaft nicht rechtzeitig erreichbar sind, auch ihre Ermittlungspersonen (§ 131 Abs. 3 S. 2 StPO). In diesen Fällen ist die Entscheidung der Staatsanwaltschaft unverzüglich herbeizuführen (§ 131 Abs. 3 S. 3 StPO). Die Anordnung tritt außer Kraft, wenn die Bestätigung nicht binnen 24 Stunden erfolgt. (§ 131 Abs. 3 S. 4 StPO).

**468** Nach der **Ergreifung des Beschuldigten** aufgrund der Ausschreibung gelten im Fall des § 131 Abs. 1 StPO die §§ 115, 115a StPO unmittelbar[1437] und im Fall des § 131 Abs. 2 StPO in entsprechender Anwendung (§ 131 Abs. 5 StPO), sodass der Beschuldigte dem Richter vorzuführen ist.

### III. Ausschreibung zur Aufenthaltsermittlung nach § 131a StPO

**469** Eine Ausschreibung zur **Aufenthaltsermittlung eines Beschuldigten oder Zeugen** darf nach § 131a Abs. 1 StPO angeordnet werden, wenn der Aufenthalt dieser Personen nicht bekannt ist. Die Zulässigkeit einer Aufenthalts-

---

1435 BVerfG 14.12.2000 – 2 BvR 1741/99, BVerfGE 103, 21, 34.

1436 LR-*Gleß*, § 131 Rn. 19.

1437 M-G/S-*Schmitt*, § 131 Rn. 6.

ermittlung knüpft nur an der Tatsache an, dass der Aufenthalt der Betroffenen unbekannt ist.[1438] Nach § 131a Abs. 5 StPO darf die Ausschreibung in allen Fahndungshilfsmitteln der Polizei erfolgen. Die **inhaltlichen Anforderungen** der Ausschreibung ergeben sich aus § 131a Abs. 4 StPO. § 131a Abs. 2 StPO erweitert den Anwendungsbereich des § 131a Abs. 1 StPO und lässt eine Ausschreibung des Beschuldigten auch zu, um den Führerschein sicherzustellen (§ 94 Abs. 3 StPO), eine erkennungsdienstliche Behandlung (§ 81a StPO) oder eine DNA-Analyse (§§ 81e, 81g StPO) durchzuführen oder seine Identität festzustellen (§ 163b StPO). § 131a Abs. 3 StPO erlaubt auch eine **Öffentlichkeitsfahndung zur Aufenthaltsermittlung**. Voraussetzung ist, dass der Aufenthalt des Beschuldigten bzw. Zeugen nicht bekannt ist und gegen den Beschuldigten der dringende Tatverdacht einer Straftat von erheblicher Bedeutung (s. Rn. 467) besteht. Über die allgemeine Verhältnismäßigkeit hinaus ist die Öffentlichkeitsfahndung an eine **Subsidiaritätsklausel** gebunden, wonach nur angeordnet werden darf, wenn die Aufenthaltsermittlung auf andere Weise erheblich weniger Erfolg versprechend oder wesentlich erschwert wäre (§ 131 Abs. 3 S. 1 StPO). Der **Verhältnismäßigkeitsgrundsatz** erfordert stets eine Prüfung, ob z.B. auch eine Nachfrage bei der Meldebehörde als milderes Mittel anstelle einer Ausschreibung in Betracht kommt.[1439] Andererseits kann eine Ausschreibung weniger belastend wirken als Ermittlungen im sozialen Umfeld des Beschuldigten, wie eine Befragung von Nachbarn und Arbeitskollegen.

Fahndungen nach § 131a Abs. 1 u. 2 StPO bedürfen der **Anordnung** durch 470
die Staatsanwaltschaft und bei Gefahr im Verzug durch ihre Ermittlungspersonen (§ 131c Abs. 1 S. 2 StPO). Letztere treten außer Kraft, wenn sie nicht binnen einer Woche von der Staatsanwaltschaft bestätigt werden (§ 131c Abs. 2 S. 2 StPO). Eine Öffentlichkeitsfahndung nach § 131a Abs. 3 StPO darf hingegen grundsätzlich nur vom Richter, bei Gefahr im Verzug auch durch die Staatsanwaltschaft und ihre Ermittlungspersonen, angeordnet werden (§ 131c Abs. 1 S. 1 StPO).

## IV. Aufklärungs- und Identitätsfahndung nach § 131b StPO

§ 131b StPO regelt die Zulässigkeit einer Aufklärungsfahndung und einer 471
Identitätsfahndung.[1440] § 131b Abs. 1 StPO bezieht sich auf Beschuldigte, § 131b Abs. 2 StPO auf Zeugen. Die Norm geht über die Öffentlichkeitsfahndung hinaus und erlaubt die **Veröffentlichung von Abbildungen** eines Be-

1438 BT-Drs. 14/1484, S. 21.

1439 M-G/S-*Schmitt*, § 131a Rn. 1.

1440 BT-Drs. 14/1484, S. 21.

schuldigten bzw. Zeugen zur Aufklärung einer Straftat. Die Veröffentlichung von Abbildungen des Beschuldigten ist zulässig, wenn er einer **Straftat von erheblicher Bedeutung** (s. Rn. 467) verdächtig ist. Es genügt der einfache Tatverdacht i.S.d. Anfangsverdachts. Dabei kann Bildmaterial jeglicher Art veröffentlicht werden, sofern es geeignet ist, den Beschuldigten zu identifizieren. Insbesondere können auch Phantombilder eines unbekannten Täters einbezogen werden.[1441] Zu beachten sind die für den Beschuldigten und den Zeugen unterschiedlich ausgeprägten **Subsidiaritätsklauseln**. Danach dürfen die Abbildungen von Beschuldigten nur veröffentlicht werden, wenn die Aufklärung der Straftat, insbesondere die Feststellung der Identität eines unbekannten Täters, auf andere Weise erheblich weniger Erfolg versprechend oder wesentlich erschwert wäre (§ 131b Abs. 1 StPO). Die Veröffentlichung von Abbildungen eines Zeugen ist nur zulässig, wenn die Aufklärung der Straftat auf andere Weise aussichtslos oder wesentlich erschwert wäre (§ 131b Abs. 2 StPO). Auch muss die Veröffentlichung erkennbar machen, dass die abgebildete Person nicht Beschuldigter ist (§ 131b Abs. 2 S. 2 StPO). Die weiteren inhaltlichen Anforderungen der Veröffentlichung ergeben sich aus § 131 Abs. 4 StPO, auf den § 131b Abs. 3 StPO verweist.

**472** Die **Anordnung** darf nur vom Richter, bei Gefahr im Verzug auch durch die Staatsanwaltschaft und ihre Ermittlungspersonen, getroffen werden (§ 131c Abs. 1 S. 1 StPO). Der Richter muss die von Staatsanwaltschaft oder Ermittlungspersonen angeordnete Maßnahme binnen einer Woche bestätigen. Erfolgt dies nicht, tritt die Anordnung außer Kraft. § 131c Abs. 2 S. 1 StPO regelt die andauernde (mehr als zwei Tage) Veröffentlichung in elektronischen Medien (Internet, nicht Fahndungscomputer) sowie die wiederholte (ab der zweiten) Veröffentlichung im Fernsehen oder in periodischen Druckwerken.[1442]

## W. Technische Überwachungsmaßnahmen

### I. Allgemeines

**473** Technische Überwachungsmaßnahmen dienen der **geheimen Informationsgewinnung** im Strafverfahren.[1443] Da sie verdeckt erfolgen, sind sie regelmäßig mit **erheblichen Grundrechtseingriffen** verbunden. Die Spannweite der betroffenen Grundrechte reicht dabei von Art. 13 Abs. 1 GG und Art. 10 Abs. 1 GG über das Grundrecht auf Integrität und Vertraulichkeit informa-

---

1441 BeckOK-*Niesler*, § 131b Rn. 4.

1442 KK-*Glaser*, § 131c Rn. 3.

1443 Kritisch *Kühne*, Rn. 519; *Roxin/Schünemann*, § 36 Rn. 1.

tionstechnischer Systeme (Art. 2 Abs. 1 i.V.m. Art. 1 Abs. 1 GG; sog. IT-Grundrecht)[1444] bis zum allgemeinen Persönlichkeitsrecht (Art. 2 Abs. 1 i.V.m. Art. 1 Abs. 1 GG), insbesondere in der Ausprägung des Rechts auf informationelle Selbstbestimmung. In der Folge sind die Eingriffsvoraussetzungen der Überwachungsmaßnahmen regelmäßig an **höhere rechtliche Erfordernisse**, wie beispielsweise einen bestimmten Schweregrad der aufzuklärenden Straftat, eine strengere Verhältnismäßigkeitsprüfung mit Subsidiaritätsklauseln sowie einen Richtervorbehalt gebunden. Auch der Schutz von Berufsgeheimnisträgern (§§ 53, 53a StPO) sowie teilweise auch von Personen, die aus persönlichen Gründen das Zeugnis verweigern dürfen (§ 52 StPO), wird über Beweiserhebungs- und Beweisverwertungsverbote abgesichert (§§ 160a, 100d Abs. 5 StPO). Zentrale Norm für die formellen Anordnungsvoraussetzungen vieler Überwachungsmaßnahmen ist dabei § 100e StPO. Weiterhin erfordert der heimliche Einsatz von Überwachungsmaßnahmen besondere Berichts- und vor allem Benachrichtigungspflichten der Betroffenen, die insbesondere den nachträglichen Rechtsschutz gewährleisten sollen (§§ 101 ff. StPO). Durch verdeckte Überwachungsmaßnahmen werden oftmals sog. Zufallserkenntnisse gewonnen, bei denen sich die Frage der Verwertbarkeit bzw. Verwendbarkeit stellt, die in § 100e Abs. 6 StPO und §§ 161 Abs. 3, 479 Abs. 2 StPO gesetzlich geregelt ist.

Da eine technische Überwachungsmaßnahme auch in den **Kernbereich der** 474
**privaten Lebensgestaltung** eingreifen kann, bestehen hier rechtliche Beschränkungen des Einsatzes (§ 100d StPO), die differenziert nach der jeweiligen Eingriffsintensität der Überwachungsmaßnahme ausgestaltet sind. Die Regelung des § 100d StPO ist Ausfluss des vom Bundesverfassungsgericht entwickelten Schutzguts eines Kernbereichs privater Lebensgestaltung.[1445] Es handelt sich um einen dem einzelnen Bürger vorbehaltenen letzten unantastbaren Bereich menschlicher Freiheit, der der Einwirkung staatlicher Gewalt entzogen ist.[1446] Zur Entfaltung des Kernbereichs der Persönlichkeit eines Menschen gehört danach die Möglichkeit, innere Vorgänge wie Empfindungen und Gefühle sowie Überlegungen, Ansichten und Erlebnisse höchstpersönlicher Art zum Ausdruck zu bringen, ohne Angst, dass staatliche Stellen dies überwachen; hierzu gehören innerste Gefühlsäußerungen, Äußerungen des unbewussten Erlebens sowie Ausdrucksformen der Sexualität.[1447] Ob ein Sachverhalt dem unantastbaren Kernbereich

1444 BVerfG 27.02.2008 – 1 BvR 370/07, BVerfGE 124, 43, 57.

1445 BVerfG 20.04.2016 – 1 BvR 966/09, BVerfGE 141, 220, 268 ff. m.w.N.; grundlegend BVerfG 03.03.2004 – 1 BvR 2378/98, BVerfGE 109, 279, 308 ff.

1446 BVerfG 03.03.2004 – 1 BvR 2378/98, BVerfGE 109, 279, 313 f.

1447 BVerfG 03.03.2004 – 1 BvR 2378/98, BVerfGE 109, 279, 313.

zuzuordnen ist, hängt davon ab, ob der Inhalt höchstpersönlichen Charakters ist, also auch in welcher Art und Intensität er aus sich heraus die Sphäre anderer oder Belange der Gemeinschaft berührt.[1448] Maßgebend sind dabei die Besonderheiten des jeweiligen Falles.[1449]

**Indizien für einen Kernbereichsbezug:**

Gespräche über Beziehungen und Sexualität unter Partnern; eingehende Erörterungen schwerer Krankheiten; religiöse Betätigungen allein oder im engsten Kreis; Äußerungen extremer Emotionalität wie z.B. „Raserei"; Erörterung existenzieller Fragen im engsten Kreis oder Selbstgespräche.[1450]

Allgemein ist eine Kernbereichsrelevanz regelmäßig hinsichtlich solcher Inhalte zu bejahen, in denen eine Person gleichsam „ihr Innerstes nach außen kehrt".[1451] Auch dürfen Überwachungsmaßnahmen nicht zu einer **Totalüberwachung** des Betroffenen führen.[1452]

**475** Die Anzahl der jährlichen Anordnungen und Durchführungen solcher verdeckten technischen Maßnahmen und damit die **ermittlungspraktische Relevanz** ist sehr unterschiedlich. Dabei nimmt die Anzahl der Anordnungen pro Jahr mit der Schwere des Eingriffs und den damit verbundenen höheren rechtlichen Voraussetzungen stark ab. So dominieren in der Praxis Maßnahmen nach §§ 100a, 100g StPO, während Maßnahmen nach §§ 100b, 100c StPO kaum angeordnet oder durchgeführt werden. Für das Jahr 2020 lassen sich beispielhaft insgesamt 14.601 Erstanordnungen zur Telekommunikationsüberwachung (§ 100a StPO) und 13.714 Erstanordnungen für die Verkehrsdatenüberwachung (§ 100g StPO) verzeichnen. Von den Anordnungen nach § 100a StPO entfallen dabei auf die an strengere Voraussetzungen gebundene sog. Quellen-TKÜ nur 25, von denen nur 14 Anordnungen durchgeführt wurden. Die Online-Durchsuchung (§ 100b StPO) ist 2020 lediglich zwölfmal angeordnet und davon nur achtmal durchgeführt worden.[1453] Anordnungen zur Wohnraumüberwachung (§ 100c StPO) sind im Jahr 2020 sogar nur in acht Strafverfahren erfolgt, wobei in sieben Verfahren die Maßnah-

1448 BVerfG 14.09.1989 – 2 BvR 1062/87, BVerfGE 80, 367, 374.

1449 BVerfG 03.03.2004 – 1 BvR 2378/98, BVerfGE 109, 279, 321 ff.

1450 KK-*Henrichs/Weingast*, § 100d Rn. 4.

1451 MüKo-*Rückert*, § 100d Rn. 5.

1452 BVerfG 03.03.2004 – 1 BvR 2378/98, BVerfGE 109, 279, 323; BGH 14.08.2009 – 3 StR 552/08, BGHSt 54, 69, 102 ff.

1453 Übersichten zur Telekommunikations- und Verkehrsdatenüberwachung sowie zur Online-Durchsuchung 2020 finden sich auf den Internetseiten des Bundesjustizamtes: https://www.bundesjustizamt.de/DE/Service/Justizstatistiken/Justizstatistiken_node.html.

me auch durchgeführt wurde, von denen nur vier Maßnahmen überhaupt ergiebige Erkenntnisse für das Anlassverfahren erbrachten.[1454]

## II. Telekommunikationsüberwachung nach § 100a StPO

### 1. Allgemeines

476 § 100a StPO erlaubt den Strafverfolgungsbehörden die Überwachung und Aufzeichnung der bei der Telekommunikation anfallenden **Inhalte**. Es handelt sich dabei um eine verdeckte Maßnahme. Die Formulierung in § 100a Abs. 1 S. 1 StPO „auch ohne Wissen der Betroffenen" soll dabei klarstellen, dass die eigentlich heimliche Maßnahme nicht unzulässig wird, wenn der Betroffene diese bemerkt.[1455] In der Praxis ist seit Beginn der 90er-Jahre ein starker Anstieg der Telekommunikationsüberwachung zu verzeichnen, deren Hauptanwendungsbereiche vor allem die Betäubungsmittelkriminalität[1456] sowie Kapitaldelikte und Straftaten nach §§ 129, 129a StGB sind.[1457] Die Telekommunikationsüberwachung stellt einen **erheblichen Grundrechtseingriff** in das Fernmeldegeheimnis (Art. 10 Abs. 1 GG) und bei der sog. Quellen-TKÜ darüber hinaus auch in das Grundrecht auf Integrität und Vertraulichkeit informationstechnischer Systeme (Art. 2 Abs. 1 i.V.m. Art. 1 Abs. 1 GG; sog. IT-Grundrecht) dar.[1458] Das **Fernmeldegeheimnis** schützt die Vertraulichkeit der individuellen Kommunikation, wenn diese wegen der räumlichen Distanz zwischen den Beteiligten auf eine Übermittlung durch andere angewiesen ist und deshalb in besonderer Weise einen Zugriff Dritter – einschließlich staatlicher Stellen – ermöglicht.[1459] In der Folge stellt jede Kenntnisnahme, Aufzeichnung und Verwertung kommunikativer Daten durch Dritte ohne Einwilligung des Betroffenen einen Grundrechtseingriff dar, der bereits mit der Anordnung vorliegt.[1460]

### 2. Begriff der Telekommunikation

#### a) Grundsätzliches

477 Der Begriff der Telekommunikation wird in der StPO nicht definiert oder näher konkretisiert. Jedoch findet sich eine Legaldefinition in § 3 Nr. 59 TKG. Danach handelt es sich um den technischen Vorgang des Aussendens,

---

1454 BT-Drs. 19/32583, S. 4.

1455 BT-Drs. 16/5846, S. 38 f.

1456 Hierzu MüKo-*Rückert*, § 100a Rn. 5.

1457 *Ostendorf/Brüning*, § 11 Rn. 51.

1458 M-G/S-*Köhler*, § 100a Rn. 1.

1459 BVerfG 23.11.2005 – 2 BvR 2099/04, BVerfGE 115, 166, 182.

1460 BVerfG 16.06.2009 – 2 BvR 902/06, BVerfGE 124, 43, 55 f.; BVerfG 12.10.2011 – 2 BvR 236/08, BVerfGE 129, 208, 241.

Übermittelns und Empfangens von Signalen mittels Telekommunikationsanlagen. Hierunter fallen Nachrichten jeglicher Art in Form von Zeichen, Sprache, Bildern oder Tönen. Die Telekommunikation umfasst damit alle Formen der Nachrichtenübermittlung unter Raumüberwindung in nicht körperlicher Weise mittels technischer Einrichtungen.[1461] Telekommunikationsanlagen sind gem. § 3 Nr. 60 TKG technische Einrichtungen, Systeme oder Server, die als Nachrichten identifizierbare elektromagnetische oder optische Signale oder Daten senden, übertragen, vermitteln, empfangen, steuern oder kontrollieren können. Inwieweit auf diese Legaldefinition des Telekommunikationsbegriffs im TKG zur **Bestimmung des sachlichen Anwendungsbereichs** des § 100a StPO zurückgegriffen werden kann, ist umstritten.[1462] Überzeugend erscheint, der Rechtsprechung des Bundesverfassungsgerichts[1463] und der h.L.[1464] zu folgen, die – wie wohl auch der Bundesgerichtshof[1465] – von der rein technischen Legaldefinition des TKG ausgehen und dessen Auslegung entwicklungsoffen am Schutzbereich des Fernmeldegeheimnisses aus Art. 10 Abs. 1 GG messen und konkretisieren.

**478** Die von § 100a StPO erfassten **Arten der Telekommunikation** sind sehr vielfältig und beinhalten insbesondere die Fernsprechkommunikation mittels Festnetz- und Mobiltelefon, Fernschreib- und Telefaxverkehr sowie die Nachrichtenkommunikation per SMS und MMS, die E-Mail Kommunikation und die Internetkommunikation wie beispielsweise die Internettelefonie über Skype, FaceTime etc., aber auch geschlossene, zugangsgesicherte Chat-Dienste wie z.B. WhatsApp sowie Videokonferenzsysteme wie z.B. Zoom. Hingegen fallen offene Internet-Chats oder Newsgruppen sowie soziale Netzwerke wie Facebook nicht in den Schutzbereich von Art. 10 Abs. 1 GG, sodass auf deren Inhalte über die Ermittlungsgeneralklauseln (§§ 161 Abs. 1, 163 Abs. 1 StPO) zugegriffen werden kann (sog. Internet-Aufklärung).[1466]

**479** § 100a StPO dient der Erfassung der **Inhaltsdaten** dieser Kommunikation und legt die Grenzen eines zulässigen Eingriffs in das Fernmeldegeheimnis (Art. 10 Abs. 1 GG) fest. Von diesen Inhaltsdaten zu unterscheiden sind die Bestandsdaten (§ 3 Nr. 6 TKG; § 2 Abs. 2 Nr. 2 TTDSG) und die Verkehrsdaten (§ 3 Nr. 70 TKG) der Kommunikation, deren Erhebung nach §§ 100j und 100g StPO erfolgt. Der **Kommunikationsvorgang** betrifft dabei grund-

1461 BVerfG 12.10.1977 – 1 BvR 216/75, BVerfGE 46, 120, 143.; 100, 313, 358 f.

1462 Ausführlich MüKo-*Rückert*, § 100a Rn. 59 ff. m.w.N.

1463 BVerfG 06.07.2016 – 2 BvR 1454/13, NJW 2016, 3508, 3509 ff.; BVerfG 20.12.2018 – 2 BvR 2377/16, NJW 2019, 584, 585 ff. jeweils m.w.N.

1464 BeckOK-*Graf*, § 100a Rn. 20 ff. KK-*Henrichs/Weingast*, § 100a Rn. 4 jeweils m.w.N.

1465 BGH 14.03.2003 – 2 StR 341/02, NStZ 2003, 668, 669.

1466 BVerfG 27.02.2008 – 1 BvR 370/07, BVerfGE 120, 274, 345 f.

sätzlich den Zeitpunkt vom Absenden bis zum Empfangen der Signale beim Adressaten.[1467] Der Schutz des Art. 10 Abs. 1 GG endet in dem Moment, indem ein Signal beim Empfänger angekommen ist.[1468] Die Telekommunikation umfasst also nur den eigentlichen technischen Vorgang der Nachrichtenübermittlung. Der Schutz des Art. 10 GG bezieht sich darauf, dass der Kommunikationsteilnehmer keine technischen Möglichkeiten hat, das Entstehen und die Speicherung von Verbindungsdaten durch den Nachrichtenmittler zu verhindern oder auch nur zu beeinflussen.[1469] Nicht unter den Schutz des Fernmeldegeheimnisses fallen daher Nachrichten, Daten oder Signale, die noch nicht oder nicht mehr gesendet, übermittelt oder empfangen werden.[1470]

**Beispiele:**

Zum späteren Versand vorbereitete E-Mails; noch nicht abgesandte Telefaxschreiben oder SMS-Nachrichten; vom Empfänger bereits abgespeicherte Daten; eingegangene SMS; vom Anrufbeantworter aufgezeichnete Gespräche.

Ein Zugriff auf diese Inhalte erfolgt dann über die Sicherstellung und Beschlagnahme (§§ 94 ff. StPO). Hingegen kann ein Zugriff auf Sprachnachrichten, die in einem sog. **Mailboxsystem** eingehen und für den späteren Abruf gespeichert werden, nur unter den Voraussetzungen des § 100a StPO erfolgen, da die Nachricht in diesen Fällen – im Unterschied zu einem Anrufbeantworter, bei dem die Nachricht sich bereits auf dem Gerät des Empfängers befindet – noch nicht beim Empfänger angekommen ist.[1471]

### b) Einseitiger Datenabruf

Ob für die Telekommunikation ein Kommunikationsvorgang, der stets mindestens zwei menschliche Kommunikationspartner erfordert, oder ein einseitiger Datenabruf ausreicht, ist umstritten. Da es bei § 100a StPO gerade um die Erfassung kommunikativen Sozialverhaltens geht, also um einen **sozialen Informationsaustausch**, ist der reine Datenaustausch zwischen „Maschinen" keine Telekommunikation in diesem Sinne.[1472] Daher handelt es sich bei mittels sog. stiller SMS automatisch generierten Positionsmeldungen eines Mo- **480**

1467 BeckOK-*Graf*, § 100a Rn. 23.

1468 BVerfG 16.06.2009 – 2 BvR 902/06, BVerfGE 124, 43, 54.

1469 SK-*Greco/Wolter*, § 100a Rn. 23 f.

1470 BVerfG 27.02.2008 – 1 BvR 370/07, BVerfGE 120, 274, 307 f.

1471 BGH 31.07.1995 – 1 BGs 625/95, NStZ 1997, 247, 248.

1472 BGH 08.02.2018 – 3 StR 400/17, BGHSt 63, 82, 84; M-G/S-*Köhler*, § 100a Rn. 6; *Roxin/Schünemann*, § 36 Rn. 4 f.; SK-*Greco/Wolter*, § 100a Rn. 31a m.w.N.; *Soiné*, MMR 2015, 22, 23; a.A. BeckOK-*Graf*, § 100a Rn. 22; KK-*Henrichs/Weingast*, § 100a Rn. 4.

biltelefons nicht um Telekommunikation i.S.d. § 100a StPO.[1473] Stattdessen ist § 100i Abs. 1 Nr. 2 StPO die einschlägige Ermächtigungsnorm (s. Rn. 532). Auch der einseitige Datenverkehr, bei dem Daten beispielsweise in eine Cloud hochgeladen oder aus dieser heruntergeladen werden, ist danach kein Telekommunikationsvorgang und unterfällt nicht § 100a StPO. Dies gilt mangels Kommunikation mit einer zweiten Person auch für den Fall, dass sich jemand selbst eine E-Mail sendet.[1474] Nach dem Bundesverfassungsgerichts stelle hingegen das **bloße Surfen** im Internet – im Unterschied zum oben genannten Generieren von Positionsmeldungen mittels stiller SMS – einen Telekommunikationsvorgang dar und falle daher in den Schutzbereich des Art. 10 Abs. 1 GG.[1475] Dies überzeugt jedoch nicht, da es sich beim bloßen Surfen im Internet nicht um Kommunikation zwischen individualisierten Personen handelt, sondern die Informationen im Internet lediglich für eine unbestimmte Anzahl von Nutzern technisch zum Abruf bereitgestellt werden.[1476] Durch die Überwachung des Surf-Verhaltens besteht zudem die Möglichkeit, ein umfassendes Persönlichkeitsprofil zu erstellen. Insoweit entspricht die Eingriffsintensität derjenigen der Online-Durchsuchung (§ 100b StPO). Ein Zugriff auf diese Daten ist daher nur unter den Voraussetzungen der Online-Durchsuchung (§ 100b StPO) möglich.[1477] Dies umfasst auch das sog. **Cloud-Computing**, bei dem eine Cloud zum Teilen von Daten genutzt wird.[1478] Die Gegenansicht,[1479] nach der auf den Übertragungsweg dieser Daten mittels § 100a StPO zugegriffen werden könne, ist mit dem Begriff der (Tele-)Kommunikation und dem Schutzzweck des Fernmeldegeheimnisses kaum vereinbar.

### c) Überwachung des E-Mail-Verkehrs

**481** Problematisch ist in diesem Zusammenhang auch die rechtliche Einordnung der Überwachung des E-Mailverkehrs zur Strafverfolgung. Hierbei sind verschiedene Phasen des E-Mailverkehrs zu unterscheiden, wobei in der Literatur zwischen mindestens drei und höchstens sieben Phasen differenziert wird.[1480] Wie bereits dargelegt, liegt in der Erstellung der Nachricht durch den Absender

1473 BVerfG 22.08.2006 – 2 BvR 1345/03, NJW 2007, 351, 353 f.; BGH 08.02.2018 – 3 StR 400/17, BGHSt 63, 82, 84.

1474 So auch *Roxin/Schünemann*, § 36 Rn. 5; a.A. *Vassilaki*, JR 2000, 446, 447.

1475 BVerfG 06.07.2016 – 2 BvR 1454/13, NJW 2016, 3508, 3510 vor Einführung des § 100b StPO.

1476 *Eidam*, NJW 2016, 3511, 3512.

1477 Ebenso *Grötzinger*, StV 2019, 406, 411; *Krey/Heinrich*, Rn. 874; *Soiné*, NStZ 2018, 497, 499 ff.

1478 M-G/S-*Köhler*, § 100a Rn. 14f.

1479 BeckOK-*Graf*, § 100a Rn. 22; KK-*Henrichs/Weingast*, § 100a Rn. 4.

1480 BeckOK-*Graf*, § 100a Rn. 55 (7-Phasen); *Beulke/Swoboda*, Rn. 392 (5-Phasen); KMR-*Bär*, § 100a Rn. 51 (4-Phasen); KK-*Henrichs/Weingast*, § 100a Rn. 19 (3-Phasen).

auf seinem Rechner und der Speicherung auf dem Rechner des Empfängers kein Telekommunikationsvorgang vor. Die Frage, ob § 100a StPO zwischen dem Absenden und dem Empfangen der E-Mail einschlägig ist, lässt sich mit dem **Drei-Phasen-Modell** ausreichend darstellen. Danach ist Phase 1 das Absenden der Nachricht bis zum Ankommen im Speicher des Providers. Hierbei kommt die Nachricht zunächst beim E-Mail-Provider des Absenders an, der zugehörige Account wird überprüft, die Nachricht kurz zwischengespeichert und dann an den E-Mail-Provider des Empfängers weitergeleitet. Die 2. Phase ist das Ruhen der Nachricht im Speicher des E-Mail-Providers des Empfängers der Nachricht. Der Abruf der Nachricht durch den Empfänger ist dann die 3. Phase. Für die Phasen 1 und 3 gelten unstreitig die Eingriffsvoraussetzungen des § 100a StPO, da hier eindeutig ein Telekommunikationsvorgang stattfindet.[1481] Umstritten ist hingegen die rechtliche Einordnung von Phase 2, also der **Zugriff auf den Speicher des E-Mail-Providers** des Empfängers der Nachricht. Durch die kurzfristige Speicherung beim Provider wird nach Ansicht des Bundesgerichtshofs der Telekommunikationsvorgang unterbrochen, sodass die dort ruhenden Nachrichten nach §§ 94 ff. sichergestellt und beschlagnahmt werden können, wobei die Postbeschlagnahme (§ 99 StPO) entsprechend anwendbar sei.[1482] Das Bundesverfassungsgericht unterstellt auch diese Phase zwar dem Schutz von Art. 10 Abs. 1 GG, trotzdem sollen zumindest bei offener Durchführung des Zugriffs auf den Speicher des Providers die §§ 94 ff. StPO als Ermächtigungsnormen genügen.[1483] Wird die Maßnahme hingegen grundsätzlich heimlich durchgeführt, ist dies nur unter den wesentlich höheren Voraussetzungen des § 100a StPO erlaubt.[1484] Im Zuge verdeckter Ermittlungen kann daher nach Rechtsprechung und h.L. mit § 100a Abs. 1 S. 1 StPO auf beim Provider ruhende Nachrichten zugegriffen werden.[1485] Dem ist insoweit zuzustimmen, dass vom Senden bis zum Empfangen der Nachricht ein einheitlicher Telekommunikationsvorgang gegeben ist, der dem Schutz des Art. 10 Abs. 1 GG unterliegt. Da aber auch beim Ruhen der Nachricht auf dem Server des Providers die Schutzbedürftigkeit des Grundrechtsträgers – aufgrund der weiterhin bestehenden Einschaltung eines Dritten in den Kommunikationsvorgang – unverändert fortbesteht, überzeugt die Anwendung der §§ 94 ff. StPO bei offener Durchführung des Zugriffs nicht. Stattdessen bedarf es auch

---

1481 BVerfG 20.12.2018 – 2 BvR 2377/16, NJW 2019, 584, 586 m.w.N.

1482 BGH 31.03.2009 – 1 StR 76/09, NStZ 2009, 397, 398.

1483 BVerfG 16.06.2009 – 2 BvR 902/06, BVerfGE 124, 43.

1484 BGH 24.11.2009 – StB 48/09, NJW 2010, 1297, 1298.

1485 BGH 14.10.2020 – 5 StR 229/19, NStZ 2021, 355, 357 m. Anm. *Grözinger*; KK-*Henrichs/Weingast*, § 100a Rn. 21; M-G/S-*Köhler*, § 100a Rn. 6d; MüKo-*Rückert*, § 100a Rn. 104.

hier zur Sicherstellung stets einer Anordnung nach § 100a StPO.[1486] Ob das Bundesverfassungsgericht an seiner Rechtsprechung zur Anwendung der §§ 94 ff. StPO festhält, bleibt nach der Einführung des § 95a StPO (s. hierzu Rn. 392 f.) abzuwarten. Dieser erlaubt in den Fällen der Beschlagnahme beim Provider ggf. eine Zurückstellung der Benachrichtigung des Beschuldigten über die eigentlich offene Beschlagnahme, was diese dann faktisch zu einer verdeckten Beschlagnahme macht (s. hierzu Rn. 392). Möglicherweise hat dieser Streit mit der Einführung des neuen § 110 Abs. 3 S. 2 StPO aber zumindest teilweise an praktischer Relevanz verloren. Diese Eingriffsnorm ermöglicht es, Daten des Beschuldigten, die sich im Herrschaftsbereich eines Dritten befinden, mittels Fernzugriff zu sichern (s. Rn. 440).

#### d) Raumgespräche

**482** Zur eigentlichen Telekommunikation gehören nur die unmittelbar mit dem einzelnen Telekommunikationsvorgang verbundenen Vorgänge.[1487] Dabei zählen zur Telekommunikation auch Gespräche, die der Telefonierende bei der Anwahl und während des Telefonats mit anderen, bei ihm zu diesem Zeitpunkt anwesenden Personen führt sowie sog. **Hintergrundgespräche**, die weitere, in der Nähe des Telefonierenden Anwesende während des Telefonats führen.[1488] Inwieweit dies auch für sog. **Raumgespräche** gilt, ist umstritten. Hierbei handelt es sich um Gespräche, die nach der Beendigung des Telefonats bei versehentlich nicht korrekt aufgelegtem Telefon bzw. beendetem Telefonat stattfinden und infolge dessen im Rahmen der Telekommunikationsüberwachung aufgezeichnet werden. Die Problematik wird oftmals unter der Frage einer Verwertbarkeit der Inhalte diskutiert, ist aber zunächst eine Frage der Anwendbarkeit des § 100a StPO.[1489] Der Bundesgerichtshof hat zwei solcher Raumgesprächsfälle unterschiedlich beurteilt.

**Raumgesprächsfall 1:**[1490]

Gegen den Beschuldigten ist eine Telekommunikationsüberwachung rechtmäßig angeordnet. Nach einem Telefonat eines anderen Hausbewohners legt dieser den Hörer nicht richtig auf, sodass die Verbindung bestehen bleibt. Dadurch wird eine anschließend vom Beschuldigten mit seiner Ehefrau in dem Raum, in dem das Telefon steht, geführte Unterhaltung über Straftaten im Rahmen der Telekommunikationsüberwachung mitgehört und aufgezeichnet.

---

1486 Ebenso *Beulke/Swoboda*, Rn. 392; BeckOK-*Graf*, § 100a Rn. 56; *Roxin/Schünemann*, § 36 Rn. 6; SK-*Greco/Wolter*, § 100a Rn. 49.

1487 KK-*Henrichs/Weingast*, § 100a Rn. 52.

1488 BGH 10.01.2018 – 1 StR 517/17, NStZ 2018, 550, 551; BGH 24.04.2008 – 1 StR 169/08, NStZ, 473 f.

1489 Ebenso *Krey/Heinrich*, Rn. 876.

1490 BGH 16.03.1983 – 2 StR 775/82, BGHSt 31, 296 ff.

**Raumgesprächsfall 2:**[1491]

Der Mobilfunkanschluss des Beschuldigten wird rechtmäßig nach § 100a StPO überwacht. Als der Beschuldigte während einer Autofahrt telefoniert, vergisst er, nach einem Anruf bei einem Mittäter die Verbindung zu beenden, sodass auch das im Auto mit dem Beifahrer geführte Gespräch während der noch bestehenden Verbindung aufgezeichnet wird.

Im ersten Raumgesprächsfall hat der Bundesgerichtshof die Anwendung des § 100a StPO abgelehnt und in der Folge die Inhalte für unverwertbar erklärt. Im zweiten Raumgesprächsfall wurde hingegen ein Anwendungsfall des § 100a StPO und damit auch die Verwertbarkeit der Gesprächsinhalte bejaht. Die differenzierte Betrachtung wird insbesondere damit begründet, dass im ersten Fall ein Dritter die Telefonverbindung nicht korrekt beendet hat, während im zweiten Fall der Beschuldigte selbst dafür verantwortlich war.[1492] Auch betreffe der erste Fall eine Wohnung (Art. 13 Abs. 1 GG), während der zweite im Auto stattfinde.[1493] Im Hinblick auf die Frage der Verwertbarkeit mag dies nachvollziehbar sein, hinsichtlich der Anwendbarkeit des § 100a StPO überzeugt dies nicht, da Telekommunikation i.S.v. Art. 10 Abs. 1 GG ein **willensgetragenes Kommunizieren** mittels der Telekommunikationsanlage erfordert, was in den sog. Raumgesprächsfällen stets fehlt.[1494]

Keine Telekommunikationsüberwachung liegt vor, wenn ein Anschlussinha- 483
ber einem Dritten, sei es ein Privater oder ein Polizeibeamter, das **Mithören eines Telefongesprächs** erlaubt, ohne dass der Gesprächspartner davon Kenntnis hat. In diesen Fällen, die zu den sog. Hörfallen gehören (s. Rn. 231 f.), liegt kein Eingriff in das Fernmeldegeheimnis (Art. 10 Abs. 1 GG) vor, da das Vertrauen in die Zuverlässigkeit des Gesprächspartners nicht durch Art. 10 Abs. 1 GG geschützt wird.[1495] Werden solche Maßnahmen gezielt von der Polizei eingesetzt, erfordert dies im Hinblick auf die Frage der Verwertbarkeit des Inhalts mittels Zeugenvernehmung der Person, die mitgehört hat, die Aufklärung einer Straftat von erheblicher Bedeutung (s. Rn. 467) und die Feststellung, dass andere Ermittlungsmethoden erheblich weniger Erfolg versprechend oder wesentlich erschwert wären.[1496]

1491 BGH 14.03.2003 – 2 StR 341/02, NStZ 2003, 668 ff.
1492 BGH 14.03.2003 – 2 StR 341/02 NStZ 2003, 668, 669; *Trurnit*, Rn. 717.
1493 BGH 14.03.2003 – 2 StR 341/02 NStZ 2003, 668, 670.
1494 *Krey/Heinrich*, Rn. 877; SK-*Wolter/Greco*, § 100a Rn. 25.
1495 BGH 08.10.1993 – 2 StR 400/93, BGHSt 39, 335, 339.
1496 BGH 13.05.1996 – GSSt 1/96, BGHSt 42, 139, 157.

### 3. Materiell-rechtliche Voraussetzungen

484 Eine Telekommunikationsüberwachung erfordert einen Tatverdacht i.S.d. Anfangsverdachts hinsichtlich einer der in § 100a Abs. 2 StPO genannten **Katalogtaten**, wobei der Versuch bzw. die Vorbereitung genügen (§ 100a Abs. 1 S. 1 Nr. 1 StPO). Bei diesen Katalogtaten handelt es sich um **schwere Straftaten**. Dies sind Straftaten, die eine Mindesthöchststrafe von fünf Jahren androhen. Für die Einordnung weiterhin entscheidend sind auch das jeweils geschützte Rechtsgut und deren Bedeutung für die Rechtsgemeinschaft. Da der Katalog des § 100a Abs. 2 StPO abschließend ist, kommt dem Aspekt der Schwere insoweit nur die Bedeutung einer Abgrenzung zu anderen Überwachungsmaßnahmen, die einen anderen Schweregrad erfordern, zu. Schwere Straftaten sind zwischen besonders schweren Straftaten (Art. 13 Abs. 3 S. 1 GG) und Straftaten von erheblicher Bedeutung (s. Rn. 361) einzuordnen. Der Straftatenkatalog des § 100a Abs. 2 StPO ist dabei eine notwendige gesetzliche Konkretisierung des Verhältnismäßigkeitsgrundsatzes.[1497] Angesichts der Weite des Straftatenkatalogs muss die Tat auch **im Einzelfall schwer wiegen** (§ 100a Abs. 1 S. 1 Nr. 2 StPO), also nicht nur abstrakt, sondern im konkreten Einzelfall. Der Katalog ist zunächst nur ein Indiz für die Schwere der vermeintlichen Straftat. Auf einer zweiten Stufe muss die Schwere der Tat hinsichtlich des konkret zu ermittelnden Sachverhalts bewertet werden. Anhaltspunkte für die Schwere sind die Schutzwürdigkeit der verletzten Rechtsgüter, der Grad der Bedrohung der Allgemeinheit, die Art der Begehung der Straftat, die Anzahl der Verletzten bzw. das Schadensausmaß, aber auch das Hinzutreten besonderer Umstände wie die faktische Verzahnung mit anderen Katalogtaten oder das Zusammenwirken des Beschuldigten mit anderen Straftätern.[1498]

485 Die Maßnahme richtet sich in erster Linie gegen den Beschuldigten, wobei die Identität noch nicht feststehen muss. Die Überwachung kann sich auch gegen Nichtverdächtige richten, wenn es sich um Personen handelt, von denen aufgrund bestimmter Tatsachen anzunehmen ist, dass sie für den Beschuldigten bestimmte oder von ihm herrührende Mitteilungen entgegennehmen oder weitergeben oder dass der Beschuldigte ihren Anschluss nutzt (§ 100a Abs. 3 StPO). Es handelt sich also im Wesentlichen um sog. **Nachrichtenmittler**. Unerheblich ist, ob die Personen gutgläubig sind oder nicht oder ob sie wissen, dass der Beschuldigte ihren Anschluss nutzt.[1499] Somit kann es sich um Bekannte, Nachbarn, Gastwirte, Wirtschaftsunternehmen

1497 KK-*Henrichs/Weingast*, § 100a Rn. 27.

1498 BVerfG 03.03.2004 – 1 BvR 2378/98, NJW 2004, 999, 1011; BVerfG 12.03.2003 – 1 BvR 330/96, NJW 2003, 1787, 1791.

1499 LR-*Hauck*, § 100a Rn. 176; MüKo-*Rückert*, § 100a Rn. 192.

etc. handeln.[1500] Während die Überwachung dieser Personen auch dann zulässig ist, wenn sie Zeugnisverweigerungsberechtigte nach § 52 StPO sind, ist für eine Telekommunikationsüberwachung, die sich auf **Berufsgeheimnisträger** (§ 53 StPO) bezieht, § 160a StPO zu beachten (s. Rn. 258 f.).[1501] Der Telefonanschluss des Verteidigers darf im Hinblick auf § 148 StPO grundsätzlich nicht abgehört werden.[1502] Insoweit endet die Zulässigkeit der Telekommunikationsüberwachung dort, wo das Recht auf unüberwachten **Verkehr zwischen Verteidiger und Beschuldigtem** beginnt. Dies betrifft nicht nur die Unzulässigkeit einer Telekommunikationsüberwachung beim Verteidiger, um die zwischen diesem und dem Beschuldigten geführten Gespräche zu überwachen. Auch eine laufende Überwachung beim Beschuldigten ist abzubrechen, wenn es sich um ein Gespräch mit seinem Verteidiger handelt; entsprechende Aufzeichnungen unterliegen einem Beweisverwertungsverbot und sind zu löschen.[1503] Ist der Verteidiger hingegen selbst Beschuldigter einer Katalogtat, darf eine Überwachung erfolgen, selbst wenn Verteidigergespräche abgehört werden, nicht jedoch, wenn er nur wegen Strafvereitelung (§ 258 StGB) zugunsten seines Mandanten verdächtigt wird.[1504]

Weiterhin erfordert die sog. **Subsidiaritätsklausel**, dass die Erforschung des Sachverhalts oder die Ermittlung des Aufenthaltsortes des Beschuldigten auf andere Weise wesentlich erschwert oder aussichtslos ist (§ 100a Abs. 1 S. 1 Nr. 3 StPO). Insofern müssen stets erst andere Maßnahmen hinsichtlich ihrer Erfolgswahrscheinlichkeit geprüft werden.[1505] Aussichtslos bedeutet, dass andere Aufklärungsmittel nicht vorhanden sind. Eine wesentliche Erschwerung liegt insbesondere vor, wenn die Benutzung anderer Aufklärungsmittel einen erheblich größeren Zeitaufwand erfordern und damit zu einer wesentlichen Verfahrensverzögerung führen würde.[1506] Der **Verhältnismäßigkeitsgrundsatz** ist durch die beiden Eingriffsvoraussetzungen – Katalogtat und Subsidiaritätsklausel – nicht umfassend berücksichtigt, sondern muss darüber hinaus auch beachtet werden. So verbieten sich Maßnahmen, die in keinem Verhältnis zur Schuld des Beschuldigten stehen.[1507] 486

Für den Schutz des Kernbereichs der privaten Lebensgestaltung (s. Rn. 474) formuliert § 100d Abs. 1 u. 2 StPO eine negative Voraussetzung (sog. **nega-** 487

1500 M-G/S-*Köhler*, § 100a Rn. 19 f.
1501 M-G/S-*Köhler*, § 100a Rn. 18.
1502 BGH 05.11.1985 – 2 StR 279/85, BGHSt 33, 347, 349.
1503 LR-*Hauck*, § 100a, Rn. 182; SK-*Wohlers*, § 148 Rn. 32 jeweils m.w.N.
1504 BGH 05.11.1985 – 2 StR 279/85, BGHSt 33, 347, 348 u. 350 f.
1505 Hierzu BGH 16.02.1995 – 4 StR 729/94, BGHSt 41, 30, 33.
1506 M-G/S-*Köhler*, § 100a Rn. 13.
1507 KK-*Henrichs/Weingast*, § 100a Rn. 32.

**tive Kernbereichsprognose**). Danach ist die Maßnahme von vornherein unzulässig, wenn die konkret begründete Annahme besteht, dass durch die Telekommunikationsüberwachung allein Erkenntnisse aus dem Kernbereich privater Lebensgestaltung erlangt werden (§ 100d Abs. 1 StPO). Ein Verstoß gegen dieses Erhebungsverbot führt zur Unverwertbarkeit der erlangten Erkenntnisse sowohl als Beweismittel als auch als Spurenansatz.[1508] Das Erhebungsverbot besagt jedoch umgekehrt nicht, dass eine Maßnahme nach § 100a StPO schon deshalb von vornherein unterlassen werde müsse, weil auch Tatsachen miterfasst werden könnten, die den Kernbereichsschutz betreffen. Dies würde die Telekommunikationsüberwachung in einem Maße einschränken, dass eine wirksame Strafverfolgung gerade im Bereich schwerer und schwerster Kriminalität nicht mehr gewährleistet wäre.[1509] Da aber die Prognose, dass ein Betroffener über ein bestimmtes zu überwachendes Kommunikationsmittel ausschließlich kernbereichsrelevante Inhalte austauscht, nahezu ausgeschlossen ist, läuft das Erhebungsverbot des § 100d Abs. 1 StPO bei der Telekommunikationsüberwachung faktisch leer. Folglich kommt den in § 100d Abs. 2 StPO normierten Ver- und Geboten im Hinblick auf einen wirksamen Kernbereichsschutz erhebliche Bedeutung zu. Danach sind kernbereichsrelevante Erkenntnisse, die im Zuge einer Telekommunikationsüberwachung erlangt werden, unverwertbar und müssen unverzüglich gelöscht werden. Auch ist die Erlangung und Löschung zu dokumentieren.

### 4. Verwertung von Zufallsfunden

**488** Die im Zuge einer Telekommunikationsüberwachung erlangten Zufallsfunde, bei denen es sich um Informationen (personenbezogene Daten) zu anderen Straftaten handelt, die mit dem Ausgangsverfahren nicht unmittelbar zusammenhängen, dürfen nur nach dem Prinzip des **hypothetischen Ersatzeingriffs** in anderen Strafverfahren verwertet werden.[1510] Danach ist eine Verwendung dieser erlangten Informationen zu Beweiszwecken und damit eine **Beweisverwertung** (s. hierzu Rn. 637) in einem anderen Strafverfahren ohne Einwilligung des von der Maßnahme Betroffenen nur zur Aufklärung solcher Straftaten zulässig, zur deren Aufklärung eine solche Maßnahme im konkreten Fall hätte angeordnet werden dürfen (§§ 479 Abs. 2 S. 1, 161 Abs. 3 S. 1 StPO). Die zufällig gewonnenen Informationen für ein anderes Strafverfahren müssten also die Aufklärung einer Katalogtat nach § 100a Abs. 2 StPO betreffen und

---

1508 HK-*Gercke*, § 100d Rn. 5; KK-*Henrichs/Weingast*, § 100d Rn. 7.

1509 BVerfG 12.10.2011 – 2 BvR 236/08, NJW 2012, 833, 837.

1510 Zu den verfassungsrechtlichen Anforderungen BVerfG 20.04.2016 – 1 BvR 966/09, BVerfGE 141, 220, 324 ff.

eine Anordnung einer Telekommunikationsüberwachung in dem anderen Strafverfahren hätte zulässig sein müssen.

**Beispiel:**

Bei einer gegen den Beschuldigten wegen Mordverdachts (Katalogtat gem. § 100a Abs. 2 Nr. 1h StPO) rechtmäßig durchgeführten Telekommunikationsüberwachung ergibt sich, dass ein Freund des Beschuldigten gewerbsmäßig mit Betäubungsmitteln handelt. Da dies eine Katalogtat gem. § 100a Abs. 2 Nr. 7a StPO ist, hätte wegen dieses Tatverdachts eine Telekommunikationsüberwachung gegen den Freund angeordnet werden können. Die diesbezüglichen Erkenntnisse sind daher in einem Strafverfahren gegen den Freund wegen des gewerbsmäßigen Handelns mit Betäubungsmitteln als Beweis verwertbar.

Ist dies nicht der Fall, können die gewonnenen Informationen zwar nicht in dem anderen Strafverfahren als Beweis verwertet, aber als **Spurenansatz** für die Gewinnung anderer Beweismittel oder zur Ermittlung des Aufenthaltsortes des Beschuldigten verwendet werden.[1511]

Dabei dürfen nach der sog. Zusammenhang-Rechtsprechung des Bundesgerichtshofs **Erkenntnisse über Nicht-Katalogtaten**, die einen engen sachlichen Bezug zu der in der Anordnung aufgeführten Katalogtat haben, sogar verwertet werden.[1512] **489**

**Beispiel:**

Im Rahmen einer rechtmäßigen Telekommunikationsüberwachung gegen den Beschuldigten wegen des Verdachts der Bildung einer terroristischen Vereinigung (§ 129a StGB) ergeben sich Betrugsstraftaten, die zwar keine Katalogtat nach § 100a Abs. 2 StPO, aber sog. Betätigungsakte des Beschuldigten im Rahmen seiner Mitgliedschaft in der terroristischen Vereinigung darstellen und daher verwertbar sind.

Diese Zusammenhangformel darf aber nicht dazu genutzt werden, die Brücke von einem Beschuldigten zu einem Dritten zu schlagen, der keiner Katalogtat verdächtig ist.[1513]

1511 BT-Drs. 16/5846, S. 64; BGH 22.02.1978 – 2 StR 334/77, BGHSt 27, 355, 358; KK-*Weingarten*, § 161 Rn. 36; M-G/S-*Köhler*, § 161, Rn. 18d u. § 479, Rn. 4 jeweils m.w.N.

1512 BGH 14.08.2009 – 3 StR 552/08, BGHSt 54, 69, 79 f. m.w.N.

1513 OLG Düsseldorf, 05.02.2001 – 2a Ss 326/00 – 60/00 III, NStZ 2001, 657; KK-*Henrichs/Weingast*, § 100a Rn. 61.

**Beispiel:**

Erkenntnisse aus einer rechtmäßigen Telekommunikationsüberwachung wegen des Verdachts der Bildung einer kriminellen Vereinigung (§ 129 StGB) können nicht gegen einen an der kriminellen Vereinigung unbeteiligten Dritten, der lediglich als Hehler die von dem Beschuldigten in strafbarer Weise beschafften Waren absetzt (§ 259 Abs. 1 StGB), verwertet werden.

Weiterhin gelten die Einschränkungen des hypothetischen Ersatzeingriffs in dem Ausgangsverfahren, in dem die Telekommunikationsüberwachung wegen einer Katalogtat rechtmäßig angeordnet worden ist, nicht, wenn sich die rechtliche Beurteilung der Tat im Zuge der Ermittlungen ändert.[1514] Für die Verwendung der aus einer Telekommunikationsüberwachung erlangten personenbezogenen Daten zu anderen als strafverfahrensrechtlichen Zwecken gilt § 479 Abs. 2 S. 2 Nr. 1–4 StPO.

### 5. Verwertbarkeit bei Auslandsbezug

490 Die Verwertbarkeit von Erkenntnissen aus Telekommunikationsüberwachungen im Ausland richtet sich grundsätzlich nach dem Recht des Staates, der im Wege der Rechtshilfe die aus der Maßnahme gewonnenen Erkenntnisse erlangt hat, wobei auch völkerrechtliche Grundsätze und rechtshilferechtliche Bestimmungen zu beachten sind.[1515]

**Beispiel:**

Deutschland hat im Wege der Rechtshilfe Erkenntnisse aus einer spanischen Telekommunikationsüberwachung erhalten. Die Frage der Verwertbarkeit richtet sich nach deutschem Recht sowie nach völkerrechtlichen Grundsätzen und rechthilferechtlichen Bestimmungen. Notwendig wäre insoweit stets der Tatverdacht einer Katalogtat nach § 100a Abs. 2 StPO.

Handelt es sich um eine inländische (deutsche) Telekommunikationsüberwachung, bei der der Betroffene vom Inland ins Ausland telefoniert oder von dort angerufen wird, sind die Gesprächsinhalte grundsätzlich verwertbar, da sich das überwachte Kommunikationsgerät im Inland befindet.[1516] Hält sich der Betroffene der Maßnahme mit dem überwachten Gerät im Ausland auf – beispielsweise fährt der in Deutschland lebende Beschuldigte für eine Woche

1514 BeckOK-*Graf*, § 100a Rn. 198 m.w.N.; a.A. *Eisenberg*, Rn. 2497b.

1515 BGH 21.11.2012 – 1 StR 310/12, BGHSt 58, 32, 36 ff.; beispielhaft für Daten von ausländischen EncroChat-Kryptohandys BGH 02.03.2022 – 5 StR 457/21, BGHSt 67, 29 ff.; OLG Schleswig 29.04.2021 – 2 Ws 47/21, NStZ 2021, 693 ff.

1516 BeckOK-*Graf*, § 100a Rn. 158.

nach Paris und nimmt sein überwachtes Mobiltelefon mit – richtet sich die Frage der Verwertbarkeit der gewonnenen Erkenntnisse nach § 4 TKÜV.[1517]

### 6. Anordnung, Durchführung und Sonstiges

Die Telekommunikationsüberwachung darf nur durch das **Gericht**, bei Gefahr im Verzug auch durch die Staatsanwaltschaft, angeordnet werden; im letzteren Fall muss sie binnen drei Werktagen gerichtlich bestätigt werden, andernfalls tritt sie außer Kraft (§ 100e Abs. 1 S. 1–3 StPO). Die Anordnung ist **zeitlich zu** befristen (§ 100e Abs. 1 S. 4, 5 StPO). Dem entscheidenden Gericht ist das gesamte Ermittlungsergebnis von der Strafverfolgungsbehörde mitzuteilen.[1518] Nach § 100e Abs. 3 StPO ergeht die Anordnung schriftlich und muss dem vorgegebenen Inhalt entsprechen. Liegen die Voraussetzungen des § 100a nicht mehr vor, sind die Maßnahmen, die sich aus der Anordnung ergeben, unverzüglich zu beenden (§ 100e Abs. 5 S. 1 StPO). Die von einer Telekommunikationsüberwachung Betroffenen sind gem. § 101 Abs. 4 S. 1 Nr. 3 StPO nach Maßgabe der Abs. 4–7 zu benachrichtigen, wodurch **nachträgliche Rechtsschutzmöglichkeiten** gegeben sind (§ 101 Abs. 7 S. 2 StPO). Die weiterhin in § 101b StPO normierten **Erfassungs- und Berichtspflichten** dienen der Transparenz und Evaluierung der Maßnahmen.[1519] 491

Die Telekommunikationsdiensteanbieter sind gem. § 100a Abs. 4 StPO verpflichtet, die Überwachung und Aufzeichnung zu ermöglichen (sog. **Ausleitung**). Da § 95 Abs. 2 StPO entsprechend gilt (§ 100a Abs. 4 S. 3 StPO), kann diese Verpflichtung bei Weigerung durch Zwangsmaßnahmen durchgesetzt werden. Allerdings können die Strafverfolgungsbehörden die Maßnahme auch mit eigenen Mitteln durchführen.[1520] Zur **Mitwirkung** verpflichtet sind dabei nicht nur solche Telekommunikationsanbieter, die geschäftsmäßig tätig sind, sondern auch Unternehmen oder Behörden, die ein sog. geschlossenes System (Intranet, Nebenstellen etc.) betreiben.[1521] Der Telekommunikationsdiensteanbieter hat die technischen Einrichtungen zur Umsetzung der Überwachungsmaßnahmen auf eigene Kosten zu gestalten und die erforderlichen Schaltungen vorzunehmen,[1522] was im Hinblick auf Art. 12 GG nicht unumstritten ist.[1523] Für die **Durchführung** zuständig ist die Staatsanwaltschaft (§ 36 Abs. 2 StPO), die dem Telekommunikationsdiensteanbieter die Anordnung mitteilt und die 492

1517 Ausführlich *von der Grün*, 3. Kap. Rn. 60 ff.

1518 BT-Drs. 16/5846, S. 46.

1519 M-G/S-*Köhler*, § 101b Rn. 1.

1520 BT-Drs. 16/5846, S. 47; hierzu MüKo-*Rückert*, § 100a Rn. 260 f.

1521 HK-*Gercke*, § 100a Rn. 39.

1522 Zu den Einzelheiten vgl. §§ 1 ff. TKÜV.

1523 *Roxin/Schünemann*, § 36 Rn. 13 m.w.N.

Polizei benachrichtigt, welche die Abhörstelle einrichtet und die erforderlichen Geräte bereitstellt.[1524] Das Abhören und Mitlesen ist nur dem Richter, der Staatsanwaltschaft und ihren Ermittlungspersonen gestattet.[1525]

**493** Die Einführung der Erkenntnisse aus einer Telekommunikationsüberwachung in die **Hauptverhandlung** als Beweismittel erfolgt durch das Abspielen der Datenträger als Augenscheinsbeweis (s. Rn. 626 f.), durch das Verlesen von Niederschriften über den Inhalt der Aufzeichnung als Urkundenbeweis (s. Rn. 628 f.) sowie ergänzend durch die Vernehmung der Polizeibeamten, die zum Abhören der überwachten Inhalte eingesetzt waren, als Zeugen.[1526] Ist die aufgezeichnete Kommunikation in einer Fremdsprache geführt worden, muss ein Dolmetscher als Sachverständiger hinzugezogen werden. Auch erstreckt sich das Akteneinsichtsrecht des Verteidigers auf die Telekommunikationsaufzeichnung.[1527]

### 7. Quellen-TKÜ

**494** Die sog. Quellen-TKÜ ist seit 2017 in § 100a Abs. 1 S. 2 u. 3 StPO gesetzlich geregelt[1528] und ermöglicht den Zugriff auf **verschlüsselte Kommunikationsinhalte**. Die Anordnung ist dabei subsidiär zur herkömmlichen Telekommunikationsüberwachung[1529] und an bestimmte Kautelen gebunden. Hierbei geht es darum, dass mittlerweile ein Großteil der Kommunikation internetprotokollbasiert erfolgt und zahlreiche Voice-over-IP-Systeme, die das Telefonieren über Rechnernetze erlauben (sog. Internettelefonie), und Messengerdienste, wie z.B. WhatsApp, Signal oder Telegram, die Inhalte verschlüsseln. Eine herkömmliche Telekommunikationsüberwachung kann nur diese kryptierten Daten erfassen, die sich nicht bzw. nicht mit vertretbarem Aufwand entschlüsseln lassen und daher für die Ermittlungen nutzlos sind. Insofern ist es notwendig, die Ausleitung der Informationen vor der Verschlüsselung, d.h. vor dem Absenden oder nach der Entschlüsselung, d.h. nach dem Empfang, durchzuführen.[1530] Dies erfordert den Einsatz spezieller Überwachungssoftware auf den jeweiligen Zielgeräten, wie beispielsweise dem Telefon oder Computer. Der Kommunikationsinhalt wird also gewissermaßen „an der Quelle" aufgezeichnet. Um eine umfassende

---

1524 M-G/S-*Köhler*, § 100a, Rn. 23.

1525 M-G/S-*Köhler*, § 100a Rn. 25.

1526 Hierzu KK-*Henrichs/Weingast*, § 100a Rn. 48.

1527 BGH 11.02.2014 – 1 StR 355/13, NStZ 2014, 347, 349.

1528 Gesetz zur effektiveren und praxistauglicheren Ausgestaltung des Strafverfahrens v. 17.08.2017 (BGBl. I, S. 3202, 3295).

1529 BeckOK-*Graf*, § 100a Rn. 119.

1530 KK-*Henrichs/Weingast*, § 100a Rn. 42.

Ausspähung der auf dem jeweiligen Zielgerät gespeicherten Inhalte zu verhindern, was nur nach den strengeren Regeln der Online-Durchsuchung (§ 100b StPO) möglich wäre, ist die Quellen-TKÜ an **zusätzliche Voraussetzungen** (§ 100a Abs. 5 u. 6 StPO) gebunden. So muss technisch sichergestellt werden, dass lediglich die laufende Telekommunikation oder in einer Anwendung gespeicherte Kommunikationsinhalte aufgezeichnet werden, die ab dem Zeitpunkt der Anordnung angefallen sind und auch während der laufenden Kommunikation hätten überwacht und aufgezeichnet werden können (§ 100a Abs. 5 S. 1 Nr. 1 a, b StPO).

**Beispiele:**

Abgespeicherte Kommunikationsinhalte auf Messenger-Diensten wie WhatsApp oder Telegram.

Bei dieser Variante der Quellen-TKÜ handelt es sich um eine Art **„kleiner Online-Durchsuchung"**, die nicht nur einen Eingriff in Art. 10 Abs. 1 GG, sondern auch in das Grundrecht auf Integrität und Vertraulichkeit informationstechnischer Systeme aus Art. 2 Abs. 1 i.V.m. Art. 1 Abs. 1 GG (sog. IT-Grundrecht) darstellt.[1531] Hingegen ist ein Zugriff auf ältere gespeicherte Nachrichten nur im Rahmen des § 100b StPO erlaubt. Auch müssen Veränderungen am überwachten System zur Durchführung der Maßnahme unerlässlich sein und bei Beendigung nach Möglichkeit rückgängig gemacht werden (§ 100a Abs. 5 S. 1 Nr. 2, 3 StPO). Weiterhin sind sowohl die eingesetzten technischen Mittel als auch die erhobenen Daten vor Manipulationen technisch zu schützen (§ 100a Abs. 5 S. 2 StPO). Darüber hinaus enthält § 100a Abs. 6 StPO besondere Protokollierungspflichten.

## III. Online-Durchsuchung nach § 100b StPO

### 1. Allgemeines

Die seit 2017 zulässige,[1532] allerdings im Vergleich zur Telekommunikations- 495
überwachung selten in der Praxis angewandte Online-Durchsuchung[1533] umfasst im Unterschied zur Quellen-TKÜ nicht nur die heimliche Überwachung der laufenden bzw. der seit der Anordnung abgespeicherten Kommunikation, sondern ermöglicht den verdeckten Zugriff auf den gesamten Inhalt des informationstechnischen Zielsystems. Ein informationstechnisches System

1531 MüKo-*Rückert*, § 100a Rn. 221.

1532 Gesetz zur effektiveren und praxistauglicheren Ausgestaltung des Strafverfahrens v. 17.08.2017 (BGBl. I, S. 3202, 3204).

1533 Hierzu auch BeckOK-*Graf*, § 100b Rn. 7a.

i.S.d. § 100b StPO ist eine Einheit aus technischen Anlagen und Bauelementen, denen eine gemeinsame Funktion zukommt und die der Verarbeitung oder Übertragung von Daten bzw. Informationen dient.[1534]

**Beispiele:**

Computer, Smartphones, Tablets, Server, Router, teilweise auch sog. vernetzte Geräte, wie smarte Haushaltsgeräte und digitale Sprachassistenten.[1535]

Damit kann das **gesamte Nutzungsverhalten des Betroffenen** überwacht werden, da auch die beim Surfen im Internet besuchten Webseiten systematisch erfasst werden, wodurch die vollständige Erstellung eines Verhaltens- und Persönlichkeitsprofils des Betroffenen ermöglicht wird.[1536] Die Maßnahme stellt daher einen besonders schwerwiegenden Eingriff in den Schutzbereich des Grundrechts auf Integrität und Vertraulichkeit informationstechnischer Systeme (Art. 2 Abs. 1 i.V.m. Art. 1 Abs. 1 GG; sog. IT-Grundrecht) dar.[1537] Die **technische Durchführung** erfolgt – wie bei der Quellen-TKÜ – mittels der Installation einer Software (sog. Backdoor- oder Trojaner-Programme), die den heimlichen Zugriff unter Umgehung der auf dem Zielsystem vorhandenen Sicherheitsmechanismen ermöglicht. Aufgespielt werden die Überwachungsprogramme entweder durch den direkten lokalen Zugriff auf das Zielsystem, etwa bei einer Kontrolle am Flughafen, oder aber über eine Internetverbindung.

**496** Da nach 100b Abs. 1 StPO „nur“ Daten erhoben werden dürfen, ist zwar die verdeckte Erhebung aus dem System erlaubt, jedoch nicht die manipulative aktive Nutzung des Systems, durch die neue Daten erzeugt werden.[1538]

**Beispiel:**

Das Aktivieren von Kamera- und Mikrofonfunktionen eines Mobiltelefons oder Computers ist nicht erlaubt.

Auch eine Nutzung der vom Betroffenen selbst eingeschalteten Kamera- und Mikrofonfunktionen ist nicht erlaubt. Dies würde einen verfassungsrechtlich unzulässigen **Spähangriff** darstellen. Eine alleinige Nutzung des vom Betroffenen eingeschalteten Mikrofons ist zumindest bei Zielsystemen in Wohnun-

1534 MüKo-*Rückert*, § 100b Rn. 22.

1535 Zur Differenzierung bei vernetzten Geräten BeckOK-*Graf*, § 100b Rn. 11.

1536 M-G/S-*Köhler*, § 100b, Rn. 1.

1537 BT-Drs. 18/12785, S. 59.

1538 M-G/S-*Köhler*, § 100a Rn. 2; *Roxin/Schünemann*, § 36 Rn. 57; *Volk/Engländer*, § 10 Rn. 47c.

gen als akustische Überwachung ebenfalls nicht erlaubt.[1539] Die gegenteilige Ansicht, die unter Hinweis auf die mit der Wohnraumüberwachung (§ 100c StPO) vergleichbaren Anordnungsvoraussetzungen des § 100b StPO dies für rechtmäßig hält,[1540] überzeugt nicht, da der Kernbereichsschutz bei der akustischen Wohnraumüberwachung (§ 100d Abs. 4 StPO) strenger ausgestaltet ist als bei der Online-Durchsuchung (§ 100d Abs. 3 StPO). Weiterhin besteht nach h.M. zu Recht keine Annexkompetenz (s. Rn. 253) zum **Betreten der Wohnung**, um die Überwachungssoftware, beispielsweise auf einem dort aufgestellten Computer, zu installieren.[1541]

### 2. Materiell-rechtliche Voraussetzungen

Hinsichtlich der Eingriffsvoraussetzungen und Schranken hat sich der Gesetzgeber weitestgehend an der akustischen Wohnraumüberwachung (§ 100c StPO) orientiert,[1542] wobei einige Anordnungsvoraussetzungen aber auch denjenigen der Telekommunikationsüberwachung entsprechen. Erforderlich ist ein Tatverdacht i.S.d. Anfangsverdachts einer der in § 100b Abs. 2 StPO genannten **Katalogtaten**, wobei der Versuch genügt (§ 100b Abs. 1 Nr. 1 StPO). Bei diesen Katalogtaten handelt es sich um **besonders schwere Straftaten**. Dies sind Straftaten, die eine Mindesthöchststrafe von mehr als fünf Jahren[1543], und damit in der Regel von mindestens zehn Jahren, androhen[1544]. Da der Katalog des § 100b Abs. 2 StPO als gesetzliche Konkretisierung des Verhältnismäßigkeitsgrundsatzes abschließend ist, kommt dem Aspekt der abstrakt zu beurteilenden besonderen Schwere der Straftat praktisch kaum eine Bedeutung zu. Allerdings ist zweifelhaft, ob alle in dem Katalog aufgeführten Straftaten den für die Eingriffsintensität erforderlichen Schweregrad innehaben. Hierbei muss die Katalogtat auch **im Einzelfall besonders schwer** wiegen (§ 100b Abs. 1 Nr. 2 StPO). Anhaltspunkte für die konkrete Einzelfallprüfung sind insbesondere die Tatausführung, die Beteiligung weiterer Beschuldigter, die faktische Verzahnung mit anderen Katalogtaten sowie die Tatfolgen.[1545] 497

Die Maßnahme ist grundsätzlich nur gegen den Beschuldigten zulässig (§ 100b Abs. 3 S. 1 StPO). Gegen **andere Personen** darf sich die Maßnahme richten, wenn aufgrund bestimmter Tatsachen anzunehmen ist, dass der Beschuldigte 498

1539 Ebenso BeckOK-*Graf*, § 100b Rn. 58.

1540 KK-*Henrichs/Weingast*, § 100b Rn. 5.

1541 *Beulke/Swoboda*, Rn. 398 m.w.N.; KMR-*Bär*, § 100b Rn. 13; MüKo-*Rückert*, § 100b Rn. 37; *Volk/Engländer*, § 10 Rn. 47c; *von der Grün*, 8. Kap. Rn. 15; a.A. KK-*Henrichs/Weingast*, § 100b Rn. 6; M-G/S-*Köhler*, § 100b Rn. 1.

1542 BT-Drs. 18/12785, S. 54.

1543 M-G/S-*Köhler*, § 100b Rn. 7.

1544 BeckOK-*Graf*, § 100b Rn. 21.

1545 M-G/S-*Köhler*, § 100b Rn. 5.

das informationstechnische System dieser anderen Personen selbst benutzt (§ 100b Abs. 3 S. 2 Nr. 1 StPO). Dabei ist der Zugriff aber subsidiär gegenüber dem Zugriff auf Geräte des Beschuldigten (§ 100b Abs. 3 S. 2 Nr. 2 StPO). Dass durch die Maßnahme Dritte betroffen werden, ist unvermeidbar, hindert aber die Durchführung nicht (§ 100b Abs. 3 S. 3 StPO). Eine Ausnahme davon gilt für den **Verteidiger** des Beschuldigten. Eine laufende Online-Durchsuchung beim Beschuldigten ist im Hinblick auf § 148 StPO abzubrechen, wenn es sich um Nachrichten etc. zwischen dem Beschuldigten und seinem Verteidiger handelt. Im Hinblick auf **Berufsgeheimnisträger** (§ 53 StPO) besteht ein Überwachungsverbot nach § 100d Abs. 5 S. 1 StPO für die von ihnen genutzten informationstechnischen Systeme, das lex specialis gegenüber dem nach Berufsgruppen differenzierenden Schutz des § 160a StPO ist (vgl. § 160a Abs. 5 StPO). Stellt sich erst während oder nach der Überwachungsmaßnahme heraus, dass ein Fall des § 53 StPO vorliegt, so besteht für die erlangten Erkenntnisse ein Beweisverwertungsverbot und eine unverzügliche Löschungspflicht. Für Personen, die nach §§ 52 oder 53a StPO das Zeugnis verweigern dürfen, ist die Online-Durchsuchung zulässig. Allerdings dürfen die daraus gewonnen Erkenntnisse nur verwertet werden, wenn dies unter Berücksichtigung der Bedeutung des zugrunde gelegten Vertrauensverhältnisses nicht außer Verhältnis zum Strafverfolgungsinteresse steht (§ 100d Abs. 5 S. 2 StPO). Im Falle eines Beteiligungsverdachts der Zeugnisverweigerungsberechtigten gelten diese Verbote und Einschränkungen jedoch nicht (sog. **Verstrickungsregel** gem. §§ 100d Abs. 5 S. 3, 160a Abs. 4 StPO). Für Verteidiger gilt aber auch hier § 148 StPO, sodass die Maßnahme nur zulässig ist, wenn der Verteidiger selbst Verdächtiger einer Katalogtat ist.[1546]

**499** Weiterhin muss nach der sog. **Subsidiaritätsklausel** die Erforschung des Sachverhalts oder die Ermittlung des Aufenthaltsortes des Beschuldigten auf andere Weise wesentlich erschwert oder aussichtslos sein (§ 100b Abs. 1 Nr. 3 StPO). Damit wird klargestellt, dass die Online-Durchsuchung nur zulässig ist, wenn für das Erzielen der angestrebten Ermittlungsergebnisse keine Maßnahmen mit geringerer Eingriffstiefe und vergleichbarer Erfolgsaussicht zur Verfügung stehen, wie beispielsweise eine Durchsuchung oder Beschlagnahme.[1547] Der allgemeine **Verhältnismäßigkeitsgrundsatz** ist durch die beiden Eingriffsvoraussetzungen – Katalogtat und Subsidiaritätsklausel – nicht umfassend berücksichtigt und muss daher auch beachtet werden.

**500** Für den Schutz des Kernbereichs der privaten Lebensgestaltung (s. hierzu Rn. 474) enthält § 100d Abs. 1 u. 2 StPO eine negative Voraussetzung. Danach

1546 M-G/S-*Köhler*, § 100d Rn. 26.

1547 KK-*Henrichs/Weingast*, § 100b Rn. 9.

ist die Maßnahme – wie bei § 100a StPO – von vornherein unzulässig, wenn die konkret begründete Annahme besteht, dass durch die Online-Durchsuchung allein Erkenntnisse aus dem Kernbereich privater Lebensgestaltung erlangt werden (§ 100d Abs. 1 StPO; sog. **negative Kernbereichsprognose**), was, ähnlich wie bei der Telekommunikationsüberwachung, in der Praxis aber kaum vorkommen dürfte. Ein Verstoß gegen dieses Erhebungsverbot führt nach § 100d Abs. 2 StPO zur Unverwertbarkeit der erlangten Erkenntnisse sowohl als Beweismittel als auch als Spurenansatz.[1548] Darüber hinaus enthält § 100d Abs. 3 StPO einen **ergänzenden Schutz** für die Online-Durchsuchung. Danach ist soweit wie möglich technisch sicherzustellen, dass keine Erkenntnisse aus dem Kernbereich privater Lebensgestaltung erfasst werden. Jedoch dürfte diese „Möglichkeit" praktisch kaum zu realisieren sein, sodass auch dieser ergänzende Schutz praktisch leerläuft.[1549] Werden dennoch derartige Erkenntnisse erlangt, müssen sie aufgrund ihrer Unverwertbarkeit (§ 100d Abs. 2 S. 1 StPO) unverzüglich gelöscht werden (§ 100d Abs. 3 S. 2 StPO). Die **Löschungspflicht** trifft grundsätzlich die mit der Auswertung der Aufzeichnungen betraute Ermittlungsperson, die sich in Zweifelsfällen an die Staatsanwaltschaft wendet.[1550] Bei Unklarheiten über den Kernbereichsbezug muss die Staatsanwaltschaft die Erkenntnisse dem Gericht zur Entscheidung vorlegen, dessen Entscheidung für das weitere Verfahren bindend ist (§ 100d Abs. 3 S. 2, 3 StPO). Diese Sichtung durch eine unabhängige Stelle dient neben der Rechtmäßigkeitskontrolle auch dem Ziel, kernbereichsrelevante Daten so frühzeitig herauszufiltern, dass sie den Ermittlungsbehörden nach Möglichkeit nicht offenbar werden.[1551]

### 3. Formell-rechtliche Voraussetzungen und Sonstiges

Die **Anordnungsbefugnis** steht der zuständigen Staatsschutzkammer des **501**
Landgerichts (§ 74a Abs. 4 GVG), bei Gefahr im Verzug auch dem Vorsitzenden Richter zu (§ 100e Abs. 2 S. 1, 2 StPO). Die Anordnung des Vorsitzenden muss binnen drei Werktagen von der Staatsschutzkammer bestätigt werden; sonst tritt sie außer Kraft (§ 100e Abs. 2 S. 3 StPO). Hierbei entscheidet die Staatsschutzkammer in ihrer Besetzung außerhalb der Hauptverhandlung, d.h., mit drei Berufsrichtern (§ 76 Abs. 1 S. 2 GVG). Die Maßnahme ist auf längstens einen Monat befristet und kann wiederholt werden (§ 100e Abs. 2 S. 4, 5 StPO). Ist die Maßnahme bereits auf insgesamt sechs Monate verlängert worden, entscheidet das Oberlandesgericht über eine

1548 LR-*Hauck*, § 100d Rn. 23 m.w.N.

1549 Kritisch auch M-G/S-*Köhler*, § 100d Rn. 10; MüKo-*Rückert*, § 100d Rn. 21.

1550 M-G/S-*Köhler*, § 100d Rn. 11.

1551 Vgl. BVerfG 20.04.2016 – 1 BvR 966/09, NJW 2016, 1781, 1796; BeckOK-*Graf*, § 100d Rn. 17.

weitere Verlängerung (§ 100e Abs. 2 S. 6 StPO). Die inhaltlichen Anforderungen der schriftlichen Anordnung ergeben sich aus § 100e Abs. 3 u. 4 StPO. Auch besteht eine Unterrichtungspflicht über das Ergebnis sowie den Verlauf der Maßnahme gegenüber dem anordnenden Gericht (§ 100e Abs. 5 S. 2, 3 StPO). **Unterrichtungspflichten und Rechtsschutzmöglichkeiten** für die von der Online-Durchsuchung Betroffenen ergeben sich aus § 101 StPO; Berichtspflichten finden sich in § 101b StPO.

502 § 100e Abs. 6 StPO regelt die Verwendung im Sinne einer **Umwidmung** von personenbezogenen Daten aus einer Online-Durchsuchung oder einer Wohnraumüberwachung für andere Zwecke. Zur Frage der **Verwendung** von Erkenntnissen aus einer zulässigen Online-Durchsuchung in anderen Strafverfahren enthält § 100e Abs. 6 Nr. 1 StPO eine Sonderregelung im Sinne eines hypothetischen Ersatzeingriffs. Sie dürfen verwendet werden, wenn wegen einer Straftat ermittelt wird, bei der eine Maßnahme nach § 100b StPO hätte angeordnet werden können. Diese Einschränkung gilt nicht nur für die Verwertung als Beweismittel, wie bei der Telekommunikationsüberwachung nach den §§ 479 Abs. 2 S. 1, 161 Abs. 3 StPO (s. Rn. 488), sondern darüber hinaus auch für die Verwendung als Spurenansatz.[1552] Ebenso gilt der Gedanke des hypothetischen Ersatzeingriffs auch bei personenbezogenen Daten, die durch eine entsprechende polizeiliche Maßnahme erlangt wurden und in das Strafverfahren importiert werden sollen (§ 100e Abs. 6 Nr. 3 StPO).[1553] Weitere Verwendungsmöglichkeiten bestehen zum Zwecke der Gefahrenabwehr nach § 100e Abs. 6 Nr. 2 StPO.

## IV. Akustische Wohnraumüberwachung nach § 100c StPO

### 1. Allgemeines

503 § 100c StPO regelt die akustische Wohnraumüberwachung, den sog. **Großen Lauschangriff**, während unter dem sog. Kleinen Lauschangriff die akustische Überwachung außerhalb von Wohnungen (§ 100f StPO) verstanden wird. Die akustische Wohnraumüberwachung ist ein intensiver Eingriff in den Schutzbereich von Art. 13 Abs. 1 GG. Dieses Grundrecht schützt die räumliche Privatsphäre, in die sich der Bürger zurückziehen kann, vor staatlicher Überwachung. Es gewährleistet das Recht, in diesen Räumen in Ruhe gelassen zu werden.[1554] Darüber hinaus wird – bezogen auf diejenigen Personen, die nicht in den Schutzbereich von Art. 13 Abs. 1 GG fallen – in das Recht auf informa-

1552 MüKo-*Rückert*, § 100e Rn. 88.

1553 BeckOK-*Graf*, § 100e Rn. 38; vgl. grds. BVerfG 07.12.2011 – 2 BvR 2500/09, NStZ 2012, 496 ff.

1554 BVerfG 03.03.2004 – 1 BvR 2378/98, BVerfGE 109, 279, 313; Dürig/Herzog/Scholz-*Papier*, Art. 13 Rn. 1 m.w.N.

tionelle Selbstbestimmung (Art. 2 Abs. 1 i.V.m. Art. 1 Abs. 1 GG) eingegriffen. Auch kann durch eine Wohnraumüberwachung in die Grundrechte aus Art. 4, 5 u. 6 GG eingegriffen werden.

**Beispiele:**

Der Beschuldigte führt in seiner überwachten Wohnung Gespräche mit seinem Ehepartner, einem Pressemitarbeiter oder dem Seelsorger.

Die **verfassungsrechtliche Ermächtigung** für die einfachrechtliche Norm des § 100c StPO findet sich in Art. 13 Abs. 3 GG. Im Gegensatz zur Telekommunikationsüberwachung ist die praktische Bedeutung der akustischen Wohnraumüberwachung sehr gering. Gründe sind u.a. die strengen Anordnungsvoraussetzungen und die Schwierigkeiten der praktischen Umsetzung, da letztere mit hohem technischem und personellem Aufwand verbundenen ist.

Nach § 100c Abs. 1 StPO darf ohne Wissen des Betroffenen das nicht öffent- **504**
lich gesprochene Wort in Wohnungen mit technischen Mitteln verdeckt abgehört und aufgezeichnet werden. Hierzu dürfen technische Mittel, die auf Akustik reagieren, eingesetzt werden.

**Beispiele:**

Versteckte Mikrofone, Wanzen, Aufzeichnungsgeräte, Richtmikrofone etc.

Erlaubt ist nur die akustische Überwachung, nicht hingegen entsprechende optische Maßnahmen (sog. Spähangriff).[1555] Ohne Wissen bedeutet heimlich, d.h. ohne Zustimmung des Betroffenen, sodass die Maßnahme auch gegen dessen Willen möglich ist, wenn er den Einsatz bemerkt hat.[1556] **Nichtöffentlich** sind alle im Rahmen des Schutzbereichs von Art. 13 Abs. 1 GG geführten Gespräche, die für niemand anderen als den Gesprächspartner bestimmt sind.[1557] Öffentlich gesprochene Worte dürfen hingegen grundsätzlich nach §§ 161, 163 StPO aufgezeichnet werden.[1558] Sie sind allerdings in Wohnungen kaum praktisch vollstellbar und dürften rechtlich stets in den Schutzbereich des Art. 13 Abs. 1 GG fallen. Eine Aufzeichnung ist daher auch regelmäßig nur unter den Voraussetzungen des § 100c StPO möglich.[1559]

1555 M-G/S-*Köhler*, § 100c Rn. 2.

1556 KK-*Henrichs/Weingast*, § 100c Rn. 5.

1557 KMR-*Bär*, § 100c Rn. 7.

1558 M-G/S-*Köhler*, § 100c Rn. 3.

1559 Hierzu MüKo-*Rückert*, § 100c Rn. 19 ff.

505 Nicht ausdrücklich geregelt ist, ob die Wohnung zum **Installieren der Abhörtechnik** heimlich betreten werden darf. Da dies aber notwendige Voraussetzung zur Durchführung der Maßnahme ist, besteht insoweit eine Annexkompetenz (s. Rn. 253), die das Betreten und den Einbau der Technik unter Beachtung des Verhältnismäßigkeitsgrundsatzes erlaubt.[1560] Das Recht auf Unverletzlichkeit der Wohnung (Art. 13 Abs. 1 GG) ist dabei nicht erst berührt, wenn technische Überwachungsmittel innerhalb der Wohnung angebracht und zur Überwachung genutzt werden. Entscheidend ist vielmehr, dass die abgehörten verbalen Äußerungen innerhalb der Wohnung erfolgen, sodass auch der **Einsatz von Abhörtechnik außerhalb der Wohnung**, beispielsweise durch ein Richtmikrofon, nur unter den Voraussetzungen des § 100c StPO erfolgen darf.[1561] Weitestgehend ungeklärt ist hingegen die Frage der Demontage der eingesetzten technischen Mittel nach Beendigung der Maßnahme.

506 Unter den **Begriff der Wohnung** (s. Rn. 413) fallen alle nicht allgemein zugänglichen Räume, die dem Aufenthalt oder Wirken von Menschen dienen; hierzu zählen auch nicht allgemein zugängliche Arbeits-, Betriebs- und Geschäftsräume.[1562] Grundrechtsträger ist der Inhaber der geschützten Räume, der nicht Eigentümer sein muss. Auf die Rechtmäßigkeit der Inhaberschaft kommt es nicht an (s. hierzu Rn. 419).

### 2. Voraussetzungen

507 Der **Zweck** der akustischen Wohnraumüberwachung liegt darin, Hinweise für die Erforschung des Sachverhalts oder die Ermittlung des Aufenthaltsortes eines Mitbeschuldigten zu erlangen. Erforderlich ist ein Tatverdacht i.S.d. Anfangsverdachts hinsichtlich einer der im Katalog des § 100b Abs. 2 StPO genannten **besonders schweren Straftaten** (§ 100c Abs. 1 Nr. 1 StPO), die **auch im Einzelfall** besonders schwer wiegt (§ 100c Abs. 1 Nr. 2 StPO). Die Anforderungen sind insoweit die des § 100b Abs. 1 Nr. 1 u. 2 StPO (s. Rn. 497). Die Maßnahme darf sich grundsätzlich nur gegen den Beschuldigten richten und nur in seiner Wohnung durchgeführt werden (§ 100c Abs. 2 S. 1 StPO). Dies gilt auch dann, wenn andere Personen unvermeidbar betroffen sind (§ 100c Abs. 2 S. 3 StPO).

---

1560 BT-Drs. 13/8651, S. 13; ebenso KK-*Henrichs/Weingast*, § 100c Rn. 4; LR-*Hauck*, § 100c Rn. 10; M-G/S-*Köhler*, § 100c Rn. 7; vgl. auch BGH 24.01.2001 – 3 StR 324/00, BGHSt 46, 266, 274; kritisch S/S/W-*Eschelbach*, § 100c Rn. 8.

1561 KK-*Henrichs/Weingast*, § 100c Rn. 4; vgl. auch BGH 29.01.1998 – 1 StR 511/97, BGHSt 44, 13; BGH 14.05.1991 – 1 StR 699/90, NStZ 1992, 44, 45.

1562 BGH 15.01.1997 – StB 27/96, BGHSt, 42, 372, 375.

**Beispiel:**

Besucher oder Mitbewohner des beschuldigten Wohnungsinhabers.

In **Wohnungen anderer Personen**, also unbeteiligter Dritter, darf die Maßnahme nur ausnahmsweise durchgeführt werden, wenn aufgrund bestimmter Tatsachen anzunehmen ist, dass der Beschuldigte sich dort aufhält und außerdem mit einer Durchführung der Maßnahme allein in der Wohnung des Beschuldigten der Ermittlungszweck nicht erreicht werden kann (§ 100c Abs. 2 S. 2 Nr. 1 u. 2 StPO). Weiterhin muss aufgrund tatsächlicher Anhaltspunkte auch anzunehmen sein, dass durch die Überwachung Äußerungen des Beschuldigten erfasst werden (§ 100c Abs. 1 Nr. 3 StPO). Die Maßnahme ist daher nur zulässig, wenn sie von vornherein ausschließlich auf Äußerungen des Beschuldigten gerichtet ist, die einen Bezug zur Straftat erwarten lassen.[1563] Das bedeutet, dass der Beschuldigte sich aktuell in der zu überwachenden Räumlichkeit aufhalten und an den zu überwachenden Gesprächen teilnehmen muss.[1564]

Gegen den **Verteidiger** darf sich die Maßnahme – wie auch bei §§ 100a, 508
100b StPO – wegen § 148 StPO nicht richten. Hinsichtlich der Überwachung von Zeugnisverweigerungsberechtigten, gilt – wie für die Online-Durchsuchung – § 100d Abs. 5 StPO.

Nach der **Subsidiaritätsklausel** des § 100c Abs. 1 Nr. 4 StPO ist die Wohn- 509
raumüberwachung nur zulässig, wenn die Erreichung der dort bezeichneten Zwecke auf andere Weise unverhältnismäßig oder wesentlich erschwert wäre. Aus der Verbindung des Erschwerniserfordernisses mit dem Begriff der Unverhältnismäßigkeit folgt, dass die akustische Wohnraumüberwachung **Ultima Ratio** unter den verdeckten Ermittlungsmaßnahmen ist.[1565] Sie tritt damit gegenüber allen anderen verdeckten Maßnahmen zurück.

Hinsichtlich des **Kernbereichsschutzes** gilt auch hier § 100d Abs. 1 u. Abs. 2 510
StPO. Darüber hinaus enthält § 100d Abs. 4 StPO einen strengen ergänzenden Kernbereichsschutz. Danach darf die Maßnahme nur angeordnet werden, soweit aufgrund tatsächlicher Anhaltspunkte, insbesondere zu der Art der zu überwachenden Räumlichkeiten und dem Verhältnis der zu überwachenden Personen zueinander, anzunehmen ist, dass durch die Überwachung Äußerungen, die dem Kernbereich privater Lebensgestaltung zuzurechnen sind (s. hierzu Rn. 474), nicht erfasst werden (sog. negative Kernbe-

1563 KK-*Henrichs/Weingast*, § 100c Rn. 13.

1564 M-G/S-*Köhler*, § 100c Rn. 7.

1565 S/S/W-*Eschelbach*, § 100c Rn. 16.

reichsprognose). Somit darf die Maßnahme nur angeordnet werden, wenn von vornherein ausgeschlossen ist, dass in diesen Kernbereich eingegriffen wird. Dabei muss aufgrund von tatsächlichen Anhaltspunkten eine gewisse Wahrscheinlichkeit bestehen, dass es nicht zu einem Eingriff in den Kernbereich der privaten Lebensführung kommt, wobei dem für die Anordnung zuständigem Gericht ein Beurteilungsspielraum zusteht.[1566] Bei der Überwachung von Privatwohnungen besteht grundsätzlich die Vermutung, dass absolut geschützte Gespräche aus dem Kernbereich erfasst werden.[1567] Damit ist eine akustische Wohnraumüberwachung in Privatwohnungen kaum mehr möglich, was den Vorgaben des Bundesverfassungsgerichts[1568] zum Kernbereichsschutz bei Wohnraumüberwachungen entspricht und rechtsstaatlich begrüßenswert ist.[1569] Ausnahmen von dieser Vermutung sind allenfalls möglich, wenn konkrete Erkenntnisse vorliegen, dass eine Privatwohnung zu konspirativen Treffen genutzt wird. Dabei darf die Überwachung aber nicht angeordnet werden, um überhaupt erst festzustellen, ob der Kernbereich der privaten Lebensgestaltung betroffen ist.[1570] Bezieht sich die Wohnraumüberwachung auf Betriebs- und Geschäftsräume, stellt dies allenfalls ein Indiz gegen eine Vertraulichkeit dar, bedarf aber stets einer umfassenden Einzelfallbeurteilung.[1571] Während **Selbstgespräche** – auch wenn sie Straftaten betreffen – dem unantastbaren Kernbereich der privaten Lebensgestaltung unterfallen,[1572] sind nach wohl h.M. **Gespräche mit anderen Personen über geplante oder unmittelbar begangene Straftaten** davon nicht umfasst.[1573] Dies überzeugt jedoch kaum. Erzählt beispielsweise der verzweifelte Mörder seiner Frau im Ehebett von der Tat, so handelt es sich doch gerade um einen Fall, in dem der Beschuldigte an seinem privaten Rückzugsort mit der Person seines besonderen Vertrauens ein Gespräch führt und damit um den Kernbereich der privaten Lebensgestaltung.[1574] Insofern ist auch bei strafrechtlichen Gesprächsinhalten stets eine Prüfung des Einzelfalls notwendig.[1575]

---

1566 BGH 14.08.2009 – 3 StR 552/08, BGHSt 54, 69, 97.

1567 OLG Düsseldorf 18.09.2007 – III- Ws 2/07, NStZ, 2009, 54, 55.

1568 BVerfG 03.03.2004 – 1 BvR 2378/98, BVerfGE 109, 279, 308 ff.

1569 Ähnlich M-G/S-*Köhler*, § 100d Rn. 15; *Roxin/Schünemann*, § 36 Rn. 47.

1570 OLG Düsseldorf 18.09.2007 – III-Ws 2/07, NStZ 2009, 54, 55.

1571 BeckOK-*Graf*, § 100d Rn. 22.; KK-*Henrichs/Weingast*, § 100d Rn. 11 f.; BT-Drs. 18/12785, S. 57.

1572 BGH 10.08.2005 – 1 StR 140/05, BGHSt 50, 206, 210 ff.; BGH 22.12.2011 – 2 StR 509/10, BGHSt 57, 71, 74 ff.

1573 BVerfG 03.03.2004 – 1 BvR 2378/98, BVerfGE 109, 279, 319; BGH 29.04.2009 – 1 StR 701/08, BGHSt 53, 294, 303; BGHSt 12.03.2019 – 2 StR 244/18, BeckRS 2019, 5424; KK-*Henrichs/Weingast*, § 100d Rn. 5; M-G/S-*Köhler*, § 100d Rn. 16.

1574 So auch *Roxin/Schünemann*, § 36 Rn. 45.

1575 Ebenso MüKo-*Rückert*, § 100d Rn. 8 u. 29.

Das Abhören und Aufzeichnen ist unverzüglich zu unterbrechen, soweit sich während der Überwachung Anhaltspunkte dafür ergeben, dass Äußerungen, die dem Kernbereich privater Lebensgestaltung zuzurechnen sind, erfasst werden (§ 100d Abs. 4 S. 2 StPO). Das weitere Verfahren in diesen Fällen ist in § 100d Abs. 4 S. 3–6 StPO geregelt. Um eine Unterbrechung in diesen Fällen gewährleisten zu können, muss auf eine automatische Aufzeichnung, die grundsätzlich zulässig ist[1576], verzichtet werden. Insoweit ist – im Gegensatz zur Telekommunikationsüberwachung – eine sog. **Echtzeitüberwachung** erforderlich. Bei Ausländern ist ein Dolmetscher hinzuzuziehen. Erkenntnisse über Äußerungen dürfen weder verwertet noch als Ermittlungsansatz verwendet werden und unterliegen einer Löschungs- und Dokumentationspflicht (§ 100d Abs. 2). 511

Hinsichtlich der **formell-rechtlichen Voraussetzungen** wie Anordnungskompetenz und möglichen Berichtspflichten gegenüber dem Gericht sowie der Verwendungsregeln für die gewonnenen Erkenntnisse gilt – wie bei der Online-Durchsuchung – § 100e Abs. 2–6 StPO (s. Rn. 501 f.). **Unterrichtungspflichten und Rechtsschutzmöglichkeiten** für die von der Maßnahme Betroffenen ergeben sich aus § 101 StPO; Berichtspflichten finden sich in § 101b StPO. 512

## V. Akustische Überwachung außerhalb von Wohnungen nach § 100f StPO

### 1. Allgemeines

Nach § 100f Abs. 1 StPO darf auch ohne Wissen des Betroffenen außerhalb von Wohnungen das nicht öffentlich gesprochene Wort mit technischen Mitteln abgehört und aufgezeichnet werden. Durch diesen sog. **kleinen Lauschangriff** wird in den Schutzbereich des Rechts auf informationelle Selbstbestimmung (Art. 2 Abs. 1 i.V.m. Art. 1 Abs. 1 GG) eingegriffen. Abgrenzungskriterium gegenüber der akustischen Wohnraumüberwachung ist der Wohnungsbegriff (s. Rn. 413). Somit betreffen entsprechende Maßnahmen insbesondere den **öffentlichen Verkehrsraum**. 513

**Beispiele:**

Bahnhöfe, Straßen, Flugplätze, Geschäftsräume während der Geschäftszeiten; auch ein Pkw, der als Beförderungsmittel eingesetzt wird[1577]; aber ebenso mangels Wohnungsqualität allgemein zugängliche Büro- und Geschäftsräume[1578], die Hafträume einer JVA[1579] oder der Besuchsraum einer Untersuchungshaftvollzugsanstalt.[1580]

1576 Vgl. BVerfG 03.03.2004 – 1 BvR 2378/98, BVerfG 109, 279, 323 ff.

1577 LG Stendal 12.04.1993 – 501 Qs 49/94, NStZ 1994, 556.

1578 Vgl. BGH 15.01.1997 – StB 27/96, BGHSt 42, 372, 375 f.

1579 BVerfG 30.05.1996 – 2 BvR 727/94, NJW 1996, 2643.

1580 BGH 29.04.2009 – 1 StR 701/08, BGHSt 53, 294, 300.

Vergleichbar ist die Eingriffsintensität mit der Telekommunikationsüberwachung (§ 100a StPO),[1581] an der sich auch die Anordnungsvoraussetzungen orientieren. Der Begriff des **nicht öffentlich gesprochenen Wortes** entspricht dem des § 201 Abs. 1 Nr. 1 StGB.[1582] Nichtöffentlich sind danach gesprochene Worte, wenn sie nicht an die Allgemeinheit gerichtet und nicht über einen durch persönliche oder sachliche Beziehungen abgegrenzten Personenkreis hinaus ohne Weiteres wahrnehmbar sind.[1583] Insofern zählen auch **Selbstgespräche** dazu, die allerdings zum unantastbaren Kernbereich der privaten Lebensgestaltung (s. hierzu Rn. 474) gehören und daher nicht abgehört und verwertet werden dürfen.[1584] Öffentlich gesprochene Worte dürfen hingegen nach §§ 161, 163 StPO aufgezeichnet werden.[1585] Gleiches gilt für das Mithören von Gesprächen ohne Hilfsmittel, da § 100f StPO nur das Abhören und Aufzeichnen mit **technischen Mitteln** erfasst.[1586]

514 Die mit der Installation des Abhörmittels verbundenen **Vorbereitungs- und Begleitmaßnahmen** sind als Annexkompetenz (s. Rn. 253) grundsätzlich zulässig, soweit es sich um typischerweise notwendige Maßnahmen handelt.[1587]

**Beispiele:**

Öffnen von Fahrzeugen; Einbau der Technik in Pkw; Nutzung des Pkw-eigenen Batteriestroms.

Dabei muss aber der Verhältnismäßigkeitsgrundsatz beachtet werden. Nach der Rechtsprechung des Bundesgerichtshofs ist – falls kein milderes Mittel zur Verfügung steht – sogar die heimliche vorübergehende Wegnahme eines Pkw, die einen Eingriff in den Schutzbereich von Art. 14 GG darstellt, zum Einbau der Abhörtechnik in einer Werkstatt erlaubt.[1588]

## 2. Voraussetzungen

515 Die Voraussetzungen des § 100f StPO entsprechen im Wesentlichen denen der Telekommunikationsüberwachung. Erforderlich ist ein Tatverdacht i.S.d. Anfangsverdachts einer **Katalogtat** des § 100a Abs. 2 StPO, die auch **im Ein-**

1581 M-G/S-*Köhler*, § 100f Rn. 2.

1582 KK-*Henrichs/Weingast*, § 100f Rn. 2; M-G/S-*Köhler*, § 100f Rn. 3 i.V.m. § 100c Rn. 3.

1583 *Fischer*, § 201 Rn. 3.

1584 BGH 10.08.2005 – 1 StR 140/05, BGHSt 50, 206, 210 ff.; BGH 22.12.2011 – 2 StR 509/10, BGHSt 57, 71, 74 ff.

1585 M-G/S-*Köhler*, § 100c Rn. 3.

1586 KK-*Henrichs/Weingast*, § 100f Rn. 2.

1587 Hellmann, Rn. 359; MüKo-*Rückert*, § 100f Rn. 35.

1588 BGH 24.01.2001 – 3 StR 324/00, BGHSt 46, 266, 274; a.A. *Roxin/Schünemann*, § 36 Rn. 54.

**zelfall schwer wiegen** muss (s. Rn. 484). Die Maßnahme darf sich grundsätzlich nur gegen den Beschuldigten richten (§ 100f Abs. 2 S. 1 StPO). Gegen **andere Personen** darf sie nur angeordnet werden, wenn aufgrund bestimmter Tatsachen anzunehmen ist, dass sie Kontaktpersonen des Beschuldigten sind und die Maßnahme im Sinne einer **Erfolgsprognose** zur Erforschung des Sachverhalts oder zur Ermittlung des Aufenthaltsortes eines Beschuldigten führen wird und dies nach der **Subsidiaritätsklausel** auf andere Weise aussichtslos oder wesentlich erschwert wäre (§ 100f Abs. 2 S. 2 StPO). § 100f Abs. 3 StPO stellt klar, dass die Maßnahme auch durchgeführt werden darf, wenn Dritte unvermeidbar betroffen werden. Die Überwachung von Gesprächen mit dem **Verteidiger** ist wegen des Rechts auf unbeschränkten Verkehr zwischen Verteidiger und Beschuldigten (§ 148 StPO) unzulässig.[1589] Für nicht beschuldigte zeugnisverweigerungsberechtigte **Berufsgeheimnisträger** gilt § 160a StPO (s. Rn. 258 f.).

Hinsichtlich des **Kernbereichsschutzes** gilt gem. § 100f Abs. 4 StPO – wie bei der Telekommunikationsüberwachung – § 100d Abs. 1 u. Abs. 2 StPO. Daraus folgt beispielsweise, dass Inhalte eines in einem Pkw abgehörten und aufgezeichneten Selbstgesprächs, welches zum Kernbereich privater Lebensgestaltung zählt (s. hierzu Rn. 474), auch wenn es sich auf Straftaten bezieht, nach § 100d Abs. 2 StPO unverwertbar sind.[1590] Bezüglich **Anordnungskompetenz, Form und Inhalt sowie Beendigung** der Maßnahme gilt § 100e Abs. 1, 3 u. 5 S. 1 StPO (§ 100f Abs. 4 StPO). Grundrechtssichernde Regelungen für die von der Maßnahme Betroffenen enthält § 101 StPO. **516**

Erbringt die Überwachung Erkenntnisse über andere Delikte als die anlassgebenden Katalogtaten, gelten für Fragen der **Verwertung und Verwendung** im laufenden Verfahren die §§ 161 Abs. 3 S. 1, 479 Abs. 2 S. 1 StPO und damit nichts anderes als bei der Telekommunikationsüberwachung (s. Rn. 517 f.). **517**

## VI. Verkehrsdatenerhebung nach § 100g StPO

### 1. Allgemeines

Die Verkehrsdatenerhebung nach § 100g StPO ergänzt § 100a StPO dahingehend, dass die Vorschrift nicht den Inhalt der Telekommunikation, sondern die damit einhergehenden **Verkehrsdaten** betrifft. Dies sind die Daten, die bei der Erbringung eines Telekommunikationsdienstes erhoben, verarbeitet oder genutzt werden (§ 3 Nr. 70 TKG). **518**

1589 M-G/S-*Köhler*, § 100f Rn. 12.

1590 Vgl. BGH 22.12.2011 – 2 StR 509/10, BGHSt 57, 71 ff.

**Beispiele:**

Rufnummern und Kennungen der beteiligten Anschlüsse, Zeit und Dauer der Kommunikation, bei mobilen Anschlüssen der Standort.

Aus diesen sog. **äußeren Daten der Kommunikation** ergibt sich also insbesondere, wer, mit wem, wann und wie lange kommuniziert hat sowie bei mobilen Anschlüssen auch der Standort der beteiligten Anschlüsse. Obwohl keine Inhaltsdaten der Telekommunikation erfasst werden, stellt dies einen **Eingriff in Art. 10 Abs. 1 GG** dar, da der Schutzbereich dieses Grundrechts auch die Umstände der Telekommunikation schützt, welche letztlich Rückschlüsse auf das Kommunikations- und Bewegungsverhalten des Einzelnen sowie auf Art und Intensität von Beziehungen zwischen Personen und auch auf den Kommunikationsinhalt zulassen.[1591] § 100g StPO enthält dabei in den Abs. 1–3 drei verschiedene Eingriffsbefugnisse.

### 2. Verkehrs- und Standortdatenerhebung nach § 100g Abs. 1 StPO

**519** § 100g Abs. 1 S. 1 StPO erlaubt die Abfrage von nach §§ 9 u. 12 TTDSG gespeicherten Verkehrsdaten. Dies sind Verkehrsdaten, die der Telekommunikationsdiensteanbieter zu geschäftlichen Zwecken, d.h. insbesondere zu Abrechnungszwecken oder aber für Zwecke der Störungsbeseitigung, speichern darf.[1592] Hierbei werden seit 26.11.2019[1593] nicht nur Verkehrsdaten von öffentlich zugänglichen Telekommunikationsdiensten erfasst, sondern auch solche aus dem digitalen Behördenfunk (§ 2a BDBOSG). Insofern können beispielsweise unter den Voraussetzungen des § 100g Abs. 1 StPO bei einem Ermittlungsverfahren gegen einen Polizeibeamten entsprechende Verkehrsdaten erhoben werden.

**520** Voraussetzung ist gem. § 100g Abs. 1 S. 1 Nr. 1 StPO ein Tatverdacht i.S.d. Anfangsverdachts einer **Straftat von erheblicher Bedeutung**, wobei auch der Versuch oder eine Vorbereitungstat ausreicht. Dies sind Straftaten, die mindestens dem Bereich der mittleren Kriminalität zuzurechnen sind, den Rechtsfrieden empfindlich stören und geeignet sind, das Gefühl der Rechtssicherheit der Bevölkerung erheblich zu beeinträchtigen.[1594] Zur Konkreti-

---

1591 BVerfG 12.03.2003 – 1 BvR 330/96, BVerfGE 107, 299, 319 f.; BVerfG 02.03.2006 – 2 BvR 2099/04, BVerfGE 115, 166, 183; BVerfG 02.03.2010 – 1 BvR 256/08, BVerfGE 125, 260, 309; BVerfG 24.01.2012 – 1 BvR 1299/05, BVerfGE 151, 179; MüKo-*Rückert*, § 100g Rn. 12 m.w.N.

1592 Ausführlich BeckOK-*Bär*, § 100g Rn. 13.

1593 Gesetz zur Umsetzung der Richtlinie (EU) 2016/680 im Strafverfahren sowie zur Anpassung datenschutzrechtlicher Bestimmungen an die VO (EU) 2016/679 v. 20.11.2019 (BGBl. I, S. 1724 ff.).

1594 BVerfG 14.12.2000 – 2 BvR 1741/99, BVerfGE 103, 21, 34.

sierung verweist das Gesetz auf den Straftatenkatalog des § 100a Abs. 2 StPO, der aber nicht abschließend ist, sondern als Orientierungshilfe dient.[1595] Auch muss die Straftat im Einzelfall von erheblicher Bedeutung sein. Entscheidend für die Bewertung der jeweiligen Straftat ist die konkrete Gefährdung von Rechtsgütern, das Ausmaß der Schäden und die Art und Weise der Tatbegehung.

**Beispiele:**

Verneint für den Diebstahl eines Mobiltelefons[1596] oder einen einfachen Computerbetrug[1597]; bejaht für den Diebstahl eines Lkw[1598] oder einen gewerbsmäßigen Betrug, bei dem eine Tätergruppe Betrugsstraftaten als falsche Polizeibeamte zum Nachteil älterer Personen begeht[1599].

Weiterhin dürfen die Verkehrsdaten nur erhoben werden, wenn dies zur Erforschung des Sachverhalts erforderlich ist und die Erhebung der Daten in einem angemessenen Verhältnis zur Bedeutung der Sache steht. Letztlich ist dies eine nicht notwendige Aufnahme des Verhältnismäßigkeitsgrundsatzes in den Gesetzestext. Darüber hinaus ist eine Erhebung der gespeicherten Verkehrsdaten auch zulässig, wenn ein Tatverdacht i.S.d. Anfangsverdachts einer mittels Telekommunikation begangenen vollendeten Straftat vorliegt. Voraussetzung ist also, dass ein Telefon oder ein Computer mit Internetverbindung als notwendiges oder nützliches Mittel zur Tatausführung eingesetzt wird.[1600] Nicht erforderlich ist dabei eine Straftat von erheblicher Bedeutung, da ansonsten auch weniger schwere Delikte dieser Art ohne Verkehrsdatenauskunft nicht aufklärbar wären.[1601]

**Beispiele:**

Beleidigende oder bedrohende Anrufe, Ausspähen von Daten beim Phishing, Cybermobbing, Cybergrooming.

Es besteht nach § 100g Abs. 1 S. 2 StPO eine **strenge Subsidiaritätsklausel**. Danach muss die Erforschung des Sachverhalts auf andere Weise aussichtslos sein. Hierbei muss anhand der Umstände des Einzelfalls geprüft werden, ob

1595 M-G/S-*Köhler*, § 100g Rn. 13.
1596 LG Hildesheim 25.02.2008 – 12 Qs 12/08, NdsRpfl 2008, 148, 149.
1597 LG Köln 05.02.2002 – 107 Qs 36/02, MMR 2002, 562.
1598 AG Friedberg 15.03.2006 – 40a Gs 301 Js 43229/06, NStZ 2006, 517.
1599 LG Arnsberg 07.06.2019 – Qs-410 UJs 300/19-52/19, ZD 2019, 415.
1600 BeckOK-*Bär*, § 100g Rn. 9.
1601 BR-Drs. 702/01, S. 7.

andere Ermittlungsmaßnahmen in Betracht kommen oder die Verkehrsdatenerhebung das einzig zielführende und zugleich verhältnismäßige Mittel ist.[1602]

521 Darüber hinaus können im Fall des § 100g Abs. 1 S. 1 Nr. 1 StPO auch Standortdaten erhoben werden, die zukünftig oder aber in Echtzeit anfallen (§ 100g Abs. 1 S. 4 StPO). Der Anwendungsbereich dieser Norm beschränkt sich damit auf **nicht gespeicherte Standortdaten.** Auch muss die Erhebung für die Erforschung des Sachverhalts oder die Ermittlung des Aufenthaltsortes des Beschuldigten erforderlich sein. Im Unterschied zur Verkehrsdatenerhebung nach § 100g Abs. 1 S. 1 Nr. 1 StPO dürfen Standortdaten damit auch erhoben werden, um den Beschuldigten zu lokalisieren.

**Beispiele:**

1. Die Standort- bzw. Positionsdaten eines eingeschalteten, aber aktuell nicht genutzten Mobiltelefons können zu Observationszwecken genutzt werden, indem der Telekommunikationsdiensteanbieter die Daten live an die Strafverfolgungsbehörden ausleitet. Diese Positionsdaten entstehen dadurch, dass das Mobiltelefon in ständigem Kontakt mit der nächsterreichbaren Funkzelle steht, um die Empfangsbereitschaft zu signalisieren[1603] und ergeben daher den ungefähren Standort des Mobiltelefonnutzers.

2. Von praktischer Relevanz ist auch das sog. IP-Catching, bei dem eine bislang nicht näher bekannte Person aus dem Kreis der Nutzer eines bestimmten Dienstes ermittelt werden soll, indem beim Diensteanbieter alle bei Aufruf des jeweiligen Dienstes verwendeten IP-Adressen erhoben werden, um mittels anschließender Personenauskunft nach § 100j Abs. 2 i.V.m. Abs. 1 S. 1 StPO (s. Rn. 535 ff.) die Zuordnung zu einer bestimmten Person zu ermöglichen.[1604]

522 Hingegen ist die Abfrage von sog. **retrograden Standortdaten**, die aus betrieblichen Gründen gespeichert werden (§ 9 Abs. 1 Nr. 1 TTDSG), nur unter den strengen Voraussetzungen des § 100g Abs. 2 StPO erlaubt (§ 100g Abs. 1 S. 3 StPO). Sollen Standortdaten durch den Einsatz sog. **stiller SMS** erst erzeugt werden, ist dies nach § 100i Abs. 1 Nr. 2 StPO (s. Rn. 532) zulässig.[1605]

### 3. Verkehrsdatenerhebung nach § 100g Abs. 2 StPO

523 § 100g Abs. 2 StPO regelt den Zugriff auf Verkehrsdaten, die von den Diensteanbietern nach § 176 TKG „auf Vorrat" zu speichern sind. Es handelt sich im Kern um die sog. **Vorratsdatenspeicherung**, die die Telekommunikations-

---

1602 M-G/S-*Köhler*, § 100g Rn. 19.

1603 BeckOK-*Bär*, § 100g Rn. 11.

1604 *Bär*, NZWiSt 2017, 81, 84; M-G/S-*Köhler*, § 100g Rn. 21a.

1605 BGH 08.02.2018 – 3 StR 400/17, BGHSt 63, 82, 86 f.

diensteanbieter verpflichtet (§ 175 TKG), die bei der Übermittlung von Kurznachrichten (SMS), Multimedia- (MMS) oder ähnlichen Nachrichten sowie bei Anrufen anfallenden Verkehrsdaten anlasslos zu speichern. Dabei müssen Verbindungsdaten für zehn Wochen (§ 176 Abs. 2 u. 3 TKG) und Standortdaten für vier Wochen (§ 176 Abs. 4 TKG) gespeichert werden. Die kürzere Frist bei Standortdaten erklärt sich aus dem damit verbundenen intensiveren Eingriff in die Grundrechte der Betroffenen, da die Möglichkeit, mithilfe dieser Daten präzise Bewegungsprofile zu erstellen, besonders groß ist.[1606] Die Vorratsdatenspeicherung ist rechtsstaatlich bedenklich und in der Folge verfassungs- und europarechtlich auch aktuell sehr umstritten,[1607] da sie ausnahmslos jeden telekommunizierenden Bürger betrifft. In der Folge hat der Gesetzgeber nach den Vorgaben des Bundesverfassungsgerichts, das eine frühere Regelung der Vorratsdatenspeicherung 2010 für verfassungswidrig erklärt hatte[1608], die Erhebung der **anlasslos gespeicherten Verkehrsdaten** an hohe Voraussetzungen geknüpft. Notwendig ist ein Tatverdacht i.S.d. Anfangsverdachts einer **besonders schweren Straftat** aus dem abschließenden Katalog des § 100g Abs. 2 S. 2 StPO, wobei der Versuch der Tat ausreichend ist; auch muss die Straftat im konkreten Einzelfall besonders schwer wiegen (§ 100g Abs. 2 S. 1 StPO). Damit gehen diese Anforderungen über die der Telekommunikationsüberwachung hinaus. Der Straftatenkatalog ähnelt vielmehr dem der Online-Durchsuchung (§ 100b Abs. 2 StPO), ist allerdings teilweise weiter gefasst. Neben der ausdrücklich im Gesetz genannten Forderung der Verhältnismäßigkeit enthält § 100g Abs. 2 S. 1 StPO auch eine **Subsidiaritätsklausel**, wonach die Verkehrsdaten nur erhoben werden dürfen, soweit die Sachverhaltserforschung oder die Aufenthaltsermittlung des Beschuldigten auf andere Weise wesentlich erschwert oder aussichtslos wäre. Diese deckt sich im Wortlaut mit der Subsidiaritätsklausel bei der Telekommunikationsüberwachung (§ 100a Abs. 1 S. 1 Nr. 3 StPO).

Trotz dieser Anforderungen hat nunmehr der Europäische Gerichtshof mit **524**
Urteil vom 20.09.2022 entschieden, dass die deutschen Vorschriften des TKG zur Vorratsdatenspeicherung (§§ 113a ff. TKG a.F.; §§ 175 ff. TKG n.F.) **mit geltendem EU-Recht nicht vereinbar** sind, da hierdurch unverhältnismäßig in das Privatleben der Personen, deren Daten gespeichert werden, eingegriffen wird.[1609] Eine unionskonforme Lösung könnte zukünftig in dem sog. **Quick-Freeze-Verfahren** liegen. Hierbei müssen im Falle konkreter Anhaltspunkte

---

1606 M-G/S-*Köhler*, 65. Aufl., § 100g Rn. 28.

1607 Zum Stand der verfassungs- und europarechtlichen Rspr. ausführlich BeckOK-*Bär*, § 100g Rn. 60 ff.

1608 BVerfG 02.03.2010 – 1 BvR 256/08, BVerfGE 125, 260 ff.

1609 EuGH 20.09.2022 – C-793/19, NJW 2022, 3135 ff. m. Anm. *Roßnagel*.

für bestimmte erhebliche oder schwere Straftaten vorsorglich für einen kurzen Zeitraum entsprechende Informationen auf richterliche Anordnung hin von den Telekommunikationsdiensteanbietern gesichert werden, um dann später auf diese eingefrorenen Daten zugreifen zu können.[1610] Bis dahin ist die aktuelle Regelung zur Vorratsdatenspeicherung europarechtswidrig.

### 4. Funkzellenabfrage nach § 100g Abs. 3 StPO

**525** § 100g Abs. 3 StPO regelt die Befugnis zur sog. Funkzellenabfrage. Eine Funkzelle ist vereinfacht ein Sendemast für den Mobilfunk mit einer bestimmten Reichweite und Empfangsleistung, die zwischen wenigen Metern und mehreren Kilometern liegen kann. Ein Mobiltelefon loggt sich bei der in der Nähe liegenden freien Funkzelle automatisch ein. Die dabei anfallenden Daten werden vom Diensteanbieter registriert und zeitweise gespeichert. Umgekehrt sendet die Basisstation des Netzes eine eindeutige Nummer mit dem jeweiligen Standort an das jeweilige Mobiltelefon, damit bei einer Kommunikation möglichst schnell eine Verbindung aufgebaut werden kann.[1611] Im Gegensatz zur Standortermittlung nach § 100g Abs. 1 StPO ist Ziel dieser Maßnahme, herauszufinden, wo der Beschuldigte sich zu einem bestimmten Zeitpunkt aufgehalten hat. Dazu werden – ohne konkrete Rufnummer – alle Verkehrsdaten erhoben, die zu einem bestimmten Zeitpunkt in einer bestimmten Funkzelle angefallen sind, um die insoweit aktiven mobilen Geräte zu ermitteln. So kann festgestellt werden, ob und wie lange sich ein Mobiltelefon eines Beschuldigten in einer bestimmten Funkzelle aufgehalten hat.

**Beispiel:**

Zum Nachweis eines bandenmäßigen Wohnungseinbruchsdiebstahls kann festgestellt werden, ob die Beschuldigten sich zum Zeitpunkt des Diebstahls auch vor Ort befunden haben.

**526** Da von einer solchen Maßnahme zwangsläufig eine Vielzahl von Personen betroffen ist, die zu dem bestimmten Zeitpunkt in der abgefragten Funkzelle kommuniziert haben, ohne Beschuldigte oder Nachrichtenmittler zu sein, ist die Zulässigkeit der Maßnahme an enge Voraussetzungen geknüpft.[1612] Diese sind in § 100g Abs. 3 S. 1 Nr. 1–3 StPO normiert. Danach müssen die **Voraussetzungen des § 100g Abs. 1 S. 1 Nr. 1 StPO** vorliegen. Auch muss die Erhebung der Daten in einem angemessenen Verhältnis zur Bedeutung der Sache

1610 *Beukelmann/Heim*, NJW-Spezial 2022, 664; zu einem entsprechenden Referentenentwurf des BMJ BeckOK-*Ferner*, § 174 TKG Rn. 36; *Kiparski*, CR 2022, 715.

1611 Ausführlich zum technischen Hintergrund BeckOK-*Bär*, § 100g Rn. 48.

1612 M-G/S-*Köhler*, § 100g Rn. 36.

stehen. Weiterhin gilt wie bei der Vorratsdatenspeicherung eine **Subsidiaritätsklausel**, wonach die in einer Funkzelle angefallenen Verkehrsdaten nur erhoben werden dürfen, soweit die Sachverhaltserforschung oder die Aufenthaltsermittlung des Beschuldigten auf andere Weise wesentlich erschwert oder aussichtslos wäre. Die Klarstellung in § 100g Abs. 3 S. 2 StPO, dass bei Funkzellenabfragen auf Daten aus der Vorratsdatenspeicherung (§ 176 TKG) nur unter den in § 100g Abs. 2 StPO genannten engeren Voraussetzungen zurückgegriffen werden darf, ist angesichts der Tatsache, dass Funkzellendaten nicht der Vorratsdatenspeicherung unterliegen und auch nur für kurze Zeit von den Telekommunikationsanbietern vorgehalten werden, kaum praxisrelevant.[1613]

## 5. Weitere Voraussetzungen und Sonstiges

**Betroffene** der Verkehrsdatenerhebung sind – wie bei der Telekommunika- **527**
tionserhebung – der Beschuldigte, seine Nachrichtenmittler oder Personen, deren Anschluss der Beschuldigte benutzt (§§ 101a Abs. 1 S. 1, § 100a Abs. 3 StPO). Auch besteht eine Mitwirkungspflicht der Telekommunikationsdiensteanbieter (§§ 101a Abs. 1 S. 1, 100a Abs. 4 StPO). Für den Schutz von **Berufsgeheimnisträgern** enthält § 100g Abs. 4 StPO eine dem § 160a StPO vorgehende speziellere Regelung. Danach besteht ein grundsätzliches Verbot der Erhebung von Verkehrsdaten nach § 100g Abs. 2 u. 3 StPO, die sich gegen alle in § 53 Abs. 1 S. 1 Nr. 1–5 StPO genannten Berufsgeheimnisträger richtet. Außerdem besteht für dennoch erlangte Erkenntnisse ein Verwendungsverbot sowie eine Löschungspflicht (§ 100g Abs. 4 S. 2, 3 StPO). Auch sind die Tatsache der Erlangung und Löschung aktenkundig zu machen (§ 100g Abs. 4 S. 4 StPO). Der genannte Schutz von Berufsgeheimnisträgern gilt auch bei deren **zufälliger Drittbetroffenheit** (§ 100g Abs. 4 S. 5 StPO).

**Beispiel:**

Hat der Beschuldigte, dessen Verkehrsdaten erhoben und ausgewertet werden, auch Telefonate mit seinem Verteidiger oder Arzt geführt, so sind diese Verkehrsdaten unverwertbar und zu löschen, während die übrigen Daten uneingeschränkt verwendet werden können.[1614]

Nach § 100g Abs. 4 S. 6 StPO gilt § 160a Abs. 3 u. 4 StPO entsprechend. Dies erweitert den Schutz der Berufsgeheimnisträger auf deren mitwirkende Personen und schließt den Schutz der Berufsgeheimnisträger bei Verstrickung aus.

1613 BeckOK-*Bär*, § 100g Rn. 52.
1614 BeckOK-*Bär*, § 100g Rn. 57.

528 Hinsichtlich **Anordnungsbefugnis,** Dauer der Maßnahme sowie Form und Inhalt der Anordnung gilt im Wesentlichen § 100e StPO mit den Besonderheiten und Einschränkungen, die in § 101a Abs. 1 StPO genannt werden. Grundsätzlich anordnungsbefugt ist danach das Gericht und bei Gefahr im Verzug auch die Staatsanwaltschaft, mit richterlicher Bestätigung innerhalb von drei Werktagen (§§ 101a, 100e Abs. 1 S. 1–3 StPO). Die Anordnung ist auf drei Monate mit der Möglichkeit der mehrmaligen Wiederholung befristet und ergeht schriftlich (§§ 101a, 100e Abs. 1 S. 4 u. 5, Abs. 3 StPO). Für den Bereich der Vorratsdatenspeicherung (nach § 176 TKG gespeicherte Verkehrsdaten) liegt allerdings die Zuständigkeit einzig beim Gericht, ohne der Möglichkeit einer Eilanordnung (§ 101a Abs. 1 S. 2 StPO).

529 Die **Verwertbarkeit und Weiterverwendung** von Verkehrsdaten für andere Zwecke richtet sich nach § 101a Abs. 4 StPO. Dies betrifft die geschäftsmäßig gespeicherten, retrograden Standortdaten und die Verkehrsdaten der Vorratsdatenspeicherung (§ 176 TKG). Diese dürfen danach nur für vergleichbar gewichtige repressive oder präventive Zwecke verwertet werden.[1615] Für die Verwendung polizeilich erlangter Verkehrsdaten in einem Strafverfahren gilt § 101a Abs. 5 StPO. Die Verwertung geschäftsmäßig gespeicherter Verkehrsdaten, die nach § 100g Abs. 1 S. 1 u. 4 StPO erhoben wurden, richtet sich nach § 479 Abs. 2 S. 1 u. 2 StPO. **Benachrichtigungspflichten** der Betroffenen und die Möglichkeit nachträglichen **Rechtsschutzes** sind in §§ 101a Abs. 6, 101 StPO geregelt. Für die **Berichtspflichten** gilt auch hier § 101b StPO.

## VII. Einsatz des IMSI-Catchers nach § 100i StPO

### 1. Allgemeines

530 § 100i StPO regelt den Einsatz des sog. IMSI-Catchers (International Mobil Subscriber Identity). Damit lässt sich die zu einem aktiv geschalteten Mobiltelefon gehörende **Gerätenumme**r, die sog. IMEI (International Mobile Equipment Identity) und die in dem Gerät verwendete **Kartennummer** der SIM-Karte, die sog. IMSI, ermitteln (§ 100i Abs. 1 Nr. 1 StPO). Sowohl die 15 bis 17 Ziffern lange IMEI, als auch die 15-stellige IMSI werden weltweit nur einmal vergeben.[1616] Die ersten Nummern der IMSI bezeichnen den Ländercode und den Telekommunikationsdienstleister; über die weiteren Nummern kann über die bei diesem gespeicherten Bestandsdaten (s. Rn. 535) der Mobilfunkteilnehmer ermittelt werden.

1615 M-G/S-*Köhler*, § 101a Rn. 23.

1616 BeckOK-*Hegmann*, § 100i Rn. 1.

**Beispiel:**

Die fiktive IMSI 262 01 9763546572 enthält den Ländercode 262 für Deutschland, den Telekommunikationsanbieter-Code 01 für die Telekom und einen zehnstelligen Code für die individuelle Teilnehmerkennung.

Wird ein Mobiltelefon mit mehreren SIM-Karten betrieben, so ist die Abfrage beim Netzbetreiber auch mittels der IMEI möglich. Die Kenntnis der Bestandsdaten ist notwendige technische Voraussetzung, um eine Telekommunikationsüberwachung (§ 100a StPO) oder eine Verkehrsdatenerhebung (§ 100g StPO) durchzuführen.[1617] Praktisch bedeutsam ist dies, wenn die Rufnummer des zu überwachenden Anschlusses nicht bekannt ist, weil der Betroffene sich ein Mobiltelefon von einem unbekannten Dritten geliehen hat, die SIM-Karte getauscht oder unter falschem Namen gekauft wurde.[1618] Auch kann durch den Einsatz des IMSI-Catchers der **Standort des Mobiltelefons ermittelt** werden (§ 100i Abs. 1 Nr. 2 StPO), um den Beschuldigten festzunehmen bzw. zu ergreifen oder aber anschließend längerfristig zu observieren.[1619] Voraussetzung ist dabei immer die ungefähre Kenntnis des Standortes des zu ortenden, eingeschalteten Mobiltelefons des Betroffenen bis auf wenige Hundert Meter (in Städten) bzw. wenige Kilometer (auf dem Land),[1620] sodass in der Praxis dieser zumeist vorab observiert werden muss. Hierbei simuliert der IMSI-Catcher die Basisstation einer Funkzelle, in der sich dann die im Einzugsbereich des IMSI-Catchers befindlichen Mobiltelefone anmelden.[1621] Dabei werden u.a. auch die IMSI und die IMEI an die **simulierte Funkzelle** gesendet.

Da hierbei lediglich technische Geräte und keine Menschen miteinander **531**
kommunizieren, liegt nach der Rechtsprechung des Bundesverfassungsgerichts **kein Eingriff in den Schutzbereich von Art. 10 Abs. 1 GG** vor, sondern nur in das Recht auf informationelle Selbstbestimmung (Art. 2 Abs. 1 i.V.m. Art. 1 Abs. 1 GG).[1622] Auch die wohl h.L. sieht hierin einen bloßen automatisierten Austausch von Signalen zwischen Maschinen, der keine menschliche Kommunikation darstellt.[1623] Hiergegen wird von Teilen der Literatur eingewandt, nicht das Telefon, sondern der Nutzer sei durch das bewusste Einschalten des Mobiltelefons empfangsbereit und habe damit bereits grundsätzlich die Kommunikation veranlasst, sodass ein eingeschal-

1617 MüKo-*Rückert*, § 100i Rn. 25.

1618 M-G/S-*Köhler*, § 100i Rn. 1.

1619 MüKo-*Rückert*, § 100i Rn. 26.

1620 MüKo-*Rückert*, § 100i Rn. 24 u. 26.

1621 BeckOK-*Hegmann*, § 100i Rn. 4.

1622 BVerfG 22.08.2006 – 2 BvR 1345/03, NJW 2007, 351, 353.

1623 KK-*Henrichs/Weingast*, § 100i Rn. 1; *Krey/Heinrich*, Rn. 872; *Roxin/Schünemann*, § 36 Rn. 38.

tetes Mobiltelefon vom Schutzbereich des Art. 10 Abs. 1 GG umfasst sei.[1624] Dies überzeugt jedoch nicht, da durch das Einschalten lediglich Positionsmeldungen des Mobiltelefons automatisiert generiert werden, aber noch keine menschliche Kommunikation veranlasst, sondern nur die technische Voraussetzung dafür hergestellt wird.

532 Darüber hinaus ist § 100i StPO auch Rechtsgrundlage für den **Einsatz sog. stiller SMS.**[1625] Dieses **Stealth-ping-Verfahren** dient der heimlichen Ortung eines Mobiltelefons. Hierbei wird eine spezielle SMS an eine Mobilfunknummer gesendet, die – unbemerkt vom Nutzer – eine Verbindung mit dem angewählten Mobiltelefon erzeugt. Der Empfang der SMS bewirkt eine Rückmeldung des Mobiltelefons bei der jeweiligen Funkzelle, wodurch beim Netzbetreiber ein Verkehrsdatensatz erzeugt wird, der auch die Angabe der benutzten Funkzelle beinhaltet, wodurch – je nach Größe der Funkzelle – der Standort des Mobiltelefons im Zeitpunkt des Empfangs der stillen SMS bestimmt werden kann.[1626] Diese Standortdaten können dann beim Netzbetreiber nach § 100g Abs. 1 S. 1 Nr. 1, S. 4 StPO erhoben werden.

### 2. Voraussetzungen

533 Notwendig ist ein Tatverdacht i.S.d. Anfangsverdachts einer **Straftat von auch im Einzelfall erheblicher Bedeutung** (s. Rn. 520). Wie bei § 100g Abs. 1 S. 1 Nr. 1 StPO kommen auch hier insbesondere Katalogtaten nach § 100a Abs. 2 StPO in Betracht. **Betroffene** der Maßnahme sind diejenigen, gegen die auch eine Telekommunikationsüberwachung zulässig ist, also der Beschuldigte und dessen Kontaktpersonen (§§ 100i Abs. 3, 100a Abs. 3 StPO). Im Unterschied zu den strengeren Subsidiaritätsklauseln bei §§ 100a und 100g StPO verlangt § 100i StPO lediglich die bereits vom **Verhältnismäßigkeitsgrundsatz** umfasste Erforderlichkeit des Einsatzes zur Erforschung des Sachverhalts oder zur Ermittlung des Aufenthaltsortes des Beschuldigten (§ 100i Abs. 1 letzter Hs. StPO). Außer zu den beiden dort genannten Zielen ist der Einsatz des IMSI-Catchers aber auch zur **Eigensicherung** der bei einer Festnahme oder Ergreifung tätigen Polizeibeamten zulässig.[1627] Da sich funktionsbedingt nicht ausschließen lässt, dass auch personenbezogene Daten Dritter erfasst werden, ist dies bei Unvermeidbarkeit zulässig, wobei diese Daten nur zur Ermittlung der gesuchten Kennung verwendet wer-

---

1624 MüKo-*Rückert*, § 100i, Rn. 5 ff.; *Nachbaur*, NJW 2007, 335, 337; *Schwabenbauer*, AöR 137 (2012), 1, 22 f.

1625 BGH 08.02.2018 – 3 StR 400/17, BGHSt 63, 82, 86 f.

1626 Hierzu ausführlich BGH 08.02.2018 – 3 StR 400/17, BGHSt 63, 82, 83 f.; MüKo-*Günther*, 1. Aufl., § 100i Rn. 6 f.

1627 KMR-*Bär*, § 100i Rn. 10.

den dürfen und danach unverzüglich gelöscht werden müssen (§ 100i Abs. 2 StPO). Es besteht daher für **Zufallsfunde** ein Verwertungs- und Verwendungsverbot,[1628] das der Regelung in § 479 Abs. 2 StPO vorgeht (§ 479 Abs. 2 S. 3 StPO).

**Zuständig** für die Anordnung ist – wie bei der Telekommunikationsüberwachung – der Richter, bei Gefahr im Verzug die Staatsanwaltschaft mit dem Erfordernis der richterlichen Bestätigung innerhalb von drei Werktagen (§§ 100i Abs. 3 S. 1, 100e Abs. 1 S. 1–3 StPO). Auch hier muss die Anordnung schriftlich ergehen (§§ 100i Abs. 3 S. 1, 100e Abs. 3 S. 1 StPO); sie darf für höchstens sechs Monate erfolgen, kann aber um jeweils sechs Monate verlängert werden (§ 100i Abs. 3 S. 2, 3 StPO). Weitere grundrechtssichernde Regelungen, insbesondere zu **Benachrichtigung von Betroffenen und Rechtsschutzmöglichkeiten,** enthält § 101 StPO. Maßnahmen nach § 100i StPO werden grundsätzlich ohne Mitwirkung des Telekommunikationsdiensteanbieters mit dem eigenen technischen Equipment der Strafverfolgungsbehörden durchgeführt.[1629] In der Folge enthält die Norm auch keine Mitwirkungspflicht der Telekommunikationsdiensteanbieter. 534

## VIII. Bestandsdatenauskunft nach § 100j StPO

### 1. Allgemeines

§ 100j StPO regelt nach den Vorgaben des Bundesverfassungsgerichts,[1630] das eine ausdrückliche gesetzliche Befugnisnorm für derartige Auskunftsverlangen gefordert hatte, die strafverfahrensrechtliche Erhebungsbefugnis der Strafverfolgungsbehörden für die bei den Telekommunikationsdienste- und Telemediendiensteanbietern (s. hierzu Rn. 539) anfallenden **Bestandsdaten** (§ 3 Nr. 6 TKG, § 2 Abs. 2 Nr. 2 TTDSG). Dies sind personenbezogene Daten, die für die Begründung, inhaltliche Ausgestaltung, Änderung oder Beendigung eines Vertragsverhältnisses über Telekommunikations- und Telemediendienste nach § 172 TKG und § 22 Abs. 1 S. 1 TTDSG geschäftsmäßig erhoben werden. Auch **personenbezogene Berechtigungskennungen** (sog. Zugangssicherungscodes) sind davon erfasst (§ 100j Abs. 1 S. 2 u. 3 StPO). 535

---

1628 M-G/S-*Köhler*, § 100i Rn. 14.

1629 MüKo-*Rückert*, § 100i Rn. 48.

1630 BVerfG 24.01.2012 – 1 BvR 1299/05, BVerfGE 130, 151 ff.; BVerfG 27.05.2020 – 1 BvR 1873/13, BVerfGE 155, 119 ff.

**Hierzu zählen:**

Name, Anschrift und Geburtsdatum des Anschlussinhabers, Datum des Vertragsbeginns, Anschrift des Festnetzanschlusses, zugewiesene Rufnummern und Anschlusskennungen, bei Überlassung eines Mobiltelefons die Gerätenummer (IMEI) und die auf der SIM-Karte gespeicherte Teilnehmeridentifikationsnummer (IMSI), bei Internetkommunikation die statische IP-Adresse und nach allerdings umstrittener Ansicht[1631] auch die dynamische IP-Adresse; Zugangssicherungscodes wie Passwörter, PIN und PUK.

Zu beachten ist, dass der Zugriff auf personenbezogene Daten **zweiaktig** ausgestaltet sein muss. Der erste Akt betrifft die Abfrage der Daten und der zweite Akt die Übermittlung. Bildlich gesprochen muss eine Tür zur Abfrage und eine weitere zur Übermittlung der Daten geöffnet werden, was als sog. **Doppeltürmodell** bezeichnet wird.[1632] Hierbei ist das Auskunftsverlangen, d.h. die Abfrage der Bestandsdaten, in § 100j StPO geregelt, während die Übermittlungsbefugnisse der Diensteanbieter sich nach den datenschutzrechtlichen Bestimmungen des TKG und des TMG richten.

**536** Die Bestandsdatenauskunft nach § 100j StPO, die aufgrund der genannten Entscheidung des Bundesverfassungsgerichts vom 27. Mai 2020 mit Wirkung zum 1. April 2021[1633] angepasst wurde, greift grundsätzlich in das Recht auf informationelle Selbstbestimmung (Art. 2 Abs. 1 i.V.m. Art. 1 Abs. 1 GG) ein. Bei der Auskunft dynamischer IP-Adressen sowie von Zugangssicherungscodes liegt auch ein **Eingriff in Art. 10 Abs. 1 GG** vor.[1634] Große praktische Bedeutung kommt dabei insbesondere der Zuordnung festgestellter IP-Adressen auf den jeweiligen Anschlussinhaber sowie in immer stärker wachsendem Umfang auch der **Auskunft über Zugangssicherungscodes** zu, die inzwischen in nahezu allen Endgeräten wie Smartphones, Tablets etc. implementiert sind und vor der Inbetriebnahme bzw. nach gewisser Untätigkeit stets vom System abgefragt werden.[1635]

### 2. Voraussetzungen

**537** Zweck der Bestandsdatenauskunft ist die Erforschung des Sachverhalts und die Ermittlung des Aufenthaltsortes des Beschuldigten. Notwendig ist grundsätzlich ein Tatverdacht i.S.d. **Anfangsverdachts einer Straftat**, um die vom

1631 BeckOK-*Graf*, § 100j Rn. 28; a.A. M-G/S-*Köhler*, § 100j Rn. 4 jeweils m.w.N.

1632 *Graulich*, NVwZ-Beilage 2020, 47, 48.

1633 BGBl. I, S. 448, 456 f.

1634 Zu dynamischen IP-Adressen BVerfG 24.01.2012 – 1 BvR 1299/05, BVerfGE 130, 151; zu Zugangssicherungscodes BeckOK-*Graf*, § 100j Rn. 19 ff.

1635 BeckOK-*Graf*, § 100j Rn. 11 f.

Diensteanbieter nach § 172 TKG und § 22 Abs. 1 S. 1 TTDSG erhobenen Daten abzufragen (§ 100j Abs. 1 S. 1 Nr. 1 u. 2 StPO). Die Auskunft nach § 100j Abs. 1 StPO kann dabei anhand einer zu einem bestimmten Zeitpunkt zugewiesenen (dynamischen) IP-Adresse erfolgen (§ 100j Abs. 2 StPO). Auch kann eine statische (fest zugewiesene) IP-Adresse selbst nach § 100j Abs. 1 S. 1 Nr. 1 StPO beim Diensteanbieter erhoben werden.[1636] Inwieweit allerdings die **Erhebung einer dynamischen IP-Adresse** selbst auf § 100j Abs. 2 S. 1 StPO gestützt werden kann oder nach § 100g erfolgen muss, ist umstritten.[1637] Der insoweit offene Wortlaut des § 100j Abs. 2 S. 1 StPO und die wohl gleichbleibende Eingriffstiefe sprechen für eine Anwendung des § 100j StPO.[1638] **Auskunft über Zugangssicherungscodes** dürfen nur unter den erhöhten Voraussetzungen des § 100j Abs. 1 S. 2 u. 3 StPO erhoben werden. Danach muss für Auskunftsverlangen auf Zugangscodes bei Telekommunikationsdiensteanbietern (§ 100j Abs. 1 S. 2 StPO) stets die gesetzliche Voraussetzung der Nutzung der abgefragten Zugangscodes gegeben sein.

**Beispiele:**

Die Daten auf einem sichergestellten Mobiltelefon sollen ausgelesen werden, wofür die PIN eingegeben werden muss. Ein Auskunftsverlangen der PIN ist nur erlaubt, wenn auch die Voraussetzungen für das Auslesen des Mobiltelefons nach §§ 94 ff. StPO erfüllt sind.

Soll der abgefragte Zugangscode für eine Telekommunikationsüberwachung genutzt werden, so müssen auch die strengen Voraussetzungen des § 100a StPO erfüllt sein.

Die Auskunftsverlangen auf Zugangscodes, die von Telemediendiensteanbietern erhoben werden (§ 100j Abs. 1 S. 3 StPO), ist an noch strengere Voraussetzungen geknüpft und darf im Hinblick auf § 23 Abs. 2 S. 11 Nr. 1 TTDSG nur zur Verfolgung bestimmter besonders schwerer Straftaten i.S.d. § 100b StPO verlangt werden.[1639]

Für die Auskunft über personenbezogene Bestandsdaten nach § 100j Abs. 1 S. 1 StPO besteht kein Richtervorbehalt, sodass die Auskunft von der Polizei bei den Diensteanbietern eingeholt werden kann. Bezieht sich das Auskunftsverlangen hingegen auf eine Mitteilung von Zugangssicherungscodes von Telekommunikationsanbietern, besteht ein **Richtervorbehalt** mit einer Eilzuständigkeit der Staatsanwaltschaft und ihren Ermittlungspersonen; für **538**

1636 KMR-*Bär*, § 100j Rn. 18; M-G/S-*Köhler*, § 100j Rn. 2.

1637 Hierzu MüKo-*Rückert*, § 100j Rn. 36; M-G/S-*Köhler*, § 100j Rn. 4 m.w.N. zum Streitstand.

1638 Ebenso BeckOK-*Graf*, § 100j Rn. 28.

1639 M-G/S-*Köhler*, § 100j Rn. 3.

Auskunftsverlangen von Zugangscodes, die von Telemediendiensten erhoben werden, sogar ein absoluter Richtervorbehalt ohne jegliche Eilkompetenz (§ 100j Abs. 3 S. 1–3 StPO). Ausnahmen von diesem Richtervorbehalt bei Auskunftsverlangen von Zugangssicherungscodes finden sich in § 100j Abs. 3 S. 4 StPO. Benachrichtigungspflichten der von der Beauskunftung betroffenen Personen regelt § 100j Abs. 4 StPO. Der jeweilige Diensteanbieter ist zur Mitwirkung verpflichtet (§ 100j Abs. 5 StPO).

## IX. Nutzungsdatenerhebung nach § 100k StPO

### 1. Allgemeines

539 **Telemedien** sind elektronische Informations- und Kommunikationsdienste, die weder der Telekommunikation, noch dem Rundfunk zuzuordnen sind (vgl. § 1 Abs. 1 TMG). Im Unterschied zur Telekommunikation, bei der ein Informationstransport mittels Signalübertragung im Vordergrund steht, stellen Telemedien elektronische Informationen im Internet zur Verfügung, auf die der Anwender zugreift. Im Vordergrund steht also die Nutzung dieser Inhalte.

**Beispiele:**

Wetternachrichten, Online-Zeitungen, Online-Radio, Online-Banking, Newsletter, Internetshops, Kontaktbörsen, Gesundheits- und Fitnessanwendungen, Videokanäle, soziale Netzwerke.

Da die **Abgrenzung zur Telekommunikation** insoweit auf Funktion und Inhalt des jeweiligen Dienstes abstellt, kann diese im Einzelfall schwierig sein. So ist beispielsweise umstritten, ob Individualkommunikationsformen wie WhatsApp, Skype, Facebook etc. dem Telekommunikationsrecht und/oder dem Telemedienrecht unterfallen.[1640]

540 **Nutzungsdaten**, deren kriminalistische Bedeutung hoch einzuschätzen ist,[1641] sind diejenigen Daten, die der Anbieter benötigt, um die Inanspruchnahme seines Dienstes zu ermöglichen und abzurechnen (§ 2 Abs. 2 Nr. 3 TTDSG). Einbezogen sind damit alle Daten, die bei der Interaktion zwischen Nutzer und Anbieter während und durch die Nutzung eines Telemediums entstehen.

1640 Hierzu BeckOK-*Bär*, § 100k Rn. 1 ff. m.w.N.; S/S/W-*Eschelbach*, § 100k Rn. 5.; vgl. auch EuGH 13.06.2019 – C-193/18, EuGH CR 2019, 464 ff.

1641 Hierzu MüKo-*Rückert*, § 100k Rn. 3.

**Beispiele:**

Angaben über Beginn, Ende und Umfang der jeweiligen Nutzung, Angaben über die vom Nutzer in Anspruch genommenen Telemedien und die konkret aufgerufenen Web-Seiten.

Diese Nutzungsdaten sind insoweit vergleichbar mit den bei der Telekommunikation anfallenden Verkehrsdaten. Zu beachten ist, dass in dem Fall, in dem der Internetnutzer die Verbindung zu dem Telemediendienst, z.B. mit seinem Mobiltelefon, über seinen Provider im Netz herstellt, die dabei anfallenden Daten wie Beginn, Ende, Dauer der Verbindung und Rufnummer Verkehrsdaten i.S.d. § 9 TTDSG und § 176 Abs. 3 TKG und keine Nutzungsdaten sind.[1642] Diese fallen daher unter § 100g StPO. Bei der anschließenden Kommunikation können jedoch auch weitere zusätzliche Informationen anfallen, die über die Verkehrsdaten hinausgehen und die konkrete Nutzung von Telemedien betreffen und damit nach § 100k StPO erhoben werden müssen.

**Beispiel:**

Nutzung eines sog. Smart Car-System im Kfz, das über eine festverbaute SIM-Karte Daten an einen Server des Diensteanbieters übermittelt und damit vielfältige Funktionen wie die Übermittlung von Fahrzeugstandort, Kilometerstand, Reifendruck, Kraftstoffstand etc. sowie auch die Nutzung von Ortungs- und Notrufsystemen ermöglicht. Die dabei anfallenden GPS-Daten können beim Diensteanbieter nach § 100k StPO erhoben werden.[1643]

Die bei der **Einrichtung eines Zugangs zu Telemedien** anfallenden Daten sind keine Nutzungsdaten, sondern – wie bei der Telekommunikation – Bestandsdaten, d.h. Daten, die für die Begründung, Ausgestaltung oder Änderung des Vertragsverhältnisses zwischen dem Anbieter von Telemediendiensten und dem Nutzer erforderlich sind (§ 2 Abs. 2 Nr. 2 TTDSG). Diese werden daher nicht nach § 100k StPO, sondern nach § 100j Abs. 1 S. 1 Nr. 2 StPO abgefragt.

## 2. Voraussetzungen

Die in § 100k Abs. 1 StPO geregelten Anordnungsvoraussetzungen entsprechen denen des § 100g Abs. 1 S. 1, 3 u. 4 StPO, sodass neben den „klassischen" Nutzungsdaten bei Vorliegen der entsprechenden Voraussetzungen auch retrograde Standortdaten und Standortdaten in Echtzeit erhoben werden können. Darüber hinaus ermöglicht § 100k Abs. 2 StPO die Erhebung **541**

1642 BeckOK-*Bär*, § 100k Rn. 11.

1643 OLG Frankfurt am Main, 20.07.2021 – 3 Ws 369/21, NStZ 2023, 59 ff. m. Anm. *Singelnstein*.

von Nutzungsdaten zur Aufklärung von Straftaten, die zwar nicht die Schwere der Katalogtaten des § 100a Abs. 2 StPO erreichen, aber typischerweise mittels Telemedien begangenen werden.[1644] Notwendig ist ein Tatverdacht i.S.d. Anfangsverdachts einer der in § 100k Abs. 2 S. 1 Nr. 1–3 StPO genannten **Katalogtaten**. Dieser abschließende Katalog enthält spezielle Delikte aus dem Bereich Hatespeech und Cybercrime.[1645] Dabei muss die Erforschung des Sachverhalts auf andere Weise aussichtslos sein (**Subsidiaritätsklausel**). Auch ist die Erhebung von Standortdaten in diesen Fällen nicht zulässig (§ 100k Abs. 2 S. 2 StPO). **Betroffener** der Maßnahme ist grundsätzlich nur derjenige, der einen geschäftsmäßig – und keinen privat – betriebenen Telemediendienst nutzt (§ 100k Abs. 4 StPO). Darüber hinaus verweist § 101a Abs. 1a StPO für die Abfrage von Nutzungsdaten auf § 100a Abs. 3 StPO, sodass der Beschuldigte und auch Nachrichtenmittler Betroffene sein können.

**542** Für die Erhebung von Nutzungsdaten nach § 100k Abs. 1 u. 2 StPO ist grundsätzlich eine **richterliche Anordnung** in schriftlicher Form erforderlich (§§ 101a Abs. 1a, 100e Abs. 1 u. 3 StPO). Bei Gefahr im Verzug kann auch die Staatsanwaltschaft anordnen, wobei dann eine gerichtliche Bestätigung innerhalb von drei Werktagen einzuholen ist. Ist der Staatsanwaltschaft allerdings der Inhalt der Nutzung bereits bekannt und dient die Nutzungsdatenerhebung ausschließlich der **Identifikation eines bislang unbekannten Nutzers**, bedarf es keiner richterlichen Anordnung über die nach § 3 Abs. 2 Nr. 3a TTDSG erhobenen Daten (§ 100k Abs. 3 StPO).[1646]

**Beispiele für Identifikationsmerkmale:**

Benutzername, Passwort, angegebene E-Mail-Adresse, IP-Adresse des Nutzers.

Bei der Erhebung von Nutzungsdaten nach § 100k StPO ist der Telemediendiensteanbieter zur **Mitwirkung** verpflichtet (§§ 101a Abs. 1a, 100a Abs. 4 StPO). Die Maßnahme ist auf höchstens drei Monate zu beschränken und kann mehrmalig wiederholt werden. Die **Benachrichtigung** des Betroffenen richtet sich nach § 101a Abs. 6 u. 7 StPO, der nachträgliche **Rechtsschutz** nach § 101 StPO (§ 101a Abs. 6 S. 2 StPO). **Berichtspflichten** ergeben sich aus § 101b Abs. 1 u. 6 StPO.

1644 M-G/S-*Köhler*, § 100k Rn. 3.

1645 BeckOK-*Bär*, § 100k Rn. 31.

1646 Einzelheiten bei BeckOK-*Bär*, § 100k Rn. 35 ff.

# X. Observationen

## I. Allgemeines

Observation ist die **planmäßige Beobachtung von Personen oder Objekten** mit dem Ziel der Erhebung von Erkenntnissen (sog. „Beschatten").[1647] Hierbei können Observationen grundsätzlich offen oder verdeckt erfolgen.[1648] 543

**Beispiel für offene Observation:**

Der Beschuldigte soll durch die Erkennbarkeit der Observation verunsichert und zu Fehlern verleitet werden, wie der Kontaktaufnahme mit anderen Tatbeteiligten.[1649]

Bei der zielgerichteten Observation von bestimmten Personen ist zwischen kurzfristigen und längerfristigen Observationen zu unterscheiden. Während **kurzfristige Observationen** auf die Ermittlungsgeneralklauseln (§§ 161 Abs. 1, 163 Abs. 1 StPO) gestützt werden können, besteht für **längerfristige Observationen** von Beschuldigten aufgrund des intensiveren Grundrechtseingriffs eine Spezialermächtigung nach § 163f StPO. Entscheidend für die Einstufung der Maßnahme als kurz- oder längerfristig ist die Einschätzung der Strafverfolgungsbehörden zu Beginn der Maßnahme hinsichtlich Art, Dauer und Umfang.[1650] Personenobservationen greifen in das Recht auf informationelle Selbstbestimmung (Art. 2 Abs. 1 i.V.m. Art. 1 Abs. 1 GG) ein.[1651] Observationen können ohne oder mit technischen Mitteln durchgeführt werden. In letzterem Fall ist § 100h StPO zu beachten (s. Rn. 548 ff.).

Liegt der Fokus der Observation hingegen nicht auf einer bestimmten Person, sondern auf einer bestimmten Örtlichkeit, so ist § 163f StPO (längerfristige Observation) nicht einschlägig[1652] und damit eine Differenzierung der kurzfristigen von der längerfristigen Observation überflüssig. Solche Objektobservationen erfolgen stets auf Grundlage der Ermittlungsgeneralklauseln (§§ 161 Abs. 1, 163 Abs. 1 StPO). 544

**Beispiel:**

Bei einer Serientat, bei der noch keinerlei Anhaltspunkte für die Identität des mutmaßlichen Täters vorliegen, werden die bisherigen bzw. möglichen weiteren Tatorte observiert.

1647 BGH 29.01.1998 – 1 StR 511/97, BGHSt 44, 13, 15.
1648 SK-*Wolter*, § 163f Rn. 5; a.A. *Krey/Heinrich*, Rn. 910.
1649 Beispiel aus *Krey/Heinrich*, Rn. 910.
1650 KK-*Moldenhauer*, § 163f Rn. 9; LR-*Erb*, § 163f Rn. 4.
1651 BGH 29.01.1998 – 1 StR 511/97, BGHSt 44, 13, 16.
1652 MüKo-*Günther*, § 163f Rn. 7.

## II. Kurzfristige Observation nach §§ 161 Abs. 1, 163 Abs. 1 StPO

545 Aus der **Legaldefinition** der längerfristigen Observation (§ 163f Abs. 1 S. 1 StPO) lässt sich die kurzfristige Observation bestimmen. Diese darf nicht länger als 24 Stunden dauern oder höchstens an zwei Tagen stattfinden. Ergibt sich im Laufe eines Ermittlungsverfahrens spontan, d.h. in nicht vorhersehbarer Weise, mehrfach die Notwendigkeit einer vorübergehenden, weniger als 24 Stunden dauernden Observation, handelt es sich ebenfalls um eine kurzfristige Observation.[1653] **Voraussetzung einer kurzfristigen Observation** ist ein Tatverdacht i.S.d. Anfangsverdachts einer Straftat. Ein Beschuldigter muss als Betroffener der Maßnahme nicht notwendig feststehen. Weiterhin muss der Grundsatz der Verhältnismäßigkeit beachtet werden. Anordnungsbefugt ist sowohl die Staatsanwaltschaft als auch die Polizei.

## III. Längerfristige Observation nach § 163f StPO

546 Dauert die Observation länger als 24 Stunden oder findet an mehr als zwei Tagen statt, liegt eine längerfristige Observation vor (§ 163f Abs. 1 S. 1 StPO). Hierbei handelt es sich um eine **planmäßig angelegte Beobachtung des Beschuldigten** (§ 163f Abs. 1 S. 1 StPO), der insofern Betroffener der Maßnahme ist. Notwendig ist ein Tatverdacht i.S.d. Anfangsverdachts einer **Straftat von erheblicher Bedeutung**. Dies sind Straftaten, die mindestens dem Bereich der mittleren Kriminalität zuzurechnen sind, den Rechtsfrieden empfindlich stören und geeignet sind, das Gefühl der Rechtssicherheit der Bevölkerung erheblich zu beeinträchtigen.[1654] Die Maßnahme darf sich ausnahmsweise auch gegen **Kontaktpersonen** des Beschuldigten richten, sofern auch eine Erfolgserwartung besteht (§ 163f Abs. 1 S. 3 StPO). § 163f Abs. 1 S. 2 StPO enthält eine **Subsidiaritätsklausel**, nach der die Maßnahme nur angeordnet werden darf, wenn die Erforschung des Sachverhalts oder die Ermittlung des Aufenthaltsortes der Beschuldigten auf andere Weise erheblich weniger Erfolg versprechend oder wesentlich erschwert wäre. Hinsichtlich des **Kernbereichsschutzes** gilt § 100d Abs. 1 u. 2 StPO (§ 163f Abs. 2 S. 2 StPO).

547 **Anordnungsbefugt** ist das Gericht, bei Gefahr im Verzug die Staatsanwaltschaft und ihre Ermittlungspersonen (§ 163f Abs. 3 S. 1 StPO). Bei der Eilkompetenz ist eine richterliche Bestätigung innerhalb von drei Werktagen notwendig (§ 163f Abs. 3 S. 2 StPO). Die Anordnung muss schriftlich ergehen und ist auf höchstens drei Monate zu befristen, wobei eine Verlängerung um jeweils drei Monate möglich ist, sofern die Anordnungsvorausset-

---

1653 M-G/S-*Köhler*, § 163f Rn. 1a m.w.N.

1654 BVerfG 14.12.2000 – 2 BvR 1741/99, BVerfGE 103, 21, 34.

zungen noch vorliegen (§§ 163f Abs. 3 S. 3, 100e Abs. 1 S. 4 u. 5, Abs. 3 S. 1 StPO). Für **Zufallserkenntnisse** gelten auch hier §§ 479 Abs. 2 S. 1, 161 Abs. 3 StPO.[1655] Weitere grundrechtssichernde Verfahrensregelungen zu den **Benachrichtigungspflichten** der Betroffenen und den **Rechtsschutzmöglichkeiten** finden sich in § 101 StPO.

## IV. Einsatz technischer Mittel nach § 100h StPO

### 1. Allgemeines

Sollen bei einer kurzfristigen oder längerfristigen Observation **technische** 548
**Mittel außerhalb von Wohnungen** eingesetzt werden, stellt dies einen selbstständigen Eingriff in das Recht auf informationelle Selbstbestimmung (Art. 2 Abs. 1 i.V.m. Art. 1 Abs. 1 GG) dar,[1656] der einer Rechtsgrundlage bedarf. Diese findet sich in § 100h StPO. Sofern der Einsatz technischer Mittel im Rahmen einer längerfristigen Observation erfolgt, müssen dabei auch die erhöhten Voraussetzungen des § 163f StPO erfüllt sein. Das Abhören des nicht öffentlich gesprochenen Wortes mit technischen Mitteln richtet sich hingegen bei Wohnungen nach § 100c StPO und außerhalb von Wohnungen nach § 100f StPO. § 100h StPO findet insoweit keine Anwendung. § 100h Abs. 1 S. 1 Nr. 1 StPO erlaubt die **Herstellung von Bildaufnahmen** wie Fotos, Video- und Filmaufnahmen; nach h.L., jedoch ausschließlich zu Observationszwecken.[1657] Dem ist zuzustimmen. Dies folgt schon aus dem Wortlaut des § 100h Abs. 1 S. 1 Nr. 2 StPO, der „sonstige besondere für Observationszwecke bestimmte technische Mittel" nennt und sich insoweit auf die Bildaufnahmen nach Nr. 1 bezieht als auch aus dem systematischen Zusammenhang zwischen den beiden Nummern. In der Folge ist § 100h Abs. 1 S. 1 Nr. 1 StPO beispielsweise keine Ermächtigungsgrundlage für das Anfertigen von Tatortfotos zur Spurensicherung.[1658] Stattdessen kann dies auf die Ermittlungsgeneralklauseln (§§ 161 Abs. 1, 163 Abs. 1 StPO) gestützt werden.[1659] Zu den **sonstigen Observationsmitteln** nach § 100h Abs. 1 S. 1 Nr. 2 StPO zählen insbesondere Be-

1655 OLG Düsseldorf 24.05.2022 – III-2 RVs 15/22, BeckRS 2022, 12120; KK-*Moldenhauer*, § 163f Rn. 31.

1656 MüKo-*Rückert*, § 100h Rn. 2.

1657 HK-*Gercke*, § 100h Rn. 3; KK-*Henrichs/Weingast*, § 100h Rn. 1; *Kindhäuser/Schumann*, § 8, Rn. 100; KMR-*Bär*, § 100h Rn. 4; *Kramer*, Rn. 228; *Krey/Heinrich*, Rn. 906; SK-*Greco/Wolter*, § 100h Rn. 4; M-G/S-*Köhler*, § 100h Rn. 1 m.w.N.; a.A. OLG Bamberg 16.11.2009 – 2 Ss OWi 1215/09, NJW 2010, 100, 101; OLG Stuttgart 29.01.2010 – 4 Ss 1525/09, NJW 2010, 1219, 1220; MüKo-*Rückert*, § 100h Rn. 3 m.w.N.; vgl. auch BVerfG 05.07.2010 – 2 BvR 759/10, NJW 2010, 2717, 2718.

1658 HK-*Gercke*, § 100h Rn. 3.

1659 *von der Grün*, 11. Kap. Rn. 4.

wegungsmelder, Nachtsichtgeräte, Peilsender, GPS-Geräte und Drohnen.[1660] Ferngläser und Sprechfunkgeräte fallen hingegen nicht darunter, da sie lediglich eine Seh- bzw. Sprechhilfe darstellen.[1661]

549 **Private Aufzeichnungen** mittels sog. Dashcams oder Videokameras am Wohnhaus sowie Tatortvideos von Privatpersonen können im Einzelfall als Beweismittel zur Aufklärung von Straftaten verwertet werden.[1662] Die hierbei geltenden Grundsätze einer Einzelfallprüfung mittels Abwägung der betroffenen Interessen gelten auch für rechtswidrige Videoaufnahmen von Polizeibeamten.[1663]

### 2. Voraussetzungen

550 Für Bildaufnahmen nach § 100h Abs. 1 Nr. 1 StPO ist ein Tatverdacht i.S.d. Anfangsverdachts ausreichend, während für die Verwendung sonstiger technischer Mittel nach § 100h Abs. 1 S. 1 Nr. 2 StPO sich der Tatverdacht auf eine **Straftat von erheblicher Bedeutung** beziehen muss (§ 100h Abs. 1 S. 2 StPO). Dies sind Straftaten, die mindestens dem Bereich der mittleren Kriminalität zuzurechnen sind, den Rechtsfrieden empfindlich stören und geeignet sind, das Gefühl der Rechtssicherheit der Bevölkerung erheblich zu beeinträchtigen.[1664] Beide Maßnahmen sind gegen den Beschuldigten möglich (§ 100h Abs. 2 S. 1 StPO). **Gegen andere Personen** sind Bildaufnahmen gem. § 100h Abs. 2 S. 1 Nr. 1 StPO nur zulässig, wenn das Erreichen der im Gesetz genannten Ermittlungsziele auf andere Weise weniger Erfolg versprechend oder wesentlich erschwert wäre (**Subsidiaritätsklausel**). Die Verwendung sonstiger technischer Mittel gegen andere Personen ist gem. § 100h Abs. 2 S. 1 Nr. 2 StPO nur zulässig bei **Kontaktpersonen** des Beschuldigten, wenn die Maßnahme zur Erreichung des gesetzlichen Zwecks führen wird (Erfolgsprognose) und dies auf andere Weise aussichtslos oder wesentlich erschwert wäre (Subsidiaritätsklausel). Darüber hinaus ist stets bei § 100h StPO der **Kernbereichsschutz** nach § 100d Abs. 1 u. 2 StPO zu beachten (§ 100h Abs. 4 StPO).

551 Im Gegensatz zu § 163f StPO besteht hier **kein Richtervorbehalt**. Die Maßnahme kann daher auch durch die Staatsanwaltschaft und die Polizei angeordnet werden.[1665] Eine Beschränkung auf Ermittlungspersonen der Staatsanwaltschaft enthält § 100h StPO nicht. **Grundrechtsichernde Verfahrensregelungen** finden sich in § 101 StPO. Insbesondere bei der Verwendung von Ortungssystemen zur Observation ist ein Einbau der Geräte, beispielsweise

---

1660 M-G/S-*Köhler*, § 100h Rn. 2.

1661 Vgl. *Roxin/Schünemann*, § 36, Rn. 53.

1662 Ausführlich M-G/S-*Köhler*, § 100h Rn. 1a u. 1b m.w.N.

1663 Vgl. LG Köln 01.04.2021 – 157 Ns 8/20, StV 2021, 135 f.

1664 BVerfG 14.12.2000 – 2 BvR 1741/99, BVerfGE 103, 21, 34.

1665 KK-*Henrichs/Weingast*, § 100h Rn. 14.

in den Pkw notwendig. Die für den heimlichen Einbau notwendigen Maßnahmen sind unter Beachtung des Verhältnismäßigkeitsgrundsatzes als **Annexkompetenz** (s. Rn. 253) nach § 100h StPO zulässig.[1666]

## Y. Verdeckt ermittelnde Personen

### I. Allgemeines

Zur Verfolgung besonders gefährlicher und schwer aufklärbarer Straftaten können von den Strafverfolgungsbehörden verdeckt, d.h. heimlich ermittelnde Personen eingesetzt werden.[1667] Besondere Bedeutung hat dies insbesondere im Bereich der Organisierten Kriminalität,[1668] beispielsweise des Drogenhandels, um in die typischerweise nach außen abgeschirmten Kriminalitätsstrukturen eindringen zu können. Dies geschieht zum einen durch den verdeckten Einsatz von Polizeibeamten, aber auch durch Informationen und Hinweise von Privatpersonen. Zur Konkretisierung solcher Einsätze gelten seit 1986 die **Gemeinsamen Richtlinien** der Justiz- und Innenressorts der Länder über die Inanspruchnahme von Informanten sowie den Einsatz von Vertrauenspersonen und Verdeckten Ermittlern im Rahmen der Strafverfolgung.[1669] Zu unterscheiden sind dabei verdeckt arbeitende Polizeibeamte und verdeckt für die Strafverfolgungsbehörden agierende Privatpersonen. Zu der ersten Gruppen zählen Verdeckte Ermittler (VE) und nicht offen ermittelnde Polizeibeamte (sog. NoeP). Bei den Privatpersonen ist zwischen Vertrauenspersonen (V-Leuten oder VP), Informanten und sog. Augenblickshelfern zu unterscheiden. Charakteristisch für den Einsatz solcher Personen ist, mit Ausnahme des Augenblickshelfers, die Geheimhaltung ihrer Identität, auch über das Ende ihres Einsatzes hinaus. **552**

Der Einsatz verdeckt ermittelnder Personen greift in das Recht auf informationelle Selbstbestimmung ein (Art. 2 Abs. 1 i.V.m. Art. 1 Abs. 1 GG). Während der Einsatz eines Verdeckten Ermittlers in den §§ 110a bis 110c StPO spezialgesetzlich geregelt ist, existiert für den Einsatz von NoeP und VP keine spezielle Rechtsgrundlage in der Strafprozessordnung. Der Einsatz dieser Personen wird daher auf die Ermittlungsgeneralklauseln (§§ 161 Abs. 1, 163 Abs. 1 StPO) gestützt, wobei ein entsprechender Rückgriff auf die §§ 110a ff. StPO nicht zulässig ist.[1670] Dies erscheint in Anbetracht der **Intensität des Grund-** **553**

---

1666 MüKo-*Rückert*, § 100h Rn. 30.

1667 Vgl. BGH 22.02.1995 – 3 StR 552/94, BGHSt 41, 42, 43.

1668 Zur Definition Anlage E Ziff. 2 RiStBV.

1669 Anlage D RiStBV.

1670 BGH 22.02.1995 – 3 StR 552/94, BGHSt 41, 42, 44.

**rechtseingriffs** bedenklich, sodass der teilweise in der Literatur erhobenen Forderung nach Schaffung einer Spezialermächtigung zuzustimmen ist.[1671]

## II. Verdeckte Ermittler nach §§ 110a ff. StPO

### 1. Legende

554 Verdeckte Ermittler sind Beamte des Polizeidienstes, die unter einer ihnen verliehenen, auf Dauer angelegten, veränderten Identität (Legende) ermitteln (**Legaldefinition** des § 110a Abs. 2 S. 1 StPO). Die Ausstattung mit einer Legende bedeutet dabei, dass die Identität, d.h. Name, Geburtsdaten, Wohnanschrift etc. sowie die Lebensumstände, wie Ausbildung, Beruf, Familienstand etc. durch erfundene Angaben ersetzt werden. Dabei muss die Legende auf Dauer, d.h. für einen unbestimmten, nicht nur vorübergehenden, aber auch nicht unabsehbaren Zeitraum angelegt werden.[1672] Um eine solche Legende zu erschaffen, dürfen entsprechende Tarnpapiere wie Personalausweis, Führerschein, Zeugnisse etc. hergestellt, verändert und gebraucht werden (§ 110a Abs. 3 StPO). Der Aufbau einer solchen Legende obliegt der Polizei und ist ein kompliziertes und aufwendiges Vorhaben, sodass Verdeckte Ermittler nur dann eingesetzt werden, wenn dies unerlässlich ist.[1673] Die **Teilnahme am Rechtsverkehr** unter der Legende (§ 110a Abs. 2 S. 2 StPO) umfasst die Vornahme aller Rechtshandlungen und Rechtsgeschäfte unter der neuen Identität wie den Abschluss von Verträgen, das Heiraten, Klagen vor Gericht etc.[1674] Sofern hierdurch **Schäden bei Dritten** entstehen, kommt bei schuldhaftem Handeln ein Amtshaftungsanspruch, ansonsten ein Anspruch aus privatrechtlicher Staatshaftung gegen den Staat in Betracht.[1675] Zur längerfristigen, gezielten Teilnahme an der Kommunikation in sozialen Netzwerken (Facebook, XING, MySpace etc.) können sog. **virtuelle Verdeckte Ermittler** unter den Voraussetzungen der §§ 110a ff. StPO eingesetzt werden.[1676]

### 2. Betreten von Wohnungen

555 Verdeckte Ermittler dürfen unter Verwendung ihrer Legende fremde Wohnungen mit dem Einverständnis des Berechtigten betreten (§ 110c S. 1 StPO). Dies ist einsatztaktisch auch notwendig, da es weitgehend aussichtslos wäre, einen

---

1671 Ausführlich SK-*Jäger/Wolter*, § 110a Rn. 3, 3a u. 13 m.w.N.

1672 M-G/S-*Köhler*, § 110a Rn. 6 f.

1673 *Trurnit*, Rn. 766.

1674 LR-*Hauck*, § 110a Rn. 29.

1675 Einzelheiten bei KK-*Henrichs/Weingast*, § 110a Rn. 12.

1676 LR-*Hauck*, § 110a Rn. 26.

Verdeckten Ermittler in ein kriminelles Milieu einzuschleusen, wenn er seine Zielperson nicht zugleich in deren Wohnung begleiten könnte.[1677] Dabei darf die Berechtigung nicht durch ein über die Nutzung der Legende hinausgehendes Vortäuschen des Zutrittsrechts herbeigeführt werden (§ 110c S. 2 StPO).

**Beispiel:**

Der Verdeckte Ermittler darf sich nicht als ein Mitarbeiter des Energieversorgers ausgeben, der die Zählerstände ablesen will.

Auch ein heimliches oder gewaltsames Betreten von Wohnungen ist nicht erlaubt.[1678] Das Betretungsrecht umfasst nicht das Recht zur Durchsuchung der Wohnung; hierfür müssen die Voraussetzungen der §§ 102 ff. StPO vorliegen.[1679] Die teilweise in der Literatur über § 110c StPO eingeräumte Befugnis des Verdeckten Ermittlers zum „Forschen" nach für seine Ermittlungen bedeutsamen Gegenständen in der betretenen Wohnung[1680] ist nichts anderes als eine Wohnungsdurchsuchung und daher ebenso abzulehnen. Sehr umstritten ist die Frage, ob das Betreten der Wohnung durch den Verdeckten Ermittler einen **Eingriff in Art. 13 Abs. 1 GG** darstellt.[1681] Bejaht man dies, so wäre § 110c S. 1 StPO verfassungswidrig, da der Gesetzgeber bei der Einführung dieser Vorschrift durch das Gesetz zur Bekämpfung des illegalen Rauschgifthandels und anderer Erscheinungsformen der Organisierten Kriminalität[1682] Art. 13 Abs. 1 GG nicht als einschränkbares Grundrecht ausgewiesen hat, sodass ein Verstoß gegen das Zitiergebot (Art. 19 Abs. 2 S. 2 GG) vorliegen würde.[1683] Überzeugender erscheint hingegen, in dem offenen Betreten der fremden Wohnung mit dem Einverständnis des Wohnungsinhabers keinen Eingriff in Art. 13 Abs. 1 GG zu sehen.[1684] Zwar gewährleistet Art. 13 Abs. 1 GG die Freiheit vor staatlicher Einwirkung im privaten Rückzugsbereich, jedoch kann der Grundrechtsträger auf den Wohnungsschutz auch gegenüber Hoheitsträgern verzichten.[1685] Dieser Verzicht liegt in dem freiwilligen Hereinlassen des Verdeckten Ermittlers. Die dabei gegebene Täuschung über die wahre Identität ändert daran nichts, da diese auch für die strafrechtliche Frage eines wirksamen Einver-

1677 BT-Drs. 12/989, S. 43.

1678 M-G/S-*Köhler*, § 110c Rn. 1.

1679 KK-*Henrichs/Weingast*, § 110c Rn. 2.

1680 LR-*Hauck*, § 110c Rn. 1.

1681 Ausführlich LR-*Hauck*, § 110c Rn. 11 ff.; MüKo-*Hauschild*, § 110c Rn. 10 ff. jeweils m.w.N.

1682 BGBl. I, 1992, S. 1302 ff.

1683 So im Ergebnis *Krey/Heinrich*, Rn. 933; MüKo-*Hauschild*, § 110c Rn. 13 ff.; *Roxin/Schünemann*, § 37 Rn. 4; SK-*Jäger/Wolter*, § 110c Rn. 6; *Trurnit*, Rn. 759.

1684 Ebenso *Duttge*, JZ 1996, 556, 562; *Kühne*, Rn. 536.

1685 LR-*Hauck*, § 110c Rn. 14.

ständnisses im Hinblick auf § 123 Abs. 1 StGB unbeachtlich ist und damit keine Verletzung des Hausrechts vorliegt.[1686] Entscheidend ist, dass der Wohnungsinhaber die Person freiwillig in seine Wohnung lässt und damit, unabhängig davon, ob er weiß, wer die Person wirklich ist oder was sie mit dem Zutritt bezweckt, auf seinen Wohnungsschutz bewusst verzichtet.

### 3. Befugnisse und Beschränkungen

556 Der Einsatz eines Verdeckten Ermittlers ist von einem gewissen Dilemma geprägt: Einerseits soll die Organisierte Kriminalität in dem Wissen bekämpft werden, dass traditionelle Formen der Beweiserhebung keinen Aufklärungserfolg erwarten lassen; andererseits wird das staatliche Handeln durch restriktive Erwartungshaltungen – oftmals zu Recht – zur Passivität verpflichtet.[1687] So darf ein Verdeckter Ermittler keine **Straftaten** begehen. Auch sog. einsatzbedingte oder milieubedingte Straftaten (z.B. Zuhälterei, § 181a StGB), insbesondere auch zur Stärkung seiner Glaubwürdigkeit, sind nicht erlaubt.[1688] Die damit verbundenen ermittlungstaktischen Einschränkungen sind hinzunehmen.[1689] Die Vortäuschung der Begehung von Straftaten ist hingegen zulässig.[1690] Auch kann sich aus dem Auftrag, als Verdeckter Ermittler tätig zu werden, ergeben, dass manche Straftatbestände, wie beispielsweise die Beteiligung am unerlaubten Glücksspiel (§ 285 StGB) oder die Geldwäsche (§ 261 StGB), schon tatbestandlich nicht erfüllt werden.[1691] Hierbei muss aber dafür Sorge getragen werden, dass die initiierten oder gar verwirklichten Deliktshandlungen für das geschützte Rechtsgut ungefährlich sind, das Delikt also nicht vollendet wird,[1692] was insbesondere bei der Geldwäsche kaum möglich erscheint. Auch können in Einzelfällen Rechtfertigungsgründe nach §§ 32, 34 StGB oder der Entschuldigungsgrund des § 35 StGB gegeben sein.

**Beispiele:**

Scheinverhandlungen über den Ankauf von Betäubungsmitteln sind gem. § 4 Abs. 2 BtMG erlaubt; die Beteiligung an Schutzgelderpressungen kann nach § 34 StGB gerechtfertigt oder zumindest nach § 35 StGB entschuldigt sein, wenn der Verdeckte Ermittler sich durch die Weigerung der Teilnahme einer Enttarnung und einer damit verbundenen Gefahr an Leib und Leben aussetzen würde.

---

1686 Vgl. *Fischer*, § 123 Rn. 34 f.

1687 *Kirkpatrick*, NStZ 2019, 177, 179.

1688 KK-*Henrichs/Weingast*, § 110c Rn. 6.

1689 LR-*Hauck*, § 110a Rn. 25 m.w.N. auch zur polizeilichen Kritik („Heuchelei") dieser Auffassung.

1690 OLG Zweibrücken 26.05.2010 – 1 Ws 241/09, NStZ 2011, 113, 114.

1691 M-G/S-*Köhler*, § 110c Rn. 4 m.w.N.; MüKo-*Hauschild*, § 110c Rn. 40; abl. *von der Grün*, 10. Kap. Rn. 42.

1692 BeckOK-*Hegmann*, § 110c Rn. 7.

Dies gilt aber nur bei solchen dem Selbstschutz dienenden Notsituationen und gerade nicht, wenn die Begehung einer Straftat allein der Unterstützung der gewählten Legende dienen soll.[1693] Wie jeder Polizeibeamte hat auch der Verdeckte Ermittler den Auftrag, Straftaten zu erforschen und unterliegt dem **Legalitätsprinzip** (§§ 163 Abs. 1, 152 Abs. 2 StPO).[1694] Dabei ist er aber nicht zu einem sofortigen Einschreiten verpflichtet, sondern kann aus kriminaltaktischen Erwägungen, insbesondere um seine verdeckten Ermittlungen nicht zu gefährden, die Verfolgung der jeweiligen Straftat zunächst zurückstellen. Dies gilt jedoch nicht, wenn wegen der Schwere der neu entdeckten Straftat sofortige Ermittlungsmaßnahmen geboten sind.[1695] Entsprechend seiner präventiv-polizeilichen Aufgabe hat er auch Straftaten zu verhüten und bei Gefahren für die öffentliche Sicherheit einzuschreiten.[1696]

Führt der Verdeckte Ermittler Gespräche mit dem Beschuldigten oder anderen **557**
Personen, handelt es sich dabei nicht um strafverfahrensrechtliche **Vernehmungen**. So erfordert der Vernehmungsbegriff (s. Rn. 198), dass der Vernehmende der Auskunftsperson in seiner amtlichen Eigenschaft gegenübertritt und Auskunft verlangt, was gerade mangels Erkennbarkeit der amtlichen Funktion nicht gegeben ist. In der Folge gelten die Belehrungsvorschriften der §§ 163a Abs. 4, 136 StPO nicht.[1697] Grundsätzlich sind nach der Rechtsprechung selbstbelastende Äußerungen des Beschuldigten – auch bei vernehmungsähnlichen Gesprächen – verwertbar, sofern es um die Aufklärung einer Straftat von erheblicher Bedeutung geht (s. Rn. 467) und die Erforschung des Sachverhalts unter Einsatz anderer Ermittlungsmethoden erheblich weniger Erfolg versprechend oder wesentlich erschwert wäre.[1698] Hat sich der Beschuldigte aber bereits auf sein Schweigerecht berufen und wird er unter Ausnutzung des vom Verdeckten Ermittler geschaffenen Vertrauens nunmehr zu belastenden Äußerungen gedrängt, liegt darin ein Verstoß gegen die Selbstbelastungsfreiheit.[1699] Auch muss der Verdeckte Ermittler § 136a StPO beachten, soweit er nicht bloß legendenbedingte Täuschungen vornimmt.[1700]

**Beispiel:**

Er darf keine Gewalt anwenden oder androhen, um aus dem Beschuldigten die „Wahrheit" herauszubekommen.

1693 *Kirkpatrick*, NStZ 2019, 177, 179.
1694 BGH 22.02.1995 – 3 StR 552/94, BGHSt 41, 42, 45.
1695 KK-*Henrichs/Weingast*, § 110c Rn. 7.
1696 Hierzu *Trurnit*, Rn. 773.
1697 BeckOK-*Hegmann*, § 110c Rn. 5.
1698 BGH 13.05.1996 – GSSt 1/96, BGHSt 42, 139 ff.
1699 BGH 26.07.2007 – 3 StR 104/07, BGHSt 52, 11, 15 ff.
1700 M-G/S-*Köhler*, § 110c Rn. 3.

### 4. Materiell-rechtliche Voraussetzungen

558 Die materiell-rechtlichen Voraussetzungen für den Einsatz eines Verdeckten Ermittlers finden sich in § 110a Abs. 1 StPO. Notwendig ist ein Tatverdacht i.S.d. Anfangsverdachts einer **Straftat von erheblicher Bedeutung**. Dies sind Straftaten, die mindestens dem Bereich der mittleren Kriminalität zuzurechnen sind, den Rechtsfrieden empfindlich stören und geeignet sind, das Gefühl der Rechtssicherheit der Bevölkerung erheblich zu beeinträchtigen.[1701] Hierbei muss die Straftat von erheblicher Bedeutung gem. § 110a Abs. 1 S. 1 Nr. 1–4 StPO auf dem Gebiet des unerlaubten Betäubungsmittel- oder Waffenverkehrs, der Geld- und Wertzeichenfälschung, auf dem Gebiet des Staatsschutzes, gewerbs- oder gewohnheitsmäßig oder von einem Bandenmitglied oder in anderer Weise organisiert begangen werden. Gewerbsmäßig handelt, wer sich aus wiederholter Tatbegehung eine nicht nur vorübergehende Einnahmequelle von einiger Dauer und einigem Umfang verschaffen möchte.[1702] Gewohnheitsmäßig handelt derjenige, der mindestens zwei Taten begeht und einen durch Übung erworbenen, ihm aber möglicherweise nicht bewussten Hang zu wiederholter Tatbegehung besitzt.[1703] Der Begriff der Bande erfordert einen Zusammenschluss von mindestens drei Personen, die sich mit dem Willen verbunden haben, künftig für eine gewisse Dauer mehrere selbstständige, im Einzelnen noch ungewisse Straftaten zu begehen.[1704] Das Merkmal „in anderer Weise organisiert" (§ 110a Abs. 1 S. 1 Nr. 4 2. Alt. StPO) soll Fälle der Organisierten Kriminalität erfassen und erfordert mehr als zwei Beteiligten, die auf längere oder unbestimmte Dauer arbeitsteilig unter Verwendung gewerblicher oder geschäftlicher Strukturen zusammenwirken.[1705] Darüber hinaus dürfen Verdeckte Ermittler auch zur Aufklärung von Verbrechen eingesetzt werden, wenn eine auf bestimmte Tatsachen begründete Wiederholungsgefahr besteht oder die besondere Bedeutung der Tat den Einsatz gebietet. Hierbei ist das Merkmal „besondere Bedeutung der Tat" inhaltsgleich mit dem Merkmal der Straftat von erheblicher Bedeutung (s. hierzu Rn. 467).[1706] Weiterhin zu beachten sind die jeweiligen, unterschiedlich ausgestalteten **Subsidiaritätsklauseln** (§ 110a Abs. 1 S. 3, S. 4 2. Hs. StPO). Hinsichtlich des **Kernbereichsschutzes** gilt § 100d Abs. 1 u. 2 StPO (§ 110a Abs. 1 S. 5 StPO).

1701 BVerfG 14.12.2000 – 2 BvR 1741/99, BVerfGE 103, 21, 34.

1702 BGH 11.10.1994 – 1 StR 522/94, NStZ 1995, 85.

1703 BeckOK-*Hegmann*, § 110a Rn. 11.

1704 BGH 22.03.2001 – GSSt 1/00, BGHSt 46, 321 ff.

1705 BeckOK-*Hegmann*, § 110a Rn. 12 unter Verweis auf Anlage E Ziff. 2.1 RiStBV.

1706 LR-*Hauck*, § 110a Rn. 40; differenzierend KK-*Henrichs/Weingast*, § 110a Rn. 21.

### 5. Formell-rechtliche Voraussetzungen

Die Verfahrens- und Durchführungsvorschriften finden sich in § 110b StPO. 559
Für den Einsatz eines Verdeckten Ermittlers ist die **Zustimmung der Staatsanwaltschaft** erforderlich (§ 110a Abs. 1 S. 1 StPO). Besteht Gefahr im Verzug und kann die Entscheidung der Staatsanwaltschaft nicht rechtzeitig eingeholt werden, ist sie unverzüglich herbeizuführen und muss beendet werden, wenn die Zustimmung nicht innerhalb von drei Werktagen erfolgt (§ 100b Abs. 1 S. 2 StPO). Durch das Zustimmungserfordernis wird klargestellt, dass eine einseitige Anordnung der Staatsanwaltschaft nicht möglich ist und damit ein Einsatz eines Verdeckten Ermittlers nicht gegen den Willen der Polizei erfolgen kann.[1707] Dies ändert jedoch nichts an der Sachleitungsbefugnis und der Verantwortung der Staatsanwaltschaft für die Ermittlungen.[1708] Die Zustimmung ergeht schriftlich und ist zu befristen, wobei die Möglichkeit der Verlängerung besteht (§ 110b Abs. 1 S. 3 u. 4 StPO). Richtet sich der Einsatz gegen einen bestimmten Beschuldigten oder soll der Verdeckte Ermittler während des Einsatzes eine nicht allgemein zugängliche Wohnung betreten, so ist eine **richterliche Zustimmung** erforderlich (§ 110b Abs. 2 S. 1 StPO). Bei Gefahr im Verzug ist die Zustimmung der Staatsanwaltschaft ausreichend; kann diese nicht rechtzeitig eingeholt werden, muss sie unverzüglich herbeigeführt werden (§ 110b Abs. 2 S. 2 u. 3 StPO). Auch muss das Gericht binnen drei Werktagen zustimmen (§ 110b Abs. 2 S. 4 StPO). Für die richterliche Zustimmung gilt Schriftform, Befristung und Verlängerungsmöglichkeit (§ 110b Abs. 2 S. 5 StPO).

Der Begriff der Wohnung (s. Rn. 413) umfasst grundsätzlich alle Räumlich- 560
keiten, die dem Schutz von Art. 13 Abs. 1 GG unterfallen. **Allgemein zugängliche Wohnungen**, für die keine richterliche Zustimmung erforderlich ist, sind Geschäftsräume, die dem Publikum offen stehen.[1709] Hierbei handelt es sich aber eigentlich auch nicht um Wohnungen i.S.v. Art. 13 Abs. 1 GG, sodass die gesetzliche Beschränkung auf nicht allgemein zugängliche Wohnungen überflüssig ist.[1710]

**Beispiele:**

Kaufhaus, Restaurant, Bar oder Spielhalle während der Öffnungszeiten; Hotellobby; nicht aber ein belegtes Hotelzimmer.

1707 SK-*Jäger/Wolter*, § 110b Rn. 2.

1708 KK-*Henrichs/Weingast*, § 110b Rn. 1.

1709 SK-*Jäger/Wolter*, § 110b Rn. 8.

1710 So auch LR-*Hauck*, § 110b Rn. 5a.

Dabei braucht die Wohnung, die vom Verdeckten Ermittler betreten werden darf, in der Zustimmung nicht bezeichnet werden, sodass eine allgemeine richterliche Zustimmung zum Betreten von Wohnungen erteilt wird. Ansonsten wäre der Einsatz eines Verdeckten Ermittlers kaum möglich, da sich die Notwendigkeit des Betretens einer Wohnung in der Regel erst während des Einsatzes ergeben wird. In der Folge ist diese tendenziell eher als Ausnahme konzipierte richterliche Zustimmung nach § 110b Abs. 2 S. 1 StPO in der Praxis die Regel.[1711]

### III. Nicht offen ermittelnder Polizeibeamter (NoeP)

561 Demgegenüber ist ein NoeP ein Polizeibeamter, der **gelegentlich verdeckt auftritt** und seine Funktion nicht offenlegt, wie beispielsweise ein sog. Scheinaufkäufer von Betäubungsmitteln.[1712] Hierzu zählen auch gelegentliche verdeckte Einsätze von Polizeibeamten im Internet, wie die kurzfristige Teilnahme an offenen Chatgruppen, aber auch in sozialen Netzwerken und geschlossenen Benutzergruppen.[1713] Dabei darf der NoeP auch Tarnnamen verwenden und seine Identität verfremden.[1714] So sind auch Ermittlungen im sog. Darknet unter einem Pseudonym erlaubt.[1715] Nicht zulässig ist in Deutschland hingegen der **Einsatz sog. under-cover-agents**, also von Polizeibeamten, die langfristig ohne konkreten Ermittlungsauftrag bzw. ohne konkreten Anfangsverdacht in die kriminelle Szene eingeschleust werden, sich dort unkontrolliert bewegen und auch an milieutypischen strafbaren Handlungen beteiligen dürfen.[1716]

562 Da der Einsatz des NoeP auf die Ermittlungsgeneralklauseln (§§ 161 Abs. 1, 163 Abs. 1 StPO) und nicht auf die §§ 110a ff. StPO gestützt wird,[1717] ist eine **Abgrenzung zum Verdeckten Ermittler** durch eine Gesamtwürdigung aller Umstände des Einsatzes notwendig. Kriterien hierfür sind nach der Rechtsprechung des Bundesgerichtshofs weniger die Dauer des Einsatzes (z.B. mindestens sechs Monate) oder gar die Bezeichnung in Ermittlungsvermerken[1718], sondern die Anzahl der konkreten Ermittlungshandlungen und der über die wahre Identität zu täuschenden Personen sowie die Notwendigkeit

---

1711 Vgl. M-G/S-*Köhler*, § 110b Rn. 4; SK-*Jäger/Wolter*, § 110b Rn. 9.

1712 KK-*Henrichs/Weingast*, § 110a Rn. 6.

1713 M-G/S-*Köhler*, § 110a Rn. 4; kritisch LR-*Hauck*, § 110a Rn. 24.

1714 *Trurnit*, Rn. 786.

1715 MüKo-*Hauschild*, § 100a Rn. 22.

1716 LR-*Hauck*, § 110a Rn. 25; M-G/S-*Köhler*, § 110a Rn. 4a.

1717 BGH 22.02.1995 – 3 StR 552/94, BGHSt 41, 42, 44.

1718 BGH 06.02.1996 – 1 StR 544/95, StV 1996, 241.

des Identitätsschutzes des Beamten für zukünftige Strafverfahren.[1719] Die Praxis stuft daher den verdeckt ermittelnden Polizeibeamten bereits dann als Verdeckten Ermittler ein, wenn er mehr als drei Kontakte mit dem Beschuldigten gehabt hat.[1720]

**Beispiel:**

Ein in der Drogenszene als Scheinaufkäufer tätiger Polizeibeamter, der über einen längeren Zeitraum unter Benutzung einer Legende mit einer oder mehreren Personen über den Erwerb von Kokain verhandelt, wird als Verdeckter Ermittler und nicht als NoeP tätig, auch wenn der Kontakt zu einzelnen Verhandlungspartnern nur kurz ist.[1721]

Der Einsatz eines NoeP ist aufgrund der Heimlichkeit mit einem erheblichen Grundrechtseingriff verbunden. Daher ist der in der Literatur teilweise vertretenen Ansicht[1722] zuzustimmen, die den Einsatz materiell-rechtlich an den Verdacht einer **Straftat von erheblicher Bedeutung** (s. Rn. 558) knüpft. Auch darf der NoeP bei seinem Einsatz einen Beschuldigten nicht zu selbstbelastenden Äußerungen mittels erfundener Drohungen zwingen, da dies gegen die Selbstbelastungsfreiheit verstößt und zu einem Beweisverwertungsverbot führt.[1723]

**Anordnungsbefugt** sind Staatsanwaltschaft und Polizei. Soll die Identität des eingesetzten Polizeibeamten im Strafverfahren geheim gehalten werden, so bedarf der Einsatz einer Zustimmung der Staatsanwaltschaft.[1724] Rechtlich problematisch ist das **Betreten fremder Wohnungen** durch einen NoeP. Wie oben dargelegt, dürfen Verdeckte Ermittler unter ihrer Legende fremde Wohnungen mit Einverständnis des Berechtigten betreten, da dies keinen Eingriff in Art. 13 Abs. 1 GG darstellt. Der Verdeckte Ermittler bedarf jedoch für das Betreten einer nicht allgemein zugänglichen Wohnung grundsätzlich – und damit auch dann, wenn man richtigerweise einen Eingriff in Art. 13 Abs. 1 GG verneint – einer **richterlichen Zustimmung** (§ 110b Abs. 2 S. 1 Nr. 2 StPO). Ob dies auch für den NoeP gilt, ist umstritten und verdeutlicht abermals die Problematik einer fehlenden Spezialermächtigung. Für einen NoeP, der im Rahmen einer Einzelaktion unter einem Tarnnamen eine Wohnung betritt, ist dies wohl nach der Rechtsprechung des Bundesgerichtshofs nicht **563**

1719 BGH 07.03.1995 – 1 StR 685/94, BGHSt 41, 64, 65.

1720 M-G/S-*Köhler*, § 110a Rn. 1 f.

1721 Beispiel nach BGH 07.03.1995 – 1 StR 685/94, BGHSt 41, 64, 65.

1722 *Trurnit*, Rn. 787.

1723 BGH 18.05.2010 – 5 StR 51/10, BGHSt 55, 138, 144 ff.

1724 Anlage D II. Ziff. 2.9 RiStBV.

erforderlich.[1725] Darüber hinaus ist die Frage der Zulässigkeit des Betretens einer Wohnung durch einen NoeP von der Rechtsprechung bisher offengelassen worden[1726] und wird von der Literatur zu Recht kritisch bewertet.[1727] Überzeugend erscheint, ein Betreten unter bloßer Identitätstäuschung mit Einverständnis des Wohnungsinhabers – mangels Eingriff in Art. 13 Abs. 1 GG – auch ohne richterliche Zustimmung und damit im Rahmen der Ermittlungsgeneralklauseln (§§ 161 Abs. 1, 163 Abs. 1 StPO) zu erlauben.

## IV. Verdeckter Einsatz zur Bekämpfung des sexuellen Missbrauchs von Kindern gem. § 110d StPO

564 Für den verdeckten Einsatz von Polizeibeamten im Internet, insbesondere im sog. Darknet, zur wirksamen Bekämpfung des sexuellen Missbrauchs von Kindern hat der Gesetzgeber für die **Aufklärung von Straftaten nach den §§ 176e und 184b StGB** in § 110d StPO besondere Verfahrensanforderungen normiert. Hierdurch wird es Polizeibeamten ermöglicht, computergenerierte kinderpornografische Inhalte oder Anleitungen zum sexuellen Missbrauch von Kindern in Online-Tauschbörsen einzustellen, um sich verdeckt einen Zugang zu dem Forum zu verschaffen. Es handelt sich insoweit um Inhalte, die weder ein tatsächliches Geschehen wiedergeben noch unter Verwendung einer Bildaufnahme eines Kindes oder Jugendlichen hergestellt wurden. Neben dem Einsatz computergenerierter Inhalte ist auch die Verwendung von Sexpuppen mit kindlichem Erscheinungsbild erlaubt (§ 110d StPO i.V.m. § 184l Abs. 4 StGB). Voraussetzung ist ein Verdacht i.S.d. **Anfangsverdachts einer Straftat nach den §§ 176e oder 184b StGB**. Auch muss die Sachverhaltsaufklärung auf andere Weise aussichtslos oder wesentlich erschwert sein (**Subsidiaritätsklausel**), was den Ausnahmecharakter der Maßnahme betont[1728]. Der Einsatz bedarf einer **Zustimmung des Gerichts** (§ 110d S. 1 StPO). Bei Gefahr im Verzug ist die Zustimmung der Staatsanwaltschaft ausreichend, wobei das Gericht binnen drei Werktagen zustimmen muss (§ 110d S. 3 u. 4 StPO). Die Zustimmung ergeht schriftlich, ist zu befristen und kann verlängert werden (§ 100d S. 5 u. 6 StPO). Der Polizeibeamte muss auf diesen Einsatz besonders vorbereitet werden (§ 110d S. 2 StPO), denn die Herstellung und Verbreitung des computergenerierten kinderpornografischen Materials ist mit besonderen Risi-

1725 BGH 06.02.1996 – 1 StR 544/95, NStZ 1996, 450.

1726 BGH 06.02.1997 – 1 StR 527/96, NStZ 1997, 448 f.

1727 M-G/S-*Köhler*, § 110c Rn. 2; MüKo-*Hauschild*, § 110c Rn. 19 ff.; *Weisser*, NZWiSt 2018, 59, 61 ff. jeweils m.w.N.

1728 M-G/S-*Köhler*, § 110d Rn. 1.

ken verbunden; auch stellt ein solcher Einsatz eine erhebliche psychische Belastung für den ermittelnden Polizeibeamten dar.[1729]

Die **Einsätze**, für die die zuständige Polizeidienststelle eine individuelle Füh- 565
rungs- und Einsatzkonzeption erstellt,[1730] können grundsätzlich sowohl von Verdeckten Ermittlern als auch von NoeP geführt werden, da das Gesetz hier keine Vorgaben enthält. Dies ist für die Praxis wichtig, da der Zugang zu den Tauschbörsen oftmals am Beginn einer Ermittlung erfolgen muss, wenn die strengeren Voraussetzungen für den Einsatz eines Verdeckten Ermittlers möglicherweise noch nicht gegeben sind.[1731] Ob der eingesetzte Beamte als Verdeckter Ermittler oder NoeP tätig wird, richtet sich nach den oben beschriebenen Abgrenzungskriterien (s. Rn. 562). Bei Einsatz eines Verdeckten Ermittlers müssen die bereits dargelegten Voraussetzungen der §§ 110a ff. StPO vorliegen.

## V. Vertrauensperson, Informant und Augenblickshelfer

Eine **Vertrauensperson** gehört nicht den Strafverfolgungsbehörden an und ist 566
bereit, diese für eine längere Zeit vertraulich zu unterstützen, wobei deren Identität gegenüber Dritten grundsätzlich geheim gehalten wird.[1732] Sie ist insoweit eine Art **„freier Mitarbeiter"** der Strafverfolgungsbehörden.[1733] Dies kann ein gelegentlicher Hinweisgeber sein, der berufsbedingt Erkenntnisse erlangt, wie beispielsweise ein Taxifahrer oder Gastwirt sowie auch Personen, die dem kriminellen Milieu angehören oder angehört haben.[1734] Sie können nach dem Verpflichtungsgesetz[1735] verpflichtet und auf Honorarbasis entlohnt werden.[1736] Eine Zusicherung der Vertraulichkeit bzw. Geheimhaltung erfolgt auf Grundlage der in Anlage D I. Ziff. 3 RiStBV enthaltenen Voraussetzungen. Ein **Informant** ist eine Person, die im Einzelfall bereit ist, gegen Zusicherung der Vertraulichkeit den Strafverfolgungsbehörden Informationen zu geben.[1737] Der Unterschied liegt damit im Dauerelement. Neben diesen beiden Formen verdeckt ermittelnder Privatpersonen gibt es auch noch den sog. **operativen Zeugen oder Augenblickshelfer**, der lediglich in einem Ermittlungsverfahren eingesetzt wird und nach Übergang in die offene Ermittlungsphase als Zeuge unter seiner Identität zur Verfügung steht.[1738]

---

1729 BeckOK-*Ziegler*, § 110d Rn. 4.
1730 *Soiné*, NStZ 2022, 321, 325.
1731 *Rückert/Goger*, MMR 2020, 373, 377.
1732 KK-*Henrichs/Weingast*, § 110a Rn. 9.
1733 *von der Grün*, 10. Kap. Rn. 4.
1734 BGH 17.10.1983 – GSSt 1/83, BGHSt 32, 115, 121.
1735 Einführungsgesetz zum Strafgesetzbuch v. 02.03.1974 (BGBl. I, S. 469, 547 f.).
1736 *Trurnit*, Rn. 790.
1737 Anlage D I. Ziff. 2.1 RiStBV.
1738 Ausführlich MüKo-*Hauschild*, § 110a Rn. 26.

**Beispiel:**

Ein Zeuge, dem gegenüber der fremdsprachige Beschuldigte die Tat eingeräumt hatte, wird von der Polizei veranlasst, erneut mit dem Beschuldigten zu telefonieren. Das Gespräch wird von einem Dolmetscher mitgehört und der Inhalt des Gesprächs im Zeugenbeweis vom Gericht verwertet.[1739]

**567** Obwohl die praktische Notwendigkeit solcher Einsätze von Privatpersonen zur Strafverfolgung weithin unbestritten ist,[1740] hat der Gesetzgeber **keine Ermächtigungsgrundlage** dafür geschaffen. Eine entsprechende Anwendung der §§ 110a ff. StPO ist nicht erlaubt.[1741] Gleichwohl ist deren Einsatz grundsätzlich zulässig.[1742] In der Konsequenz wird der Einsatz dieser Personen auf die Generalermächtigungsklauseln (§§ 161 Abs. 1, 163 Abs. 1 StPO) gestützt.[1743] Da es sich bei dem Einsatz einer Vertrauensperson um einen – aufgrund der Heimlichkeit – intensiven Eingriff in das Recht auf informationelle Selbstbestimmung (Art. 2 Abs. 1 i.V.m. Art. 1 Abs. 1 GG) handelt, wäre jedoch eine spezialgesetzliche Ermächtigungsgrundlage geboten.[1744] Darüber hinaus verstößt der Einsatz ohne Spezialermächtigung auch gegen Art. 8 Abs. 2 EMRK und ist insoweit konventionswidrig.[1745] Auch besteht praktisch die Gefahr einer Umgehung der §§ 110a ff. StPO durch den Einsatz von Vertrauenspersonen.[1746] Grundsätzlich kommt den Angaben nur ein **eingeschränkter Beweiswert** zu, so dass sie sorgfältig und zurückhaltend zu würdigen sind.[1747] Hierbei muss auch berücksichtigt werden, dass eine Vertrauensperson, die selbst dem kriminellen Milieu angehört und für diese Tätigkeit in der Regel entlohnt wird, mit ihren Angaben auch Eigeninteressen verfolgen kann. Darüber hinaus ist den Vertrauenspersonen bei ihren Einsätzen jegliche Begehung von Straftaten verboten,[1748] was für die in den Einsatz und die Führung dieser Personen involvierten Mitarbeiter der Polizei bei Kennt-

1739 Beispiel nach BGH 13.05.1996 – GSSt 1/96, BGHSt 42, 139 ff.

1740 BVerfG 26.05.1981 – 2 BvR 215/81, BVerfGE 57, 250, 284; BGH 23.05.1984 – 1 StR 148/84, BGHSt 32, 345, 346.

1741 BGH 22.02.1995 – 3 StR 552/94, BGHSt 41, 42, 44 f.

1742 BGH 18.11.1999 – 1 StR 221/99, BGHSt 45, 321, 324.

1743 M-G/S-*Köhler*, § 110a Rn. 4a m.w.N.

1744 LR-*Hauck*, § 110a Rn. 14; KMR-*Bockemühl*, § 110a Rn. 5, 9; MüKo-*Hauschild*, § 110a Rn. 28 f.; S/S/W-*Eschelbach*, § 110a Rn. 8.

1745 Hierzu LR-*Hauck*, § 110a Rn. 16.

1746 Hierzu *Roxin/Schünemann*, § 37, Rn. 9.

1747 BGH 07.09.2017 – 1 StR 329/17, StV 2018, 787, 788.

1748 KK-*Henrichs/Weingast*, § 110a Rn. 9.

nis möglicher Straftaten die Gefahr eigener Straftaten in Form von Anstiftung, Beihilfe oder Unterlassungstaten begründen kann.[1749]

## VI. Lockspitzeleinsatz und Tatprovokation

Problematisch und umstritten ist der Einsatz von Verdeckten Ermittlern, NoeP oder Vertrauenspersonen als Lockspitzel, die einen anderen – insbesondere in der Drogenszene – zur Begehung von Straftaten verleiten sollen, um daraufhin gegen sie zu ermitteln und ggf. diese Personen festnehmen zu können (sog. **Agent Provocateur**).[1750] Grundsätzlich ist nach der Rechtsprechung des Bundesgerichtshofs ein solcher Lockspitzeleinsatz zur Bekämpfung besonders gefährlicher und schwer aufklärbarer Kriminalität, zu der insbesondere auch der Rauschgifthandel gehört, zulässig.[1751] Andererseits ist es gerade nicht Aufgabe der Strafverfolgungsbehörden, Straftaten zu provozieren.[1752] Die **Grenzen des Lockspitzeleinsatzes** ergeben sich aus dem Rechtsstaatsprinzip (Art. 20 Abs. 3 GG). Beurteilungskriterien sind Grundlage und Ausmaß des gegen den Betroffenen bestehenden Verdachts, Art, Intensität und Zweck der Einflussnahme sowie die eigenen, nicht fremdgesteuerten Aktivitäten des Betroffenen.[1753] Daher ist es zwar nach der Rechtsprechung erlaubt, eine offen erkennbare Bereitschaft zur Begehung oder Fortsetzung von Straftaten auszunutzen, also den Tatgeneigten zu einer Straftat zu verleiten.[1754] Die Grenze der erlaubten Tatprovokation ist jedoch dann überschritten, wenn eine unverdächtige und zunächst nicht tatgeneigte Person in einer dem Staat zurechenbaren Weise zu einer Straftat verleitet wird oder wenn bei einem bereits anfänglich bestehenden Anfangsverdacht die Einwirkung auf die Zielperson im Verhältnis zu diesem Verdacht unvertretbar übergewichtig ist,[1755] d.h. der Beschuldigte vom Lockspitzel veranlasst wird, Taten mit erheblich größerem Unrechtsgehalt zu begehen (sog. **Quantensprung**)[1756]. 568

1749 Vgl. BGH 22.12.2020 – 1 StR 165/19, NStZ 2021, 175, 176 f.; ausführlich MüKo-*Hauschild*, § 110a Rn. 29.

1750 Ausführlich *Roxin/Schünemann*, § 37 Rn. 7 ff.

1751 BGH 18.11.1999 – 1 StR 221/99, BGHSt 45, 321, 324; BGH 15.02.2023 – 2 StR 270/22, BeckRS 2023, 8184.

1752 EGMR 23.10.2014 – 54648 (Furcht/Deutschland), NStZ 2015, 412 ff.

1753 BGH 23.05.1984 – 1 StR 148/84, BGHSt 32, 345, 346 f.

1754 BGH 18.11.1999 – 1 StR 221/99, BGHSt 45, 321, 324 f.

1755 BGH 10.06.2015 – 2 StR 97/14 – BGHSt 60, 276, 284 f.

1756 BGH 30.05.2001 – 1 StR 42/01, BGHSt 47, 44, 49.

**Beispiele:**

Ein wegen Betäubungsmitteldelikten Vorbestrafter wird über mehrere Monate von zwei Verdeckten Ermittlern wiederholt aufgefordert, Kontakt zu Drogendealern herzustellen, um von diesen große Mengen Ecstasy-Pillen zu kaufen, was dieser stets ablehnt. Erst als einer der Ermittler behauptete, seine Familie werde von den angeblichen Abnehmern der Drogen mit dem Tode bedroht, hilft er ohne Entgelt bei der Beschaffung und Einfuhr der Pillen.

Eine Vertrauensperson verleitet einen des Handelns mit Haschisch Beschuldigten zum Drogenhandel mit Heroin.

**569** Solche **unzulässigen staatlichen Tatprovokationen** verstoßen gegen den Grundsatz des fairen Verfahrens (Art. 6 Abs. 1 EMRK). Die daraus zu ziehenden Konsequenzen für das Strafverfahren gegen den Betroffenen sind umstritten. Der Europäische Gerichtshof für Menschenrechte nimmt bei einem solchen Verstoß ein **Verfahrenshindernis** oder zumindest ein Beweisverwertungsverbot an und spricht dem Betroffenen eine Entschädigung zu.[1757] Nachdem der Bundesgerichtshof dies zunächst abgelehnt und solche Tatprovokationen lediglich bei der Strafzumessung mildernd berücksichtigt hatte,[1758] haben sich mittlerweile zwei Strafsenate des Bundesgerichtshofs der Rechtsauffassung des Europäischen Gerichtshofs für Menschenrechte, der diese sog. Strafzumessungslösung als konventionswidrig ansieht[1759], angeschlossen.[1760] Somit führen rechtsstaatswidrige Tatprovokationen durch Lockspitzel regelmäßig zur Einstellung des Verfahrens wegen eines Verfahrenshindernisses.

### VII. Identitätsschutz von verdeckt ermittelnden Personen

**570** Die wahre Identität eines Verdeckten Ermittlers kann auch nach Beendigung des Einsatzes geheim gehalten werden (§ 110b Abs. 3 S. 1 StPO). Die Möglichkeit der Geheimhaltung gilt grundsätzlich auch für den NoeP sowie für Vertrauenspersonen und Informanten, denen Vertraulichkeit zugesichert werden kann (s. auch Rn. 156).[1761] Entsprechende Erklärungen binden jedoch nur die Staatsanwaltschaft und Polizei,[1762] nicht das Gericht. Die verdeckt arbeitende Person ist insoweit grundsätzlich ein Zeuge, den das Gericht zur

1757 Hierzu mit Rechtsprechungsnachweisen M-G/S-*Schmitt*, Einl. Rn. 148a.

1758 BGH 23.05.1984 – 1 StR 148/84, BGHSt 32, 345, 355 f.; BGH 18.11.1999 – 1 StR 221/99, BGHSt 45, 321, 325 ff.; BGH 30.05.2001 – 1 StR 42/01, BGHSt 47, 44, 47 u. 52.

1759 EGMR 23.10.2014 – 54648/09 (Furcht/Deutschland), NStZ 2015, 412, 416.

1760 BGH 10.06.2015 – 2 StR 97/14 – BGHSt 60, 276, 282 ff.; BGH 16.12.2021 – 1 StR 197/21, NStZ 2023, 243 ff. unter Aufgabe von BGH 19.05.2015 – 1 StR 128/15, BGHSt 60, 238 ff.

1761 M-G/S-*Köhler*, § 110b Rn. 8.

1762 Anlage D I. Ziff. 4 RiStBV.

Vernehmung laden kann. Sind dem Gericht aufgrund der Geheimhaltung Name und Anschrift nicht bekannt, kann das Gericht die notwendigen Auskünfte von den Strafverfolgungsbehörden verlangen (§§ 202, 244 Abs. 2 StPO). Die Auskunft darf in entsprechender Anwendung von § 96 StPO (s. Rn. 382) verweigert werden (sog. **Sperrerklärung**). Dies kommt dann in Betracht, wenn Anlass zur Besorgnis besteht, dass die Offenbarung der Identität Leben, Leib oder Freiheit der verdeckt arbeitenden Person, anderer Personen oder die Möglichkeit der weiteren Verwendung gefährden würde (vgl. für Verdeckte Ermittler § 110b Abs. 3 S. 3 StPO). Zuständig für die Abgabe einer Sperrerklärung ist der Innenminister.[1763] Die Gründe der Geheimhaltung sind dem Gericht mitzuteilen, damit dieses die Rechtmäßigkeit überprüfen und ggf. auf Offenlegung der Identität drängen kann.[1764] Der Beschuldigte kann die Sperrerklärung auf dem Verwaltungsrechtsweg anfechten.[1765]

Grundsätzlich muss die Sperrerklärung als Ausnahme verstanden werden, **571**
da auch Staatsanwaltschaft und Polizei dem Gericht möglichst gute Beweismittel zur Verfügung stellen müssen.[1766] So kann die Sperrerklärung auch dahin gehend beschränkt werden, dass beispielsweise ein Verdeckter Ermittler als Zeuge vor Gericht erscheinen muss, dort aber unter seiner Legende aussagt. Liegt keine Sperrerklärung vor, kann die Identität einer verdeckt ermittelnden Person als **Zeuge vor Gericht** durch die § 68 Abs. 2 u. 3 StPO geschützt werden, indem auf Angaben zur Identität und zum Wohnort verzichtet wird und darüber hinaus auch die Möglichkeit einer ganz oder teilweisen Verhüllung des Gesichts besteht (s. Rn. 616). Weiterhin kann die Vernehmung des Zeugen auch unter Ausschluss der Öffentlichkeit (§ 172 Nr. 1 u. 1a GVG) und/oder des Angeklagten (§ 247 StPO) stattfinden. Auch eine Videovernehmung ist möglich (§ 247a StPO).

Zu bedenken bleibt aber, dass trotz dieser umfangreichen Schutzmöglich- **572**
keiten die Gefahr einer Enttarnung des Zeugen nicht völlig ausgeschlossen werden kann.[1767] Aus diesem Grund wird in der Hauptverhandlung in der Regel der VP- bzw. VE-Führer über den Einsatz der verdeckt ermittelnden Person berichten. Es handelt sich insoweit um einen **Zeugen vom Hörensagen**, (s. Rn. 581) der das berichtet, was ihm gegenüber von einem Dritten, nämlich der verdeckt arbeitenden Person, mitgeteilt wurde. Die Aussage eines solchen „mittelbaren Zeugen“ ist zwar verwertbar, hat allerdings

---

1763 BGH 16.02.1995 – 4 StR 733/94, BGHSt 41, 36, 38 ff.

1764 M-G/S-*Köhler*, § 96 Rn. 9.

1765 KK-*Henrichs/Weingast*, § 96 Rn. 18.

1766 *Trurnit*, Rn. 799.

1767 Hierzu *Trurnit*, Rn. 801.

einen geringeren Beweiswert.[1768] Der Identitätsschutz der verdeckt arbeitenden Person wird dabei durch die dienstrechtliche Verschwiegenheitspflicht (§ 67 Abs. 1 BBG, § 37 Abs. 1 BeamtStG) gesichert. In der Folge darf der VE- bzw. VP-Führer im Strafverfahren ohne eine Aussagegenehmigung (§ 54 Abs. 1 StPO; s. auch Rn. 592) keine Angaben zur Identität der verdeckt arbeitenden Person machen. Die Genehmigung wird versagt, wenn die Aussage dem Wohl des Bundes oder eines deutschen Landes Nachteile bereiten würde (§ 68 Abs. 1 BBG, § 37 Abs. 4 S. 1 BeamtStG). Dies ist regelmäßig gegeben, wenn die verdeckt arbeitende Person durch die Aussage einer Lebens- oder Leibesgefahr ausgesetzt wird.[1769] Daher wird die Aussagegenehmigung für einen VE- bzw. VP-Führer regelmäßig auf Angaben zum Einsatz der verdeckt arbeitenden Person, ohne Angabe der Personalien, beschränkt.

1768 BVerfG 26.05.1981 – 2 BvR 215/81, BVerfGE 57, 250, 292 f.

1769 BVerfG 08.10.2009 – 2 BvR 547/08, NJW 2010, 925, 926 f.; BGH 25.07.2000 – 1 StR 169/00, BGHSt 46, 93, 106; BGH 29.11.2006 – 1 StR 493/06, BGHSt 51, 150, 155 f.

# 6. KAPITEL Die Beweismittel

## A. Beweis und Beweisbedürftigkeit

**Beweisen** bedeutet, vom Bestehen einer Tatsache überzeugt zu sein. Für die nach § 261 StPO notwendige Überzeugung des Gerichts vom Beweis einer Tatsache ist keine absolute Gewissheit erforderlich, sondern es genügt ein nach der Lebenserfahrung **ausreichendes Maß an Sicherheit**, demgegenüber vernünftige und nicht bloß auf denktheoretischen Möglichkeiten begründete Zweifel nicht mehr aufkommen.[1770] Dabei müssen in der Hauptverhandlung alle für die Schuld- und Straffrage relevanten Tatsachen voll bewiesen werden. Bleiben nach Abschluss der freien Beweiswürdigung Zweifel, muss das Gericht den Angeklagten freisprechen („in dubio pro reo"). Im Unterschied dazu ist im Ermittlungsverfahren ein Verdacht ausreichend, der je nach Anforderung einen unterschiedlich starken Wahrscheinlichkeitsgrad aufweisen muss, welcher von der bloßen Möglichkeit bis zur hohen Wahrscheinlichkeit reichen kann (s. Rn. 35 ff.). 573

Grundsätzlich sind alle für eine gerichtliche Entscheidung relevanten Tatsachen beweisbedürftig (vgl. § 244 Abs. 2 StPO). Außer den unmittelbar erheblichen Tatsachen, den sog. **Haupttatsachen**,[1771] durch die die Strafbarkeit selbst begründet wird, zählen hierzu auch Indizien und Hilfstatsachen. **Indizien** sind Tatsachen, die den Schluss auf die Haupttatsache zulassen. 574

**Beispiele:**

Blut, Hautschuppen, Sperma etc. des Beschuldigten an der Kleidung des Verletzten; frühere Todesdrohungen eines des Mordes Beschuldigten gegen das Opfer.

**Hilfstatsachen** hingegen lassen einen Schluss auf die Qualität eines Beweismittels zu,[1772] wie Wahnvorstellen oder das Erinnerungsvermögen eines Zeugen, da dies die Glaubhaftigkeit seiner Angaben betrifft.

Sind Tatsachen offenkundig, brauchen Sie nicht bewiesen zu werden (§ 244 Abs. 3 S. 3 Nr. 1 StPO). Hierbei handelt es sich zum einen um sog. **allgemeinkundige Tatsachen**. Dies sind Tatsachen, von denen verständige Menschen in der Regel Kenntnis haben oder sich über zuverlässige Quellen, wie Lexika, Landkarten, Zeitungen, Fachbücher etc. Kenntnis verschaffen kön- 575

1770 BGH 29.10.2009 – 4 StR 368/09, NStZ-RR 2010, 85.

1771 *Volk/Engländer*, § 23 Rn. 2.

1772 M-G/S-*Schmitt*, § 261 Rn. 25.

nen.[1773] Zum anderen zählen auch sog. **gerichtskundige Tatsachen** dazu. Gerichtskundig ist das, was der Richter im Zusammenhang mit seiner amtlichen Tätigkeit zuverlässig in Erfahrung gebracht hat,[1774] nicht jedoch privat erlangtes Wissen.

## B. Beweismittelarten

576 Die StPO sieht nur **vier Beweismittel** vor (sog. Numerus clausus der Beweismittel): Den Zeugen (§§ 48–71 StPO), den Sachverständigen (§§ 72–85 StPO), den Augenschein (§§ 86–93 StPO) und die Urkunde (§§ 249–256 StPO). Die Beweismittel Zeuge und Sachverständiger lassen sich dabei auch als persönliche Beweismittel (sog. **Personalbeweis**), Augenschein und Urkunde als sachliche Beweismittel (sog. **Sachbeweis**) zusammenfassen. Hierbei handelt es sich allerdings um eine kriminalistische Unterteilung, die in der StPO keine Grundlage findet. Da der Beschuldigte, anders als der Zeuge, ein Schweigerecht hat, zählt er nicht zu den Beweismitteln. Formal ergibt sich das auch daraus, dass die Beweisaufnahme in der Hauptverhandlung erst nach der Vernehmung des Angeklagten beginnt (§ 244 Abs. 1 StPO). Bei der Aussage bzw. Einlassung des Beschuldigten (§ 243 Abs. 5 StPO) handelt es sich daher nicht um ein Beweismittel i.e.S. Jedoch spielt seine (freiwillige) Aussage regelmäßig eine wichtige Rolle für die Tatsachenbildung des Gerichts[1775] und muss daher im Rahmen der freien richterlichen Beweiswürdigung berücksichtigt werden. Seine Angaben sind daher **Beweismittel i.w.S.**[1776] Insoweit macht der Angeklagte sich durch seine Einlassung selbst zum Beweismittel.[1777] Hierbei kann ein glaubhaftes Geständnis sogar alleinige Grundlage einer Verurteilung sein.[1778] Dies gilt in gleichem Maße für Angaben von Mitangeklagten.[1779] Darüber hinaus kann der Beschuldigte aber auch Beweismittel im formellen Sinne sein, wenn er als Augenscheinsobjekt und damit als Augenscheinsbeweis (s. Rn. 626 f.) dient.[1780]

**Beispiele:**

Erkennungsdienstliche Behandlung, körperliche oder molekulargenetische Untersuchung, Gegenüberstellung.

---

1773 BGH 29.01.1975 – KRB 4/74, BGHSt 26, 56, 59.
1774 BGH 14.07.1954 – 6 StR 180/54, BGHSt 6, 292, 293.
1775 BGH 15.11.1978 – 2 StR 456/78, BGHSt 28, 196, 198.
1776 Vgl. BGH 01.04.1952 – 2 StR 754/51, BGHSt 2, 269, 270.
1777 BGH 26.10.1983 – 3 StR 251/83, BGHSt 32, 140, 145.
1778 KK-*Krehl*, § 244 Rn. 2.
1779 Hierzu *Krey/Heinrich*, Rn. 1128 ff.
1780 Vgl. *Eisenberg*, Rn. 2311.

## C. Streng- und Freibeweisverfahren

Das Gesetz schreibt für die Beweisaufnahme in der Hauptverhandlung über die Schuld- und Straffrage, also über den Tathergang, die Schuld des Angeklagten und die Höhe der Strafe, sehr **förmliche (strenge) Regeln** hinsichtlich der Zulassung und Verwertung von Beweisen vor (vgl. insbesondere §§ 239 ff. StPO). Die im Ermittlungsverfahren erbrachten Beweise müssen also erst in einer gesetzlich vorgegebenen Art und Weise in die Hauptverhandlung eingeführt werden, damit sie auch verwertet werden dürfen. **577**

**Beispiele:**

In der Ermittlungsakte befindliche Schriftstücke, deren Inhalt beweiserheblich ist, müssen vor Gericht verlesen werden (§ 249 Abs. 1 S. 1 StPO); Zeugen, die bereits im Ermittlungsverfahren vor der Polizei ausgesagt haben, müssen vor Gericht erneut aussagen, da das polizeiliche Vernehmungsprotokoll in der Regel nicht verlesen werden darf (§ 250 StPO). Dass alle Verfahrensbeteiligten den Akteninhalt und damit die Schriftstücke und das Vernehmungsprotokoll bereits kennen, ist unerheblich.

Dieses sog. **Strengbeweisverfahren** erlaubt ausschließlich die im Gesetz genannten Beweismittel Zeuge, Sachverständiger, Augenschein und Urkunde. Diese vier Beweismittel dürfen nur nach den in §§ 244 ff. StPO festgelegten Regeln verwendet werden. Alle übrigen, für das Strafverfahren erheblichen Umstände, die nicht die Schuld- und Straffrage betreffen, können in der Hauptverhandlung im sog. **Freibeweisverfahren** auf beliebige Art und Weise, beispielsweise durch telefonische oder schriftliche Auskünfte, erhoben werden.

**Beispiele:**

Die Frage, ob bei der Vernehmung des Beschuldigten verbotene Vernehmungsmethoden angewandt wurden;[1781] die Feststellung des Alters eines Zeugen wegen eines möglichen Vereidigungsverbots (§ 61 Nr. 1 StPO).

Außerhalb der Hauptverhandlung, also insbesondere im gesamten **Ermittlungsverfahren**, gilt ausschließlich das Freibeweisverfahren. Jedoch soll durch das Ermittlungsverfahren das Hauptverfahren vorbereitet werden, indem die Staatsanwaltschaft am Ende des Ermittlungsverfahrens in der Lage ist, eine Verurteilungsprognose abzugeben (s. Rn. 142). Insofern ist ent- **578**

1781 BGH 28.06.1961 – 2 StR 154/61; BGHSt 16, 164, 166; a.A. *Eisenberg*, Rn. 707; LR-*Gleß*, § 136a Rn. 77.; zur Problematik der sog. doppelrelevanten Tatsachen *Krey/Heinrich*, Rn. 1108.

scheidend, dass durch die Ermittlungen die förmlichen Beweismittel gesammelt und diese auch im Rahmen des vor Gericht geltenden Strengbeweisverfahrens in die Hauptverhandlung eingeführt werden können.

## D. Der Zeuge

### I. Zeugenbegriff

579 Zeuge ist jeder, der – ohne durch eine andere Verfahrensrolle davon ausgeschlossen zu sein – seine Wahrnehmung über Tatsachen durch Aussage kundgeben soll.[1782] Personen, die nichts kundgeben, sondern nur in Augenschein genommen werden sollen, sind hingegen keine Zeugen, sondern sog. Augenscheinsobjekte (s. Rn. 626).[1783] Dabei ist niemand von vornherein untauglich als Zeuge. Ein besonderer Sachverstand ist nicht erforderlich. Hat der Zeuge diesen, macht ihn das aber – mangels behördlichem Auftrag – nicht zum Sachverständigen, sondern zum **sachverständigen Zeugen**, der den Regeln des Zeugenbeweises unterliegt (§ 85 StPO).[1784] Dieser macht Wahrnehmungen aufgrund seiner besonderen Sachkunde und teilt diese später mit, darf aber keine Bewertungen und Schlussfolgerungen ziehen, da dies Aufgabe des Sachverständigen ist.

**Beispiel für einen sachverständigen Zeugen:**

Ein zufällig am Unfallort vorbeikommender Arzt leistet Erste Hilfe und berichtet vor Gericht über die Schwere und Art der Verletzungen des Opfers.

Für den Zeugenbeweis entscheidend ist die Fähigkeit der Aussageperson, bestimmte Tatsachen wahrzunehmen, in Erinnerung zu behalten und später darüber zu berichten (sog. **Zeugnisfähigkeit**).[1785] Daher kommen auch Kinder und Geisteskranke als Zeugen in Betracht.[1786] Bestehen Zweifel an der Glaubwürdigkeit eines Zeugen, steht dies der Zeugnisfähigkeit nicht entgegen, sondern muss in der Beweiswürdigung berücksichtigt werden.[1787] **Inhaltlich** bezieht sich die Zeugenaussage auf innere oder äußere Wahrnehmungen durch Sehen, Hören, Fühlen, Lesen, Riechen, Schmecken etc. Es

1782 RG 12.08.1918 – IV 696/18, RGSt 52, 289; vgl. BGH 12.03.1969 – 2 StR 33/69, BGHSt 22, 347, 348.

1783 LR-*Ignor/Bertheau*, § 48 Rn. 3.

1784 M-G/S-*Schmitt*, § 85 Rn. 3.

1785 *Eisenberg*, Rn. 1000.

1786 BGH 01.04.1952 – 2 StR 754/51, BGHSt 2, 269, 270; KK-*Bader*, Vorb. § 48 Rn. 5.

1787 KK-*Tiemann*, § 261 Rn. 96; *Eisenberg*, Rn. 1000.

ist hingegen nicht Aufgabe des Zeugen, Rechtsfrage, Erfahrungsregeln, allgemeine Eindrücke, Schlussfolgerungen und Vermutungen zu tätigen.[1788]

**Beispiel:**

Ein Zeuge gibt bezogen auf den Beschuldigten an: „Ich kenne ihn, so was macht ihn latent aggressiv". Diese Zeugenaussage enthält eine Erfahrungsregel, eine Vermutung und eine Schlussfolgerung.[1789]

Auch Werturteile sind grundsätzlich nicht Gegenstand des Zeugenbeweises, sondern nur, wenn sie auf tatsächlichen Umständen und nachvollziehbaren Maßstäben beruhen.[1790] Ein Zeuge kann daher über Charaktereigenschaften eines anderen, wie Glaubwürdigkeit, Ehrlichkeit, Verdorbenheit oder Geschwätzigkeit, nur aussagen, wenn er auch Tatsachen bekunden kann, die den Schluss auf diese Eigenschaften zulassen.[1791]

Zu beachten sind die **Schwächen des Zeugenbeweises**. Dieser ist ein in der **580**
Praxis häufig vorkommendes Beweismittel, welches oftmals das einzige oder aber zumindest entscheidende Beweismittel ist, beispielsweise als Augenzeuge der Tat. Dabei ist der Zeugenbeweis aber das für die Wahrheitsermittlung am wenigsten zuverlässige Beweismittel.[1792] So sind Zeugenangaben zwangsläufig subjektiv, auch besteht die Gefahr von unbewussten Erinnerungstäuschungen oder aber der Zeuge hat beispielsweise als Verletzter ein persönliches Interesse am Verfahrensausgang.[1793] Auch ist eine sichere Glaubhaftigkeitsbeurteilung einer Zeugenaussage durch die Vernehmungsperson oftmals schwierig.[1794]

Der Zeuge kann die zu bekundenden Tatsachen auch als Gegenstand frem- **581**
den Wissens erlangt haben (sog. **Zeugen vom Hörensagen**). Der Zeuge vom Hörensagen fällt unter den Zeugenbegriff. Er berichtet über das, was Dritte ihm gegenüber geäußert haben, er also von diesen gehört hat, nicht aber, ob das Gehörte auch wahr ist.[1795]

**Beispiel:**

Der Polizeibeamte berichtet vor Gericht über die von ihm durchgeführte Beschuldigtenvernehmung und die dabei vom Beschuldigten getätigten Angaben.

1788 M-G/S-*Schmitt*, Vor § 48 Rn. 2.

1789 Beispiel aus *Volk/Engländer*, § 21 Rn. 4.

1790 *Eisenberg*, Rn. 1003.

1791 M-G/S-*Schmitt*, Vor § 48 Rn. 2.

1792 Zum Beweiswert KK-*Tiemann*, § 261 Rn. 95.

1793 Hierzu *Müller*, S. 21.

1794 Zur inhaltlichen Beurteilung einer Zeugenaussage *Posch*, S. 267 ff.

1795 LR-*Cirener/Sander*, § 250 Rn. 25.

Er ist hinsichtlich des Gehörten unmittelbares Beweismittel, jedoch bezogen auf den Inhalt des Gehörten nur „mittelbares Beweismittel“, da er das Bekundete eben selbst nur vom unmittelbaren Zeugen oder vom Beschuldigten gehört hat.[1796] In der Folge hat seine Aussage hinsichtlich des Inhalts der vom Dritten gehörten Tatsachen einen geringeren Beweiswert und muss regelmäßig durch weitere Indizien abgesichert werden.[1797]

## II. Verfahrensbeteiligte als Zeugen

Kommt ein Verfahrensbeteiligter als Zeuge in Betracht, so besteht ein Interessenkonflikt zwischen der Rolle als Verfahrensbeteiligter und seiner Zeugenrolle.

### 1. Beschuldigter

582 Der Beschuldigte kann in dem gegen ihn geführten Strafverfahren nicht als Zeuge in eigener Sache auftreten, wie das beispielsweise im angloamerikanischen Recht zulässig ist. Auch der Mitbeschuldigte kann grundsätzlich kein Zeuge sein.[1798] Nach der Rechtsprechung und Teilen der Literatur kann der Mitbeschuldigte aber als Zeuge vernommen werden, wenn sein Verfahren zuvor aus sachlichen Gründen, z.B. weil er flüchtig oder lebensgefährlich und langwierig erkrankt ist, von dem Verfahren gegen den Beschuldigten abgetrennt wurde.[1799] Dieser sog. **formelle Mitbeschuldigtenbegriff** verdient grundsätzlich Zustimmung, da er die Verfahrensrollen notwendig scharf trennt und im Übrigen der Mitbeschuldigte durch sein Auskunftsverweigerungsrecht (§ 55 StPO) ausreichend geschützt ist.[1800]

### 2. Richter

583 Richter können selbst dann Zeugen sein, wenn Sie bereits an der Verhandlung beteiligt waren. Wird der Richter als Zeuge vernommen, ist er fortan von der Ausübung des Richteramtes ausgeschlossen (§ 22 Nr. 5 StPO) und muss durch seinen Vertreter (vgl. §§ 21e ff., 70 GVG) ersetzt werden. Entsprechendes gilt auch für Schöffen (§ 31 Abs. 1 StPO).

---

1796 BVerfG 26.05.1981 – 2 BvR 215/81, BVerfGE 57, 250, 292 f.

1797 BGH 05.02.1986 – 3 StR 477/85, BGHSt 34, 15, 18; BGH 12.01.1996 – 5 StR 756/94, BGHSt 42, 15, 25.

1798 BGH 18.10.1956 – 4 StR 278/56, BGHSt 10, 8, 11.

1799 BGH 16.03.1977 – 3 StR 327/76, BGHSt 27, 139, 141; *Krey/Heinrich*, Rn. 1222 ff.; SK-*Rogall*, § 52 Rn. 50 ff.

1800 A.A. *Beulke/Swoboda*, Rn. 290; *Roxin/Schünemann*, § 26 Rn. 5.

### 3. Staatsanwalt

Der Staatsanwalt, der als Sitzungsvertreter an der Hauptverhandlung teilnimmt, kann auch als Zeuge vernommen werden. Während der Vernehmung muss dann aber ein anderer Staatsanwalt als Sitzungsvertreter der Staatsanwaltschaft auftreten. Betrifft seine Zeugenvernehmung für die Beweisführung relevante Fragen, so ist er auch von der weiteren Anklagevertretung ausgeschlossen.[1801] Ansonsten müsste er im Plädoyer seine eigene Zeugenaussage würdigen, wodurch seine erforderliche Sachlichkeit und Objektivität (§ 160 Abs. 2 StPO) gefährdet wäre.[1802] **584**

### 4. Verteidiger

Der Verteidiger des Beschuldigten kann in der Hauptverhandlung als Zeuge vernommen werden.[1803] Gerät er dadurch in einen unlösbaren Konfliktfall, gebietet ihm das Standesrecht, die Verteidigung niederzulegen.[1804] Im Fall der notwendigen Verteidigung muss während seiner Zeugenvernehmung dem Beschuldigten ein anderer Verteidiger bestellt werden, da eine Person nicht zur gleichen Zeit Verteidiger und Zeuge sein kann. Nach seiner Zeugenvernehmung darf der Verteidiger grundsätzlich die Verteidigung des Beschuldigten weiterführen, da dieser Fall in den abschließenden Ausschlussgründen des § 138a StPO nicht genannt wird.[1805] **585**

### 5. Nebenkläger

Auch der Verletzte, der als Nebenkläger vor Gericht auftritt, kann als Zeuge vernommen werden (§ 397 Abs. 1 S. 1 StPO). Aufgrund der ihm zustehenden Akteneinsicht und der damit verbundenen, möglicherweise auch interessengeleiteten Vorbereitung seiner Zeugenaussage muss diese Aussage aber besonders kritisch gewürdigt werden.[1806] **586**

## III. Zeugenpflichten

### 1. Überblick

Der Zeuge hat **drei Hauptpflichten**. Er muss erscheinen, wahrgemäß aussagen und ggf. auf seine Aussage einen Eid leisten. Im Rahmen der Aussagepflicht trifft ihn weiterhin die Pflicht zur Angabe seiner Personalien (§ 68 StPO) und **587**

1801 Einzelheiten bei *Heghmanns/Herrmann*, Rn. 49.

1802 Vgl. BGH 13.07.1966 – 2 StR 157/66 – BGHSt 21, 85, 90; Einzelheiten bei M-G/S-*Schmitt*, Vor § 48 Rn. 17.

1803 KK-*Bader*, Vorb. § 48 Rn. 12.

1804 BVerfG 11.06.1963 – 1 BvR 156/63, BVerfGE 16, 214, 217.

1805 M-G/S-*Schmitt*, Vor § 48 Rn. 18.

1806 Hierzu *Müller*, S. 39.

ggf. zur Duldung der Aufzeichnung seiner Vernehmung in Bild und Ton, also per Video (§ 58a Abs. 1 S. 2 Nr. 1 u. 2 StPO)[1807]. Zeugen, die Angehörige des öffentlichen Dienstes sind, haben darüber hinaus eine Verschwiegenheitspflicht für Dienstgeheimnisse (§ 54 StPO). Für Polizeibeamte, die als Zeugen vor Gericht über dienstliche Wahrnehmungen aussagen müssen, besteht nach der Rechtsprechung und Teilen der Literatur nicht nur ein Recht, sondern die Pflicht, sich auf die Zeugenvernehmung vorzubereiten (s. Rn. 679).[1808] Auch hat jeder Zeuge weitere Pflichten, die unmittelbar seine Aussage betreffen, wie die Gegenüberstellung (§ 58 Abs. 2 StPO), die ein Teil der Vernehmung ist.[1809] Nicht unmittelbar die Vernehmung betreffende Zeugenpflichten sind insbesondere die Duldung körperlicher Untersuchungen (§ 81c StPO) und die Öffentlichkeitsfahndung (§§ 131a Abs. 3, 131b Abs. 2 StPO).

### 2. Erscheinenspflicht

588 Die Erscheinenspflicht als Zeuge ist eine **allgemeine Staatsbürgerpflicht**[1810] und trifft jeden, der der deutschen Gerichtsbarkeit unterliegt, somit auch Ausländer und Staatenlose, die sich im Inland aufhalten.[1811] Sie gilt – unabhängig von einem bestehenden Zeugnisverweigerungsrecht (§§ 52 ff. StPO) – bei ordnungsgemäßer Ladung durch den Richter (§ 48 Abs. 1 StPO) oder die Staatsanwaltschaft (§ 161a Abs. 1 S. 1 StPO). Auch vor Ermittlungspersonen der Staatsanwaltschaft besteht für den Zeugen eine Erscheinenspflicht, sofern der Ladung ein **Auftrag der Staatsanwaltschaft** zugrunde liegt (§ 163 Abs. 3 S. 1 StPO). Polizeilichen Ladungen ohne Auftrag der Staatsanwaltschaft muss der Zeuge hingegen nicht Folge leisten. Ausnahmen von der Erscheinenspflicht bestehen für den Bundespräsidenten (§ 49 StPO) sowie für Parlaments- und Regierungsmitglieder (§ 50 StPO). Kommt der Zeuge einer richterlichen Ladung unentschuldigt nicht nach, so drohen ihm Vorführung (§ 51 Abs. 1 S. 3 StPO), Ordnungsgeld – ersatzweise Ordnungshaft – (§ 51 Abs. 1 S. 2 StPO) sowie die Auferlegung möglicher durch das Nichterscheinen entstandener Kosten (§ 51 Abs. 1 S. 1 StPO). Bei staatsanwaltschaftlichen oder bei polizeilichen Ladungen, die im Auftrag der Staatsanwaltschaft durch ihre Ermittlungspersonen erfolgen, stehen diese Rechte, mit Ausnahme der Ordnungshaft, die als freiheitsentziehende Maßnahme nur der Richter verhängen darf, der Staatsanwaltschaft zu (§ 163a Abs. 2 S. 1 StPO), nicht jedoch der Polizei bzw. ihren Ermittlungspersonen (§ 163 Abs. 4 S. 1 Nr. 4 StPO).

---

1807 SK-*Rogall*, § 58a Rn. 10.

1808 BGH 28.11.1950 – 2 StR 50/50, BGHSt 1, 4, 8; OLG Köln 22.03.1966 – Ss 607/65, NJW 1966, 1420; *Grohmann/Schulz*, DAR 1980, 74, 78; a.A. *Hof*, HRRS 2015, 277, 284 ff.; *Maeffert*, StV 1982, 386, 388.

1809 M-G/S-*Schmitt*, § 58 Rn. 9.

1810 BVerfG 08.10.1974 – 2 BvR 747/73, BVerfGE 38, 105, 118.

1811 KK-*Bader*, Vorb. § 48 Rn. 2.

### 3. Aussagepflicht

#### a) Allgemeines

In den genannten Fällen, in denen der Zeuge eine Pflicht zum Erscheinen hat, besteht grundsätzlich auch eine Aussagepflicht (§§ 48 Abs. 1 S. 1, 161a Abs. 1 S. 1, 163 Abs. 3 S. 1 StPO). Diese beinhaltet eine **umfassende und wahrheitsgemäße Aussage.**[1812] Hat die Polizei den Zeugen ohne Auftrag der Staatsanwaltschaft und damit ohne Erscheinenspflicht geladen und erscheint der Zeuge freiwillig zur Vernehmung, trifft ihn keine Aussagepflicht. Sagt er aber freiwillig aus, so muss auch diese freiwillige Aussage der Wahrheit entsprechen (vgl. §§ 57, 163 Abs. 3 S. 2 StPO). Das gilt auch für Zeugen, die trotz eines bestehenden Zeugnisverweigerungsrechts (§§ 52 ff. StPO) aussagen.[1813] Kommt der Zeuge seiner Aussagepflicht nicht nach, erscheint er also, aber schweigt, so kann die Aussage durch das Gericht bzw. die Staatsanwaltschaft, nicht aber durch die Polizei, mit Ordnungsmitteln erzwungen werden (§§ 70, 161a Abs. 2 S. 1 StPO). Darüber hinaus steht nur dem Richter auch das Mittel der **Beugehaft** zur Verfügung (§ 70 Abs. 2 StPO). Nach der Rechtsprechung kann die verweigerte Aussage in Einzelfällen auch eine Strafbarkeit wegen Strafvereitelung durch Unterlassen (§§ 258, 13 StGB) begründen.[1814] Bei falschen Angaben des Zeugen kommen Straftaten nach §§ 164, 187, 257, 258, 258a und 145d StGB in Betracht. Lügt der Zeuge vor Gericht, so macht er sich schon allein durch die unwahre Aussage strafbar (§§ 153 ff. StGB). Erforderlich ist dabei, dass der Inhalt der Aussage nicht mit der objektiven Sachlage übereinstimmt. Hierunter fällt auch ein bewusstes Verschweigen von Tatsachen, die das Beweisthema betreffen.[1815] Irrelevant ist hingegen, ob das Gericht die Aussage für wahr hält bzw. die Falschaussage sich auf die Entscheidung in der Sache ausgewirkt hat.[1816] Die Aussagepflicht entfällt jedoch, wenn Verschwiegenheitspflichten (§ 54 StPO) oder Zeugnis- und Auskunftsverweigerungsrechte (§§ 52 ff. StPO) eingreifen. 589

#### b) Angaben zur Person

Die Vorschrift des § 68 StPO regelt für alle Zeugenvernehmungen, welche Angaben der Zeuge zur Person machen muss und steht stets am Anfang einer Zeugenvernehmung. Sie dient hauptsächlich dem Zweck, Personenverwechselungen zu vermeiden, soll nach der Rechtsprechung aber auch für die Beurteilung der Glaubwürdigkeit des Zeugen von Bedeutung sein.[1817] 590

---

1812 *Eisenberg*, Rn. 1084; vgl. auch BGH 21.12.1951 – 1 StR 505/51, BGHSt 2, 90, 92.

1813 KK-*Bader*, § 52 Rn. 2.

1814 OLG Köln 11.12.2009 – 2 Ws 588/09, NStZ-RR 2010, 146.

1815 Sch/Sch-*Bosch/Schittenhelm*, Vor §§ 153 ff. Rn. 16.

1816 *Fischer*, § 153 Rn. 12.

1817 BGH 17.10.1983 – GSSt 1/83, BGHSt 32, 115, 128.

Hierbei ist der Zeuge grundsätzlich zur Angabe der in § 68 Abs. 1 S. 1 StPO genannten Personalien verpflichtet, auch wenn er ein Zeugnisverweigerungsrecht hat und davon Gebrauch macht.[1818] Die Weigerung begründet regelmäßig eine Ordnungswidrigkeit (§ 111 Abs. 1 OWiG). Einschränkungen der nach § 68 Abs. 1 S. 1 StPO anzugebenden Personalien finden sich zum Schutz des Zeugen in § 68 Abs. 1 S. 2, 3 u. Abs. 2, 3 StPO (s. Rn. 616). Die **verpflichtenden Personalienangaben** umfassen Vor- und Nachname, Geburtsname, Alter, Beruf und die vollständige Anschrift. Beim Beruf ist der gegenwärtig ausgeübte Beruf und nicht nur die Berufsbezeichnung zu nennen, während Fragen nach früheren Berufen nicht zu den Angaben zur Person gehören.[1819] Die Angabe der vollständigen postalischen Anschrift ist bei Vernehmungen im Ermittlungsverfahren erforderlich, um die spätere Erreichbarkeit für mögliche weitere Vernehmungen oder aber die Ladung zur Hauptverhandlung sicherzustellen.[1820]

### 4. Eidespflicht

591 Grundsätzlich ist jeder Zeuge nach Maßgabe der §§ 59–67 StPO verpflichtet, seine Aussage auf Verlangen des Gerichts zu beeiden. Das Recht zur Vereidigung steht **nur dem Richter** und nicht der Staatsanwaltschaft oder Polizei zu. Dabei werden Zeugen nur ausnahmsweise vereidigt (§ 59 Abs. 1 S. 1 StPO). In der Rechtspraxis kommen daher Vereidigungen selten vor, sodass die Nichtvereidigung des Zeugen der Regelfall ist. Zeugen werden nur vereidigt, wenn das Gericht es wegen der ausschlaggebenden Bedeutung der Aussage oder zur Herbeiführung einer wahren Aussage nach seinem Ermessen für notwendig hält (§ 59 Abs. 1 S. 1 StPO). Im Falle der Vereidigung werden die Zeugen einzeln nach ihrer Vernehmung (§ 59 Abs. 2 S. 1 StPO), in der Hauptverhandlung spätestens am Ende der Beweisaufnahme vereidigt.[1821] Es handelt sich somit um einen sog. **Nacheid**. Die Eidesformel ergibt sich aus § 64 StPO, die Möglichkeit einer eidesgleichen Bekräftigung aus § 65 StPO. Wird die Eidesleistung grundlos verweigert, finden die Ordnungsmittel des § 70 Abs. 1 StPO Anwendung. Beeidet der Zeuge bewusst eine unwahre Aussage, so begeht er den Verbrechenstatbestand des Meineides, der im Mindestmaß mit einem Jahr Freiheitsstrafe bedroht ist (§ 154 Abs. 1 StGB). Das Gesetz enthält in § 60 StPO Vereidigungsverbote für Personen, die eidesunmündig, eidesunfähig oder tatverdächtig sind und in § 61 StPO Eidesverweigerungsrechte für zeugnisverweigerungsberechtigte Angehörige des Beschuldigten.

1818 M-G/S-*Schmitt*, § 68 Rn. 2.
1819 KK-*Slawik*, § 68 Rn. 4.
1820 M-G/S-*Schmitt*, § 68 Rn. 7.
1821 BGH 02.10.1951 – 1 StR 434/51, BGHSt 1, 346, 348.

## 5. Verschwiegenheitspflicht und Aussagegenehmigung

Für die Zeugenvernehmung von Richtern, Beamten und andere Personen des öffentlichen Dienstes gelten die beamtenrechtlichen Vorschriften des Bundes und der Länder (§ 54 Abs. 1 StPO). Dabei besteht für diesen Personenkreis eine Verschwiegenheitspflicht bei Dienstgeheimnissen (§ 67 Abs. 1 BBG, § 37 Abs. 1 BeamtStG) und damit ein **bedingtes Aussageverbot**. Diese Zeugen benötigen daher grundsätzlich eine Aussagegenehmigung, um über dienstliche Angelegenheiten aussagen zu dürfen (§ 54 Abs. 1 StPO). Die Aussagegenehmigung ist ein Verwaltungsakt und muss von der Stelle eingeholt werden, die den Zeugen vernehmen will, nicht vom Zeugen selbst. Zuständig für die Erteilung der Genehmigung ist der Dienstvorgesetzte des Zeugen. Die Genehmigung ist zu versagen, wenn die Aussage dem Wohl des Bundes oder eines deutschen Landes Nachteile bereiten oder die Erfüllung öffentlicher Aufgaben ernstlich gefährden oder erheblich erschweren würde (§ 68 Abs. 1 BBG, § 37 Abs. 4 S. 1 BeamtStG). Wird die Aussagegenehmigung verweigert, muss die Verwaltungsbehörde die Gründe dem Antragsteller ausreichend verständlich machen.[1822] Möglich ist auch die Erteilung einer beschränkten Aussagegenehmigung. Gegen die vollständige oder teilweise Versagung können der Beschuldigte und sein Verteidiger vor dem Verwaltungsgericht Verpflichtungsklage erheben.[1823] Ermittlungspersonen der Staatsanwaltschaft haben für eine mögliche Zeugenaussage vor Gericht (s. hierzu Rn. 676) eine generelle Aussagegenehmigung und bedürfen daher nur in bestimmten Einzelfällen einer Aussagegenehmigung, beispielsweise für die Vernehmung verdeckt arbeitender Polizeibeamter (s. Rn. 572). 592

Die Versagung der Aussagegenehmigung stellt ein **Beweiserhebungsverbot** dar.[1824] Sagt ein Zeuge ohne erforderliche Aussagegenehmigung aus, sind aber die Angaben verwertbar, da § 54 StPO weder dem Beschuldigtenschutz noch der Wahrheitsfindung, sondern dem Allgemeininteresse an der Amtsverschwiegenheit dient.[1825] Für Abgeordnete und Regierungsmitglieder im Bund und in den Ländern sowie für Angestellte einer Bundes- oder Landtagsfraktion enthält § 54 Abs. 2 StPO eine Sonderregelung. Nach § 54 Abs. 3 StPO kann der Bundespräsident selbst darüber entscheiden, ob er aussagen will.[1826] 593

1822 BGH 17.10.1983 – GSSt 1/83, BGHSt 32, 115, 125.

1823 BVerwG 24.06.1982 – BVerwG 2 C 91/81, StV 1982, 463, 465.

1824 M-G/S-*Schmitt*, § 54 Rn. 1.

1825 Ausführlich SK-*Rogall*, Rn. 3 f. u. 79 m.w.N.

1826 M-G/S-*Schmitt*, § 54 Rn. 31.

## IV. Zeugenrechte

### 1. Überblick

594 Der Zeuge, ursprünglich in der RStPO eher als Objekt der Beweisführung angelegt,[1827] hat heutzutage als **Prozesssubjekt** nicht nur Pflichten, sondern auch Rechte, die seinen Ansprüchen und Schutzbedürfnissen Rechnung tragen. So werden die Aussage- und Eidespflichten durch die Rechte zur Zeugnis- und Auskunftsverweigerung (§§ 52 bis 53a u. 55 StPO) eingeschränkt. Die Zeugnisverweigerungsrechte bestehen entweder aufgrund persönlicher oder aber beruflicher Beziehungen des Zeugen zum Beschuldigten, während das Auskunftsverweigerungsrecht den Zeugen oder seine Angehörigen vor der Gefahr schützen soll, sich selbst zu belasten und möglicherweise Beschuldigter eines Strafverfahrens zu werden. Weiterhin hat der Zeuge für die Wahrnehmung seiner staatsbürgerlichen Zeugenpflicht[1828] auch einen Anspruch auf Entschädigung. Über diese klassischen Zeugenrechte hinaus haben Rechtsprechung und Gesetzgeber dem Zeugen eine immer stärkere Subjektqualität gegeben und ihn mit weitergehenden Schutzrechten ausgestattet. So kann jeder Zeuge sich eines Zeugenbeistands (§ 68b StPO) bedienen und hat ein Recht auf angemessene Behandlung und Schutz seiner Person, was auch eine Fürsorgepflicht von Gericht und Strafverfolgungsbehörden gegenüber dem Zeugen beinhaltet. Für den Verletzten als Zeugen sind die Schutzrechte noch stärker ausgestaltet (s. Rn. 139 ff.).

### 2. Uneingeschränktes Zeugnisverweigerungsrecht aus persönlichen Gründen nach § 52 StPO

#### a) Allgemeines

595 Das uneingeschränkte Zeugnisverweigerungsrecht nach § 52 StPO hat hauptsächlich den Zweck, Zeugen vor einem **Interessenkonflikt** zu schützen. Dem Zeugen soll der Konflikt zwischen seiner Wahrheitspflicht und seinem Interesse, einem Verwandten, nämlich dem Beschuldigten, durch seine Aussage nicht zu schaden, erspart werden.[1829] Darüber hinaus dient die Vorschrift nach h.M. auch dem Familienfrieden.[1830] Unerheblich ist dabei, ob der Zeuge subjektiv eine Zwangslage empfindet oder ob der Aussageinhalt tatsächlich für den Beschuldigten belastend ist; der Konflikt wird insoweit unwiderlegbar vermutet.[1831] Hingegen dient die Norm weder der Wahrheitsfindung noch

---

1827 *Roxin/Schünemann*, § 26 Rn. 66.

1828 BVerfG 10.10.1978 – 2 BvL 3/78, BVerfGE 49, 280, 284.

1829 BGH 23.09.1999 – 4 StR 189/99, BGHSt 45, 203, 207; LR-*Ignor/Bertheau*, § 52, Rn. 1.

1830 BGH 29.10.1991 – 1 StR 334/90, BGHSt 38, 96, 99; LR-*Ignor/Bertheau*, § 52, Rn. 1; S/S/W-Eschelbach, § 52 Rn. 1; a.A. SK-*Rogall*, § 52 Rn. 10.

1831 *Eisenberg*, Rn. 1212.

dem Schutz des Beschuldigten vor problematischen Aussagen.[1832] Das Zeugnisverweigerungsrecht nach § 52 StPO entbindet den Zeugen von der Pflicht, zur Sache auszusagen und vor Gericht auch davon, einen Eid zu leisten, lässt aber seine Erscheinenspflicht und die Pflicht, Angaben zur Person zu machen, unberührt.[1833]

Es besteht eine **Belehrungspflicht**. Der Zeuge muss vor jeder Vernehmung über sein Zeugnisverweigerungsrecht belehrt werden (§ 52 Abs. 3 S. 1 StPO). Die Belehrung muss dem Zeugen eine genügende Vorstellung von der Bedeutung des Zeugnisverweigerungsrechts vermitteln.[1834] Auf die Entschließungsfreiheit des Zeugen darf dabei nicht eingewirkt werden; insbesondere ist jede tendenziöse Einflussnahme in dem Sinne, er solle von seinem Schweigerecht Gebrauch machen oder nicht, zu unterlassen.[1835] Erlaubt ist es jedoch, ihn über Umstände zu unterrichten, die als Grundlage der von ihm zu treffenden Entscheidung von Bedeutung sein können.[1836] Unterbleibt die Belehrung, sind die Angaben des Zeugen unverwertbar.[1837] Jedoch ist eine Heilung der unterlassenen Belehrung zulässig. Hierzu muss die Belehrung nachgeholt werden und zusätzlich die Erklärung des Zeugen herbeigeführt werden, dass er auch nach Belehrung von seinem Zeugnisverweigerungsrecht keinen Gebrauch gemacht hätte. Richtigerweise ist dabei auch ein Hinweis über die Unverwertbarkeit der Zeugenaussage ohne eine solche Heilung erforderlich (sog. **qualifizierte Belehrung**).[1838] 596

Bei **Minderjährigen oder Betreuten** kann zweifelhaft sein, ob sie eine genügende Vorstellung von der Bedeutung des Zeugnisverweigerungsrechts haben (§ 52 Abs. 2 StPO). Ob dies der Fall ist, muss in jedem Einzelfall individuell geprüft werden.[1839] Bei Kindern wird beispielsweise ab einem Alter von 14 Jahren und normaler geistiger Entwicklung die notwendige Verstandesreife angenommen.[1840] Ist die Verstandesreife des Zeugen hingegen zweifelhaft, so kann dieser nur vernommen werden, wenn er zur Aussage bereit ist und auch der gesetzliche Vertreter der Vernehmung zustimmt (§ 52 Abs. 2 S. 1 StPO). Fehlt es an der notwendigen Zustimmung, so sind mögliche Angaben 597

1832 BGH 23.09.1999 – 4 StR 189/99, BGHSt 45, 203, 207.
1833 *Eisenberg*, Rn. 1086 m.w.N.
1834 BGH 29.06.1983 – 2 StR 150/83, BGHSt 32, 25, 32.
1835 BGH 23.09.1999 – 4 StR 189/99, BGHSt 45, 203, 209.
1836 BGH 02.02.1966 – 2 StR 471/65, BGHSt 21, 12, 13.
1837 M-G/S-*Schmitt*, § 52 Rn. 32.
1838 *Krey/Heinrich*, Rn. 1269; LR-*Ignor/Bertheau*, § 52 Rn. 51; zumindest „empfehlenswert" M-G/S-*Schmitt*, § 52 Rn. 31.
1839 M-G/S-*Schmitt*, § 52 Rn. 17 f.
1840 Vgl. BGH 06.07.1965 – 5 StR 229/65, BGHSt 20, 234, 235.

des Zeugen unverwertbar.[1841] Ist der gesetzliche Vertreter selbst der Beschuldigte des Verfahrens, beispielsweise der Vater, der seine 10-jährige Tochter sexuell missbraucht haben soll, so darf er über die Ausübung des Zeugnisverweigerungsrechts der Tochter nicht entscheiden. Für die Mutter, die im Regelfall gemeinsam mit dem Vater die gesetzliche Vertretung des Kindes innehat (§ 1626 Abs. 1 BGB), gilt das gleiche (§ 52 Abs. 2 S. 2 StPO). In diesen Fällen muss ein **Ergänzungspfleger** vom Familiengericht bestellt werden (§ 1909 Abs. 1 S. 1 BGB), der unter dem Aspekt des Kindeswohls darüber entscheidet, ob das Kind, wie von diesem selbst gewollt, aussagen darf oder aber vom Zeugnisverweigerungsrecht Gebrauch gemacht wird.[1842] Den Antrag an das Familiengericht stellt der Richter oder Staatsanwalt, der den Zeugen vernehmen will; für die Polizei die Staatsanwaltschaft.[1843]

598 Macht ein Zeuge von seinem Zeugnisverweigerungsrecht Gebrauch, so muss er keine Gründe nennen und Fragen der Vernehmenden nach den Beweggründen sind unzulässig.[1844] Erklärt der Zeuge den **Verzicht auf die Ausübung seines Zeugnisverweigerungsrechts** und erklärt sich zur Aussage bereit, so muss er wahrheitsgemäß aussagen und darf keine wesentlichen Tatsachen verschweigen oder gar wahrheitswidrig behaupten, er wisse nichts. Will er nur zu bestimmten Tatsachen keine Angaben machen, ansonsten aber aussagen, so muss er das vor seiner Aussage zweifelsfrei erklären.[1845] Auch kann der Verzicht auf das Zeugnisverweigerungsrecht während der Aussage widerrufen werden (§ 52 Abs. 3 S. 2 StPO). Hat der Zeuge zunächst unter Verzicht auf sein Zeugnisverweigerungsrecht ausgesagt und erklärt dann, aufgrund seines Zeugnisverweigerungsrechts nicht weiter aussagen zu wollen (sog. **Widerruf des Verzichts**), ist das bis dahin Gesagte aber nach zutreffender Ansicht von Rechtsprechung und Teilen der Literatur verwertbar.[1846]

599 Richtet sich das Strafverfahren, in dem der Angehörige aussagen soll, gegen **mehrere Beschuldigte**, so kann der Zeuge hinsichtlich aller Beschuldigten grundsätzlich in vollem Umfang das Zeugnis verweigern, sofern der Sachverhalt, zu dem er aussagen soll, zumindest auch seinen Angehörigen betrifft.[1847]

---

1841 BGH 02.03.1960 – 2 StR 44/69; BGHSt 14, 159, 160.

1842 Vgl. OLG Bremen 21.12.2016 – 4 UF 100/16, NStZ-RR 2017, 455, 456 f.

1843 M-G/S-*Schmitt*, § 52 Rn. 20.

1844 BGH 08.04.1954 – 3 StR 725/53, BGHSt 6, 279, 280.

1845 BGH 11.11.1954 – 3 StR 422/54, BGHSt 7, 127, 128.

1846 BGH 15.01.1952 – 1StR 341/51, BGHSt 2, 99, 107; BGH 20.5.2015 – 1 StR 429/14, NStZ 2015, 656; KK-*Bader*, § 52 Rn. 42; MüKo-*Percic*, § 52 Rn. 36; a.A. *Eisenberg*, Rn. 1227; LR-*Ignor/Bertheau*, § 52 Rn. 35.

1847 BGH 04.11.1986 – 1 StR 498/86, BGHSt 34, 215, 216; Einzelheiten bei *Krey/Heinrich*, Rn. 1259 f.; *Roxin/Schünemann*, § 26 Rn. 16 jeweils m.w.N.

### b) Zeugnisverweigerungsberechtigte Personen

Zeugnisverweigerungsberechtigt sind die in § 52 Abs. 1 StPO genannten Personen. Die Auflistung ist abschließend.[1848] Die in § 52 Abs. 1 Nr. 1 StPO genannten **Verlobten** (vgl. §§ 1297 ff. BGB) sind Personen, die ein von beiden Seiten ernst gemeintes Versprechen einer späteren Eheschließung eingegangen sind.[1849] Die zivilrechtliche Wirksamkeit ist hierbei nicht entscheidend, sondern die strafverfahrensrechtliche Konfliktsituation (sog. **strafverfahrensrechtlicher Verlöbnisbegriff**).[1850] Insoweit ist beispielsweise das Verlöbnis eines „Heiratsschwindlers" unwirksam.[1851] Ebenso unwirksam ist das Verlöbnis eines noch Verheirateten, außer die Scheidung der noch bestehenden Ehe wird bereits ernsthaft betrieben.[1852] Das Verlöbnis muss zum Zeitpunkt der Aussage bestehen, braucht zum Zeitpunkt der Tat aber noch nicht bestanden zu haben. Die Voraussetzungen sind durch das Gericht festzustellen, dem ein Beurteilungsspielraum zusteht.[1853] **Eheähnliche Lebensgemeinschaften** werden hiervon nach h.M. zu Recht nicht erfasst, da der Wortlaut eindeutig und abschließend ist.[1854] Auch erscheint es problematisch, klar zu definieren, wann eine eheähnliche Lebensgemeinschaft tatsächlich gegeben ist. Da das Verlöbnis das einzige Zeugnisverweigerungsrecht aus § 52 StPO ist, das nicht mittels einer Urkunde etc. nachgewiesen werden kann und somit ein objektiver Nachweis im Regelfall nicht zu führen ist, öffnet dies die Möglichkeit des Missbrauchs. Wünschenswert wäre daher, statt einer ebenso problematischen Ausdehnung auf eheähnliche Lebensgemeinschaften, dass der Gesetzgeber das wohl auch zivilrechtlich überkommene Modell des Verlöbnisses in § 52 Abs. 1 StPO streichen würde.[1855] 600

§ 52 Abs. 1 Nr. 2 und 2a StPO begründen ein Zeugnisverweigerungsrecht für **Eheleute und Lebenspartner einer eingetragenen Lebenspartnerschaft**. Dies gilt auch, wenn die Ehe oder Lebenspartnerschaft nicht mehr besteht. Abzustellen ist auch hier auf den Zeitpunkt der Zeugenaussage und nicht auf den Tatzeitpunkt. Ist die Ehe zwar in Deutschland, jedoch nur nach islamischem 601

---

1848 *Krey/Heinrich*, Rn. 1255.

1849 BGH 12.07.1979 – 4 StR 204/79, BGHSt 29, 54, 57; BGH 21.10.1952 – 1 StR 388/52, BGHSt 3, 215, 216.

1850 MüKo-*Percic*, § 52 Rn. 5 f.

1851 BGH 21.10.1952 – 1 StR 388/52, BGHSt 3, 215, 216.

1852 Sehr streitig; hierzu *Kindhäuser/Schumann*, § 21 Rn. 42 ff.; *Ostendorf/Brüning*, § 16 Rn. 17 jeweils m.w.N.

1853 BGH 09.03.2010 – 4 StR 606/09, BGHSt 55, 65, 68.

1854 *Eisenberg*, Rn. 1214; *Kindhäuser/Schumann*, § 21 Rn. 46; KK-*Bader*, § 52 Rn. 11; *Krey/Heinrich*, Rn. 1256; LR-*Ignor/Bertheau*, § 52 Rn. 16; M-G/S-*Schmitt*, § 52 Rn. 5; SK-*Rogall*, § 52 Rn. 20; a.A. *Beulke/Swoboda*, Rn. 296; *Ostendorf/Brüning*, § 16 Rn. 17.

1855 Ebenso *Roxin/Schünemann*, § 26 Rn. 15.

Recht geschlossen worden, so besteht kein Zeugnisverweigerungsrecht; auch eine Umdeutung in ein Verlöbnis ist dann ausgeschlossen.[1856]

602 Diejenigen, die mit dem Beschuldigten in gerader Linie **verwandt oder verschwägert**, in der Seitenlinie bis zum dritten Grad verwandt oder bis zum zweiten Grad verschwägert sind oder waren, haben ein Zeugnisverweigerungsrecht (§ 52 Abs. 1 Nr. 3 StPO). Verwandte in gerader Linie sind Personen, deren eine von der anderen abstammt (§ 1589 Abs. 1 S. 1 BGB). Personen, die nicht in gerader Linie verwandt sind, aber von derselben dritten Person abstammen, sind in der Seitenlinie verwandt (§ 1589 Abs. 1 S. 2 BGB). Der Grad der Verwandtschaft bestimmt sich dabei nach der Zahl der sie vermittelnden Geburten.

**Beispiele:**

Gerade Linie: ...Urgroßeltern, Großeltern, Eltern, Kinder, Enkelkinder...

Seitenlinie bis 3. Grad: Voll- und Halbgeschwister, Nichte, Neffe, Tante, Onkel

Die Verwandten eines Ehegatten bzw. eines Lebenspartners sind mit dem anderen Ehegatten bzw. Lebenspartner verschwägert (§ 1590 Abs. 1 S. 1 BGB, § 11 Abs. 2 S. 1 LPartG). Die Linie und der Grad der Schwägerschaft bestimmen sich nach der Linie und dem Grad der sie vermittelnden Verwandtschaft (§ 1590 Abs. 1 S. 2 BGB, § 11 Abs. 2 S. 2 LPartG). Dabei dauert die Schwägerschaft und damit das Zeugnisverweigerungsrecht auch bei Auflösung der Ehe bzw. der Lebenspartnerschaft fort (§ 1590 Abs. 2 BGB, § 11 Abs. 2 S. 3 LPartG).

**Beispiele:**

Gerade Linie: ...Großeltern des Ehegatten/Lebenspartners, Schwiegereltern, Stiefkinder...

Seitenlinie bis 2. Grad: Schwägerin/Schwager

### 3. Eingeschränktes Zeugnisverweigerungsrecht aus beruflichen Gründen nach §§ 53, 53a StPO

#### a) Allgemeines

603 § 53 StPO enthält ein eingeschränktes Zeugnisverweigerungsrecht aus beruflichen Gründen. § 53a StPO erweitert diesen Schutz um Personen, die an der Tätigkeit der Berufsgeheimnisträger mitwirken und deren Aufgaben einen Bezug zum geheimnisgeschützten Bereich aufweisen. Um eine **Umgehung** der §§ 53, 53a StPO mittels anderer Ermittlungsmaßnahmen wie Beschlagnahme,

1856 BGH 10.10.2017 – 5 StR 379/17, NStZ-RR 2018, 20.

Online-Durchsuchung, akustischer Wohnraumüberwachung, Verkehrsdatenerhebung oder Telekommunikationsüberwachung zu verhindern, ergänzen die §§ 97, 100d Abs. 5, 100g Abs. 4, und 160a StPO den Schutz der Berufsgeheimnisträger. Geschützt wird nach h.M. zu Recht primär das **Vertrauensverhältnis** zwischen den in § 53 StPO genannten Berufsgeheimnisträgern und den Personen, die deren Hilfe und Sachkunde in Anspruch nehmen.[1857] Im Unterschied zu § 52 StPO handelt es sich um ein eingeschränktes Zeugnisverweigerungsrecht, das nur für **in beruflicher Eigenschaft erlangtes Wissen** gilt und insoweit den Konflikt zwischen der Wahrheitspflicht des Zeugen und der strafbewehrten Schweigepflicht des Berufsgeheimnisträgers (§ 203 StGB) auflöst.[1858] Dabei sind die beruflichen Gründe, die zur Verweigerung des Zeugnisses berechtigen, abschließend in § 53 StPO aufgelistet.[1859] Es besteht **keine Belehrungspflicht** gegenüber den nach § 53 StPO Zeugnisverweigerungsberechtigten, da davon ausgegangen wird, dass der Zeuge seine Berufsrechte- und -pflichten kennt.[1860] Sagt ein nach § 53 StPO Zeugnisverweigerungsberechtigter aus und verletzt damit seine Verschwiegenheitspflicht, ist die Aussage nach zutreffender h.M. **verwertbar**,[1861] da der mögliche materiell-rechtliche Verstoß (§ 203 StGB) die Ordnungsmäßigkeit des Verfahrens nicht berührt.[1862]

**In § 53 StPO nicht genannte Personen** haben – auch wenn sie beruflich zur Verschwiegenheit verpflichtet sind – grundsätzlich kein Zeugnisverweigerungsrecht und unterliegen daher der allgemeinen Aussagepflicht eines Zeugen. 604

**Beispiele:**

Ein Psychologischer Psychotherapeut (§ 53 Abs. 1 Nr. 3 StPO) hat ein Zeugnisverweigerungsrecht, ein Diplompsychologe dagegen grundsätzlich nicht[1863]; ebenso wenig ein Bankmitarbeiter, auch wenn für diesen ein „Bankgeheimnis" gilt[1864].

Der nach § 203 StGB Schweigepflichtige, der kein Zeugnisverweigerungsrecht nach § 53 StPO hat, muss daher mangels eines Zeugnisverweigerungsrechts

1857 KK-*Bader*, § 53 Rn. 1; LR-*Ignor/Bertheau*, § 53 Rn. 1; a.A. SK-*Rogall*, § 53 Rn. 5 ff.

1858 Vgl. BGH 12.01.1956 – 3 StR 195/55, BGHSt 9, 59, 61.

1859 LR-*Ignor/Bertheau*, § 53 Rn. 3 f. m.w.N. auch aus der Rspr.; M-G/S-*Schmitt*, § 53 Rn. 2.

1860 BGH 04.02.2010 – 4 StR 394/09, NStZ-RR 2010, 178.

1861 BGH 07.04.2005 – 1 StR 326/04, BGHSt 50, 64, 79; BGH 28.10.1968 – 4 StR 375/60, BGHSt 15, 200, 202; BGH 16.11.2017 – 3 StR 460/17, NStZ 2018, 362, 363; KK-*Bader*, § 53 Rn. 9; MüKo-*Percic*, § 53 Rn. 7 m.w.N.; a.A. *Beulke/Swoboda*, Rn. 300.

1862 So auch SK-*Rogall*, § 53 Rn. 221 u. 25 ff.

1863 BGH 28.04.2006 – 2 StR 62/06, NStZ 2006, 509.

1864 LG Frankfurt am Main 25.11.1953 – 5/7 Qs 183/53, NJW 1954, 688, 690.

aussagen. Die Aussagepflicht stellt insoweit eine **Befugnis zur Offenbarung des Geheimnisses** dar, sodass er sich nicht nach § 203 StGB strafbar macht.[1865]

605 Dass der Gesetzgeber nicht alle Berufsgeheimnisträger in den Kreis der Zeugnisverweigerungsberechtigten des § 53 StPO aufgenommen hat, entspringt der Abwägung zwischen einer funktionsfähigen Strafverfolgung und Rechtspflege und dem vom Zeugnisverweigerungsrecht geschützten Vertrauensverhältnis.[1866] Gleichwohl ist nach der Rechtsprechung des Bundesverfassungsgerichts in **Ausnahmefällen** ein Zeugnisverweigerungsrecht für nicht in § 53 StPO genannte Berufsgruppen unmittelbar aus der Verfassung möglich.[1867]

**Beispiel:**

Psychologin in einer Beratungsstelle für missbrauchte Frauen.[1868]

Eine solche in wenigen Ausnahmefällen und unter ganz besonderen Umständen mögliche Ausdehnung erscheint hingegen kaum praktikabel[1869] und führt in der Praxis sowohl aufseiten der Strafverfolgungsorgane als auch der Berufsgeheimnisträger zu Unsicherheit in der Beurteilung eines möglichen Zeugnisverweigerungsrechts.

#### b) Zeugnisverweigerungsberechtigte des § 53 StPO

606 Nach § 53 Abs. 1 S. 1 Nr. 1 StPO sind **Geistliche** zeugnisverweigerungsberechtigt. Hierzu zählen alle Personen, denen innerhalb einer Religionsgemeinschaft herausgehobene seelsorgerische Tätigkeiten anvertraut sind und denen daher von der Religionsgemeinschaft eine Verschwiegenheitspflicht auferlegt ist.[1870] Dabei erstreckt sich das Zeugnisverweigerungsrecht nur auf Tatsachen, die diesen in ihrer Eigenschaft als Seelsorger anvertraut worden sind. § 53 Abs. 1 S. 1 Nr. 2 StPO erfasst den **Verteidiger** (s. Rn. 93 ff.) und gilt auch bereits im Hinblick auf sog. Mandatsanbahnungsgespräche.[1871] In § 53 Abs. 1 S. 1 Nr. 3 sind Rechtsanwälte, Kammerrechtsbeistände, Notare, Wirtschaftsprüfer, vereidigte Buchprüfer, Steuerberater, Ärzte, Psychotherapeuten, Apotheker, Hebammen und ähnliche Berufe privilegiert. Ergänzend gibt § 53 Abs. 1 S. 1 Nr. 3a und 3b StPO Schwangerschafts- und Drogenberatern ein Zeugnisverweigerungsrecht.

1865 KK-*Bader*, § 53 Rn. 4; MüKo-*Persic*, § 53 Rn. 6.
1866 BVerfG 24.05.1977 – 2 BvR 988/75, BVerfGE 44, 353, 378.
1867 BVerfG 19.07.1972 – 2 BvL //71, BVerfGE 33, 367, 376 ff.
1868 LG Freiburg 07.11.1996 – II Qs 133/96, NJW 1997, 813 f.
1869 Ebenso *Rüping*, Rn. 176.
1870 BGH 15.04.2010 – 4 StR 650/09, NStZ 2010, 646, 648.
1871 BGH 18.02.2014 – StB 8/13, NJW 2014, 1314.

Zu beachten ist, dass die **Entbindung von der Verschwiegenheitspflicht** bei den in § 53 Abs. 1 S. 1 Nr. 2–3b StPO genannten Personen zur Aussagepflicht führt (§ 53 Abs. 2 S. 1 StPO). Berechtigt zur Entbindung ist derjenige, zu dessen Gunsten die Schweigepflicht besteht.[1872] Der Berechtigte kann die Entbindung jederzeit widerrufen. In diesem Fall bleibt allerdings die vor dem Widerruf getätigte Aussage des Zeugen verwertbar und § 252 StPO (s. Rn. 634 f.) ist nicht anwendbar.[1873] **607**

Für **Abgeordnete und Mitglieder der Bundesversammlung**, nicht aber des Bundesrats, besteht – bezogen auf Tatsachen, die diese im Zusammenhang mit ihrer Tätigkeit von anderen anvertraut worden sind – ein Zeugnisverweigerungsrecht nach § 53 Abs. 1 S. 1 Nr. 4 StPO, wobei für Bundestagsabgeordnete Art. 47 GG gilt. Für den **Bundespräsidenten** findet sich eine entsprechende Regelung in § 54 Abs. 3 StPO. **Mitarbeiter von Presse, Rundfunk etc.** haben gem. § 53 Abs. 1 Nr. 5 S. 1 StPO ein Zeugnisverweigerungsrecht. Dem Schutz unterliegt dabei nicht nur das Vertrauensverhältnis zwischen den Medienmitarbeitern und den privaten Informanten, sondern auch selbst recherchiertes Material und berufsbezogene eigene Wahrnehmungen (§ 53 Abs. 1 S. 2 StPO). Da dieser Schutz letztlich Ausfluss der in Art. 5 Abs. 1 S. 2 GG verbürgten Pressefreiheit ist, werden nur Informationen im redaktionellen Bereich erfasst (§ 53 Abs. 1 S. 3 StPO). Auch gilt der Schutz nur eingeschränkt, indem der Gesetzgeber in § 53 Abs. 2 S. 2 u. 3 StPO ein kompliziertes System von **Ausnahmen und Gegenausnahmen** implementiert hat. So kann gem. § 53 Abs. 2 S. 2 StPO das Zeugnisverweigerungsrecht bezogen auf selbst recherchiertes Material und eigene Wahrnehmungen entfallen, wenn Gegenstand des Verfahrens ein Verbrechen oder eines der abschließend dort genannten Vergehen ist und ohne Aussage des Zeugen die Erforschung des Sachverhalts oder die Ermittlung des Aufenthaltsortes des Beschuldigten auf andere Weise aussichtslos oder wesentlich erschwert wäre. Sofern jedoch aus dem selbsterarbeiteten Material oder eigenen Wahrnehmungen auf die Person des Verfassers, Einsenders oder Informanten von Mitteilungen oder deren Inhalten geschlossen werden kann, greift § 53 Abs. 2 S. 2 StPO nicht ein und der Zeuge kann von seinem Zeugnisverweigerungsrecht nach § 53 Abs. 1 S. 1 Nr. 5 Gebrauch machen (§ 53 Abs. 2 S. 3 StPO). Für diese Gegenausnahme ist bereits ausreichend, dass die Gefahr einer Offenlegung dieser absolut geschützten Inhalte nicht auszuschließen ist.[1874] **608**

1872 M-G/S-*Schmitt*, § 53 Rn. 46.

1873 BGH 20.11.1962 – 5 StR 426/62, BGHSt 18, 146, 147 ff.

1874 KK-*Bader*, § 53 Rn. 44c.

**Beispiel:**

Der Zeuge erklärt (wahrheitswidrig), selbst erarbeitetes Material enthalte auch Erkenntnisse eines Informanten und die Offenlegung des Materials würde zur Preisgabe des Informanten führen.

Da solche Erklärungen kaum überprüfbar sind, dürfte die Ausnahme des § 53 Abs. 2 S. 2 StPO in der Praxis weitestgehend leerlaufen.[1875]

#### c) Mitwirkende Personen nach § 53a StPO

609 Durch § 53a StPO soll eine Umgehung der Zeugnisverweigerungsrechte des § 53 StPO verhindert werden.[1876] Ohne diese Norm könnten anstelle der zeugnisverweigerungsberechtigten Berufsgeheimnisträger ansonsten einfach die an deren Tätigkeit Mitwirkenden vernommen werden.

**Beispiel:**

Anstelle des Arztes wird seine Arzthelferin vernommen.

Zu dem **geschützten Personenkreis** zählen alle an der beruflichen Tätigkeit des Berufsgeheimnisträgers im Rahmen eines Vertragsverhältnisses einschließlich gemeinschaftlicher Berufsausübung, einer berufsvorbereitenden Tätigkeit oder einer sonstigen Hilfstätigkeit mitwirkenden Personen (§ 53a Abs. 1 S. 1 StPO). Umfasst sind alle internen und externen sowohl fachlich als auch organisatorisch eingesetzten Kräfte, deren Aufgaben einen Bezug zum geheimnisgeschützten Bereich aufweisen.[1877]

**Beispiele:**

Büropersonal eines Verteidigers, Rechtsanwalts oder Steuerberaters; für einen Arzt tätige Operationsassistenten, Krankenpfleger, Krankenschwestern, Masseure sowie auch Bürofachkräfte und externe Hilfspersonen, die für den Arzt personenbezogene Daten erheben, verarbeiten oder nutzen; selbstständige Zahntechniker und Krankenwagenfahrer, die im Auftrag für den Zahnarzt bzw. Arzt tätig werden; ein Detektiv, der für den Rechtsanwalt tätig wird; bei einem Berufsgeheimnisträger in Ausbildung befindliche Personen; gelegentlich mithelfende Freunde oder Familienmitglieder eines Arztes.

---

1875 Ebenso MüKo-*Percic*, § 53 Rn. 50; *Roxin/Schünemann*, § 26 Rn. 25.

1876 KK-*Bader* § 53a Rn. 1.

1877 M-G/S-*Schmitt*, § 53a Rn. 2.

Da das Zeugnisverweigerungsrecht der mitwirkenden Person von dem Recht des Berufsgeheimnisträgers abgeleitet ist,[1878] entspricht es inhaltlich dessen Zeugnisverweigerungsrecht und ist **in der Ausübung von diesem abhängig**. In der Folge entscheidet der Berufsgeheimnisträger über die Aussagepflicht der mitwirkenden Person (§ 53a Abs. 1 S. 2 StPO). Dabei muss die Entscheidung nicht einheitlich ergehen. So kann der Berufsgeheimnisträger selbst das Zeugnis verweigern, jedoch die mitwirkende Person zur Aussage anweisen.[1879] Wird der Berufsgeheimnisträger gem. § 53 Abs. 2 S. 1 StPO von seiner Schweigepflicht entbunden, gilt dies jedoch zwingend auch für die mitwirkende Person (§ 53a Abs. 2 StPO). **610**

### 4. Auskunftsverweigerungsrecht nach § 55 StPO

Dem Zeugen steht ein Auskunftsverweigerungsrecht über Fragen zu, deren wahrheitsgemäße Beantwortung ihn selbst oder einen Angehörigen der Gefahr aussetzten würde, wegen einer begangenen Straftat oder Ordnungswidrigkeit verfolgt zu werden (§ 55 Abs. 1 StPO). Zweck der Vorschrift ist, den Zeugen davor zu schützen, unter dem Druck der Wahrheitspflicht sich selbst oder Angehörige durch seine Angaben zu belasten; weder soll hierdurch der Beschuldigte noch die Wahrheitsfindung geschützt werden.[1880] Sie ist insoweit **Ausdruck der Selbstbelastungsfreiheit**.[1881] Dabei muss es sich um eine früher – also vor der Vernehmung – begangene Straftat oder Ordnungswidrigkeit handeln.[1882] Nicht erfasst wird also eine Straftat oder Ordnungswidrigkeit, die erst durch die Vernehmung selbst begangen wird. Der Unterschied zum Zeugnisverweigerungsrecht besteht darin, dass der Zeuge themenbezogen die Beantwortung von Fragen verweigern kann, aber grundsätzlich nicht zur umfassenden Verweigerung der gesamten Aussage berechtigt ist.[1883] Ob der Zeuge durch die Beantwortung einer Frage sich selbst oder einen Angehörigen belasten würde, hat er zunächst auf der Grundlage seines Wissens eigenständig zu beurteilen,[1884] wobei das Gericht in engen Grenzen eine Glaubhaftmachung der Verweigerungstatsachen verlangen kann (§ 56 StPO). Grundsätzlich genügt für die Auskunftsverweigerung die Möglichkeit, dass die Beantwortung einzelner Fragen den Zeugen oder seine Angehörigen in die Gefahr der Strafverfolgung bringen würde.[1885] Jede Frage, deren Beant- **611**

1878 BGH 12.01.1956 – 3 StR 195/55, BGHSt 9, 59, 61.

1879 SK-*Rogall*, § 53a Rn. 43.

1880 BGH 21.01.1958 – GSSt 4/57, BGHSt 11, 213, 215 f.

1881 KK-*Bader*, § 55 Rn. 1.

1882 BGH 15.12.2005 – 3 StR 281/04, BGHSt 50, 318 ff.

1883 BGH 26.05.1992 – 5 StR 122/92, BGHSt 38, 302, 303 f.

1884 BGH 21.08.1985 – StB 15/85, StV 1986, 282.

1885 LR-*Ignor/Bertheau*, § 55 Rn. 20.

wortung ein „Mosaiksteinchen" in einem Beweisgebäude darstellen würde, darf verweigert werden (sog. **Mosaiktheorie**).[1886] Dies kann faktisch zu einer Verweigerung der gesamten Aussage führen, beispielsweise wenn die Aussage mit seinem möglichen strafbaren Verhalten in so engem Zusammenhang steht, dass eine Trennung nicht möglich ist.[1887] Die Gefahr der Belastung besteht nicht, wenn der Zeuge oder sein Angehöriger wegen der Tat, derer er sich durch die Angaben verdächtig machen würde, bereits rechtskräftig verurteilt oder freigesprochen wurde (vgl. Art. 103 Abs. 3 GG) oder aber ein Verfahrenshindernis, beispielsweise Verjährung, gegeben ist. Verzichtet der Zeuge auf sein Auskunftsverweigerungsrecht, muss er wahrheitsgemäß aussagen. Macht er nunmehr wahrheitswidrige Angaben, so kann er diese bis zum Abschluss seiner Vernehmung widerrufen und von seinem Auskunftsverweigerungsrecht Gebrauch machen.[1888] Die bisherigen Angaben können dann nicht gegen den Zeugen oder seine Angehörigen verwertet werden.[1889]

**612** Würde die Beantwortung bestimmter Fragen zu **außerstrafrechtlichen Nachteilen** für den Zeugen führen, berechtigt dies nicht zur Auskunftsverweigerung. Dies soll nach wohl h.M. auch für disziplinarrechtliche Folgen gelten,[1890] was jedoch kaum überzeugt. So können disziplinarrechtliche Folgen wesentlich schwerer wiegen als die von der Auskunftsverweigerung nach § 55 Abs. 1 StPO erfassten bußgeldrechtlichen Folgen wegen einer Ordnungswidrigkeit.

**613** Über das Auskunftsverweigerungsrecht muss der Zeuge belehrt werden (§ 55 Abs. 2 StPO). Unterbleibt die **Belehrung** und sagt der Zeuge aus, sind nach h.M. – der wegen des Schutzzwecks des § 55 StPO zuzustimmen ist – die Angaben trotzdem in dem Verfahren gegen den Beschuldigten verwertbar, da § 55 StPO nicht den Rechtskreis des Beschuldigten, sondern nur den des Zeugen selbst und seiner Angehörigen vor Belastung schützen soll (sog. **Rechtskreistheorie**; s. Rn. 645).[1891] Wird aufgrund der Aussage des Zeugen ein Verfahren gegen diesen oder einen Angehörigen eingeleitet, sind die Angaben hingegen nicht verwertbar, da die Vorschrift genau davor schützen soll.[1892]

1886 BGH 07.05.1987 – I BGs 286/87, StV 1987, 328.

1887 BGH 14.12.2022 – 6 StR 338/22, NStZ-RR 2023, 81, 82.

1888 M-G/S-*Schmitt*, § 55 Rn. 11.

1889 RG 05.07.1910 – II 420/10, RGSt 44, 44, 45.

1890 OLG Hamburg 21.11.1983 – 2 Ws 532/83, MDR 1984, 335 f.; KK-*Bader*, § 55 Rn. 7; M-G/S-*Schmitt*, § 55 Rn. 5; a.A. SK-*Rogall*, § 55 Rn. 49.

1891 BGH 21.01.1958 – GSSt 4/57, BGHSt 11, 213, 218; KK-*Bader*, § 55 Rn. 19 m.w.N.; a.A. LR-*Ignor/Bertheau*, § 55 Rn. 36; *Kühne*, Rn. 829.

1892 M-G/S-*Schmitt*, § 55 Rn. 17 m.w.N.

## 5. Zeugenbeistand

Der Zeuge hat das Recht, zu seiner Vernehmung einen anwaltlichen Beistand mitzubringen (§ 68 StPO). Hierzu zählen die in § 138 Abs. 1 StPO genannten Personen (§ 138 Abs. 3 StPO), also diejenigen, die auch als Verteidiger agieren dürfen. Diese Befugnis des Zeugen gilt nicht nur für richterliche, sondern über die entsprechenden Verweisungsnormen (§§ 161a Abs. 1 S. 2, 163 Abs. 3 S. 2 StPO) auch für staatsanwaltschaftliche und polizeiliche Vernehmungen. Ausnahmsweise kann dem Zeugenbeistand die Anwesenheit bei der Zeugenvernehmung untersagt werden, wenn seine Anwesenheit die geordnete Beweiserhebung nicht nur unwesentlich beeinträchtigen würde (§ 68b Abs. 1 S. 3 StPO). Beispiele finden sich in § 68b Abs. 1 S. 4 Nr. 1–3 StPO. Nach Maßgabe des § 68b Abs. 2 StPO kann einem besonders schutzbedürftigen Zeugen auch von Amts wegen ein Zeugenbeistand auf Kosten der Staatskasse beigeordnet werden. Zuständig für die **Beiordnung** ist das mit der Vernehmung befasste Gericht und bei staatsanwaltschaftlichen oder polizeilichen Zeugenvernehmungen die Staatsanwaltschaft (§§ 161a Abs. 1 S. 2, 163 Abs. 4 Nr. 3 StPO). Der Zeugenbeistand unterstützt und berät den Zeugen bei der Wahrung seiner prozessualen Rechte. Insbesondere soll er die Wahrnehmung der Weigerungsrechte des Zeugen ermöglichen sowie unzulässige, ungeeignete und nicht zur Sache gehörende Fragen beanstanden.[1893] Darüber hinaus soll er den Zeugen auf die Vernehmung und die Aussagesituation vorbereiten und durch seine Anwesenheit während der Vernehmung möglichen Ängsten und Unsicherheiten des Zeugen vorbeugen.[1894] Zu beachten ist, dass der Zeugenbeistand nicht mehr Rechte besitzt als der Zeuge selbst; er hat insoweit keine eigenen Rechte und ist kein Verfahrensbeteiligter.[1895] Für den Verletzten ist das Recht auf einen sog. **Verletztenbeistand** in § 406f Abs. 1 StPO geregelt, der aber im Wesentlichen die gleichen Aufgaben und Befugnisse hat, wie der Zeugenbeistand des § 68b StPO. Der anwaltliche Beistand eines nebenklageberechtigten Verletzten besitzt hingegen weitergehende Rechte als der „übliche" Zeugenbeistand des § 68b StPO (vgl. § 406h StPO). Auch gibt § 406f Abs. 2 StPO dem Verletzten die Möglichkeit, zur Vernehmung als Zeuge eine **Vertrauensperson**, beispielsweise den Ehegatten, die Schwester oder einen guten Freund, aber auch einen Mitarbeiter einer Opfereinrichtung zur psychosozialen oder psychologischen Betreuung mitzubringen. Bei Gefährdung des Untersuchungserfolges kann die Anwesenheit untersagt werden (§ 406f Abs. 2 S. 1 StPO). Auch ist diese unter aussagepsychologischen Gesichtspunkten kritisch 614

1893 BVerfG 08.10.1974 – 2 BvR 747/73, BVerfGE 38, 105, 117.

1894 *Klengel/Müller*, NJW 2011, 23, 24.

1895 M-G/S-*Schmitt*, § 68b Rn. 5.

zu betrachten.[1896] Weiterhin kann der Verletzte sich eines **psychosozialen Prozessbegleiters** (s. Rn. 140) bedienen (§ 406g StPO; §§ 1 ff. PsychPbG), der auch ein Anwesenheitsrecht bei der Vernehmung des Verletzten hat, jedoch kein eigenes Fragerecht und auch kein Zeugnisverweigerungsrecht besitzt.[1897]

### 6. Zeugenschutz

#### a) Allgemeines

615 Das Gericht, aber auch die Strafverfolgungsbehörden sind dem Zeugen gegenüber, der im öffentlichen Interesse als Beweismittel in Anspruch genommen wird, zur Fürsorge verpflichtet und müssen ihn auch vor Lebens- oder Leibesgefahren schützen. Dabei können Zeugen auch Verletzte der verfolgten Straftat sein. Die mit der Zeugenaussage verbundene Erinnerung an das Geschehen und die mögliche Wiederbegegnung mit dem Beschuldigten können erhebliche psychische Belastungen mit sich bringen und den Zeugen auch Gefahren für Leben, Leib und Freiheit durch den infolge der Aussage belasteten Beschuldigten aussetzen.[1898] Die StPO enthält keinen eigenen Abschnitt zum Zeugenschutz. Stattdessen sind die diesbezüglichen Vorschriften über das gesamte Strafverfahrensrecht verteilt. Ist der Zeuge zugleich Verletzter (§ 373b StPO), so ist bei Vernehmungen sowohl durch die Strafverfolgungsbehörden als auch durch die Gerichte seine besondere Schutzbedürftigkeit zu beachten (§§ 48a Abs. 1 S. 1, 161a Abs. 1 S. 2, 163 Abs. 3 S. 2 StPO).

#### b) Zeugenschutz nach § 68 Abs. 2 u. 3 StPO

616 Der für alle Zeugenvernehmungen geltende § 68 StPO,[1899] der die Vernehmung zur Person betrifft, enthält ein **abgestuftes System von Zeugenschutzregelungen**. Bei richterlichen Vernehmungen in Anwesenheit des Beschuldigten und in der Hauptverhandlung wird statt der vollständigen postalischen Anschrift (§ 68 Abs. 1 S. 1 StPO) nur der Wohn- oder Aufenthaltsort abgefragt (§ 68 Abs. 1 S. 2 StPO). Dies soll dem Zeugen, der befürchtet, seine genaue Anschrift könnte ansonsten Dritten, die im Lager des Beschuldigten stehen oder gar dem Beschuldigten selbst bekannt werden, eine möglichst angstfreie Aussage ermöglichen.[1900] Zeugen, die **in amtlicher Eigenschaft** ihre zu bekundenden Wahrnehmungen getätigt haben, wie beispielsweise Polizeibeamte, geben bei ihrer Vernehmung anstelle des Wohnortes den Dienstort an (§ 68 Abs. 1 S. 3 StPO). Weiterhin kann jedem Zeugen bei **Gefahr für ihn selbst oder einen Dritten** oder bei einer unlauteren Beeinflussung gestattet

1896 Ausführlich *Posch*, S. 110 ff.

1897 M-G/S-*Schmitt*, § 406g Rn. 2.

1898 Ebenso *Schroeder/Verrel*, Rn. 375.

1899 M-G/S-*Schmitt*, § 68 Rn. 1.

1900 BT-Drs. 19/27654, S. 59 f.

werden, den Geschäfts- oder Dienstort oder eine andere ladungsfähige Anschrift anzugeben (§ 68 Abs. 2 S. 1 StPO). In der Hauptverhandlung oder bei sonstigen richterlichen Vernehmungen in Anwesenheit des Beschuldigten kann ihm sogar erlaubt werden, überhaupt keine Angaben zum Wohn- oder Aufenthaltsort zu machen (§ 68 Abs. 2 S. 2 StPO). Darüber hinaus darf dem Zeugen bei **Gefahr für Leben, Leib oder Freiheit** gestattet werden, überhaupt keine Angaben zur Person oder nur über eine frühere Identität zu machen (§ 68 Abs. 3 S. 1 StPO). Die Entscheidung trifft im Ermittlungsverfahren der vernehmende Beamte nach pflichtgemäßem Ermessen, wobei ein begründeter Anlass zur Besorgnis, aber noch keine konkrete Gefahr bestehen muss.[1901] So genügt eine nach der Lebenserfahrung oder aufgrund kriminalistischer Anhaltspunkte zu besorgende Gefahr erheblicher Einschüchterungsversuche; ebenso die Gefahr von Anschlägen auf Eigentum und Besitz.[1902]Findet eine solche Vernehmung in der Hauptverhandlung statt, muss der Zeuge auf Befragen angeben, in welcher Eigenschaft ihm die bekundeten Tatsachen bekanntgeworden sind (§ 68 Abs. 3 S. 2 StPO). Ein typischer Anwendungsfall hierfür ist ein verdeckt arbeitender Polizeibeamter, der vor Gericht unter seiner Legende aussagen kann. Liegen die Voraussetzungen des § 68 Abs. 3 S. 3 StPO vor, so ist auch eine Gesichtsverhüllung des Zeugen bei allen richterlichen Vernehmungen[1903] erlaubt (§ 68 Abs. 3 S. 3 StPO).

### c) Zeugenschutz im Ermittlungsverfahren

Bei einer ermittlungsrichterlichen Vernehmung eines schutzbedürftigen Zeu- **617**
gen kann diese getrennt von den Anwesenheitsberechtigten, insbesondere Staatsanwalt, Verteidiger und Beschuldigter, durchgeführt werden (§ 168e StPO). Die Vernehmung wird diesen dann zeitgleich in Bild und Ton übertragen. In Betracht kommt dies insbesondere bei **kindlichen Zeugen**, die Verletzte von Sexualstraftaten oder Gewaltdelikten sind, und die durch die Anwesenheit vieler Verfahrensbeteiligter massiven psychischen Belastungen ausgesetzt wären, wodurch deren Vernehmung erheblich erschwert wäre.[1904] Um solchen besonders schutzbedürftigen Zeugen die häufig belastenden Mehrfachvernehmungen zu ersparen,[1905] schreibt § 58a Abs. 1 S. 2, 3 StPO eine frühzeitige **richterliche Videovernehmung** vor, deren Aufzeichnung dann in der Hauptverhandlung eingespielt werden kann (§ 255a StPO). Auch können im Ermittlungsverfahren zum Schutz von Verletzten, aber auch zur

1901 BeckOK-*Monka*, § 68 Rn. 5.
1902 LR-*Ignor/Bertheau*, § 68 Rn. 10.
1903 M-G/S-*Schmitt*, § 68 Rn. 17a.
1904 M-G/S-*Schmitt*, § 168e Rn. 1.
1905 BeckOK-*Huber*, § 58a Rn. 1.

Beweissicherung und Verfahrensbeschleunigung[1906] polizeiliche, staatsanwaltschaftliche und richterliche Zeugenvernehmung per **Videokonferenztechnik** durchgeführt werden, bei der der Zeuge sich an einem anderen Ort aufhält als die Verhörperson (§§ 58b, 161a Abs. 1 S. 2, 163 Abs. 3 S. 2 StPO). In engen Grenzen kann auch einem gefährdeten Anzeigeerstatter, der insoweit auch Zeuge ist oder werden könnte, im Ermittlungsverfahren von der Staatsanwaltschaft oder von der Polizei mit Zustimmung der Staatsanwaltschaft **Vertraulichkeit zugesichert** werden (s. Rn. 156).[1907] Auch können bei gefährdeten Zeugen Maßnahmen nach dem Zeugenschutz-Harmonisierungsgesetz (ZSHG)[1908] getroffen werden.

#### d) Zeugenschutz im Hauptverfahren

618 Das Gericht kann zum Schutz des Zeugen bei seiner Vernehmung die **Öffentlichkeit ausschließen** (§§ 171b, 172 GVG). Auch die **Entfernung des Angeklagten** aus dem Sitzungssaal durch Beschluss des Gerichts darf angeordnet werden (§ 247 StPO), wenn seine Gegenwart bei dem Zeugen zu einer erheblichen Gesundheitsgefährdung führen könnte, wie beispielsweise einem Nervenzusammenbruch. Bei besonders schutzbedürftigen Zeugen, bei denen weder der Ausschluss der Öffentlichkeit noch die Entfernung des Angeklagten dazu geeignet sind, die dringende Gefahr eines schweren Nachteils für das körperliche oder seelische Wohl des Zeugen zu beseitigen, kann der Zeuge außerhalb des Sitzungszimmers per **Bild-Ton-Übertragung** vernommen werden (§ 247a StPO). Dabei verbleiben das Gericht und die Verfahrensbeteiligten im Sitzungssaal und führen von dort die Vernehmung des Zeugen durch. Bei Sexual-, Tötungsdelikten und Kindesmisshandlungen besteht die Möglichkeit, die Zeugenvernehmung von kindlichen und jugendlichen sog. Opferzeugen durch die Vorführung der Videoaufzeichnung (§ 58a StPO) einer früheren richterlichen Vernehmung zu ersetzen (§ 255a Abs. 2 StPO). Auch überträgt § 241a StPO die Vernehmung minderjähriger Zeugen allein dem Vorsitzenden. Weiterhin hat der Zeuge einen **Anspruch auf angemessene Behandlung und Ehrenschutz**.[1909] So sind entehrende oder den persönlichen Lebensbereich betreffende Fragen grundsätzlich nicht erlaubt (§ 68a Abs. 1 StPO) und der Vorsitzende kann ungeeignete und nicht zur Sache gehörende Fragen der anderen Verfahrensbeteiligten zurückweisen (§ 241 Abs. 2 StPO).

---

1906 KK-*Bader*, § 58b Rn. 1.

1907 Hierzu Anlage D I. Ziff. 3 ff. RiStBV.

1908 BGBl. I, 2001, S. 3510 ff.

1909 BVerfG 08.10.1974 – 2 BvR 747/73, BVerfGE 38, 105, 114 ff.

### 7. Der Kronzeuge

Als Kronzeuge wird eine Person bezeichnet, die im Strafverfahren als sog. **Belastungszeuge** auftritt, obwohl sie selbst an der Tat des Beschuldigten beteiligt war. Im Gegenzug wird diesem Zeugen für die Aussage gegen den Beschuldigten Straffreiheit oder eine erheblich mildere Strafe zugesagt. Der Begriff entstammt dem angloamerikanischem Recht, da diese Person dort ein Zeuge der Anklage – in England repräsentiert durch die Krone – ist. Im Gegensatz zum angloamerikanischen Recht kennt das deutsche Strafverfahrensrecht diese Rechtsfigur bisher nur als Ausnahmeregelung in Form der sog. **Kronzeugenregelung** des § 46b StGB sowie – praktisch sehr bedeutsam – für den Bereich der Betäubungsmittelkriminalität der sog. kleinen Kronzeugenregelung des § 31 BtMG. Auch auf dem Gebiet der Staatsschutzdelikte existieren entsprechende Kronzeugenregelungen in § 153e Abs. 1 S. 2 StPO und §§ 129 Abs. 7, 129a Abs. 7 StGB sowie für den Bereich der Dopingbekämpfung in § 4a AntiDopG. Diese Kronzeugenregelungen sind weder mit dem Legalitätsprinzip, noch mit der Pflicht zur Objektivität der Strafverfolgungsbehörden sowie mit dem Gleichheitsgrundsatz vereinbar.[1910] Darüber hinaus besteht auch die Gefahr von Falschaussagen, da der Kronzeuge sich durch seine Aussage einen Vorteil erhofft. Problematisch ist dies insbesondere in sog. „Aussage gegen Aussage"-Konstellationen, in denen eine Verurteilung im Wesentlichen auf den Angaben des Kronzeugen beruht. In der Folge hat die Aussage des Kronzeugen einen tendenziell geringeren Beweiswert.[1911] 619

## V. Ablauf der polizeilichen Zeugenvernehmung

Für die polizeiliche Zeugenvernehmung gelten die § 48 ff. StPO entsprechend (§ 163 Abs. 3 S. 2 StPO). Zeugen sollen grundsätzlich **einzeln vernommen** werden (§ 58 Abs. 1 StPO), wobei ausnahmsweise auch eine Gegenüberstellung (s. Rn. 371) mit anderen Zeugen zulässig ist (§ 58 Abs. 2 S. 1 StPO). Sie beginnt mit der **Vernehmung zur Person** (§ 68 StPO), die die Feststellung von Vor- und Nachname, Geburtsname, Alter, Beruf und vollständiger Anschrift umfasst. Im Anschluss[1912] wird der Zeuge zunächst zur Wahrheit ermahnt und über die strafrechtlichen Folgen unrichtiger oder unvollständiger Angaben belehrt (§ 57 S. 1 StPO). Kommen Zeugnisverweigerungsrechte aus persönlichen Gründen oder Auskunftsverweigerungsrechte in Betracht, ist auch darüber zu belehren (§§ 52 Abs. 3 S. 1, 55 Abs. 2 620

1910 Hierzu *Beulke/Swoboda*, Rn. 528; *Roxin/Schünemann*, § 14 Rn. 19 f. jeweils m.w.N.; tendenziell eine Kronzeugenregelung befürwortend *Kühne*, Rn. 799 ff.

1911 Hierzu *Eisenberg*, Rn. 943a.

1912 M-G/S-*Schmitt*, § 52 Rn. 29.

StPO). Stellt sich dies erst im späteren Verlauf der Vernehmung heraus, muss die Belehrung sofort nachgeholt werden.[1913] Wird ein sog. **Opferzeuge** vernommen, muss dieser – falls nicht zuvor schon geschehen – über seine Befugnisse als Verletzter (§ 373b StPO), wie beispielsweise die Rechte auf einen Verletztenbeistand (§ 406f StPO) oder eine psychosoziale Prozessbegleitung (§ 406g StPO), belehrt werden (§ 406i StPO). Danach erfolgt die **Vernehmung zur Sache** (§ 69 StPO). Diese gliedert sich in den sog. **Bericht** (§ 69 Abs. 1 S. 1 StPO) und das sog. **Verhör** (§ 69 Abs. 2 StPO). Zunächst wird dem Zeugen der Untersuchungsgegenstand und die Person des Beschuldigten – sofern ein solcher vorhanden ist – bekannt gegeben (§ 69 Abs. 1 S. 2 StPO). Dies ist zwingend notwendig, da der Zeuge nur so selbst beurteilen kann, ob ein Zeugnis- oder Auskunftsverweigerungsrecht besteht. Sodann soll der Zeuge zunächst das, was ihm vom Gegenstand der Vernehmung bekannt ist, im Zusammenhang angeben (§ 69 Abs. 1 S. 1 StPO). Zur Vervollständigung der Aussage sowie zur Erforschung des Grundes, auf dem das Wissen des Zeugen beruht, können im Anschluss weitere Fragen gestellt werden (§ 69 Abs. 2 S. 1 StPO). Zeugen, die Verletzte der Straftat sind, soll Gelegenheit gegeben werden, sich zu den Auswirkungen, die die Tat auf sie hatte, zu äußern (§ 69 Abs. 2 S. 2 StPO). Bei Fragen ist darauf zu achten, dass grundsätzlich keine Fragen gestellt werden, die die Ehre oder den persönlichen Lebensbereich des Zeugen betreffen, da diese nur ausnahmsweise zulässig sind (§ 68a Abs. 1 StPO). Besteht Anlass zu Zweifeln an der Glaubwürdigkeit des Zeugen, so ist dieser gem. § 68a Abs. 2 S. 1 StPO nach den Umständen zu befragen, die seine Glaubwürdigkeit in der vorliegenden Sache betreffen, insbesondere nach seinen Beziehungen zum Beschuldigten oder der verletzten Person (sog. Generalfragen). Die Vorschrift über verbotene Vernehmungsmethoden (§ 136a StPO) gilt auch für die Zeugenvernehmung (§ 69 Abs. 3 StPO).

## VI. Dokumentation der Zeugenvernehmung

621 Die für richterliche und staatsanwaltschaftliche Vernehmungen bestehende gesetzliche **Protokollierungspflicht** (§§ 168 u. 168b Abs. 2 S. 1 StPO) gilt auch für polizeiliche Zeugenvernehmungen.[1914] § 168b Abs. 2 StPO statuiert insoweit eine Soll-Vorschrift für die Anfertigung eines polizeilichen Vernehmungsprotokolls.[1915] Hinsichtlich der Form wird auf den Grundgedanken des § 168a StPO Bezug genommen. Danach soll auch das polizeiliche Protokoll

1913 KK-*Bader*, § 52 Rn. 31.

1914 BGH 19.06.1997 – 1 StR 168/97, NStZ 1997, 611; M-G/S-*Schmitt*, § 168b Rn. 2.

1915 BGH 24.01.1995 – 5 StR 577/94, NStZ 1995, 353; hierzu *Altenhain*, ZIS 2015, 269.

der Zeugenvernehmung Ort, Zeit, Details zum zeitlichen Verlauf, die mitwirkenden Personen und die Genehmigung des Protokolls sowie die durchgeführten Belehrungen beinhalten.[1916] Die Protokollierung der Vernehmung kann schriftlich, durch eine reine Tonaufnahme oder aber eine Bild-Ton-Aufzeichnung (sog. Videovernehmung oder auch audiovisuelle Vernehmung) erfolgen, wobei die Protokollierung nicht heimlich erfolgen darf. Hinsichtlich einer Bild-Ton-Aufzeichnung ist § 58a StPO zu beachten, der nicht nur dem Zeugenschutz, sondern insbesondere bei bedeutsamen Erstaussagen von sog. kindlichen Opferzeugen auch der Beweissicherung dient.[1917] Danach soll bei Kindern und Jugendlichen und bei Erwachsenen, die als Kinder oder Jugendliche durch eine der in § 255a Abs. 2 StPO genannten Straftaten verletzt worden sind, eine **richterliche Zeugenvernehmung** in Bild und Ton stattfinden (§ 58a Abs. 1 S. 2 Nr. 1 StPO). Dies gilt auch dann, wenn aufgrund bestimmter Anhaltspunkte oder kriminalistischer Erfahrung die Prognose gerechtfertigt ist, dass der Zeuge in der Hauptverhandlung nicht vernommen werden kann (§ 58a Abs. 1 S. 2 Nr. 2 StPO).[1918] Für die Vernehmung von Verletzten einer Sexualstraftat (§§ 174–184j StGB) ist die richterliche Zeugenvernehmung mittels Bild-Ton-Aufzeichnung zwingend vorgeschrieben, sofern damit die schutzwürdigen Interessen dieser Personen besser gewahrt werden können und der Zeuge der Aufzeichnung vor der Vernehmung zustimmt (§ 58 Abs. 1 S. 3 StPO). Aus **aussagepsychologischer Sicht** sollte eine Vernehmung von sog. Opferzeugen mindestens als Ton-, besser aber als Bild-Ton-Aufzeichnung erfolgen, da hierdurch die Vernehmung bestmöglich abgebildet wird, was gerade bei Erstvernehmungen von hoher Relevanz für die spätere Bewertung der Aussage ist.[1919]

## E. Der Sachverständige

### I. Allgemeines

Der Sachverständige ist eine Person, die auf einem bestimmten Wissensgebiet eine besondere Sachkunde besitzt. **622**

**Beispiele:**

Medizin, Biologie, Physik, Chemie, Psychologie, Psychiatrie, Unfalltechnik, Ballistik, Waffentechnik, Grafologie.

1916 Zu den Protokollinhalten im Einzelnen M-G/S-*Schmitt*, § 168a Rn. 2 ff.

1917 BeckOK-*Huber*, § 58a Rn. 3.

1918 M-G/S-*Schmitt*, § 58a Rn. 7.

1919 Ausführlich *Posch*, S. 115 ff.

Er unterstützt die Strafverfolgungsbehörden und das Gericht bei der Beurteilung einer Beweisfrage, für deren Beantwortung den Strafverfolgungsbehörden und dem Gericht die notwendige Sachkunde fehlt. Daher wird er auch als **„sachkundiger Gehilfe des Gerichts“** bezeichnet.[1920] Hierbei kann der Sachverständige aus unterschiedlichen Gründen beauftragt werden. So kann er dem Gericht allgemeine Erfahrungssätze mitteilen, ohne dabei aber Schlussfolgerungen für einen konkreten Sachverhalt zu treffen; beispielsweise zur Wirkungsweise von Giften oder Medikamenten. Weiterhin kann er Tatsachen feststellen, die nur aufgrund seiner besonderen Sachkunde wahrgenommen und beurteilt werden können, wie z.B. die Diagnose einer Vergiftung oder Erkrankung. Darüber kann er aus Tatsachen, die aufgrund seiner Sachkunde vorliegen, nach wissenschaftlichen Regeln Schlussfolgerungen ziehen, wie z.B. die Feststellung des Todeszeitpunkts eines Opfers oder die Beurteilung der Schuldfähigkeit eines Beschuldigten. Neben medizinischen und technischen Gutachten gewinnen dabei sog. **Glaubhaftigkeitsgutachten** zu Zeugenaussagen zunehmend an Bedeutung.[1921] Hierbei muss der Sachverständige sich aber auf die wissenschaftliche Bewertung beschränken. Die rechtliche Beurteilung, ob der Beschuldigte schuldunfähig ist (§ 20 StGB), steht allein dem Gericht zu.[1922] Auch darf das Gericht die Ergebnisse des Sachverständigen nicht einfach übernehmen, sondern muss das Gutachten auf seine Überzeugungskraft hin überprüfen und bewerten, sich dabei aber nicht von den wissenschaftlichen Standards lösen.[1923] Damit soll verhindert werden, dass aus fachlicher Überlegenheit eine **faktische Dominanz** des Sachverständigen entsteht.[1924] Folgt das Gericht dem Gutachten, so muss dies auf eigener Überzeugung beruhen,[1925] was jedoch schwierig erscheint, da das Gericht ja gerade keine eigene Sachkunde besitzt.

## II. Bestellung, Auswahl und Ablehnung

623 Grundsätzlich wird der Sachverständige vom Gericht ausgewählt und bestellt (§ 73 StPO). Der **Richtervorbehalt** bezieht sich aber nur auf das Haupt- und Zwischenverfahren.[1926] Im Ermittlungsverfahren ist eine Bestellung

1920 BGH 07.06.1956 – 3 StR 136/56, BGHSt 9, 292, 293.

1921 *Ostendorf/Brüning*, § 16 Rn. 31.

1922 BGH 26.04.1955 – 5 StR 86/55, BGHSt 8, 113, 119.

1923 Zur Bewertung eines Schuldfähigkeitsgutachtens BGH 12.11.2004 – 2 StR 367/04, BGHSt 49, 347, 353 ff.; eines Glaubhaftigkeitsgutachtens BGH 30.07.1999 – 1 StR 618/98, BGHSt 45, 164, 167 ff.

1924 *Volk/Engländer*, 21 Rn. 27.

1925 BGH 06.03.1986 – 4 StR 48/86, BGHSt 34, 29, 31.

1926 M-G/S-*Schmitt*, § 73 Rn. 1a.

durch die Staatsanwaltschaft (vgl. § 161a Abs. 1 StPO) möglich. Auch die Polizei kann einen Sachverständigen bestellen.[1927] Diese sich aus dem Gesetz nicht unmittelbar herleitende Befugnis der Strafverfolgungsorgane erscheint jedoch mit einer möglichst neutralen – und daher grundsätzlich richterlichen – Auswahl des Sachverständigen nur schwer vereinbar zu sein.[1928] Bei der **Auswahl** eines geeigneten Sachverständigen steht dem beauftragenden Justizorgan ein Beurteilungsspielraum zu.[1929] Weiterhin können der Angeklagte und sein Verteidiger einen Sachverständigen selbst laden (§ 220 StPO) und mithilfe eines Beweisantrags in die Hauptverhandlung einbringen (§ 245 Abs. 2 StPO). Dieser hat jedoch nicht die vollen Rechte des vom Gericht bestellten Sachverständigen.[1930] Ob die Bestellung eines Sachverständigen erforderlich ist oder aber das Gericht über eine eigene ausreichende Sachkunde verfügt, obliegt grundsätzlich dem Gericht. Jedoch ist die Bestellung eines Sachverständigen **zwingend vorgeschrieben** bei der Prüfung der Unterbringungsvoraussetzungen (§ 80a StPO), bei der Einweisung des Beschuldigten in ein psychiatrisches Krankenhaus zur Vorbereitung eines Gutachtens über seinen psychischen Zustand (§ 81 Abs. 1 StPO), bei molekulargenetischen Untersuchungen (§ 81f Abs. 2 StPO), bei der Leichenöffnung (§ 87 Abs. 2 StPO), beim Verdacht einer Vergiftung (§ 91 StPO) sowie bei Geld- und Wertzeichenfälschungen (§ 92 StPO).

## III. Rechte und Pflichten

Für den Sachverständigen gelten grundsätzlich die gleichen Regeln wie für den Zeugen (§ 72 StPO). Insoweit muss er im Hauptverfahren vor Gericht erscheinen, sein Gutachten erstatten und ggf. auch beschwören (§ 79 StPO). Die Gutachtenerstattung erfolgt dabei durch Aussage, also mündlich. Das nicht zwingend notwendige,[1931] aber in der Praxis übliche schriftliche Gutachten hat nur vorbereitenden Charakter und wird daher auch als sog. Vorgutachten bezeichnet. Ausnahmen von der **mündlichen Gutachtenerstattung** in der Hauptverhandlung finden sich in § 256 StPO, der einen Urkundenbeweis und keinen Sachverständigenbeweis darstellt.[1932] Die dort genannten schriftlichen Gutachten, beispielsweise zur Bestimmung der Blutgruppe oder des Blutalkoholgehalts (§ 256 Abs. 1 Nr. 4 StPO), werden verlesen. Im Ermittlungsverfahren kann das Gutachten wahlweise schriftlich oder mündlich er- 624

1927 LR-*Krause*, § 73 Rn. 2; KK-*Hadamitzky*, § 73 Rn. 1.

1928 Ausführlich *Kühne*, Fn. 862; *Roxin/Schünemann*, § 27 Rn. 12.

1929 M-G/S-*Schmitt*, § 73 Rn. 4.

1930 Hierzu *Volk/Engländer*, § 21 Rn. 29.

1931 BGH 14.10.2009 – 2 StR 205/09, BGHSt 54, 177, 178 f.

1932 M-G/S-*Schmitt*, § 256 Rn. 1.

folgen (§ 82 StPO), wobei der Regelfall die schriftliche Gutachtenerstattung ist.[1933] Grundsätzlich hat der Sachverständige nur unter den Voraussetzungen des § 75 StPO die Pflicht, ein Gutachten zu erstatten. Diese Pflicht besteht nicht, wenn ein **Gutachtenverweigerungsrecht** besteht (§ 76 StPO). Darüber hinaus kann der Sachverständige sich natürlich freiwillig zur Begutachtung allgemein oder für eine konkrete Sache bereit erklären (§ 75 Abs. 2 StPO). Bei unberechtigter Gutachtenverweigerung oder Nichterscheinen zur Gutachtenerstattung gilt § 77 StPO mit den dort genannten Ordnungsmitteln. Darüber hinaus hat der Sachverständige auch Rechte, die dem Zeugen nicht zustehen. So hat er ein **Akteneinsichtsrecht** und das Recht auf **Teilnahme an Beschuldigten- und Zeugenvernehmungen**, wobei er auch eigene Fragen stellen darf (§ 80 StPO). Das Recht zu eigenen Vernehmungen von Beschuldigten und Zeugen hat er jedoch nicht.[1934] Im Rahmen der Vorbereitung seines Gutachtens kann er in engen Grenzen[1935] sog. informatorische Befragungen durchführen.[1936] Inwieweit hierbei Belehrungspflichten für den Sachverständigen gegenüber den befragten Personen bestehen, ist umstritten[1937], muss aber wohl insbesondere im Hinblick auf die mögliche Verweigerung der Mitwirkung (§§ 136, 81c Abs. 3, 52 StPO) bejaht werden. Ein Sachverständiger kann aus denselben Gründen abgelehnt werden, die zur **Ablehnung** eines Richters (§ 22 StPO) berechtigen (§ 74 StPO), was beispielsweise angenommen wurde bei einem Sachverständigen, der schon zuvor für den Verletzten als Privatgutachter tätig war.[1938] Darüber hinaus besteht im Rahmen der Leichenöffnung ein gesetzlicher Ausschlussgrund für den Arzt, der den Verstorbenen unmittelbar vor seinem Tod behandelt hatte (§ 87 Abs. 2 S. 3 StPO). Für seine Tätigkeit erhält der Sachverständige eine **Vergütung** nach dem Justizvergütungs- und Entschädigungsgesetz (§ 84 StPO).

## IV. Gutachtenerstellung

625 Der Richter hat, soweit erforderlich, die Tätigkeit des Sachverständigen zu leiten (§ 78 StPO). Dazu gehört in erster Linie eine klare Umschreibung des Auftrags zur Gutachtenerstattung.[1939] Hinsichtlich der fachlichen Durchführung ist der Sachverständige dagegen an keinerlei Weisungen des Gerichts gebunden. Für das zu erstellende Gutachten benötigt der Sachverständige

1933 *Eisenberg,* Rn. 1583.

1934 KK-*Hadamitzky,* § 80 Rn. 2; LR-*Krause,* § 80 Rn. 5.

1935 Ausführlich *Krey/Heinrich,* Rn. 1401 m.w.N.

1936 BGH 13.02.1959 – 4 StR 470/58, BGHSt 13, 1, 2 f.

1937 Hierzu *Beulke/Swoboda,* Rn. 308 m.w.N.; abl. BGH 06.09.1968 – 4 StR 339/68, NJW 1968, 2297.

1938 BGH 20.07.1965 – 5 StR 241/65, BGHSt 20, 245, 246.

1939 MüKo-*Trück,* § 78 Rn. 3.

eine Tatsachengrundlage. Solche Tatsachen, die der Sachverständige seinem Gutachten zugrunde legt, an die er „anknüpft", bezeichnet man als sog. **Anknüpfungstatsachen.**[1940] Diese werden ihm entweder im Rahmen der Auftragserteilung durch das Gericht mitgeteilt oder aber auch von diesem selbst, beispielsweise im Rahmen der Teilnahme an Vernehmungen (§ 80 StPO), ermittelt. Im letzteren Fall muss zwischen sog. Befundtatsachen und Zusatztatsachen differenziert werden. **Befundtatsachen** sind Tatsachen, die der Sachverständige aufgrund seiner besonderen Sachkunde erkennen kann und das Gericht aufgrund fehlender Sachkunde gerade nicht.

**Beispiele:**

Die Feststellung von spezifischen Verletzungen beim Opfer durch einen medizinischen Sachverständigen; das Ergebnis einer Exploration des Beschuldigten durch einen psychiatrischen Sachverständigen.

Bei **Zusatztatsachen** handelt es sich hingegen um Tatsachen, die der Sachverständige bei der Vorbereitung seines Gutachtens festgestellt hat, die aber gerade keiner besonderen Sachkunde bedürfen.

**Beispiele:**

Die Angaben des Opfers zum Tathergang während der Feststellung der Verletzungen durch den medizinischen Sachverständigen; das Geständnis des Beschuldigten während des Gesprächs mit dem psychiatrischen Sachverständigen.

Das Gericht darf nur die Befundtatsachen im Rahmen des Gutachtens als Beweis berücksichtigen. Die Zusatztatsachen sind insoweit auch gar nicht vom Gutachtenauftrag umfasst und dürfen daher auch nicht Bestandteil des Sachverständigengutachtens sein. Sie können nur durch Vernehmung des Sachverständigen als Zeuge oder aber durch Vernehmung der Personen, von denen der Sachverständige diese Informationen erhalten hat, in die Hauptverhandlung eingeführt werden. Allerdings neigt der 6. Strafsenat des Bundesgerichtshofs nunmehr dazu, die im Rahmen der Exploration für ein aussagepsychologisches Gutachten erhobenen Tatsachen grundsätzlich als Befundtatsachen anzusehen[1941] und insoweit zumindest für diesen Fall die Unterscheidung von Befund- und Zusatztatsachen aufzugeben.

1940 BGH 30.07.1999 – 1 StR 618/98, BGHSt 45, 164, 182.

1941 BGH 23.02.2021 – 6 StR 431/20, NStZ 2021, 690, 691 m. Anm. *Habetha.*

## F. Augenschein

626 Augenschein ist jede **sinnliche Wahrnehmung** durch Sehen, Hören, Riechen, Fühlen oder Schmecken.[1942] Es handelt sich somit um die sinnliche Wahrnehmung der Existenz, Lage und Beschaffenheit eines Objekts.[1943] **Augenscheinsobjekte** können dabei Gegenstände jeder Art sein, aber auch ein Leichnam oder der lebende Mensch, wenn er nur angesehen werden soll.

**Beispiele:**

Tatorte, Tatwerkzeuge, Personen, Abbildungen, Film- und Videoaufnahmen, Tonaufnahmen, Fotografien, Skizzen, Zeichnungen; auch Vorgänge wie die Rekonstruktion des Tathergangs.

Nur der richterliche Augenschein ist in §§ 86, 225 StPO geregelt. Einen Sonderfall stellt die Leichenschau durch einen Richter (§ 87 Abs. 1 S. 1 StPO) dar (s. Rn. 168).[1944] Der Augenschein kann in jeder Lage des Strafverfahrens erhoben werden.[1945] Ein **richterlicher Augenschein** innerhalb der Hauptverhandlung ist unmittelbar verwertbar und wird im Sitzungsprotokoll beurkundet, wobei nur die Tatsache der Augenscheinnahme, aber nicht ihr Ergebnis festgehalten wird.[1946] Eine Augenscheinnahme des Gerichts im Rahmen der Hauptverhandlung ist jedoch überflüssig, wenn bereits ein Protokoll über die Einnahme eines richterlichen Augenscheins außerhalb der Hauptverhandlung vorliegt, welches dann in der Hauptverhandlung verlesen werden kann (§§ 249 ff. StPO). Der für den Zeugen geltende Unmittelbarkeitsgrundsatz (s. Rn. 630) wird insoweit durchbrochen. Dies ist Zweckmäßigkeitserwägungen geschuldet, da die Gefahr eines Beweismittelverlusts bei Augenscheinsobjekten oftmals groß ist und beispielsweise das Aufsuchen des Tatortes für das Gericht mit unverhältnismäßigem Aufwand verbunden sein kann.[1947] Um mögliche Nachteile, die mit der **Durchbrechung des Unmittelbarkeitsgrundsatzes** verbunden sind, für die anderen Verfahrensbeteiligten auszugleichen, bestehen bei einer richterlichen Augenscheinnahme außerhalb der Hauptverhandlung Anwesenheitsrechte für die Staatsanwaltschaft sowie den Beschuldigten und seinen Verteidiger (§ 168d Abs. 1 StPO). Weiterhin kann ein nicht richterlicher Augenschein

1942 BGH 28.09.1962 – 4 StR 301/62, BGHSt 18, 51, 53.
1943 KK-*Hadamitzky*, § 86 Rn. 1.
1944 *Eisenberg*, Rn. 1947a.
1945 *Eisenberg*, Rn. 2020.
1946 M-G/S-*Schmitt*, § 86 Rn. 17.
1947 *Roxin/Schünemann*, § 28 Rn. 2.

durch den Einsatz sog. **Augenscheinsgehilfen**, die anstelle des Richters den Augenschein durchführen, stattfinden; z.B. an schwer zugänglichen Stellen, wie einem Gegenstand unter Wasser.[1948] Diese werden dann über ihre Wahrnehmungen als Zeugen vor Gericht vernommen.[1949]

Da richterliche Beweisaufnahmen stets, also auch beim Zeugen-, Sachverständigen- und Urkundenbeweis durch sinnliche Wahrnehmung, insbesondere Sehen und Hören, erfolgen, ist im Strengbeweisverfahren eine **negative Abgrenzung** zu den anderen Beweismitteln erforderlich. Nicht zum Augenscheinsbeweis gehören alle Beweise, die durch die Vernehmung von Zeugen und Sachverständigen (oder auch vom Beschuldigten) sowie durch Urkundenverlesung erbracht werden.[1950] Dies erfordert insbesondere eine Abgrenzung zur Urkunde. So werden Urkunden wie z.B. Protokolle verlesen, um ihren geistigen Inhalt festzustellen (s. Rn. 628). Soll hingegen die Beschaffenheit bzw. das Aussehen einer Urkunde, wie Schriftbild oder Echtheit, betrachtet werden, ist dies ein Augenscheinsbeweis. Muss hingegen ein fremdsprachiger Text übersetzt oder eine Geheimschrift entschlüsselt werden, handelt es sich um einen Sachverständigenbeweis.[1951] Eine Videoaufnahme der Beschuldigtenvernehmung wird hingegen als **Augenscheinsobjekt** in der Hauptverhandlung vorgespielt,[1952] während ein richterliches Vernehmungsprotokoll als Urkundenbeweis verlesen wird (§ 254 Abs. 1 StPO). Ebenso stellt die Vorführung einer auf Video aufgezeichneten Zeugenvernehmung (§ 58a StPO) in der Hauptverhandlung (§ 255a StPO) einen Augenscheinsbeweis dar,[1953] für den dann allerdings die Vorschriften über den Urkundenbeweis entsprechend anwendbar sind. Auch das Anhören von Äußerungen, die auf Tonträger aufgenommen wurden, wie eine Telekommunikationsüberwachung, ist Augenschein.[1954] Werden hingegen die Inhalte der Videovernehmung oder aber der Tonaufzeichnung verschriftlicht, stellt das Verlesen dieser Niederschriften vor Gericht einen Urkundenbeweis dar.[1955] 627

1948 M-G/S-*Schmitt*, § 86 Rn. 3.

1949 RG 18.03.1913 – V 738/12, RGSt 47, 100, 106.

1950 LR-*Krause*, § 86 Rn. 1.

1951 LR-*Mosbacher*, § 249 Rn. 32 u. 36.

1952 M-G/S-*Schmitt*, § 254 Rn. 1a.

1953 KK-*Diemer*, § 255a Rn. 1.

1954 BGH 12.04.1989 – 3 StR 453/88, BGHSt 36, 167, 172.

1955 Vgl. BGH 14.06.1960 – 1 StR 73/60, BGHSt 14, 339, 341; ausführlich *Roxin/Schünemann*, § 28 Rn. 9.

## G. Urkunden

### I. Allgemeines

628 Urkunden sind **verlesbare Schriftstücke** jeder Art, deren gedanklicher Inhalt Beweis erbringen kann.[1956] Anders als beim strafrechtlichen Urkundenbegriff in § 267 StGB[1957] kommt es hier nicht auf Perpetuierungs- u. Beweisfunktion, Erkennbarkeit des Ausstellers oder die Echtheit an. Auch elektronische Dokumente sind Urkunden, sofern sie verlesbar sind (§ 249 Abs. 1 S. 2 StPO). Dies geschieht dadurch, dass sie auf einem Bildschirm sichtbar gemacht werden.[1958] Die vom Gesetz vorgesehene übliche Form ist die Verlesung des Schriftstücks in der Hauptverhandlung durch das Gericht (§ 249 Abs. 1 StPO). Hiervon kann – außer in den vom Gesetz ausgeschlossenen Fällen der §§ 253, 254 StPO – abgesehen werden, wenn das Gericht vom Wortlaut der Urkunde Kenntnis genommen hat und die anderen Verfahrensbeteiligten hierzu Gelegenheit hatten (§ 249 Abs. 2 S. 1 StPO). Von diesem sog. **Selbstleseverfahren** wird insbesondere dann Gebrauch gemacht, wenn bei umfangreichen Schriften oder ganzen Druckwerken, wie z.B. Büchern, Zeitschriften oder Comics,[1959] der genaue Wortlaut festgestellt werden muss. Dies erspart dem Gericht ein tagelanges Verlesen der Schriftstücke. Hiervon kann auch bei umfangreichen polizeilichen Vermerken zur Auswertung einer Telekommunikationsüberwachung oder einer Verkehrsdatenerhebung Gebrauch gemacht werden;[1960] ebenso in Wirtschaftsstrafsachen, in denen regelmäßig viele Dokumente wie Zahlungsbelege, Schriftverkehr, E-Mail-Verkehr etc. als Beweise eingeführt werden. Das Selbstleseverfahren dient insoweit der Prozessökonomie und dem Beschleunigungsgebot. Es ist vom Gesetzgeber gegenüber der Verlesung als gleichwertige Alternative konzipiert worden.[1961] Dadurch wird allerdings das Mündlichkeitsprinzip (s. Rn. 662) für den Urkundenbeweis aufgehoben. Auch wird die Hauptverhandlung intransparent, indem in der Beweisaufnahme der Inhalt der Urkunde nicht deutlich wird und auch unklar bleibt, inwieweit die Verfahrensbeteiligten den Inhalt durch Lesen tatsächlich zur Kenntnis genommen haben.[1962] Trotz dieser Nachteile überwiegen die Vorteile, insbesondere in sog. **Umfangsverfahren** erscheint das Selbstleseverfahren unverzichtbar, während ein tagelanges Verlesen aller Schriftstücke eine „leere Förmlichkeit“

---

1956 BGH 03.03.1977 – 2 StR 390/76, BGHSt 27, 135, 136.
1957 Ausführlich Sch/Sch-*Heine/Schuster*, § 267 Rn. 2 ff.
1958 M-G/S-*Schmitt*, § 249 Rn. 13.
1959 Vgl. BGH 15.12.1999 – 2 StR 365/99, NStZ 2000, 307, 309.
1960 Vgl. BGH 11.11.2020 – 5 StR 197/20; NJW 2021, 479 ff.
1961 BGH 11.11.2020 – 5 StR 197/20; NJW 2021, 479, 480; *Mosbacher*, NStZ 2013, 199, 202.
1962 *Krey/Heinrich*, Rn. 1413.

wäre.[1963] Darüber hinaus ist es nach der Rechtsprechung auch zulässig, die Vorlesung durch einen **Bericht des Vorsitzenden** des Gerichts über den wesentlichen Inhalt des Schriftstücks zu ersetzten, sofern kein Prozessbeteiligter widerspricht und nur der Inhalt, aber nicht der Wortlaut des Schriftstücks, beweiserheblich ist.[1964]

## II. Verbot und Zulässigkeit des Urkundenbeweises

### 1. Struktur

Der Urkundenbeweis ist immer dann zulässig, wenn er nicht ausdrücklich **629**
verboten ist.[1965] Entsprechende Verbote finden sich in den §§ 250 und 252 StPO, Ausnahmen hiervon in den §§ 251, 253, 254, 256 StPO. Die Vorführung einer Videoaufzeichnung der Zeugenvernehmung (§ 255a StPO) zum Beweis des Aussageinhalts ist kein Urkundenbeweis, sondern ein Augenscheinsbeweis.[1966] Jedoch gelten die den Urkundenbeweis betreffenden §§ 251, 252, 253 und 254 StPO entsprechend (§ 255a Abs. 1 StPO).

### 2. Vorrang des Personalbeweises

Der Urkundenbeweis mittels Verlesung eines Vernehmungsprotokolls ist un- **630**
zulässig, wenn der Beweis der Tatsache auf der Wahrnehmung einer Person beruht (§ 250 StPO). Erfasst werden von der Vorschrift Zeugen, Sachverständige und Mitbeschuldigte.[1967] In diesem Fall hat der Personalbeweis – Vernehmung des Zeugen oder Sachverständigen in der Hauptverhandlung – Vorrang vor dem Urkundenbeweis.[1968] Dieser für das Strengbeweisverfahren geltende sog. **Unmittelbarkeitsgrundsatz** ermöglicht die unmittelbare Kommunikation des Gerichts mit dem persönlichen Beweismittel. Hierdurch kann das Gericht einen persönlichen Eindruck von dem Zeugen oder Sachverständigen gewinnen. Dieser besitzt einen wesentlich größeren Informationswert als die bloße Verlesung eines früheren Vernehmungsprotokolls. Auch besteht so für alle Verfahrensbeteiligten in der Hauptverhandlung die Möglichkeit, Fragen zu stellen.

---

1963 Hierzu LR-*Mosbacher*, § 249 Rn. 53 f.

1964 BGH 04.04.1951 – 1 StR 54/51, BGHSt 1, 94, 96; BGH 23.10.1957 – 3 StR 37/57, BGHSt 11, 29, 30; abl. *Eisenberg*, Rn. 2052 ff.; LR-*Mosbacher*, § 249 Rn. 45; SK-*Frister*, § 249 Rn. 84 ff.

1965 BGH 16.02.1965 – 1 StR 4/65, BGHSt 20, 160, 162; BGH 24.08.1993 – 1 StR 380/93, 39, 305, 306.

1966 M-G/S-*Schmitt*, § 255a Rn. 1.

1967 SK-*Velten*, § 250 Rn. 7.

1968 BGH 13.12.1960 – 1 StR 389/60, BGHSt 15, 253, 254.

### 3. Zulässigkeit des Urkundenbeweises

#### a) Verlesung von Protokollen und Erklärungen gem. §§ 251 und 256 StPO

631 **Ausnahmen vom Vorrang des Personalbeweises** finden sich in den §§ 251 und 256 StPO. § 251 StPO erlaubt in bestimmten abschließend genannten Fällen die Verlesung früherer Vernehmungsprotokolle oder Erklärungen von Zeugen, Sachverständigen oder Mitbeschuldigten, wobei zwischen nicht richterlichen (§ 251 Abs. 1 StPO) und richterlichen (§ 251 Abs. 2 StPO) Protokollen unterschieden wird. Weiterhin dürfen behördliche und ärztliche Erklärungen in den abschließend aufgezählten Fällen des § 256 Abs. 1 StPO, wie z.B. ärztliche Atteste über Körperverletzungen oder Berichte zu Blutprobenentnahmen, in der Hauptverhandlung als Urkundenbeweise verlesen werden. Hierzu gehören auch Protokolle und schriftliche Erklärungen der Strafverfolgungsbehörden, jedoch keine Vernehmungsprotokolle (§ 256 Abs. 1 Nr. 5 StPO).

#### b) Verlesung richterlicher Protokolle gem. § 254 StPO

632 Auch können **frühere richterliche Protokolle** über die Vernehmung des Angeklagten, beispielsweise ein Geständnis vor dem Ermittlungsrichter, als Urkundenbeweise verlesen werden (§ 254 Abs. 1 StPO); nicht hingegen polizeiliche oder staatsanwaltschaftliche Protokolle über eine Beschuldigtenvernehmung. Macht der Angeklagte, der z.B. im Ermittlungsverfahren vor der Polizei Angaben gemacht hat, nunmehr in der Hauptverhandlung von seinem Schweigerecht Gebrauch, so kann zwar kein Urkundenbeweis mittels Protokollverlesung geführt werden, jedoch kann der Polizeibeamte, der die Beschuldigtenvernehmung durchgeführt hat, als **Zeuge vom Hörensagen** (s. Rn. 581) vernommen werden. Darüber hinaus erlaubt § 254 Abs. 1 StPO nunmehr auch, Videoaufnahmen einer Beschuldigtenvernehmung als Augenscheinsbeweis in der Hauptverhandlung vorzuspielen. Im Unterschied zur Protokollverlesung besteht hier keine Beschränkung auf richterliche Beschuldigtenvernehmungen, sodass auch Videoaufnahmen von polizeilichen und staatsanwaltschaftlichen Beschuldigtenvernehmungen vorgespielt werden dürfen. Diese an die verpflichtende **Videoaufzeichnung** der Beschuldigtenvernehmung insbesondere bei Tötungsdelikten (§ 136 Abs. 4 S. 2 Nr. 1 StPO) anknüpfende Erweiterung wird nachvollziehbar mit dem gegenüber einem Protokoll erhöhten Beweiswert einer Videoaufzeichnung begründet.[1969]

#### c) Protokollverlesung zur Gedächtnisunterstützung gem. § 253 StPO

633 Erklärt ein Zeuge bei seiner Vernehmung vor Gericht, dass er sich einer Tatsache nicht mehr erinnere, so kann zur Behebung dieser Erinnerungslücken

1969 M-G/S-*Schmitt*, § 254 Rn. 1a; kritisch *Kramer*, Rn. 160a.

der entsprechende Teil des Protokolls über seine frühere Vernehmung, beispielsweise bei der Polizei, verlesen werden (§ 253 Abs. 1 StPO). Dies gilt auch bei Widersprüchen zwischen der jetzigen und der früheren Aussage (§ 253 Abs. 2 StPO). Nach zutreffender h.M. handelt es sich dabei um einen Urkundenbeweis und nicht nur einen Vorhalt.[1970] Voraussetzung ist allerdings, dass dem Zeugen zunächst ein entsprechender **Vorhalt** als Vernehmungshilfe (s. Rn. 678) gemacht wird. Erst wenn dieser sich trotz Vorhalts nicht mehr erinnern kann, ist der Urkundenbeweis des § 253 StPO zulässig.[1971] Zu beachten ist, dass § 253 StPO nur Anwendung auf Zeugen findet, deren Aussage sich in dem zu verlesenden Protokoll befindet und deren Erinnerung damit unterstützt werden soll. Nicht anwendbar ist die Vorschrift daher auf Verhörpersonen wie Polizeibeamte, die als Zeuge vor Gericht über eine polizeiliche Vernehmung des Beschuldigten berichten.[1972]

### 4. Verlesungsverbot des § 252 StPO

Macht ein Zeuge in der Hauptverhandlung von seinem Zeugnisverweige- **634**
rungsrecht (§§ 52 ff. StPO) Gebrauch, darf gem. § 252 StPO das Protokoll über eine frühere Aussage des Zeugen, z.B. im Ermittlungsverfahren bei der Polizei, nicht verlesen werden. Es besteht ein **Verbot des Urkundenbeweises**. Hierdurch werden die durch §§ 52 ff. StPO geschützten persönlichen und beruflichen Interessen des Zeugen ergänzt, indem der Zeuge auch davor geschützt wird, dass eine möglicherweise übereilt erfolgte Aussage bei der Polizei, die er nunmehr bereut, gegen seine persönlichen oder beruflichen Interessen vom Gericht verwertet werden kann.[1973] Während bei §§ 53, 53a StPO das Zeugnisverweigerungsrecht bereits zum Zeitpunkt der früheren Vernehmung bestanden haben muss,[1974] gilt § 252 StPO bezogen auf § 52 StPO auch dann, wenn das Zeugnisverweigerungsrecht erst nach der früheren Vernehmung entstanden ist.[1975] Die Vorschrift wird weit ausgelegt, um eine Umgehung des Verlesungsverbots zu verhindern. In der Folge ist auch die Vernehmung der Verhörperson einer früheren Zeugenvernehmung grundsätzlich nicht erlaubt, es sei denn, der zuvor belehrte Zeuge gestattet

1970 BGH 16.02.1965 – 1 StR 4/65, BGHSt 20, 160, 162; LR-*Mosbacher*, § 253 Rn. 1 u. 3 ff.; KK-*Diemer*, § 253 Rn. 1; M-G/S-*Schmitt*, § 253, Rn. 1; a.A. SK-*Velten*, § 253 Rn. 5 ff.

1971 BGH 16.02.1965 – 1 StR 4/65, BGHSt 20, 160, 162.

1972 BGH 19.03.2013 – 3 StR 26/13, StV 2013, 545; ausführlich *Müller*, S. 79 f.

1973 BGH 12.07.1956 – 4 StR 236/56, BGHSt 10, 77, 78; LR-*Cirener/Sander*, § 252 Rn. 8.

1974 M-G/S-*Schmitt*, § 252 Rn. 3.

1975 BGH 30.07.1968 – 2 StR 136/68, BGHSt 22, 219, 220.; BGH 03.08.1977 – 2 StR 318/77, 27, 231, 232.

die Verwertung seiner im Ermittlungsverfahren getätigten Angaben.[1976] Die Vorschrift begründet insoweit ein **allgemeines Verwertungsverbot**.[1977]

635 Die Rechtsprechung macht jedoch eine von der h.L. zu Recht abgelehnte[1978] **Ausnahme** für frühere richterliche Zeugenvernehmungen. Ist der Zeuge zuvor von einem Richter bereits vernommen worden und wurde dabei ordnungsgemäß, insbesondere auch über sein Zeugnisverweigerungsrecht, belehrt, so kann der Richter als Zeuge vom Hörensagen (s. Rn. 581) in der Hauptverhandlung vernommen werden.[1979] Begründet wird dies vor allem mit der erhöhten Bedeutung bzw. einem „höheren Vertrauen", welches das Gesetz einer richterlichen Vernehmung entgegenbringe,[1980] was jedoch in Anbetracht der mittlerweile gleichlautenden Belehrungspflichten für polizeiliche und staatsanwaltschaftliche Zeugenvernehmungen kaum überzeugt. Im Ergebnis wird damit der von § 252 StPO bezweckte Schutz des Zeugnisverweigerungsberechtigten aufgeweicht. Auch lehnt der Bundesgerichtshof eine dann zumindest wünschenswerte und auch konsequenterweise notwendige qualifizierte Belehrung des Zeugen bei seiner früheren richterlichen Vernehmung darüber, dass seine Zeugenaussage auch bei einer späteren Zeugnisverweigerung in der Hauptverhandlung durch die Vernehmung des Richters verwertbar bleibt, ab.[1981]

## H. Beweisverbote

### I. Allgemeines

636 Im Strafverfahren bestehen zahlreiche Beweisverbote, die den Strafverfolgungsorganen und in der Hauptverhandlung dem Gericht untersagen, einen bestimmten Beweis überhaupt erst zu erheben (**Beweiserhebungsverbot**) oder aber einen bereits vorhandenen Beweis zu verwerten (**Beweisverwertungsverbot**). Insoweit setzen Beweisverbote der Aufklärung von Straftaten Grenzen. Die Wahrheitserforschung darf im Strafverfahren nicht um jeden

---

1976 BGH 23.09.1999 – 4 StR 189/99, BGHSt 45, 203, 208; BGH 25.08.2020 – 2 StR 202/20, NStZ 2021, 58.

1977 BGH 25.08.2020 – 2 StR 202/20, NStZ 2021, 58 f.; *Eisenberg*, Rn. 1273 m.w.N.

1978 *Beulke/Swoboda*, Rn. 645 f.; *Krey/Heinrich*, Rn. 1480 ff.; *Roxin/Schünemann*, § 46 Rn. 29 ff. jeweils m.w.N.

1979 BGH 15.01.1952 – 1 StR 341/51, BGHSt 2, 99, 106; BGH 14.03.1967 – 5 StR 540/66, BGHSt 21, 218 f.; BGH 15.07.2016 – GSSt 1/16, BGHSt 61, 221, 230 ff.; M-G/S-*Schmitt*, § 252 Rn. 14 m.w.N. zum Streitstand.

1980 BGH 20.03.1990 – 1 StR 693/89, BGHSt 36, 384, 386; BGH 12.02.2004 – 3 StR 185/03, BGHSt 49, 72, 77.

1981 BGH 15.07.2016 – GSSt 1/16, BGHSt 61, 221, 241 ff.

Preis erfolgen,[1982] sondern findet ihre Schranken in entgegenstehenden gemeinschaftlichen und individuellen Interessen. Dies ist Ausdruck eines rechtsstaatlichen Strafverfahrens und dient insbesondere der Sicherung von grundrechtlich geschützten Individualrechten. Weitere Zwecke von Beweisverwertungsverboten, wie die Disziplinierung der Strafverfolgungsorgane, sind allenfalls Nebenfunktionen,[1983] da im Rechtsstaat davon ausgegangen wird, dass die Strafverfolgungsorgane sich an die Gesetze halten,[1984] mag dies auch eine eher idealistische Vorstellung sein. Jedoch kann die Nichtbeachtung von Beweiserhebungsverboten disziplinarische und strafrechtliche Konsequenzen nach sich ziehen.

Von den Beweisverboten, insbesondere den Beweisverwertungsverboten, zu unterscheiden sind die **Verwendungsbeschränkungen und Verwendungsverbote**. Hierbei handelt es sich zum einen um Regelungen, die den Verwendungszweck bei der Datenerhebung festlegen. Sie bestimmen, ob und zu welchen anderen Zwecken erhobene Daten verwendet werden dürfen.[1985] So untersagt ein Verwendungsverbot die Nutzung solcher Daten i.S.d. Bundesdatenschutzgesetzes zur Informationserhebung und -verarbeitung und steht ggf. der Einleitung eines Strafverfahrens entgegen.[1986] Ist hingegen eine Verwendung erlaubt, ist damit aber keineswegs die Frage der Verwertung als Beweismittel im Strafverfahren entschieden. Zum anderen geht es bei der Verwendung um die Frage, ob die auf rechtswidriger Beweisgewinnung beruhenden Erkenntnisse zwar nicht als Beweis, aber als **Spurenansatz** verwendet werden dürfen (s. Rn. 488). Verwendungsbeschränkungen und -verbote finden sich an vielen Stellen in der StPO. 637

**Beispiele:**

§§ 100e Abs. 6; 100i Abs. 2 S. 2; 160a Abs. 1 S. 2; 161 Abs. 4; 479 Abs. 2 StPO.

Zu beachten ist, dass in der StPO die Bezeichnung teilweise ein wenig irreführend ist. So findet sich in § 161 Abs. 3 S. 1 StPO das Wort „verwendet", allerdings bezieht sich nach dem Wortlaut dieser Begriff auf die Verwendung „zu Beweiszwecken", sodass es sich dabei um eine Regelung zur Beweisverwertung und nicht zur Verwendung handelt.

1982 BVerfG 09.11.2010 – 2 BvR 2101/09, NStZ 2011, 103, 104; BGH 14.06.1960 – 1 StR 683/59 – BGHSt 14, 358, 365.

1983 *Beulke/Swoboda*, Rn. 700 m.w.N.

1984 So zu Recht *Kramer*, Rn. 162.

1985 Ausführlich *Eisenberg*, Rn. 335.

1986 M-G/S-*Schmitt*, Einl. Rn. 57d.

## II. Beweiserhebungsverbote

638 Die Strafprozessordnung enthält einige Regelungen, die es untersagen, bestimmte Beweise über bestimmte Themen mit gewissen Beweismitteln oder Beweismethoden zu gewinnen.[1987] Hierbei unterscheidet man zwischen einem Beweisthemaverbot, Beweismittelverbot und Beweismethodenverbot sowie relativen Beweiserhebungsverboten. Dieser Versuch einer Systematisierung der Beweiserhebungsverbote hat jedoch keinerlei Erkenntniswert und dient insoweit nur einer anschaulichen Darstellung von Beweiserhebungsverboten.[1988]

### 1. Beweisthemaverbot

639 Ein Beweisthema untersagt, bestimmte Tatsachen zum Gegenstand der Beweisführung zu machen.[1989] Die Aufklärung eines bestimmten Sachverhalts wird damit verboten.

**Beispiele:**

Die Aufklärung bereits getilgter Vorstrafen (§ 51 BZRG); Erkenntnisse aus dem Kernbereich der privaten Lebensgestaltung (§ 100d Abs. 1 StPO).

### 2. Beweismittelverbot

640 Ein Beweismittelverbot besagt, dass die Aufklärung einer Straftat mit bestimmten Beweismitteln untersagt ist.[1990]

**Beispiele:**

Ein Zeuge, der sein Zeugnisverweigerungsrecht geltend macht, ist als Beweismittel ausgeschlossen (§§ 52 ff. StPO); schriftliche Mitteilungen zwischen dem Beschuldigten und seinem Bruder dürfen nicht bei dem Bruder beschlagnahmt werden (§ 97 Abs. 1 u. 2 StPO); die Vernehmung eines Amtsträgers ist ausgeschlossen, wenn er keine dafür notwendige Aussagegenehmigung hat (§ 54 StPO, § 67 f. BBG, § 37 BeamtStG).

### 3. Beweismethodenverbot

641 Ein Beweismethodenverbot liegt vor, wenn bestimmte Beweisthemen und Beweismittel zwar grundsätzlich zulässig sind, jedoch bei der Beweiserhe-

1987 *Volk/Engländer*, § 28 Rn. 1.

1988 Ebenso *Hellmann*, Rn. 780; *Volk/Engländer*, § 28 Rn. 3.

1989 *Roxin/Schünemann*, § 24 Rn. 15.

1990 *Beulke/Swoboda*, Rn. 701.

bung eine bestimmte Art und Weise der Beweisgewinnung nicht benutzt werden darf.[1991]

**Beispiel:**

Verbot der Täuschung oder Zwangsausübung bei Vernehmungen (§ 136a StPO).

### 4. Relative Beweiserhebungsverbote

Relative Beweiserhebungsverbote untersagen die Beweiserhebung nicht absolut, sondern schränken die Beweiserhebung dahin gehend ein, dass nur bestimmte Personen zur Anordnung und Durchführung bestimmt sind.[1992] **642**

**Beispiele:**

Ein körperlicher Eingriff darf nur durch einen Arzt durchgeführt werden (§ 81a Abs. 1 S. 2 StPO).

## III. Beweisverwertungsverbote

### 1. Allgemeines

Wenn ein Beweis erhoben worden ist, ergibt sich ein Beweisergebnis. Ob dieses Ergebnis für die zu beweisenden Tatsachen als Beweis im Strafverfahren genutzt werden kann, beantwortet die Beweisverwertung. Dabei ist die Verwertbarkeit eines Beweisergebnisses nicht selbstverständlich, sondern findet ihre Grenze in den Beweisverwertungsverboten. Ein Beweisverwertungsverbot schließt daher die Berücksichtigung der durch eine Beweiserhebung gewonnenen Beweisergebnisse im Urteil aus. Unterschieden wird zwischen selbstständigen und unselbstständigen Beweisverwertungsverboten. **Selbstständige Beweisverwertungsverbote** bestehen unabhängig von einem vorhergehenden Verstoß gegen ein Beweiserhebungsverbot.[1993] **Unselbstständige Beweisverwertungsverbote** sind dagegen solche, die Folge der Verletzung eines Beweiserhebungsverbots sind.[1994] Jedoch führt nicht jeder Verstoß gegen ein Beweiserhebungsverbot zwingend zu einem Beweisverwertungsverbot.[1995] Aber selbst wenn ein Beweisverwertungsverbot vorliegt, fordert die von der h.L.[1996] zu Recht scharf kritisierte Rechtsprechung im Hauptverfahren in einer **643**

1991 KK-*Fischer*, Einl. Rn. 314.

1992 *Eisenberg*, Rn. 355.

1993 *Kindhäuser/Schumann*, § 23 Rn. 6.

1994 *Volk/Engländer*, § 28 Rn. 4.

1995 BGH 18.04.2007 – 5 StR 546/06, BGHSt 53, 285, 289 f.

1996 *Beulke/Swoboda*, Rn. 708 m.w.N.; *Eisenberg*, Rn. 429 f.; *Krey/Heinrich*, Rn. 1636; *Roxin/Schünemann*, § 24 Rn. 34; MüKo-*Cierniak/Niehaus*, § 257 Rn. 19 ff.; *Volk/Engländer*, § 28 Rn. 22.

Vielzahl von Fällen einen Widerspruch des Angeklagten oder seines Verteidigers gegen die Beweisverwertung bis zu dem in § 257 StPO genannten Zeitpunkt.[1997] Sogar für den unverteidigten Angeklagten soll dies gelten, sofern dieser hierüber vom Gericht belehrt worden ist.[1998] Nach neuerer Rechtsprechung findet diese sog. **Widerspruchslösung** zumindest im Ermittlungsverfahren keine Anwendung, sodass dort Beweisverwertungsverbote stets von Amts wegen beachtet werden müssen.[1999]

644 Einige wenige Beweisverwertungsverbote sind im Gesetz geregelt (sog. **gesetzliche Beweisverwertungsverbote**).

**Beispiele:**

§ 136a Abs. 3 StPO für Verstöße gegen die Beweismethodenverbote des § 136 Abs. 1 u. 2 StPO; § 100d Abs. 2 S. 1 StPO für Erkenntnisse aus dem Kernbereich privater Lebensgestaltung, die durch eine Maßnahme nach den §§ 100a bis 100c StPO erlangt wurden; § 160a Abs. 1 S. 2 StPO für Erkenntnisse aus unzulässigen Maßnahmen gegen Personen, die nach § 53 StPO zur Zeugnisverweigerung berechtigt sind.

Die weitaus meisten Beweisverwertungsverbote sind hingegen nicht gesetzlich normiert, sondern ergeben sich insbesondere aus Überlegungen zum Schutzzweck der verletzten Norm oder der Abwägung zwischen dem Strafverfahrensziel der Wahrheitsfindung und dem Interesse am Individualrechtsschutz des Betroffenen. Zur Frage, wann ein solches **nicht normiertes Beweisverwertungsverbot** vorliegt und wann nicht, werden unterschiedliche Ansätze vertreten, deren drei bekannteste im Folgenden in ihren Grundsätzen dargestellt werden.[2000]

## 2. Beweisverwertungsverbotslehren

### a) Rechtskreistheorie

645 Die vom Bundesgerichtshof entwickelte[2001] und von Beginn an heftig umstrittene Rechtskreistheorie[2002] stellt darauf ab, ob die Rechtsverletzung den Rechtskreis des Betroffenen wesentlich berührt oder ob sie für ihn nur von untergeordneter oder keiner Bedeutung ist. Der Rechtskreis bestimmt sich dabei nach der Rechtfertigung der verletzten Verfahrensvorschrift und der Frage, in welchem Schutzinteresse die Vorschrift geschaffen worden ist.

1997 Grundlegend BGH 27.02.1992 – 5 StR 190/91, BGHSt 38, 214, 225 f.

1998 BGH 27.02.1992 – 5 StR 190/91, BGHSt 38, 214, 226.

1999 BGH 06.06.2019 – StB 14/19, BGHSt 64, 89, 97 f.

2000 Eine ausführliche Darstellung findet sich bei *Eisenberg*, Rn. 364 ff. m.w.N.

2001 BGH 21.01.1958 – GSSt 4/57, BGHSt 11, 213, 215 f.

2002 Nachweise bei *Roxin/Schünemann*, § 24 Rn. 24, Fn. 5.

**Beispiel:**

Ein auskunftsverweigerungsberechtigter Zeuge wird nicht über sein Auskunftsverweigerungsrecht (§ 55 StPO) belehrt und sagt aus. Die den Beschuldigten belastenden Angaben des Zeugen sind verwertbar, da der Beschuldigte nicht in seinen Rechten verletzt ist. Die verletzte Vorschrift schützt nur den Rechtskreis des Zeugen vor Selbstbelastung, hat aber keine wesentliche Funktion für den Beschuldigten.

Zutreffend wird gegen die Rechtskreistheorie eingewandt, der Beschuldigte habe nicht nur das Recht, dass die zu seinem Schutz bestimmten Vorschriften beachtet werden, sondern auch das Recht auf ein prozessordnungsgemäßes Verfahren.[2003] Im obigen Beispiel gehört dazu auch eine Aussage, die der Zeuge konfliktfrei und unbelastet abgibt. Auch erfasst diese Theorie nur einen Teilaspekt der Problematik, wie der Bundesgerichtshof selbst einräumt. In der Folge hat sich auch die Rechtsprechung von diesem Grundsatz zunächst entfernt,[2004] sich aber dann wieder angenähert.[2005]

### b) Lehre vom Schutzzweck der Norm

Die auch als Schutzzwecktheorie bezeichnete Lehre[2006] stellt darauf ab, ob der **646**
Zweck des Beweiserhebungsverbots gerade darin besteht, ein verbotswidrig erlangtes Beweisergebnis von der Verwertung auszuschließen und hat insoweit gewisse Ähnlichkeiten mit der Rechtskreistheorie.

**Beispiel:**

Die Beschlagnahmeverbote des § 97 Abs. 1 StPO sollen gerade verhindern, dass die dort genannten Unterlagen und Gegenstände in einem Strafverfahren verwertet werden.

Umgekehrt muss im Falle der Verwertbarkeit des Beweises der Schutzzweck der verletzten Norm damit vereinbar sein. Die Problematik besteht darin, dass sich der Schutzzweck einer Norm nicht immer eindeutig bestimmen lässt.[2007] Auch ist der Schutzzweck nur eines von mehreren zu beachtenden Kriterien und nur anwendbar, wenn es auch eine verletzte Norm gibt, was bei den selbstständigen Beweisverwertungsverboten gerade

2003 *Roxin/Schünemann*, § 24 Rn. 24; *Volk/Engländer*, § 28 Rn. 9.

2004 BGH 07.03.1996 – 4 StR 737/95, BGHSt 42, 73, 77.

2005 BGH 17.02.2009 – 1 StR 691/08, BGHSt 53, 191, 195 ff.; BGH 09.08.2016 – 4 StR 195/16, NStZ-RR 2016, 377.

2006 Nachweise bei *Kindhäuser/Schumann*, § 23 Rn. 14, Fn. 10.

2007 *Eisenberg*, Rn. 366; *Ostendorf/Brüning*, § 16 Rn. 84.

nicht gegeben ist. Aufgrund dieser Unzulänglichkeiten ist der Ansatz nur bedingt tauglich für die Bestimmung eines Beweisverwertungsverbots.

#### c) Abwägungslehre

647 Die Abwägungslehre wird von der Rechtsprechung genutzt und auch von Teilen der Literatur vertreten.[2008] Hierbei wird in jedem Einzelfall eine Abwägung insbesondere der betroffenen Interessen durchgeführt. Abgewogen werden die Individualinteressen des betroffenen Bürgers, insbesondere das Gewicht des Verfahrensverstoßes gegenüber den Interessen einer effektiven Strafrechtspflege, wozu vor allem die Schwere des Tatvorwurfs zu rechnen ist. Auch die Rechtskreistheorie und die Schutzzwecklehre finden dabei Berücksichtigung. Danach liegt ein Beweisverwertungsverbot nahe, wenn die verletzte Verfahrensvorschrift dazu bestimmt ist, die Grundlagen der verfahrensrechtlichen Stellung des Beschuldigten im Strafverfahren zu sichern.[2009] Die Schwäche dieses Ansatzes liegt in den tendenziell unpräzisen Abwägungskriterien und einer damit verbundenen gewissen Beliebigkeit der Ergebnisse.[2010] Jedoch lässt sich durch die **Herausbildung einer Kasuistik** der Rechtsprechung durchaus Rechtssicherheit erlangen. In Anbetracht der Komplexität der Beweisverbote und einer bis heute in der Rechtswissenschaft fehlenden einheitlichen Terminologie der Beweisverbote erscheint dieser Ansatz auch die überzeugendste Lösung der Problematik zu sein. Aus der von der obergerichtlichen Rechtsprechung praktizierten Abwägungslehre lassen sich beispielhaft insbesondere die folgenden wichtigen Fallgruppen nicht normierter Beweisverwertungsverbote bilden, die insoweit auch für andere Fälle eine Orientierungshilfe sein können.

### 3. Wichtige Fallgruppen nicht normierter Beweisverwertungsverbote

#### a) Fehlende oder unvollständige Beschuldigtenbelehrung

648 Das Fehlen der nach § 136 Abs. 1 S. 2 StPO vorgeschriebenen Belehrung über das Auskunftsverweigerungsrecht des Beschuldigten führt nach ständiger Rechtsprechung zur Unverwertbarkeit der Angaben des Beschuldigten.[2011] Gleiches gilt grundsätzlich bei fehlendem Hinweis auf die Möglichkeit der Verteidigerkonsultation oder auch fehlender Unterstützung bei der Kontaktaufnahme mit einem Verteidiger (§ 136 Abs. 1 S. 2–4 StPO).[2012]

---

2008 BGH 11.11.1998 – 3 StR 181/98, BGHSt 44, 243, 249 m.w.N.; *Rogall*, ZStW 91 (1979), 1, 29 ff.; *Roxin/Schünemann*, § 24 Rn. 30 ff. jeweils m.w.N.

2009 BGH 27.02.1992 – 5 StR 190/91, BGHSt 38, 214, 220.

2010 *Eisenberg*, Rn. 367 m.w.N.

2011 BGH 27.02.1992 – 5 StR 190/91, BGHSt 38, 214, 220 ff.

2012 BGH 22.11.2001 – 1 StR 220/01, BGHSt 47, 172, 173 f.

### b) Fehlende Belehrung über Zeugnisverweigerungsrechte

Werden die aus persönlichen Gründen Zeugnisverweigerungsberechtigten (§ 52 Abs. 1 StPO) nicht über ihr Zeugnisverweigerungsrecht belehrt (§ 52 Abs. 3 StPO), sind die erwirkten Aussagen nach der Rechtsprechung unverwertbar, da dies für den Schutz der Familie des Beschuldigten erforderlich ist.[2013] Ein versehentlicher Fehler bei der Belehrung führt hingegen nicht zu einem Beweisverwertungsverbot der Angaben des Zeugen.[2014] Für die aus beruflichen Gründen Zeugnisverweigerungsberechtigten (§ 53 Abs. 1 S. 1 StPO) gilt dies alles hingegen nicht, da im Unterschied zu den aus persönlichen Gründen Zeugnisverweigerungsberechtigten keine Belehrungspflicht besteht und von einer berufsbedingten Kenntnis der Schweigepflicht des Berufsgeheimnisträgers ausgegangen wird.[2015] **649**

### c) Missachtung des Richtervorbehalts

Eine mangels Gefahr im Verzug rechtswidrige Anordnung einer Zwangsmaßnahme, beispielsweise einer Durchsuchung, mittels Eilkompetenz (§ 105 Abs. 1 StPO) führt bei schwerwiegender, bewusster oder willkürlicher Missachtung des Richtervorbehalts regelmäßig zu einem Beweisverwertungsverbot der erlangten Beweismittel.[2016] Ist der Verstoß hingegen nur „fahrlässig“, bleibt trotz rechtswidriger Anordnung aus Eilkompetenz der gewonnene Beweis verwertbar. Diese Rechtsprechung gründet sich insbesondere auf einen Verstoß gegen den Grundsatz des fairen Verfahrens (Art. 1 Abs. 1 EMRK).[2017] **650**

### d) Eingriffe in den absolut geschützten Kernbereich privater Lebensgestaltung

Erkenntnisse, die durch einen Eingriff in den Kernbereich privater Lebensgestaltung (s. hierzu Rn. 474) erlangt wurden, dürfen in keinem Fall verwertet werden.[2018] Diesem von der verfassungsrechtlichen Rechtsprechung entwickelten Grundsatz hat der Gesetzgeber mittlerweile auch bei einigen verdeckten Zwangsmaßnahmen einfachrechtlich umgesetzt (§§ 100d Abs. 2 S. 1, 100f Abs. 4, 100h Abs. 4 StPO). Hierzu zählt beispielsweise auch ein **Selbstgespräch,** das der Beschuldigte in seinem rechtmäßig abgehörten Pkw (§ 100f StPO) führt.[2019] Wiederum wurden schriftliche **Tagebuchaufzeichnungen**, in denen der eines Mordes Beschuldigte sich mit seiner Neigung zu Gewalttaten **651**

---

2013 BGH 21.01.1958 – GSSt 4/57, BGHSt, 11, 213, 216.

2014 BGH 10.02.2021 – 6 StR 326/20, StraFo 2021, 202 f.

2015 BGH 04.02.2010 – 4 StR 394/09, NStZ-RR 2010, 178.

2016 BVerfG 12.04.2005 – 2 BvR 1027/02, BVerfGE 113, 29, 61; BGH 06.10.2016 – 2 StR 46/15, BGHSt 61, 266, 275 f.

2017 Hierzu *Kramer*, Rn. 168a.

2018 Grundlegend BVerfG 03.03.2004 – 1 BvR 2378/98, BVerfGE 109, 279, 313 ff.; BGH 10.08.2005 – 1 StR 140/05, BGHSt 50, 206, 210; BGH 09.07.1987 – 4 StR 223/87, BGHSt 34, 397, 399 ff.

2019 BGH 22.12.2011 – 2 StR 509/10, BGHSt 57, 71, 74 ff.

auseinandersetzt, in Anbetracht der Schwere der vorgeworfenen Tat als verwertbar angesehen.[2020] In der Folge wird der eigentlich absolute Kernbereichsschutz tendenziell der schlichten Privatsphäre, anstatt der den Kernbereich umfassenden Intimsphäre, zugeordnet und so zugunsten der Strafverfolgungsinteressen relativiert, indem eine Interessenabwägung durchgeführt wird. So hat das Bundesverfassungsgericht in einer Kammerentscheidung sogar die Verwertbarkeit von Tagebüchern zum Nachweis eines Vergehens (§ 176 StGB a.F.) bejaht,[2021] während der Bundesgerichtshof dies in einer älteren Entscheidung bezogen auf den Vorwurf des Meineids (§ 154 StGB) verneint hatte.[2022]

### 4. Hypothetischer Ersatzeingriff

652 Der Begriff des hypothetischen Ersatzeingriffs hat im Bereich der Zufallsfunde bei Katalogtaten und deren Verwertbarkeit sowie bei der Frage einer Verwendung präventiver Erkenntnisse eine besondere Bedeutung (s. hierzu Rn. 488 f.). Darüber hinaus kann sich aber auch bei einer eigentlich untersagten Beweisverwertung die Frage stellen, ob das Beweismittel nicht auch auf rechtmäßigem Wege hätte gewonnen werden können (hypothetical clean path). Es handelt sich insoweit um die Frage einer **hypothetisch rechtmäßigen Beweiserlangung** (s. auch Rn. 430).[2023]

**Beispiel:**

Die Polizei hat eine Wohnungsdurchsuchung selbst angeordnet, obwohl ersichtlich die Voraussetzungen von Gefahr im Verzug (§ 105 Abs. 1 StPO) nicht vorlagen. In der Folge sind die gewonnenen Beweismittel nach der Rechtsprechung des Bundesgerichtshofs grundsätzlich nicht verwertbar. Dabei hätte die Polizei problemlos eine richterliche Anordnung einholen können und diese auch erhalten.

In diesen Fällen wird von der Rechtsprechung im Wege der Abwägung in einigen Fällen ein Beweisverwertungsverbot abgelehnt.[2024] Im Beispielsfall würde der Bundesgerichtshof allerdings aufgrund der groben Verkennung des Richtervorbehalts diese Hypothese nicht gelten lassen und ein Beweisverwertungsverbot annehmen. [2025] Dies überzeugt, da ansonsten die gesetzliche Funktion des Richtervorbehalts praktisch ausgehebelt wird.

2020 BVerfG 14.09.1989 – 2 BvR 1062/87, BVerfGE 80, 367, 373 ff.

2021 BVerfG 26.06.2008 – 2 BvR 219/08, StraFo 2008, 421.

2022 BGH 21.02.1964 – 4 StR 519/63, BGHSt 19, 325, 333 f.

2023 So die Bezeichnung bei *Kindhäuser/Schumann*, § 23 Rn. 31.

2024 BGH 17.03.1971 – 3 StR 1971 – 3 StR 189/70, BGHSt 24, 125, 131 f.; BGH 11.11.1998 – 3 StR 181/98, BGHSt 44, 243, 249 f.; BGH 04.09.2014 – 4 StR 473/13, BGHSt 59, 292, 301 ff.

2025 Vgl. BGH 18.04.2007 – 5 StR 546/06, BGHSt 51, 285295 f.; BGH 06.10.2016 – 2 StR 46/15, BGHSt 61, 266, 276 f.

### 5. Fernwirkung von Beweisverwertungsverboten

Umstritten ist die **Reichweite eines Beweisverwertungsverbotes**. Die Frage ist, ob ein Beweisverwertungsverbot nur zum Ausschluss des unmittelbar durch das Verbot betroffenen Beweismittels oder darüber hinaus auch zur Unverwertbarkeit der aufgrund dieses Beweismittels erlangten weiteren Beweise führt. 653

**Beispiel:**

Aufgrund des in der polizeilichen Vernehmung mittels Täuschung oder gar Folterandrohung (§ 136a Abs. 1 StPO) erlangten Geständnisses des Beschuldigten wird der Leichnam des Opfers, an dem sich zahlreiche Spuren sichern lassen, gefunden.

Während von der Literatur zu großen Teilen in Anlehnung an die amerikanische „fruit of the poisonous tree doctrine" eine Fernwirkung angenommen wird,[2026] beschränkt die Rechtsprechung die Reichweite eines Beweisverwertungsverbots grundsätzlich auf das unmittelbar betroffene Beweismittel und lehnt tendenziell eine Fernwirkung ab.[2027] Das unverwertbare Beweismittel darf insoweit grundsätzlich als **Spurenansatz** genutzt werden, um neue Beweise zu finden. Zur Begründung wird angeführt, dass ein einziger Verstoß nicht das gesamte Strafverfahren bzw. die gesamte Beweiskette lahmlegen dürfe und letztlich sich kaum klären lasse, ob die Polizei das weitere Beweismittel, wie im obigen Beispiel den Leichnam, nicht auch ohne den Verstoß gefunden hätte. Jedoch soll bei besonders schwerwiegenden Verstößen im Einzelfall ausnahmsweise auch eine Fernwirkung in Betracht kommen.[2028] So hat der Bundesgerichtshof eine Fernwirkung bei sog. Beinahetreffern (s. hierzu Rn. 369) im Rahmen einer molekulargenetischen Reihenuntersuchung (§ 81h StPO) angenommen.[2029] Ebenso kommt eine Fernwirkung eines Beweisverwertungsverbotes nach § 136a Abs. 3 StPO wegen einer verbotenen Vernehmungsmethode für eine zeitlich nachgelagerte erneute Vernehmung in Betracht, soweit der Aussagende bei dieser zweiten Vernehmung nur pauschal seine früheren Angaben bestätigt; nicht hingegen, wenn der Aussagende sich seiner Freiheit bewusst ist, sich von seiner früheren Einlassung zu distanzieren.[2030] Diese differenzierte Auffassung, die teilweise auch in der

2026 Nachweise bei *Kindhäuser/Schumann*, § 23 Rn. 40, Fn. 60.

2027 BGH 22.02.1978 – 2 StR 334/77, BGHSt 27, 355, 357 f.; BGH 24.08.1983 – 3 StR 136/83, BGHSt 32, 68, 71; BGH 28.04.1987 – 5 StR 666/86, BGHSt 34, 362, 364.

2028 BGH 07.03.2006 – 1 StR 316/05, BGHSt 51, 1, 7 f.

2029 BGH 20.12.2012 – 3 StR 117/12, BGHSt 58, 84, 93.

2030 BGH 13.01.2021 – 3 StR 410/20, NStZ 2021, 431, 432.

Literatur vertreten wird,[2031] überzeugt, da die Folgen des Verstoßes sich an seiner Schwere messen. Eine absolute Betrachtung in Form einer stets anzunehmenden Fernwirkung von Verstößen würde auf eine reine Disziplinierung der Strafverfolgungsbehörden zu rechtsstaatlichem Verhalten hinauslaufen,[2032] was zwar durchaus ein – rechtstatsächlich eher fraglicher – Effekt der Beweisverwertungsverbote sein kann[2033], jedoch keineswegs das Ziel ist.

### 6. Fortwirkung von Beweisverwertungsverboten

654 Von der Fernwirkung zu unterscheiden ist die Problematik der Fortwirkung eines Verfahrensverstoßes. Dabei geht es um die Frage, ob bei **Nutzung eines unverwertbaren Beweismittels zur Beweisgewinnung**, insbesondere durch Einführung in die Beweisaufnahme der Hauptverhandlung, mögliche daraus resultierende weitere Beweismittel ebenfalls unverwertbar sind.[2034]

**Beispiel:**

Ein mangels richterlicher Anordnung rechtswidrig erlangtes und in der Folge als Beweis unverwertbares Protokoll einer Telekommunikationsüberwachung (§ 100a StPO) wird bei der Vernehmung des Beschuldigten als Vorhalt genutzt, woraufhin der Beschuldigte ein Geständnis ablegt.

Nach der Rechtsprechung sei hierbei für die Frage der Verwertbarkeit des Geständnisses entscheidend, ob der Beschuldigte über die Rechtmäßigkeit und Verwertbarkeit des vorgehaltenen Protokolls irrt und infolgedessen aussagt oder aber unabhängig von dieser Täuschung zur Aussage motiviert sei.[2035] In der letzteren Alternative wäre dann das Geständnis verwertbar. Dieser Grundsatz soll nach neuerer Rechtsprechung des Bundesgerichtshofs auch bei besonders schwerwiegenden Verstößen gelten.[2036] Mit der Rechtsprechung des EGMR zu Art. 3 EMRK ist dies kaum zu vereinbaren[2037] und überzeugt nicht. Stattdessen muss zumindest bei besonders schwerwiegenden Verstößen wohl regelmäßig von einer Fortwirkung ausgegangen werden.

---

2031 KK-*Bader*, Vorb. § 48 Rn. 45 ff.; LR-*Gleß*, § 136a Rn. 75 f.

2032 Hierzu *Ostendorf/Brüning*, § 16 Rn. 86.

2033 Vgl. OLG Köln 27.10.2009 – 81 Ss 65/09, StV 2010, 14, 16: Verstoß darf „nicht ohne Sanktion bleiben".

2034 *Krey/Heinrich*, Rn. 1635 m.w.N.

2035 BGH 06.08.1987 – 4 StR 333/87, BGHSt 35, 32, 34.

2036 BGH 14.09.2010 – 3 StR 573/09, BGHSt 55, 314, 318 f.; anders noch BGH 13.07.1962 – 4 StR 70/62, BGHSt 17, 364, 368.

2037 Vgl. EGMR 01.06.2010 – 22978/05 (Gäfgen/Deutschland), NJW 2010, 3145, 3149 f.

**Beispiel:**

Das infolge Folter oder unmenschlicher Behandlung (§ 136a StPO) unverwertbare Geständnis des Beschuldigten wirkt stets bei allen weiteren Vernehmungen im Ermittlungsverfahren fort.

Dies führt in der Konsequenz dazu, dass die Fortwirkung nur unterbrochen werden kann, wenn der Beschuldigte in diesen Fällen qualifiziert belehrt wird, indem ausdrücklich auf die Unverwertbarkeit der vorgehaltenen Beweise hingewiesen werden muss.[2038] Geschieht dies nicht, so sind alle Angaben des Beschuldigten unter Vorhalt des unverwertbaren Geständnisses ebenfalls unverwertbar.

2038 Vgl. M-G/S-*Schmitt*, § 136a Rn. 30; LG Frankfurt am Main 09.04.2003 – 5/22 Ks 2/03 – 3490 Js 230118/02, StV 2003, 325, 326 f.

# 7. KAPITEL Das Verfahren vor Gericht

## A. Das Zwischenverfahren

Durch Einreichung der Anklageschrift zusammen mit der Ermittlungsakte beim zuständigen Gericht beginnt das Zwischenverfahren (§§ 199 ff. StPO). Es stellt eine Art **Vorprüfung** der staatsanwaltschaftlichen Anklage durch das unabhängige Gericht dar. Geprüft wird, ob der von der Staatsanwaltschaft durch die Anklageerhebung bejahte hinreichende Tatverdacht gegen den Beschuldigten auch nach Auffassung des Gerichts besteht (§§ 170 Abs. 1, 203 StPO). Der Hauptzweck des Zwischenverfahrens liegt darin, den Beschuldigten nicht ungerechtfertigt mit einem öffentlichen Hauptverfahren zu überziehen.[2039] Durch die damit verbundene Verhinderung unnötiger Hauptverfahren wird aber auch eine Entlastung der Justiz erreicht.[2040] Das Zwischenverfahren hat insoweit eine doppelte **Filterfunktion**. 655

Die darin liegende **richterliche Kontrolle** der bisherigen Ermittlungen ist positiv zu bewerten. Jedoch scheint bedenklich, dass es sich bei dem im Zwischenverfahren entscheidenden Gericht im Regelfall auch um das Gericht des Hauptverfahrens handelt, welches sich bereits vor der Hauptverhandlung durch die Annahme des hinreichenden Tatverdachts eine Ansicht gebildet hat. Die notwendige Neutralität ist insoweit zumindest gefährdet. Wünschenswert wäre daher, nicht dem Gericht des Hauptverfahrens, sondern einem anderen Gericht die Prüfung und Entscheidung über die Eröffnung des Hauptverfahrens zu überlassen.[2041] Rechtstatsächlich ist zu beachten, dass lediglich weniger als ein Prozent aller Anklagen nicht zugelassen werden.[2042] 656

Der Beschuldigte, der nunmehr als **Angeschuldigter** bezeichnet wird (§ 157 StPO), erhält nach Mitteilung der Anklageschrift Gelegenheit, innerhalb einer vom Gericht gesetzten Frist Beweisanträge und Einwendungen gegen die Eröffnung des Hauptverfahrens geltend zu machen (§ 201 Abs. 1 StPO). Liegt ein Fall der notwendigen Verteidigung vor (§ 140 StPO), muss das Gericht dem unverteidigten Angeschuldigten einen Pflichtverteidiger bestellen (§ 141 Abs. 2 S. Nr. 1 StPO). Darüber hinaus kann das Gericht von Amts wegen einzelne Beweiserhebungen anordnen (§ 202 S. 1 StPO) und diese selbst oder im 657

2039 *Rüping*, Rn. 360.

2040 So auch *Krey/Heinrich*, Rn. 539.

2041 Ausführlich *Roxin/Schünemann*, § 42 Rn. 3; LR-*Stuckenberg*, Vor § 198 Rn. 20; SK-*Paeffgen*, Vor §§ 198 ff. Rn. 16.

2042 LR-*Stuckenberg*, Vor § 198 Rn. 13.

Wege der Amtshilfe durch die Staatsanwaltschaft, die wiederum damit die Polizei beauftragen kann, durchführen lassen.[2043] Auch kann das Gericht den Verfahrensstand mit den Verfahrensbeteiligten erörtern (§ 202a StPO). Die Prüfung und Entscheidung des Gerichts erfolgt nicht öffentlich und ohne Beteiligung der Schöffen (§§ 30 Abs. 2, 76 Abs. 1 S. 2 GVG).

**658** Das Zwischenverfahren endet entweder durch Eröffnungsbeschluss oder Ablehnung der Eröffnung des Hauptverfahrens bzw. Verfahrenseinstellung. Hält das Gericht den hinreichenden Tatverdacht für gegeben, so lässt es mit dem **Eröffnungsbeschluss** die Anklageschrift zur Hauptverhandlung zu und bezeichnet das zuständige Gericht (§ 207 Abs. 1 StPO). Diese Entscheidung kann weder vom Beschuldigten noch von der Staatsanwaltschaft angefochten werden (§ 210 Abs. 1 StPO). Durch den Eröffnungsbeschluss wird der Angeschuldigte nunmehr zum Angeklagten (§ 157 StPO) und das Hauptverfahren (§§ 212 ff. StPO) beginnt. Auch wird die Sache vor dem im Beschluss genannten Gericht rechtshängig.[2044] Damit endet die Dispositionsbefugnis der Staatsanwaltschaft über die Rücknahme der Anklageschrift (§ 156 StPO). Fehlt ein Eröffnungsbeschluss, stellt dies ein Verfahrenshindernis dar und führt zur Einstellung des Strafverfahrens.[2045] Insoweit ist der Eröffnungsbeschluss **Prozessvoraussetzung** für das weitere Verfahren. Darüber hinaus kann das Gericht die Anklage auch nur mit Änderungen zulassen (§ 207 Abs. 2 StPO), wogegen die Staatsanwaltschaft entweder sofortige Beschwerde einlegen kann (§ 210 Abs. 2 StPO) oder aber eine geänderte Anklageschrift einreichen muss (§ 207 Abs. 3 StPO). Lehnt das Gericht hingegen die Eröffnung des Hauptverfahrens durch Beschluss ab, kann die Staatsanwaltschaft auch dagegen innerhalb einer Woche sofortige Beschwerde einlegen (§§ 210 Abs. 2, 311 Abs. 2 StPO). Wird der **Ablehnungsbeschluss** rechtskräftig, endet das Strafverfahren. Ergeben sich neue Tatsachen oder Beweismittel, kann das Verfahren aber von der Staatsanwaltschaft wieder aufgenommen werden (§ 211 StPO). Darüber hinaus kann im Zwischenverfahren die Sache vom Gericht auch endgültig (§§ 153 ff. StPO) oder vorläufig (§ 205 StPO), z.B. bei vorübergehender Verhandlungsunfähigkeit des Angeschuldigten, eingestellt werden.

2043 KK-*Schneider*, § 202 Rn. 8.

2044 BGH 26.09.1980 – StB 32/80, BGHSt 29, 341, 343.

2045 BGH 14.05.1957 – 5 StR 145/57, BGHSt 10, 278, 279.

# B. Grundzüge des Hauptverfahrens

Das Hauptverfahren gliedert sich in die Vorbereitung der Hauptverhandlung und die Hauptverhandlung selbst.

## I. Vorbereitung der Hauptverhandlung

Zur Vorbereitung der Hauptverhandlung gehört zunächst die **Terminsbestimmung** durch den Vorsitzenden des Gerichts (§ 213 Abs. 1 StPO). Dabei werden Datum, Uhrzeit und Ort nach seinem Ermessen[2046] festgelegt. Bei umfangreicheren Verfahren macht der Vorsitzende einen Plan für mehrere Verhandlungstage. Terminabsprachen mit den Verfahrensbeteiligten sind nicht zwingend vorgeschrieben, aber durchaus üblich und sollen bei umfangreichen Verfahren auch erfolgen (§ 213 Abs. 2 StPO). Weiterhin werden vom Vorsitzenden die erforderlichen **Ladungen** angeordnet (§ 214 StPO). Zu laden sind der Angeklagte (§ 216 StPO), der Verteidiger (§ 218 StPO), mögliche weitere Verfahrensbeteiligte wie Nebenkläger und Zeugen sowie ggf. Sachverständige und Dolmetscher. Hierbei muss zwischen der Ladungszustellung an den Angeklagten und dem Tag der Hauptverhandlung mindestens eine Woche liegen (§ 217 Abs. 1 StPO). Spätestens zusammen mit der Ladung muss dem Angeklagten auch der Eröffnungsbeschluss zugestellt werden (§ 215 S. 1 StPO). Die Staatsanwaltschaft erhält eine Benachrichtigung von dem Termin. Auch muss das Gericht der Staatsanwaltschaft und dem Angeklagten mitteilen, wer geladen wurde (§ 222 StPO). Die **Herbeischaffung der Beweisgegenstände** obliegt grundsätzlich der Staatsanwaltschaft (§ 214 Abs. 4 S. 1 StPO), kann aber ausnahmsweise auch vom Vorsitzenden angeordnet werden (§§ 214 Abs. 4 S. 2, 221 StPO). Bei Hauptverhandlungen vor dem Land- oder Oberlandesgericht muss die Besetzung des Gerichts mitgeteilt werden (§ 222a StPO), gegen die Einwände nur innerhalb einer Woche nach Zustellung der Besetzungsmitteilung geltend gemacht werden können (§ 222b Abs. 1 S. 1 StPO). Darüber hinaus hat der Angeklagte das Recht, Zeugen selbst zu laden (§ 220 StPO). Auch können einzelne Beweiserhebungen außerhalb der Hauptverhandlung stattfinden (§§ 223–225 StPO). 659

## II. Die Hauptverhandlung

### 1. Allgemeines

Eine Hauptverhandlung kann aus einem Verhandlungstermin oder aber auch aus mehreren Verhandlungsterminen bestehen. Während Verfahren vor dem 660

2046 BGH 21.03.2018 – 1 StR 415/17, NJW 2018, 1698, 1699.

Strafrichter zumeist an einem Verhandlungstermin abgeschlossen werden, kommt es in der Praxis insbesondere bei Verfahren vor dem Land- oder Oberlandesgericht regelmäßig zu Unterbrechungen der Hauptverhandlung (§§ 228 f. StPO) und einer Fortsetzung an einem weiteren Verhandlungstermin. Damit das Gericht sein Urteil auf Grundlage möglichst frischer und unverblasster Eindrücke fällen kann, darf die Hauptverhandlung aber nicht zu lange unterbrochen, sondern muss möglichst in einem Zug, d.h. „konzentriert" geplant und durchgeführt werden (sog. **Konzentrationsmaxime**).[2047] Davon zu unterscheiden ist eine Aussetzung der Hauptverhandlung, die zu einer vollständigen Wiederholung der bisherigen Verhandlung führt und daher selten in der Praxis vorkommt. Die Verhandlungsleitung obliegt dem Vorsitzenden (§ 238 Abs. 1 StPO). Wird eine Anordnung des Vorsitzenden von den Verfahrensbeteiligten beanstandet, so entscheidet das gesamte Gericht als Kollegium (§ 238 Abs. 2 StPO). Darüber hinaus hat der Vorsitzende zur Aufrechterhaltung der Ordnung in der Sitzung die sog. **sitzungspolizeiliche Gewalt** inne (§ 176 Abs. 1 GVG). Dabei können Personen aus der Hauptverhandlung entfernt oder Ordnungsmittel angeordnet werden (§§ 177, 178 GVG). Über die Hauptverhandlung ist ein schriftliches **Protokoll** zu fertigen (§ 271 Abs. 1 S. 1 StPO). Es wird in der Regel durch den Urkundsbeamten der Geschäftsstelle (§ 226 Abs. 1 StPO) oder, wenn kein Urkundsbeamter anwesend ist (§ 226 Abs. 2 StPO), vom Strafrichter selbst gefertigt.[2048] Inhaltlich wird der Gang der Hauptverhandlung mit seinen wesentlichen Ergebnissen und Förmlichkeiten dokumentiert (§§ 272 ff. StPO). Insofern dient es Beweiszwecken (§ 274 StPO). Protokollierte Tatsachen gelten grundsätzlich – unabhängig davon, ob sie wirklich geschehen sind oder nicht – als geschehen, nicht protokollierte als nicht geschehen (sog. **positive und negative Beweiskraft**), wobei die Möglichkeit einer nachträglichen Protokollberichtigung besteht.[2049]

### 2. Wichtige Grundsätze der Hauptverhandlung

#### a) Unmittelbarkeit

661 Der Grundsatz der Unmittelbarkeit (s. auch Rn. 630) dient der Auswahl der Erkenntnismöglichkeiten und verpflichtet das Gericht, die Beweisaufnahme grundsätzlich unmittelbar selbst wahrzunehmen und nicht an andere Personen, wie beispielsweise beauftragte Richter, zu delegieren. Sie erfordert weiterhin die Nutzung der originär vorhandenen Beweismittel anstatt möglicher Beweissurrogate, damit das Gericht sich einen unmittelbaren Eindruck von den Beweisen machen kann.

---

2047 KK-*Fischer*, Einl. Rn. 24.

2048 KK-*Greger*, § 271 Rn. 5.

2049 Einzelheiten bei *Roxin/Schünemann*, § 51 Rn. 7 ff. m.w.N.

**Beispiel:**

Persönliche Vernehmung des Zeugen in der Hauptverhandlung anstatt Verlesung des polizeilichen Protokolls der Zeugenvernehmung (§ 250 StPO).

Nur so wird das Gericht in die Lage versetzt, nach seiner freien, aus dem Inbegriff der Verhandlung geschöpften Überzeugung zu entscheiden (§ 261 StPO).

### b) Mündlichkeit

662 Der Grundsatz der Mündlichkeit steht in engem Zusammenhang mit dem der Unmittelbarkeit und betrifft die äußere Form der Hauptverhandlung. Nur das mündlich in der „Verhandlung" i.S.d. §§ 261, 264 Abs. 1 StPO Vorgetragene und Erörterte kann dem Urteil zugrunde gelegt werden. Was in der Hauptverhandlung nicht gesprochen ist, kann nicht beachtet werden und gilt als nicht geschehen oder nicht vorhanden.[2050] In der Folge wird beispielsweise die Anklageschrift verlesen, müssen Zeugen vor Gericht aussagen, werden Urkunden verlesen und erfolgen Plädoyers mündlich. Dieser durch den reformierten Strafprozess erfolgte Wandel vom geheimen schriftlichen zum mündlichen Verfahren ermöglicht überhaupt erst eine den Inhalt der Hauptverhandlung wahrnehmende Teilnahme der Öffentlichkeit.[2051]

### c) Öffentlichkeit

663 Die Hauptverhandlung ist in der Regel öffentlich (§ 169 GVG). Dies bedeutet, dass grundsätzlich jedermann sich ohne besondere Schwierigkeiten Kenntnis über Ort und Zeit der Hauptverhandlung verschaffen kann und im Rahmen der tatsächlichen Gegebenheiten dieser beiwohnen darf.[2052] Das gilt jedoch aus pädagogischen Gründen nicht für Hauptverhandlungen gegen Jugendliche (§ 48 Abs. 1 JGG), sehr wohl jedoch gegen Heranwachsende. Nichtöffentlich sind hingegen das Ermittlungs- Zwischen- und Vollstreckungsverfahren. Der aus der Entwicklung des reformierten Strafprozesses im 19. Jahrhundert entstandene Grundsatz der Öffentlichkeit sollte ursprünglich das staatliche Handeln für den Bürger transparent machen und damit eine **Kontrolle des staatlichen Handelns** ermöglichen, um so ein gerechtes Urteil zu gewährleisten.[2053] Er festigt insofern das öffentliche Vertrauen in die Rechtsprechung und zählt zu den grundlegenden Einrichtungen des Rechtsstaats.[2054] Heutzutage dient der Grundsatz aber auch dem

2050 *Ostendorf/Brüning*, § 16 Rn. 55.

2051 *Kindhäuser/Schumann*, § 18 Rn. 27.

2052 M-G/S-*Schmitt*, § 169 GVG Rn. 3.

2053 *Rüping*, Rn. 427.

2054 BGH 23.05.1956 – 6 StR 14/56, BGHSt 9, 280, 281 f.

**Informationsinteresse der Medienöffentlichkeit**.[2055] In der Folge wurde das grundsätzliche Verbot von Ton- und Fernsehrundfunkaufnahmen sowie Ton- und Filmaufnahmen im Jahr 2018 teilweise gelockert. So ist nunmehr eine gerichtsinterne Tonübertragung in einen Arbeitsraum für Medienvertreter zulässig (§ 169 Abs. 1 S. 3–5 GVG). Bei Verfahren von herausragender zeitgeschichtlicher Bedeutung für die Bundesrepublik Deutschland darf eine Tondokumentation – keine Liveübertragung – der Verhandlung einschließlich der Verkündung des Urteils und der Beschlüsse erfolgen (§ 169 Abs. 2 GVG). Auch können Urteilsverkündungen des Bundesgerichtshofs audiovisuell zum Zwecke der öffentlichen Vorführung oder der Veröffentlichung ihres Inhalts aufgenommen werden, wobei dies im Ermessen des Gerichts steht (§ 169 Abs. 3 GVG).

**664** Der Zugang der Öffentlichkeit kann durch **Kapazitätsgrenzen** beschränkt werden, sodass Zuhörern aus Platzgründen der Einlass in den Sitzungssaal verweigert werden kann. Allerdings muss der Saal zumindest so groß sein, dass überhaupt eine gewisse Anzahl an Zuhörern und nicht nur wenige Einzelne darin Platz finden.[2056] Neben diesen faktischen Grenzen der Öffentlichkeit können aus Individualinteressen von Verfahrensbeteiligten und Zeugen sowie zur Abwehr von Gefahren für die öffentliche Ordnung und Sicherheit die gesamte Öffentlichkeit oder aber einzelne Anwesende zeitweilig, ausnahmsweise sogar für die ganze Hauptverhandlung, ausgeschlossen werden (§§ 171a ff. GVG).

### 3. Ablauf der Hauptverhandlung

**665** Der Ablauf einer Hauptverhandlung bis zum Beginn der Beweisaufnahme ist in § 243 StPO festgelegt. Die Vorschriften der Beweisaufnahme finden sich in den §§ 244–257 StPO, die Schlussvorträge sind in § 258 StPO geregelt, während die das Urteil betreffenden Normen in den §§ 260 ff. StPO sowie dem GVG geregelt sind.

#### a) Präsenzfeststellung und Anwesenheitspflichten

**666** Die Hauptverhandlung beginnt mit dem **Aufruf der Sache** (§ 243 Abs. 1 S. 1 StPO). Sodann prüft der Vorsitzende, ob der Angeklagte, ggf. sein Verteidiger sowie mögliche weitere Verfahrensbeteiligte (z.B. Nebenkläger) anwesend und die Beweismittel herbeigeschafft sind (§ 243 Abs. 1 S. 2 StPO). Hierzu ruft er die geladenen Zeugen und Sachverständigen auf. Danach müssen diese den Sitzungssaal wieder verlassen (§ 243 Abs. 2 S. 1 StPO), werden jedoch in der Praxis oftmals vorher noch gemeinsam belehrt (§ 57 StPO). Ihre Ver-

2055 Vgl. BT-Drs. 18/10144, S. 15.

2056 BayObLG 30.11.1981 – 1 Ob OWi 331/81, NJW 1982, 395.

nehmung ist Teil der Beweisaufnahme, die erst nach der möglichen Einlassung des Angeklagten beginnt (§ 244 Abs. 1 StPO). Auch werden sie einzeln und in Abwesenheit der später zu hörenden Zeugen vernommen (§ 58 Abs. 1 StPO). Bei **Jugendlichen** ist auch die Anwesenheit der gesetzlichen Vertreter und der Jugendgerichtshilfe festzustellen (vgl. § 50 Abs. 2 u. 3 JGG).

Eine Hauptverhandlung ohne den Angeklagten (sog. **Abwesenheitsverfahren**) ist grundsätzlich nicht möglich (§ 230 Abs. 1 StPO), sondern nur in wenigen Ausnahmefällen erlaubt (z.B. §§ 231–233, 329 Abs. 2 StPO). In der Konsequenz kann die Anwesenheit zwangsweise herbeigeführt werden (§ 230 Abs. 2 StPO). Liegt ein Fall der notwendigen Verteidigung vor und ist der Verteidiger nicht anwesend, darf ebenfalls nicht verhandelt werden (vgl. § 145 StPO). Handelt es sich hingegen um einen Wahlverteidiger, so ist dieser nicht zur Anwesenheit verpflichtet, sodass auch ohne ihn verhandelt werden kann. Selbstverständlich müssen neben den Geladenen auch das Gericht und die Staatsanwaltschaft während der Hauptverhandlung ununterbrochen anwesend sein (§ 226 Abs. 1 StPO). Außer in Verfahren vor dem Strafrichter muss auch ein Urkundsbeamter der Geschäftsstelle anwesend sein (§ 226 StPO). Während die Gerichtsbesetzung bis zur Urteilsverkündung nicht wechseln darf,[2057] kann die Staatsanwaltschaft einen oder auch mehrere sog. Sitzungsvertreter in der Hauptverhandlung einsetzen, die gleichzeitig die Staatsanwaltschaft vertreten oder sich abwechseln[2058] (§ 227 StPO). Anwesenheit von Gericht und Staatsanwaltschaft bedeutet dabei nicht nur körperliche, sondern auch geistige Anwesenheit.[2059] 667

**Beispiel:**

Der schlafende Richter, Schöffe oder Staatsanwalt ist nicht anwesend.[2060]

### b) Vernehmung des Angeklagten zur Person

Der Angeklagte wird sodann über seine persönlichen Verhältnisse vernommen (§ 243 Abs. 2 S. 2 StPO). Hierzu muss der Angeklagte Angaben machen. Sie beinhalten die auch bei der Polizei und Staatsanwaltschaft erforderlichen Identitätsangaben (s. Rn. 203), die Feststellung der Verhandlungsfähigkeit als Prozessvoraussetzung und – falls der Angeklagte keinen Verteidiger hat – die Vergewisserung, dass er sich selbst verteidigen kann.[2061] Weitere Angaben, 668

2057 M-G/S-*Schmitt*, § 226 Rn. 5.

2058 BGH 13.07.1966 – 2 StR 157/66, BGHSt 21, 85, 89.

2059 M-G/S-*Schmitt*, § 226 Rn. 3.

2060 Vgl. BGH 20.10.1981 – 5 StR 564/81, NStZ 1982, 41; BGH 14.10.2020 – 1 StR 616/19, StV 2021, 479 f. m. Anm. *Kühne*.

2061 KK-*Schneider*, § 243 Rn. 18.

etwa zu Vorleben, Werdegang, Ausbildung, Beruf sowie familiären und wirtschaftlichen Verhältnissen gehören nicht zu den persönlichen Verhältnissen, sondern zur Sache, weil sie für den Tatvorwurf und die Rechtsfolgen von Bedeutung sein können,[2062] wozu der Angeklagte keine Angaben machen muss.[2063]

#### c) Verlesung der Anklageschrift und Verständigungsmitteilung

669 Danach wird die Anklageschrift durch die Staatsanwaltschaft verlesen (§ 243 Abs. 3 S. 1 StPO) und sodann vom Gericht die Erörterung einer möglichen Verständigung (§ 257c StPO) vor der Hauptverhandlung mitgeteilt (§ 243 Abs. 4 StPO). Dies gilt auch dann, wenn die Verständigung gescheitert ist oder überhaupt keine Verständigungsgespräche stattgefunden haben. Der Inhalt einer solchen, dem System des deutschen Strafverfahrensrechts eigentlich fremden **Urteilsabsprache** zwischen dem Gericht und den Verfahrensbeteiligten besteht im Wesentlichen darin, dass der Angeklagte gegen ein Geständnis eine mildere Strafe erhält.[2064]

#### d) Vernehmung zur Sache

670 Im Anschluss wird der Angeklagte darüber belehrt, dass es ihm freistehe, sich zur Anklage zu äußern oder nicht zur Sache auszusagen (§ 243 Abs. 5 S. 1 StPO). Ist er zur Äußerung bereit, folgt die sog. **Einlassung des Angeklagten**. Diese Vernehmung geschieht grundsätzlich mündlich[2065] und wird vom Vorsitzenden durchgeführt, der den beisitzenden Berufsrichtern und Schöffen sowie den Verfahrensbeteiligten Gelegenheit gibt, selbst Fragen an den Angeklagten zu stellen (§ 240 Abs. 1 StPO). Die Reihenfolge, die im Ermessen des Vorsitzenden liegt,[2066] ist in der Regel folgende: beisitzende Berufsrichter, Schöffen, Staatsanwalt, Verteidiger und/oder Angeklagter, ggf. Nebenkläger. Jedoch kann der Angeklagte anstelle der mündlichen Einlassung auch eine schriftliche Erklärung vorlegen oder durch seinen Verteidiger abgeben,[2067] die das Gericht zur Kenntnis nehmen (§ 244 Abs. 2 StPO) und im Falle eines Geständnisses ggf. als Urkundenbeweis wohl verlesen muss (§ 249 StPO). Allerdings ist die Zulässigkeit solcher schriftlichen Einlassungen des Angeklagten, auf die hier nicht weiter eingegangen werden kann, sehr umstritten.[2068] Bei umfangreichen Verfahren vor dem Land- oder Oberlandesgericht besteht für den Verteidiger das Recht, eine sog. **Eröff-**

---

2062 M-G/S-*Schmitt*, § 243 Rn. 12.

2063 BGH 19.01.1984 – 4 StR 742/83, StV 1984, 190, 192.

2064 Ausführlich und zu Recht kritisch *Roxin/Schünemann*, § 17 Rn. 7 ff. u. § 44 Rn. 59 ff. m.w.N.

2065 BGH 09.01.1953 – 1 StR 623/52, BGHSt 3, 368; M-G/S-*Schmitt*, § 243 Rn. 30.

2066 KK-*Schneider*, § 240 Rn. 8.

2067 Vgl. BGH 11.03.2020 – 2 StR 69/19, NStZ 2021, 180 ff.

2068 Ausführlich KK-*Schneider*, § 243 Rn. 88 ff.; MüKo-*Arnoldi*, § 243 Rn. 67 ff. jeweils m.w.N.

**nungserklärung** abzugeben, die aber den Schlussvortrag nicht vorwegnehmen darf (§ 243 Abs. 5 S. 3 u. 4 StPO). Vorstrafen des Angeklagten sollen so spät wie möglich,[2069] frühestens aber bei der Vernehmung des Angeklagten zur Sache, festgestellt werden (vgl. § 243 Abs. 5 S. 5 u. 6 StPO).[2070]

#### e) Beweisaufnahme

Im Anschluss beginnt die **Beweisaufnahme** (§§ 244 ff. StPO), in der die geladenen Sachverständigen und Zeugen vernommen sowie die Urkundenbeweise verlesen und ggf. ein Augenschein eingenommen wird. Zu beachten ist, dass die im Ermittlungsverfahren erbrachten Beweise sich zwar in den Akten befinden und daher auch dem Gericht und den Verfahrensbeteiligten bekannt sind, aber nunmehr durch die Beweisaufnahme erst förmlich in die Hauptverhandlung eingeführt werden müssen, damit sie Grundlage der richterlichen Entscheidung werden können. Dabei muss das Gericht zur Erforschung der Wahrheit von Amts wegen die Beweisaufnahme auf alle Tatsachen und Beweismittel erstrecken, die für die Entscheidung von Bedeutung sein können (§ 244 Abs. 2 StPO). Diese gerichtliche Aufklärungspflicht bedingt für den Angeklagten und seinen Verteidiger einen Anspruch auf Beweiserhebung.[2071] So darf das Gericht auch dann, wenn es glaubt, auf Grundlage der bisherigen Beweisaufnahme bereits eine Überzeugung vom Sachverhalt gewonnen zu haben, weitere zur Verfügung stehende Beweismittel nicht ungenutzt lassen, wenn auch nur die entfernte Möglichkeit einer Änderung der durch die erfolgte Beweisaufnahme begründeten Vorstellung vom Sachverhalt in Betracht kommt.[2072] Selbst wenn der Angeklagte sich geständig zeigt, muss daher das gesamte Beweismaterial vom Gericht ausgeschöpft werden.[2073] Insoweit kann auch erst nach erschöpfender Ausnutzung aller Beweismittel der Grundsatz „in dubio pro reo“ greifen.[2074] Diese **umfassende gerichtliche Aufklärungspflicht** schließt jedoch nicht aus, dass auch die Verfahrensbeteiligten Beweisanträge stellen können. Hierbei ist der Beweisantrag von einer bloßen Beweisanregung oder einem Beweisermittlungsantrag zu unterscheiden.[2075] Über die Letzteren kann der Vorsitzende formlos entscheiden (§ 238 Abs. 1 StPO). Ein Beweisantrag erfordert hingegen, dass der Antragsteller ernsthaft verlangt, Beweis über eine bestimmt behauptete Tatsache, die die 671

2069 LR-*Becker*, § 243 Rn. 87.

2070 M-G/S-*Schmitt*, § 243 Rn. 34.

2071 *Ostendorf/Brüning*, § 16 Rn. 39.

2072 BGH 21.11.1969 – 3 StR 249/68, BGHSt 23, 176, 188.

2073 BGH 06.07.2022 – 2 StR 53/22, NStZ 2023, 57 m.w.N.

2074 *Roxin/Schünemann*, § 45 Rn. 3.

2075 Vgl. BGH 16.03.2021 – 5 StR 35/21, NStZ 2022, 57 ff. m. Anm. *Trüg*; ausführlich M-G/S-*Schmitt*, § 244 Rn. 25 f.

Schuld- oder Rechtsfolgenfrage betrifft, durch ein bestimmt bezeichnetes Beweismittel zu erheben und dem Antrag zu entnehmen ist, weshalb das bezeichnete Beweismittel die behauptete Tatsache belegen können soll (§ 244 Abs. 3 S. 1 StPO). Solche Beweisanträge können nur durch einen Gerichtsbeschluss abgelehnt werden, wenn einer der im Gesetz abschließend aufgezählten Ablehnungsgründe gegeben ist (§§ 244 Abs. 3 S. 2 bis Abs. 5, 245 StPO).[2076] Das **Beweisantragsrecht** steht zwar allen Verfahrensbeteiligten zu, ist aber insbesondere für den Verteidiger eine immanent wichtige Möglichkeit, auf den Gang der Hauptverhandlung Einfluss zu nehmen.

672 Weiterhin besteht für alle Verfahrensbeteiligten die Möglichkeit, Erklärungen abzugeben (§ 257 StPO). Der Vorsitzende führt und leitet die Vernehmung des jeweiligen Zeugen oder Sachverständigen (§ 238 Abs. 1 StPO). Das daraus folgende Fragerecht steht auch den beisitzenden Berufsrichtern, Schöffen und schließlich den Verfahrensbeteiligten zu, wobei der Vorsitzende aufgrund seiner Verhandlungsleitung (§ 238 Abs. 1 StPO) dem jeweiligen Verfahrensbeteiligten das Fragerecht erteilt (§ 240 StPO), aber auch ungeeignete oder nicht zur Sache gehörende Fragen zurückweisen kann (§ 240 Abs. 2 StPO). Durch das Fragerecht kann der Angeklagte sein sog. **Konfrontationsrecht** wahrnehmen, indem er oder sein Verteidiger Fragen an die Belastungszeugen stellen kann.[2077] Die in § 239 Abs. 1 StPO vorgesehene Möglichkeit eines Kreuzverhörs, bei dem nicht der Vorsitzende zunächst die Zeugen und Sachverständigen vernimmt, sondern – wie im angloamerikanischen Recht – Staatsanwaltschaft und Verteidigung „ihre Zeugen" und sodann die der „Gegenseite" selbst vernehmen, hat in der deutschen Rechtspraxis keine Bedeutung und widerspricht auch der die Hauptverhandlung dominierenden Stellung des Vorsitzenden.[2078]

#### f) Schlussvorträge und letztes Wort

673 An die Beweisaufnahme schließen sich die Schlussvorträge, die sog. **Plädoyers** von Staatsanwaltschaft, Verteidiger und/oder Angeklagtem sowie ggf. Nebenkläger an (§ 258 Abs. 1 u. 2 StPO). Im Jugendstrafverfahren erstattet zuvor die Jugendgerichtshilfe ihren Bericht (§ 50 Abs. 3 S. 2 JGG). Der Staatsanwalt darf auf das Plädoyer des Verteidigers erwidern (§ 258 Abs. 2 StPO). Das letzte Wort hat stets der Angeklagte (§ 258 Abs. 3 StPO), selbst dann, wenn er zuvor schon ein Plädoyer gehalten hat. Es ist als höchstpersönliches Recht nicht übertragbar und kann auch nicht vom Verteidiger wahrgenommen wer-

---

2076 Ausführlich zum Beweisantragsrecht *Beulke/Swoboda*, Rn. 575 ff.; *Krey/Heinrich*, Rn. 1533 ff.; *Roxin/Schünemann*, § 45 Rn. 9 ff.

2077 *Krey/Heinrich*, Rn. 1010, 1015.

2078 Ebenso *Kramer*, Rn. 290.

den.[2079] Der Zweck liegt vor allem darin, dass der Angeklagte sich abschließend zum gesamten Verfahrensstoff äußern kann und das Gericht sich unter dem frischen, letzten Eindruck seiner Person und seiner Sicht des Geschehens zur Beratung zurückzieht.[2080]

### g) Urteilsfindung

Im Anschluss zieht sich das Gericht zur Beratung zurück. Diese dient der **674**
Urteilsfindung auf Grundlage des Ergebnisses der Beweisaufnahme. Dabei entscheidet das Gericht nach seiner freien Überzeugung, die aus dem Inbegriff der Hauptverhandlung geschöpft werden muss (§ 261 StPO). Der Grundsatz der freien richterlichen Beweiswürdigung besagt, dass das Gericht ohne Bindung an Beweisregeln die Überzeugung von einem bestimmten Sachverhalt und von der Schuld des Angeklagten gewonnen hat. Diese Freiheit des Gerichts in der Beweiswürdigung ist allerdings nicht frei von Vernunft und Nachvollziehbarkeit, bedarf also einer objektiven Grundlage.[2081] Insoweit muss die Argumentation des Gerichts klar, folgerichtig und frei von Widersprüchen sein. Die Tatsachen müssen umfassend und erschöpfend gewürdigt werden.[2082] Auch darf nicht gegen Logik, allgemeingültige und naturwissenschaftliche Erfahrungssätze verstoßen werden.[2083]

**Beispiele:**

Das Gericht ist an ein Blutgruppengutachten, das eine Vaterschaft ausschließt, gebunden;[2084] ebenso an das fehlerfreie Ergebnis einer Radarmessung der gefahrenen Geschwindigkeit.[2085]

Überzeugung des Gerichts bedeutet dabei subjektive, d.h. **persönliche Gewissheit des Gerichts**. Da das menschliche Erkenntnisvermögen begrenzt ist, erfordert Gewissheit kein absolut sicheres Wissen über den Tathergang. So hindert die lediglich theoretische Möglichkeit eines abweichenden Sachverhalts eine Verurteilung nicht.[2086] Jedoch schließen vernünftige Zweifel, auch wenn sie nur gering sind, eine Verurteilung aus.[2087] Hat das Gericht nach einer abschließenden und umfassenden Gesamtwürdigung aller für und gegen die

---

2079 LR-*Stuckenberg*, § 258 Rn. 38.
2080 *Roxin/Schünemann*, § 44 Rn. 5.
2081 *Kindhäuser/Schumann*, § 23 Rn. 60.
2082 BGH 03.12.1965 – 4 StR 573/65, BGHSt 20, 298, 299 f.
2083 BGH 19.08.1993 – 4 StR 627/92, BGHSt 39, 291, 295.
2084 BGH 18.03.1954 – 3 StR 86/53, BGHSt 6, 70, 72 f.
2085 Vgl. BGH 19.08.1993 – 4 StR 627/92, BGHSt 39, 291 ff.
2086 BGH 09.02.1957 – 2 StR 508/56, BGHSt 10, 208, 209.
2087 *Eisenberg*, Rn. 90.

Täterschaft des Angeklagten sprechenden Umstände vernünftige Zweifel an der Schuld des Angeklagten, muss nach dem **„in dubio pro reo"-Grundsatz**, der insoweit eine Entscheidungsregel und keine Beweisregel ist, freigesprochen werden.[2088]

#### h) Beratung, Abstimmung und Urteilsverkündung

675 Die anschließende Beratung des Gerichts ist zwingend vorgeschrieben (§ 260 Abs. 1 StPO) und wird vom Vorsitzenden geleitet (§ 194 Abs. 1 GVG). Sie erfolgt, wie auch die Abstimmung, **geheim** (§§ 43, 45 Abs. 1 S. 2 DRiG). Das Gesetz regelt lediglich die Reihenfolge der Abstimmung, nicht aber, worüber und wie abgestimmt wird. Die Richter stimmen dabei nach dem Dienst- bzw. Lebensalter ab, wobei der jüngere vor dem älteren und die Schöffen vor den Berufsrichtern ihre Stimme abgeben (§ 197 S. 1 u. 2 GVG). Sofern ein Berichterstatter ernannt ist, stimmt dieser zuerst und der Vorsitzende stets zuletzt ab (§ 197 S. 3 u. 4 GVG). Für eine Verurteilung ist im Hinblick auf die Schuld- und Rechtsfolgenfrage eine **Zweidrittelmehrheit** erforderlich (§ 263 Abs. 1 StPO), während ansonsten, beispielsweise bei einer Abstimmung über Verfahrensvoraussetzungen, wie die Frage der Verjährung, eine absolute Mehrheit der Stimmen ausreichend ist (§ 263 Abs. 3 StPO, § 196 Abs. 1 GVG). Die Urteilsformel, d.h. der Urteilsspruch (sog. **Tenor**), muss schriftlich festgelegt werden. Nach Wiedereintritt in die Hauptverhandlung verliest der Vorsitzende die schriftliche Urteilsformel (§ 260 Abs. 4 StPO) und begründet sodann das Urteil mündlich (§ 268 Abs. 2 StPO). Wird das Urteil nicht am Schluss der Hauptverhandlung verkündet, muss dies spätestens zwei Wochen danach erfolgen (§ 268 Abs. 3 S. 2 StPO). Die Hauptverhandlung endet mit der Belehrung des Verurteilten über die Rechtsmittel (§ 35a StPO). Wird eine Strafe ausgesprochen, die zur Bewährung ausgesetzt wird (§ 260 Abs. 4 S. 4 StPO), werden nun die notwendigen Beschlüsse verkündet (§ 268a StPO). Das Urteil muss in schriftlicher Form (sog. **Urteilsurkunde**) grundsätzlich innerhalb von fünf Wochen abgesetzt werden, wobei sich die Frist je nach Länge der Hauptverhandlung verlängert (§ 275 StPO). Aufbau und Inhalt der Urteilsurkunde ergeben sich aus den §§ 260, 267 und 275 StPO. Sie besteht aus Urteilskopf (sog. Rubrum), Urteilsformel (sog. Tenor), Strafvorschriften, Urteilsgründen und Unterschrift.[2089]

---

2088 Vgl. BGH 12.10.2011 – 2 StR 202/11, NStZ-RR 2012, 18 f.

2089 Beispiel bei *Kühne*, Rn. 1004.

### 4. Polizeibeamte als Zeugen in der Hauptverhandlung

#### a) Allgemeines

Regelmäßig kommen **zwei Konstellationen** vor, in denen der Polizeibeamte als Zeuge vor Gericht vernommen wird. Entweder der Polizeibeamte hat die Tat selbst beobachtet oder aber er hat die Ermittlungen durchgeführt. Daraus ergeben sich verschiedene Zeugenrollen. Zu beachten ist, dass in all den Fällen, in denen der Polizeibeamte als Zeuge über die Ermittlungstätigkeit befragt wird, er seine Rolle wechselt, indem er vom Ermittler, der selbst aktiv das Strafverfahren gegen den Beschuldigten betrieben hat, zu einem Zeugen in diesem Verfahren wird. Der Polizeibeamte, der eben noch die Ermittlungen geführt hat, muss nun als Zeuge Rechenschaft über seine Ermittlungsarbeit ablegen.[2090] Von besonderer Bedeutung für die Vernehmung von Polizeibeamten vor Gericht sind dabei auch die Vorbereitungspflicht, die Aussagegenehmigung (s. hierzu Rn. 592) sowie die Problematik unzulässiger Fragen.[2091] **676**

#### b) Zeugenrollen

Hat der Polizeibeamte das strafrechtlich relevante Verhalten des Beschuldigten selbst beobachtet, wird er hierzu als Tatzeuge vernommen. Im Bereich von sog. Widerstandshandlungen müssen Polizeibeamte als Augenzeugen der Widerstandhandlungen (§§ 113, 114 StGB) des Angeklagten vor Gericht aussagen. Ist der angegriffene Polizeibeamte durch die Widerstandshandlung verletzt worden, so sagt er als sog. Opferzeuge aus. Als **Tatzeuge** ist der Polizeibeamte manchmal auch sachverständiger Zeuge (§ 85 StPO), da er eine berufsspezifische Sachkunde innehat. Dadurch kann er oftmals besonders genaue Wahrnehmungen zu einem Tatgeschehen machen. **677**

> **Beispiel:**
>
> Aufgrund seiner Ausbildung an Schusswaffen kann der Polizeibeamte die vom Täter zur Drohung benutzte Tatwaffe genau spezifizieren, was einem Waffenunkundigen nicht möglich wäre.

Hat der Polizeibeamte die Ermittlungen als Sachbearbeiter geführt, so kann er auch hierüber als Zeuge vernommen werden, beispielsweise zum Verlauf des Ermittlungsverfahrens, zum Ermittlungsweg, zum Tatnachweis, zum Einhalten von Förmlichkeiten oder zum Aussageverhalten des Beschuldigten.

Die wohl häufigste Zeugenrolle des Polizeibeamten ist die Aussage über eine im Ermittlungsverfahren durchgeführte und protokollierte Beschuldigtenvernehmung. Schweigt der Beschuldigte in der Hauptverhandlung, hat aber zu- **678**

2090 *Müller*, S. 47.

2091 Ausführlich *Müller*, S. 41 ff.

vor im Ermittlungsverfahren gegenüber der Polizei eine protokollierte Aussage getätigt, kann diese zum Zweck der Beweisaufnahme über ihren Inhalt vor Gericht aufgrund des Unmittelbarkeitsgrundsatzes (s. Rn. 630) und des sich aus § 254 Abs. 1 StPO für nicht richterliche Vernehmungsprotokolle ergebenden Verwertungsverbots nicht als Urkundenbeweis verlesen werden (s. Rn. 632).[2092] Jedoch darf der vernehmende Polizeibeamte über die Aussage des Beschuldigten im Ermittlungsverfahren nunmehr vor Gericht vernommen werden.[2093] In diesen Fällen ist der Polizeibeamte sog. **Zeuge vom Hörensagen** (s. Rn. 581) über das, was der Beschuldigte in seiner polizeilichen Vernehmung bekundet hat. Er soll das mit eigenen Worten wiedergeben, was der Beschuldigte ihm gegenüber in der Vernehmung gesagt hat. Damit erbringt er nur unmittelbar Beweis für das Hörensagen als solches.[2094] Beweismittel ist insoweit die Zeugenaussage des Polizeibeamten und nicht die im Ermittlungsverfahren protokollierte Aussage des Beschuldigten. Kann der Polizeibeamte sich vor Gericht nicht mehr an den Aussageinhalt erinnern, darf das in der dem Gericht vorliegenden Akte enthaltene Protokoll der Beschuldigtenvernehmung wegen der Grundsätze der Mündlichkeit und Unmittelbarkeit (s. Rn. 661 f.) für die Urteilsfindung nicht berücksichtigt werden. Das Gericht kann dem Polizeibeamten als Zeugen lediglich einen **Vorhalt aus der Akte** machen. Zu beachten ist aber, dass alleinige Beweisgrundlage die Aussage des Zeugen vor Gericht ist. Der Vorhalt ist lediglich eine Gedächtnisstütze. Keineswegs wird dadurch das Schriftstück selbst, aus dem der Vorhalt erfolgt, etwa das polizeiliche Vernehmungsprotokoll, Beweismittel im Sinne eines Urkundenbeweises, sondern einzig die auf den Vorhalt erfolgte Aussage des Zeugen.[2095]

#### c) Vorbereitungspflicht

**679** Für Polizeibeamte, die in amtlicher Eigenschaft in der Strafsache tätig waren, besteht nach wohl h.M. nicht nur das Recht, sondern eine **dienstliche Pflicht zur Vorbereitung** ihrer gerichtlichen Vernehmung.[2096] Der Grund liegt darin, dass Polizeibeamte oftmals im Bereich der Massendelinquenz oder in Großverfahren als Zeugen vernommen werden und die Zeugenaus-

---

2092 BGH 02.10.1951 – 1 StR 421/51, BGHSt 1, 337, 339; BGH 31.05.1960 – 5 StR 168/60, BGHSt 14, 310, 311.

2093 BGH 31.05.1968 – 4 StR 19/68, BGHSt 22, 170, 171.

2094 *Eisenberg*, Rn. 1027.

2095 BGH 31.05.1960 – 5 StR 168/60, BGHSt 14, 310, 312; BGH 29.06.2021 – 3 StR 156/21, juris m. Anm. *Kaltenbach*, jurisPR-StrafR 2/2022 Anm. 5.

2096 BGH 28.11.1950 – 2 StR 50/50, BGHSt 1, 4, 8; OLG Köln 22.03.1966 – Ss 607/65, NJW 1966, 1420 f.; *Grohmann/Schulz*, DAR 1980, 74, 78; *Krause/Nehring*, Rn. 324; *Kube/Leineweber*, S. 27; a.A. *Hof*, HRRS 2015, 277, 284 ff.; *Krüger*, Kriminalistik 1978, 289, 293; *Maeffert*, StV 1982, 386, 388; *Nöldeke*, NJW 1979, 1644 f.; kritisch *Foth*, DRiZ 1971, 341; *Malek*, Rn. 576.

sagen regelmäßig zeitlich lang zurückliegende Geschehen betreffen, die zur dienstlichen Routine eines Polizeibeamten zählen. In der Folge besteht bei Polizeibeamten eine noch größere Gefahr von Erinnerungslücken an konkrete Geschehnisse als bei anderen Zeugen, für die ein strafrechtlich relevanter Sachverhalt zumeist ein außergewöhnliches Ereignis darstellt. Fehlt die Erinnerung an Einzelheiten der Sache, so muss der Polizeibeamte zur **Auffrischung seiner Erinnerung** die bei seiner Dienststelle zugänglichen Akten einsehen, um sich so wieder daran zu erinnern.[2097]

### d) Unzulässige Fragen

Das Fragerecht des Gerichts und der Verfahrensbeteiligten führt zu einer di- **680**
rekten Konfrontation zwischen Zeuge und Fragenden. Hieraus entstehen insbesondere bei Fragen des Verteidigers gegenüber Polizeibeamten als Zeugen **Konfliktsituationen**. Inwieweit der Zeuge die Fragen beantworten muss oder aber wegen Unzulässigkeit gegenüber dem Vorsitzenden rügen kann bzw. nicht beantworten muss, ist stets eine Frage des Einzelfalls.[2098] Unzulässig können Fragen sein, die nicht zur Sache gehören oder ungeeignet sind (vgl. § 241 Abs. 2 StPO). **Nicht zur Sache** gehören Fragen, die sich nicht einmal mittelbar auf die zur Entscheidung stehende Tat und ihre Rechtsfolgen beziehen oder erkennbar verfahrensfremden Zwecken dienen.[2099] So wenn eine Frage nur darauf abzielt Aufsehen zu erregen oder den Zeugen bloßzustellen.

**Beispiel:**

„Haben Sie ein außereheliches Verhältnis zu Ihrer Kollegin?" oder „Wann hatten Sie das letzte Mal Geschlechtsverkehr?"

Jedoch können dem Zeugen Fragen über Vorleben, körperliche Eigenschaften wie Krankheiten, Vorstrafen (z.B. Verurteilung wegen Meineids) sowie über die Beziehung zum Beschuldigten und zum Verletzten gestellt werden.[2100] Ebenso Fragen zum beruflichen Werdegang und zum sog. Leumund.

**Beispiele:**

„Haben Sie schon einmal Geschenke angenommen?" oder „Ist gegen Sie schon einmal ein Disziplinarverfahren geführt worden?"

2097 Zu den damit verbundenen Gefahren *Müller*, S. 55 f.

2098 Ausführlich *Müller*, S. 80 ff.

2099 BGH 22.04.1952 – 1 StR 96/52, BGHSt 2, 284, 287.

2100 Vgl. M-G/S-*Schmitt*, § 68a Rn. 6b ff.

681 **Ungeeignet** sind Fragen, die in tatsächlicher Hinsicht nichts zur Wahrheitsfindung beitragen können oder aus rechtlichen Gründen nicht gestellt werden dürfen.[2101] Insbesondere können hierzu entehrende oder den persönlichen Lebensbereich betreffende Fragen, die Wiederholung schon beantworteter Fragen sowie funktions- und gesetzeswidrige Fragen zählen. Dabei sind **entehrende Fragen und solche zum persönlichen Lebensbereich** grundsätzlich nicht erlaubt.

**Beispiele:**

„Gehören Sie dem Islam an?" oder „Sind Sie homosexuell?"

Sind jedoch entehrende oder zum persönlichen Lebensbereich zählende Fragen für die Erforschung der Wahrheit unerlässlich, muss der Zeuge auch diese ansonsten nicht erlaubten Fragen ausnahmsweise beantworten (§ 68a Abs. 1 StPO). Grundsätzlich unzulässig ist auch die Wiederholung bereits vom Zeugen klar und erschöpfend beantworteter Fragen.[2102] Dies gilt jedoch nicht, falls die **wiederholte Stellung der Frage** zur Aufklärung von Widersprüchen dient. Ebenso kann eine wiederholte Stellung einer Frage zu einem späteren Zeitpunkt der Vernehmung hinsichtlich Aussagekonsistenz und -homogenität wertvolle aussagepsychologische Erkenntnisse liefern.[2103] Da der Zeuge Tatsachen bekunden soll, sind grundsätzlich alle Fragen, die **reine Werturteile oder die rechtliche Beurteilung** des Falles betreffen, ungeeignet und damit unzulässig. Persönliche Schlussfolgerungen und Urteile des Zeugen können allerdings für die Persönlichkeit des Beschuldigten oder eines anderen Zeugen oder für die Glaubwürdigkeit Bedeutung haben.[2104] **Fragen, denen Schutzvorschriften der StPO entgegenstehen**, sind unzulässig. So darf nicht nach dem Wohn- oder Aufenthaltsort gefragt werden, wenn der Zeuge nach § 68 Abs. 1 S. 2 StPO berechtigterweise nur die Dienststelle genannt hat. Ebenso wenig darf nach seinem Namen gefragt werden, wenn nach § 68 Abs. 3 StPO seine Identität geheim ist.[2105] Auch Fragen, denen ein berechtigtes Zeugnisverweigerungs- (§§ 52, 53 StPO) oder Auskunftsverweigerungsrecht (§ 55 StPO) entgegensteht, sowie Fragen zu

2101 BGH 29.09.1959 – 1 StR 375/59, BGHSt 13, 252, 254; BGH 10.11.1967 – 4 StR 512/66, BGHSt 21, 334, 360.

2102 BGH 22.04.1952 – 1 StR 96/52, BGHSt 2, 284, 289.

2103 *Gerst*, StRR 2011, 168, 169.

2104 M-G/S-*Köhler*, § 161a Rn. 9.

2105 LR-*Becker*, § 241 Rn. 18; SK-*Frister*, § 241 Rn. 12.

Dienstgeheimnissen, für deren Beantwortung eine Aussagegenehmigung fehlt (§ 54 StPO), sind unzulässig.[2106]

## III. Das Urteil

### 1. Terminologie

Das Urteil ist eine formgebundene und mit besonderer Wirkung versehene, die Instanz abschließende Entscheidung des erkennenden Gerichts, die in und aufgrund einer Hauptverhandlung ergeht.[2107] Hierbei sind Sachurteil und Prozessurteil zu unterscheiden. Ein **Prozessurteil** kommt zum Tragen, wenn sich beispielsweise erst in der Hauptverhandlung ein Verfahrenshindernis herausstellt, wodurch das weitere Verfahren und damit eine Sachentscheidung unzulässig geworden ist (§ 260 Abs. 3 StPO). **682**

**Beispiele:**

Einstellung durch Urteil wegen Verjährung der Tat, Ablauf der Strafantragsfrist, Tod des Angeklagten.

Das **Sachurteil** ist die sachlich-rechtliche Entscheidung über die Schuld des Angeklagten und die Rechtsfolgen. Es lautet grundsätzlich auf eine Verurteilung oder einen Freispruch. Das Sachurteil umfasst die mit dem Eröffnungsbeschluss angeklagte Tat und darf weder darüber hinausgehen, noch dahinter zurückbleiben.[2108]

### 2. Tatbegriff

Als Tat gilt dabei nicht etwa die verletzte Strafnorm (z.B. Mord, § 211 StGB), sondern ein **historischer Geschehensablauf**. Tat im prozessualen Sinne ist das gesamte Verhalten des Beschuldigten, soweit es mit dem in der Anklage beschriebenem Lebenssachverhalt einen einheitlichen, inhaltlich zusammenhängenden Vorgang bildet.[2109] Dieser prozessuale Tatbegriff ist Gegenstand der Urteilsfindung durch das Gericht (§ 264 Abs. 1 StPO). Hingegen besteht keine Bindung an die tatsächliche oder rechtliche Beurteilung der Tat in der Anklageschrift (§ 264 Abs. 2 StPO). Auf eine Veränderung des rechtlichen Gesichtspunktes oder aber gar der Sachlage ist **683**

2106 KK-*Schneider*, § 241 Rn. 8.

2107 *Beulke/Swoboda*, Rn. 751.

2108 *Volk/Engländer*, § 31 Rn. 5.

2109 BGH 29.09.1987 – 4 StR 376/87, BGHSt 35, 60, 62; BGH 17.10.2019 – 3 StR 170/19, NStZ 2021, 120, 121; BGH 19.01.2021 – 2 StR 458/20, NStZ 2023, 252.

der Angeklagte in der Hauptverhandlung hinzuweisen (§ 265 StPO), damit er seine Verteidigung danach ausrichten kann.

**Beispiel:**

Es stellt sich erst in der Hauptverhandlung heraus, dass der Angeklagte bei dem Raub eine Waffe eingesetzt hat, sodass nunmehr nicht nur § 249 StGB, sondern auch § 250 Abs. 2 StGB in Betracht kommt.

Ergeben sich hingegen in der Hauptverhandlung neue Tatsachen, die nicht von dem in der Anklage genannten Lebenssachverhalt, also der Tat i.S.d. § 264 Abs. 1 StPO, erfasst sind oder liegt die Tatsachenbasis der neuen rechtlichen Beurteilung außerhalb dieses Lebenssachverhalts, muss entweder diesbezüglich ein neues Ermittlungsverfahren eingeleitet werden oder aber in der Hauptverhandlung eine sog. **Nachtragsanklage** (§ 266 StPO) erfolgen, die allerdings der Zustimmung des Angeklagten bedarf und daher in der Rechtspraxis eher selten genutzt wird.

### 3. Rechtskraft

**684** Indem das verfahrensabschließende Urteil Rechtskraft erlangt, wird der dem Strafverfahren zugrunde liegende Konflikt endgültig beendet, wodurch das Verfahrensziel Rechtsfrieden (s. Rn. 9) eintritt. Zu unterscheiden ist dabei zwischen formeller und materieller Rechtskraft.

#### a) Formelle Rechtskraft

**685** Die absolute formelle Rechtskraft liegt vor, wenn die Entscheidung **unanfechtbar**, d.h. nicht mehr mit Rechtsmitteln angreifbar ist.[2110] In der Folge ist das Urteil unabänderlich, **vollstreckbar** (§ 449 StPO) und wird im Bundeszentralregister (§ 4 Nr. 1 BZRG) eingetragen. Hingegen besteht eine nur relative formelle Rechtskraft, die noch nicht die genannten Wirkungen in vollem Umfang entfaltet, wenn beispielsweise nur eine Seite – Angeklagter oder Staatsanwaltschaft – wirksam auf Rechtsmittel verzichtet. Die formelle Rechtskraft ist auch Voraussetzung für den Eintritt der materiellen Rechtskraft.

#### b) Materielle Rechtskraft

**686** Materielle Rechtskraft bedeutet, dass hinsichtlich der abgeurteilten prozessualen Tat **Strafklageverbrauch** eingetreten ist. Eine erneute Anklage derselben Person zur selben Tat ist dann verboten (Art. 103 Abs. 3 GG). Über den Wortlaut des in Art. 103 Abs. 3 GG niedergelegten Grundsatzes **ne bis in idem** hinaus ist nicht nur die wiederholte Bestrafung, sondern bereits die Verfolgung und damit auch eine Verurteilung nach einem früheren Freispruch ver-

2110 M-G/S-*Schmitt*, Einl. Rn. 163 f.

boten.[2111] In materielle Rechtskraft erwächst dabei nur der Urteilstenor, nicht auch die Urteilsbegründung mit ihren Tatsachenfeststellungen. Dadurch können spätere Entscheidungen in anderen Verfahren, z.B. gegen Mittäter, sich in Widerspruch zu den Feststellungen und Gründen der vorherigen Entscheidung setzen, etwa, weil die Gerichte die Beweise anders würdigen.[2112] Allerdings kann die Rechtskraft unter besonderen, gesetzlich normierten Umständen wie beispielsweise der Wiederaufnahme des Verfahrens (§§ 359 ff. StPO) durchbrochen werden.

2111 BGH 09.12.1953 – GSSt 2/53, BGHSt 5, 323, 330; vgl. auch BGH 17.07.1991 – 5 StR 225/91, BGHSt 38, 37, 42 f.

2112 *Kindhäuser/Schumann*, § 25 Rn. 33.

# 8. KAPITEL Besondere Verfahrensarten

## A. Das Strafbefehlsverfahren

### I. Allgemeines

Das Strafbefehlsverfahren ist ein sog. **summarisches Strafverfahren**. Es erlaubt ausnahmsweise eine Straffestsetzung ohne Hauptverhandlung und Urteil. Der Richter entscheidet in einem schriftlichen Verfahren nach Aktenlage. Insoweit wird der Eröffnungsbeschluss durch den Erlass des Strafbefehls ersetzt. Voraussetzung ist, dass es sich um einfach gelagerte Fälle mit geringer Schuldschwere handelt. Es dient der Verfahrensökonomie, indem das Verfahren beschleunigt und die Justiz entlastet wird. Auch stellt es eine geringere Belastung für den Beschuldigten dar, für den die öffentliche Hauptverhandlung entfällt. In der Praxis werden ca. 15 % aller Strafverfahren durch ein Strafbefehlsverfahren erledigt.[2113] Dabei erfolgen von den Verurteilungen sogar etwa zwei Drittel durch einen Strafbefehl.[2114] Gegen diese Art der Verfahrenserledigung werden durchaus **zutreffende Bedenken** vorgetragen.[2115] So werde dem Beschuldigten die Möglichkeit genommen, in einer mündlichen Verhandlung gehört zu werden. Auch erschwere Unkenntnis, Gleichgültigkeit und intellektuelles Unvermögen des Beschuldigten eine aktive Wahrnehmung seiner Rechte im Strafbefehlsverfahren. In der Folge sei die Sanktionierung oftmals pauschal, ohne Berücksichtigung der konkreten Verhältnisse des Beschuldigten. Jedoch erscheint für eine funktionierende Justiz, die ausreichend Zeit und Personal für die Aufklärung der komplizierten und schweren Fälle benötigt, das Strafbefehlsverfahren ein unverzichtbarer Baustein zur Erledigung der einfachgelagerten Bagatellkriminalität zu sein. 687

### II. Voraussetzungen

Ein Strafbefehlsverfahren (§§ 407–412 StPO) ist zulässig, wenn es sich um vor dem Strafrichter abzuurteilende Vergehen (§ 12 Abs. 2 StGB) handelt (§ 407 Abs. 1 S. 1 StPO). Zwar ist in § 407 Abs. 1 S. 1 StPO auch das Schöffengericht genannt, jedoch fallen mittlerweile alle mittels eines Strafbefehls möglichen Rechtsfolgen in die **Strafgewalt des Strafrichters** (vgl. § 25 688

---

2113 Vgl. die Erledigungsstatistiken bei *Ostendorf/Brüning*, § 12 Rn. 22 f.

2114 *Roxin/Schünemann*, § 70 Rn. 2.

2115 Hierzu *Ostendorf/Brüning*, § 14 Rn. 1; ausführlich *Roxin/Schünemann*, § 70 Rn. 2 m.w.N.

GVG). Diese Rechtsfolgen sind abschließend in § 407 Abs. 2 StPO aufgezählt. Sie umfassen insbesondere eine Geldstrafe, aber auch ein Fahrverbot oder die Entziehung der Fahrerlaubnis, wobei die Sperrfrist nicht mehr als zwei Jahre betragen darf (§ 407 Abs. 2 S. 1 Nr. 1 u. 2 StPO). Falls der Beschuldigte einen Verteidiger hat, ist auch eine Freiheitsstrafe von maximal einem Jahr, deren Vollstreckung zur Bewährung ausgesetzt wird, möglich (§ 407 Abs. 2 S. 2 StPO). Gegen Jugendliche darf kein Strafbefehl erlassen werden (§ 79 Abs. 1 JGG). Hält die Staatsanwaltschaft nach dem Ergebnis der Ermittlungen eine Hauptverhandlung für nicht erforderlich, stellt sie einen Strafbefehlsantrag beim zuständigen Gericht (§ 407 Abs. 1 S. 2 StPO). Hierdurch wird die öffentliche Klage erhoben (§ 407 Abs. 1 S. 4 StPO). In dem Antrag, der inhaltlich einer Anklageschrift ähnlich ist (vgl. § 409 Abs. 1 StPO), muss die Staatsanwaltschaft auch die beantragten Rechtsfolgen nennen (§ 407 Abs. 1 S. 3 StPO). Darüber hinaus kann die Staatsanwaltschaft auch noch nach Eröffnung des Hauptverfahrens beim Ausbleiben des Angeklagten einen solchen Antrag stellen (§ 408a StPO). Sofern das Gericht keine Bedenken hat, erlässt es den Strafbefehl (§ 408 Abs. 3 S. 1 StPO). Hierbei muss hinsichtlich der rechtlichen Bewertung von Tat und Rechtsfolgen Übereinstimmung zwischen Staatsanwaltschaft und Gericht bestehen.[2116] Andernfalls lehnt das Gericht den Erlass des Strafbefehls ab (§ 408 Abs. 2 StPO) oder beraumt eine Hauptverhandlung an (§ 408 Abs. 3 S. 2 StPO). Umstritten ist, ob für den Erlass des Strafbefehls ein hinreichender Tatverdacht ausreicht oder aber das Gericht aufgrund der Aktenlage von der **Schuld des Angeschuldigten** überzeugt sein muss.[2117] Richtigerweise wird man wohl eine richterliche Überzeugung verlangen müssen, da ansonsten der Strafbefehl, der – bei nicht rechtzeitigem Einspruch – einem rechtskräftigen Urteil gleichsteht (§ 410 Abs. 3 StPO), eine Art Verdachtsstrafe wäre.[2118] Legt der Angeschuldigte gegen den Strafbefehl innerhalb von zwei Wochen Einspruch ein (§ 410 Abs. 1 StPO), wird ein Termin zur Hauptverhandlung anberaumt (§ 411 Abs. 1 S. 2 StPO). In dieser ist das Gericht nicht an den Strafbefehlsantrag gebunden (§ 411 Abs. 4 StPO), sodass eine mildere oder auch härtere Sanktion möglich ist.

2116 LR-*Gaede*, § 408 Rn. 38.

2117 Zum Streitstand *Krey/Heinrich*, Rn. 1825 m.w.N.

2118 So auch *Volk/Engländer*, § 33 Rn. 4.

# B. Das beschleunigte Verfahren

## I. Allgemeines

Das beschleunigte Verfahren (§§ 417–420 StPO) wird in der Praxis relativ selten durchgeführt und hauptsächlich bei Verkehrsdelikten von durchreisenden Ausländern angewendet,[2119] teilweise aber auch bei Großveranstaltungen wie Fußballweltmeisterschaft oder NATO-Gipfel praktiziert. Es soll bei Straftaten mit einfachem Sach- und/oder klarer Beweislage eine möglichst direkt auf die Tat folgende Verurteilung ermöglichen.[2120] Diese Verkürzung des gerichtlichen Verfahrens bedeutet zwangsläufig eine Einbuße an Justizförmigkeit, Einzelfallgerechtigkeit und Fairness des Verfahrens und ist daher zu Recht kritisch zu betrachten.[2121] **689**

## II. Voraussetzungen

Bei entsprechender Eignung ist das Verfahren auf mündlichen oder schriftlichen Antrag der Staatsanwaltschaft vor dem Amtsgericht zulässig (§ 417 StPO). Im Unterschied zum schriftlichen Strafbefehlsverfahren, das auch eine beschleunigte Form der Verfahrenserledigung ist, wird im beschleunigten Verfahren mittels einer mündlichen Hauptverhandlung entschieden. Dabei müssen die Beweismittel verfügbar sein und die Hauptverhandlung muss voraussichtlich in einem Termin abgeschlossen werden können. Entspricht das Gericht dem Antrag, so soll die Hauptverhandlung sofort oder in kurzer Frist, spätestens sechs Wochen nach Antragstellung, durchgeführt werden (§ 418 Abs. 1 StPO). Es bedarf daher keiner Entscheidung über die Eröffnung des Hauptverfahrens (§ 418 Abs. 1 S. 2 StPO), sodass ein Zwischenverfahren nicht stattfindet. Eine höhere Strafe als Freiheitsstrafe von einem Jahr darf nicht verhängt werden (§ 419 Abs. 1 S. 2 StPO). Anstelle einer schriftlichen Anklage genügt auch eine mündlich in der Hauptverhandlung vorgetragene Anklage der Staatsanwaltschaft (§ 418 Abs. 3 StPO). Auch ist die Ladungsfrist für den Beschuldigten auf 24 Stunden verkürzt oder bei freiwilligem Erscheinen bzw. Vorführung sogar entbehrlich (§ 418 Abs. 2 StPO). Zur Erleichterung der Durchführung besteht die **Möglichkeit der Hauptverhandlungshaft** von maximal einer Woche Dauer (§ 127b StPO). Ist eine Freiheitsstrafe von mindestens sechs Monaten zu erwarten, liegt ein Fall der notwendigen Verteidigung vor (§ 418 Abs. 4 StPO). Gegen Jugendliche kann kein beschleunigtes **690**

---

2119 *Ostendorf/Brüning*, § 14 Rn. 2.

2120 KK-*Graf*, Vorb. § 417 Rn. 4.

2121 Ausführlich *Volk/Engländer*, § 33 Rn. 13; kritisch auch *Hellmann*, Rn. 1006; *Krey/Heinrich*, Rn. 1834 m.w.N.; M-G/S-*Schmitt*, Vor § 417 Rn. 3 ff.

Verfahren durchgeführt werden (§ 79 Abs. 2 JGG). Stattdessen besteht die Möglichkeit eines **vereinfachten Jugendverfahrens** (§§ 76–78 JGG).

## C. Das Sicherungsverfahren

691 Kann gegen den Beschuldigten ein Strafverfahren wegen Schuldunfähigkeit oder dauernder Verhandlungsunfähigkeit nicht durchgeführt werden, kommt die selbstständige Anordnung von Maßregeln der Besserung oder Sicherung in Betracht (§ 71 StGB). Möglich sind die Unterbringung in einem psychiatrischen Krankenhaus oder einer Entziehungsanstalt (§ 71 Abs. 1 StGB) sowie die Entziehung der Fahrerlaubnis und ein Berufsverbot (§ 71 Abs. 2 StGB). Diese Anordnung erfolgt im sog. Sicherungsverfahren (§§ 413–416 StPO), das die Allgemeinheit vor gefährlichen Täten schützen soll.[2122] Es handelt sich insoweit nicht um ein „echtes" Strafverfahren, jedoch sind die Regeln des Strafverfahrens grundsätzlich sinngemäß anzuwenden (§ 414 Abs. 1 StPO). Das selbstständige Sicherungsverfahren wird auf Antrag der Staatsanwaltschaft eingeleitet, wenn die Anordnung nach dem Ergebnis der Ermittlungen zu erwarten ist (§ 413 StPO). Sofern sich im Sicherungsverfahren die Schuld- bzw. Verhandlungsfähigkeit doch als gegeben herausstellt, erfolgt ein Übergang ins Strafverfahren (§ 416 StPO). Ergeht ein sog. **Sicherungsurteil**, so tritt Strafklageverbrauch ein, sodass der Betroffene nicht mehr verfolgt werden kann, falls sich nachträglich die Schuldfähigkeit herausstellt.[2123]

## D. Verfahren zur selbstständigen Einziehung

692 Das materielle Einziehungsrecht (§§ 73–76b StGB) regelt das Recht der Vermögensabschöpfung, während die §§ 111b ff. StPO die spätere Vollstreckung sicherstellen. Das Verfahren zur **Einziehung bzw. Vermögensabschöpfung** findet sich in den §§ 421–439 StPO. Der Normalfall ist dabei die Anordnung der Einziehung durch das Gericht innerhalb des gegen den Beschuldigten geführten Strafverfahrens (sog. **subjektives Verfahren**[2124]). Zu unterscheiden ist dabei zwischen der Einziehung gegen den Beschuldigten, wofür bis auf die Möglichkeiten des Absehens von der Einziehung (§ 421 StPO) oder der Abtrennung (§ 422 f. StPO) keine Besonderheiten bestehen. Richtet sich die Einziehung in dem Strafverfahren hingegen nicht gegen den Beschuldigten, sondern einen Dritten, beispielsweise weil dieser Eigentümer des einzuzie-

2122 KK-*Maur*, § 413 Rn. 3.

2123 BGH 29.04.1958 – 1 StR 68/58, BGHSt 11, 319, 322.

2124 KK-*Schmidt/Scheuß*, Vorb. §§ 421 ff. Rn. 5.

henden Gegenstands ist oder aber dieser Rechte an dem Gegenstand hat, die infolge der Einziehung erlöschen würden, ist er auf Anordnung des Gerichts am Strafverfahren, soweit dies die Einziehung betrifft, zu beteiligen (§ 424 Abs. 1 StPO). Damit er an der Hauptverhandlung gegen den Angeklagten teilnehmen kann, wird er über den Hauptverhandlungstermin informiert, ihm die Anklageschrift und ggf. der Eröffnungsbeschluss mitgeteilt und er auf weitere Rechte und Folgen hingewiesen (§ 429 StPO). Dabei hat dieser sog. **Einziehungsbeteiligte** keine Anwesenheitspflicht (§§ 429 Abs. 3 Nr. 1, 430 Abs. 1 StPO). Auch kann er sich durch einen Rechtsanwalt vertreten lassen (§ 428 Abs. 1 StPO). Die gerichtliche Entscheidung über die Einziehung gilt auch ihm gegenüber (§§ 429 Abs. 3 Nr. 3, 430 Abs. 3 StPO). Darüber hinaus können auch weitere Personen an dem Einziehungsverfahren als sog. **Nebenbetroffene** vom Gericht beteiligt werden (§ 438 StPO). Für Personen, die im rechtskräftig abgeschlossenen Verfahren ohne Verschulden ihre Beteiligungsrechte nicht geltend machen konnten, besteht die Möglichkeit, dies in einem sog. **Nachverfahren** nachzuholen (§ 433 StPO). Zu beachten ist, dass bereits im Ermittlungsverfahren mögliche Einziehungsberechtigte grundsätzlich angehört werden müssen (§ 426 Abs. 1 StPO). Im Falle der Vernehmung gelten die Vorschriften der Beschuldigtenvernehmung (§ 426 Abs. 2 StPO).

Darüber hinaus kann die Einziehung oder Unbrauchbarmachung auch selbst- **693**
ständig angeordnet werden (§ 76a StGB).

**Beispiel:**

Bei einem Falschgelddelikt wird das Falschgeld eingezogen (§ 150 StGB), obwohl kein Täter ermittelt werden kann.

In diesem Fall wird ein selbstständiges Einziehungsverfahren durchgeführt (§§ 435–437 StPO), das sich nicht gegen eine bestimmte Person richtet und daher als sog. **objektives Verfahren** bezeichnet wird.[2125] Die Staatsanwaltschaft erhebt also keine Anklage, sondern stellt einen Antrag beim Gericht auf Einziehung eines bestimmten Gegenstandes, der im Wesentlichen einer Anklageschrift entspricht, wobei für die Durchführung des Verfahrens sinngemäß die Vorschriften des Strafverfahrens gelten (vgl. §§ 435, 436 StPO). Bei der für den Bereich der Organisierten Kriminalität und des Terrorismus als zusätzliches Vermögensabschöpfungsinstrument[2126] bestehenden **erweiterten selbstständigen Einziehung** nach § 76a Abs. 4 StGB kann das Gericht seine Überzeugung, dass der Gegenstand aus einer rechtswidrigen Tat herrührt,

2125 KK-*Schmidt/Scheuß*, § 435 Rn. 1.

2126 BeckOK-*Temming*, § 437 Rn. 1.

insbesondere auf ein grobes Missverhältnis zwischen dem Wert des Gegenstandes und den rechtmäßigen Einkünften des Betroffenen stützen (§ 437 S. 1 StPO). Dabei setzt die Einziehung nach § 76a Abs. 4 StGB nicht voraus, dass eine rechtswidrige Tat nachgewiesen ist, sodass im Ergebnis unter bestimmten Voraussetzungen **Vermögen unklarer Herkunft** abgeschöpft werden kann. So genügt, dass der in einem nach § 170 Abs. 2 StPO eingestellten Strafverfahren, das wegen des Verdachts einer der in § 76 Abs. 4 S. 3 StGB aufgelisteten Straftaten geführt wurde, sichergestellte Gegenstand nach Überzeugung des Gerichts aus irgendeiner rechtswidrigen Tat herrührt, die nicht länger als 30 Jahre zurückliegt (§ 76b Abs. 1 S. 1 StGB).[2127]

**Beispiel:**

Der Betroffene überquert mit seinem Pkw die Grenze nach Deutschland. Bei der Zollkontrolle wird ein Klumpen aus verschiedenen Legierungen zusammengeschmolzenes Gold sowie ein Koffer mit 500.000 Euro Bargeld im Pkw gefunden, für den der Betroffenen keine plausible Erklärung geben kann oder will. Umfangreiche Recherchen im Rahmen des eingeleiteten Ermittlungsverfahrens wegen des Anfangsverdachts der Geldwäsche (§ 261 StGB) ergeben keine Anhaltspunkte dafür, ob bzw. aus welcher Straftat die Gegenstände stammen könnten. Das Strafverfahren wird nach § 170 Abs. 2 StPO eingestellt. Da der Betroffene einen substanziierten Beweisantritt zur Herkunft der Vermögenswerte schuldig bleibt, ist die selbstständige Einziehung möglich.[2128]

In der Folge findet eine in der Literatur in Teilen durchaus zu Recht heftig kritisierte Art der **Beweislastumkehr** nach angloamerikanischem Recht statt.[2129] So handelt es sich um einen auf bloßen Verdacht gestützten Einziehungstatbestand, was insbesondere auch im Hinblick auf Art. 14 GG verfassungsrechtlich bedenklich erscheint.[2130] Das Bundesverfassungsgericht hingegen sieht darin weder einen Verstoß gegen die Unschuldsvermutung noch gegen die Eigentumsgarantie des Art. 14 GG.[2131]

---

2127 M-G/S-*Köhler*, § 437 Rn. 2.

2128 Vgl. AG Nürtingen 21.06.2019 – 16 Ds 211 Js 53509/17, wistra 2019, 517, 518 f. m. Anm. *Corsten/Hübner*; zum sog. Goldklumpenfall BeckOK-*Temming*, § 437 Rn. 1.1.

2129 BeckOK-*Temming*, § 437 Rn. 5; *Fischer*, § 76a Rn. 9; M-G/S-*Köhler*, § 437 Rn. 2 m.w.N.; *Roxin/Schünemann*, § 69 Rn. 8.

2130 Hierzu BeckOK-*Temming*, § 437 Rn. 3 m.w.N.

2131 BVerfG 17.10.1996 – VfGbg 19/95, NStZ 1997, 93; zustimmend KK-*Schmidt/Scheuß*, § 435 Rn. 1.

## E. Verfahren bei Vermögensbeschlagnahme

Die Vermögensbeschlagnahme (§ 443 StPO) ermöglicht bei den in § 443 Abs. 1 S. 1 StPO genannten Katalogtaten das gesamte im Geltungsbereich der StPO befindliche Vermögen des Beschuldigten nach Erlass eines Haftbefehls oder Erhebung der Anklage vorläufig zu beschlagnahmen. Es handelt sich dabei nicht um eine Beschlagnahme nach §§ 94 ff., 111b ff. StPO. Vielmehr soll durch die Vermögensbeschlagnahme verhindert werden, dass der Beschuldigte sein Vermögen während des Verfahrens zu weiteren Straftaten verwendet oder es Dritten zu solchen Zwecken überlässt.[2132] **694**

**Beispiele:**

Bestechung von Zeugen; Anwerben eines Auftragskillers.

Die grundsätzlich vom Richter, bei Gefahr im Verzug von der Staatsanwaltschaft anzuordnende Vermögensbeschlagnahme (§ 443 Abs. 2 StPO) ist spätestens nach Beendigung der erstinstanzlichen Hauptverhandlung aufzuheben (§ 443 Abs. 1 S. 3 StPO). Der Vollzug der Vermögensbeschlagnahme richtet sich nach §§ 291–293 StPO.

Gegen die Vermögensbeschlagnahme werden in der Literatur beachtenswerte verfassungsrechtliche Bedenken erhoben.[2133] Auch scheint die Praxis von der Vorschrift kaum Gebrauch zu machen.[2134] **695**

## F. Jugendstrafverfahren

Verfahren gegen Jugendliche und Heranwachsende unterliegen einer speziellen Gerichtsorganisation, der Beteiligung der Jugendgerichtshilfe sowie vielfältigen Abweichungen vom Strafverfahren gegen Erwachsene. Hierdurch soll dem **Erziehungsgedanken** bei Jugendlichen entsprochen werden.[2135] Die besonderen jugendgemäßen Verfahrensregelungen finden sich im Jugendgerichtsgesetz (JGG), das darüber hinaus auch materielles Strafrecht beinhaltet. **696**

Jugendlicher ist der zur Tatzeit 14, aber noch nicht 18 Jahre alte, Heranwachsender der zur Tatzeit 18, aber noch nicht 21 Jahre alte Beschuldigte (§ 1 Abs. 2 JGG). In Strafverfahren gegen Jugendliche entscheiden **Jugendgerichte** **697**

2132 BGH 22.01.1963 – StB 26/62, BGHSt 19, 1, 2; *Kindhäuser/Schumann*, § 26 Rn. 101.

2133 Ausführlich SK-*Paeffgen*, § 443 Rn. 3 ff. m.w.N.

2134 KMR-*Metzger*, § 443 Rn. 3.

2135 Hierzu MüKo-*Eisenberg/Kölbel*, Einl. Rn. 39 ff.

(§ 33 Abs. 1 JGG). Hierbei ist bei dem Amtsgericht der Strafrichter als Jugendrichter oder das Jugendschöffengericht sowie beim Landgericht die Jugendkammer zuständig (§ 33 Abs. 2 JGG). Die dort tätigen Berufs- und Laienrichter sowie die Staatsanwälte sollen eine spezielle erzieherische Qualifikation besitzen (§§ 35 Abs. 2 S. 2, 37 Abs. 1 S. 1 JGG); die Berufsrichter und Staatsanwälte darüber hinaus auch über Kenntnisse auf den Gebieten der Kriminologie, Pädagogik, Sozialpädagogik und Jugendpsychologie verfügen (§ 37 Abs. 1 S. 2 JGG). Besonderer Bedeutung im Jugendstrafverfahren kommt der **Jugendgerichtshilfe** zu, die von den Jugendämtern im Zusammenwirken mit den Vereinigungen für Jugendhilfe ausgeübt wird (§ 38 Abs. 1 JGG). Aufgabe der Jugendgerichtshilfe ist es, die erzieherischen, sozialen und sonstigen bedeutsamen Gesichtspunkte im Verfahren zur Geltung zu bringen (§ 38 Abs. 2 S. 1 JGG). Zu diesem Zweck unterstützt sie die beteiligten Behörden, indem sie insbesondere die Persönlichkeit und Entwicklung sowie den familiären, sozialen und wirtschaftlichen Hintergrund des Jugendlichen sowie dessen mögliche Schutzbedürftigkeit erforscht (§ 38 Abs. 2 S. 2 JGG). Sie ist im gesamten Verfahren zu beteiligen (§ 38 Abs. 6 S. 1 JGG) und nimmt in der Regel an der Hauptverhandlung durch einen Vertreter teil (§ 38 Abs. 4 JGG).

**698** Das JGG enthält darüber hinaus weitere zahlreiche **Sondervorschriften** für die Verfahren gegen Jugendliche. So sind Hauptverhandlung und Urteilsverkündung nicht öffentlich (§ 48 Abs. 1 JGG). Auch können der Angeklagte sowie die Erziehungsberechtigten und gesetzlichen Vertreter ausgeschlossen werden (§ 51 JGG). Eine Beteiligung des Verletzten (§ 373b StPO) am Verfahren ist nur ausnahmsweise möglich (§§ 80, 81 JGG). Weiterhin ist die Anfechtung von Entscheidungen nur eingeschränkt zulässig (§ 55 JGG). Beispielsweise kann gegen ein Berufungsurteil keine Revision eingelegt werden (§ 55 Abs. 2 JGG). Soweit es sich um Fälle leichterer Jugendkriminalität handelt, kommt ein **vereinfachtes Jugendstrafverfahren** in Betracht (§§ 76 ff. JGG), das zwischen einem formalisierten Gerichtsverfahren und einem formlosen Erziehungsverfahren (§§ 45 Abs. 3, 47 JGG) steht.[2136] Dadurch kann ein förmliches Strafverfahren und die damit einhergehende Stigmatisierung des Jugendlichen vermieden werden. Von dieser Verfahrensmöglichkeit wird allerdings bisher in der Praxis nur wenig Gebrauch gemacht.[2137] Inwieweit die Sonderregelungen des Jugendstrafverfahrens auch für Verfahren gegen Heranwachsende gelten, ergibt sich aus § 109 JGG.

2136 *Rüping*, Rn. 760.

2137 BeckOK/JGG-*Gertler*, § 76 Rn. 4.

# 9. KAPITEL Die Beteiligung des Verletzten am Verfahren

Für den Verletzten (s. zum Begriff Rn. 135 f.) bestehen verschiedene Möglichkeiten, sich am Strafverfahren aktiv zu beteiligen. Hierbei kann der Verletzte unter bestimmten Voraussetzungen zum einen selbstständig Verfahren betreiben, wie das Klageerzwingungsverfahren (s. Rn. 185 f.) und das Privatklageverfahren. Daneben kann er mit der Nebenklage und dem Adhäsionsverfahren seine Interessen innerhalb des strafrechtlichen Hauptverfahrens geltend machen. 699

## A. Nebenklage

Mit der Nebenklage (§§ 395–402 StPO) kann der Verletzte sich bei bestimmten, im Gesetz genannten Delikten – bei Getöteten die Angehörigen – der von der Staatsanwaltschaft erhobenen Anklage als Nebenkläger anschließen (§ 395 StPO). Sie dient dem persönlichen **Genugtuungs- und Restitutionsinteresse des Verletzten**; er soll bei ihn besonders intensiv berührenden Taten am Strafverfahren mitwirken können.[2138] Darüber hinaus hat die Nebenklage auch eine Kontrollfunktion gegenüber der Staatsanwaltschaft als Anklagebehörde und ermöglicht die Wahrung der sonstigen Rechte des Verletzten im Sinne einer Schutzfunktion.[2139] 700

Der Verletzte führt dabei kein eigenes Verfahren, sondern steht als Privatperson neben der das Offizialverfahren betreibenden Staatsanwaltschaft. Jedoch besitzt er eigene, von der Staatsanwaltschaft unabhängige Rechte (§ 397 StPO). So hat er unter anderem ein Anwesenheits- und Fragerecht in der Hauptverhandlung, darf Beweisanträge stellen und kann Rechtsmittel gegen das Urteil einlegen, letzteres allerdings nicht mit dem Ziel einer härteren Bestrafung (§ 401 Abs. 1 StPO). Auch kann er sich durch einen Rechtsanwalt vertreten lassen. Dabei ist der Nebenkläger in der Regel als Verletzter der Straftat Zeuge. Im Unterschied zu anderen Zeugen kann er zuvor als Verletzter über seinen Rechtsanwalt Akteneinsicht nehmen (§ 406e StPO) und ist während der möglichen Einlassung des Angeklagten und der Vernehmung anderer Zeugen anwesend. Diese **Verbindung von Partei- und Zeugenrolle** erscheint im Hinblick auf den Beweiswert seiner Aussage problematisch und muss vom Gericht entsprechend berücksichtigt werden.[2140] 701

---

2138 *Beulke/Swoboda*, Rn. 889.

2139 *Roxin/Schünemann*, § 66 Rn. 1.

2140 Hierzu *Müller*, S. 39.

702 Bei bestimmten im Gesetz genannten schweren Straftaten wie versuchtem Mord oder Totschlag und Vergewaltigung sowie bei bestimmten Straftaten, die zu schweren körperlichen oder seelischen Schäden geführt haben oder an Minderjährigen begangen wurden, wird dem Nebenkläger auf Antrag ein Rechtsanwalt auf Kosten der Staatskasse vom Gericht bestellt (§ 397a Abs. 1 StPO). Liegen die Bestellungsvoraussetzungen des § 397a Abs. 1 StPO nicht vor, so wird ihm auf Antrag Prozesskostenhilfe (§§ 114 ff. ZPO) für die Hinzuziehung eines Rechtsanwalts gewährt, sofern er seine Interessen selbst nicht ausreichend wahrnehmen kann oder ihm dies nicht zuzumuten ist (§ 397a Abs. 2 StPO). Auch besteht die Möglichkeit der **gemeinschaftlichen Nebenklagevertretung**, indem ein vom Gericht bestellter oder beigeordneter Rechtsanwalt mehrere Nebenkläger vertritt (§ 397b StPO).

## B. Privatklageverfahren

703 Bei der Privatklage (§§ 374–394 StPO) wird die Verfolgung einer Straftat, die aufgrund des sog. Anklagemonopols eigentlich der Staatsanwaltschaft obliegt, ausnahmsweise privater Verfolgung durch den Verletzten überlassen. Sie stellt insofern einen Fremdkörper im Strafverfahrenssystem dar. Möglich ist dies bei den in § 374 Abs. 1 StPO genannten Bagatelldelikten, wie beispielsweise Hausfriedensbruch, Beleidigung, Nötigung, Sachbeschädigung, aber auch (einfacher) und fahrlässiger Körperverletzung (s. auch Rn. 148). Hierbei erhebt die Staatsanwaltschaft nur ausnahmsweise Anklage, wenn dies im öffentlichen Interesse liegt (§ 376 StPO). Regelmäßig verneint sie dies, stellt das Verfahren nach § 170 Abs. 2 StPO wegen eines Verfahrenshindernisses (fehlendes öffentliches Interesse) ein und verweist den Verletzten auf den Privatklageweg.[2141] Darüber hinaus kann der Verletzte aber auch ohne vorherige Anrufung der Staatsanwaltschaft Privatklage vor dem zuständigen Gericht erheben (§ 374 Abs. 1 StPO). Jedoch kann die Staatsanwaltschaft in jeder Lage des Verfahrens bis zur Rechtskraft des Urteils die Verfolgung wieder übernehmen (§ 377 Abs. 2 StPO).

704 In der Praxis wird äußerst selten von der Privatklage durch den Verletzten Gebrauch gemacht. Dies hat insbesondere damit zu tun, dass er an die Stelle der Staatsanwaltschaft tritt und damit deren gesamte Arbeit übernehmen muss. Weiterhin ist er zur Zahlung einer Sicherheitsleistung für die voraussichtlich anfallenden Kosten des Beschuldigten (§ 379 StPO) sowie eines Gebührenvorschusses (§ 379a StPO) verpflichtet und trägt bei Unterliegen neben den Kosten auch die Auslagen des Beschuldigten (§ 471 Abs. 2 StPO). Darü-

2141 M-G/S-*Schmitt*, § 376 Rn. 6.

ber hinaus ist den meisten Privatklagedelikten ein Sühneversuch bei einer Vergleichsbehörde vorgeschaltet, sodass Klage erst bei nachgewiesenem Scheitern des Sühneversuchs erhoben werden kann (§ 380 Abs. 1 StPO). In der Folge führt die Verweisung der Staatsanwaltschaft auf den Privatklageweg mangels Beschreitung desselben in über 99 % der Fälle zur faktischen Einstellung des Ermittlungsverfahrens,[2142] und dient insoweit hauptsächlich einer Entlastung der Justiz. Von den wenigen durchgeführten Privatklageverfahren enden nur ca. 7 % mit einer Verurteilung.[2143]

## C. Adhäsionsverfahren

Der Verletzte kann im Adhäsionsverfahren (§§ 403–406c StPO) vermögensrechtliche Ansprüche, die ihm aus der Straftat erwachsen sind und die er eigentlich zivilrechtlich durchsetzen müsste, stattdessen im Strafverfahren geltend machen (vgl. § 403 StPO). Dem liegt der **Gedanke des Sachzusammenhangs** zugrunde, indem eine Doppelarbeit, aber auch sich widersprechende Entscheidungen von Zivil- und Strafgericht vermieden werden sollen.[2144] Auch führt dies in der Regel zu einer rascheren Wiedergutmachung gegenüber dem Verletzten und entbindet ihn vom Kostenrisiko eines Zivilprozesses. Gleichwohl hat das Verfahren bisher nur eine geringe Bedeutung in der Praxis.[2145] 705

Voraussetzung ist ein Antrag des Verletzten oder seines Erben (§ 403 S. 1 StPO) auf Durchführung des Adhäsionsverfahrens. Dieser kann schriftlich oder zu Protokoll, in der Hauptverhandlung auch mündlich, bis zum Beginn der Plädoyers gestellt werden und muss den Gegenstand und Grund des Anspruchs sowie die Beweismittel enthalten (§ 404 Abs. 1 StPO). Er hat die Wirkung einer zivilrechtlichen Klage (§ 404 Abs. 2 S. 1 StPO). Das Gericht entscheidet über den Antrag im Strafurteil, wobei sich die Entscheidung auch nur auf den Grund oder einen Teil beschränken kann (§ 406 Abs. 1 S. 1 u. 2 StPO). 706

**Beispiel:**

Das Strafgericht spricht dem Verletzten einen Schmerzensgeldanspruch dem Grunde nach zu, entscheidet aber nicht über die Höhe. Dann findet die Verhandlung über den konkreten Betrag vor dem zuständigen Zivilgericht statt (§ 406 Abs. 3 S. 4 StPO).

2142 *Ostendorf/Brüning*, § 14 Rn. 4.

2143 *Volk/Engländer*, § 39 Rn. 3.

2144 *Roxin/Schünemann*, § 67 Rn. 1.

2145 Hierzu *Ostendorf/Brüning*, § 14 Rn. 5.

Diese Entscheidung im Strafurteil steht einem zivilgerichtlichen Urteil gleich (§ 406 Abs. 3 S. 1 StPO). Ist der Antrag unzulässig oder unbegründet, sieht das Gericht von einer Entscheidung ab (§ 406 Abs. 1 S. 3 StPO). Darüber hinaus hat das Gericht auch die Möglichkeit, von einer Entscheidung abzusehen, wenn der Antrag sich nicht zur Erledigung im Strafverfahren eignet (§ 406 Abs. 1 S. 4 StPO), wobei dies nicht für Schmerzensgeldansprüche gilt (§ 406 Abs. 1 S. 6 StPO).

# 10. KAPITEL Die Rechtsbehelfe

## A. Allgemeines

Unter Rechtsbehelfen sind alle rechtlichen Möglichkeiten zu verstehen, gegen eine im Rahmen eines justiziellen Verfahrens ergangene Entscheidung vorzugehen. Zu unterscheiden sind dabei ordentliche und außerordentliche Rechtsbehelfe. Zu den **ordentlichen Rechtsbehelfen** zählen der Einspruch gegen den Strafbefehl (§ 410 StPO) sowie die Rechtsmittel (§§ 296 ff. StPO). Dabei handelt es sich um Beschwerde (§§ 304 ff. StPO), Berufung (§§ 312 ff. StPO) und Revision (§§ 333 ff. StPO). Die **außerordentlichen Rechtsbehelfe** sind dadurch gekennzeichnet, dass sie die Rechtskraft des Urteils durchbrechen. Hierzu zählen neben der Wiedereinsetzung in den vorigen Stand (z.B. §§ 44 ff. StPO) und der Anhörungsrüge (z.B. § 33a StPO) insbesondere die Wiederaufnahme des Verfahrens zugunsten oder zuungunsten des Verurteilten (§§ 359 ff. StPO) und die Verfassungsbeschwerde (Art. 93 Abs. 1 Nr. 4a GG, § 95 Abs. 2 u. Abs. 3 S. 3 i.V.m. § 79 Abs. 1 BVerfGG). Die Rechtsschutzmöglichkeiten gegen Zwangsmaßnahmen sind bereits oben dargestellt worden (s. Rn. 260 ff.), sodass im Folgenden die Rechtsmittel betrachtet werden. **707**

## B. Die Rechtsmittel

### I. Grundsätzliches

Die Rechtsmittel der Berufung und Revision richten sich gegen Urteile, während das Rechtsmittel der Beschwerde richterliche Beschlüsse und Verfügungen betrifft. Von den sonstigen Rechtsbehelfen unterscheiden sich die Rechtsmittel durch den Devolutiv- und den Suspensiveffekt.[2146] **Devolutiveffekt** bedeutet dabei, dass die Sache, die noch nicht rechtskräftig entschieden ist, durch das Rechtsmittel in die höhere Instanz gebracht wird, beispielsweise vom Amtsgericht zum Land- oder Oberlandesgericht oder vom Landgericht zum Oberlandesgericht oder Bundesgerichtshof. Im Grundsatz gilt dieser Devolutiveffekt für alle drei Rechtsmittel (Beschwerde, Berufung, Revision). Der **Suspensiveffekt** bedeutet, dass die Einlegung des Rechtsmittels den Eintritt der Rechtskraft der angefochtenen Entscheidung hemmt und damit auch deren Vollstreckung verhindert. **708**

---

2146 *Beulke/Swoboda*, Rn. 817.

**Beispiel:**

Der Verurteilte legt gegen das Urteil des Amtsgerichts auf Zahlung einer Geldstrafe Berufung ein. Dadurch wird das amtsgerichtliche Urteil nicht rechtskräftig und er muss die Geldstrafe zunächst nicht zahlen.

Der Suspensiveffekt gilt für die Rechtsmittel der Berufung und Revision, jedoch nicht für das Rechtsmittel der Beschwerde.

**Beispiel:**

Der in Untersuchungshaft befindliche Beschuldigte legt gegen den Haftbefehl Beschwerde ein. Trotzdem wird die Untersuchungshaft weiter vollzogen.

**709** Anfechtungsberechtigt sind die Staatsanwaltschaft (§ 296 Abs. 1 StPO), der Beschuldigte (§ 296 Abs. 1 StPO), der Verteidiger, jedoch nicht gegen den ausdrücklichen Willen des Beschuldigten (§ 297 StPO), der gesetzliche Vertreter des Beschuldigten (§ 298 Abs. 1 StPO) sowie der Privat- (§ 390 StPO) und der Nebenkläger (§§ 400, 401 StPO). Erforderlich ist eine sog. **Beschwer des Rechtsmittelführers**. Dieser muss in seinen Rechten oder schutzwürdigen Interessen unmittelbar betroffen sein.[2147] Für den Angeklagten ist dies mit jeder für ihn nachteiligen Entscheidung gegeben. Die Staatsanwaltschaft ist hingegen durch jede rechtsfehlerhafte Entscheidung des Gerichts beschwert und kann daher auch zugunsten des Angeklagten Rechtsmittel einlegen (§ 296 Abs. 2 StPO). Aufgrund ihrer Funktion als „Wächter des Gesetzes“, der auf die richtige Anwendung des Gesetzes hinzuwirken hat (s. Rn. 65), gilt dies selbst dann, wenn sie die anzufechtende Entscheidung selbst beantragt hat.[2148] Wird ein Rechtsmittel wirksam zurückgenommen oder ein wirksamer Rechtsmittelverzicht von allen Anfechtungsberechtigten ausgesprochen (vgl. § 302 StPO),[2149] erwächst das Urteil in Rechtskraft.

**710** Für die Rechtsmittel der Berufung und Revision gilt ein **Verschlechterungsverbot** („Reformatio in Peius“). Dies ist in den §§ 331 Abs. 1 und 358 Abs. 2 S. 1 StPO normiert und wird teilweise als Folge des Rechtsstaatsprinzips (Art. 20 Abs. 3 GG), teilweise aber auch als vom Gesetzgeber gewährte Rechtswohltat angesehen.[2150] Es bedeutet, dass das Urteil des Rechtsmittelgerichts in Art und Höhe der Rechtsfolgen nicht zum Nachteil des Angeklagten abgeändert werden

2147 BGH 26.03.1959 – 2 StR 566/58, BGHSt 13, 75, 77; BGH 24.11.1961 – 1 StR 140/61, BGHSt 16, 374, 376.

2148 RG 08.12.1913 – I 578/13, RGSt 48, 26; *Krey/Heinrich*, Rn. 1724 m.w.N.

2149 Ausführlich *Roxin/Schünemann*, § 53 Rn. 23 ff.

2150 Hierzu M-G/S-*Schmitt*, § 331 Rn. 1 m.w.N.

darf, sofern das Rechtsmittel vom Angeklagten, seinem gesetzlichen Vertreter oder aber der Staatsanwaltschaft zu seinen Gunsten eingelegt worden ist.[2151]

**Beispiele:**

Die Freiheitsstrafe oder Geldstrafe darf nicht erhöht werden; die Aussetzung einer Freiheitsstrafe zur Bewährung darf nicht gestrichen werden; eine Geldstrafe darf nicht in eine Freiheitsstrafe umgewandelt werden.

Hierdurch soll verhindert werden, dass sich der Angeklagte von der Einlegung eines Rechtsmittels abhalten lässt, da er befürchtet, in der nächsten Instanz noch härter bestraft zu werden.[2152] Legt die Staatsanwaltschaft ein Rechtsmittel zuungunsten des Angeklagten ein, kann hingegen die angefochtene Entscheidung auch zu dessen Gunsten abgeändert oder aufgehoben werden (§ 301 StPO).

## II. Die Beschwerde

Bei der Beschwerde, die sich gegen richterliche Beschlüsse und Verfügungen **711**
richtet, sind die einfache und die sofortige Beschwerde zu unterscheiden. Die **einfache Beschwerde** stellt den Regelfall dar und ist praktisch sehr bedeutsam für richterlich angeordnete Zwangsmaßnahmen im Ermittlungsverfahren (s. hierzu Rn. 261).

**Beispiele:**

Durchsuchungs- und Beschlagnahmebeschlüsse, Untersuchungshaftbefehl.

Adressat der Beschwerde ist nicht das Rechtsmittelgericht, sondern gem. § 306 Abs. 1 StPO das Gericht, dessen Entscheidung angefochten wird (**„iudex a quo“**). Hilft das Gericht der Beschwerde nicht ab, legt sie diese dem Beschwerdegericht sofort, spätestens vor Ablauf von drei Tagen, vor (§ 306 Abs. 2 StPO). Die **sofortige Beschwerde** gilt hingegen nur dann, wenn sie ausdrücklich im Gesetz genannt wird, wie beispielsweise in § 28 Abs. 2 S. 1 StPO. Der entscheidende Unterschied liegt darin, dass die sofortige Beschwerde innerhalb einer Woche seit Bekanntmachung eingelegt werden muss (§ 311 Abs. 2 StPO), während die einfache Beschwerde an keine Frist gebunden ist. Auch besteht bei der sofortigen Beschwerde keine Abhilfemöglichkeit (§ 311 Abs. 3 S. 1 StPO). Die Beschwerde kann in schriftlicher Form oder zu Proto-

---

2151 *Krey/Heinrich*, Rn. 1728.

2152 BGH 07.05.1980 – 2 StR 10/80, BGHSt 29, 269, 270.

koll der Geschäftsstelle erfolgen (§ 306 Abs. 1 StPO). Inhaltlich findet eine Überprüfung der angefochtenen Entscheidung in tatsächlicher und rechtlicher Hinsicht statt. Gegen die Entscheidung des Beschwerdegerichts ist grundsätzlich keine weitere Beschwerde möglich (§ 310 Abs. 2 StPO). Nur bei Verhaftung, einstweiliger Unterbringung und Vermögensarrest besteht ausnahmsweise die Möglichkeit der **weiteren Beschwerde** (§ 310 Abs. 1 StPO).

**Beispiel:**

Gegen den Beschuldigten wird ein Haftbefehl vom Amtsgericht erlassen. Hiergegen kann dieser Beschwerde einlegen, über die das Landgericht entscheidet. Gegen eine ablehnende Entscheidung des Landgerichts kann der Beschuldigte weitere Beschwerde zum Oberlandesgericht eingelegen.

In den praktisch seltenen Fällen, in denen über die Beschwerde nicht das Land-, sondern das Oberlandesgericht entscheidet (vgl. § 120 Abs. 3 GVG), geht die weitere Beschwerde zum Bundesgerichtshof (§ 135 Abs. 2 GVG).

### III. Die Berufung

712 Die Berufung richtet sich gegen Urteile des Strafrichters und des Schöffengerichts (§ 312 StPO) und führt zu einer Neubewertung des Anklagevorbringens in tatsächlicher und rechtlicher Hinsicht. Dabei erfolgt weniger eine Überprüfung der angefochtenen Entscheidung. Vielmehr findet eine **zweite Tatsacheninstanz** statt, in der das Berufungsgericht unabhängig von den tatrichterlichen Feststellungen des erstinstanzlichen Urteils nach dem Ergebnis der Beweisaufnahme neu über die Tat- und Rechtsfrage entscheidet.[2153] Die Sache wird also völlig neu verhandelt und gewürdigt. Gegen Urteile des Land- oder Oberlandesgerichts ist hingegen eine Berufung nicht zulässig. In der Folge besteht insbesondere bei schweren Straftaten, wie beispielsweise Kapitaldelikten, die vor der großen Strafkammer bzw. dem Schwurgericht oder gar dem Staatsschutzsenat des Oberlandesgerichts angeklagt werden (s. Rn. 62 f.), keine Möglichkeit einer zweiten Tatsacheninstanz. Dies wird hauptsächlich damit begründet, dass die erstinstanzlichen Spruchkörper am Land- und Oberlandesgericht zahlenmäßig stärker besetzt sind und unter zwingender Beteiligung eines Verteidigers (§ 140 Abs. 1 Nr. 1 StPO) geführt werden, was eine sorgfältigere Hauptverhandlung bzw. Urteilsfindung ermöglicht als die am Amtsgericht durchgeführten Verfahren wegen einfacher und mittlerer Kriminalität.[2154] Gleichwohl sind die Rechtsfolgen für den Angeklagten bei erstin-

2153 M-G/S-*Schmitt*, Vor § 312 Rn. 1.

2154 Ausführlich *Beulke/Swoboda*, Rn. 91; *Roxin/Schünemann*, § 54 Rn. 3 ff.

stanzlichen Verfahren vor dem Land- oder Oberlandesgericht in der Regel wesentlich schwerer, was insbesondere bei Kapitaldelikten wie Mord gilt. Faktisch erscheint allerdings eine zweite Tatsacheninstanz in Anbetracht der knappen Ressourcen der Justiz und der Länge mancher Hauptverhandlungen von vielen Monaten oder gar mehreren Jahren kaum realisierbar.

Zuständig für alle Berufungen ist die **kleine Strafkammer des Landgerichts** 713
(§§ 74 Abs. 3, 76 Abs. 1 S. 1 GVG), die wie das Schöffengericht mit einem Berufsrichter und zwei Schöffen besetzt ist. Die Einlegung der Berufung muss innerhalb einer Woche nach Urteilsverkündung bei dem erstinstanzlichen Gericht („iudex a quo") schriftlich oder zu Protokoll der Geschäftsstelle erfolgen (§ 314 Abs. 1 StPO). Eine Begründung der Berufung ist möglich, aber nicht zwingend erforderlich (§ 317 StPO). Auch kann die Berufung auf bestimmte Beschwerdepunkte, beispielsweise die Rechtsfolgen, beschränkt werden (§ 318 StPO). Hat der Angeklagte die Berufung eingelegt und erscheint zur Hauptverhandlung unentschuldigt nicht, und ist auch kein durch Vertretungsvollmacht ausgewiesener Verteidiger erschienen, so verwirft das Gericht die Berufung ohne Entscheidung in der Sache durch ein sog. **Prozessurteil** (§ 329 Abs. 1 S. 1 StPO). Ist die Berufung zulässig und begründet, hebt das Berufungsgericht das erstinstanzliche Urteil auf und entscheidet in der Sache selbst (§ 328 Abs. 1 StPO). Hält es hingegen die erstinstanzliche Entscheidung für zutreffend, wird die Berufung durch Urteil in der Sache als unbegründet verworfen, sodass es bei der Urteilsformel des erstinstanzlichen Urteils verbleibt.[2155]

## IV. Die Revision

Die Revision ist statthaft gegen erstinstanzliche Urteile des Land- und Ober- 714
landesgerichts sowie gegen Berufungsurteile des Landgerichts (§ 333 StPO). Darüber hinaus kann sog. Sprungrevision gegen Urteile des Amtsgerichts eingelegt werden, indem statt der Berufung, die damit übersprungen wird, gleich Revision eingelegt wird (§ 335 Abs. 1 StPO). Revisionsgericht für Urteile des Amtsgerichts und Berufungsentscheidungen des Landgerichts ist das **Oberlandesgericht** in der Besetzung mit drei Berufsrichtern (§§ 120, 121 Abs. 1 GVG), während für Revisionen gegen erstinstanzliche Urteile des Land- und Oberlandesgerichts der **Bundesgerichtshof** in der Besetzung mit fünf Berufsrichtern zuständig ist (§§ 135, 139 Abs. 1 GVG). Die Revision dient dabei nicht nur zur Herbeiführung einer gerechten Entscheidung im Einzelfall, sondern auch der **Wahrung der Rechtseinheit**.[2156] Letzterer Zweck soll eine möglichst

2155 KK-*Paul*, § 328 Rn. 2 f.

2156 *Hellmann*, Rn. 897; *Krey/Heinrich*, Rn. 1751 f. m.w.N.

einheitliche Rechtsprechung der Strafgerichte sichern. Hierzu besteht im Gesetz ein Geflecht von Vorlegungspflichten an den Bundesgerichtshof, sofern ein Oberlandesgericht von der Entscheidung eines anderen Oberlandesgerichts oder des Bundesgerichtshofs abweichen will (§ 121 Abs. 2 GVG). Eine weitere Aufgabe liegt auch in der **Fortbildung des Rechts** (§ 132 Abs. 4 GVG).

**715** Im Gegensatz zur Berufung handelt es sich bei der Revision nicht um eine neue Tatsacheninstanz. Vielmehr findet eine Nachprüfung des angefochtenen Urteils in rechtlicher Hinsicht statt. Eine Revision kann daher nur auf Rechtsfehler, d.h. auf die Verletzung des Gesetzes, gestützt werden (§ 337 StPO). Eine Nachprüfung des dem angefochtenen Urteil zugrunde liegenden Sachverhalts erfolgt daher grundsätzlich nicht bzw. ist nur ausnahmsweise in sehr eingeschränktem Maße im Rahmen einer in der Literatur zu Recht sehr kritisierten Plausibilitätskontrolle[2157] der schriftlichen Urteilsgründe möglich. Zu unterscheiden sind dabei die Sach- und die Verfahrensrüge. Die **Sachrüge** bezieht sich auf das materielle Recht, indem das angefochtene Urteil vom Revisionsgericht darauf überprüft wird, ob das sachliche Recht, beispielsweise die Normen des StGB auf den vom Tatsachengericht festgestellten Sachverhalt, korrekt angewendet wurde. Mit der **Verfahrensrüge** wird geltend gemacht, dass das Urteil verfahrensrechtlich nicht ordnungsgemäß zustande gekommen ist. Das Gesetz differenziert zwischen relativen Revisionsgründen (§ 337 StPO) und den im Gesetz abschließend aufgezählten **absoluten Revisionsgründen** (§ 338 StPO). Bei Letzteren, wie beispielsweise einer vorschriftswidrigen Besetzung des Gerichts (§ 338 Nr. 1 StPO), handelt es sich um gravierende Verfahrensverstöße, bei denen unwiderlegbar vermutet wird, dass das Urteil auf ihnen beruht.[2158] Hingegen setzten **relative Revisionsgründe** voraus, dass das Beruhen des Urteils auf diesem Verstoß im konkreten Fall gegeben ist, wobei genügt, dass das Urteil ohne die Gesetzesverletzung möglicherweise anders ausgefallen wäre.[2159] Hierzu gehören z.B. Verfahrensfehler, die die Missachtung von Beweisverwertungsverboten als Folge von Fehlern bei einer Telekommunikationsüberwachung oder Wohnungsdurchsuchung im Ermittlungsverfahren betreffen.[2160]

**716** Wie bei der Berufung muss die Revision ebenfalls innerhalb einer Woche nach Urteilsverkündung bei dem Gericht, dessen Entscheidung angefochten wird („iudex a quo"), schriftlich oder zu Protokoll der Geschäftsstelle eingelegt werden (§ 341 Abs. 1 StPO). Weiterhin muss der Revisionsführer

2157 Hierzu *Roxin/Schünemann*, § 55 Rn. 25 ff.

2158 BGH 05.01.1977 – 3 StR 433/76, BGHSt 27, 96, 98.

2159 M-G/S-*Schmitt*, § 337 Rn. 36 f.

2160 *Kindhäuser/Schumann*, § 31 Rn. 30.

grundsätzlich binnen eines Monats nach Urteilszustellung einen Revisionsantrag stellen und diesen begründen (§§ 344, 345 StPO). Hält das Revisionsgericht die Revision für unzulässig oder offensichtlich unbegründet, verwirft es diese ohne Hauptverhandlung per Beschluss (§ 349 Abs. 1 u. 2 StPO). Hält es die Revision einstimmig für sicher begründet, kann das Urteil der Vorinstanz durch Beschluss aufgehoben werden (§ 349 Abs. 4 StPO). In anderen Fällen findet eine **Revisionshauptverhandlung** statt (§ 350 StPO), die im Wesentlichen aus einer Art förmlichem Rechtsgespräch zwischen Gericht, Staatsanwaltschaft, Verteidiger und ggf. dem Angeklagten besteht (vgl. § 351 StPO). Erachtet das Revisionsgericht danach das angefochtene Urteil als rechtsfehlerfrei, verwirft es durch Urteil die Revision als unbegründet. Hält es hingegen die Revision für begründet, hebt es das Urteil inklusive der diesem zugrunde liegenden Tatsachenfeststellungen, die von der Gesetzesverletzung betroffen sind, durch Urteil auf (§ 353 StPO). Grundsätzlich verweist das Revisionsgericht die Sache dann zur erneuten Entscheidung an einen anderen Spruchkörper der Vorinstanz oder ein anderes Gericht gleicher Ordnung (§ 354 Abs. 2 StPO). In den Fällen des § 354 Abs. 1 StPO kann das Gericht ausnahmsweise auch selbst entscheiden.

# 11. KAPITEL Die Strafvollstreckung

## A. Allgemeines

An den gerichtlichen Strafausspruch schließt sich die Strafverwirklichung an. Diese lässt sich in die **Strafvollstreckung i.e.S.** (§§ 449–463e StPO) und den **Strafvollzug** unterteilen. Dabei bildet die Strafvollstreckung den letzten Abschnitt des Strafverfahrens, während der Strafvollzug eine eigene Rechtsmaterie ist, die vor allem in den Strafvollzugsgesetzen der Länder, wie beispielsweise dem Justizvollzugsgesetzbuch Baden-Württemberg, sowie dem Strafvollzugsgesetz des Bundes normiert ist. Das Strafvollzugsrecht betrifft den Vollzug von Freiheitsstrafen und regelt die praktische Durchführung des Freiheitsentzugs unter den organisatorischen Bedingungen der jeweiligen Institutionen.[2161] In der Folge umfasst die Strafvollstreckung für den Bereich der Freiheitsstrafen das Verfahren von der Rechtskraft des Urteils bis zum Strafantritt und darüber hinaus auch dessen Überwachung. Für den Bereich der Geldstrafen beinhaltet die Strafvollstreckung die gesamte Betreibung derselben.[2162] Hierzu gehören alle Maßnahmen und Anordnungen, die auf Verwirklichung, Abänderung oder Aufhebung einer strafgerichtlichen Entscheidung gerichtet sind. Zuständig für die Strafvollstreckung ist die **Staatsanwaltschaft als Vollstreckungsbehörde** (§ 451 Abs. 1 StPO). Dabei werden die meisten Vollstreckungsaufgaben aber nicht von den Staatsanwälten selbst, sondern von den dort tätigen **Rechtspflegern** erledigt (vgl. § 31 Abs. 2 RPflG). Darüber hinaus bestehen bei den Landgerichten sog. **Strafvollstreckungskammern**. Diese Gerichte sind im Rahmen der Vollstreckung von Freiheitsstrafen grundsätzlich zuständig für alle nachträglich notwendig werdenden Entscheidungen (vgl. § 462a Abs. 1 StPO). 717

**Beispiele:**

Widerruf der Strafaussetzung zur Bewährung (§ 453 StPO); Aussetzung des Restes einer Freiheitsstrafe zur Bewährung (§ 454 StPO); Überwachung von Bewährungsauflagen (§ 453b StPO).

Voraussetzung für die Vollstreckung von Strafurteilen ist der Eintritt der formellen Rechtskraft (§ 449 StPO). Die Vollstreckbarkeit muss vom Urkundsbeamten der Geschäftsstelle mit der sog. **Vollstreckbarkeitsbescheinigung** 718

2161 *Kindhäuser/Schumann*, § 27 Rn. 1.

2162 *Roxin/Schünemann*, § 58 Rn. 2.

versehen werden (§ 451 Abs. 1 StPO). Grundsätzlich wird die Vollstreckung unverzüglich nach Eintritt der Rechtskraft eingeleitet. Dabei darf die zu vollstreckende Strafe nicht bereits verbüßt sein (vgl. §§ 450, 450a StPO) und der Vollstreckung kein Vollstreckungshindernis entgegenstehen.

**Beispiele:**

Strafaussetzung nach §§ 56, 57, 57a StGB; Eintritt der Vollstreckungsverjährung nach § 79 StGB.

## B. Vollstreckung von Freiheitsstrafen

719 Für die Vollstreckung von Freiheitsstrafen ist insbesondere die **Strafvollstreckungsordnung** (StVollstrO) von großer Bedeutung. Zur Vollstreckung einer Freiheitsstrafe wird der Verurteilte, sofern er sich auf freiem Fuß befindet, zum Strafantritt geladen (§ 27 Abs. 1 StVollstrO). Dabei wird dem Verurteilten in der Regel eine Frist gesetzt, innerhalb der er sich zum Strafantritt in der angegebenen Justizvollzugsanstalt zu melden hat (§ 27 Abs. 2 StVollstrO). Hierzu bestehen sog. **Vollstreckungspläne**, denen zu entnehmen ist, welche Justizvollzugsanstalt für die Aufnahme des Verurteilten sachlich und örtlich zuständig ist.[2163] Leistet er der Ladung zum Strafantritt keine Folge oder besteht Fluchtgefahr, kann ein Vorführungs- oder Haftbefehl erlassen werden (§ 457 Abs. 2 StPO). Darüber hinaus können zu seiner Ergreifung die Maßnahmen genutzt werden, die auch zur Ergreifung des Beschuldigten im Ermittlungsverfahren zulässig sind (§ 457 Abs. 1 u. 3 StPO).

**Beispiele:**

Ausschreibung zur Aufenthaltsermittlung oder zur Festnahme (§ 131 Abs. 1 StPO); Zeugenvernehmungen; Rasterfahndung (§§ 98a f. StPO); Telekommunikationsüberwachung (§ 100a StPO); polizeiliche Beobachtung einer Kontaktperson (§ 163e Abs. 1 S. 3 StPO).

720 Die jeweilige Maßnahme muss dabei bestimmt und geeignet sein, um den Verurteilten zu ergreifen (§ 457 Abs. 3 S. 1 StPO). Auch müssen die jeweiligen Voraussetzungen der Maßnahme gegeben sein. Für die **Anordnung eines Vorführungs- oder Haftbefehls** ist die Staatsanwaltschaft als Vollstreckungsbehörde zuständig (§ 457 Abs. 2 StPO) und nicht das Gericht. Dies stellt keinen Verstoß gegen den verfassungsrechtlichen Richtervorbehalt des Art. 104

2163 *Kindhäuser/Schumann*, § 27 Rn. 7.

Abs. 2 S. 1 GG dar, weil eine notwendige richterliche Entscheidung über die Freiheitsentziehung bereits durch das vom Gericht erlassene Urteil erfolgt ist. Es handelt sich daher nur um die Durchführung einer vom Gericht bereits mit dem Urteil angeordneten Freiheitsentziehung.[2164] In der Praxis erfolgt der Erlass eines Vollstreckungshaftbefehls der Staatsanwaltschaft durch den Rechtspfleger (§ 31 Abs. 2 RpflG). Die Vollziehung obliegt der Polizei.[2165] Zur Ergreifung des Verurteilten darf nach wohl (noch) h.M. auch seine Wohnung, nicht aber die eines Dritten, auf Grundlage des Vollstreckungshaftbefehls durchsucht werden.[2166] Dies überzeugt in Anbetracht des damit verbundenen Eingriffs in Art. 13 Abs. 1 GG, der grundsätzlich einem Richtervorbehalt unterliegt (Art. 13 Abs. 2 S. 1 GG), nicht. Zwar hat der Richter bereits über den Freiheitsentzug mittels Urteils entschieden, keineswegs jedoch über eine Wohnungsdurchsuchung zur Ergreifung des Verurteilten. Überzeugender erscheint daher, eine richterliche Durchsuchungsanordnung zu verlangen.[2167] Wird der Verurteilte ergriffen und in die Strafhaft überführt, ist der Vollstreckungshaftbefehl gegenstandslos.[2168] Entweicht der Verurteilte aus dem Strafvollzug, besteht eine entsprechende Zuständigkeit der Staatsanwaltschaft mit den genannten Maßnahmemöglichkeiten (§ 457 Abs. 2 S. 2 StPO).

## C. Vollstreckung von Geldstrafen

Für die Vollstreckung von Geldstrafen gelten die Vorschriften des Justizbei- **721**
treibungsgesetzes (§ 459 StPO), die durch die §§ 459a ff. StPO sowie die Strafvollstreckungsordnung und die Eintreibungs- und Beitreibungsordnung (EBAO) ergänzt werden. Bei der Staatsanwaltschaft als Vollstreckungsbehörde ist hierfür der Rechtspfleger zuständig (§ 31 Abs. 2 S. 1 RPflG). Dieser ordnet die Einforderung der Geldstrafe zusammen mit den entstandenen Verfahrenskosten an (§§ 1 Abs. 1, 2 u. 4, 3 EBAO). Dies geschieht durch Übersendung einer **Zahlungsaufforderung** an den Verurteilten (§ 5 Abs. 1 EBAO). Leistet er innerhalb der gesetzten Zahlungsfrist nicht, wird er angemahnt. Erfolgt auch darauf keine Zahlung, so leitet der Rechtspfleger die Beitreibung ein (§ 8 EBAO). Zuständig dafür ist der Vollziehungsbeamte (§ 6 Abs. 3 S. 1 JBeitrG). Dieser kann die Polizei um Amtshilfe ersuchen. Eine hierbei erforderliche Wohnungsdurchsuchung darf nur durch den Richter angeordnet

2164 BGH 04.11.1970 – 4 Ars 43/70, BGHSt 23, 380, 386; BeckOK-*Coen*, § 457 Rn. 6; KK-*Appl*, § 457 Rn. 1; M-G/S-*Schmitt*, § 457 Rn. 10; MüKo-*Nestler*, § 457 Rn. 22.

2165 M-G/S-*Schmitt*, § 457 Rn. 11.

2166 OLG Düsseldorf 27.07.1981 – 2 Ws 289/81, NJW 1981, 2133, 2134; M-G/S-*Schmitt*, § 457 Rn. 11.

2167 Ebenso KK-*Appl*, § 457 Rn. 11; SK-*Paeffgen/Greco*, § 457 Rn. 15 m.w.N.

2168 M-G/S-*Schmitt*, § 457 Rn. 10.

werden.[2169] Ist dem Verurteilten aufgrund seiner persönlichen und wirtschaftlichen Verhältnisse eine Zahlung des gesamten Geldbetrages innerhalb der gesetzten Frist nicht möglich, können **Zahlungserleichterungen** in Form von Ratenzahlungen bewilligt werden (§ 459a StPO). Kann die Geldstrafe nicht eingebracht werden, besteht die Möglichkeit der **Ersatzfreiheitsstrafe**, die von der Vollstreckungsbehörde ausdrücklich angeordnet werden muss (§ 459e StPO). Hierbei entspricht ein Tagessatz einem Tag Freiheitsstrafe (§ 43 StGB).

## D. Vollstreckung sonstiger Sanktionen und Nebenfolgen

722 Die Anordnung der Einziehung oder der Unbrauchbarmachung einer Sache wird durch Wegnahme derselben vollstreckt, wobei die Vorschriften des Justizbeitreibungsgesetzes auch hier Anwendung finden (§ 459g Abs. 1 StPO). Ebenso gelten diese Vorschriften sinngemäß für die Vollstreckung der in § 61 StGB aufgeführten Maßregeln der Besserung und Sicherung (§ 463 StPO). Die Vollstreckung eines Fahrverbots (§ 44 StGB) richtet sich nach § 463b StPO. Befindet sich der Führerschein noch nicht in amtlichem Gewahrsam, so fordert die Vollstreckungsbehörde den Verurteilten auf, seinen Führerschein freiwillig auszuhändigen. Kommt dieser der Aufforderung nicht nach, wird der Führerschein beschlagnahmt. Dies gilt auch für ausländische Führerscheine zum Zwecke der Eintragung eines Vermerks über das Fahrverbot oder die Einziehung der Fahrerlaubnis und die Sperrfrist (§ 463b Abs. 2 StPO). Dabei enthält die Beschlagnahmeanordnung nach wohl h.M. zugleich eine Durchsuchungsanordnung für die Wohnung des Verurteilten,[2170] was jedoch aufgrund des Richtervorbehalts des Art. 13 Abs. 2 GG nicht überzeugt (s. auch Rn. 411). Nach erfolgloser Durchsuchung muss der Verurteilte auf Anordnung der Vollstreckungsbehörde bei dem zuständigen Amtsgericht eine eidesstattliche Versicherung über den Verbleib abgeben (§ 463b Abs. 3 StPO).

## E. Register

### I. Das Bundeszentralregister

723 Rechtskräftige Entscheidungen werden im Bundeszentralregister eingetragen, welches vom Bundesamt für Justiz geführt wird (§ 1 BZRG). In das Register aufgenommen werden alle rechtskräftigen Entscheidungen, durch die

---

2169 LR-*Graalmann-Scheerer*, § 459 Rn. 9.

2170 KK-*Appl*, § 463b Rn. 1; KMR-*Stöckel*, § 469b Rn. 7; M-G/S-*Schmitt*, § 463b Rn. 1 m.w.N. aus der Rspr.; a.A. LR-*Graalmann-Scheerer*, § 463b Rn. 1; SK-*Paeffgen/Greco*, § 463b Rn. 5.

ein deutsches Gericht wegen einer rechtswidrigen Tat auf Strafe, Anordnung einer Maßregel der Besserung und Sicherung, Verwarnung mit Strafvorbehalt (§ 59 StGB) oder Schuldfeststellung bei Jugendlichen und Heranwachsenden (§ 27 JGG) erkannt hat (§ 4 BZRG). Auch Entscheidungen von Verwaltungsbehörden und Gerichten, die strafrechtlich bedeutsam sein können, werden eingetragen (vgl. § 3 BZRG).

**Beispiele:**

Ausweisung eines Ausländers; Untersagung der Gewerbe- und Berufsausübung; Passentzug; Freispruch eines Beschuldigten wegen Schuldunfähigkeit.

Die Dauer der Eintragung und die Pflicht zur Löschung ergibt sich aus den §§ 33 ff. und 45 ff. BZRG. Dabei liegt die Tilgungsfrist je nach Schwere der Verurteilungen zwischen fünf und zwanzig Jahren. Nach der Tilgung dürfen die Tat und die Verurteilung dem Betroffenen im Rechtsverkehr grundsätzlich nicht mehr vorgehalten werden (§ 51 Abs. 1 BZRG). Der Verurteilte darf sich dann als unbestraft bezeichnen (§ 53 BZRG). Alle Gerichte und Behörden müssen dem Bundeszentralregister die einzutragenden Entscheidungen, Feststellungen und Tatsachen mitteilen (§ 20 BZRG). Jeder Person über 14 Jahren wird auf Antrag ein **Führungszeugnis** über den sie betreffenden Inhalt des Bundeszentralregisters ausgestellt (§ 30 BZRG). Auch Behörden haben ein Auskunftsrecht über Personen, wenn dies zur Erledigung ihrer hoheitlichen Aufgaben erforderlich ist (§ 31 BZRG). Während auch dieses sog. erweiterte Führungszeugnis im Umfang beschränkt ist, haben Gerichte und Behörden der Staatsanwaltschaft für die Zwecke der Rechtspflege ein unbeschränktes Auskunftsrecht (§ 41 BZRG). Eintragungen über Entscheidungen und Anordnungen nach dem Jugendstrafrecht finden sich im **Erziehungsregister** (§§ 59–64 BZRG).

Das Bundeszentralregister wird ergänzt durch das **Fahreignungsregister**, 724
welches beim Kraftfahrt-Bundesamt geführt wird und bis zum 30. April 2014 als Verkehrszentralregister geführt wurde. Welche Daten eingetragen werden, regelt § 28 StVG. Auch hier finden sich Tilgungsfristen (§ 29 StVG) und beschränkte Auskunftsrechte (§ 30 StVG).

## II. Das länderübergreifende staatsanwaltschaftliche Verfahrensregister

Beim Bundesamt für Justiz wird ein zentrales staatsanwaltschaftliches Ver- 725
fahrensregister geführt (§ 492 Abs. 1 StPO). Es dient zur Eintragung bestimmter, in § 492 Abs. 2 S. 1 StPO näher bezeichneter Daten. Diese werden der Registerbehörde von den Staatsanwaltschaften mitgeteilt (§ 492 Abs. 3 S. 1 StPO) und dürfen nur für Zwecke des Strafverfahrens gespeichert und ver-

ändert werden (§ 492 Abs. 2 S. 2 StPO). Es handelt sich um ein von den Informationssystemen der Polizei unabhängiges **zentrales staatsanwaltschaftliches Informationssystem** (SISY), das die Funktionstüchtigkeit der Strafrechtspflege verbessern soll, indem es insbesondere die Ermittlung überörtlicher Täter- und Mehrfachtäter erleichtert und das frühzeitige Erkennen von Tat- und Täterverbindungen fördert.[2171] Es enthält über 30 Millionen Registereinträge, wobei die Auskunftsersuchen auf ca. 30.000 pro Tag geschätzt werden.[2172] Die näheren Einzelheiten des Registers sind auf Grundlage des § 494 Abs. 4 StPO in der Verordnung über den Betrieb des zentralen Staatsanwaltschaftlichen Verfahrensregisters (ZStVBetrV)[2173] geregelt. Auskünfte dürfen grundsätzlich nur den Strafverfolgungsbehörden für Zwecke eines Strafverfahrens erteilt werden (§ 492 Abs. 3 S. 2 StPO). Der Begriff des Strafverfahrens wird dabei weit ausgelegt und umfasst die Strafverfolgung, Strafvollstreckung einschließlich der Bewährungsaufsicht, das Gnadenwesen, die internationale Rechtshilfe in Strafsachen und die Dienstaufsicht.[2174] Darüber hinaus können auch dem Bundeskriminalamt, den Verfassungsschutzbehörden, dem Amt für den militärischen Abschirmdienst, dem Bundesnachrichtendienst und den Behörden, die für eine Erlaubnis zum Umgang mit Waffen und Sprengstoff zuständig sind, unter bestimmten Voraussetzungen Auskünfte erteilt werden (§ 492 Abs. 3 S. 3 u. 4 StPO). Die Übermittlung der Daten erfolgt in der Regel im Wege eines **automatisierten Anfrage- und Auskunftsverfahrens** (§ 493 StPO), wobei die Polizeibehörden einen Online-Lesezugriff auf das Verfahrensregister haben.[2175]

2171 M-G/S-*Köhler*, § 492 Rn. 1.

2172 KK-*Gieg*, Vorb. § 492 Rn. 1.

2173 VO v. 23.09.2005 (BGBl. I, S. 2885 ff.); abgedruckt bei M-G/S-*Köhler*, § 494 Rn. 12.

2174 *Soiné*-StPO, § 492 Rn. 14.

2175 M-G/S-*Köhler*, § 493 Rn. 1.

# Stichwortverzeichnis